U0133282

北京市社会科学基金重大项目"7—13世纪汉藏与多民族文明关系史"

（项目编号:14ZDA11）

国家社会科学基金重大项目"文物遗存、图像、文本与西藏艺术史构建"

（项目编号:15ZDB120）

国家社科基金冷门绝学和国别史研究专项项目

"西藏阿里地区象泉河流域石窟寺综合调查研究"

（项目编号：2018VJX019）

Cultural Interactions
between Han, Zang, and Other Ethnic Groups
from the Seventh to Thirteenth Centuries

上册

七至十三世纪
汉藏与多民族文明关系史

谢继胜　王瑞雷　主编

上海古籍出版社

主编

谢继胜

宁夏平罗县人，宁夏大学文学学士、中央民族学院藏学硕士、中央美术学院美术史学博士，1998–1999 年度哈佛燕京访问学者，浙江大学艺术与考古学院教授，博士生导师，浙江大学汉藏佛教艺术研究中心主任。曾任中国社会科学院民族学与人类学研究所研究员、北京首都师范大学汉藏佛教美术研究所教授。主要从事汉藏佛教艺术史研究，发起组织国际学术例会"西藏考古与艺术国际学术讨论会"，倡导并推动建立西藏艺术史研究中汉藏佛教艺术史观的理论体系，以多民族共创中华文明史的视角研究中国艺术史。著作有《风马考》《西夏藏传绘画：黑水城出土西夏唐卡研究》《图像重构与风格创新：9–13世纪汉藏等多民族艺术研究》；主编与合作撰写有《藏传佛教艺术发展史》《元明清北京藏传佛教文物研究》《江南藏传佛教艺术：飞来峰石刻造像研究》等，另有论文 70 余篇。获"中国藏学珠峰奖"二、三等奖共三次；教育部高等学校科学研究优秀成果奖（人文社会科学）二等奖、三等奖各一次，中国出版政府奖提名奖一次。开设本科基础课程有"丝绸之路艺术""宗教美术史专题"；研究生课程"基础藏语与藏族文化""西藏艺术史""汉藏佛教艺术史研究专题"等。

王瑞雷

甘肃庄浪人，艺术史学博士，现任浙江大学汉藏佛教艺术研究中心研究员，浙江大学艺术与考古学院博士生导师。浙江省第七届文物鉴定委员会委员，浙江省"之江社科青年学者"。主要从事汉藏佛教艺术史、丝绸之路与跨喜马拉雅地区佛教艺术交流等教学与研究工作。出版专著《托林寺经殿壁画研究：历史、图像与文本》（浙江大学出版社，2024 年），在艺术学、考古学、民族学、敦煌学与宗教学等领域刊物上发表学术论文 20 余篇。主持国家社科基金冷门绝学与国别史研究专项课题、教育部人文社会科学青年课题以及浙江省哲学社会科学规划课题等多项。

编委会

主 编　谢继胜　王瑞雷

作 者　（按姓氏拼音排序）

常红红　董星辰　杜　鲜　黄　璜

贾维维　梁　艳　廖　旸　骆如菲

孟　丽　王瑞雷　王传播　魏　文

谢继胜　于　硕　于　博　杨鸿蛟

张书彬　张秉祺

导论

交注、交流、交融：
汉藏文明的形成与多民族
中华文明史理论体系的构建

我们以往的中国文明史体系，包括物质文化史、文学史或艺术史等，大多是基于以汉地或中原居民活动为主要叙述线索，以及由此引导出的历史发展逻辑建构的。然而，我国是一个统一的多民族国家，中华文明是我国各民族在我中有你、你中有我的水乳交融的政治、经济、文化交往中共同创建的。中华文明史立论的基础与中华文明的本质就是多民族共创历史与现实的锦绣与辉煌，多民族交流发展的历史进程就是斑斓多彩的文明史本身。对中华文明史的重新审视有助于建立更加合理、符合客观史实的话语体系，有助于增强多民族国家的向心力与凝聚力。多民族文明史观的构建是包括历史学、民族学与人类学、文学与艺术在内的我国理论界面临的重大问题。7至13世纪，是我国当代"民族"概念语境下民族关系重构与发展的重要时期，唐宋、吐蕃、辽、南诏大理、西夏、回鹘乃至蒙元，不同地区与民族之间在范围相对限定的地域内上演了此消彼长、趋同发展的大戏，由此形成了今日中华文明史的基本框架；此间的文明关系，以唐宋与吐蕃的文明交流关系为主要脉络，提纲挈领，可以将不同民族之间的文明交流与之贯穿为一个具有内在联系的整体。《七至十三世纪汉藏及多民族文明关系史》通过汉藏民族文明发展的史实个案的研究，构筑多民族文明关系史的立体框架，将7至13世纪汉藏民族与其他民族之间的交流史实穿缀其中，形成汉藏民族个案与多民族整体史实的历史叙述。

探讨多民族文明史，需考虑到各民族的发展与中原王朝的纪史序列并不完全对应，因此本书行文采用公元纪年，按照历史发展线索分为三个阶段，即：7至9世纪，主要对应的是唐、吐蕃、辽、南诏；10至13世纪主要对应两宋、西夏、回鹘、大理；13世纪主要讨论蒙元时期的文明关系史。

本书构筑了正确的汉藏及多民族文明史观，提出"汉藏多民族文明"的概念，增强中国学者主导西藏文明史研究的话语权，利用藏区和内地留存的汉藏文物资料建构汉藏文明交流与发展史，以理服人，使国际社会了解汉藏文明交流的客观史实及其构成多民族中华文明史的内在规律。"汉藏与多民族文明史"是指与汉藏文明交流史本身及其伴生的多民族文明交流史，是一种具有可辨识特征的物质文明史，并不是单纯的"汉"与"藏"各自的文明史；书中以汉藏文明交流为主干，在广阔的历史、文化与地域背景之下，梳理7至13世纪宋、吐蕃、辽、回鹘及西夏多民族文化交流的事例，以横向的个案构筑纵向的历史。本书是对以往学者在西藏考古文物领域所做贡献的再次肯定和利用，亦是填补汉藏及多民族文化研究空白的理论突破，研究成果对国家的统一、民族的团结都有至关重要的作用。

汉藏与多民族文明史主要由通过文物,特别是佛教文物呈现的,因此,本书选择汉藏及多民族艺术个案入手研究文明史,主要内容是以作为文物形态存在并具有时空属性的摩崖碑铭与造像、寺塔石窟及壁画等为纵向线索,穿缀国内发现的传世文物,运用考古学、艺术史学(含建筑、工艺美术史等)、历史学、民族学、语言学等多学科的方法,对它们进行科学记录、系统整理并进行个案研究。在个案研究的基础上构筑"汉藏与多民族文明交流"作为本书的中心论题。这种"文明史"并非一般意义上的通史,而是按照"汉藏多民族文明史"的线索形成的个案研究史。研究建立在对我国汉藏多民族文物的实地考察与研究的基础之上,重在利用各民族语言文字记录的文献史料,强调汉藏多民族文物材料所独具的丰富性与真实性特点,期冀在汉藏与多民族文明关系史研究中以新材料、新视角,探索其中的内在规律。

本书首先通过藏汉神话体系、岩画类属、建筑样式、丧葬仪轨的比较,探析汉藏民族之间在基层信仰、意识形态领域的共性,指出其中透露的汉藏民族文明共生关系的必然性。用不同民族的战神图腾和感生神话说明西藏神话与满—通古斯草原萨满文明的联系,并以藏区各地流行的风马经幡与中原汉地纸马在起源、应用形式及两者内在五行哲学观念的分析,以个案说明汉藏文明交往的内在动因。唐吐蕃时期是汉藏民族政治文化交往、汉藏文明形成的重要节点,唐相阎立本《步辇图》以如椽画笔记录了历史的瞬间;唐蕃联姻、汉地典籍的传入及中原王朝的纪史传统影响了吐蕃历史文献的大事纪年与史传文学;卫藏地方的查拉鲁普、叶尔巴石窟与温姜多宫佛塔是中原宗教建筑中心柱石窟与木构密檐佛塔传入吐蕃腹地的见证。吐蕃统辖敦煌及河西地区近70年,敦煌石窟壁画体现的密教义蕴与图像式样对早期西藏艺术有巨大的影响,成为吐蕃时期艺术的重要遗例;莫高窟中唐石窟的吐蕃赞普部从群像程式展示吐蕃王朝对汉地中原王朝思维方式的接受过程,瓜州榆林窟壁画的婚宴场景透视出吐蕃统辖敦煌时期的民族关系,榆林窟第15窟天王坐像则以于阗式样毗沙门天王由战神转变为财神的过程昭示民族间的纷争与和解;榆林窟25窟源自开元三大士唐密的胎藏界大日如来与八大菩萨造像系统更通过吐蕃僧俗艺术家益西央等的摩崖石刻造像与绘画,由敦煌经由青藏吐谷浑古道扁都口进入青藏、川藏民族杂居的西南峡谷地带,造像流转中融合了唐蕃古道弥漫的文成公主氛围,形成公元9世纪前后汉藏多民族艺术交流的立体画廊。本书认为7至9世纪唐蕃民族的交往模式形成了我国民族之间文明交往的范式,由汉藏民族交往形成的汉藏文明是我国中古时期多民族文明史形成的坚实基础。

公元9世纪以后,唐、吐蕃衰亡,辽、宋、党项西夏、回鹘、南诏先后崛起,10至13世纪我国从东到西的广大地区进入了多民族政治文化版图的重构、建立多民族文明史主体框架的重要时期,唐蕃时期的汉藏文明体系发展至两宋,通过辽、西夏等民族的中介,汉藏文明的共性进一步加强，以汉藏文明为主干形成此期多民族文明史。本书从讨论10至13世纪归属中原文化圈的辽、南诏、大理、回鹘、西夏多民族美术个案入手，分析唐密图像衍传至辽宋佛塔形式的图像配置。本书以云南密教文献和剑川石窟密教造像辨析唐密图像衍传南诏大理时呈现的变化形态，大理国的佛王信仰与禅宗传承；以莫高窟76窟八塔经变画追溯佛教复兴时期宋辽与宋夏之间各民族经由丝绸之路与印度的交往、贝叶经与佛教图像的传播；以回鹘艺术从汉唐中原审美风尚转向为中亚丝路式样剖析其中不同文明之间的地域冲突。本书细致考述11至13世纪几乎在各民族中间共同信奉、传播的炽盛光佛信仰如何从中原道教神祇逐渐融入多民族佛教神灵体系，成为具有降魔祛灾功能、与各民族基层信仰紧密联系的星耀神；以汉文画史文献《图画见闻志》《画继》等为线索梳理汉地宣和装卷轴画与唐卡起源之间的关系；同时以丝路古道须弥山石窟一座寺院从宋金、西夏至元明的变化映射多民族文化的融合与变迁。

以往把持话语权的西方艺术史界将11至13世纪西藏艺术作为印度尼泊尔艺术的附庸，割裂了此期西藏艺术与中国多民族艺术之间内在的联系，事实上，为了因应这段时期佛教的"末法"气氛，应激而起的民族佛教复兴浪潮席卷包括宋、辽、吐蕃、西夏、回鹘在内的诸多民族地区，造塔起寺、求经传法，体系化藏传佛教的兴起正是复兴思潮的成果。与此同时，由于13世纪前后的印度逐渐伊斯兰化，其原本衰微的金刚乘佛教对汉藏艺术的影响逐渐式微。因此，将以西藏艺术为代表的西藏文明的精髓归于南亚印度尼泊尔系统传承，是以外在的表现形态掩饰了其中的精神本质。本书通过考察藏西石窟寺，讨论西域石窟造像在藏西交通孔道的东南向延伸，个案辨析藏西石窟形制、图像配置，重点讨论藏西石窟千佛图像与西域敦煌所见北传大乘佛教千佛造像的渊源关系；集中考察藏区中部扎囊县11世纪后半叶创立的扎塘寺，辨识其寺院壁画的内容，进而探讨中原汉地法华信仰与图像传入吐蕃的路径；通过分析桑耶寺建筑形制与造像配置，勾勒11世纪佛教复兴之时圆融宗教在西藏的呈现方式，指出桑耶寺乌载殿等重点建筑三层殿堂主尊的分配与壁画的构成说明此时汉传佛教在藏地的流行程度远远超出我们的想象；期间汉地流行的《大云经》《法华经》与《华严经》等出现在11世纪前后的卫藏腹地的事实本身就是极为重要的汉藏与多民族文明传播史证据。作为补充，文明史以11至13世纪《法华经》《华严经》版画与雕版印刷术的传播印证汉、藏、西夏与多民族文明的缀合进程。

12至13世纪是汉藏多民族文明关系发展与凝聚的时期，新起的王朝以无限的包容与张力在新的多元民族观念的引导下将汉藏文明推向前进，原本属于辽、西夏、回鹘、大理等游走于汉藏之间的文明类型逐渐汇入新起的蒙元王朝主导的汉藏多民族文明的洪流。在此过程中，西夏文明扮演了最为重要的角色。本书通过考察西夏流传藏传佛教文物梳理吐蕃、西夏历史文化联系，并以敦煌及河西走廊西夏石窟个案的分析讨论12世纪前后汉藏与多民族宗教思想的融合,认为莫高窟第465窟是至今最早也是最完整的西夏前期保留东印度金刚乘密续图像体系的石窟;榆林窟第3窟的壁画安排糅合了唐密、藏密与华严思想,是丝绸之路多民族宗教思想的空间展现,而东千佛洞第2窟的龟兹型石窟形制、施宝度母与救八难度母图像完美地展示了12世纪至13世纪两宋、西夏、吐蕃在丝路古道上的文明交流。本书还进一步分析西夏元时期各民族艺术中出现的达摩多罗与布袋和尚形象,考察以西夏为媒介的汉藏文明的流布特征,并通过辨析藏区东部所见达隆噶举传承唐卡的上师图像,追溯回鹘、西夏、吐蕃至蒙元时期多民族的文化经济联系,考察回鹘西夏上师造像进入藏区的路径及其融入藏传密教上师图像体系的方式。

元朝对西藏地方的有效施政使得文明领域内汉藏及多民族关系具有了强有力的制度保障,13世纪的蒙元时期汉藏多民族物质文明更加变幻多样,其中融合了多民族文明元素的元代艺术具有强烈的气势与爆发力。7至13世纪的汉藏与多民族文明至13、14世纪,已经形成了多民族中华文明史的主体,为多民族文明交融的国家体制形成了稳固的结构以及可以循环向前发展的政体模式,成为统一的多民族国家的理论基础;汉藏多民族文明的交融客观上促进了不同地区在不同的经济与文化层面的共通发展,进而巩固了多民族文明国家的统一基础。本书首先以元代汉藏佛教文物遗存的考察建立本书论述的汉藏多民族政治关系史框架,以浙江杭州飞来峰汉藏佛教石刻造像考察西夏至蒙元时期汉藏多民族文明观念的冲突与调适,辨析10至13世纪江南地区吴越地方佛教造像衍变至宋元汉藏艺术主流的过程。本书以此期六体六字真言信仰的兴起与传播路径为线索,考察西夏后裔杨琏真迦最初镌刻于飞来峰的梵汉六字真言如何通过元代朝廷蕃汉僧官流布于东南沿海,积聚于大都,传播于全国各地。本书还以武威博物馆藏喜金刚与大黑天金铜造像入手解读萨迦班智达与阔端的凉州会谈,以元代大都妙因寺白塔讨论城市的白塔象征与汉藏多民族文明的扩展;同时通过对西夏日喀则夏鲁寺护法殿东壁壁画描绘的龙凤王座形制的分析,说明藏区地方势力对糅合了中原汉地皇权思想的元代朝廷的归顺;文明史分析了藏文史籍中记载的有关茶叶、瓷器的传说及其在藏族婚礼歌谣中的表现,展示汉藏文明在基层信仰中展示的形态。本书还独辟蹊径,从藏语词汇变化分析西藏金铜制造、金铜造像及其与周边文明的联系,认为藏语词汇"于阗"(li yul)、"琍玛"(li ma)至"紫金琍玛"(zi khyim li ma)的演变,可以考察藏汉佛教艺术对佛教圣地于阗的共同认知,考察佛教图像与造像技术的发展及其与邻近国家和地区的政治经济文化交流的对应关系,乃至汉藏与不同民族之间物质文明共同发展的轨迹。

居庸关是塞外草原连接华北京畿腹地之间官道上最重要的关隘,元顺帝时在此设计建造的过街塔是元代各民族友好相处的巍峨见证,是多民族国家一统的象征。现今各界只将元顺帝"报施于神明"、元人自认"壮丽雄伟,为当代之冠"的过街塔看作是藏传佛教的佛塔，实际上没有领会设计建造者的雄心大略，无意中忽略了过街塔更大的价值。本书的突出学术贡献还在于对元代最能代表汉藏与多民族文明关系的纪念碑式建筑居庸关的重新考订，从分析过街塔损毁的三塔与券洞图像配置入手，分析三塔的来源及其多重义理，讨论券顶五佛的文本与图像来源，考察斜披四手印、十方三身的十方佛构成方式并法华释迦多宝式样至14世纪时的变异形态。仔细观察以往无人关注的四大天王图像头顶化佛与胸前铠甲图像，从中复原设计者将西夏蒙元时期的多元信仰熔铸于过街塔建筑的绝妙构想。

　　11至13世纪或者说宋元时期是包括艺术在内的多民族中华文明史形成的最重要的时期，表现在汉藏与多民族艺术方面，不仅图像与风格发生了显著的变化，其呈现方式也迅速地本土化、礼仪化。11世纪至13世纪，吐蕃、宋、辽、回鹘、西夏乃至稍后的蒙元，对正统佛教及其经典的探求一直没有停止，无论是宋代数百人的取经团队穿越沙海绿洲赴天竺取经求法、吐蕃古格邦王益西沃舍弃生命交付黄金从迦湿弥罗恭请译师，也无论是在各处建塔、起寺、造窟的回鹘人，还是求取贝叶梵典、钻研雕版印刷技术、善于营造涅槃睡佛的西夏人……持续几个世纪，不同的人群以趋同的信念在佛教的发展中形成共同的思想文化潮流。

　　我们着重考察西夏对汉藏文明及中华多民族文明史形成的贡献；11至14世纪敦煌西域汉地风格艺术、于阗敦煌艺术的西南向传播，由此探讨11至13世纪佛教中兴与多民族文明在新时代的复兴与交融。蒙元式样建筑的居庸关，其云台三塔图样与西藏扎囊县的扎塘寺壁画及甘肃马蹄寺三塔龛式样同源；券壁雕塑的十方三世佛中融合了法华经释迦多宝对坐佛的内容，但北方天王胸前盔甲又镶嵌了河西走廊的西夏新样文殊图样。这些建筑形象立体地展示了11至14世纪中国多民族艺术关系的多重结构，可以说11世纪前后是中国文明史借助复兴的丝路、继承旧传统而重构的新时期。

　　事实上，以经卷插图、版画、石窟壁画为代表的早期作品大都是经由藏西、于阗至河西走廊传播而来的东印度波罗佛教图像系统及此类图像在藏西古格一线的变异形态，持续年代自11世纪后半叶至14世纪。后弘期托林寺为中心的古格是11世纪以后波罗艺术糅合当地元素后勃然中兴的重镇，现今敦煌莫高窟、瓜州榆林窟、东千佛洞、肃北五个庙等所谓的"藏传风格"石窟壁画，其图像体系大都来自藏西至河西走廊的传播路径，遵从11世纪至13世纪前后东印度波罗—藏西的早期造像传承。

　　包括丝绸之路东段河西走廊的民族交融地带，是本时期汉藏与多民族文明重构的时空交互地带，在印度中亚佛教衰微后，汉藏佛教与多民族佛教艺术以中国境内丝路，特别是以河西走廊为舞台，上演一场多民族共创中华文明史的大戏，这种融合趋势导致了此期汉藏多民族文明史的重组与变革，使之与前代民族艺术关系呈现不同的面貌，真正形成了有内在演进规律的图像风格关联。可以这样说，11至13世纪吐蕃、宋辽、西夏蒙元文明研究最大的突破，在于我们将由地域及宗教文化特征形成的、相对孤立各个民族的文明事项置于11世纪至13、14世纪中国多民族艺术史所依靠的政治文化交流的宏大网络中，作为这一时期重构真正意义上的汉藏多民族文明史最重要的共有元素。

11至13世纪以佛教艺术为代表的多民族文明随着佛教的本土仪式化趋势渗透到各民族社会生活的方方面面，成为建构社会生活史与物质文明史的重要基石。我们以汉藏文明史文献与实物个案为研究对象，归纳演绎其中的艺术风格发展规律，努力构建艺术史学者对包括汉藏艺术史在内的整个中华文明史的重新诠释与定位。

第一章

汉藏多民族文明形成的基础：
西藏神话与早期文物

第一节　西藏地区岩画与阴山、贺兰山 一系岩画的关联

一、概　述

岩画（Petroglyph）是原始人类在特定时期，最早如旧石器时代至新石器时代，在露天崖壁、旷野大石、崖阴和洞穴以凿刻和涂绘形式留存的图案形象，内容主要反映与原始人类狩猎与农耕生活密切相关的动物及图形。

由于具有相似的以狩猎与畜牧为经济基础的历史背景，我国北方的内蒙古、宁夏、甘肃、青海、新疆和西藏的岩画有着一定的共性，这种共性构成了北方岩画的总体特征。本节将探讨在北方岩画系统中西藏岩画与阴山、贺兰山一系岩画的关联。

西藏岩画最初由传教士弗兰克在其有关藏西拉达克的著作中提到，[1]但岩画的发现集中在20世纪80年代中期至90年代初期。目前已知的岩画点约60处，分布在西藏自治区的14个县境内，集中在西部和北部及雅鲁藏布江中上游的高海拔"羌塘"地区，"羌塘"，藏语意为北方草原。岩画以西部阿里和北部那曲这两大块地区的岩画点最为集中。西部岩画，制作手法以凿刻为主，有少量的赭色涂绘，岩画的表现题材和艺术风格更接近我国北方岩画传统。西部又以日土县境内的岩画点最为密集：任姆栋、鲁日朗卡、阿垄沟、塔康巴、曲嘎尔羌、那布龙、多玛等岩画点主要分布在西藏—新疆的公路附近。[2]这一带自古以来就是西藏高原连接克什米尔、中亚以及我国西域地区的重要通道。日土岩画在内容与表现风格上的多元性似乎也反映出这一带曾有过不同族群的活动。日土任姆栋的一组"豹逐鹿"图是西藏岩画中很少见到的鹿类型。装饰性强，线条流畅，具有与北方中亚草原民族艺术的相似性（图1-1-1）。西部岩画的部分内容甚至延续到吐蕃乃至以后

---

〔1〕 弗兰克：《西部西藏史》〔A.H. Francke (1870—1930), *A history of Western Tibet: one of the unknown empires*, Delhi Motilal Banarsidass, 1998〕，原书初版于1907年。

〔2〕 仵君魁、张建林：《西藏日土县古代岩画调查简报》，《文物》1987年第2期，第44—50页。文中描述了这三处岩画点：鲁日朗卡岩刻、任姆栋岩刻、恰克桑岩画。

图1-1-1　西藏阿里日土县任姆栋岩画及局部（谢继胜摄影）

的历史时期,如血祭的场面(任姆栋岩画点)、牛马商队(塔康巴岩画点)、浑身长毛或头插羽毛的巫师(鲁日朗卡岩画点等)、有组织的狩猎或放牧生活、程序严格的祭祀仪轨等等。西藏北部岩画年代判定颇费踌躇,早期岩画以加林山岩画点和纳木错湖一带的洞穴岩画为其代表。被当地牧人们称为"神画"的加林山大石岩画,凿刻于地表的大石面上,50余块大石上凿刻着动物、人物、树木、符号等形象,表现了狩猎、驯服野牦牛、放牧、争斗等生活内容。当雄纳木错湖沿岸洞穴崖壁用矿物颜料赭石等涂绘的岩画,已有藏传佛教内容,其年代很晚了。[1]

根据盖山林先生的研究,阴山狼山地区的岩画分布在西起阿拉善左旗,中经磴口县、潮格旗,东至乌拉特中后联合旗,东西长约300公里,南北宽约40至70公里的一条狭长地带。阴山岩画亦是在发达的狩猎经济和畜牧经济基础上产生的。岩画表现了动物、行猎、放牧、车骑、舞蹈、人头、圣像、神灵和征战等场面。岩画大都是用金属工具敲凿或磨刻的。[2]

贺兰山岩画分布较广,自南向北,从中宁县石空乡黄羊村起,主要地点有青铜峡广武乡广武沟、回回沟、苏峪口、贺兰口、插旗口、小西佛沟、大西佛沟、归德沟和小枣沟黑石峁等处。贺兰山岩画内容包括各种动物、人面、狩猎、舞蹈、原始宗教、手脚、太阳和鱼。岩画

---

[1]　罗徠:《西藏岩画的文化内蕴与审美品格》,《西南民族大学学报》2005年第3期,第285—287页。
[2]　盖山林:《内蒙阴山山脉狼山地区岩画》,《文物》1980年第6期,第1—11页。

手法包括磨刻法、敲凿法和线刻法。[1]

关于三地岩画的年代断定，李永宪教授认为最早的西藏岩画大体相当于西藏青铜时代的前期，目前发现的大部分西藏岩画主要是从青铜时代到吐蕃时期的文化遗存。[2]盖山林先生指出阴山岩画起始于石器时代。[3]李祥石先生在其关于贺兰山岩画研究的文章中认为贺兰山岩画应为青铜时代的作品。[4]

二、岩画的内容

将西藏高原与阴山、贺兰山一系发现的所有岩画作为一个整体观察，可以归纳为一个大的体系，岩画在表现题材、制作方法和图像系统等诸多方面都具有共同特征，因而制作岩画的人也应当属于一个相对统一的大的古代族群。当然，不同的历史时期在不同的区域，也会出现风格上的不同，有时这种区别还会比较明显。不同的风格类型可能是由于历史时段的不同；也可能因不同区域的部落活动所致。其实，正是这些"不同"，才成为我们了解认识西藏与阴山、贺兰山一系岩画发展脉络的重要依据，不同的风格类型，展示的是早期活跃于北方高原的那些族群的迁徙及社会生活的变迁。

（一）动物岩画

西藏早期岩画类型主要是描绘野牦牛、鹿等动物的岩画。其中牦牛是西藏高原最具有特征的动物。牦牛类型是西藏岩画的基本类型，几乎遍布整个青藏高原，青海西部有野牛沟、舍布齐等岩画点；藏北有加林山、夏仓岩画点；藏西日土数量最为丰富，分布着阿垄

---

[1] 李祥石：《宁夏贺兰山岩画》，《文物》1987年第2期，第61—65页；李祥石：《贺兰山新发现岩画述评》，《宁夏社会科学》1985年第2期，第107—110页。

[2] "西藏的岩画不是旧石器时代或新石器时代的遗存，最早的高原岩画应不早于距今3000年左右，即大体相当于西藏青铜时代的前期。目前发现的大部分岩画主要是从青铜时代到吐蕃时期这一较长时间段落的文化遗存，并且它们与进入青铜时代之后狩猎、畜牧经济的大发展以及高原大小部落集团的形成有着基本的对应关系。在佛教进入西藏的公元六、七世纪之后，绘制岩画的习俗在高原部族中仍较流行，但发展趋势逐渐与宗教石刻融为一体。在某些地区保留的岩画习俗则延续较长，最晚的岩画甚至可能晚至近代。西藏岩画作为一种特有的文化现象或习俗，从出现到基本消失大约经历了2 000多年的时间，在这个较为漫长的历史进程中，岩画在内容题材、制作方法、遗存形式、分布区域等多个方面都出现了一些变化，通过对这些变化的分析，我们对西藏岩画艺术风格的形成及其发展也就可以有一个基本的了解和认识。"参李永宪：《西藏原始艺术》，石家庄：河北教育出版社，2000年，第185页。

[3] "阴山岩画应有古老的渊源，它的起始年代，因我们调查记录的资料仅一千余幅，还不便遽断；但从已记录的岩画画面来看，根据以上十个方面的分析，岩画的上限似可推定于新石器时代初期或许更早，其下限则延至当今。"盖山林：《阴山岩画》，北京：文物出版社，1986年，第343页。

[4] "贺兰山岩画应看成是青铜器时代的作品为妥，至今约有三千年的历史。"李祥石：《贺兰山新发现岩画述评》，《宁夏社会科学》1985年第2期，第107—110页。

沟、鲁日朗卡、芦布湖、左用湖、扎洞等岩画点等。最突出的特点是以"通体凿刻"手法制作出"剪影式"的图像表现,这种制作方法是青藏高原岩画中最古老的一种。此类岩画以西藏高原最为常见的野牦牛图像为主,也掺杂有其他一些动物,如马、狗、羊、鹰、鹿、狼等。与野牦牛图像并存的是狩猎的场面,狩猎对象也几乎全部为野牦牛,狩猎手段有徒步弓箭狩猎和骑马射猎两种。到了后期,不仅表现狩猎画面,还特别热衷于表现群猎图。宗教内容方面,此类岩画已经出现了雍仲万字符、太阳、新月、圆圈、树木等变形图案,似乎存在一种早期符号象征系统,但不见巫师等人物图像,也不见动物图腾的内容和祭祀场面。

与牦牛类型相似的类型是鹿类型岩画,对凶猛的野牦牛的射猎转向至温顺机敏的草食动物的捕获象征着生产与生活方式的改变、生活工具的大幅度改进;或者说藏西北文明受到来自中亚游牧草原文化的影响。藏西保存标准的猎鹿图像岩画点很少(仅限于康巴热久、任姆栋岩画点),似乎意味着该族群在藏西活动的时间并不长。此类型岩画中的鹿常有挺拔俊朗的形态,繁茂复杂的鹿角,躯干上双涡旋纹饰,蹄、眼、吻等细部的描述,四肢与蹄部的悬浮式表现等等。鹿岩画分布的范围很有限,图像数量也很少,目前只在藏西阿里日土县与更西部的印属拉达克发现过类似的风格。此型岩画主要采用线条錾刻磨制法,用线造型,用线条勾勒物像轮廓,线条流畅而准确,形象轻盈而跃动,装饰感强。[1]

阴山、贺兰山一系的动物岩画也占绝大多数。[2]北魏郦道元的《水经注·河水》对这一带岩画记载有:"河水又东北,历石崖山西,去北地五百里。山石之上,自然有文,尽若虎马之状。粲然成著,类似图焉,故亦谓之画石山也。"其中包括狩猎场景,也包括畜牧场景。阴山动物岩画中最具代表性的动物为虎、鹿和羊等。[3]贺兰山动物岩画中也常出现有牛、鹿、羊、马、驼和虎等草原动物,甚至出现鱼类。由于贺兰山濒临黄河,我们很好理解岩画中出现的鱼类。西藏与阴山动物岩画中则不见鱼类。

总体上,西藏与阴山、贺兰山一系岩画题材主要都为动物题材,均曾出现牛、虎、鹿、羊和狼等等。西藏岩画较之其他地区,牦牛类型出现较多;阴山、贺兰山一系则以鹿和山羊类型居多。

---

〔1〕 张亚莎:《岩画的类型与部族的迁徙》,《西藏人文地理》2010年第5期,第48—63页。

〔2〕 "如小西伏沟第1号地点的一幅岩画,大鹿腹下的小鹿在吮吸乳汁,还有调皮的羊在抵角戏耍,自然表现了浓郁生活气息,俨然一幅悠然自得的牧场生活,平添了对生活对大自然的热爱之情。又如大西伏沟第3号地点的一头野牛昂首挺角,一副威武雄壮的情态。小西伏沟第2号地点的马匹,奋蹄扬鬃,似在长鸣。大西伏沟第8号地点的双峰驼,似乎迈着平稳的步伐行进在沙洲之上。"李祥石:《贺兰山新发现岩画述评》,《宁夏社会科学》1985年第2期,第107—110页。

〔3〕 "如在苏亥沟与乌斯太沟汇合处的西北方向,有一片黑色盘石,石上刻着一群野山羊,画面高0.77、宽1米。这群野山羊正在仓猝奔跑,原来旁边紧随着一只似虎的大型动物,这是山间猛兽捕食的情况,那种奔逃和追捕的景象,跃然岩面。在韩乌拉山潮日亥沟中段东畔黑石崖上,刻了一只猛虎,面积高0.93、宽0.88厘米,头朝北,张巨口,斑纹清晰,虎视眈眈。"盖山林:《内蒙阴山山脉狼山地区岩画》,《文物》1980年第6期,第1—11页。

（二）符号和文字岩画

公元7世纪左右佛教传入西藏，西藏岩画开始出现佛教题材。同时，伴随着此时吐蕃、回鹘、西夏、突厥与粟特等少数民族的发展与交流，岩画题材出现了与早期以动物题材为主表现高原部落狩猎和畜牧生活迥然不同的符号与文字题材。

西藏岩画中与佛教有关的内容有四类：器物类、符号类、建筑类和佛教活动类。器物类如金刚杵、经幡、伞盖等，并伴有"六字真言"；符号类主要是"雍仲"、火焰和莲花等；建筑类包括各类佛塔；佛教活动类有表现拜佛场面等。[1]

阴山岩画中曾出现西夏文、回鹘文（粟特文）、藏文、蒙文等。在乌拉特中旗西南部的石崖中，发现了两行可能是回鹘文（或粟特文）题字的线刻岩画。在磴口县北部那仁乌拉山峰西北和乌拉特中旗巴音乌拉前山山顶上，发现了西夏文题字。岩画中出现许多明清时期的蒙文或藏文六字真言，可见蒙古族在阴山地区游牧时受到藏传佛教的深刻影响。岩画题记中的藏文少数为早期藏文，如阿拉善左旗买很特罗盖山顶有一处古代藏文。在蒙古族岩画中，还曾出现花卉、海螺、卍字纹、奔马、双峰驼、佛掌和宝伞等与佛教相关的图案。[2]贺兰山岩画中的文字题刻曾出现汉文、西夏文、梵文等。归德沟发现有梵文题刻；贺兰口、广武口沙石梁、石马湾、中卫大麦地、大通沟等处发现有西夏文题记。归德沟、黄羊湾、苦井沟等地有汉文题刻。西夏文题记中除了一般的记录和标识类型，还包括佛教用语类型。[3]在贺兰山渡槽附近一处石崖的中上部有西夏文"佛"字5个，旁有西夏文"五"字1个；石崖西侧有西夏文题记一行。[4]可见随着中国北方各民族的交流，7世纪以后藏传佛教的发展对北方草原产生了深刻的影响，留下的岩画题刻便是最充足的见证。

三、岩画的社会内涵

西藏以及阴山、贺兰山一系岩画的文化内蕴非常丰富，也有着共性。从题材和内容可以归列为以下各类：

首先，岩画反映了古人狩猎的生活状态。

西藏史前，无论是旧石器时代还是新石器时代，甚至是进入历史时期的吐蕃以前的社

---

〔1〕"如在纳木湖扎西岛洞穴岩画中，有一表现拜佛的画面，画面的上方是一'口'形佛龛，龛中有坐于座上的佛像，其下有一举臂欲拜的人物形象。"李永宪：《西藏原始艺术》，石家庄：河北教育出版社，2000年，第166页。
〔2〕盖山林：《阴山岩画》，北京：文物出版社，1986年，第376页，第353页。
〔3〕束锡红、郑彦卿、吴琼：《贺兰山岩画与世界遗产》，银川：宁夏人民出版社，2003年，第81—82页。
〔4〕李祥石：《宁夏贺兰山岩画》，《文物》1987年第2期，第61—65页。

会生活状态,由于缺乏汉藏文献的记载和相关确凿的文物印证人们知之甚少。那些符合严格的学术年代要求的岩画对于还原西藏史前文明的社会形态、探索其社会内涵都有重要作用。狩猎岩画是西藏岩画中最常见的题材和内容,绝大部分岩画地点都存在这类题材,其中以藏北和藏西地区最为多见。狩猎岩画中的主要形象是作为狩猎者的人物及其狩猎工具、作为被猎物的各类野生动物。被猎动物均为哺乳类,包括野牦牛、羚羊、岩羊、野山羊、野驴、鹿等,此外还有一些鸟类,出现频率最高的动物是野牦牛、鹿、羊、野驴等,这个野生动物群的组合结构与现今高原西北部的草原荒漠动物群十分接近,而其他出现频率较低的动物绝大部分也是现今生存于北部、西部高原的种类,因此从动物种属上看,狩猎岩画中的被猎动物均为现存种属。狩猎岩画中人物造型比较生动,这些猎人们或头戴尖顶帽,或腰挎长刀,或身着长袍,或手执弓箭,或骑马追猎,或徒步围猎,甚至还有徒手擒获猎物的人物形象,充分表现了高原狩猎部族的生活。

从阴山岩画描绘的大量的集体狩猎、双人猎和单人行猎的种种场面,以及行猎时携带的棍棒、绳索、弧背刀、缴弓、箭等工具,我们可以得知阴山地区的先民已经娴熟地掌握了狩猎技能,也能证明狩猎业是阴山地区的重要经济基础。贺兰山岩画中甚至还出现伪装狩猎的画面,即猎人头戴羊、马、牛等动物装饰靠近猎物,足见草原先民精湛的狩猎技术。"大西伏沟第4号地点的一幅狩猎图,画面上的一个人藏在伪装后面,仅露出一双眼睛,注视着前方,似乎在偷偷地取出弓箭;而另一个披着长发,一支箭搭在弦上,其下还有一条狗,鲜明生动地再现了古代游牧民族的狩猎情景,与阴山几公海勒斯太第三号地点的狩猎岩画十分相似。"[1]

其次,岩画表现吐蕃先民的游牧生活。

随着狩猎工具的发明和改进,人们捕获的猎物越来越多。在暂时不缺食物的情况下,人们将多余的猎物豢养起来。因而,畜牧画面在西藏岩画与阴山、贺兰山一系岩画中亦占有较大比例。

西藏岩画中的畜牧画面以藏北和西部地区较为多见。从岩画所表现的内容看,当时人们已经能够畜养牦牛、羊、马等牲畜,另外还可能有被驯养的鹿。"如在藏东八宿拉鲁卡岩画地点就出现有骑鹿人物的图像。在日土塔康巴地点的岩画中,人们牵赶着牲畜随部落向远方迁徙;在加林山岩画中,骑马的牧人对牦牛群实行'领牧'的放牧方式;在革吉盐湖岩画中,有骑马牧人跟随在牛群之间的'散牧'形式;在日土那布龙地点的岩画中,有徒步牧人在牛群之后'赶牧'的场面等等(图1-1-2),这些多样化的畜牧方式大都出现在比较早期的岩画中。"[2]阴山岩画中有许多牧羊场面,同样有在西藏岩画中出现的"赶

〔1〕 李祥石:《贺兰山新发现岩画述评》,《宁夏社会科学》1985年第2期,第107—110页。
〔2〕 李永宪:《西藏原始艺术》,石家庄:河北教育出版社,2000年,第160页。

图1-1-2　日土那布龙地点岩画（李永宪摄影）

牧""领牧"等形式，还有"一条鞭""满天星"式放牧图，更有畜牧倒场的场面。贺兰山岩画中的畜牧图则不多见，可能是畜牧业还不发达的缘故。

　　第三，岩画反映了先民对动物本身的尊崇与喜爱。

　　这类动物岩画不同于出现在狩猎、畜牧或其他题材岩画中的动物图像，它是一种单纯表现各类动物的画面构图。西藏岩画中这类画面中的动物主要有牦牛、羊、鹿、虎（或豹）、鹰、骆驼、野猪、驴等，从动物的造型特征和构图组合上看，有的主要是表现各种野生动物的生活习性，有的可能是表现人们对某些动物能够不断生衍繁殖的希望，有的则可能是表现了对某些动物所具有的崇拜意识。这类岩画或与神灵崇拜或原始宗教意识有关。岩画描绘的图像有日月崇拜、生殖崇拜、自然物崇拜、动物崇拜等。

　　动物崇拜是阴山先民最普遍的崇拜形式。德国学者J.E.利普斯说："在史前人的心目之中，猎物——熊、水牛、鹿——的图画和活的动物本身是一致的。当他们用矛刺中动物形象时，即将举行的狩猎就有了成功的保证。今天澳大利亚人用沙上的画代替史前人的赭石画，仪式的参加者用矛刺中画在沙上的猎物，来保证次日狩猎的成功。"[1]阴山岩画中

〔1〕［德］J.E.利普斯著，汪宁生译：《事物的起源》，成都：四川民族出版社，1982年，第326页。

的动物崇拜还表现在神化动物上,比如画面中的动物形象比人物形象高大许多。阴山岩画中还出现幻想型的动物岩画,将不同动物最锐利的部分拼凑在一起组成新的动物造型。这一点有些类似汉民族"龙图腾"的龙的形象:它是由蛇身、牛角、马尾、鸟爪、鱼鳞组成的幻想动物。阴山岩画中还出现各种被夸大的动物蹄印和爪印。贺兰山岩画中"小西伏沟第1号地点中部的祈祷岩画,一个人双手合十跪在地上,面对一个似王字的符号在跪拜,或者是在向众多的各类动物跪拜",[1]表现的也是同样的动物崇拜场景。西藏、阴山以及贺兰山均出现的这种动物崇拜岩画揭示着它们某种共同的属于草原民族的文化历史背景。

第四,晚期的岩画还表现了先民的宗教寄托,如各类佛教用语、佛教器物和佛教纹饰在岩画中的出现便是典型。当然,这种类型的岩画与上述的狩猎以及畜牧等题材的岩画在其创作的目的性上有着一定的区别。这个时期人们对岩画神圣性的依赖已经逐渐淡化并转而为对佛教思想的信仰与遵从。伴随着这种思想的转变,原始岩画那种拙朴的艺术风格和极强的装饰性也日渐褪去,取而代之的是佛教的各类用语、纹饰以及器物图案。

四、岩画的艺术风格

首先,西藏岩画与阴山、贺兰山一系岩画在艺术方面的主要共同特征表现在造型风格上,即造型的总体特征表现为简练、拙朴。

无论是涂绘岩画还是凿刻岩画,其主要的造形方法不外乎两种,即"以线造形"和"以面造形",少数图像也存在二者结合的造形手法。无论是以线条来表现图像还是以平涂或琢刻的"剪影式"效果来表现图像,两种方法一般都只表现物体的外观轮廓和基本体态,如对人物、动物的描绘,主要是对其体形特征和动作姿态予以表现、不太注重对细枝末节(如眼、耳、嘴、指等)的刻画,所以对动物种属和人物身份的判断识别,主要是依据其体形和动作姿态的特征。坚硬粗砺的岩石和有限的工具使得人们在岩石上作画时不可能像后期用纸、笔、布等材料作画那样从容不迫,因此最佳效果的造型就是最简洁、最准确的造型,这也正是这些岩画在造型上体现的主要风格和特征。岩画的作者能十分简练地运用线条或块面刻画出各种姿态生动的人物、动物及生活场景,体现了高原先民们高超的形象概括能力和造型技巧的水平。

其次,岩画的构图和画面组合。

这些岩画在构图和画面组合上具有比较明显的几个艺术特征:大多数地点的每一幅画面基本上都是根据岩面的形状大小来构图或组合,即画面的构图形式实际上就是对岩

〔1〕 李祥石:《贺兰山新发现岩画述评》,《宁夏社会科学》1985年第2期,第107—110页。

石天然形状的巧妙利用,这个特征可称之为"应物象形"。[1]中国工艺美术史上亦有被称为"巧色"(或"俏色")的工艺,指的是巧妙利用玉石的色泽和形状进行雕琢,与上述的岩画构图是同样的道理。岩画在构图形式上反映出某种"应物象形"的自由特征的同时,另一方面又从画面内容上体现出岩画作者的主观构图意识,即把现实中分散独立的各类形象统一在某个特定意义的画面之中;其三,岩画在构图上还表现出一种比较完整的叙述性特征,这个特征在一些大型的画面中比较多见。

其三,岩画图像的装饰风格。

西藏岩画的造型手法,是运用线条和块面来刻画各类形象,并且在由早至晚的发展过程中,人们对于线条的运用越来越重视。对于线条的重视,是因为线条比通体敲琢或颜料平涂具有更强的表现力,而对线条的运用也使画面具有了强烈的图案化趋势。阴山岩画也常见图案化、符号化的装饰风格,岩画的作者运用抽象和象征的手法表现事物。岩画的装饰性可以体现在一种比较典型的"一对式"的动物造型上。"如在日土塔康巴地点岩画中,有一幅'对鹰'的图案,两只鹰一上一下,均成展翅飞翔状,头部相对构成一个装饰性很强的图案。"[2]实际上这种图案形式在阴山岩画中也有出现,如对马、对鹿、对羊组成图案,具有强烈的装饰性。同时,在中亚、西亚青铜艺术中也较多对鹰或对鸟的纹样。

西藏与阴山、贺兰山一系岩画中的审美意识反映为原始艺术的岩画,也就是说这些原始岩画表现了人类早期的审美意识。尤其与当代美学观点相比,它们有两个显著特点,即审美的直观性和功利性。审美的直观性可以从各地岩画中各种物象的表现感觉出来。岩画的作者对其所熟悉的人或动物的描写较为具象性,其造型缺乏一定的概括性,直到晚期的岩画才出现了简约化、抽象化、符号化。从早期岩画中写实性作品占绝大多数这一事实来看,说明岩画的先期作者的直观、模仿、再现能力超过了概括、抽象、幻想能力,审美的功利性体现在人们从实际利益着眼鉴别动物的种类的属性,即每次打猎的收获如何,在很大程度上取决于猎人碰到的是哪一种动物:是肥壮、繁殖力强的,还是弱小、繁殖力差的,并形成了审美的观点。从西藏岩画看,作者所表现的都是与经济生活有密切联系的动物,如野羊、野马、鹿等健壮的动物。[3]

岩画是史前文明的重要遗存,比较分析西藏岩画与阴山、贺兰山一系岩画的关系,寻找它们之间的共性,对于了解西藏与内蒙古、宁夏等地区早期的文化类型,了解古代北方游牧民族的生存、发展与交流情况,了解吐蕃与邻近不同地区之间多元文明形成的渊源都有重要价值。

〔1〕 (南齐)谢赫《画品》:"画有六法:一曰气韵生动,二曰骨法用笔,三曰应物象形,四曰随类赋彩,五曰经营位置,六曰传模移写。"
〔2〕 李永宪:《西藏原始艺术》,石家庄:河北教育出版社,2000年,第178页。
〔3〕 罗徕:《西藏岩画的文化内蕴与审美品格》,《西南民族大学学报》2005年第3期。

第二节　西藏的三界神话与宇宙观念及西藏神话的系属与特征

　　藏族的原始宗教，或称原始本教，是萨满教在藏族地区的一种变异形态，[1]与东北亚通古斯及中亚草原地带的原始宗教在生成方式上有共性，我国从东北到西北地区都有这种类型的原始宗教及其伴生神话，它与南亚次大陆流行的、以印度神话为代表的吠陀神话体系有所不同。本书之所以将藏族的原始本教称为萨满教，是从对作为这种宗教主体的宇宙结构论及构成其信仰基础的灵魂观念的分析中得出如此结论的。萨满教最基本的特征是灵魂不灭与灵魂飞升的观念，萨满本身也是灵魂观念的产物，是人与灵魂（或者说神与人）之间的中介。灵魂的漂移、飞升导致了空间概念的发展，可以说信仰萨满的民族的空间观是灵魂观念的展开，空间只是灵魂活动的场所和范围，整个宇宙间布满了灵魂，空间的分割是善恶等种种不同质的灵魂空间居地的分割，于是就出现了宇宙的层次结构，这种宇宙结构与灵魂观有密不可分的关系。任何信仰萨满教的民族，其神话、宗教体系，乃至由此衍生的政治体系，都可以从灵魂观念的发展与演变中找出踪迹，藏族的神话、宗教及政治历史的发展也说明了这样一个规律。

一、三界结构与天界善魂 bla

　　世界各民族神话都有宇宙空间三层或多层分层分割的神话，[2]本教的宇宙结构同样是三界结构，称为天界（nam mkha'）、中空（bar snang）、地及地下（sa/ sa 'og），按照遗留的民间信仰，天为神界（lha），中空为"赞"界（btsan），地下为"鲁"界（klu）。此

---

〔1〕　文明史将藏族的本教（Bon po）分为两个发展阶段：原始本教阶段与本教阶段。原始本教基本等同于萨满教；本教则是吸收了伊朗火袄教和佛教的某些教理，以原始本教为基础发展而来的系统化宗教。——本书后文中的本教如无特殊说明，均指原始本教。

〔2〕　古印度《梨俱吠陀》将宇宙分为天界、空界和地界。天界诸神是为方位不同、名称各异的太阳神，空界神灵是帝释天因陀罗（Indra），地界神灵是火神阿耆尼（Agni）。

与蒙古、西伯利亚等地的萨满教宇宙结构在形态上是一致的，这些地区的萨满宇宙结构也是三界结构，宇宙分为三大层，天界为七层，称七层天；中界为人界；下界为恶魂鬼魅所居，分为六层、三层或七层。宇宙层次的分割与原始人观念中的灵魂居留移动特征有关。灵魂在人类意识领域内的发展过程中出现善恶之分，善魂上升，成为天神，同时又成为祖先神。依此逻辑推之，藏族的始祖神话即为善魂神话兼天神神话，这是复原藏族湮灭极深的远祖神话的力证之一。在敦煌发掘的古藏文写卷中记载有"天界魂层，六位父系魂主，'恰'（phywa）安排人间牲畜次序"的神话。[1]所谓"天界魂层"藏文作gnam gyi bla dgung，其中的bla即指"灵魂"，而且是善魂，因而上居于天（gnam）中；dgung指天之正中部分，bla dgung即天界魂层，是bla的积聚之处。掌管灵魂bla的神，就成了"魂主"bla bdag。"六位父系魂主"藏文作rje yab bla bdag drug，指六层天的六位魂主；"恰"是七层天，即天的最下一层的魂主，相当于神人中介的萨满，故"恰"藏文作phywa，义即"卦卜""运气"，本教九乘中有一乘即phywa gshen乘，专事占卜祭祀招魂，故phywa指萨满。有学者认为满族"萨满"的本义就是"天"或"天仆"之音译，满族神话也讲到其第一位萨满就是天之子，是天人的中介。[2]在另一份敦煌古藏文历史写卷中记载"天父六君"却住在"七重天之苍穹，神境苍天之中"，同一份文献又记"天神自天空降世，在天神降神之处上面，有天父六君子，三兄三弟，连同墀顿祉共为七人，墀顿祉之子即为聂赤赞普"。[3]由这些古文献可以看出古代西藏地区的人们亦将天分为七层（bdun rim）。历史手卷中的khri'i bdun tshigs即等于神话手卷中的phywa，藏文后缀[-'i]是所有格"……的"之意，bdun为"七"，khri'i bdun tshigs概指khri中为七者，第七位khri。墀顿祉（即"恰"）之子是吐蕃纪年第一代赞普，他与此后的六位赞普又合称"天赤七王"（gnam gyi khri bdun），影射七层天。七王"在其子能骑马射箭之时，就沿着天绳，如同彩虹一般向天空飞去"。[4]此段引文说明人死之后的灵魂飞升，是典型的萨满情节。藏族的萨满（巫师）作法时要在身上缠上五色丝带象征飞虹；在唐卡神像的两侧挂上红黄虹带，称"黄虹"（'jar ser）和"红虹"（'jar dmar），其义是使神灵架彩虹升天。西伯利亚布里亚特人（Buriats）也相信他们的萨满能乘彩虹上天，在举行仪式时，也用两根丝带表示彩虹，一根为红色，一根为蓝色。[5]藏族神话中的"天绳"（rmu thag或dmu thag）实际上

〔1〕　F. W. Thomas, *Ancient Folk-Literature from North-Eastern Tibet*, Abhandlungen der Deutschen Akademie der Wissenschaten zu Berlin, Klasse fur Sprachen, Literatur und Kunst, Jahrgang 1952, Nr. 3.编号为Ch82IV.

〔2〕　富育光：《论满族萨满教的天穹观》，《世界宗教研究》1987年第4期。

〔3〕　王尧、陈践：《敦煌本吐蕃历史文书》，北京：民族出版社，1980年，第97页。

〔4〕　《王统世系明鉴》藏文版，北京：民族出版社，1981年，第55页。

〔5〕　Nebesky, *Oracles and Demons of Tibet*, "Some notes on Tibetan shamanism", Graz, Austria, 1975, pp.538-555.

就是通天的魂路。[1]

藏族本教的三界结构在色彩观念的表现上有其特殊之处：白色标志天界，性为阳（蒙古及其他萨满民族天为蓝色，有"长青天"之信仰）；[2]红色标示中界，为人界，性阴或中性；下界为蓝色，性为阴，并有世界树穿越三界。如图（图1-2-1）：

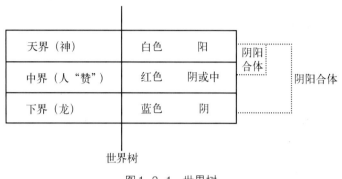

图1-2-1　世界树

天界的灵魂bla是一种与人体俱在的灵魂，bla可以离开人体而远游，可以寄留在某种物体之上，如bla-shing是"灵魂寄留的树"；bla rdo是"灵魂寄留的石头"，灵魂走失之后，可以通过仪式招请归来，一份藏文招魂书记载，[3]招魂所用的法器用具有：大宝容器、失魂者俑像（ngar mi）、姜普（chang bu）、俑灯（ting lo）、替身施物（glud rdzas）、吉祥幡、替魂羊之内脏、男女之性器俑、五彩箭、五色五股毛线、铜镜、半面鼓等；[4]以冷金（gser ram）、藏红花、朱砂写上失魂者生辰名牌；将魂玉、白青稞（gnas dkar）、七色粮食用红绸包裹，插上名牌放入魂羊腔内，并在羊背上也插上名牌，插上生命所依神箭以待游魂进入，此外还要唱招魂歌：

东方恶魔凶魂不能抓到魂，

西方恶魔凶魂不能抓到魂，

南方恶魔凶魂不能抓到魂，

---

〔1〕　Dmu thag之dmu，指一种水肿病，也是一种居于地下的妖魔的称呼，亦指一种古代民族的名称。从词源分析，7世纪古藏文dmu只作mu，常与sman（一种女性天神）构成mu sman，与藏缅语族其他语言比较，如克钦语［mu］是"天""雷""闪电"，怒语［mu］是"天"。因而dmu、mu的本义极可能是天神或彩虹之古称。伯希和所劫写卷P.t.126.2记述了天绳的形成："从天空的光线和大海的雾气中产生了本教的白色凝物，它被风拉长，纺织成线，缠绕在一棵树上，这些线就是天绳或吉祥绳。"

〔2〕　谢继胜：《藏族白色崇尚探索》，载《民间文学论坛》1986年第3期。

〔3〕　本节作者所收藏藏文木刻本bla bslu bsdus pa 'chi med srog shyin bzhugs so。

〔4〕　半面鼓（phye rnga）即单面鼓，是藏族萨满的主要法器和飞行器。

北方恶魔凶魂不能抓到魂。

魂石不能上天去，

魂石不能入地里，

恶魔凶魂抓不到魂。

魂石不能上天去，

魂石不能入地里，

魂主我这里有衣食。

魂依神箭在这里，

明亮神镜在这里，

魔符字主箭袋在这里，

双背侧五彩羊毛在这里，

彩色五线在这里，

你此路通来彼不通；

你的双亲在这里，

你的亲眷在这里，

你的兄弟在这里，

爱妻友伴在这里，

你的肉、茶、衣服在这里；

酥油、酪糕、蔗糖有三种，

外加茶、酒等物集这里。

招魂的呼声你听见了吗！[1]

shar bdud shar btsar lag nas mi bla bslu/

lho bdud lho btsan lag/

nub bdud nub btsan/

byang bdud byang btsan/

bla rdo gnam la ma 'bud cig/

bla rdo sa la ma 'jug cig/

bdud dang btsan gyis lag nas mi bla bslu/

bla rdo gnam la ma g·yug cig/

bla rdo sa la ma 'jug cig/

---

[1]　藏文木刻本 bla bslu bsdus pa 'chi med srog shyin bzhugs so, 叶2a-2b。

bla bdag rang gi gos zas yod/

bla yi rten so mda' dar yod/

gsal byed lha yi me long yod/

yi ge'i bdag po dong tsam yod/

rgyab cha bal tshan sna nga yod/

tshan gyi skud pa sna nga yod/

khyod phar la ma 'gro tshur la shog/

khyod kyl pha ma gnyis ka 'di na yod/

khyod kyi nye ring 'di na yod/

khyod kyi spun dang pho ba 'di na yod/

mdza' bo shag po 'di na yod/

khyod kha sha ja gos 'di na yod/

mar dang thud dang bur ma gsum/

ja chang la sogs 'dzom pa yod/

pos pa'i skad la nyon la shog/

图 1-2-2 "姜普"结构

招魂词先是叙述 bla 不被鬼魅所滞,又说 bla 无处停留,渲染人世间生活的美好,从而使魂归兮。仪式中使用的五彩箭、铜镜、替魂羊,与西伯利亚萨满巫师在招魂仪式中使用的法物是相同的,但藏族萨满还使用性器俑像和"姜普"。所谓"姜普"(rgyang bu,也作 chang bu),实际上是一种阴阳合体俑像的抽象变体,它是一根长木板,顶端系有各种飞禽(鹰)羽毛,中部缠有羊毛线,中下有一盛白芥子的容器,容器下系五彩丝带,板上绘有男女身形图案(如图 1-2-2)。其中五色丝带是暗示男性,因藏族男子的标志是一根缠有五根彩带的箭;中部缠的羊毛线团暗示女性,因藏族女子的标志是一只缠了毛线的纺锤;顶端的鹰羽、乌鸦羽暗示灵魂飞往天界,表示对灵魂的召请,在藏族萨满教中,鹰、乌鸦往往是灵魂的化身;白芥子则是供给生殖神(如男神 pho lha、母神 mo lha)的供物,整个"姜普"体现出对生殖力量的信仰,对生命的追求,故用此来招魂。

即使是在人死之后,也要等一年后下葬,目的是期望 bla 重新回到人的躯体内。吐蕃时期,赞普死后并不立刻下葬,而是厝灵枢于魂房,并举行祭祀遗体的仪式,即招魂仪式。如藏文手卷大事纪年蛇年(705):"赞普父王墀都松之遗体,厝置于美尔盖之魂房。"一年之后(706)"冬,于琼瓦祭祀父王赞普之遗体。"[1]《巴协》记"莎朗氏(gsal shang)之女

---

[1] 王尧、陈践:《敦煌本吐蕃历史文书》,北京:民族出版社,1980年,第25页,第109—110页。

死，将尸置瓦器中，埋于其母床下"。[1]

体内的灵魂bla还可以分成若干，如居于右肩的战魂（dgra bla）也称战神dgra lha，是人的护身魂，如此魂离去，人也就死去了。吐蕃止贡赞普在与臣子比武时，为臣所赚，臣以狐狗之尸禳退战魂，以腋下魂斧砍断上天魂路，弑杀赞普。[2]除战神外，还有居于右肩的男神或阳神（pho bla或pho lha），都是体内固定位置的灵魂，一旦身体遇害，便出来抵御，不敌则遁去，人因之而死。

新疆出土的藏文木简中有rtshe bla字样。[3]rtshe为"上"，rtshe bla指"上魂"。何为"上魂"，《格萨尔王传》有关人体灵魂分布的描述有助于理解"上魂"的概念。格萨尔的身体中头顶称lha rigs khyags se；右肩为男神pho lha；左肩为阴神mo lha；腰中为btsan rigs khyugs se；脚跟为klu rigs khyugs se，[4]图示如图1-2-3：

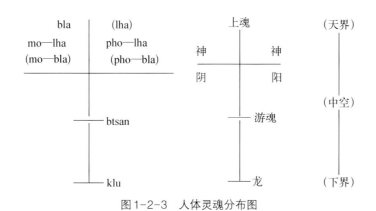

图1-2-3 人体灵魂分布图

可见格萨尔身体各部的神魂分布是以三界结构为基础的。木简中的rtshe bla正是指位于人头部的灵魂。此外古文献中还提到一种"体魂"（sku bla），这才是与人体俱存的灵魂，sku bla的出离会造成灾难。敦煌藏文写卷P.t.1047对sku bla有详细的记载："体魂欢欣，国王三代社稷不衰，国王父子伉俪宴庆欢乐。"[5]体魂的安欣与不受侵扰，是与国王社稷有关的大事。假如"大体魂不悦，引来魔怪、凶魂、瘟疫、万鬼等，国王与尚伦之生命危险，大凶"。[6]从以上公元7世纪的古藏文文献看，体魂是人身体中的总魂，但它又不等

〔1〕 转引自根敦群佩：《白史》，法尊译，西北民族学院民族研究所铅印本，1981年，第33页。
〔2〕 《敦煌本吐蕃历史文书》《贤者喜宴》《西藏王统记》对此均有记载。
〔3〕 王尧、陈践：《吐蕃简牍综录》（北京：文物出版社，1985年）No.422有"rtshe bla rtshe sman dang go yang gsol bavi …"字样。
〔4〕 《格萨尔王传·降魔之部》藏文版，兰州：甘肃人民出版社，1980年，第27—28页。
〔5〕 王尧、陈践：《吐蕃时期的占卜研究》所引P.t.l047卷，香港中文大学出版社，1987年。
〔6〕 同上。

同于"生命"（srog）；体魂不悦可危及生命，还可伤人误国，置国王君臣于凶险之地。由此可以发现灵魂 bla 经历了一个演变过程，即由个体的灵魂转变成独立于灵魂观念之外的神灵，即 sku bla 转变为 sku lha。在 P.t.1047 手卷中有"体魂不败，神运亨通"（sku bla myi pamg zbing lha g·yang long ba'i ngo）之句，证明 bla 与 lha 之间有所区别，但在新疆出土的藏文木简中却有 sku lha 字样，[1] bla 就等同 lha。也许是因为体魂如此的作用，吐蕃时期有一种祈请体魂（不是招魂）的仪式，藏语称 sku bla gsol ba。[2]

bla 由"灵魂"转变为"神"是萨满灵魂观念的发展。bla 为神，又居于天界，因而 bla 又有"上"的含义。bla ma（喇嘛）一词似为藏传佛教所专，实际上也是萨满信仰的一种反映。bla 是"魂"，-ma 是藏语后缀，属阴性，如"空行母"（mkha' 'gro ma），bla ma 最初或为阴性词，是掌魂的女萨满，此后才衍变为"上师"之意。因为在藏语中以 -ma 结尾指人的阳性名词极为罕见，阳性名词常以 po、pa、pho 等作后缀。

二、中界游魂 btsan 的产生与发展

（一）灵魂的分化，btsan 的产生及其特质

Bla 主要指在人活着的时候与人肉体共存的一种灵魂，bla 可以离开人体，并可寄留于他物，bla 离开人体之后，人并不因此而死去，这是灵魂观念的早期形式。btsan[3]与 bla 不同。btsan 主要指人肉体死亡之后的精魂，藏族有一句谚语叫"人死而赞魔生"（mi shi btsan skyes）。bla 和 btsan 的区别说明古代藏族对死亡性质的认识，同时也表明藏族萨满教中类似于佛教观念的"灵魂转世""灵魂不灭"是不存在的。在藏族萨满信仰中，灵魂 bla 在人活着的时候可以离开躯体远游，并能寄附在某种物体之上，但在人死亡之后，bla 就变成了 btsan，表明 bla 已消亡，而以 btsan 的形式存在，是一种质的转化。假如 bla 可以转世，即说明 bla 是不灭的，从而不会有"人死赞生"之说。西藏灵魂转世的观念，是随着佛教思想的传入，由佛教灵魂观与原始灵魂观融合的产物。灵魂转世观念又是佛教在婆罗门教灵魂信仰的基础上发展起来的，它是佛教哲学的基础，轮回学说就是灵魂转世的哲学体现，灵魂转世观念中的灵魂，被看作是一种绝对的、永恒的精神，人的躯体只是精神的容器，是生命之火燃烧的木柴，烧掉一块，再接着烧下一块，其实质是要人们建立起一种具有

---

〔1〕 新疆出土木简有"猴年祭体魂……"（spre'u lo la/ sku bla gsol ba'i …）字样。见王尧、陈践：《吐蕃简牍综录》，No. 427，北京：文物出版社，1985年。

〔2〕 同上。

〔3〕 关于 btsan，参看谢继胜：《Btsan, Gnyan 源流辨析》，《西藏研究》1987年第2期。

哲理意味的业缘关系，与万物有灵论中的灵魂观是格格不入的。有些学者认为，藏族的活佛转世制度就是原始灵魂观的演现，它实质上是轮回学说在西藏这块原始信仰盛行之地的变通形式，并不能由此判定藏族原始萨满教有"灵魂转世"观。

藏族地区有很多著名的地方保护神，都是当地人熟悉的人死后变成的btsan。例如，西藏日喀则的一座城堡废墟中就有一位btsan，这位btsan原是当地一家大贵族的秘书，因与贵族夫人相恋，被主人在赛马仪式中用野马将其摔死，他的灵魂就变成btsan，并杀死了主人家的九十九匹马，这位btsan的宣喻神巫在癫狂之中经常说："我杀死了老爷家的九十九匹马，为我心爱的夫人留下一匹。"[1] 在藏区各地，都有为游魂btsan建立的小红房子，称btsan khang。

灵魂是在意识领域内形成的观念，因而btsan有更大的不确定性，这表现在btsan的形状、居处、作用等诸方面。由于萨满灵魂的飞升，藏族的btsan并不下入"地狱"；又因btsan是人死亡后的魂，更多的是凶死之魂，为恶魂，不能像bla一样飞升至天顶成为天神，只是在中界徘徊、飘荡的凶魂。对于这类btsan，藏族萨满使用一种被称为"垛"（mdos）的法器来捕捉。"垛"是用两根长木做成的大十字架，然后用木条围成菱形框，以彩线或细木棍织成菱形网。较为复杂的"垛"称"朗木卡"（nam mkha'"天空"），垛上方是鸟羽毛（bya spu），两边系上彩带（dar），双侧架两个小"垛"，称为"天手"（nam mkha'i lag pa gnyis），下方是白芥籽盒（图1-2-4）。由于人死之后的btsan离开躯体四处飘游，大部分飘游在中空的凶魂一旦被触怒，就要给人带来灾难。为降服飞在空中的凶魂，萨满（巫师）从蜘蛛织网捕捉飞虫的现象中获得启示，也制作出网型灵器用以捕捉凶魂，于是就出现了"垛"。垛顶的鸟羽是指灵魂的使者飞鸟，整个的垛被设想为生有双手的天网。最初的"垛"只是用来降服凶魂的，在它获得降魔神力之后逐渐演变成了一种普通的法器，可以降服所有的恶魔了。于是就有降魔"垛"（bdud mdos）、降穆"垛"（dmu mdos）、降独脚鬼"垛"（theyu rang mdos）、降地妖"垛"（sa bdag mdos）等各种名目的"垛"。

典型的btsan mdos是用朱红色的木框架，扎上猫头鹰的羽毛制成。因猫头鹰被认为是"赞

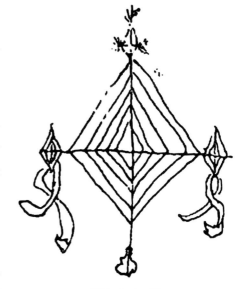

图1-2-4　垛

---

〔1〕 内贝斯基著，谢继胜译：《西藏的神灵和鬼怪》（上册），拉萨：西藏人民出版社，1993年，第275页。

鸟"（btsan bya 'ug pa），与游魂相关。"垛"的网格也可刻在其他法器上，如鳞纹板（khram kha 或 khram kha'i shing）也用来拘魂，人称拘鬼牌。

在吐蕃时代，人们为了防止人死之后的 btsan 危害于人，还要进行一种鞭尸仪式。如敦煌古藏文手卷赞普传记篇记有"赞普王者一经亡故，结发辫于顶髻，涂丹朱于面庞，于身上画线，对赞普夫妇遗骸鞭打，并对众人秘而不宣。"[1]这里的"划线"是做"赞垛"之形，涂朱盖因 btsan 为红色之故。此外，藏族巫师在每年藏历新年，要举行一种仪式，巫师身穿盔甲，神魂附体之后全身乱颤，面容痛苦，双眼圆睁，狂怒地穿行于拉萨各街道，向旧岁之鬼魂射出一支支神箭，最后将鬼魂俑像投入火中烧毁。[2]

（二）btsan dmar po 与 btsan 系神魔的体系化——兼论 btsan 信仰与中亚突厥拜火信仰之联系

Btsan dmar po 即"红色 btsan"，它的出现标示着游魂类凶神的体系化，btsan dmar po 是指身穿红色盔甲，骑红色马，持红矛，握红色绳套的武士，民间史诗及神话中出现大量如此装束的神灵。这是藏族 btsan 信仰与火神（me lha）信仰融合后的产物。因为火在原始萨满教的宇宙观中占有显著的位置，在满族的神话中，火被认为是一种飘荡奔跑的天神。[3]据藏文宗教史书《土观宗派源流》记载，"止贡赞普之时，有刀下死鬼（凶死之魂，盖指 btsan）为祟，藏地本波无能治之，乃从迦湿弥罗、勃律、羊同等地邀三大本波法师遣解之。其一人施巫觋之术，修炼火神，骑于鼓上，飞行虚空……示现诸端法力。"[4]拜火是中亚、突厥地区最重要的民间信仰。藏族 btsan 与火神的融合与中亚、突厥的拜火信仰之间的联系在吐蕃时期就非常之明朗，拜火是吐蕃时期重要的民间信仰之一，当时有一句著名的谚语，说"火和水，没有是不行的（mye dang chu nimyed du myi rung ngo）"。[5]吐蕃人祭天时（gnam mtshad），要堆放一大堆柴草（shing spungs）和三种动物作牺牲，并要燃放大火（me btang ba）；[6]满族神话中火正好是在天界，谓之"天火"。[7]格萨尔有一妃即名"火妃"（me bza'），说她是火山之王（me ri rgyal po）的女儿。[8]由此看来，吐蕃人的

〔1〕 王尧、陈践：《敦煌本吐蕃历史文书》，第45页，第124页。

〔2〕 Helmut Hoffmann, "Manifestation of Tibetan Shamanism", *Tibetan Society Bulletin*, vol.10, 1976.

〔3〕 傅英仁：《满族神话故事》，哈尔滨：北方文艺出版社，1985年，第107—113页。

〔4〕 《土观宗派源流》藏文版，兰州：甘肃人民出版社，1984年，第381页。

〔5〕 F. W. Thomas, *Ancient Folkliterature from Northeastern Tibet* 载"松巴（Sum pa）谚语"，Berlin, 1957年。

〔6〕 见敦煌藏文写卷P.t.988号，此段是吐蕃人译述汉文史籍《尚书·武成》时译文中的衍文。见黄布凡：《〈尚书〉四篇古藏文译文的初步研究》，载《语言研究》创刊号，武汉：华中工学院出版社，1981年。

〔7〕 傅英仁：《满族神话故事》，哈尔滨：北方文艺出版社，1985年，第107—113页。

〔8〕 藏文本《格萨尔王传·降魔之部》，兰州：甘肃人民出版社，1980年，第158—159页。

祭天拜火与中亚突厥的祭天拜火有一致之处。在吐蕃人看来，火可以吓退野兽，禳退灾邪，代表力量，也代表一种生机，一种感奋的刺激。火的这些属性与他们对祖先灵魂崇拜的某些属性有共通之处，祖先的尚勇武与火的自然属性是btsan与火融合的契机。在藏族的信仰中，btsan主要居住在西方，[1]btsan的方位观念也与火崇拜有关：西方是太阳落下、晚霞烧红天边的地方，所以藏族有"西方之王是火云"（de nub rgyal po me sbyin）的说法。[2]西方也是拜火教流行的主要地区，融合火神观念的btsan自然也在西方，这种观念与中亚、突厥人对西方的观念是一致的。《旧唐书·回纥传》记嫁给回纥可汗的唐公主首先叩拜西方。[3]高昌人也在彩虹出现时向西祈祷。藏族认为btsan系首领之一的a tsa dmar po住在"西方天空宽广之地，红铜堡宅的里边，黑风的坛城之中"（nub phyogs nam mkha'i klong lang nas/ zangs mkhar dmar po'i nang shed na rlong nag 'khrugs pa'i dkyil 'khor nas）。[4]这位btsan是红色的断命屠夫。火神的观念体现在btsan的形体上，就出现了一身红色的btsan，与伊朗火祆教中一身红色的英雄魂相似。格萨尔史诗及藏文本教经卷中描绘的btsan往往一身红焰，住在高高的红铜山（zangs ri dmar po）或红岩（brag dmar）之上，住在铜山上的原因是铜色红类火；铜在西方的观念也受到佛教四方物质观的影响，藏族"东方水晶，色白；南方玻璃，色蓝；西方铜，色红；北方金，色黄"（shar shel lha phyogs beed'urya/ nub phyogs zangs la byang phyogs gser）[5]的说法即出于此。在蒙古地区的萨满信仰中，也有将祖先葬在红岩（即俗称"红山子"或"赤峰"者）高地的习俗，据称将死者葬在红岩上，可以得到死者灵魂的佑护。[6]

红色btsan的出现，使btsan飘移活动的中空成了红色界，并导致了藏族萨满信仰中btsan系凶神体系的产生。btsan系凶神之主就是tsi'u dmar po，这是西藏民间信仰中的阎王，但他不是居于地下，而是住在地上。居地是典型的btsan魂城堡：坐落在一块红铜平原之上，周围的铜岩刺向天穹，红褐色的兀鹰在天空盘旋，btsan魂在空中四处飘荡，毒蛇攀援；红色山岩中央有一片沸腾的血海。Tsi'u dmar po后来成为西藏第一座寺院桑耶寺的护法神，并在寺旁为他建了一座拘捕游魂的魂房（btsan khang），外面始终遮有红布。Tsi'u dmar po在人行将咽气之时派遣鬼卒去捕捉由bla变成的btsan，然后将众btsan关进btsan khang，以刀斧于砧板上剁碎，据传说所称，桑耶一带夜间常闻鬼魂号哭之声，魂房

---

〔1〕 格萨尔王传中多次出现btsan在西方的记述，如青海民研会资料本《天岭卜筮》，第11—12页。
〔2〕 藏文木刻本《五部遗教·鬼神篇》，中央民族大学图书馆藏，叶36a。
〔3〕《旧唐书·回纥传》："既至虏庭，乃择吉日册公主为回鹘可敦……使群胡主教公主以胡法……出楼前西向拜。"
〔4〕 藏文木刻本chos skyong gi gsol mchod skor phyogs bsdus 'od 'byung dpal gyi rdzing pu zhes bya ba bzhugs so，叶40a。
〔5〕 藏文木刻本bun mong 'brel sgrig byed pa'i/ lha rnams mnyes byed bsangs yig bzhugs，叶40a。
〔6〕 海西希：《蒙古人的萨满教》，马曼丽译，载《蒙古学情报与资料》1984年第2期。

窄小的窗户也被抓得伤痕累累。[1]在拉萨通往日喀则的大路至羊卓雍湖畔,路边建有七座魂房,据说这属于btsan系的火神七兄弟('bar ba spung bdun),他们的七个妻子是btsan王的七个鬼卒,都是生有狗头的女神:第一位称朱砂眼红母狗,吐毒雾,属lha btsan;第二位喝人之脑浆,属红岩赞(brag btsan dmar po);第三位血红眼母狗,吐毒雾,属klu btsan;第四位深蓝眼红母狗,提有装满疾病的口袋,属bdud btsan;第五位咬人脖颈,断其呼吸;第六位同第五位。[2]此外,藏区山顶所垒石垛(la rtse)上插神箭,外涂红色,也是btsan之居处,甚至一些佛教法师所戴的红帽,称btsan zha',上面有掌管寿诞的阿弥陀佛,整个帽子用红绢缠裹,一些宣喻神巫除穿btsan衣(btsan chas)外,也戴饰有骷髅象征游魂的btsan zha'。

（三）"赞普"（Btsan po）,灵魂观念在原始"政教合一"形式中的体现

Btsan po,即"赞普",记于新旧《唐书》中,指"国王""君主","其俗谓强雄曰赞,丈夫曰普,故号君长曰赞普"。由作为游魂的btsan成为吐蕃君王的名号,从中可见灵魂观念的一次大发展。之所以选btsan而不选bla作为王之名号,有如下原因:

（1）btsan指亡魂,因而特指祖先。祖先崇拜在阶级社会初期的民间宗教中占有突出的地位,用btsan po作君王名号,便含有祖先崇拜之因素,而bla是与活人俱在的灵魂,不具备"祖先"因素。

（2）btsan属意识领域形成的神,有极大的形体变幻性,比一些形体确定的神灵更有可塑性。

（3）btsan是中界之神,是人神之中介。

（4）btsan与传统的火神崇拜的融合使btsan取得了形体,加速了其人格化的过程。这种过程与吐蕃当时的社会发展阶段相适应,而其他一些原始形态的神灵则不能反映吐蕃社会初期的特点。因此,btsan po名号中就遗留了拜火信仰的痕迹。如"赤德祖赞"（khri lde gtsug btsan）其中的lde,在传说时代的btsan po名称中也多次使用,有所谓"八代王"（rgyal po lde brgyad）之称。lde指星位中的火宿,现代藏语lde仍作"热""暖""烤"等形容词或动词。如ni ma lde ba（晒太阳）,me lde ba（烤火）。另有一位btsan po叫me khri btsan po,me即指"火"。

赞普的居地也能反映出btsan po的btsan与凶魂之btsan的关系。敦煌文献记载,btsan

---

〔1〕 R.D. Nebesky, *Oracles and Demons of Tibet*, Graz, Austria, 1975, pp.166-176.

〔2〕 R.D. Nebesky, *Oracles and Demons of Tibet*, Graz, Austria, 1975, pp.166-176. 此外,以上两地作者1986年夏天曾亲去考察,tsivu drear po之btsan khang现已拆毁。

po时常住在"札玛"宫（brag mar），brag mar即brag dmar，[1]意思是"红色岩石"，而"红岩"正是融合火神观念的btsan栖居地的通称，有很多的红岩赞神（brag btsan dmar po）都栖止于红岩。btsan po成了王名之后，仍保留了btsan的特点，驻扎之地仍叫brag dmar，brag mar位于桑耶寺以北、钦浦（mchims bu）以南的地方，这恰好是众btsan首领Tsi'u dmar po的驻地。今天布达拉宫所在地，吐蕃时期称为"红山"（dmar po ri），正是赞普宫殿的名称，此后红色称为王权政治的象征，布达拉宫的红宫与白宫，恰好是"政教合一"的统一。

btsan po最初是一类藏族萨满的名称。从构词法分析，-po主要是作为阳性人名的后缀。btsan作为名词"游魂"，btsan po可能是指btsan之宣喻神巫，现今一些寺院的神巫都遗留有btsan po之称号。天界为bla的居处，bla之主bla bdag就是天神，六位bla bdag就是藏族的六位神话始祖，王室的祖先；中界是btsan之居地，btsan po就成了人之王，因而，唐蕃会盟碑中，赞普称"神变赞普"（'phrul gyi lha btsan po），即能变幻身形的大萨满！从这个变化中可以看出如下的灵魂发展规律，位于天界的bla具有较强的神性，又属善魂，逐渐进入了藏传佛教，其"女萨满"之bla ma演变为"上师"之bla ma一词；而居于中界的btsan为恶魂，且与有形体的火神融合，兼有勇武强权之特征，其"男萨满"之btsan po演变为"君主"之btsan po。可见，灵魂观念与西藏的政治、宗教体制都存在着直接的联系。由于西藏的宗教、政治体制起初都是建立在灵魂崇拜的原始信仰之上，这就为两者的联合提供了共同的思想基础，从而导致了政教合一制度的产生，并将灵魂与萨满观念以官职萨满的形式固定在地方政府机构中。旧西藏地方政府设有国家一级的萨满，一些政局大事，活佛转世、挑选灵童、天气预报等等都要聆听神谕之后才能决定。在五世达赖以前，当地政府的宣谕神是位于色拉寺附近dga gdong的"嘎玛恰"（skar ma khya），此后又让位于哲蚌寺附近乃穷寺的宣谕神，其主神就是白哈尔神（pe har）。据一些藏文文献记载，白哈尔为鹰首人身之神，他原是中亚突厥某部（一说裕固）的天神，在公元8世纪左右由莲花生带入西藏。先在桑耶寺供奉了若干世纪，后移至拉萨河畔的蔡公堂（tshal gung thang），因与当地神巫不和，被神用"赞垛"捉住，装入小箱，抛入拉萨河，流经哲蚌寺附近时被人捞起。开箱后，白哈尔神化身白鸽，栖息于一棵树上。后绕树建寺，称乃穷寺（gnas chung）。[2]

事实上，白哈尔神的鹰首、鸟形、栖树的特征说明了它的神话来源，与中亚、突厥神话的"鸟""树"情节是一致的。其中的白鸽与满族的"珊延木克嘎斯哈"（白水鸟）为一类神话元素。[3]因此之故，有白哈尔落水的情节。

〔1〕　古藏文dmar、dkar等形容词后合成词的后半词素，d往往脱去，直接写成-mar、-kar。
〔2〕　R.D. Nebesky, *Oracles and Demons of Tibet*, Graz, Austria, 1975, pp.94−101.
〔3〕　富育光:《论萨满教的天穹观》，《世界宗教研究》1987年第4期。

三、地狱的消失，藏族萨满宇宙结构论的特征
——藏族民间信仰中的"鲁"

在藏族萨满教的三界结构中，虽然灵魂精怪布满了空间，善魂 bla 成为天神，但凶魂 btsan 并未下入地狱，只是在空中飘荡，以 tsi'u dmar po 为首的"阎王"殿也设在地上，更没有一个地下的幽冥世界，佛教地狱观念的传入也没有能彻底地改变这种信仰。这一特征的形成或许应该从藏族神话与原始阴阳学说中找出根源。在藏族萨满教的三界宇宙观中，天地的区分是阴阳的区分，而不是佛教意义的善恶的区分。在藏族的灵魂观中，绝对的恶魂是没有的，btsan 为恶魂，但有时也是善神，甚至等同于祖先，并能佑护他人。藏族也没有以地下为恶的观念。地与天只是一对阴阳统一体。敦煌写卷记载，天王 pra dag 住在三层天，母后住在六层地下，说明天（gnam）为阳（pho），地（sa）为阴（mo）。[1]一份藏文祭神书更明确地说，父亲是天（pha gnam），母亲是地（ma sa），生出的儿子（bu）是野马："父亲天空雷声隆隆，母亲大地闪电弯弯，儿子骏马是雪山的精华。"[2]吐蕃远古王统的排列也含有这一观念，聂赤赞普的妻是 gnam mug mug，指天；生子穆赤赞普，穆赤赞普的妻是 sa ding ding，指地。本教神系反映的观念亦是如此。本教神系中居于天界的最高神是 srid pa sangs po 'bum khri。他的妻子叫 chu lcam rgyal mo（水夫人），水夫人原始名叫 sa trig er sangs。考其语义，sa 指"地"；trig er sangs 等同于 trig e sang，是一条本教术语，义即 yum che mo（大母）。sa trig er sangs 全部译出就是"大地之母"，[3]藏族的地母与满族萨满神话中地母巴那吉额母是共通的信仰；[4]与蒙古萨满教中天阳地阴的信仰也是一致的。[5]

藏族萨满三界结构中居于下界的是"鲁"（klu）。[6]根据本教经典《十万龙经》记载，鲁居于大海、大河、沼泽、瀑布、水池、山岩、土地等下界的所有地方。[7]纳西族象形文字

〔1〕 见 F. W. Thomas, *Ancient Folkliterature from Northeastern Tibet* 所辑写卷，Berlin, 1957.

〔2〕 藏文木刻本 bun mong 'brel sgrig byed pa'i/ lha rnams mnyes byed bsangs yig bzhugs, p.12b.

〔3〕 参看谢继胜：《藏族本教神话探索》，《民族文学研究》1988年第4期。

〔4〕 富育光：《论满族萨满教的天穹观》，《世界宗教研究》1987年第4期。

〔5〕 匈奴老上单于自称是"天地所生，日月所置匈奴大单于"，又据道尔浩·班扎罗夫所言："事实上，他们（指蒙古人）把天看作是自然界的阳性根源，而把地看作是自然界的阴性根源，前者赋予生命，后者赋予形体。"道尔浩·班扎罗夫：《黑教或称蒙古人的萨满教》，内蒙古大学蒙古史研究室编：《蒙古史研究参考资料》第十七集，1965年3月，呼和浩特。

〔6〕 还有一种居于天界的"龙"称 'brug，"鲁"，有时被译为"龙"。本处后文中的"龙"，均指"鲁"，与传统意义的龙内涵不同。

〔7〕 藏木刻本《十万白龙经》简本（klu 'bum dkar po），叶2a.

将龙写成如图1-2-5所示之形，藏龙与此较为相似，但也有"猪头龙""牛头龙""马头龙"，甚至有"具小儿形体"的龙。藏族的龙最初是由蛙而来，本教巫师供给龙的供物主要是蛙。"蛙"藏文作sbal ba（土语亦作"巴哇"），有的学者认为sbal ba就是"鱼"（nya）的古称，藏族不食鱼类、忌讳蛙类的禁忌与习俗极可能是龙崇拜的一种遗留。吐蕃时代的传说里讲道，赞普拉脱脱日年赞（lha tho tho ri gnyan btsan）之孙仲年德如（'brong gnyan lde ru）娶的妻子是钦萨鲁杰（mchims za klu rgyal），钦萨鲁杰长得异常美丽，但后来逐渐变得丑陋难看了。仲年德如问其原因，答曰"我家乡有一种美食，这里没有，所以我变得难看了"。仲年德如派人去取，女仆取来很多的油炸青蛙，藏于库中，钦妃吃了以

图1-2-5 纳西文字"龙"

后，又变得美丽了。仲年德如很奇怪，偷偷打开库房门，看见蛙尸，心生疑忌，得麻风病死去了。[1]从钦妃名义考，实际上她是mchims一带的"龙王"（klu rgyal），因而在格萨尔史诗中，龙王就是一只大青蛙。[2]作为本教经典翻版的《东巴经》也记述了纳西人崇拜的"黄金大蛙"。[3]由此看来，藏族最初的"龙"崇拜只是对水栖动物鱼、蛙之崇拜。在宗教的发展过程中，印度的龙（那伽）和汉族龙信仰进入原始本教的"龙"信仰之中，使龙之崇拜具有抽象特征，成为基本信仰之一。正因如此，人们怀疑藏语的klu是汉语"龙"的音译借词。[4]但是，藏龙与汉龙不完全相同，汉族的龙是上天入地的飞龙、蛟龙；藏龙住在下界，雷神为'brug，属于"天龙"。

藏族三界宇宙观中存在天阳地阴的信仰，因此，属于地下的龙大都是阴性的，称母龙（klu mo），地为母龙之信仰可能与原始地母观念有关，龙神话可能是地母神话的发展形态。因有地母生出万物之神话，相对应的也有母龙生万物的神话。《十万龙经》记载，龙的头部变成天空，右眼变成月亮，左眼变成太阳，四颗上门牙变成四颗行星；当母龙睁开眼睛时是白天，闭上眼睛黑夜就降临；母龙的声音形成雷，舌头形成闪电，呼出之气形成云雾，眼泪形成雨，鼻孔产生风，血液变成海，血管变成海流，骨骼形成山脉。[5]可见，龙之神话与地母变万物的神话[6]是共通的，藏族最初的"龙"正是阴阳统一体中的阴性根源。

〔1〕 事见《贤者喜宴》，转引自佟锦华主编：《藏族文学史》，成都：四川民族出版社，1985年，第310页。

〔2〕 王沂暖汉译本《门岭之战》，兰州：甘肃人民出版社，1985年，第351页。

〔3〕 木丽春：《纳西族的图腾服饰——羊皮》，《云南少数民族文艺文集》第二集，昆明：中国民间文艺出版社，1983年。

〔4〕 蒙语"龙"亦称lu。

〔5〕 Helmut Hoffmann, *Tibet: A Handbook*, Chapter vii, Bloomington: Indiana University Press, 1975.

〔6〕 谢继胜：《藏族本教神话探索》，《民族文学研究》1988年第4期。

第三节　西藏山神神话体系与西南诸族及东亚神话

一、藏族的山神神话

每一个古代民族对世界万物的认识、对社会的认识构成该民族的原始文明。各民族对宇宙世界的发生次序认知，对自然的神化方式，则因各自社会形态的差异而互有不同，并且随着民族文化的发展和社会形态的变化而发生变化。

山神崇拜是东亚诸民族古代最重要的自然崇拜之一，也是西藏原始信仰中最具个性特征的崇拜形式；是构成西藏整个原始信仰体系的基础。藏族居住的地区是一个山脉丛立的地区，藏区任何一座山峰之上都驻有神灵，每位山神都有自己的领地，主司专门的事务；与山神伴生相存的还有大量的山神神话、传说、特定的祭祀仪礼和供奉方法。山神崇拜将藏族原始信仰的各个方面都充分展现了出来，对藏族山神信仰及山神神话的分析，有助于对藏族神话的深入理解，从中认识整个神话体系的构成方式。

整个藏族地区有无以计数的高山峰峦，山神的数量也数不胜数。随着藏族社会的发展，山神也由单体的神灵向整体的山神体系过渡，出现了神灵的分类和等级，并出现了与之适应的最高山神。藏族社会不同发展阶段的差异与藏族宗教内在的矛盾性导致了山神体系的矛盾性；地理环境的不同也导致山神体系的矛盾性，这种矛盾性表现在最高山神的异同、山神职能的异同等各方面。

根据藏族民间的传统信仰，藏地有四大神山：[1]卫藏地区的神山雅拉香波、北方羌塘的神山念青唐拉（即念青唐古拉）、南方神山库拉日杰或库拉卡日（sku bla mkhar ri）（图1-3-1）、东方神山沃德巩甲。[2]这四座神山是藏区神山的代表，是佛教传入以前藏族原

---

〔1〕藏传佛教所记的四大神山与民间信仰的神山不同。佛教的四大神山指拉萨药王山、南泽当贡布日山、桑耶哈比日山、贡嘎嘎保日山。

〔2〕见《格萨尔王传·赛马称王之部》，青海民研会编资料本，第46—49页；另据本节作者1986年夏在日喀则所获藏文木刻本《欢娱众神焚香仪轨书》共53函叶18a记："东方的山神是玛卿伯姆热，共有三百六十个'玛'相随；南方的山神是降普岭群，有三百六十条龙相随；西方的山神是念青唐拉，有三百六十个神相伴；北方的（转下页）

始信仰中崇拜的山神。四大山神与其他五位
著名山神组合在一起，组成山神体系的核心，
称为"世界形成之九神"。九位山神是沃德
巩甲、雅拉香波、念青唐拉、玛卿伯姆热（即
阿尼玛卿山）、蛟卿顿日、岗巴拉杰、雪拉居
保、觉沃月甲、西乌卡日。[1]除此之外，由于
地理环境的不同，各个地区还有自己特定的
山神，例如藏族果洛部崇拜的大山神年保玉
载匝日、西藏西部的神山冈底斯、定日地区的
长寿五姊妹女山神等等。

　　以往人们对藏族神话的研究，基本上没
有涉猎山神神话。其中关键的问题是收集到
的山神神话材料较少，况且变异严重，消蚀了
神话的特征，神话中的原始成分被变异形态
隐匿了，山神的自然神属性有所削弱。神话

图1-3-1　南方山神库拉卡日

中掺杂了大量的佛教成分，几乎所有的山神都是佛教的护法神，使得山神的性质和职能发
生了变化，甚至人为地制造出佛教的圣山和山神作为藏区山神的统领。山神的形体也发
生了变化，一些反映古代藏族神话观念的山神形体被在佛教善恶观支使下而出现的神灵
形体所取代；一些反映山神的神话亦被改造成带有佛教特征的礼仪。所有这一切都为山
神神话的研究带来极大的不便，我们只能从藏族民间信仰的山神及片断的神话入手，结合
与山神崇拜相关的原始仪礼与民俗事项，利用一些藏文文献和仪轨经卷，从中析离出神话
的元素，勾勒山神神话的概貌。下面对一些著名的山神及其神话作一初步的介绍、分析。

（一）雅拉香波山神神话

　　雅拉香波位于西藏山南地区西藏自治区琼结县，藏文 Yar lha sham po，意思是"大神
香波"，在"世界形成之九神"中排列第二位，仅次于沃德巩甲山神。故又称"斯巴大神雅
拉香波"。雅拉香波是一位古老的山神，在公元6—9世纪的敦煌古藏文手写卷中多次提

　　（接上页）山神是拉尊普来，有三百六十个'赞'相伴；另有雅拉香波、沃德巩甲、库拉盖尊等"。还有一种说法
　　是：东方雅拉香波、南方库拉卡日、西方诺吉康瓦桑布、北方念青唐古拉山神。
〔1〕此处是《藏汉大辞典》的排列法。关于"世界形成之九神"亦有多种排列法：如隆多喇嘛所记，九位山神依次是
　　沃德巩甲、雅拉香波、念青唐拉、蛟娃觉卿、玛卿伯姆热、觉沃月甲、西乌卡日、吉雪肖拉秋保、诺吉康娃桑布。参
　　阅《隆多喇嘛阿旺罗桑全集》ya卷《立誓护法神如海名录》，木刻本，叶14b。

到雅拉香披,说"雅拉香波乃最高之神"。[1]事实上,雅拉香波山并不是藏区较大的山脉,但为什么它却成为整个藏区的最高神灵呢?这主要是由于雅拉香波山所处的地理位置决定的。藏族地区山神形成的途径大致可分为两种:一种是由居住在某山附近的居民供奉的山神。这些山峰大多坐落在气候温和、易于耕作的河谷,或者山下有肥美的牧场。由于这些雪山滋润着良田牧场,人们直接从雪山获得利益,从功利的目的出发,人们将雪山神化,产生了山神。这类山神多率先产生,属于善神;藏区的另一种山神所掌管的山峰多处于人迹罕至的密林或蛮荒贫瘠之地,它与人们的生产生活的关系不及第一种山神那样密切,人们出于畏惧而将之神化形成恶神。雅拉香波雪山所在的雅隆河谷是吐蕃最古老的部落繁衍之地,是农耕区。根据原始人的思维方式,人们总是首先注意到自己身边的事物,他们奉为神灵的自然物最初是以自己的活动范围以及视力所及的范围内开始的。河谷地带的自然环境与古代雅隆部落先民的物质生产活动有直接的关系,位于这一地区的山峰是该部落率先神化的对象。该部落奉雅拉香波为最大的山神,此后随着雅隆部落与其他部落的交往联系和互相融合,雅隆部落自身也发展壮大起来,在部落间的兼并战争中一直处于优胜的地位,最后终于取得了整个吐蕃的政权,因而他们崇奉的山神也就成了众部落共同信仰的山神而成为最高神灵。在藏文史籍文献中,往往称雅拉香波山神为王族神灵,代表王室的力量。在佛教初传藏地之时,由于王室中很多人信仰本教、抵御佛教,表现在神话上就出现了莲花生入藏传法时遇阻的说法,雅拉香波山神甚至发洪水冲毁旁塘宫殿。[2]总之,雅拉香波山神成为吐蕃最高山神的历史也就是雅隆部落的发展壮大史。最高山神的出现与藏民族的整个社会发展阶段相适应:没有一个统一的、强大的吐蕃政权,没有出现一个英明善战的吐蕃君主,雅拉香波山神就不会成为最大的山神。

藏族的山神神话有这样一个显著特征:就是在山神崇拜的领域内没有产生纯粹以山体自身为基础的山神,山神的形体往往借助某种动物或者某种图腾来表示,没有抽象领域内产生的山怪、山精等纯主观的山神形象。从这一角度来说,山神神话不是单一的,而是复合的神话形式。雅拉香波山神的形象正体现了这一特点。根据当地流传的神话,雅拉香波山神是一头白牦牛,从牦牛的口、鼻之中不断喷出雪暴。山神有无比的法力,可以摧毁岩石、引发洪水,甚至可以化身为白人与人交合生子。作为最高神灵,山神统领雅隆地方所有的地方保护神和土地神。据《鬼神遗教》记载,乌仗那莲花生入藏时曾被山神所阻:"此后乌仗那莲花生大师,预知该到降伏妖魔时,来到尼婆罗险路。雅拉香波发暗雷,化为白牦牛如山巨,发狂弄塌诸山岩,堵断道路无处行,口鼻喷气霭霭如降雾,雨雪纷纷眸

〔1〕 王尧、陈践译注:《敦煌本吐蕃历史文书》北京:民族出版社,1980年,第98页,第102页。
〔2〕 藏文版《青史》,上册,成都:四川民族出版社,1984年,第69页。

眼不见路。"[1]这里描绘的雅拉香波山神形象保留了山神神话中山神的形象。山神是一头白牦牛，并且可以自由地变化，其中隐含了原始人对山神的认识。从记述的山神法力可以看出人们对山神的敬畏程度。由于神话的发展，山神的形体发生了变化，由白牦牛转化成白人，白牦牛仅成了山神的化身。雅拉香波山神成为一位身体白如海螺、穿着白色衣服的白人神，双手各持一把带有五彩丝旗的短矛和一把水晶剑。与山神的人形化相适应，山神有了妻子儿女。山神的妻子叫朗勉托吉普玉，是天界女神的首领，一身淡红色，右手持闪电，左手握冰雹，骑着闪电飞行。

（二）念青唐古拉山神神话

假如说雅拉香波山神是以吐蕃王室神灵而为人所知的话，念青唐古拉山神则是西藏最著名的山神。念青唐古拉也作唐拉耶秀（ thang lha yal shud/ thang lha yab shur ），[2]它是藏北念青唐古拉山脉的统治神。这位山神最初是作为雹神被人们认识的，是掌管冰雹的十八雹神之一。行人经过唐古拉山时，都要进行焚香祭祀，并向山神敬奉各种供物。在神话中念青山神还被认为是财宝守护神。有一份藏文山神祈愿颂文向我们展示了山神的形貌和世系传承。[3]

这份民间仪规书所记念青唐古拉山神祈祷词为我们展示了较为详细的神话材料：念青山神是沃德巩甲山神与一只玉鸟所生之子，是"念"神首领。山神所住的地方叫达姆秀那姆，[4]如同绿玉一般的鹰在上空飞翔，那儿充满了光明，就是冬天也如同春天一样翠绿。这种奇异的想象为我们勾勒了一幅美好的神话图卷，藏族先民把自己的生活理想融注于神话中，把山神居住的白雪皑皑的雪山幻化成一片绿色，充满生机的世界，绿色的鹰则为这块神秘宁静的山神王国带来了动感。

念青唐古拉山神最早是个什么形象，笔者还没有看到可资利用的资料。民间流传的神话中也说山神是一位白人，[5]而在一些文献祈词中则把他说成是天界乐师乾达婆之王苏普阿巴，这显然受了佛教影响。在西藏绘画中，常把苏普阿巴画成一身穿白的英俊男子，发髻戴有五个绿松石。从以上材料来看，念青唐古拉山神形体已经演化成了一个白人，骑一匹四蹄雪白的神马，或骑一匹能飞翔的白马，右手握藤枝，左手握水晶剑。但在民

---

〔1〕　引自中央民族学院图书馆藏藏文木刻本《五部遗教》之《鬼神遗教》，叶18a-18b。汉译文为佟锦华先生所译。

〔2〕　念青唐拉与唐拉耶秀有时又似乎指两位不同的神灵。如《鬼神遗教》藏文木刻本叶16a把thang lha ya' bzhur/ 'bar bo gnyan chen thang lha并列为三位神灵。

〔3〕　这份祈愿文献的藏文全名如下：《伯姆热、唐拉、多来、当巴查、查杰玛诸神祈供。仪轨书；色杰、杰索、丹索来参、冲拉嘎卡仓、色索、本日、鲁、姣沃坚参、色杰日贡卡达、赤交来参、朵马彭郭诸护法神祈文》。手卷，共六函。

〔4〕　'dam-s hod疑为vdam gzhung即"当雄"，在念青唐古拉山脉中段东侧。

〔5〕　参看西藏民间文艺家协会编辑《邦锦梅朵》汉文版1983年10月15日发表的《纳木湖的传说》。

间信仰中念青唐古拉山神仍是一位凶猛的掌雹神,人们要向山神施行血供,供奉骡马牛羊。[1]山神具有极大的变幻能力,能变成山一样大的巨魔,脚伸到了康区的耶毛塘,右手伸到了上部荒蛮之地,左手伸到了后藏的荒野,甚至变成一个大猴子。[2]念青唐古拉南缘有一座著名的湖泊叫纳木错,藏北的牧民认为纳木湖里的神女就是山神的妻子。

(三)阿尼玛卿山神神话

阿尼玛卿山是位于青海湖南缘的一组山系。藏文文献记作 rma chen spom ra 或 rma rgyal spom ra, rma gnyan spom ra, rma rgyal, 当地人称 Amye rma chen。A myer, 安多语的意思是"祖先"。rma, 现存的词义是"创伤、疮",是一种能引发黄水的病邪,如 rma chu ser can "黄水疮"。从藏语词汇病名由精怪名称而来的规律,rma 的原始义肯定指精怪,是山中的精怪。rma chen 即指一种"大 rma",是统治安多的大山神,因而敬称为"祖先"。阿尼玛卿是居住在东方的大山神。多康牧区是阿尼玛卿山神崇拜的盛行地区,也是格萨尔史诗的主要流传地区,因而阿尼玛卿山神与史诗有密切的联系。史诗称山神是"战神大王",是藏区的地方神,守护神;[3]认为格萨尔王就是龙女与阿尼玛卿山神化身的黄人所生。史诗中记述格萨尔的母亲果姆晚间睡熟时梦见一个黄色人与之交合,后来生下了格萨尔。这位黄人就是阿尼玛卿山神。[4]

阿尼玛卿山神作为原始神灵的形象,现在已无从查考了,我们从流传在安多地区的一首古歌可以看出一点痕迹。[5]古歌里记述的山神,其形体有极大的不确定性,在佛教的仪

〔1〕 青海民研会资料本《雪山水晶国》,第48页。

〔2〕 《鬼神遗教》藏文木刻本,叶22b。

〔3〕 例如格萨尔王传《诞生之部》第101页记:"地方神玛杰伯姆热,雪域藏境守护神"。兰州:甘肃民族出版社,1981年。

〔4〕 《诞生之部》,第49页;青海民研会编资料本《天岭卜越之部》,第43页。

〔5〕 引自罗布·鲁杰编《杜鹃妙音:朵麦民歌》第131—132页《问答歌》藏文版:

> 上部玛杰山有没有头?
> 如有头脑浆有没有?
> 上部玛杰山有没有腰?
> 如有腰腰带有没有?
> 上部玛杰山有没有肚?
> 如有肚肠子有没有?
> 上部玛杰山有脑壳,
> 有脑壳就一定有脑浆,
> 白雪落下就是脑浆;
> 上部玛杰山有腰身,
> 有腰身就一定要扎腰带,
> 山间的云雾就是腰带;
> 上部玛杰山有肚子,
> 有肚子就一定有肠子,
> 毒蛇钻洞就是肠子。

轨书中，却把山神描绘成戴护胸甲、手持缚有旗帜的长矛、右手持装满宝石的法钵的形象。山神的自然神属性表现得较为突出，是穿着白色战袍，上面缀满了各色宝石，左臂上搭一条鹰皮口袋，骑一匹如同白云般疾驰的魔马的护法神形象。[1]

神话记述阿尼玛卿山神共有三百六十个"玛"（rma）系兄弟，各自骑着虎、马、豺狗等野兽在山野嬉戏。山神的妻子叫贡勉玛或称玛日热羌、多吉查姆杰。他们有九个儿子和九个女儿。九个儿子骑虎，九个女儿皆骑杜鹃鸟，她们的标志是一支五条丝条装饰的彩箭。在玛卿山神的四方还居住着四位女神：东方次丹玛；南方招福神处甘玛；西方招福神帕切玛；北方招福神次争玛。如向玛卿山神和四位女神祈祷可获得福禄之气。一份仪礼书上是这样祈祷的："东方雪域玛地宝库之主，殊胜莲花护地神之王，玛杰伯姆热及随从众神，祈供诸神赐下九种玛域福禄"。[2]格萨尔史诗解释说，山神所掌管的福禄，可以使母牦牛、母马多产，牲畜强健，是人的保护神。[3]阿尼玛卿山神还主治麻风病，得了麻风病的病人饮用神山的雪水就可以康复。

山神的妻子也有相应的神话。这位女神原先也是居住在阿尼玛卿山的神灵，叫玛日热羌，后来又被列为藏地十二女神之一，是十二女神的首领，叫多吉查姆杰。藏文仪礼书是这样描绘这位女神的；从字母bhrum中产生出一块由四种宝石组成的空中豪华宫殿，屋宇栋梁皆用珍珠镶嵌。女神骑海螺般洁白的公鹿，身体如同雪山一样洁白，粉红色的腰身，莲花般的容貌，异常的美丽。头发上涂抹了油脂，后面的头发用彩带编结。女神右手持一块魔镜和套索；左手拿一只铁钩，身穿飘动的丝衣，头戴饰有各种宝石的金冠，身上有珍珠项链、手镯、脚镯、腰上系一颗闪光的小铃。[4]

山神的女儿也有一段神话，并与格萨尔史诗糅合在一起。神话说藏王聂赤赞普的后裔、冬族祖先赤甘布生子牙赤。娶阿尼玛卿山神的大女儿为妻，这位姑娘有一个陪嫁的老虎夫人。人们将虎宰杀之后，虎头化为战神红山，虎皮成为太亚虎塘，骨骼化为玛域的九座山峰。山神大女儿还生了五个儿子，其中有太阳、月亮、星宿三子，另有却拉潘出家。[5]

阿尼玛卿山神在"世界形成之九神"中排列第四（有说第五），与雅拉香波、念青唐古拉等都是兄弟。神话说他们是沃德巩甲山神的八个儿子。沃德巩甲是吐蕃时期的古老神灵，住在"巍巍高山美丽的地方，陡峭的雪峰之上，用奇异的宝石镶成的宫殿"中。这位山神也叫"斯巴老神"，是藏地山神的始祖。安多流传的神话说沃德巩甲是住在拉萨附近的一位老人。他有八个儿子，以狩猎、游牧为生。一日老人外出狩猎，碰到了大群的逃难者，

〔1〕 参阅本节作者所藏藏文木刻本《噶举派焚神香详仪书》，叶32a。
〔2〕 这份仪礼书为本节作者1986年夏天在拉萨所获藏文木刻本《护法神祈供法》，共80函，引文见叶53a。
〔3〕 格萨尔王传《分大食牛》，王沂暖汉译本，第47页。
〔4〕 《护法神多吉查杰玛证显供奉却朵仪轨》，木刻本叶3b—5a。
〔5〕 青海民研会资料本《岭与祝古》，中册第二部，第177—179页。

说朵康出了妖魔,请求老人降妖。老人把自己的儿子都分派到各处妖魔横行的地方,老四去的地方是安多。降魔之后,在那儿建了一座九层的水晶宫。后来,四儿子与父亲沃德巩甲山神相会时,水晶宫变成了一座大雪山,就是阿尼玛卿山。[1]

(四)年保玉载匝日山神神话

年保玉载匝日(gnyan po g-yu rtse rdza ra)也称傲拉玉载(sngon la g-yu rtse)或念杰傲拉玉载(gnyan rje sngo la g-yu rtse)。这座山是巴颜喀拉山向东延伸的部分。山势挺拔,由很多尖锐的岩石组成。果洛藏族就住在此山周围,因此,年保玉载山又称"果洛山",是仅次于尼玛卿山的大山神。据藏文祭祀仪礼书所记,傲拉玉载居住的地方是一座大宫殿。周围有铁山围绕,铁山上居住着很多的猛兽,宫殿的屋顶是用黄金和绿松石做材料按汉式风格建造的。宫殿的内部刮着一股红色的风暴。从外面看,宫殿化身一匹灰色马,马背上骑的是大念神傲拉玉载。山神一身紫红色,如同火焰一样闪闪发光。右手挥舞钩子一把,穿护胸甲,腰缠箭袋。山神的妻子叫念玛玛来固,穿一身白色衣服,长得非常美丽,手拿一支五彩袋饰的箭,骑一头红色的母鹿。玉载山神的儿子叫托日杰娃,身穿浅红色衣服,挥舞长矛、绳套,骑一条蓝色的、绿松石制成的龙。傲拉玉载的两位属神,一是行走如飞、狂傲暴怒的东虎勇士子,另一位是年轻貌美的女神拉勉赛姆。[2]关于年保玉载匝日山神,果洛地区有一个著名的神话:从前,从阿尔拉杜地方来了一个小伙子切安木朋,他在旺错湖和代错湖地方救了一条被鹰叼去的小龙。此后,小伙子在湖边碰到了几位从湖中出来的人,其中一位穿一身白服,其他人有的穿蓝衣,有的穿黄衣。他们告诉小伙,从鹰嘴救出的正是山神的小儿子。后来,山神给了小伙子一根系有六种颜色丝带的木棒,小伙子用它收服了山神的三女儿做妻子,他们的后代就是果洛的祖先。[3]这个神话还有一份异文,说一位青年猎人在代错湖边救了被黑雕叼去的白蛇。随后,猎人随山神夫人进入山神的宫殿。这是一座汉式的皇宫,山神坐中央宝座,他要求猎人在自己化身白牦牛与妖魔幻变的黑牦牛搏斗时射死黑牦牛。事成之后,山神把自己的女儿嫁给了他,于是猎人与山神女儿传出果洛各部。[4]

年保山神的原始形象是一头牦牛,后来演变成一身红色的武士。从山神所持器械看,这些神灵都是游猎文化的产物,但山神宫殿的描写显然受了汉式宫殿的影响。山神神话

---

〔1〕《阿尼玛卿山的传说》,见果洛州文联编:《果洛民间故事选》,第221—226页。

〔2〕《大念神傲拉玉载及大神年吉贡农祈祷、焚香仪式书》,收入《贡觉·丹白准美全集》卷十一。

〔3〕这份神话是1950年左右由石泰安搜集的。骆克介绍果洛部落时引用。见J.F.Rock:《阿尼玛卿山及其相邻地区》。(J. F. Rock, *The Amnye Ma-chhen Range and Adjacent Regious: A Monographic Study*, 1956, Istituto Italiano per il Medio ed Estremo Oriente.)

〔4〕《果洛民间故事选》,第215—220页《年保页什则山神的传说》。

的民间流传形式已经掺入了龙女报恩型的汉族龙故事因素，这种变异在藏东南山神神话中都不同程度地存在。神话中提到的黄、蓝色人皆是年保所属小山神的化身。

（五）长寿五姊妹神话

长寿五姊妹（tshe ring mched lnga）是流传在珠峰地区的神话（图1-3-2：ABC）。五位女神的首领是扎西次仁玛，掌管人间的福禄寿辰，生得年轻美丽，一脸温和的笑容，骑一

图1-3-2：A　长寿五姊妹之扎西次仁玛　　　图1-3-2：B　长寿五姊妹之米玉洛桑玛和婷吉希桑玛

图1-3-2：C　长寿五姊妹至达嘎卓桑玛和决班震桑玛

头白色的狮子。左手持一支占卜神箭,箭尾系有一颗用白海螺做成的骰子和一面镜子,身穿飘动的白色丝衣,披着孔雀毛制成的披风,戴白丝头巾。[1]扎西次仁玛属于世间护法神系,奉献给人们的是聪明和智慧。在女首领扎西次仁玛前面的是女神婷吉希桑玛。这位女神是绿色女神,手持魔镜和一根系有彩带的木棍,骑一头野马。她奉献给人们的是明空圆光占卜智慧。扎西次仁玛的右边是米玉洛桑玛。她是一位黄色的女神,右手持装满粮食的盘子,骑一头金黄色的老虎。女神奉献给人们的福禄与食物;扎西次仁玛的后边(一说左边)是决班震桑玛。这是一位红色的女神,她的手里持一个装满宝物的盘子,骑一头红色雌鹿,给人们奉献的是财物宝库的智慧,扎西次仁玛的左边是绿色女神达嘎卓桑玛,该女神手持占卜神箭,骑一条龙。她给人们奉献的是繁衍四腿牲畜的智慧,是掌管牲畜的女神。根据扎西次仁玛四位伴神的不同职责,四位神又分别称为明光占卜女神;智慧福禄、作物主宰女神;财宝女神;六畜女神。长寿五姊妹女神的居住地,文献记载是在"北方雪域的山脉,尼泊尔和藏地的交界地方","是吉祥福禄形成之地,是生成九种宝物的地方,是龙王螺声居住的宫殿,是一片雪山"。[2]更确切地说女神居住在珠穆雪峰之上或拉儿康雪山。[3]神话中说珠峰脚下有五个冰雪湖,每个湖各有不同的颜色,与五位女神的身色相一致。

　　藏族神话中女神的出现往往与河、湖及土地相联。这种现象是高原多湖泊的地貌在神话上的反映,雪山与湖泊的并存就出现了相应的山神与湖女相伴相生的神话。从藏族物质论观点来看,水是形成万物的根本,性属阴,因而创世神为女神,水中、地下的神灵皆属阴性。与藏东北地区的山神湖女型神话相比,长寿五姊妹不只是以山神妻子的身份出现的附属神,而是一组独立的女神群体,是主司专门事务的职能女神。五姊妹神话是女神崇拜的遗迹,是一组古老的神话。

二、藏族山神神话的特征

(一)山神的主体神性质

　　在藏族神话中,山神具有无比的威力,统治着所有的神灵,掌管风云雷雹、牧物牲畜、耕种收获,是最高的神灵。如雅拉香波山神被认为全藏最大的神灵,它统辖着雅隆地区的

---

〔1〕 内贝斯基著,谢继胜译:《西藏的神灵和鬼怪》,拉萨:西藏人民出版社,1993年,第201—220页。

〔2〕 米拉日巴:《十万道歌集》藏文排印本,第151—521页。笔者所藏藏文木刻本《神香》叶8b记长寿五姊妹为jo mo tshe ring mched lnga rnams而不是bkra shis。五位女神还被称为空行母五姊妹(mkha' 'gro mched lnga)。

〔3〕 拉儿康雪山等皆位于西藏定日境内,据笔者1986年夏天的调查,五姊妹女神神话主要流传在这一地区。

所有土地神、地方保护神、精灵、龙神等，是所有神怪的共同首领。念青唐拉山神则被认为是所有念神的首领，是藏北牧场的主人。山神之所以成为藏族神话中的主体神，主要有以下两种原因：第一，在藏族自然崇拜形式中，山神崇拜是最重要的自然崇拜形式；第二，从神话学的角度分析，各个民族神话中的主体神，一般由自然神充任，例如天神、山神、水神、石神、树神等等。至于采用哪种自然神作为主体神，则要根据各民族互不相同的自然神崇拜特征。神话以自然神作主体神，而不以动物神等具有实体形象的神灵作为主体神，是以原始人思维形式的独特性决定的。严酷的自然环境令藏族先民处处感到自然外界的威胁，这些威胁是他们所无法避免的，也是一些有着具体形态的神灵无法禳解的。于是，人们找寻一种超"自然"的、无限的、体积巨大的、可以在人们的意识中任意发挥创造性的对象作为最高神灵，天体、星宿、山脉、河流正属合上述特点，因而，各民族神话中的主神多为天神或山神，藏族亦是如此。山神崇拜作为主体神崇拜的初级阶段，山神是以其庞大的体积及山间气候所产生的幻变形成不确定的神灵形象。此后，由于山神崇拜与动物崇拜的融合，山神的形体逐渐由动物取代，例如羊、牦牛、野马等等。最后，随着原始宗教向阶级社会的宗教过渡，山神形体逐渐由动物形体向人的形体过渡，山神成为人形神，原来的动物形态的山神演变成了伴属神，或者按游猎文化的特点变成了山神的坐骑。但无论如何变化，神话中的山神作为主体神和最高神灵的性质，是早已确定的，不会发生大的变化。了解了这一演化过程，我们就可以知道山神所化生的某种动物并没有作为主体神的资格，它们是借助山神的神力而登上主神宝座的。也正因为山神的主体神性质，山神的祭祀是一种集体的非个人的祭祀形式，它一般不充任个人保护神，而是部落乃至整个民族的保护神。

（二）山神神话中的神灵体系

山神神话中神灵体系的形成是山神神话发展的结果；神系的出现也是原始人经历了群婚和血缘婚向外婚制发展的结果，进入族外婚后，祖先崇拜发展了起来，出现了氏族和部落，外婚制使得血亲关系变得重要了，在神灵信仰及神话上便表现为神系的形成。山神神系的形成经历了如下的发展历程。起初，山神形成主体神之后，山神所统辖的诸路神灵精怪与山神自己一道组成一个地域性的小神灵集团；或由一组山神构成小山神集团，形成山神神系的基础。例如长寿五姊妹神话就是由五位不同职能的女山神构成的地方性神系。待血亲观念发展起来之后，人们将居于湖中的水神与山神联系起来，使之构成一对阴阳对应体。因而藏族神话中山神的妻子都是湖中的女神，形成一种山神湖女型神话。在这种类型的神话中，山神是父系，而湖女则是母系。掺入湖女神话后，由于血亲观念的作用，山神神系迅速地发展，神系中的亲族关系出现。例如念青唐古拉山神与妻子纳木错秋姆共有三百六十个唐拉伴神；阿尼玛卿山神与妻子多吉查姆杰有九儿、九女，并有众多的女神相伴,组成以玛卿山神为首的亲族神系。藏地山神都有一个如此的小神系,神系是以人间的亲族关系构成的,是以地域的不同来划分的。地域划分的诸多小神系的联合组合成神话中总的山神谱系。例如"世界形成之九神"就是由遍布藏区各地不同的山神神话组合的结果。山神谱系的形成与西藏高原各部的统一、吐蕃王朝的形成过程相一致,九山神的地理分布区域是吐蕃政权军事部落制各盟邦势力分配的民俗体现方式。

三、山神神话与天绳神话

(一)天绳神话的产生与发展

原始人在进行山神崇拜的时候,由于山势的高峻,即山的形状以及气候因素的影响,如山中弥漫的风雪烟云所造成的迷幻感,往往把山神与观念中的天神联系在一起,认为山峰是连接人间与天庭的一条通道,认为山顶有一架梯子(或绳索)直接与天庭相连。[1]有关天绳或天梯的神话一般都出现在山地居住的民族中间,这些民族都信仰山神,山神在其神灵谱系中占有重要的位置,该民族的神灵系统是以山神崇拜为基础发展起来的。就具体的藏族神话来说,从山神神话衍变出天绳(藏语称dmu thag)神话,其间有一个很长的发展时期,在早期的藏族神话中,山神与天神是彼此分离的,纯粹的天神只是一种与原始人物质生活脱离的象征神,也没有以天神为主形成主体神,更没有出现一个完全的类似于其他民族的神话天国,[2]因为神的这些特点在藏族神话中是由山神来承担的。信仰观念的发展和思维能力的发展,使得神话中各类神灵之间发生了联系,以至于互相转化。山神崇拜的某些特点又使得古代藏族把他们意识中有关天体的认识与山神神话联系在一起,结果是居住在山顶的神灵与天体崇拜领域内的神灵结合了,使得藏族的天神在很大程度上带有山神的特点,山神和天神之间可以互相转化。有时山神上升为天神,有时天神下界为山神,或者天神借助山神的主体神地位而成为新的统治神,形成藏族神话中山神与天神的特殊关系。例如沃德巩甲山神,是"世界形成之九神"中的父系神,但从'od de gung rgyal词义分析,这位山神又是一位天神,是"光明虚空之主"。藏文gung有"天空"的含意;gung rgyal也就是"天王"。可见,藏族认识天神的途径与其他地理环境中的民族认识天神的途径有一定的差别:藏族关于天神的认识,是在山神崇拜的基础上发展起来的,

[1]《山海经·中荒经》:"昆仑之山有铜柱。其高入天,所渭天柱也。"拉法格著,王子野译:《思想起源论》,第132页;澳大利亚土著认为"灵魂是沿着绳了往上爬,达到天上的洞孔并在那里进入另一个世界"。北京:三联书店,1978年。

[2] 有关天神的神话,参看第一节。

与藏族在佛教宇宙观影响之下产生的众多天神有本质的区别。在通过山神认识了天神之后，古代藏族找寻到了山神与天神之间联系的纽带，于是就出现了天绳神话。在藏族西部神话中，传说冈底斯山就是一架上下天界的梯子，是一条天绳（gnam thag）或木绳（dmu thag），连接天空和大地。[1]从一些藏文古文献来看，天绳神话比单纯的山神神话和天神神话产生略晚。敦煌古藏文写卷记载远古诸王由天空降到神山山顶，又为人们目睹直接返回天空，但并没有明确说明是否沿天绳上天，[2]但在后代的史书如《王统世系明鉴》等记载时，便记明是由天绳上天。[3]从以上情况分析，天神神话经历了如下的发展阶段：起初是山神神话，山神与天神之间还没有发生任何形式的联系；其次是山神与天神的结合形成天神由天空降到神山山顶的神话，构成天绳神话的雏形，称之为"山天绳"。[4]最后才形成较为完整的天绳神话。

天绳神话也有变异形态，如有的藏文文献说，天绳是从赞普的头顶一直伸向天空，天绳（dmu thag）是一束光绳。例如，藏族历史神话讲到止贡赞普与臣下罗昂达孜比武，因止贡赞普在头顶挥舞宝剑，砍断了天绳，因而死去。[5]格萨尔王传记载说祝古军被岭军追得走投无路，上天魔王为他们降下一条天绳，这是一条黑色的虹带，从天上一直垂到山顶的宫殿尖上。在祝古君臣依次进入天界之时，被梵天砍断了天绳，天绳原来是魔王的脊柱。[6]天神神话的这种变异表明天绳神话已经发展到后期，此时，狭义的神话时代已经过去，原始信仰中以自然神为主的崇拜开始让位于对神幻人物的崇拜，由于神灵性质的改变，原来自然神所具有的一些特征也被转移到神幻人物的身上，天绳也就演变成英雄神的异技了。

"天绳"一词，藏文写作dmu thag或rmu thag、smu thag。[7]从发现的藏文文献分析，dmu（或rmu、smu）一词出现较晚，在敦煌文献中dmu写作mu。据一些研究者所考，根据藏缅语族各语支间的词源比较，如克钦语［mu］指"天、雷和闪电"，怒语［mu］指"天"，结合敦煌文献中mu-只作为词素与（mu-）sman构成词的语言实际（sman等同gnam sman"天界女神"），推断藏语mu-极可能是指"天神"。[8]故本教神系中最高的种族是

---

〔1〕藏文木刻本《所欲意乐梵音，世界岗底斯雪山志》，叶219。

〔2〕敦煌古藏文写卷指1907—1908年被英人斯坦因和法人伯希和从敦煌石窟劫走的古藏文手写卷。分藏英国伦敦印度事务部图书馆（后归大英博物馆）和法国巴黎国家图书馆。笔者所言仅指研究发表的部分写卷。

〔3〕见民族出版社1981年藏文版第55页，"天赤七王"在他们的儿子能骑马射箭之时，父祖就沿着天绳，如同彩虹一般向天空飞去。

〔4〕藏文版《世界公桑》第8页，"山天绳未断之冬族"（ri rmu thag ma chad gdog rigs gcig）。

〔5〕止贡赞普事迹在敦煌历史文书赞普传记、《王统世系明鉴》、《贤者喜宴》等史书中均有记载。

〔6〕青海民研会资料本《岭与祝古之部》下卷，第166—187页。

〔7〕藏文前加字"d"与上加字"r"作用相同，可互用。

〔8〕参阅P.K.本尼迪克特：《汉藏语言概论》中国社会科学院民族所语言室铅印本，乐赛月等汉译，第156页；另外，黄布凡先生曾就dmu一词作了深入分析，指出mu如何演变为dmu或rmu，目前还未找出有力的证据。黄先生将柯蔚南（S. W. Cobin）寄给她的论文 "A note of Tibetan *dmu*" 交给本节作者参考。文中所引论点便出自柯蔚南之手。

dmu，dmu 也是西藏人种起源的四氏族之一，与本节所叙神王来自天界的神话相一致。因而聂赤赞普之妻 gnam mug mug 指天神，含有聂赤赞普与"天神"相配生子的神话因素。

至于 dmu thag 一词，笔者认为这是藏语"彩虹"（'ja'）一词的藻饰词，它反映一种自然神话意识，彩虹出现在空中，在原始人的意识中是连接天空与大地的绳索，也就是天神放下的绳索。dmu thag 直译出来，就是"天神的绳子"。藏文史籍记载赞普死后如同"彩虹"般消逝，同时又记是沿着 dmu thag 上天，说明 dmu thag 与 'ja' 有一种内在的联系。在伯希和藏文写卷 P.t.126·2 记述了 dmu thag 的形成：从天空的光线和大海的雾气中产生了本教的白色凝物，它被风拉长，纺织成线，又被缠绕在一棵树上，这些线就是 dmu thag 或 g·yang thag（福运绳），这份文献说明 dmu thag 就是彩虹。[1]

至于 dmu 如何由位于天界的神灵成为今天的水肿恶鬼，一身蓝色，专居于地下，其间的演化详情还不得而知。但可以肯定，这与山神成为天神的变化有关。由山神而来的天神成了主天神，原有的天神在"神灵竞争"（实际是人的竞争）中淘汰了，最后由天界坠入地下，由善神成了恶神。dmu 也从褒义演变为贬义词了。

（二）天绳神话与吐蕃远古王统

藏族和汉族一样，也有治史的传统。从公元7世纪以后开始，绵延一千多年，总有各种各样的史书陆续被撰述出来。这种治史的传统与藏汉文化的交流是分不开的。早在公元7世纪以后，藏族学者就已将一些重要的汉文史籍译为藏文，[2]并出现了类似于汉文史书的纪年著作。[3]与汉族史学家对远古神话的历史化做法一样，藏族史学家在记叙自己先祖的事迹、叙述王统世系时，也存在着对神话的"历史化"，不过其"历史化"的方法、途径、程度与汉族神话的历史化有一定的差异。[4]下面我们对藏族神话的历史化过程作一具体的分析。

在天绳神话的初期，往来于天地之间的神灵大都是自然形态的神灵，呈动物形体，如

---

〔1〕 Samten G. Karmay, *A General Introduction to the History and Doctrines of Bon*, The Toyo Bunko 1975, p. 210. 笔者由该文转译。此外，一些信仰萨满教的民族也认为他们的巫师能够骑彩虹上天，并用两根红、蓝彩带表示彩虹。一些学者认为唐卡神像画框边上挂的红黄丝带（分别称为 'ja' ser; 'ja' dmar）就是这种观念的体现，意指神灵驾彩虹上天。参见扎雅著，谢继胜译：《西藏宗教艺术》（拉萨：西藏人民出版社，1989年）相关描述。

〔2〕 译为藏文的有《尚书》《战国策》等章节。参阅黄布凡《〈尚书〉四篇古藏文译文的初步研究》，华中工学院《语言研究》创刊号（1981年）。

〔3〕 参阅王尧、陈践译注：《敦煌本吐蕃历史文书》大事纪年、赞普传记等，1980、1991年版民族出版社藏汉文本。

〔4〕 诸学者都同意如下一种看法，汉族神话的缺乏"主要的原因是商与西周时代神话的历史化；神话历史化的原因，一方面是东周与汉代儒家思想不容'怪力乱神'，因而有意识地将玄秘的神话加以合理化的解释，另一方面，也是春秋以至战国时代人文主义与文艺复兴潮流下的必然趋势"，载张光直：《中国青铜时代》，北京：三联书店，1983年，第293页；另可参阅杨宽《中国上古史导论》第二编"论古史传统演变之规律性"，上海人民出版社，2016年，第120—145页。

牦牛、野马等等，这些动物原本住在天界。例如《马和野马》的神话说马住在天上，野马住在中天，后降到神地贡塘。进入阶级社会之后，动物形态的神灵被具有神力的人形神取代。由于吐蕃军事部落联盟制度的发展，吐蕃势力逐渐强大，与邻近地区的经济文化交流日益频繁，吐蕃社会的文化也高度发展起来，人们有了记录祖先历史的意识。部落联盟制的血亲氏族观念使得藏文史书特别重视世系族谱的记述；吐蕃社会固有的，带有原始信仰观念的传统意识又深深地印在这些迈进世界文化交融旋涡里的吐蕃人身上。正是在这种混合意识的支使下，使得吐蕃时期的史学家用"全新"的历史纪年法、一丝不苟的认真态度，将流传在民间的神话传说作为历史记入史书，把祖先神话中的神幻人物，按亲族关系排列为远古的国王，从而使此神话纳入历史的范畴。藏文的很多史书都认为吐蕃第一代赞普是从天空降到神山之上的。例如《敦煌本吐蕃历史文书》记聂赤赞普降到拉日羌脱山（意即"北方高耸的神山"）；[1]《王统世系明鉴》记述聂赤赞普降到拉日若波山；[2]《贤者喜宴》说赞普先来到拉日羌脱山，后至拉日若波山顶；《汉藏史集》说赞普先降到拉日羌脱卡，再到雅莫纳西地方，最后到雅拉香波山。[3]民间流传形式的神话说聂赤赞普降到神山以后，就住在雅拉香波山的脚下，称"藏地君王之主"；天赤七王也都是由天生降到七座不同的山峰之上，死后沿天绳上天；有一位赞普年脱脱日是从天空降到雅拉香波山顶的。[4]

吐蕃社会的发展导致神灵的社会属性无限制地扩大，使神话成为历史的社会基础。经过这种转化之后，自然崇拜中的山神以及由山神发展而来的天神又演变成了远古的众王。但这些传说中的诸王与山神神话都有一定的联系。从赞普名号分析，赞普"拉脱脱日年赞"（lha tho tho ri gnyan btsan），其中lha指"神"，tho指"石垛"，是一种专门祭祀山神的石台，遗留着藏族大石崇拜的痕迹，[5]这是山神崇拜的一种表现形式；tho也指"高峻"；ri指"山"；gnyan、btsan是与山神相关的精怪；[6]lha tho tho ri gnyan btsan有"上神山神"的含义。赞普朗日松赞（gnam ri srong btsan），其中gnam ri指"天山"，从中仍可窥见

〔1〕　"拉日羌脱山"，一般文献认为是在山南穷结，但也有文献说是在工布。如《鬼神清教》藏文木刻本叶31b—32a记："工布黑山拉日羌脱切……聂赤赞普山下降之地。"

〔2〕　该书藏文版第55页。

〔3〕　四川民族出版社版《汉藏史集》藏文版，第128—129页。

〔4〕　R.D. Nebesky, *Oracles and Demons of Tibet*, p.203.

〔5〕　图齐《西藏考古》认为西藏古代存在一种大石文化，是新石器传统上发展起来的巨石原始文化，并认为是由青海湖一带的东北藏区进入藏族腹地。这种大石崇拜在藏区各地多有遗存，分为三种形式：① 独石；② 石圈；③ 列石。如藏南大盐湖以南30英里处的多仁发现十八行石柱，方向东西；在列石西端，有两个同心圆的石圈；石圈中央另有三块巨石，中央一块高2.75米，巨石前有一祭坛，即tho；在列石东端，还有一用石块列成的箭头。另有一类仅有石圈和中央巨石，而无列石及箭头。在萨噶以东2公里处，通往拉萨的大道旁，还有一块高约4米的独石。参见童恩正：《西藏考古综述》，载《文物》1985年第9期，第9—19页。

〔6〕　参阅谢继胜：《Btsan，Gnyan源流辨析》，载《西藏研究》1987年第2期。

山神与天神联系的痕迹。

山神、天神由自然神变为远古的国王，这中间也包括了藏族古代祖先崇拜的因素，藏族的祖先崇拜观念是古代神灵成为远古诸王的思想基础。天绳的形成过程中就掺杂了若干祖先崇拜的因素。dmu thag 中的 dmu 被作为古氏族名正是这种观念的反映。根据本教文献记载，dmu 是本教勾勒的神话王国里最高的种族，属于王族，dmu 的国王为兰吉托巴嘎；王后是属于恰（ phya 疑为 phywa ）系的阿章玛（ ngang 'brang ma ）。[1] 伯希和藏文写卷 P.t.126·2 记："一名'恰'的使者来到'穆'的天国，请求'穆'王派人作黑头百姓的君王"。[2] 可见，dmu 与祖先观念是紧密地联系在一起的。从民俗上考察，古代藏族人把他们的祖先埋葬在神山附近，就是希望祖先通过天绳进入天宫过美好的生活，希望山神佑护他们的子孙。在传说时代结束之后，吐蕃有史可考的几位赞普的陵寝都建在今山南琼结县，而雅拉香波、拉日羌脱等大山神也正好在琼结境内。人们把赞普埋在神山附近的目的就是让赞普借助天绳进入天宫。按照藏王墓的排列位置，正好是沿山脚直往山顶向天宫的阶梯形，并在基边钉一根细长的石柱象征天绳；兴建最早的雍布拉岗，它的建筑设计与后代平堡式的宫殿建筑极不相同，主殿是一细长的方柱形，这是天绳观念在建筑上的反映。西藏过去有一种游戏，叫"朗木卓绳游戏"（ gnam gro thag rtsed ），在每年藏历正月初二举行，方法是从布达拉宫东阁楼至山下石碑之间，从上悬下一根长绳，令后藏朗木卓地方差民从绳上往下溜，供达官贵人观看娱乐。其中 gro 是藏文 'gro（去）的略笔，gnam gro thag rtsed，意思就是"上天绳游戏"，是对天绳神话的民俗演现。

总之，吐蕃远古王统世系传承是建立在山神神话的基础之上的，没有山神，就没有天神神话以及天绳神话。藏族的远古王统是根据一些神话传说构筑的历史。

（三）天绳神话的比较分析

关于天降神王的神话，在亚洲东部、东南部都有分布，是类型神话之一。汉文史籍《蜀王本纪》记载说，当时蜀国的人民稀少，后来有一位名叫杜宇的男子，从天空降到朱湜山上，自封为蜀国国王，死后人们了他一个谥号叫望帝。[3]《淮南子·地形篇》记载说后稷埋葬的地方有一根上接天宫、下通地穴的长木，很多帝王都是顺着这根长木往来于天地之间。[4] 汉族神话中的伏羲也可以攀援天梯往来于天地之间；神话中的昆仑山，被认为

〔1〕《大宝言集光眼怛特罗》第二品《辛饶父母》。参阅 A. H. Francke, *Gzer myig, A Book of the Tibetan Bonpos*。
〔2〕由 S. G. Karmay 英文转译。原载 *A General Introduction to the History and Doctrine of Bon*, p.210。
〔3〕《蜀王本纪》据传是西汉扬雄所撰，其中有很多古蜀国的神话。该书已佚，有多种辑佚本。袁珂《古神话选释》，北京：人民文学出版社，1979年，第481页即收入此神话："时蜀民稀少，后有一男子名曰杜宇，从天堕至朱提，乃自立为蜀王、号曰望帝。"
〔4〕《淮南子·地形篇》："建木在都广，众帝所自上下。"

是直通天界的梯子；《山海经》记述的肇山、登葆山、仙人巫师都可以将之作为梯子进入天界。[1]日本、朝鲜也有如此类型的神话。据《日本书纪》《古事记》记载，作为日本先祖的琼琼杵是从天宫降到高千穗山。随同他一起降到山上的还有祖先保护神，随身携带有镜子、剑和珠宝等王室标志。据日本《先代旧事本纪》记载，天照女神的孙子饶速日从天宫的磐船带着十种王室的徽记和大批随从降到了河内的哮山，然后又到鸟见、大和的白庭山。在白庭山与当地部落首领长髓彦的女儿御炊屋姬成婚，在他们的儿子宇麻志麻治出生之前，饶速日就死去了。天神高皇产灵派遣龙卷风神下到人间，在人们为饶速日举行葬礼的时候将他的尸体运回天宫。其时，琼琼杵的大孙子神武，从九州来到白庭企图占领大和地方，遭长髓彦抵抗；后宇麻志麻治杀死了长髓彦，臣服神武，神武就是日本第一位天皇。[2]日本天降神王的神话与朝鲜神话极为相似。据《古事记》和《三国遗事》记载，桓因的妾所生之子桓雄获准离开天宫下凡人间救护世间民众，父王桓因在他下界时赐给桓雄三种天界宝物。此后，桓雄和三千随从从天宫降到太白山（Mt. Taebaek）上，然后来到圣树之下，娶了一位能化身熊形的女子作妻，他们的儿子就是檀君王，他在人世间生活了1500年。又据朝鲜《驾罗国记》记载，一次，当驾罗部的众人聚集在龟旨山祭山时，忽然听到一种声音，告知天上的使者将要降临人间，接着从天上落下一个用红绫包裹的金箱子降到山顶，箱子里有六颗金卵，后来变成了六个男孩，老大就是驾罗国的第一代国王。[3]

不同神话的比较需要两组或两组以上的神话类型之间有三种以上相同的元素：即整体对应性、有序平行性和细节契合性。藏族的天绳神话的形成和发展与上述几种类型的神话有很多的共同性。这表现在：不同类型的天降神话都认为他们初始的国王是由天宫降落到山顶之上的；有的还有类似于藏族天绳的天、山之间联系媒介物，如天梯等；各类神话都说天降神王死后要返回天宫。所以，从天宫降神人至山顶，或通过天、山间的通道进入人间作为君主，是山地居民的原始信仰发展到英雄时代，即自然神向社会属性的神过渡时产生的一种必然的演化形态，是古人造人为君的一种方式。从这种类型的神话反映的社会形态看，它产生在原始社会的末期，标志着神灵世界向祖先世界、向人的世界的过渡，是神话与历史的一条分界线。可见，藏族山神及天绳神话并不是孤立的神话，应该把藏族神话放到各民族神话的交融变异的网络中探讨其中的规律性。

---

〔1〕《淮南子·地形篇》云："昆仑之丘，或上倍之，是谓凉风之山，登之而不死；或上倍之，是谓悬圃，登之乃灵，能使风雨；或上倍之，乃维上天，登之乃神，是谓太帝之居。"又，《山海经·海内经》："华山青水之东，有山名曰肇山，有人名曰柏高，柏高上下于此，至于天。"《山海经·海外西经》："巫咸国在登葆山，群巫所从上下也。"
〔2〕参阅Obayshi Taryo, "Japanese Myths of Descent from Heaven and Their Korean Parallels", *Asian Folklore Studies,* vol.143, 1984, pp.171-184.
〔3〕同上。

第四节　西藏的战神与风马旗幡及
汉藏五行观念

战神，藏文写作dgra lha，口语读成dala，逐字直译是"敌神"。[1]《藏文大辞典》释为"御敌神"（dgra 'thab kyi lha）。[2]藏族民间关于战神的信仰观念，认为战神的主要职能是保护崇拜战神的崇拜者不为外敌所伤。战神是居于男子右肩之上的神灵。敦煌吐蕃文献及后代藏文史书都记载了止贡赞普（gri gum btasn po）及其战神的传说：止贡赞普与臣仆罗昂（lo ngom）比武，罗昂用狐狗之尸魔退赞普身上的战神岱拉工甲（lde bla gung

---

〔1〕　关于战神（dgra lha）的一般特征及其渊源，国外藏学家对此有较为广泛的论述，如奥地利维也纳大学英年早逝的内贝斯基（Nebesky Wojkowitz, Rene）著《西藏的神灵和鬼怪》（Oracles and Demons of Tibet, 海牙1956年版，格拉茨1975年再版）中专设一章《战神》；霍夫曼（Hoffmann, Helmut）《西藏手册》（Tibet, A Handbook, Bloomington 1986, p.97）；图齐（Tucci Giuseppe）《西藏的宗教》（The Religions of Tibet）中《民间宗教》与《本教》等专章中也对战神作过分析。图齐的大著《西藏画卷》（Tibetan Painted Scrolls, Rome, 1949）517—573页对战神也有分析。石泰安教授（R. A. Stein）《格萨尔说唱艺人研究》（Rechcrches sur L'Epopec et la Barde au Tibet, Paris, 1959）分析了史诗中的战神。《西藏的文明》（Tibetan Civilization, Stanford, 1972）作了一般的介绍。其他如斯内尔格罗夫等（Snellgrove David and Tenzin Namdak）《苯教的九乘》（The Nine Ways of Bon, London, 1935）、瓦德尔（Waddell, L. Austine）《藏传佛教》（Tibetan Buddhism, New York, 1972）。1985年末在美国印第安纳大学出版的《西藏学会杂志》（The Journal of the Tibet Scociety, 由史伯林主编）发表了托德·吉伯森（Todd Gibson）写的《战神再考》（Dgra lha: A Re-examination）一文，对战神的研究做了一个回顾，并对当时的研究现状做了介绍。该文指出，早期对战神的研究仅限于对一般特征的介绍，对战神及dgra lha一词的源流未能进行深入的分析。最近，人们倾向战神是声音或头发神，即dgra lha［bla］, sgra-bla［lha］, skra lha［bla］, 因本教文献（如sGra bla'i rgya mo'i bskang ba; Blo ldan snying po著Gsas mkhar rin po che spyi spungs dcod zlog gis tud las sgra bla'i rgya mo pa'i spyi bskang等）往往将dgra lha写作sgra lha甚至skra lha，如斯内尔格罗夫所辑本教文献，有sgra bla wer ma dpa' khrom gzhung之句。但大多数学者认为这不可能：一是由于dgra sgra［skra］互变以不变词义为前提，如dmu之于rmu；二者，战神是五守舍神之一，在人体中的位置确定（右肩），这在年代远远早于本教文献的敦煌藏文写卷中就有记载；第三，战神在口语中念成da lha，证明其前加字是d［dgra］而不是上加字（sgra）。Sgra bla一词只是集中地出现在本教文献中，这种d/ s互变，只是写法上的变化，从而导致的语义变化，不能看成是战神的原始形态。此外，人们也发现dgra lha被大量地写成dgra bla，猜想它与bla有关，但未有这方面的论述，本节在诸多前贤的研究成果之上，对dgra lha做一分析，从而探讨不同民族之间信仰的联系。

〔2〕　张怡荪主编：《藏汉大辞典》，上册，北京：民族出版社，1985年，第467页。

rgyal ），[1]用腋下之战斧（mthan nas ste'u）砍死岱拉工甲，投于第斯雪山（gangs te se），赞普因而死去。[2]从这些记载可以确定，战神离开人体，人就会死亡；也就是说所谓的战神，就是居于人体内的灵魂，因而无论是在口语还是在书面藏语中，dgra lha 往往又写成（念成）dgra bla 或 dala。

在藏族民间信仰中，灵魂可以分为两大类：一类是与活人俱存的 bla；另一类是由人死之后的 bla 变成的凶魂 btsan，正是"人死凶魂生"（mi shi btsan skyes）。汉谚有"七魂出窍"之说，藏族的灵魂观念中，bla 也远远不止一个。这种观念最典型的体现就是五守舍神（'go ba'i lha lnga）的观念，[3]认为此五神是人生来就有的，而且伴随终身。[4]所以在格萨尔诞生（'khurngs skor）时，果姆从身体的各部生出的神，正暗示着守舍神（即起源神）。[5]《降魔之部》（bdud 'dul），说格萨尔头顶上的神是 a ring khyugs se，右肩为阳神 pho lha she dkar la thod，左肩上是阴神（母神绿度母）mo lha sgrol ma sngon mo。[6]格萨尔拉达克版本说格萨尔的右肩上升起太阳，左肩上升起月亮，[7]如图 1-4-1。

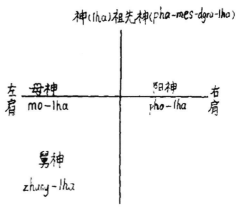

图 1-4-1　守舍神体系

实际上，五守舍神等种种在人体内寄住的神在藏族原始信仰中都不过是不同灵魂在体内的分布。在藏族原始信仰的灵魂观念中，人们认为人的灵魂不止一个，每个灵魂都有其

---

〔1〕战神 lde bla gung rgyal，lde 字作为吐蕃古代赞普的专用字出现过多次，如"八 lde 王"（za nam zin lde, lde 'phru nam gzhung btsan/ se bsnol nam lde/ se bsnol po lde/ lde bsnos nam/ lde bsnol po/ lde rgyal po/ lde sprin btson）及 'bron snyan lde ru/ khri lde gtsug brtsan/ khri srong lde btsan 等。lde 是古代藏族信仰中的一种神灵，进入王系之后，形成了标志某种职位或阶层的标记，犹如 btsan po 一般，故有一个"地岱八王"的系列。lde bla 可解为"lde 系的灵魂"，gung rgyal "天王虚空之王"，lde bla gung rgyal 含有"岱系的灵魂、虚空之王"的意思，因为灵魂游荡、飘移。王系（即 lde bla）的灵魂，自然是众 bla 之首，就成了 gung rgyal。

〔2〕王尧、陈践：《敦煌本吐蕃历史文书》第 43、123 页，另《贤者喜宴》（mKhas pa'i dga' ston）、《王统世系明鉴》（rGyal rabs gsal ba'i me long）等皆有记载。承蒙海西希教授（W. Heissig）见告，德国英雄史诗《尼伯龙根之歌》中英雄也有如此死去的情节。

〔3〕五守舍神（'go ba'i lha lnga）一般是指（1）地方神（yul-lha）；（2）阳神（pho lha）；（3）阴神（mo/ ma lha）；（4）战神（dgra lha）和（5）生命神（srog lha）。藏语的 'go ba 是"起源、根源"的意思，故五守舍神即五起源神。

〔4〕北美印第安人认为身上有四五个灵魂，参看弗雷泽（J. G. Frazer）《金枝》（The Gold Bough），汉译本，北京：中国民间文艺出版社，1987 年，第 269、273 页。

〔5〕从世界各地一些原始部落的民族学报告来看，原始人大都赋予人体内的若干灵魂以一个小人的形象，这是因为原始人在解释无生命的自然过程中以为是活人在背后操纵。他们也这样理解生命现象本身，所以灵魂就是人和动物体内的小我。因而，果姆在生格萨尔之前曾从身体各处（即灵魂的不同依附处）生出几个不同的小人。

〔6〕甘肃人民出版社 1981 年版藏文本《降魔之部》，第 27、28 页。

〔7〕Devahuti, "The Kesar Epic", The Tibet Journal, Summer, 1987, pp.16-24.

特定的职能。如居于格萨尔头顶上的神,在敦煌藏文中称作"上魂"(rtshe bla),[1]主要职能是将体魂(sku bla/ srog bla)导入天界。因此,"上魂"也是一种祖先魂灵在体内的依附处,故在战神愿文中有"祖先战神从头供"(pha mes dgra lha dbus nas mchod)之说。[2]天赤七王(gnam mkha'i khri bdun)皆由上魂导入天界。格萨尔出生时,随着太阳的东升,果姆的头顶上出现了如月之白光,接着"出现了一个手持白绸结、雕头人身的白人"(mi dkar khyung gi mgo bo can dar mdung dkar po bzung ba zhig thol gyis byung ste)。这位雕头白神自称是"白盔上面的保护神"(mgo rmog dkar steng du srung ma),是"哥哥白海螺大鹏"(phu bo dung khyung dkar po),是附在头盔羽毛上的战神,说完变作彩虹飞向空中('ja' 'od 'khyuang ger bzhig so)。[3]这与天赤七王沿彩虹上天的情节相符合。[4]藏族的方位观是男右女左,右阳左阴,以右为尊。居于左肩或左腋的mo lha, ma lha或mo bla, ma bla,一说是母系神,即该bla所依之人的母系祖先神。托马斯(F. W. Thomas)辑敦煌藏文占卜手卷中有"如问家运及身运,有一母系祖先善神领头前来佑护,如有本波或天神,应供养,母子可能相会,能听到好消息,婚姻有成,家业兴旺"(khyim phya dang srog phywa la btab na/ ma myes gyi lha bzang po cig yod gis/ 'go zhing 'che bar 'ong bas/ don po[bon po]dang gnum[gnam]lha pa yon na/ cig/ ma dang bu gnyis phrad par 'ong ba dang 'dra ste/ skad snyan te/ Phrad par 'ong/ gnyen byas na srid yon grog/ phywa la btab na grog che)。[5]这位母系善神(ma myes gyi lha bzang po)反映在体内各魂的分布上,就是母系神或神mo bla或ma bla,它的职能是保佑个人的母子、家业、婚姻等等。居于左腋,与mo lha对应的就是阳神pho lha或pho bla,即父系神或男性神。阳神的信仰在今天的藏族民间信仰中逐渐地衰微,有时将阳神等同于战神,或者以战神取代阳神,两者的职能也十分地相近。战神dgra lha实际上就是阳神pho lha的发展。作为父系神和男性雄壮之神,pho bla的最初职能也是护身御敌。在原始信仰中,尤其是在信仰萨满教的民族中间,防御或摧毁敌人最有效的方式就是去掉敌人的灵魂bla,去敌魂最有效的方法不是自己的身体出马,而是派遣灵魂出去与仇敌的灵魂搏斗,由此演化出神灵的斗法,这在格萨尔史诗中表现得最为充分。敌人将领的灵魂往往依止于不同的生物或无生物之上,如魂牛(bla 'brong)、魂湖(bla mtsho)、魂石(bla rdo),必须先除掉寄魂物,才能制服仇敌。作为pho bla,其最主要

〔1〕 王尧、陈践:《吐蕃简牍综录》,No.422: rtse bla rtshe sman dang g-yang gsol-ba'i ...

〔2〕 khyad gter gyi dgra lha dpang bstod gzhan phan rol ba zhes bya ba bzhugs so,木刻本,叶28。

〔3〕 甘肃民族出版社1981年版藏文本《诞生》,第50、51页。

〔4〕 《王统世系明鉴》(rGyal rabs gsal ba'i me long),北京:民族出版社,1981年,藏文版,第55页:天赤七王"在他们的儿能骑马射箭之时,父祖就沿着天绳,如同彩虹一般向天空飞去。"(sras rnams kyis rim po bzhin chib kha thub tsa na/ yab rnams rim pa bzhin du rmu thag la byas nas nam mkha' la 'ja' yal ba bzhin 'gro yang zer.)

〔5〕 F. W. Thomas, Ancient Folk Literature from Northwest Tibet, Berlin, 1957, IV.

的职能就是攫取敌人的灵魂，久而久之，就以 dgra bla 一词（即"敌魂"）称呼战神。国外有很多学者对"战神"不说成"战魂"或"护身神"而作"敌魂"或"敌神"迷惑不解，恐其症结就在此。[1]战神最初的位置是在右腋，因而敦煌介绍王统传承的藏文卷子没有提及岱拉工甲的具体居位，但明确指出，罗昂是用腋下之战斧（ mchan nas ste'u ）杀赞普，证明罗昂的战神是在右腋。[2]格萨尔史诗中战神使用的兵器，有一种九魂石（ bla rdo dgu ）也藏在右腋。[3]由 pho bla 形成的 dgra bla 观念进入信仰之后，由于它作为专职战神而不能完全取代阳神的一些与阴神对立的性别特征，使其凭得 pho bla 取得了 dgra bla 的名称，但又从阳神中分离出来，形成了与阳神并列的战神，在体内寄居的位置也由右腋移到右肩。在灵魂神观念的不断发展中，为了与居于右肩的战神构成新的对称，只得将本与右腋阳神对应的左腋阴神 mo bla 从左腋上提至左肩，形成了右腋阳神无所对应的显而易见的矛盾，从而有力地反证出由 pho bla 衍生出 dgra bla 的历史过程。如图 1-4-2 所示：

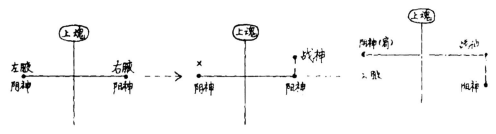

图 1-4-2　神魂位置演变图

据以上的分析可以看出，人体各部的灵魂都有确定的职能，但对称为五守舍神的五位神灵地方神（ yul lha ）、阳神、阴神和生命神（ sorg lha ）等作一考辨，发现只有阳神和阴神能找到确切的位置，地方神与人体魂神的关系不可考，生命神或许等同人体中的体魂（ sku bla ）。[4]与游魂 btasn 不同，人体中的各种灵魂除了体魂之外，其他的 bla 都可以离开

〔1〕　Todd Gibson, "Dgra lha: A Reexamination", *The Journal of The Tibet Society*, 1985, Volume 5. pp.67-70.

〔2〕　藏区某些地方有"野人石"（ mi rgod rdo pa ）之信仰，此石藏于男子右腋。

〔3〕　甘肃民族出版社 1981 年版藏文本《诞生之部》第 62、64 页有"誓愿形成的魂石"（ dam can chags pa'i bla rdo ）。

〔4〕　sku bla 一词出现在敦煌藏文写卷 P.t.1047："体魂欢欣，国王三代社稷不衰，国王父子侂俪宴庆欢乐"（ sku bla dges pha'i zhal du 'ang lta'/ rgyal pho gdung gsum du srid myi mye nongs pha'i zhal du 'ang lta ）；"大体魂不悦，引来魔怪、凶魂、瘟疫、厉鬼等，国王与尚论之生命危险，大凶"（ sku bla chen pho myi dgyes pha'/ ya bdud dang btsan dri dang ma yams dang sri las stsogs pha drangs pha'i ngo/ ste rgyal pho dang zhang lon gyi srog phyar rab ）。这说明 sku bla 是与人体俱在的灵魂；《特别掘出之益他人神变战神颂文》（本节作者藏）（ khyad gte gyi dgra lha ldpang bstod gzhan phan rol ba zhes bya ba bzhugs so ）叶 45b, 46a 记："我等战神的供处有八种：祖先系战神从头供；意愿战神从心供；能听战神从耳供；能看战神从眼供；善言战神从嘴供；护身战神从右供；护军众战神从左供；凯旋战神从前供。"（ ngod dgra lha mchod ba'i brgyad yod/ pha mas dgra lha dbus nas mchod ye srid dgra lha thugs nas mchod/ thos byed dgra lha snyan nas mchod/ mthon byed dgra lha spyan nas mchodsmra mkhas dgra lha zhal nas mchod/ mgon syabs dgra lha g-yas nas mchod/ dpa' dpang dgra lha g-yon nas mchod/ g-yul rgyal dgra lha mdur nas mchod ）可比较。

身体而远游，其中以战魂dgra bla与外界发生的联系最为频繁。所以，经常是dgra bla离开身体，寄留在其他物体之上，寄留的主要对象是飞禽（尤其是猛禽）和各种兽类，战魂攫取敌魂的职能和游移寄留的特性产生了如下的效果：将战神的地位加以强化，使战魂从阳魂或阳神中分离，这在吐蕃社会初期频仍的部落征战中得到突出的表现。有关这方面的情况，有一条最有力的例证。藏语的"兵旅""军旅""军卒"写作dpung，如dpung sde"军队"，rang dpung"我军"，dgra dpung"敌军"，dpa' dpung"勇众"等。但dpung还指"肩"，等同于phrag pu，如lus kyi dpung pa"双肩"，mgo thar dpung 'dzung"出头露肩"（喻"得寸进尺"），dpung 'ja'"肩风"；还有以肩为亲，以肩为救星的观念，如dpung gnyen"救星"。究其所由，其一，因为右肩为战神所居，所以dpung才指"军队"。其二，战魂的经常离体远游，使得战魂从隶属于人体的灵魂演变成一种独立于人体之外的神灵，从而"战魂"变成了"战神"，即由dgra bla变成了dgra lha。其三，由于战神特殊的形成经历，使它最初没有固定的形体和特定的标志，几乎所有的神怪、人物、动物皆可充任战神，从而形成广义的战神，但与居于人体右肩的战神已相去甚远。如一份祭战神藏文木刻本说，从蛋卵[1]中生出了黑魔战神（nag po bdud kyi dgra lha）、尊上穆战神（btsun pa rmu yi dgra lha）、[2]先知果战神（ye mkhyen skol gyi dgra lha）、先知天女战神（ye mkhyen sman gyi dgra lha）、降魔堡寨战神（bdud 'dul mkhar gyi dgra lha）、水界风战神（chu khams rlung gi dgra lha）、黑头人战神（mgo nag mi yi dgra lha），[3]这份文献还记述了十四位一组的神灵（称为十三战神），他们是：（1）med pa yod ces dgra lha"有无战神"；（2）stong la chags pa'i dgra lha"由stong而形成的战神"；（3）'byung la chags pa'i dgra lha"由穷魔形成的战神"；（4）ma chags stong gi dgra lha"未形成冬之战神"；（5）ye nas srid pa'i dgra lha"根本世界战神"；（6）'dod dgu chags pa'i dgra lha"九欲形成的战神"；（7）mi thub dgra lha spun gsum"无敌战神三兄弟"；（8）pha mes brgyud kyi dgra lha"父母系战神"；（9）mi rabs brgyud kyi dgra lha"人系战神"；（10）phyi rabs brgyud kyi dgra lha"外祖系战神"；（11）dmu rabs brgyud kyi dgra lha"穆系战神"；（12）gtsug rabs brgyud kyi dgra lha"祖系战神"；（13）mi'u gdung drug dgra lha"米乌六族系战神"；（14）sird pa chags pa'i dgra lha"世界形成战神"。[4]其四，脱离了人体灵魂观念的、外在的独立的战神，逐渐从庞杂无序向略成体系的有序发展，形成了主战神，如格萨尔史诗中的念青格作（gnyan chen ger

---

〔1〕 涉及藏族卵生神话，见谢继胜《藏族本教神话探索》，《民族文学研究》1988年第4期。

〔2〕 rmu在现代藏语中被认为是魔怪、黄水肿病，但在本教文献中，rmad/ mu是天国的上等种系。敦煌卷子也提到了rmu的天国，这里以"尊上"（blsun po）修饰rmu，正取其古意。

〔3〕 见thun mong rrten 'brel sgrig byed pa'i/ lha rnams mnyes byed bsangs yig bzhugs，叶29a\b，本节作者藏木刻本。

〔4〕 thun mong rrten 'brel sgrig byed pa'i/ lha rnams mnyes byed bsangs yig bzhugs，叶14a-b、15a。

mdozd），或玛卿伯姆热（mra che spom ra），作为体魂的战神与独立的战神之间没有严格的界限，经常可以互相转化。[1]

至于战神为什么又称威尔玛（wer ma），至今也没有人能给一个令人信服的解释。这里笔者先引述一段本教仪轨文献中关于威尔玛起源的记载：

有威尔玛猛众的四典籍，
古昔,神,赛,白用神变力,
从虚空之天宫中,
以五宝形成一卵。
卵以己力开裂,
蛋壳变成护身盔甲,
外皮变成御敌兵器,
蛋青变成勇士威壮剂,
内皮变成隐匿的堡宅。
晦暗堡宅戳曲穆宗,
劫夺太阳明亮光芒。
从蛋黄之中,
变出一具神变法力之男子：

wer ma'i dpa' khrom gzhung bzhi yod

sngon lha gsas dbal gsum dzu 'phrul las

nam mkha' stong pa'i dbyings rum nas

rin chen sna lnga'i sgo ong gcig

rang bzhin shug skyis brdol ba las

sgong shun skyab pa'i gi ru srid

bdar sha srung ba'i mthson du srid

sgong chu dpa' ba'i ngar chur srid

sgon pir 'khra ba'i mkhar du srid

khro shud mu rdzong mun gyi mkhar

gsal ban yi ma'i kha 'od 'phrog

---

[1] 关于主战神格作,将在后面论述十三战神时加以分析。

sgo nga nang gi snying po las

rdzu 'phrul mi pho gig du srid

生有狮头猞猁耳；
忿怒面相大象鼻；
水獭嘴巴虎獠牙；
长剑双腿水剑翅；
在鸟和大鹏的两角之间，
有如意宝的头饰。
没人起名、因而无名，
益辛旺宗以咒术修度之，
唤作大勇威尔玛尼那。
是众具勇力者中最胜者，
护持本和辛的教法，
击退仇敌与生障魔的部众，
做善美之友。

seng ge'i mgo la dbyi yi rna

'khro ba'i gdong la glang chen sna

chu sirn zhal la rgyal stag mche

ral gri'i rkang la che gri gshog

bya khyung dar ma'i rwa dbal la

yid bzhin nor bu'i dbu brgyan can

de la ming 'dogs ming med pa

ye gshen dbang rdzong mthu yis bsgrubs

dpa' chen wer ma nyi na zhes

mthu ldan yongs kyi thu bo po

bon dang gshen gyi bstan po bsrung

dgra dang bgegs kyi dpung tshogs gzhom

dkar dang dge ba'i sdong grogs mdzad

此有威尔玛的四典籍，

威尔玛与神成一体，
就成降魔神威尔玛；
威尔玛与念成一体，
就成退敌念威尔玛；
威尔玛与大鹏成一体，
就成驱龙鹏威尔玛；
威尔玛与狮成一体，
就成威尔玛勇士三兄弟；
威尔玛勇士成猛阵，
抵兵众九万九千强。
由神来，由赛生，
似"白"神，摧妖魔，
偏狭妒人人，
凡事无惧情。
毁极热，执极冷，
没人毁其天界堡宅，
无所惧，威尔玛之躯，
是雍仲本教的命息，
降服仇敌和生障魔的帮手，
这就是威尔玛勇士的四典籍。

de la wer ma gzhung bzhi grol

wer ma lha dang bsdebs ba las

lha yi wer ma bdud 'dul sird

wer ma gnyan dang bsdebs pa la

gnyan gyi wer ma dgra 'dul grol

wer ma khytung dang bsdebs pa la

khyung gi wer ma klu 'dul grol

wer ma seng dang bsdebs pa la

dpa' 'dul wer ma mched gsum grol

wer ma dpa' ba'i dpa' khrom grol

dmag tshogs dgu khri dgu 'bum grol

lha la grol zhing gsas la chad

dbal la 'dra zhing bdul la tshig

gang la yang ni 'phrag（'phrang）dog cing

kun thub gang yang 'jigs pa med

tsha dbal 'joms shing grang dbal len

gang gis mi shig nam mkha'i mkhar

kun gyis mi 'jigs wer ma'i sku

g·yung drung bon gyi bstan pa'i srog

dgra bgegs 'dul ba'i gnyen por byung

de wer ma dpav bavi gzhung bzhi yin[1]

这种起源方式与本教文献中众多的卵生神话有共通之处。在这段文字之前，该文献还以相似的方式介绍了战神的起源及其分支（战神写作 sgra bla），与本节前引的一段文字相似。但文献对 sgar bla 与 wer ma 的关系未做论述，仅说明如下问题：（1）威尔玛作为勇士神（dpa' bo）出现；（2）威尔玛可以变幻方式与各类神魔联组成具有不同职能的神灵；（3）它与史诗中出现的威尔玛在形体上有很大的区别，特别是生有翅（gshog），表明它可以飞行，而格萨尔史诗中的威尔玛，与 dgra bla 的形貌相似，与 wer ma 密切相连的箭和矛没有特意出现。

图 1-4-3　威尔玛神

本教文献中描述的这种早期的威尔玛形象，在藏传佛教及本教的神灵造像中比较罕见，但在纳西族崇拜的威尔玛神造像中体现得较为明显（图 1-4-3），本教文献中提到的"狮头猞猁耳""忿怒面大象鼻""水獭嘴巴虎獠牙""水剑翅"竟都有完全的体现，尤其是神灵右手持的箭，下身围的虎皮围裙，更体现了 wer ma 的特征。本教文献中描述的 wer ma 与战神 dgra lha 形体的差异，是否可以看作是 wer ma 的最初形貌呢？目前笔者还未在西藏宗教造像中找到可资比照的东西。

---

〔1〕 D. L. Snellgrove, "The Nine Ways of Bon. Excerpts from the gzer mig brjid Edited and Translated", *London Oriental Series*, Volume, 18, London, 1967, pp.62-63. snang gshen gyi thag pa.

那么，威尔玛究竟是如何形成的？

《藏汉大辞典》将 wer ma 释为"护身战神"或"兵器神"（dgra lha 'am mtshon lha），又说是"守舍神"，等同于 dgra lha。第一种解释与 dgra lha 的解释互义，没有价值；第二种将 wer ma 释为兵器神（mtshon lha）极为准确。在格萨尔史诗中，虽然常把威尔玛等同于战神，如 dgra bla wer ma rnams，[1] 或 wer ma dgra lha bcu gsum，[2] 但威尔玛与别的 dgra lha 相比，还是有明显的不同。这就是威尔玛的寄居处固定，大都说它依附于弓箭之上，即虎皮箭袋和豹皮弓袋（stag dong wer ma/ dgra lha'i rten mkhar/ rdzong che gzing shubs wer ma'i bsis mkhar）。[3] 也有"狂怒无威的威尔玛，是箭和矛的战神"（wer ma khro gtum 'jigs med de/ mda' dang mdvng gi dgra bla）。各部本、章本都大同小异。由此可以断定，威尔玛作为兵器神，肯定与弓箭（mda' mdung gzhu mo）有关，其中联系的契机在哪儿呢？笔者摘引一段本教文献《色尔米》（gzer myig）：

> 其时，一束白光收入一支箭中，射往西方世界，那里是魏摩隆仁，四条大河之源，南瞻部洲之眼。白光又进入普保索杰城误，进入熟睡的杰本托嘎（白头王本）的头颅。杰本梦见一个闪光的白色字母A，尔后白光又进入他的身体之中，从身体中又射出了一道光照亮了三界。醒后，杰本通体舒畅。
>
> de nas 'od dkar po mda' gang ba cig tu sprul nas/ 'jig rten khams nub phyogs kyi gling/ chu ba bzhi 'dus pa'i 'go/ lho'i 'dzam bu gling gi myig 'ol// mo lung ring/ mkhar phar po so brgyad kyi nang na/ yab rgyal bon thod dkar gzims pa'i spyi bo'i gtsug tu bab ste, babs pa'i dus su yab kyi rmyi lam na/ yi ge a dkar po 'od dang ldan ba cig/ spyi bor babs nas// sku la thim bas/ sku las 'od 'phros/ stong gsum gang bar rmyiv'o/ sad nas shind ta ta sku bde yid kyang rab tu spro/ dngos grub mchog tu dgongs nas [4]

这段记载说明，在藏区西部的天光神话中，[5]白光（'od dkar）或光（'od mo）与箭是联系在一起的，其原因是藏箭的箭尾往往插上白色的羽毛，箭的飞行也如同白光闪过；藏文中又有以藻饰词代替本词的惯例，就用 'od mo "光"作为"箭"的代称。敦煌藏文卷子中有"太阳骑于箭上，到灵魂行列中去"（nyi ma'i sra mda' la bcibs ste/ thugs gral du byon

〔1〕 甘肃民族出版社1981年版藏文《诞生之部》第62、66页多次提到"白方战神众威尔玛"（dkar phyogs kyi dgra bla wer ma mams）。

〔2〕 同上，第68页。

〔3〕 四川民族出版社版藏文本《赛马》（rta rgyug）第229—230页；甘肃民族出版社版第231—232页。

〔4〕 A. H. Francke, *Gzer myig, A Book of the Tibetan Bonpos*。藏文全名是：bka' 'dusl pa rin po che gzer myig gi rgyud bzhugs so, 叶23b。

〔5〕 谢继胜：《藏族本教神话探索》，《民族文学研究》1988年第4期。

nas/ thug spur 'tshom mo zhes）之句。[1]同时，在藏族原始信仰中，白光代表天神，性为阳，在本教红白光感生神话中箭等同于白光，而箭也是藏族男子的标志，性亦为阳。[2]箭 'od mo 就成了 pho bla 或 dgra lha 的一种标志。故藏文祭战神愿文中有："A 字白光的威尔玛"（a dkar 'od kyi wer ma）[3]与《色尔米》中"闪光白色字母 A"（a dkar po 'od dang ldan）、前引本教九乘文献中的"威尔玛劫夺太阳光"（gsal ba nyi ma'i kha 'od 'phrog）相一致，说明 wer ma 确实与 'od mo 有关。wer ma 最初就是指代表箭藻饰词的 'od dkar po 或 'od mo，威尔玛依止的虎皮箭袋和豹皮弓袋，其前首二字（stag gzig "虎""豹"）合起来就做地名"大食"，说明箭及 wer ma 与本教的源流关系。总之，威尔玛（wer ma）字面的最初含义是"白光"或"光"（'od dkar/ 'od mo），实际上指箭。

需要指出的是，既然威尔玛就是 'od mo，为什么今天几乎所有的文献都写作 wer ma，而不是 'od mo 呢？这涉及一个某些语音的崇拜和语音的变化问题。关于第一个问题，我们可以观察藏语的辅音（清擦音）[h]、半元音[w]和元音[a]藏文分别是 ha、a 和 wa，这三个字母在藏族的语音系统中构词最少，其中以 wa 最少。ha 和 a 有神秘性，在一些本教文献中多有记载，有相当数量的神灵都是从 ha 和 a 字中出生，藏区很多的祭神石台（tho）上也往往刻有 a 字（不指六字真言）。元音 a 字在世界各地的语言崇拜中都有所反映，[4]藏语 a 和 ha 都没有实义，极易成为语言崇拜的对象（藏语的神即由 l 和 h 构成），而 wa 有实义，如 wa mo "狐狸"。假如对《藏汉大辞典》wa 部所收的 66 个词作一统计，可以发现 wa 的构词率在所有字母中最低，其基本的实词意义只有一个 wa mo，然后又依此构成与 wa mo 意义相关的词，如 wa 'khyug "狐行"，wa gdong "狐面骨"，约占 50%，其次是以 wa 对译汉语"瓦""王"，或对译梵语，如 waruna（龙之一种）；狐狸 wa mo 与战神（dgra lha/ dgra bla）关系密切，在格萨尔史诗中战神威尔玛常常放出一种难闻的气味来使敌人或敌坐骑倒下，如《赛马》部中战神威尔玛向跑在前面的东赞放出臭气，使他人仰马翻（gu ra'i phrag gyon gyi thur lam phre mo nas gser khri dang nye bar gdong btsan slebs par dgra lha gnyen stag dmar pos rta gyu bya la lhad btang bas/ g·yu bya dbugs sdebs sngang 'gyel song ste）。[5]在止贡赞普传说中，罗昂就是用死狐魔退战神的。其含义在于，狐是食腐动物，主要在有兽禽人尸的地方活动，所以，藏语称"天葬场"为 wa lam can（狐路），一些食腐动物如鹰鹫、乌鸦、狐狗等等，常被认为与灵魂相关，如土地神（zhing lha）是公母蝙蝠（pha

---

[1] 伦敦印度事务馆藏 S.T.O 562。转引自褚俊杰：《吐蕃本教丧葬仪轨研究》，《中国藏学》1989 年第 4 期。
[2] 女子的标志是纺锤。
[3] gsol mchod phrin las myar 'grub che bya ba bzhugs so，叶 4b。见本节作者藏木刻本。
[4] 泰勒著，连树声译，谢继胜等校：《原始文化》（E. B. Taylor, The Primitive Culture），上海文艺出版社，1992 年，第 167—204 页。
[5] 甘肃民族出版社 1981 年藏文版《赛马》，第 229 页。

wang yab yum），灶神（thab lha）及魂鸟（bla bya）是乌鸦（rog po），[1]这些动物也是bla或btsan的主宰。正是狐狸有如此的神力，藏语才以极少使用的字母wa来称呼，并不用wa再构成其他的词。而字母［'a］构实词较多，不符合被崇拜音节的无实义及单义性，从而被wa而取代。这中间的转换又涉及第二个问题，即语音变换问题。威尔玛的信仰与本教光神的信仰有关，而且是一种较为古老的信仰，史诗中也说格萨尔幼时"战神威尔玛还支配着人们的头脑"（dus la ma babs dgra bla wer ma rnams kyis gling pa'i blo kha bsgyur te）。[2]这种将战神称作威尔玛的信仰主要集中在藏区西部，根据上面的考辨，作为箭神的威尔玛与光'od mo相关，'od在拉萨方言中读［øʔλ］，看不出其中所含的半元音［w］，但令人震惊的是，在藏语西部方言中，'od几乎都含有［w］，如噶尔方言（sgar）读［wøʔλ］，日土（ru thog）读［wøʔλ］，普兰（spu hreng）读［wøʔλ］，革吉（dge rgyas）、措勒（mtsho chen）也读［wøʔλ］，[3]'od mo读成［wøʔλ］，正好与拉萨话读wer ma为［wøλ may］接近。卫藏方言中后加字r不读证明藏区西部的'od mo就是卫藏方言中wer ma，那么产生这种差异的原因是什么呢？主要是由文献作者的方言影响所致。卫藏地方为整个藏区的经济文化中心，有很多杰出的学者，在记录史诗或其他宗教文献时，对其中一些涉及当地方言的词语，往往用卫藏方音去拼写，从而将西部藏语的［wøʔ moy］准确地用卫藏藏文拼写成［wøʔλ］wer ma而不是拼成与实际读音相差较大的'od［øʔλ］，从而形成对同一种光神（箭神）的两种写法；随着卫藏地区政治、经济地位的不断上升，wer ma也取代了'od mo/ ma。值得一提的是，用wa来取代［'a］，除了语音上的原因外，wa所含有的语音崇拜因素也起了重要的作用，因而wa所具有的"狐性"也进入了箭神威尔玛之中，形成了wer ma与wa mo的特殊关系。

以上，我们只是分析了wer ma的语义来源，它与dgar lha的互换关系，至今还没有发现直接的材料联系的媒介主要有以下两种方式：① wer ma出自'od mo，'od mo修饰mda' mo指箭，箭是男子的标志，即是pho lha/ lha（男神或男魂）的标志，由pho bla发展为dgra lha，这样wer ma就与dgra lha发生了联系；② wer ma的形成与wa mo（狐）有关，狐与灵魂相关，战神就是灵魂的一种，wer ma也就与dgar lha相关联。总之，作为箭神的wer ma最初只是与阳神相关，随着阳神的战神化及广义化，威尔玛也成了与战神完全一致的战神，但由于威尔玛最初确定为箭神，因而有很强的依附性，从史诗中威尔玛出现的场合看，依附于兵器兽类时多是威尔玛，依附于人时多为战神；作为独立于人体灵魂之外的战神

〔1〕 chos skyong gi gsol mchod skor phyogs bsdus 'dod 'byang dpal gyi rdzing bu zhes bya ba bzhugs so，叶33b。见本节作者藏木刻本。

〔2〕 四川民族出版社版藏文本《赛马》第9页。

〔3〕 罢霭堂、谭克让：《阿里藏语》，北京：中国社会科学出版社，1983年，第286—287页例词。

时,往往写成dgra lha。

在祭神祈愿文及仪轨文中,最经常提到的一组战神是十三战神(dgra lha bcu gsum)。十三战神包括的战神名称,形体各不相同,内贝斯基(R. N. Nebesky)《西藏的神灵和鬼怪》《战神》一章提到了若干组不同的十三战神。[1] 可能是受当时材料的限制,内氏的著作竟然没有提及格萨尔史诗与一些战神祈愿文及战神画像中经常出现、完全作为动物形态的十三战神。这十三动物战神是理解整个战神体系的关键,本节就史诗不同部本及战神画像中提到的十三战神,结合风马旗中的战神动物,逐个做些考证分析。

《世界公桑》(’dzam gling spyi bsang)列出的十三战神,称雄狮大王十三护身战神(seng chen rgyal po’i sku srung dgra lha bcu gsum),分别是:1. 大鹏;2. 玉龙;3. 白狮;4. 虎;5. 白嘴野马;6. 青狼;7. 岩雕;8. 白胸黄熊;9. 鹞鹰;10. 鹿;11. 白肚人熊;12. 黄色金蛇;13. 双鱼。[2]

1. 大鹏

藏文写作rtasl ldan khyung chen dar ma,可译为"其力大鹏壮士",是"马头金刚"(lha rta mgrin dmar po’i sprul sku)的化身(参见图1-4-4)。这位大鹏为十三战神之首,就是居于格萨尔头顶白头盔鹰羽之上的大鹏。藏族信仰中的khyung,实际上是鹞、鹰等具有萨满性质的信仰受佛教神影响而导致的不完全变化形态,鹏就是鹰。这位大鹏就是格萨尔母亲果姆头顶生出的小人、上魂的化身,主要职能是引导格萨尔的bla进入天界。在卡尔梅(S. G. Karmay)公布的一份本教文献中,世界起源于一黑一白两只鹰,[3] 桑斯卡尔(Zanskar)格萨尔也说世界起源于一黑一白的鹰。[4] 此类英雄化鹰母题广泛存在于满通

[1] R. N. Nebesky, *Oracles and Demons of Tibet*, chapter 7, pp.318, 340.笔者已将此章译出,刊于王尧教授主编:《国外藏学译文集》第五辑《西藏的战神》,拉萨:西藏人民出版社,1989年,第206—236页。

[2] 甘肃民族出版社版藏文本第61—62页,称雄狮大王护身战神的十三动物战神,在史诗中的几个版本中都有所出现。但在《世界公桑》中出现得最为完备;在四川版《赛马》第166—169页,介绍岭国部将众眷属时,提到称十三战神(dgra lha bcu gsum)的十三小兄弟(gling gi gces phrug bcu gsum),无疑是十三战神的人形神体现,这十三战神是:(1) snang chung gy-u yi me tog;(2) rong tsha gung gi dmar leb;(3) mu pa’i she dkar rgyang grags;(4) ’om bu spyang khring rngam chen;(5) bco lnga’i dpa’ gser zla ba;(6) gung pa bu yi shya khra;(7) lcags nag dpon po seng seng;(8) g-yu yag mgon po stong thub;(9) gdong btsang snang ngo a dpal;(10) rgod po’i nyi ma lhun grub;(11) skya lo’i bu yag ’brug rgyal;(12) gser pa’i bu cbung thar yag;(13) a ’bar bu yi ’phen stag.史诗中说十三战神兄弟"如同世界上最上等的十三支神箭,组成箭束装入虎皮箭袋"(srid pa’i mda’ rab bcu gsum ’dra/ stag dong rgyan la gra sdebs mdzod)正是暗指十三兄弟威尔玛。此外,从史诗描述的作战组织机构来分析,成为军阵(dpa’ khrom)的威尔玛被作为一级军事作战组织,作为先头部队,正是战神观念的发展。

[3] 卡尔美桑木旦:《黑头矮人出世》,刊《国外藏学译文集》第五辑,拉萨:西藏人民出版社,1994年,第237—239页。

[4] Eva K. Dargyay, *In Search for Gesar, Tibetan Studies, Proceddings of the 4th Seminar of the International Association for Tibetan Studies*, Schloss Hohenkammer Munich, 1985, Edited by Helga Uebach and Jampa L. Panglung. pp.87-93.

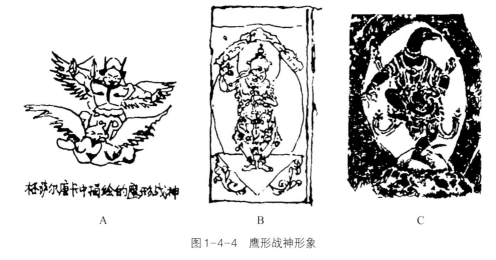

| A | B | C |

图 1-4-4　鹰形战神形象

古斯语族的萨满信仰中，他们最强悍的英雄主魂往往化身为鹰。[1]因而，在风马幡所载五种动物中，鹰象征着生命力、勇气、权威和威严。卡尔梅公布的文献中有"愿百鸟之王雄鹰能降伏三界，保佑我的生命不受死亡之主威胁。"[2]处于幡中的鹰又称"风马昌盛战神"（rlang rta dar ba'i dgra bla）。在史诗的其他部本中，具力大鹏又被认为是格佐（ge mdzo）的化身。ge mdzo全称是gnyan chen ge mdzo，正好是史诗中众战神的首领。他是史诗中lha gnyan/ btsan klu结构里gnyan/ btsan的主神，史诗中称为gnyen［gnyan］stag dgra bla'i gtso bo，[3]有时又作ge mdzo gnyan po，但更多的是被认同为gnyan chen thang lha，如"中界赞域念青体神格佐等雄赞三百六十位"（bar btsan yul nas gnyan chen sku lha ger mdzo［=ge mdzo］dang bcas btsan rgod sum brgya drug cu），[4]表明了念青唐拉与念青格佐的关系：格佐只是念青唐拉的体神（即体魂），故有gnyan chen sku lha ger 'dzo或sku lha ger mdzo gnyan po的名称。[5]值得注意的是，在藏族民间信仰中，念青唐拉是吐蕃赞普赤松德赞的体神（sku bla）；莲花生（padma 'byung gnas）入藏时，又被收伏为大师的护法神，其职能是佑护赞普和莲花生大师，念青唐拉甚至还做过布达拉宫红山（dmar po ri）的保护神。[6]后来作为噶厦政府宣谕神的白哈尔（pe har），竟也是由念青唐拉向莲花生推荐的桑耶寺护法神，标志着土著神灵终究被外来的佛教神灵所取代的进程。[7]无独有偶，白

[1]　M. Eliade, *Le chamanisme et les techniques archaiques de lextase,* Paris, 1951.

[2]　译文见西藏人民出版社版《国外藏学研究译文集》第五辑，第237—269页。

[3]　甘肃民族出版社版藏文本《诞生之部》，第70—71页。

[4]　扎巴演唱本《仙界占卜九筮》，北京：民族出版社，1984年，第9页。

[5]　ge ser rdo rje tshe'i rgyal po gzhung dang man ngag skor bdun rtsi'i bum bzang zhugs so，叶2b。本节作者藏木刻本。

[6]　谢继胜：《藏族山神神话及其特征》，刊《西藏研究》1988年第4期。

[7]　R. D. Nebesky Wojkowitz, *Oracles and Demons of Tibet*, Chapter 7, Pehar and companions and chapter 14, Mountain deities.

哈尔也是化身为鹰（一说白鸽）或鹰首人身的神灵。如关于白哈尔的传说中，白哈尔曾化身为秃鹫；一份藏文文献，说白哈尔王最初生于一卵中，后来又变成鹰首人身，与史诗中的念青格佐及具力大鹏的形貌相近。[1]因此，白哈尔也被称作"战神大王乃穷"（dgra lha'i rgyal po gnas chung）。据内氏称，他听到白哈尔入藏的另一种说法，说白哈尔最初是被马头金刚降服的。[2]因此，具力大鹏又化身马头金刚，证明大鹏战神、念青格佐、白哈尔之间存在的一种共生的关系，如图1-4-5：

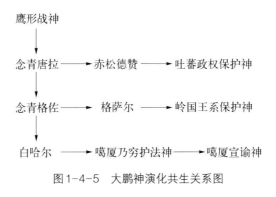

图1-4-5　大鹏神演化共生关系图

从图1-4-5可以得出：含有灵魂崇拜观念的鹰形战神演变为融合山神的念青唐拉，进入古史领域表现为赤松德赞体魂，赞普王系的保护神；进入史诗领域后表现为格佐主神，岭国的主战神；随着佛教文化的传入，带有鹰形萨满文化介质的白哈尔替代念青唐拉，在政教合一制度完善之后，白哈尔终于成了最大的噶厦政府宣谕神。

2. 玉龙

这位战神准确译为"战魂蓝色玉天龙"（dgra blav'i g-yu 'brug sngon po），是巩勉杰姆（gung sman rgyal mo）的化身，属女神（参见图1-4-6）。西藏女神大多居于地下，性阴、属klu，由于要对应汉地四象观念中的"苍龙"，就出现了"蓝色玉天龙"（g-yu 'brug snpon po），从而导致属于地龙klu系统的女神由地下升入

图1-4-6　玉龙

〔1〕gnod sbyin rgyal chen sku lnga 'khor bcas，木刻本叶13a。
〔2〕内贝斯基著，谢继胜译：《西藏的神灵和鬼怪》（上卷），第233—271页。

天界，与本作为天界女神的 sman "勉" 混淆。[1]战神愿文中有 "南方岭地的战神，是具人发髻的玉天龙"（lho phyogs gling gi dgra lha ni/ g-yu 'brug mi yi ba can rnam），这正好是四象中的苍龙。[2]'brug 的本意是 "雷"，但 'brug mo 并不能解作 "雷女" 或 "雷神"，而是对应汉四象观或五方神中的 "苍龙"，从本质上说，位于天界的阴性玉龙是地龙 klu 的变化形态。因此，klu 进入天界变成 'brug 之后，只能与原有的天神 sman 相联系，成了 gnam sman rgyal mo，或作 gong sman rgyal mo/ gung sman rgyal-mo。Sman 在敦煌藏文中常与 rmu（dmu?）构成 mu sman 一词，[3]指天界女神，天降甘露，sman 又成了药。在格萨尔史诗中，巩勉杰姆是格萨尔天界神灵谱系中的姑母，常常骑着白色的狮子，由众多空行母（mkha' 'gro mo）相随，伴着悦耳美妙的音乐，给人间的格萨尔传达旨意："玉龙鸣声阵阵，蜜雨纷纷落下，她骑着白狮子，五彩缤纷的彩虹帐幕当中。四周环绕着棉花一般的云，下边飘着莲状红色云彩，众多的天女伴随，芳香之气遍于世界四方。"（g-yu 'brug sngon mo sang sang sgrog pa/ sbrang chab bsil ma lhang lbang babs pa'i rjes su/ seng ge dkar mo'i gong; la bcibs pa/ sprin dkar po bal dkar 'khyil 'dra/ lho prin dmar po padam'i dbyibs 'dra zhabs la bncn nas/ drl zhim spos kyis phyogs bzhir khyab pa.）[4]这位玉龙居于格萨尔的左肩，这正是 mo lha 的位置；在风马旗中位于左上方，皆属阴。巩勉杰姆可以看作格萨尔的天界母系神。有的史诗部本说玉龙是水界风神，可以化身威尔玛金鱼（chu khams rlung lha g-yu 'brug dang/ yang sprul wer ma gser kyi nya），[5]显然又向作为地下母系神灵的 klu 特征靠拢了。收藏在四川省博物馆的一幅唐卡（图 1-4-7），画中的 gnam sman rgyal mo 不是骑着白狮子，而是骑黄羊或獐（？），这在现今版本的史诗中极为罕见印证。但能从西伯利亚中亚草原的女萨满的图像中看到（见图 1-4-8），女萨满的坐骑从野羊、野牛、鹿到马和狮龙（即龙头狮身的坐骑）。[6]在藏族史诗中更以白狮取代黄羊。

图 1-4-7　巩勉杰姆的坐骑

〔1〕　关于 sman 或 sman mo，参看 R. D. Nebesky, *Oracles and Demons of Tibet,* pp.198-202。

〔2〕　本节作者藏木刻本，见叶 30a。

〔3〕　假若 mu 果通 dmu/ rmu，那么，dmu 即 "虹"，mu sman 是否可译为 "彩虹女神"。

〔4〕　甘肃民族出版社藏文版《诞生之部》，第 62 页。

〔5〕　甘肃民族出版社版藏文版《诞生之部》，第 62 页。

〔6〕　图案采自 E. D. Phillips, *Les normades de la steppe,* Paris, 1966. p.125, fig.140。转引自 Pascale Dollfus, *La representation du bouquetin au Ladakh, region de culture tibetaine de 1'nde du Nord,* pp.132, 133.

图 1-4-8　萨满坐骑图

3. 狮

狮子，[1]全称"威武伴神雪山白狮"（'gying rogs gangs seng dkar po），是大神梵天（lha chen tshangs pa）的化身。在风马幡中，狮居于右下角，属东方。特征是绿松石鬃毛，身白如海螺。但战神唐卡上却将第四位战神画成一只白兔（blo gsal ri bong dkar），[2]是智慧

图 1-4-9　唐卡白兔

的象征（图 1-4-9）。这有两方面的原因：一，兔子在藏族的民间信仰中逐渐转化为民俗，多数是出现在民间故事中（与佛经故事的传入有关），兔子的惊异和胆怯好动的动物特征在动物故事中表现为智慧的象征，如著名的《猴鸟故事》（bya sprel gtam rgyus）中的兔子罗丹（ri bong blo ldan）；二，藏历以十二属相取代十二地支。十二地支之四为兔，与唐卡所绘战神次序相同。

4. 虎

藏文 rgya stag dmar po，将 rgya 解作"大"，成"大红虎"；rgya 解作"汉地"，成"汉地红虎"，此种解法为是，或许提供了藏族狮虎信仰的一个来源。汉地五行中虎居西方，有西方白虎之说；但藏族色方以西方为红属火，所以坚持称 rgya stag dmar po，甚至强调"火神汉地红虎"（me lha rgya stag dmar po）。[3]作为辅证，rgya stag 最初可能就是直译的 skya rgya（白虎）。skya stag dmar po 自相矛盾，rgya/ skya 发音相近，就用 rgya 取代 skya；rgya 又通 rgya nag（汉地），这样 rgya stag dmar po 既不失白虎源流（rgya nag），又能用 dmar po（红）修饰。[4]

---

〔1〕 关于狮子在藏族信仰的起源、发展与演变，应著专文，姑置勿论。
〔2〕 参看战神唐卡。另见甘肃民族出版社藏文版《诞生》第 62 页。
〔3〕 关于藏族信仰中西方的观念，可参看谢继胜《藏族土地神的变迁与方位神的形成》，《青海社会科学》1989 年第 1 期。
〔4〕 参看 sa bdag bshags 'bum bzhugs so，叶 1a-b 将"白虎"译为 stag sky-ba。另 gnam sa snang brgyad zhugs so，叶 13b-14ab 记为 skya stag。从上述两份资料分析，藏族信仰中确实引进了汉地四象神及五方神的观念。人们在翻译史诗时，将 rgya 译为"斑斓"，大误。

5. 白嘴野马

全名 rgyag grogs rkyang chung kha dkar，也作 kha dkar rkyang thang，是念青唐拉的化身。

至此，可以发现十三战神中前五位神灵正好对应风马幡中描绘的五种动物，即鹰、龙、狮、虎、马。这不是偶然的巧合。其间存在必然的联系。详情参看下文。

6. 青狼

藏文写作 spyang thang sngon mo（图1-4-10）。Spyang thang 实际上是藏语 spyang a thang 的缩写，即"大公狼"，是"使食物丰富的战神"（za kha dar ba'i dgra lha）。狼攫取猎物的本领，使游牧部落的人们极为羡慕，故封为食神（zas lha），可以断定青狼是属于游牧藏人的神灵。噶举巴有一份战神祭文称之为"护主食神"（mgon po zas lha），[1]格萨尔史诗称之为"护帐神"（gung gi mgon po）。[2]化形"青狼"的动物神在藏族民间信仰中是不多见的，这只"青狼"是否与突厥乃至蒙古民间信仰的"苍狼"有关？两者可以找出如下共同点：一，突厥、蒙古信仰中的苍狼，据韩儒林先生考证，称为"苍狼"的缘由是突厥、蒙古等崇尚蓝天，以天色之蓝为上色，故称其先祖狼为"苍狼"；[3]十三战神中所谓"青狼"的"青"，即藏语的 sngon po，为专门修饰天色的色彩形容词，例如翻译汉语的"苍龙"译为 'brug sngon po，"苍"正好是 sngon po。故 spyang thang sngon po 可准确地译为"苍狼"。二，突厥苍狼传说最初是说狼以乳或肉哺育了突厥人的祖先，即以食与人。[4]Spyang thang sngon po 作为"使食物兴旺的战神"或"食神"，与"苍狼"信仰的原义相符。三，在突厥史诗《乌古斯可汗传》（*Ughuz khan*）中才出现了苍色中的苍狼（以往的汉文文献提到了狼或"附离"，"附离"即突厥文 bori，狼为母狼）。[5]苍狼还是乌古斯汗兵马的领队，导引他们前进："只见队伍前头，走着一只苍毛苍鬃的大公狼。"[6]十三战神中的 spyang thang 实际上与

图1-4-10　青狼

〔1〕bka' rgyud lugs kyi lha bsang rgyas pa bzhugs so 抄本，叶35a—67b。

〔2〕青海民研会翻译资料本《降魔之部》，第26页。

〔3〕韩儒林：《突厥蒙古之祖先传说》，《穹庐集》，上海人民出版社，第274—295页。

〔4〕《史记·大宛列传》："……乌孙王号昆莫，昆莫之父，匈奴西边小国也。匈奴攻杀其父，而昆莫生，弃于野，乌嗛肉蜚其上，狼往乳之。"《周书》卷五《突厥传》："突厥者，盖匈奴之别种。姓阿史那氏，别为部落。后为邻国所破，尽灭其族。有一儿，年且十岁，兵人见其小，不忍杀之，乃刖其足，弃草泽中，有牝狼以肉饲之。及长，与狼合，遂有孕焉。"

〔5〕耿世民：《乌古斯可汗的传说》，乌鲁木齐：新疆人民出版社，1980年，第20页。

〔6〕耿世民：《乌古斯可汗的传说》，第20页。

《乌古斯传》中的苍狼更为相似,同为公狼;其次是 spyang thang 似乎也是队伍的先导。如格萨尔的先头部队是称作十三战神的十三兄弟,其中大部分将领的名字义不可考其源,但第四位,叫 'om bu spyang khra [khro] rngam chen,全名译出就是"翁氏大威猛忿怒狼",[1]因 spyang 在藏语中指"狼",也指"机警"、"灵活"(spyang grung)、"精明"(spyang po)、"善察地形"(spyang grung bstun mkhas)。这些派生词恰好说明狼作为先导战神的特征,故传统战神唐卡将狼画在马头前方。四,内氏著作中提及一组很罕见的战神,称为"骑狼神女三姊妹"(spyang zhon lha mo mched gsum),详情待考。

7. 花斑岩雕

藏文 glag mo khra 'bar,善攫食(羊),故称 'dzin rogs,史诗称它是玛卿伯姆热(rma chen spom ra)的化身。实际上它与第一位战神 khyung chen dar ma 同属一类,极可能是 khyung chen 的原始形态之一。

8. 白胸黄熊

藏文作 dom bu snying dkar,又作 snying gdos drcd mong sog dkar,是凶暴战神(gdug pa can gyi dgra lha)。在萨满信仰的民族中,有关熊的内容较多。遗憾的是,在藏族神话中较少,熊更多的是和黑狗(khyi nag)一起作战神的仆从。

9. 明锐灰白鹞鹰

藏文 rno phyung skya khra hor ba,又是 khyung chen dar ma 的原始形态之一,史诗中称之为白海螺大鹏(dung khyung dkar mo)的化身,经常在格萨尔坐骑前面飞行,与第一位战神导引格萨尔的使命相同。

10. 鹿

藏文作 ra rgas sha ba rgya lding,是多闻子(lha rnam thas sras)的化身。在藏族信仰中,多闻子等同于财神(nor lha)。[2] 鹿作为猎物,等同于财物。

11. 白肚人熊

藏文作 dred mo sog dkar,等同于 dred mong sog dkar 或 dmu bu snying dkar。

12. 黄色金蛇

藏文 gser sbrul ser po(但唐卡上画成青蓝色),史诗称为缠绕的助手('khyil rogs),即作战神手持的毒蛇绳套(如 zhags pa sbrul nag 'om dgu),又称为"取得食物和财物的战

―――――――――

〔1〕 甘肃民族出版社1981年版藏文本《世界公桑》,第61—62页。

〔2〕 R. D. Nebesky, *Oracles and Demons of Tibet*, chaprter 3. 鹿在唐代藏语文献中被看作是财富的象征。在占卜文书中多次提到猎鹿、捕鹿的活动,如托马斯著,李有义、王青山译:《东北藏古代民间文学》(F. W. Thomas, Ancient Folk Literature from North Eastern Tibet)所辑写卷:"有一个孩子米梦布要到一个叫卓耶登松的旷野里去猎鹿……""一只白色神鹿在白色的神道上逃跑。""有一头黑色的妖鹿在黑色的魔道上逃跑"。(成都:四川民族出版社,1986年)

神"（zas nor rnyid pa'i dgra lha），类似青狼和鹿，其关系不可考。金蛇的化身是ma grub pa rgyal mo，义译"不成女王"。但藏语用ma否定行为动词，后面不会再有表名词的后缀-po。Ma grub pa很可能系传抄之误（因don grub经常用于佛教内容，ma grub pa的出现可能与此有关）。一份本教焚香文献[1]提到一位战神ma bdud rgyal mo，ma表阴性，ma bdud为"女魔"，ma bdud rgyal mo即"女魔王"；ma grub pa rgyal mo中的ma实际上是原有的表阴性词。grub［chub］，bdud［due］皆含［u］，史诗在不同方言区传唱时，ma bdud rgyal mo就衍变成了ma grub rgyal mo，后又加上名词后缀-pa，使ma grub pa具有名词独立性，最后形成ma grub pa rgyal mo。因标明阴性，所以这位战神化身为居于地下的蛇，实际上就是klu，即第二位蓝色玉龙的藏族原始形态。

13. 金色双鱼

图1-4-11　双鱼

藏文作gser nya，在《世界公桑》所列十三位动物战神中，第十三战神缺。但据若干幅战神唐卡，第十三位战神是一对金色双鱼（见图1-4-11）。前引文中曾提及第二位战神可以幻变为威尔玛金鱼。在藏族的民间信仰中，一般都是用龙（或蛙）来指居于地下或水中的一类阴性神，鱼，尤其是金鱼作为神灵的化身还不多见。威尔玛十三战神唐卡所描绘的双鱼与"吉祥八瑞图"（bkra shis rtags brgyad）中所绘的双鱼在形态及细节上极为相似，特别是鱼口中所衔的一小段白绫（如图1-4-12）。据此可初步推断战神唐卡中的双鱼与八吉祥中的双鱼有某种渊源关系。观察藏族天文历学，其中十二宫有双鱼座。[2]《隆多喇嘛全集》（klong rdol bla ma ngag dbang blo bzang gi gsung 'bum）释十二宫双鱼是"鱼类活泼游行之时"，[3]其情景

图1-4-12　"吉祥八瑞图"双鱼

---

〔1〕phur pa rgyud lugs/ dam can lcam dral gyi mchod bskul bzhugs so，木刻本共3叶。
〔2〕黄明信、陈久金：《藏历的原理与实践》，北京：民族出版社，1987年版。
〔3〕黄明信、陈久金：《藏历的原理与实践》。

与八吉祥所绘相同。我们推测十三动物战神中颇为突兀的双鱼来源于十二宫的双鱼，因十二宫始自白羊宫终自双鱼宫（参见图1-4-13、图1-4-14）。

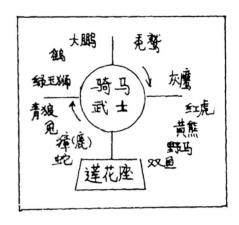

图1-4-13　十二宫　　　　　　　　　　　　图1-4-14　十三动物战神

至于十三动物战神与主战神（中央骑士）的圆形排列关系，是否也含有古老的天文观念呢？

"风马"（rlung rta）含义有两种：（1）气数、运气，特指五行（khams dang lam 'gro）；（2）风马幡、插在屋顶山顶等高处象征运气的幡（khang pa sogs kyi steng du btsugs pa'i dar lcogs）。[1]先看风马中的所谓五行。将风马简化，根据各战神所居方位可得图1-4-15：

汉地五行：东方属木，时春，形苍龙；北方属水，时冬，形乌龟；西方属金，时秋，形白虎；中央属土，为日月神所居；南方属火，时夏，形朱雀。[2]若将风马标志的五行与汉地五行比较，其间差异较大。风马中的g-yu 'brug sngon po显然对译"苍龙"或"青龙"，但从东方移到了南方；西方的白虎变成了红虎；东方经历了由白虎取代苍龙（藏族信仰以东方为白色，苍龙不属白色，故先以汉五神中的西方白虎暂作东方神）、又以白狮"东方

〔1〕《藏汉大辞典》下册，第2732页。

〔2〕 五行或者说五方神观念，在汉地由来已久。这在公元前11世纪的西周已见盛传，《周礼·天官·大宰》中已有"祀五帝"之说。不过这五帝究竟是哪五位天帝，各时代的说法不一。周代《易·系辞下》云五帝包括太昊（伏羲）、神农（炎帝）、黄帝、尧、舜。战国时衍变为五方神，《楚辞·惜诵》"令五帝以枋中兮"汉王逸注云："五帝，谓五方神也。东方为太昊，南方为炎帝，西方为少昊，北方为颛顼，中央为黄帝"；及至唐代，五帝分起颜色来，唐代贾公彦据汉代谶纬家之说疏《周礼》"祀五帝"云："五帝者，东方青帝，灵威仰；南方赤帝，赤熛怒；中央黄帝，含枢纽；西方白帝，白招拒；北方黑帝，汁光纪。"据伯希和所劫敦煌汉文卷子分析，五方神信仰唐时在敦煌西域一带极为盛行（参看高国藩著：《敦煌民俗学》及《中国民俗探微》），笔者分析五方神也在此时传入吐蕃，即公元7世纪左右。

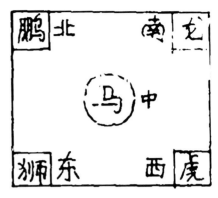

图1-4-15　战神方位图

雪山白狮"取代白虎（使白虎再返西方，但失去白色，成红虎）的过程。[1]此后，东方白狮便在藏族信仰中固定下来。鹰（或鹏）作为古老的萨满信仰进入风马是以其鸟形来取代朱雀（藏文译作bya dmar po）。由此可见，风马以五方神或五行观念来布局是确定无疑的。但接着有这样一个疑问，在藏族民间广泛存在的、根深蒂固的信仰，不会完全源自五行学说，仅仅代表昌运和福禄，肯定还存在着深层次的本土信仰意识。[2]比如位于风马中央的"马"，在汉地五行或五神观属土，为日月神或说为黄帝后土，是统帅东西南北四家神的枢纽。风马中央的马，也是解开整个风马之谜的关键。本教丧葬仪轨文讲到死人地界时常常提到"山口""渡口"，比喻灵魂进入天界路途的艰辛，马被作为死者死后的坐骑，受到本教巫师的特别关注。敦煌写卷P.t.1194/1136就是献祭马的经文："在赛达乌古地方，父名金马赛玛仑，母名玉马玉玛仑，二马交配，二马持抱，生下一岁的马驹，取名伯布乔容。马驹跟在其母身后走时，被玛米德尊布用皮绳活套套住，用尽全力牵到白陶上垒起的围子里，用嚼子罩上。这亲密合意的牲口和玛米德尊布两个小人，情意深厚，一个死后另一个要为之修墓。后来玛米德尊布死了，（亲密合意的）牲口非常伤心，亲自为之安葬，建帐篷形墓穴。（死者说）没有宝马，没有亲密马，合我心愿的牲口，你要有勇气过山口，能坦然过渡口！"死者把马驹伯布领到"乐土"姜囊，起名为赛昂格，将它的马槽（用饲料）装

---

[1] Sa bdag bshags 'bum bzhugs so叶1—3记有："方方白虎，南力苍龙，北方玄武（龟）、中央金猴"的土地神（sa bdag）祀文。

[2] 藏族信仰中将四种动物与四方联系起来的观念，在吐蕃时极为盛行，参看Siglinde Dietz, *Remarks on Four Cosmological Text from Tun-huang*一文引述的敦煌藏文卷No.958记有如下一段：mcho (mtsho) ma dros 'jam bu glin mtha' ma' spos ri chen po'i lho dang/ gang(s) ri chen po'i byang dang gnyis kyi bar ma 'dug ste/ mcho'i (mtsho'i) mcho(mtsho) de la chu ni phyogs bzhir re re 'bab ste/ shar gyi chu bo glang gi kha nas 'byung 'bab bo// chu'i mying ni phag ksha zhes bgyi ste/ shar phyogs kyi yul 'jin dang myi rin po che la mnga' dba(ng) ba'i rgyal po rgyal rje la lta 'o/ lho'i chu bo ban glang gi kha nas 'byung zhing 'bab ste/ chu bo'i myin(g) ni si ta zhes bgyi ste/ lho phyogs kyi yul ma ga ta gcug lag ban glang rin po che mnga' ba'i rgyal po la the 'o/ nub phyogs kyi chu bo seng ge'i kha nas (b) yung zhjn 'bab bo// chu bo'i mying ni 'gav zhyi 'o/ nub phyogs kyi seng ge'i yul chong dpon mang po'i rgyal po 'phrom ge sar la lto 'o// byang gi chu bo rta'i kha nas 'byung zhes bgyi 'o/ byang phyogs yul gab la ste/ mgyogs rcal lo/ dang ldan zhing rta mang po'i rta rin po che mnga' ba'i rgyal po ta zig tang (dang) drug'i rgyal po 'bug chor sde la lta 'o/ shar dang lho'i chu bo gnyis ni myi 'bab ste/ de nyid du sa'i 'og tu nub pas/ des 'jam bu glin// brtan bar byed 'o// nub byang gi che bo gny(i)s ni mcho (mtsho) ma dros de/ lan re 'khor nas/ lho nub kyi 'chams su 'bab pa'i rgyal mcho'i (mtsho'i) nang du mchi 'o/ 在这段文字中，方位神是如下安排的：东方象属汉地；南方野牛属印度；西方狮属冲木格萨尔；北方马属大食。与风马所示动物差别较大，但它却与位于印度sarnatha的鹿野苑Deer park的阿育王石柱上所镌刻的动物方位相同。（B. Rowland, *The Art and Architecture of India: Buddhist, Hindu*, Jain, Penguin Books, 1954, p. 80）

得满满的，让它吃青绿稻谷，喝甘蔗糖水，马鬃上饰以锦缎，头上插鸟羽鹏羽，尾巴毛向下梳理，用秸秆盖有窗户的马厩，马尾系上小套子。有勇气过山口坦然过渡口，（因而）有益而有福。[1]托马斯辑录的写卷也提到了马的世系：马的父亲叫嘎达耶瓦（khar rta'i yal ba），母亲叫桑达巧玛（gsang rta'i phyogs ma），在达萨隆章（rta za lang brang）的恰莫绒（bya ma rol）生出了儿子。马的住处是在天上，野马的住处是在中空（rta bzhugs ni/ nams la bzhugs/ rmang bzhugs ni dgung la bzhugs），后从天界降到神地贡塘（lha yul gung dang［thang］）。[2]甚至把马看作是天地所生之子，父亲天空雷声隆隆，母亲大地闪电弯弯，儿子骏马是雪山的精华（pha gnam la 'brug che lngar ma ldir/ ma sa la glog chen gya ma gyu/ bu rta rgod gangs kyi thig pa yin）。[3]除了丧葬仪式中的祭马经外，在佛教、本教的其他仪轨中，马也占有重要的地位，如本教的仪轨的祭品"心之公马"（sems kyi rta pho）。[4]纳西族东巴祭司的丧葬仪轨中也有献马的经文《超度·献冥马》，这份象形文字的度亡经是纳西东巴祭司为正常死亡的成年人超度时所用的经文，其封面如图1-4-16。内有如下的句子："愿马永驮活人的身体，驮死人的尸骨"，"人去世了以后，要献冥马给死者当脚力"，"像快狗胜野兽，从南方奔驰，一直可跑到北方的马，死者要去翻越几座大山，您的脚不乏也将乏；死者的脚还未疲乏时，及早给死者献上一骏马"。在东巴经文中，甚至有与藏族风马正中形象极似的"九种生翅马"，居那若罗神山顶；丁巴什罗（即上师辛饶米沃 stong pa shi rab）死时"献上海螺般白、大鹏般快的

图1-4-16　纳西东巴经《超度·献冥马》封面

---

〔1〕 这段敦煌祭马经义引自褚俊杰：《吐蕃本教丧葬仪轨研究》，《中国藏学》1989年第4期。原文如下：yul sreg rta'u ung na pha yab kyi mtsnan na/ gser rta'i gser ma ron dang ma g-yu ma rong nyis rta gnyis 'tshos gyi bu rmang gnyis 'thams kyi bu lo'i du su bal bu mchog rum zhig byumg ste/ rta'u ma phi 'brang ba las/ rma myi da'i btsun pos/ mang zhags 'breng gis bzung ste/ shyes mnga che ni mthu 'is drang ste/ bse'i cho rol du ni bcug/ mthing ga dmu rnod kyis bsgrogs mas/ pyugs spo mnyc du ma/ smra myi ste btsun po damg myi ngan bu gnyis myi sdug gnyisn ni shag rag bgyis ta gchig shi ni gchig gis btab bar bgyis ma/ smra my ste btshun po rman te ni grong/ ste ni lag ma/ shid bgyir brang gzugsu/ do ma ma mchis snying dags ma mchos na// phyugs smos khyod kyis chab gang lar bgyi 'tshal yang ba rab du spogs 'tshaI zhes mchi mas// yul dga' yul byang rnams 'rtavu bal bu khrid bzhud mas mying dang btsham btags pa'i ser ngang 'gor btags nas 'tshal te mchis nas brces rta zes shyal mo shyn mor stsal mas/ 'bras kyI lcang ba ni gsan bbu ram nyug cu ni blud nas/ pum phum ni dar gyis bchongs/ dbu la bya ru khyung ru ni btsugs/ rngog ma ni gsham du bkye/ sogs shun sge'u gong ni/ kha bsu bkab/ 'jug ma mi slu stgal te chab gang lar btab yang 'da' rab du spogs te/ phan te bsod do/

〔2〕 F. W. Thomas, *Ancient Folk literature from North Eastern Tibet*, IV, Berlin, 1957.

〔3〕 bun mong 'brel sgrig byed pa'i/ lha rnams mnyes byed bsang yig bzhugs. 叶12b。本节作者藏木刻本。

〔4〕 克瓦尔内（Per Kvaerne）：《西藏本教徒的丧葬仪式》，褚俊杰译，《国外藏学译文集》，第3辑，拉萨：西藏人民出版社，1987年，第146、151页。

骏马。及早献上这匹马。"[1]

"风马"中央的马，是否也是送魂的马呢？其间应存在着必然的关系：一，关于献魂马的度亡经文主要出现在敦煌本教文献中，其时吐蕃盛行土葬；在风马五行中，马居中，属土，为五行之枢纽，象征一种终结。土葬与五行中以土为本的观念不无联系，风马中的马与五行之土在这一点上是相通的。二，从风马的用途加以考虑。风马主要用做屋顶、山顶等高处或十字路口、狭路、关口的神幡（称rlung rta或dar lcogs）。藏式民居屋顶四角各有一附属方形建筑，中央用石垛、木杆等搭一圆形附属建筑，称为"阳神宫"，或称焚香地（pho bla'i pho brang），这家的阳神（pho bla/ pho lha）就依止下插在阳神宫内的dar lcogs（或者说在rlung rta）之上。[2]可见风马rlnug rta与神幡dar lcogs相关。有时rlung rta就等同于dar lcogs，因dar locgs为pho lha和dgra lha所依，而风马又名rlung rta dar ba'i dgra lha，而dar lcogs是插dar的石垒台lcog，dar指旗幡，特指风马；说pho lha依止于dar lcogs，实际上就是指阳神、战神等依止于上面的dar，即风马之上。故称这些动物战神为"风马昌运战神"。卡尔梅（S. G. Karmay）引述的一份藏文文献对风马的解释："风马中的五种动物象征着人类的五种组成部分：虎象征着生命力，鹿象征着身体，龙象征着繁荣，马象征着灵魂。"［l'aigle, la forcc vitalc(srog); le tigrc, corps(lus); le dragon, la prospcritc(dbang thang); le cheval.l'［amc］(bla dpal）.］"愿以魔法行云般速度奔驰的宝驹，不要使我灵魂的荣誉被有害的风吹散"（rdzu 'phrul shig 'gros dbang rta sprin shugs can/ bdag gi bla dpal phun tshogs tshar［char］sprin phyug/ 'gav［vgal］byed rlung gics dengs par med par mdzod/）。扎雅仁波切解释风马时说，rlung ra字面义为"风马"，但其实际的含义，风rlung表示印在风马旗上的祈愿文环游世界所用的方式或工具，"风"是搭载祈愿文隐喻的马，而且常以马背上驮三宝表示这种观念。[3]从这则佛教化的传统解释中我们仍可以看出，马就是搭载灵魂（即祈愿文）的工具。扎雅还说："风马常安置在房屋门口、房顶、十字路口、山顶、关隘"，这恰如送魂的标志。风马与通天的魂路dmu thag[4]也有关系：如"修好战神的宫殿，扯起风马盔幡的天绳。"（dgra bla gses mkhar gyi kha gsos/ rlung rta'i dar 'phreng［='phrung］gi rmu thag 'then）[5]此句表明：（1）风马与战神相关；（2）风马与灵魂升入天界的天绳有关。

〔1〕《纳西东巴西籍译注》第二辑《献冥马经》，昆明：云南民族出版社，1987年版。

〔2〕图齐（Giuseppe Tucci）：《西藏的宗教》（The Religion of Tibet），《人类和房宅的保护》。耿升先生汉译本，第233—236页。（《西藏和蒙古的宗教》，天津古籍出版社，1989年）

〔3〕L. S. Dagyab, Tibetan Religious Art, Chapter 22, Note 2. 原文见 S. G. Karmay, L'apparition du Petit Homme Tête-noire, Journal Asiatique, volume 274, Issue 1–2, 1986, p.96.

〔4〕dmu/ mu thag与魂路的关系，参见本书第一章第二节。

〔5〕藏文版《世界公桑》作'jam gling spyi bsang，兰州：甘肃民族出版社，1980年，第78页，此书甘肃人民出版社王沂暖先生1983年汉译本将末一句译为："把命运的风马高悬"。

倘若对风马做进一步的分析,还可发现风马中的五种动物又指我们在本节开头时提到的五守舍神,即五起源神。五起源神一方面指风马含有的五行,即金、木、水、火、土五种元素,也指与人俱来的五神,即地方神、阳神、阴神、战神、生命神,[1]昭示由神造人和元素形成万物两种哲学观点的和谐。

观察风马图案,右上方的鹏(khyung指鹰之变体)表示阳神(或战神)。藏族信仰以天为阳,鹏为飞禽,故右方又表示天界;左上方的玉龙(g-yu 'brug)称天龙,实际上是地龙klu的变体,居地下,主繁衍,性阴,表示大地。左右阴阳的结合产生了作为生命(srog)的马(比较前引文提及的天地结合生出野马的仪轨文),有了生命srog,就产生了灵魂bla。至于风马中的狮虎,由于藏族艺术中动物形态的变异,很难窥见其形成演变的轨迹,但战神仪轨文中明确地说明:战神"右肩上有狮子俯卧,左肩上有老虎跳跃"(phrag gong g-yas na seng chen 'gyings// phrag gong g-yon na stag chen 'phyo),[2]左右位置正好

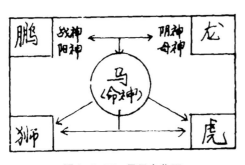

图1-4-17 风马变化图

与风马标志相同。其中狮为雄性,藏语常称seng ge dkar po(白雄狮),以阳性后缀-po修饰;虎居左为阴,藏语称stag mo(母虎),以阴性后缀-mo修饰,故有wer ma stag mo的称呼。[3]从风马图案分析,(1)狮虎本身的阴阳关系导致了中央的马;(2)由天地(鹏龙)生出的马再繁衍出分阴阳的狮虎。其过程如图1-4-17。

若对风马以阴阳区分,则得下图A、B、C(图1-4-18)。分析图A,使我们联想起太极图(图1-4-19)和八卦,风马右阳左阴图实乃太极图与乾坤坎离牝牡四正卦之变体,其区别在于,太极图四正卦以天为阳,天在上,如图1-4-19B。藏族原始信仰亦以天为阳,但也以右为阳,故风马幡以左右分割阴阳。风马的左右之分正是《易经》所云乾坤之分,乾坤生万物,天地生五行;五行相生相克,所属各有其气;其气互为制约。明白了这个机理,才能保障生命的运行昌盛不衰,藏族风马幡作为昌运之旗的根源即在于此。分布于藏北的早期风马幡,更是直接地体现了这种观念,如图1-4-19C。右双兽头为阳,左双兽尾为阴,两兽交缠喻阴阳辩证关系。此图恰好与现代风马所寓示的阴阳观念吻合,证明rlung rta与太极的渊源关系。[4]rlung在藏医学中表示"气"或"脉息"。气脉畅通人通体安泰,

[1] 另说为阳神(pho bla)、阴神(mo bla)、舅神(zhang bla)、家宅神(mkhar bla)和命神(srog bla)。

[2] khyad gter gyi dgra lha dpang bstod gzhan phan rol ba zhes bya ba bzhugs so,叶47b。

[3] 也有例外,有时也以-po来虎,如rgya stag dmar po,更多地写成stag mo,但却不以-mo来称呼狮子。

[4] 零阳翁李洲:《易学综述》,北京:中国广播电视出版社,1991年,第289—291页。图版采自韩书力摄影隆达,《人民画报》1981年,第27页。

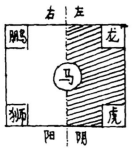

A.左右阴阳分割关系

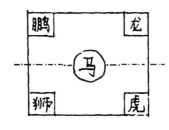

B.上下阴阳并列关系

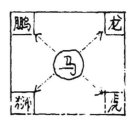

C.交叉阴阳相对关系

图1-4-18　风马与阴阳关系

A.太极图

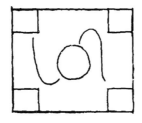

B.风马隐含的太极曲线

C.藏北风马

图1-4-19　风马与太极关系

气绝而人毙。本教称供马为意识之儿马（sems kyi rta pho）。Sems/ thugs/ blo/ srog/ rlung，是一组与气息、生命相关的藏语词，rlung rta 与生命、灵魂意识、气息是相关的。可见风马作为灵魂的标志，象征着生命的本源，与太极图寓含的阴阳万物之始的观念在本质上是同一的。藏族原始宗教（包括本教）中的魂马进入风马后同时又象征太极阴阳的结果；风马四角的动物，在藏族信仰中有其自身的传承演变，与中央的马的演变轨迹相似，但它们同时又代表阴阳乾坤所化生的万物，是中央阴阳结晶体的扩散。我们是否可以这样说，汉地古老的易经及后世道家奥义，在藏传佛教，尤其是密宗的坛城仪轨与坛城理论中得到了很大的发展；与藏族原始信仰融合后演变成了风马。风马是一幅融有藏族个性的、深入信仰深层的由圆到方的太极图。

从图1-4-18，我们还可以发现藏族风马更深一层的寓意。从点的关系来研究风马，就是风马动物作为点的分布及各点之间表现的关系，即下示方位（图1-4-20），与汉地《河图洛书》所示的点方位（图1-4-21）比较，风马点的分布可以看成是其主图的变化形态。河洛图及后世道家炼丹的"三五合一"，有阴阳相生旋转的关系。根据本节对风马动物阴阳属性的辨析，作为点分布的风马动物，不能构成如下的相生循环，无此循环风马仅代表阴阳太极，寓含的五行观念无所依从（如图1-4-22，图1-4-23）。但从汉地五行理论，这种循环是存在的。藏式风马不能相生循环的症结在于狮虎的阴阳属性。按通行的

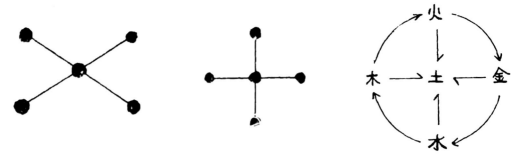

图1-4-20　风马所示点方位　　图1-4-21　《河图洛书》所示点方位　　图1-4-22　五行变化示意图

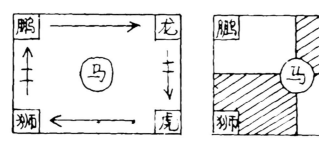

图1-4-23　风马变化示意图

图1-4-24　龙虎交媾图

五行所属动物的属性白虎青龙，一阴一阳，但在道家炼丹书《参同契》中却注明龙阴虎阳，如《龙虎交媾图》（图1-4-24）所示，虎为阳性。藏族信仰中虎明确指为阴性，居战神左肩，但藏龙源于klu，也确属阴性，龙虎皆阴，不能构成生克关系，鹏和狮的关系也属此类。在现今的藏族信仰中，狮为阳性，以-po修饰，居战神的右肩；在动物界中也以雄狮为王，故格萨尔被称为"雄狮大王"，因此，藏族以狮为阳是确定无疑的。但若如此，以五行构筑的风马就会出现如下生克循环：（鹏）阳—（龙）阴—（虎）阳（以道家观念暂视之为阳）—（狮）阳，五行相生的顺序不能完成，故对狮的阳性还可做些分析。卡尔美公布的一份本教文献，其中涉及风马动物的起源，最令笔者感到振奋的是，文献明确地指明作为四古部族（ldong; dba; 'gru; sgo）战神的四种动物是铜鬃玉龙（g-yu 'brug zangs ze ba can）、弯喙铁爪大鹏（bya khyung lcags kyi mchu sder can）、利角神牦牛（lha g-yag dbal gyi ra co can）和朱砂斑金虎（gSer stag mtshal gyi ri mo can）。[1]可见，风马右下角的动物最初是神牦牛而不是白狮，这种替换体现在藏族整个的神灵体系中，作为雪山之主的神灵神牦牛（往往是白牦牛）逐渐被白狮替换，作为藏族图腾祖先的牦牛为母牦牛，属于阴性。[2]去掉这个障碍，风马的相生运行才能得以顺利地完成。如图1-4-25和中央的马构成阴阳循环关系，就是图1-4-26。这样，整个风马的深层循环关系就揭示了出来。可见是作为点分布的藏式风马的五行关系由于所示动物的变化导致了循环环节的缺乏。

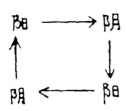

图1-4-25 阴阳转化图

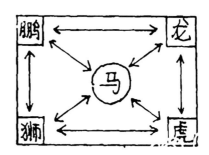

图1-4-26 风马阴阳转化图

---

[1] 这段文献见Karmay, S. G., "L' Apparition du petit homme tete-noire", *Journal Asiatique*, 1986 CCLXXIV, pp. 128-129. 引文讲到人与gnyan发生了争执，为了补偿人的损失，念送给四古族四神作他们的战神。这段文字比较重要，兹抄录如下：

long la ldong lha ma phrom byi;/
de g-yu 'brug zangs kyi ze ba can（注意不是g' yu 'brug sngon po）mtho mi mngon
nam mkh'i dbyings na 'dus/
ldong dar phyug can gyi dgra bla byed pa chad//
dbra la dbra mo bkra byin/
bya khyung lcags kyi mchu sder can/
nam mkha' 'grim zhing gangs srog nyul/
dbra btsun dar gyi dgra bla byed pa chad//
'gru la 'gru mo phrom phrom byin/
lha g-yag dbal gyi ra co can/
'gru la nyul zhing rdza gi 'grim/
'gru dpa'（can）gyi dgra bla byed pa chad//
sga la skar ma legs po byin/
gser stag mtshal gyi rj mo can
kyams gsum 'grim zhing sga aa nyul lnyug
sga phyag dar can gyi dgra bla yin

[2] 谢继胜：《牦牛图腾型藏族族源神话探索》，《西藏研究》1986年第3期。

rlung rta一词另一个可能的语源似从rlung dar即"风盛""风幡"而来,作为送魂马幡的马结合五行才出现了rlung rta;rlung rta也经常拼成klung rta,klung是"平川",klung rta为"川马",似不可解。瓦德尔(Waddell)认为rlung或klung是汉字"龙"的藏语拼法,故rlung/ klung可以互换。[1]但有如下疑问:其一,既然音译,何不译成rlung ma(龙马),"马"却用了义译的rta;其二,藏语译汉语的"龙",有确定的对译,视天龙、地龙的不同分别用'brug或klu(klu也被认为是汉语音译字)。现今意义上的rlung rta一词,是偏正词组,以rlung修饰rta。

风马的布局方式及所含寓念,在藏族的陵墓建筑、民居建筑中有显著的体现。格萨尔大王居住的宫殿,藏语称作seng 'brug stag rtse,《藏汉大辞典》的解释是"绘有狮、龙、虎图案的格萨尔王城堡"(seng 'brug stag gsum gyi ri mos mtshan pa'i gesar rgyal po'i mkhar rdzong)。又因rtse"尖""顶"误写成rtsed"游戏",致使很多研究者翻译成"狮、龙、虎游戏宫",即seng 'brug stag rtsed,或称"狮、龙、虎峰宫"。宫殿三个角,大凶,在藏区建筑中绝无仅有。其实,所谓seng 'brug stag rtse实际上是指宫殿的四个角,即属于风马四角动物的四个角。Seng 'brug khyung stag,实际的顺序是seng khyung 'brug stag。作为战神的格萨尔,暗指风马中央的骑马的勇士,整个狮鹏龙虎宫和中央的骑士格萨尔正好对应风马。在史诗的传唱中,由藏语口语"……者三"的构词习惯,就丢掉了khyung,成了"狮虎龙戏"。风马观念更深刻地体现在民居建筑中:藏式民居多为方形(长方)建筑。除了屋顶四角建筑的阳神宫、上插dar lcogs/ rlung rta之外,在屋顶中央用石块、木条等建一圆形垛台或小屋,上插挂满五色风马的树枝若干,作为祭神之所,其平面图如图1-4-27,恰恰是风马图案的再现。据考,自松赞干布之后吐蕃时期的陵墓都是四方陵墓,很多藏文史书记载了赞普陵墓之上的附属建筑,称陵基的四角建有四神殿(thug khang)或五个神殿。[2]《旧唐书·吐蕃传》记有"其赞普死……仍于墓上立大室,立土堆,播杂木为祠祭之所。"若对这种陵墓加以复原,外观如图1-4-28,陵墓顶部的处理与现今民居屋顶的处理是一

〔1〕 Waddell, *The Buddhism of Tibet, or Lamaism: with its mystic cults, symbolism and mythology, and in its relation to Indian Buddhism*, 1895, p.411. 另一据说《河图》出现于一匹从黄河中浮出的"马"背上。正好与rlung rta的音义合璧译符合。

〔2〕 参阅褚俊杰《吐蕃苯教丧葬仪轨研究·考论篇》。该文引述《德如教法史》(*mKhas pa lde'u mdzad pa'i rgya bod kyi chos 'byung*, 第378页)松赞干布陵"四角建有四神殿"。《王统世系明鉴》第192页记:"墓内有五个殿"。这种四角神殿,藏文作thugs khang,褚君解作魂房,类汉族墓上附属建筑享堂。将thugs khang一词再做些分析:(1)敦煌文献中经常出现ring khang一词,王尧先生等译为灵堂,厝尸之所。ring khang与thugs khang会不会有某种联系,thugs或thug是否就是thung与ring相对;(2)thugs khang解作魂房,但thugs在现代藏语中很少指灵魂,灵魂有专指bla/ btsan/ srog/ thugs。thug,"牛毛幢",插在寺庙正殿屋顶上用牛毛编结的幢。所谓thug khang就是插牛毛幛幡之地(灵魂可以借牛毛等彩绳进入天界,是典型的萨满信仰。)从而可见墓室上的享堂是确有无疑的,与今日民居的dar lcogs功能在原始意义上是相同的。

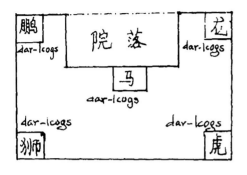

图1-4-27 藏式民居的屋顶平面

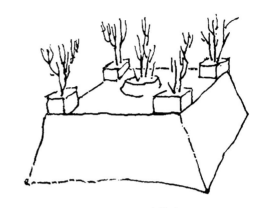

图1-4-28 陵墓外观

致的。或者说现今藏式民居在公元7世纪左右就已经定型了。因为陵墓的形制完全受制于民居居室的建制，是当时居室建筑的反映，故称阴宅。[1]

通观对风马的考辨，我们可以总结出如下特点：

1. 风马的最初形态是绘有魂马形象的送魂幡。

2. 约在公元6—9世纪，汉地易经与五行观念传入吐蕃，道教的理论也逐步渗入藏传佛教。送魂幡吸收了太极阴阳的内涵和五行、五方神的布局，对汉地五方神与四象所示动物根据藏族的信仰做了调整，使汉地五方神动物融进了藏族神灵的特征，改变或调整了其原有的阴阳属性，如青龙。此外，还以完全的藏族信仰动物取代汉族动物，如以白牦牛作为东方神。其他动物的方位也根据所寓含的藏族动物特征进行了方位的变动，以致看不出汉藏四象与五方神等的对应关系。

3. 藏式风马图案有两种寓意：（1）从面的角度解析风马，风马是变幻形式的阴阳太极图，将上阳下阴的关系按藏族右阳左阴的关系做了变动，中央的马喻示阴阳的结果。（2）从点的角度，即按五行元素的生克循环关系，风马可左旋，右旋，也可前后、左右、交叉构成阴阳关系。

4. 送魂马最初的含义是导引灵魂的路标，融入太极与五行观念后，才出现了象征昌运的概念。

5. 战神是灵魂的变化形式，源于送魂图幡的风马所绘动物，因此皆为战神。

6. 太极阴阳及五行观念已深入藏族民间信仰，是藏族传统文化的一部分，昭示汉藏人民意识形态领域根深蒂固、牢不可破的关系。

---

[1] 杨宽：《中国古代陵寝制度史研究》，下篇《古代陵寝和陵园布局的研究》，上海人民出版社，2003年，第171—216页。

第五节　独脚鬼与猫鬼神：汉藏
多民族信仰的融合

　　20世纪50年代以前，佛教一直是西藏文明最重要的文化因素，人们往往不能充分而清楚地认识到，佛教仅仅是构成西藏人民宗教生活的一个部分。事实上，西藏宗教为两种传统的共存和融合提供了一个典范，即"一种包括佛教伦理学、玄学、静默和礼仪的高等传统，与另一种实质上属于非佛教徒类的信仰和实践构成的低等传统"。[1]尽管自夸拥有巫术能力，在佛教徒看来是会万劫不复的，[2]但是安多藏区宗教社会生活完整的意义模式由佛教和民间信仰多重象征体系所构成，作为制度性的佛教只是人民生活意义的一部分。民间信仰由于沉淀在底层结构中，又没有佛教那般庞大建制和辉煌外表而常为研究者所忽略，但它的确是宗教生活中不可忽视的一部分，在具体的生活中影响着人们的思想和行为实践。"有些伟大的宗教并没有神和精灵的观念，或者至少可以说，在这些宗教里，这种观念仅仅能够扮演一种次要的、不起眼的角色。佛教即是如此。"[3]

　　本节就安多藏区的一种名为"忕让"的兼有巫蛊和灵异双重特征的精灵信仰为例来讨论安多宗教社会中民间信仰以及它的区域性特征。"精灵信仰"（Geisterglaube）中，"精灵"并非灵魂、邪魔，亦非神，而是某种物质的、却又不得而见，非人格的、却又有其意欲的不可捉摸的东西。[4]"忕让"这种精灵信仰与卫藏地区的"白哈尔"护法神颇有渊源，在更为广阔的西北区域"猫鬼神"邪神信仰与其信仰特征与功能也非常相似，是不同地理区域和文化内涵中相同或相似内涵的精灵信仰，它被归类成一种危险的文化类型和类似胡人般的外来者。开皇十九年（599），延州刺史独孤陀好左道，以奉猫鬼事，除名为民，乃诏畜猫鬼、蛊毒、厌媚野道之家，并投于四裔。[5]"土族'猫鬼神'信仰中隐含着古

〔1〕　勒内·德·贝内斯基著，谢继胜译：《西藏的神灵和鬼怪》，拉萨：西藏人民出版社，1993年，第2页。
〔2〕　马克思·韦伯著，康乐、简惠美译：《宗教社会学》，北京：社会科学文献出版社，2016年，第85页。
〔3〕　爱弥尔·涂尔干著，渠东、汲喆译：《宗教生活的基本形式》，北京：商务印书馆，2011年，第27页。
〔4〕　马克思·韦伯：《宗教社会学》，第5页。
〔5〕　《资治通鉴》卷一七八，《隋书》卷七九。此则史料感谢中国人民大学张雪松博士提供。

老的'历史记忆'，告诉我们'猫鬼'信仰很有可能是古代鲜卑族的信仰遗俗。"[1]独孤乃鲜卑姓氏，公元4世纪其所建立吐谷浑政权大致覆盖了现在的安多藏区。近来的田野工作似乎也印证了这一点："一些藏族学者和民众认为'猫鬼神'最早可能是霍尔吐谷浑的信仰，后为甘青草原及周边地区藏、汉等民族所接受。"[2]"虽是特有现象，也为一般人所熟知。"[3]

一、忒让

"忒让"（the'u rang）分为"有忒"（yod the'u）和"没忒"（med the'u），是一种存在于拉卜楞地区藏族民众中知而不言的类似邪神的地方性灵异。"忒让"的形象被描述成一个长头发的小孩童，在藏汉字典中对其解释则是猫形状的一种半神半鬼的东西。"有忒"和"没忒"是"忒让"在不同供养状态下出现的不同表现方式。"有忒"是在供养它得体的情况下，"忒让"满意自己的环境，会保佑家庭财富增长，遇事顺利，把好的运气和财物带回家来；"没忒"出现在没有好好供养它的家庭，"忒让"会把家里好的东西带走，主要指运气和财物。"忒让"的心眼很小，很容易生气，非常在乎所在的家庭对它的恭敬程度，如果稍不顺心，就会祸害所在的家庭，将主家的东西任意糟蹋或者送给别人，甚至主家会有大的疾病或者灾难，严重者会惨遭横死。所以在供养时一般会因为惧怕而小心翼翼地虔诚供养。

在拉卜楞地区，"上塔哇"村庄被当地的人们认为是供养"忒让"最多的村庄，在拉卜楞居住得比较久的人甚至能准确指出该村庄里供养"忒让"的这些人家。在该地区，藏民们通常会把家里多余的酸奶拿到街上去卖，资格老一点的住户和商家会很明确地知道上塔哇谁家的酸奶不可以买，因为知道喝了一定会拉肚子，拉肚子的原因是"忒让"捣鬼。"忒让"的供养一般是"世袭制"，就是一户家庭若非发生意外，则要子孙相传一直供养它，但它在家里只有一个主身，就是家中只有一人能与它沟通，至于主身因为过世怎样传给家中下一代，其中的不二法门就不知道了。因为如此，在此居住久者尽管别人知而不言，久而久之，也能摸索出养有"忒让"人家的特别之处。比如，在该地区盖房时有邻里朋友来帮忙主家供茶饭的习俗，遇有"忒让"的人家盖房，大家会帮忙盖，但都不会吃其茶饭，有年轻不知者吃其饭，均会腹泻。再者，此类人家家境虽然很好，子女一般也事业比较

〔1〕 颚崇荣：《"猫鬼神"信仰的文化解读》，《青海民族大学学报（哲学社会科学版）》2010年第1期，第74页。
〔2〕 颚崇荣：《"猫鬼神"信仰的文化解读》，同上。
〔3〕 康笑菲著，姚政志译：《狐仙》，台北：博雅书屋有限公司，2009年，第64页。

顺利,但是在子女婚娶之时很难找到愿意与他们结亲之人。一位藏族朋友谈到他的同学就是此种情况,其家境很好,长相也不错,当年以甘南州文科第一名考入大学,毕业后在地级部门工作,就是听闻他的家里有"忒让",现在三十多岁了依然独身一人,每次介绍对象,人家一打听听说是这种情况,就坚决不同意。一般情况下他们只能与同样养"忒让"的人家结亲。别人跟他们交往也一般很注意,很少会深度交往。此类现象正如翁乃群对巫蛊社会的观察:关于有蛊和无蛊的人之间社会互动有明显的界限,在交往中有明显的排斥和回避。[1]家有"忒让"的人群与其他普通家庭存在明显的界限,李臣玲对"家西番"社区中此类信仰的研究中,发现不只是在家庭之间,甚至于在村落之间的交往中,有"忒让"的村落与普通村落之间的交往中也存在明显的回避和边界,认为此类信仰强化了信仰者与其他群体之间的差异性,强化了社会群体边界,也在无意中规范了新的秩序。[2]

希热嘉木错是拉卜楞唐卡学校的僧侣画师,青海循化人,他回忆说,他小的时候村庄上有一个老太太,说自己以前就跟"忒让"在一起玩过,老太太在她小的时候经常跟一个长头发小孩玩,那个小孩就经常给她很多玩的、吃的东西,而这些东西都是这个老太太以前从未见过的。但他强调说"忒让"有"治"的法子,如果抓住了它,就揪住它的头发使劲骂,什么难听骂什么,直到"忒让"求饶为止,你就可以开始开价,提出要求,逼它满足。此时"忒让"会满口答应,但是放开它后,一定要捂住耳朵,直到走出七步之外,绝对不能听见它的声音,因为"忒让"被放开之后,肯定会对前面的事情恼羞成怒,不仅会收回刚才的应诺而且还会诅咒你,如果它的话传到你的耳朵里,一切诅咒都会成真,而你真的会一直厄运连连,穷困潦倒。此后,这所学校的另外一个来自甘南玛曲的阿克桑木丹嘉木错也将此法说与我听,可见至少在青海和甘肃地区这种传说是相通的。进一步说,循化乃农耕区域,玛曲乃牧业区域,在农耕和牧业区域此类信仰都留有遗存。人们说到因为"忒让"的心眼小,而且供养它并不是一件轻松的事,有些供养人家慢慢会产生摆脱它的想法。我的藏文老师告诉我摆脱它的方法听老人们讲主要是障眼法,就是它所寄托的那个人突然离开,去很远的地方呆几个月,事先跟家里人商量好绝不在家里提他的名字,"忒让"总是不见此人,久而久之,便会以为此人已经失踪或者死亡,就会另寻主家,离开这个家庭。由此可见,"忒让"在家庭中是认主人的,虽然在一个家庭,但是只有一人与它灵异相通,其他人与它并无直接联系。

在拉卜楞寺还有一则关于"忒让"口口相传的传说:[3]拉寺有一个阿克,每天在大经

〔1〕 彭文斌主编:《人类学的西南田野与文本实践》,北京:民族出版社,2009年,第194页。
〔2〕 李臣玲、贾伟:《西北民族地区民间信仰与乡土社会秩序》,西北民族走廊的文明、宗教与族群关系的研讨会,第216页。
〔3〕 摘自2008年4月田野笔记。

堂念经快结束的时候就在考虑今天该吃什么,想吃什么,每当他这样想的时候等他回到自己家里,就会发现他先前所想的食物出现在餐桌上。起初他觉得这样很好,他想要的东西总是会莫名出现,但是渐渐地,他不再认为这是一件好事情。于是他把这件事情告诉了寺院里一位德高望重、受人尊敬的佛爷,佛爷听罢此事就给他出了个主意。他回到家就开始按照佛爷的意思行动起来。刚开始照旧,有一天他自言自语地念道:"东海龙宫有个夜明珠听说是个宝贝,如果我能拥有就好了!"这时空中传来一个声音:"我可以帮你取来,不过在取的过程中你要帮忙。"阿克连忙应允,声音再起:"夜明珠从龙宫取走的时候天空会变黑暗,此时你要烧一些袜子等脏的东西给我。"阿克应承下来。过不多久,天空果真变暗,天上乌云密布,但此时阿克并没有依照吩咐烧脏东西,而是开始煨桑。[1]桑是很干净的东西,一般用来供奉给神祇。这时天空中闪电击中一物,一团火球从空中滑落,同时传来一声尖利的声响:"你个没良心的!"随后天空恢复正常。自此之后,阿克无论怎样做都没有再出现心中所想成为现实的事情。从这个故事我们至少可以观察到两点:第一,活佛代表了一种更为高级的力量,他显然知道如何制服此类"精灵",作为藏族社会正统、高级的制度性宗教的代言者具有支配底层神灵的能力。第二,此类"精灵"不能享用"桑"这样高等的献祭给神佛的供品,而只配享用一些低劣的、肮脏的、诸如袜子等污秽之物,而且它乐于享用这种肮脏的供物。这两点使得"忒让"在寺院系统的解释中处于一种可被制服、低劣肮脏的位置,佛教处于一种上层的、高阶的序列。我有一次与一位拉寺蒙古族的格西聊天,询问起关于此类"精灵",他马上告诫我不要对这样"不好"的东西感兴趣,显然他认为这是很不好的,不值得或者不愿意提起。但是另外一方面,拉寺每个僧侣的家中基本上都会贴着一张图案为手持一把大刀的猴子的招贴画,一般会贴在房中不显眼的位置。此画目前我所见到的有两个版本:一种为黑白质地,画中内容为一只面目狰狞的猴子左手拉一根绳子,绳子尽头处拴一个长发小孩,此孩伸手欲拿近在咫尺的财宝,猴子右脚踩在小孩身上,其右手拿一大刀,似欲向小孩身上砍去。猴子上方是月亮,似是代表夜晚。画的下面有三行经文。另外一个是彩色的版本,画面内容简单许多,画中面目狰狞的猴子右手举刀,左手抓住小孩的头发,左脚踏在小孩身上。此画既无月亮也无财宝,经文也被略去。

此画就是为震慑"忒让"而贴,画中长发小孩即为"忒让",举刀之猴即为它的克星。这与一些研究者所述贵德芒拉在大门顶压放猴毛防范猫鬼神具有同类性质。此外,噶尔梅桑木旦记录了一则给地域神的颂辞,当中也提到给白猴之王的祈祷。全文如下:"向白

---

[1] "桑"(bsangs)是藏语,其本意为"清洗、消除、驱除"等净化之意。迎请神灵前首先要焚香净化周围环境,消除不净和秽气,而普通生活之处随时都有污染,是一种污垢,一种不净。燃桑是净化行为,每个污点、鬼、魔和秽物都会由此而排除,具有净化环境、消除邪气、秽气和净化之功效。

猴之王祈祷,昔日在藏地桑耶的乌孜大殿,在秘密的曼达拉神殿,金刚上师古如莲花生,化显殊胜佛像调伏顽劣众迷,承诺护佑佛教,成为财富和灵魂的主人,白猴之王,药叉随员是您的臣民,不毁誓言饮用适合自己之酒,品尝这已密授誓词的供品,甚深观行心想事皆成。"[1]此白猴之王很可能就是画中所指的手拿大刀可降服"忒让"之猴子,但这还需要进一步精细的研究才可证实。屋中贴了此画,人可以进,但是后面跟的东西即"忒让"就会止步门外。拉寺阿克贴此画主要是为了防止自己财物的损失。这一点也很有意思,阿克虽然认为它是污秽的"精灵",但是还是相信它的存在,宁愿在自己家门上贴此画防止自己的利益受到损害。作为单方的制约,以及上述传说所传达的意思,似乎有禁止僧人豢养此物的意思。一位佛学院的阿克告诉我说:拉寺禁止此物,但是五世达赖喇嘛时,有一位老阿克有很多的小徒弟,为了养活他的这些小徒弟让他们安心读经,好像是养此物的。但是这些只是传说,并没有可靠文献的验证。

值得玩味的是笔者购买这两幅画的时候店主对待我的态度。第一张黑白画是在拉卜楞镇街上一家藏文书店买的,店主只会讲藏语。店主把画给我的时候态度很奇特,欲言又止,好像作为一个内地来的汉族女孩买它是件很不可思议的事情,他大概奇怪于我过于偏僻的好奇心。这幅画是复印在一张A4的纸上,它的成本一毛还不到,店主卖价一元钱,而且不会有讨价还价的余地。在当地一家开复印店的朋友告诉我,这种东西她不敢多印,原因是曾经有拉寺的僧人劝告她如印太多,脸会变,复印者的脸会随着画面变狰狞,人也会受到诅咒。第二张画是在一家专卖佛像的照相馆买的,从穿着上看店主应是回族或者撒拉族。那天我在这家店买了30张佛像,当我在这家满是佛像的店里意外看见此画,要老板拿给我看的时候,他以一种想笑不敢笑的表情拿给我,戏谑地看着我,听到我要买,他惊愕的样子让我至今记忆犹新,之后他又用怀疑的眼光不停打量我直到结账走人。

这两次买画的感受虽略有不同,但是去买这样内容的画显然不是一个让人舒服的购物过程,甚至感觉有一点点不光彩。后来在一次给自己的藏族朋友陈列自己收集的一些照片时,不经意把这两张照片夹在其中,当他们看到此物时其表情也是比较怪异的。每当我问及朋友关于"忒让"的事情,他们一般都会选择笑着跳过这个话题。给我的感觉是,不应该去议论它,议论会带来不好的事情,尤其是在夜晚,格外忌讳谈论"忒让"。翁乃群在谈到自己为何放弃对巫蛊研究的兴趣时说:因为这个主题的敏感性太强,不光是有蛊的人,没有蛊的人也不愿意过多和你讨论这个问题,因为将会直接关系到他们的社会关系和社会生活。[2]

〔1〕[法]桑木丹·噶尔梅著,扎洛译:《对两个藏区地域神崇拜的比较研究》,《青海社会科学》2002年第3期,第95—96页。

〔2〕彭文斌主编:《人类学的西南田野与文本实践》,北京:民族出版社,2009年,第194页。

2011年8月本节作者在拉卜楞进行最后一次田野调查的时候，在宏仓上面的桑科定居的一户牧民家和宁玛派教院僧人的宅院大门的屋梁上都见到贴有此类震慑此物的图画。这就说明此物在这一地区虽口碑很差，禁忌很多，但从格鲁派寺院到宁玛派寺院，从农耕区域到游牧区域，广泛生存于青藏高原的社会中。佛教的诸神位居高端，是正统的，而民间的这些信仰则处于被排挤或者鄙夷的地位，但这并不妨碍二者成为一个有机的社会结构作用于人们的日常生活和思维实践。

丹朱昂奔在其《藏族文化史》一书中描写过藏族的"家神"：

> 家神的另一种职责是守卫自家财富。好的家神可以帮助主人找来财富，有些地方描绘家神帮助主人找来财富的方式，仿佛是一种不正当的行为，而有一种去偷去抢去夺的意味。比如某家的某件物品，莫名其妙地到了另一家，这便是家神拿来的。有些地方的百姓说，家神能拿的一般都是无字的不是十分珍贵的东西，家神拿不动金银，但可以推倒另一家神的神龛、神位。家神也是一种十分贪小的神——它可能去偷针头线脑、糌粑、米面、油、奶汁、酥油、扫帚、簸箕、背篓等物品。家神也是一种心眼很小的神。它可以就就业业帮助你，但需要你点点滴滴伺候周到，稍有差错闪失，就会发怒。家神犯怒，不但不守护这个家，而且还会把此家的东西任意糟蹋或送给别人。比如某家人得罪了家神，家神则变法儿整治他们。家里做了一锅饭，每人只吃了一碗，第二次去盛，锅中空空如洗。当家人看见泼洒在马粪堆里的面条时，始知此为家神所为。因此，为了伺候好家神，主人要使家中保持清洁，污垢之物不能随便乱扔。好吃好喝的，先要请家神尝尝。[1]

这里面所写的均符合对"忒让"重要特征的描写，比如在如何取得和守卫财富，以及获取财富的能力和范围上，还有对其小心眼的叙述上，但是否"忒让"就是家神还有待于更精细的研究。不过，最近关于乃琼护法神的研究所引用的新材料似乎表明此类信仰有家神信仰的功能。比如，甘丹夏扎家族的"乃琼年供"（gnas chung lo gsol）：扎家族一年中的主要宗教生活都和乃琼护法神相联系，大到一年的会供，小到给家族成员起名都和护法神息息相关。[2]

同时，研究藏族本教的学者才让太在其研究中也提到："相传，如果谁家供养'啼让'，它就会偷窃许多财物到家里，让你变得异常富裕。但因这些财物是偷窃来的，人们

〔1〕　丹朱昂奔：《藏族文化发展史》，兰州：甘肃教育出版社，2001年，第219—220页。
〔2〕　札细·米玛次仁：《乃琼护法神的历史及其相关问题考述》，《西藏研究》2009年第2期，第14页。

对此表示不齿,所以,凡是被认为家里供养'啼让'的人家,在社会上没有地位,被人看不起。"[1]颚崇荣在对河湟地区的此类信仰进行细致的田野工作中也感受到此类信仰的社会地位的边缘性,但同时,我们也看到这个信仰如何凭持自身的边缘性而大行其道。《格萨尔史诗》中认为"特让系一种地神,八部鬼神之一,食肉的独足饿鬼……八部鬼神:有贡波、特让、山神、地神、守境神、作祟神、游神和龙神。"[2]此处特让乃"忒让"的不同音译。"在青藏高原民间信仰中,至今仍然可以遇到关于'啼让'的信仰,可以说随处可见。但是,关于它的外形、功能、好恶、供养等方面的传说却千差万别。"[3]我们至少在安多藏区看到了这种信仰的广泛性,虽然它很边缘,甚至被人贬斥、鄙夷,人们更多是由于惧怕而不得不相信此物的存在而在家门上常有震慑之物。

二、白哈尔

格鲁巴的创始人绝对没有避免巫术。[4]"根据西藏地区的信仰,这位独脚鬼泰乌[5]让正是白哈尔自己。"[6]

根据格鲁派的观点,世间护法神中的主神是护法神白哈尔(Pehar)。白哈尔也被称为乃琼护法神。"正是二世达赖喇嘛根敦嘉措专门修建卓董拉康用来供奉白哈尔护法神,他才成为哲蚌寺的护法神,并渐渐被格鲁派所认可。"[7]

"对巴达霍尔人来说,白哈尔为人所知的名字是阳神南戴嘎保(gnam the dkar po)。有关这一名称,还有几种不同的说法如南台嘎保(gnam thel dkar po)、南戴乌嘎保(gnam the'u dkar po),后面三个名称中的 the the'u 指 gnam thel dkar po,是西藏古代的一种精灵。"[8]此处材料特意提到"忒让"乃西藏古代的一种精灵,将之作为一种西藏原生型神灵。"此神经常与另外两位神灵一起称呼。这两位神灵一位是黑地泰乌让——即七头黑地泰乌让——另一位是中空花斑泰乌让(独脚鬼)。"[9]上面史料所言之"泰乌让"就是我

〔1〕才让太:《吐蕃的苯教与〈世间总堆〉》,《中国藏学》2011年第4期,第57—58页。

〔2〕西南民族学院语言文学研究所,四川省《格萨尔》工作领导小组办公室:《格萨尔史诗·赛马登位》(内部资料),李学琴译,第70页。

〔3〕才让太:《吐蕃的苯教与〈世间总堆〉》,第57—58页。

〔4〕李安宅:《藏族宗教史之实地研究》,上海人民出版社,2005年,第210页。

〔5〕此处乃"忒让"的不同音译,为尊重所引原文,故不再做改动。

〔6〕勒内·德·贝内斯基著,谢继胜译:《西藏的神灵和鬼怪》,第120页。

〔7〕札细·米玛次仁:《乃琼护法神的历史及其相关问题考述》,《西藏研究》2009年4月第2期,第15—16页。

〔8〕勒内·德·贝内斯基著,谢继胜译:《西藏的神灵和鬼怪》,第115页。

〔9〕勒内·德·贝内斯基著,谢继胜译:《西藏的神灵和鬼怪》,第116页。

们在上一节所提到的"忒让"的
不同音译。另外，在藏文史籍《拔
协》中有这样的叙述："白哈宝库
殿……在各突出的房屋中，存放着
一个装满木牍的箱子。木牍上记
有建筑桑耶寺所余钱财放置何处
等文字。护法神是木康王，外面的
护法委派白哈。"[1]这说明白哈尔
在一定程度上是守卫财物的护法，
那么这也与"忒让"具有某种程度
财神的功能特征相符合。"西藏最
重要的世间护法神——载乌玛保
（tsi'u dmar po）亦正是在萨迦派
统治期间继白哈尔之后成为桑耶
寺的护法神。"[2]而在《西藏的神
灵与鬼怪》中提到，独脚鬼泰乌让
也好像是其他护法神的伴神一种，
比如蓝色善金刚和载乌玛保的伴
神之一就是它。如此看来，白哈尔

图1-5-1　白哈尔，Rubin Museum of Art收藏唐卡，西藏风格，19世纪

和"忒让"关系匪浅，谨慎推断：它至少是白哈尔的化身之一，而它在西藏被解释为护法
神的化身或者至少是伴神，大大不同于在安多地区所见到的对它的鄙夷和贬斥。

　　除此之外，从白哈尔的来源中，我们也可以看到很多的证据和彼此之间的联系：关于
白哈尔进入藏地的历史与传说主要有两种观点：即《白哈尔考略》一文中马林先生论及
的"南来说"和"北来说"。白哈尔神灵"南来说"主要指来源于"萨霍尔"，"北来说"是
指神灵来源于"巴达霍尔"。"认为他居于霍尔地方，称'水晶白鬼'，主持巴达霍尔的禅
院，被尊称为戴有特征皮帽者。"[3]《白哈尔考略》中关于白哈尔王来源的分析结论是"北
来说"更为可信，认为可以确认白哈尔王是从巴达霍尔迎请来的。图齐提到："传说宣称
多闻天王曾支持穆如赞普（mu rug btsan po）与有白哈尔帮助的汉人、霍尔人和朱古人作
战，在与其一的军队的作战过程中，白哈尔战败，为了逃脱，他将自己变成了一只秃鹫，但

〔1〕　拔塞囊：《拔协》，北京：民族出版社，1980年，第49页。
〔2〕　札细·米玛次仁：《乃琼护法神的历史及其相关问题考述》。
〔3〕　勒内·德·贝内斯基著，谢继胜译：《西藏的神灵和鬼怪》，第117页。

图1-5-2　白哈尔,Rubin Museum of Art收藏唐卡,蒙古风
　　　　格,19世纪

被多闻天王手下一位夜叉用箭射中,后被押至桑耶寺。"[1]据五世达赖喇嘛的传记记载,牟如赞普(Mu rug btsan po)曾杀死了一位大相的儿子,因此就被发配到了北部边界。他便带领自己的军队向野猫川(gyar mo thang)进发。大将腊藏虚律钵(Lha bzan Klu dpal)在汉桥一带点兵兴师,并对汉人、霍尔人和突厥人肆意劫掠。"这场战役的结果是在甘州地区活捉了白哈尔(pehar)。《国王遗教》中就对这一故事记录在案了。"[2]也有研究表明:可以断定白哈尔护法神是在赤松德赞时期,被莲花生大师收服并从霍尔地方延请至桑耶寺,成为该寺护法神的。[3]"人们认定白哈尔在桑耶寺度过了七百年,到五世达赖喇嘛阿旺洛桑嘉措(1617—1682)时期移到了哲蚌寺附近的乃琼寺,自此之后,供奉白哈尔神的乃琼庙及乃琼神巫在15世纪至20世纪初的西藏担当着重要角色。"[4]从巴达霍尔到达西藏的桑耶寺,之后又于五世达赖喇嘛(1617—1682)时期进入哲蚌寺附近的乃琼庙,这是白哈尔王的流传过程。在阿里斯的著作中称:瓦德尔教授猜想白哈尔神来源于"北部蒙古"。藏族学者松巴·益西班觉和毛尔盖·桑木丹明确指出巴达霍尔即今天的裕固族。马林在文章中通过对地名的考证和白哈尔神被迎请到桑耶寺的时间,推论白哈尔神是在公元766年吐蕃入侵甘州巴达霍尔的战争中传入西藏的。

《拉达克王统记》第21页在对各个地区进行分类的时候,共提到了四个地区的名称,每个地区都用特定的形容词作修饰,甘木卿甲(Gam shang rGya,意为汉地,可能指甘州

〔1〕 转引自勒内·德·贝内斯基著,谢继胜译:《西藏的神灵和鬼怪》,第116页。
〔2〕 石泰安著,耿昇译:《甘、川、青、藏走廊古部落》,成都:四川民族出版社,1992年,第117页。
〔3〕 札细·米玛次仁:《乃琼护法神的历史及其相关问题考述》。
〔4〕 奇洁:《内蒙古大召寺乃琼庙佛殿壁画护法神研究》,《中国藏学》2011年第4期,第122页。

城）、金城霍尔（Gyim shan Hor）、哈尔门（Ha le mon 即喜马拉雅山）和悉补野吐蕃（spu rgyal Bod，即吐蕃）。我们已经知道，Gyim shan 就是汉语"金城"的对音，位于黄河畔，兰州河的上游，大致就在兰州和大通河的汇合处。其中有一位叫杜哈尔那波的人，他发明了一种堪舆占卜，并于赤松德赞年间传入吐蕃，这种占卜术的基础就是以黑金城的几部著作为基础的。[1] 此则史料也说明当时兰州属于霍尔区域，而笔者在兰州地区田野调查时也发现此类信仰的广泛性，那么霍尔所在区域也就是现在的安多藏区所辐射的范围内当时很可能广泛地留有此类萨满性质的信仰。而此时包括巴达霍尔在内的回纥人信奉的是萨满教，可见白哈尔与萨满教关系密切。

无论如何，我们可以得到这样的结论：白哈尔来自西藏的北部区域，也就是现在的安多藏区，大名鼎鼎的护法神白哈尔无论是来自北部蒙古还是巴达霍尔，他们所在的区域都毫无疑问处于现在的安多藏区的范围之内，但是是什么原因使得白哈尔在向南的传播过程中最终成为受人敬仰的护法神神灵，而脱离了它的原型"忒让"在安多藏区被人鄙夷和歧视的地位，是值得研究和探讨的区域。似乎这也暗合了涂尔干对于精灵信仰的观察："精灵只能成为私人和地方仪式的对象。但是精神存在的观念一旦确立以后，它就自然会扩散到宗教生活的更高领域，于是一种更高等级的神秘人格就诞生了。"[2]

一些进行本教研究的学者把"忒让"归类为"赞"的一种："啼让喜何物，所食贪生命，所穿

图 1-5-3　白哈尔，Rubin Museum of Art 收藏唐卡，西藏风格，17 世纪

〔1〕 石泰安著，耿昇译：《甘、川、青、藏走廊古部落》，第 120—121 页。
〔2〕 爱弥尔·涂尔干著，渠东、汲喆译：《宗教生活的基本形式》，第 267 页。

扒活皮,所为引纷争,所伴斯相伴,所随居相随,所供为敦泽,所害为幼年,辛饶法力猛,红佐从天降,命神系辛饶,盟誓做供证,朵玛替食物,所饮被酒替,彩旗替衣物。"[1]"赞王何所喜,所食贪食肉,所饮贪饮血,所夺喜夺命,所伴障年相随,所供为赞苯,所敌塞为敌,辛饶法力猛,红佐从天降,命神系辛绕,盟誓做供证,南喀代替命,隆达代替气,酥油代替温,供水代替血,银杏代替肉。"在藏族文化中,"赞"是一种具有多种形态的神祇。佛教传入以后也吸收了"赞"的信仰。[2]孙林在《西藏中部农区民间信仰研究》中考察了此地对于赞神的信仰,也印证了"忒让"与"赞"的重合之处,他提到一种情况:"对于一位赞神一旦加以崇信,就一辈子不能松懈,否则会受到赞神强烈的报复。同时,我们也注意到,除了个别地方,对于赞神的供奉很多情况下都属于个人宗教行为,比如在日喀则江孜一带,许多村庄都存在这样的情况,就是一个村庄中,有的家庭在屋顶上会建立一个小型赞康,对于本村邻近山上的赞神进行供奉,据说赞神可以帮助这家人很快致富。但这个侍奉赞神的家庭的邻居屋顶上未必供奉赞康,对于这家人来说,供奉赞康也许一时半会带来好处,但也许会招致灾祸,因为赞神性格喜怒无常,稍微侍奉不周,就会导致赞神的惩罚。根据调查,日喀则乡村中,一般一个村庄侍奉赞神的家庭属于少数,乡村普遍的社会舆论是,对于侍奉赞神的家庭均报以略带歧视的眼光,人们认为这类供奉行为属于一种急功近利,对于个人、家庭和后代都不够负责任,理由还是如上所述,赞神永远没有满足的时候,只要对其供奉,就要一辈子,甚至子子孙孙供奉下去,不可偏废。如果中止或慢待,就会招致惩罚。"[3]对此的描述基本完全符合"忒让"的特征。有意思的是,在《西藏的神灵和鬼怪》一书中作者援引的一段关于白哈尔的使命祈祷文印证了白哈尔是作为佛教和本教共同的护法神:

> 要完成的使命:"你,护法神白哈尔王,寺产护主;你,彻底毁灭背叛佛法誓言的人;作为众男子的战神,你,所有佛教徒和苯波教徒(原文如此!)的教法卫士,是亵渎佛法敌人之死罪执行者,是所有瑜伽上师的朋友。……当我们呼唤时,伟人白哈尔请来吧!你是被大师莲花生用密咒降服的誓愿护法(的神灵)!"[4]

作者不能理解其意思,还特意在书中标明所有的佛教徒和本波教徒的教法卫士,这一则珍贵的资料说明白哈尔也可被归类为"赞"的一种,这也就解释了,上面所说的"忒让"

〔1〕 才让太:《吐蕃的苯教与〈世间总堆〉》,第58页。
〔2〕 才让太:《吐蕃的苯教与〈世间总堆〉》,第57—58页。
〔3〕 孙林:《西藏中部农区民间宗教研究》,博士学位论文,成都:四川大学,2007年,第242页。
〔4〕 勒内·德·贝内斯基著,谢继胜译:《西藏的神灵和鬼怪》,第136页。

被归类为"赞"的一种。

　　无论是"白哈尔"还是"赞"作为护法神的一种，和"忒让"内涵一致的是以供养或"互惠"关系为基础，没有明显的善恶价值观，它们既可以造福人类，也会降祸人间，如果人们供养有力，这些神竭尽全力利益人类，反之，则会降祸人间。索端智对热贡地区地方神的研究也有力地证明了这一点，人和守护神的关系就像人和人的关系一样，关系越密切越愿意帮助你，但建立这种关系的基础是持续不断的"煨桑"供养，体现出人和守护神的关心的核心是互惠。他在研究中得出：制度化宗教层面上的佛教和民间信仰层面上的守护神信仰构成了当地文化中的两套象征和基本观念体系，宇宙观、世界观、人生观、价值

图 1-5-4　白哈尔，Rubin Museum of Art 收藏唐卡，西藏风格，18 世纪

观等各个方面都受到这两种体系的影响，这两种体系的象征贯穿于人们日常生活的不同领域，影响着人们的生活。

三、猫鬼神

　　"猫鬼神"是在西北农村广泛存在的一种汉、藏、回、土、蒙等族均有信仰的邪神。"主要存在于甘肃、青海，尤其在青海河湟地区的汉、藏、土族当中信仰尤为广泛，特别是：西宁市的湟中、湟源和大通；海东地区的平安、乐都、民和、互助、循化；海北的门源、海晏；海南州共和、贵南；果洛州的玛沁。"[1] "一般来说，养有此物的人家，被认为是不祥、不吉

---

〔1〕 刘永清：《河湟地区猫鬼神信仰习俗述略》，《青海师范大学民族师范学院学报》2004年第2期。

的,因而备受人们的鄙视和反感,一般没有人愿意和他们做亲戚、朋友。"[1]属于介于神鬼之间的一种"精灵"信仰,也就是"妖"或者说"邪神",一方面他们自己本身有很多缺陷:诸如都具有心胸狭窄,为害作恶,捣乱生灾,形象邪恶等特征;一方面人们供养它们,多与个人利益有关,对它们的信仰也是惧怕多于崇敬,不属于公开的信仰,多处在一种隐讳和禁忌的环境中。

现在流传于乡间的"猫鬼神"信仰中,供奉、崇拜的对象并不是其起源传说中一脉相承的神灵,而是可以随时生成的一种"邪神",尤其从它的生成方法中可以看出其浓重的巫术色彩。"猫鬼神"的来源主要有两种:一是从祖先手中传承而来,猫鬼神就具有了一种家神的特征,影响供奉者家庭世世代代,连绵不绝;二是利用特殊方法现时生成,生成后"猫鬼神"即受供奉者的奉祀和役使。

《隋书·外戚传·独孤罗传附弟陁传》曰:

> ……好左道,其妻母先事猫鬼,因转入其家……会献皇后及杨素妻郑氏俱有疾,召医者视之,皆曰:"此猫鬼疾也。"……陁婢徐阿尼言,本从陁母家来,常事猫鬼……其猫鬼每杀人者,所死家财物潜移于畜猫鬼家。陁因谓阿尼曰:"可令猫鬼向越公家,使我足钱也。"……数日,猫鬼向素家。十一年,上初从并州还,陁于园中谓阿尼曰:"可令猫鬼向皇后所,使多赐吾物。"……杨远乃于门下外省遣阿尼呼猫鬼。久之,阿尼色正青,若被牵曳者,云猫鬼已至。……先是,有人讼其母为人猫鬼所杀者,上以为妖妄,怒而遣之。[2]

《隋书·后妃传下·隋文献皇后独孤氏传》记载:"异母弟陁以猫鬼巫蛊咒诅于后,坐当死。"

《太平广记》卷三六一载:

> 隋独孤陁,字黎邪,文帝时,为延州刺史。性好左道,其外家("家"原作"甥",据明抄本改。)高氏,先事猫鬼,已杀其舅郭沙罗,因转入其家,帝微闻之而不信。其姊为皇后,与杨素妻郑氏俱有疾。召医视之,皆曰:"此猫鬼疾。"帝以陁后之异母弟,陁妻乃杨素之异母妹也,由是疑陁所为。阴令其兄穆以情喻之,上又遣左右讽陁。言无有,上不悦,左迁陁,陁遂出怨言。上令左仆射高颖、纳言苏威、大理杨远、皇甫孝绪杂

---

〔1〕 颚崇荣:《"猫鬼神"信仰的文化解读》,《青海民族大学学报(哲学社会科学版)》2010年第1期,第76页。
〔2〕 转引自颚崇荣:《"猫鬼神"信仰的文化解读》,《青海民族大学学报(哲学社会科学版)》2010年第1期,第78页。

按之。而陀婢徐阿尼供言，本从陀母家来，常事猫鬼。每以子日夜祀之，言子者鼠也。猫鬼每杀人，被杀者家财遂潜移于畜猫鬼家。帝乃以事问公卿，奇章公牛弘曰："妖由人兴，杀其人，可以绝矣。"上令犊车载陀夫妻，将死，弟诣阙哀求，于是免死除名，以其妻杨氏为尼。先是有人诉其母为猫鬼杀者，上以为妖妄，怒而遣之。及是，乃诏赦诉行猫鬼家焉。陀亦未几而卒。

这几则史料我们看到此物皆与"独孤"有关，独孤乃鲜卑大姓，吐谷浑本为辽东鲜卑慕容部的一支，西晋末，首领吐谷浑率部西迁到枹罕（今甘肃临夏），后扩展，十六国时期，鲜卑势力强大到拥有青海大部土地，征服了羌人，建立了吐谷浑王国，统治了今青海、甘南和四川西北地区的羌、氏部落，其疆域东至西倾山、白龙江流域，北接祁连山，西至巴颜喀拉山，南至川北阿坝、松潘一带。至5世纪末6世纪初，吐谷浑达到全盛，东部疆域扩张至洮河流域，西部也达到了今新疆若羌、且末一带，所统治的范围恰好覆盖了现在的安多藏区。

此外，值得注意的是，《太平广记》卷一三九"猫鬼"条载：隋大业之季，猫鬼事起。家养老猫为厌魅，颇有神灵，递相诬告。京都及郡县被诛戮者，数千余家。蜀王秀皆坐之。隋室既亡，其事亦寝。由"京都及郡县被诛戮者，数千余家"来看，当时猫鬼信仰的规模应该是很大的，是一个以往没有引起人们注意的民间信仰。而且隋亡后，猫鬼神信仰并没有消失，唐高宗时期由长孙无忌等所修《大唐疏议》第二六二条："蓄造猫鬼及教导猫鬼之法者，皆绞；家人或知而不报者，皆流三千里。"从此处侍奉猫鬼成为一个专门的罪名看，应该信仰者还是颇多的，而且朝廷对此打击甚为严厉。

这几则史料和上面的田野所得，至少可以说明三个问题：一，此类信仰至少在公元4世纪已经有之并且延续至今，主要传播区域大致就在今天安多藏区所覆盖的区域。二，主要史料记载都与"独孤"鲜卑氏有关，暗合了田野中等所调查关于来源于吐谷浑的传说。三，与巫蛊和灵异有关，与"忒让"特征几乎一致。

四、结　语

众人口中所叙述的"忒让"和史料中所记载的或者是学者们田野工作中得来的"白哈尔""猫鬼神"的特征基本重合。所以，我认为，他们应该是同一种"灵异"在不同的具体地理环境下和族群文化基于自身文化内涵的不同表述。其显著特征是与巫术和禁忌相关。

人们经常用"迷信"或"淫祀"来描述民间信仰，并将其定位成原始的、落后的、低级的宗教形态，但是对于民众来说，动物信仰是与其生活紧密相关，并且与家族、村落、区域文化有密切关联的民间信仰系统。"忒让""白哈尔""猫鬼神"这些在不同的区域和社会文化环境中被赋予的不同名称在实际内涵中却惊人地一致,边缘性的信仰广阔辐射至青藏高原及其毗邻的黄土高原和蒙古高原,辐射整个西北和部分西南区域,这就如巴斯(Fredrick Barth)及莫门(Michael Moerman)等主观论者对客观文化特征的看法:文化特征在人群中的分布,经常呈现出许多部分重叠而又不尽相同的情况。以各文化特征而言,它们的分布大多是呈连续的过渡性变化,族群边界似乎是任意从中划下的一条线。此类信仰更多的是呈现出一种地域性特征,而不是属于某个特定族群,藏族社会中的本教将之归类为"赞",而藏传佛教将之认为是"白哈尔"护法神,藏族群众在民间社会则称呼它为"忒让",而其上述这些说法除了形象与"猫鬼神"有较大出入外,其他体征与汉、回、土族所描述的"猫鬼神"几乎完全一致。正如笔者在第一部分的田野中调查所得拉卜楞的"忒让"传说多来源于塔哇,众人的猜疑也指向于那里。而正如贡保草在对"塔哇"这种围绕着寺院的建立而自动生成的村落进行系统研究后所指出的:"塔哇"文化不是属于某一个民族的文化,而是在此地生活的各民族共同的文化。[1]从某种程度上说明此类信仰来自多个族群混居之地,在不同的族群文化中有其大同小异的表述,但当我们将其不同情境下的"忒让""白哈尔""猫鬼神"列在一起进行对比研究,显然它更多地呈现出一种地域性特征,而非族群性特征,而且从我们在上面三节的分析中可以看到,此类信仰分布范围远比安多藏区这个区域还要广阔,但对"白哈尔"起源的分析也指向最开始的传播中心就应该是现在的安多藏区,历史上的霍尔吐谷浑所统治的区域,但其在西南和西北表现出的不同状态也显示出此类信仰的区域性特征非常明显,有很大的差异性。

"忒让"在西北区域被认为是阶层低下的底层神灵,但在传播到西南转换了一种解释体系后,却以"白哈尔"护法神的面貌出现,呈现出一种位居高位的特征。本教研究者认为"忒让"是青藏高原原始神灵体系中"赞"的一种,而另外一些非藏学背景的研究者认为"猫鬼神"属于民间精怪崇拜(即万物崇拜)中的动物崇拜行为,兼有南方巫蛊的一些特征。[2]"这些有害的精灵与我们刚才所谈到的好精灵似乎是按照同一模型构想出来的。它们被表现为动物,或者半人半兽,"[3]此类信仰包含有巫蛊和灵异的双重特征,源于物怪的民间信仰之所以对各种不同的社会背景的人具有极大的吸引力,正因为它们为追求不分是非、个人和地方利益者提供机会,免受道德舆论的干涉。

人们利用"忒让"的边缘力量,妥善地处理日常生活中的身心疾病、银根吃紧等失序

〔1〕 贡保草:《拉卜楞"塔哇"的社会文化变迁》,北京:民族出版社,2009年,第172页。
〔2〕 颚崇荣:《"猫鬼神"信仰的文化解读》,《青海民族大学学报(哲学社会科学版)》2010年第1期,第79页。
〔3〕 爱弥尔·涂尔干:《宗教生活的基本形式》,第266页。

状态。"忒让"吊诡地同时受到敬重和憎恶，受到个人家庭的敬重，而受到更大范围内因为对社会秩序的破坏而产生的憎恶。索端智在对同处安多藏区的热贡社区守护神进行研究之后认为："守护神所具有的世俗之神的特点，它们缺乏基本的善恶观念，实际上守护神信仰也根本不是建立在善恶观念基础上的。"[1]与此相对的是，此类精灵性质的性质并不是特例，有其萨满属性，东北和华北也存在此类性质的信仰，但也有其区域性特征，比如狐仙信仰就是华北区域的，而地仙信仰则是属于东北区域的。"狐仙信仰的地区含括施坚雅的'大西北'和'大东北'两大区域，大概涵盖了今天的陕西、山西、河南、河北、山东、皖北和江苏。"[2]李慰祖通过对"四大门"相关的神话和仪式的描述及分析，确认了"四大门"信仰属于"萨满教"属性的体系，[3]周作人曾把"四大门"理解为东北亚地区萨满教的余脉。[4]正如刘正爱在其研究中所发现的那样："四大门"和"地仙"两个不同的地方性概念本身就已经在某种程度上反映了地区的差异性。"动物信仰在不同的地域反映出了不同的社会文化特征，华北地区的'四大门'和东北地区的'地仙'表面上虽具有相似的信仰形态，但在东北地区，动物信仰经过融合多种地方因素已经发展成一套具有地方特色的信仰体系。"[5]"忒让"的信仰则是涵盖西北和西南区域的，但是需要谨慎对待的是：它在两个区域中的解释体系的差异性和因此带来的地位的显著差异性，由此也表现了它特殊的地域性特征。因此民间信仰是与当地的地方性知识紧密结合而形成的，其包含着当地民众的生产、生活中的各种习惯、秩序，地方性极强。民间信仰的这些特征决定其具有内在的社会潜秩序和地方性特征。

他们的边缘性具现了日常生活中文化冲突和妥协。忒让信仰庇护了游走在道德灰色地带的欲望追求。"忒让"和家庭成员之间的互惠关系是脆弱的。对它的任何不敬将瞬间招致很大的祸患。"忒让"类型的精灵信仰崇拜中的私己，且常是不道德的寓涵，这些仍旧受到世俗道德的约束和佛教伦理的排斥。维系"忒让"类型的信仰是一件高度个人化的事情。"忒让"信仰在规范的社会秩序中是一种破坏力量，作为信奉者单向秩序的维护，而不是采用双向平衡公平的合理约束，对社会的秩序具有一种潜在的破坏性，仅单方有利于信奉者自身的实用性目的，具有巫术的显著特征。"鉴于巫术和宗教是有分别的，宗教创造一套价值，直接地达到目的。巫术是一套动作，具有实用的价值，是达到目的的

〔1〕索端智：《现实与彼岸：一个藏族社区信仰、仪式和象征结构的人类学研究》，博士学位论文，广州：中山大学，2006年。

〔2〕康笑菲：《狐仙》，第28页。

〔3〕李慰祖、周星补编：《四大门》，北京大学出版社，2011年，第152页。

〔4〕周作人：《知堂集外文〈亦报〉随笔》，长沙：岳麓书社，1988年，第483页。

〔5〕刘正爱：《东北地区地仙信仰的人类学研究》，《广西民族大学学报（哲学社会科学版）》2007年第3期，第15页。

工具。"[1]

不只在中国,日本、韩国以及其他东北亚和西伯利亚的文化,也都能发现类似"忒让"的精灵信仰,比如,Karen Smyers针对日本的稻荷信仰的人类学研究。我们也许从中得到一个制高点,观察不同的人如何穿越种族和地理的界限,制造文化的同一性和多样性。展示在我们面前的"忒让"精灵信仰不仅相对完整地自成体系,跨越整个西北和西南,展现出类"宗教"的特征,实际上还可能是一个更为庞杂的文化体系的一部分。"宗教既是与人生终极意义和价值有关的抽象的思想体系、宏大的宇宙观和世界观,也是严密组织的象征和仪式,同时也包括从多样的大规模的集团(行为)到驱灵赶鬼及巫蛊咒术(地方习俗)等、以解决人生中各种问题为目的而采取的行为(所构成)的复杂的(文化)现象。"[2]童恩正先生指出,我国北方东西向的草原民族走廊和青藏高原东部边缘地带南北走向的藏彝民族走廊共同构成了所谓边地半月形文化传播带,而"其转折点正在河湟一带,表明河湟地方乃具有多民族及其文化走廊之汇聚枢纽的地位"。"忒让"信仰在西北区域不同族群、不同生计方式间的存在,以及它从青藏高原东北缘向青藏高原南部的传入也从民间信仰的角度有力地证明了这一点。

〔1〕 马林诺夫斯基著,费孝通译:《文化论》,北京:中国民间文艺出版社,1987年,第51页。
〔2〕 转引自王建新:《宗教民族志的视角、理论范式和方法——现代人类学研究诠释》,《广西民族大学学报(哲学社会科学版)》2007年第3期。

第二章

七世纪至九世纪唐蕃文明的交流与形成期的汉藏文明

第一节　藏区吐蕃本土艺术遗存

7至9世纪是西藏艺术形成与发展的重要时期,在现实主义基础之上形成吐蕃本土艺术。随着佛教从不同地区传入,吐蕃人吸纳周边地区多元艺术风格,与本土的艺术形式相结合,形成具有地域特征的佛教艺术形式,参与这一时期的佛教艺术交流。这一时期藏汉艺术的交往令人瞩目,吐蕃前期随着唐蕃政治文化的联系,佛教及佛教艺术作品由汉地传入,汉人对于宗教文化的一些观念被吐蕃人接受,如造像观念、建筑样式、历史著录方式甚至丧葬仪礼等。文化交往是双向交流,吐蕃人在发展此期藏汉佛教艺术方面作出了巨大贡献,是他们将西域敦煌艺术引入藏区腹地,同时将藏区西部至克什米尔等地中亚地域化的印度佛教艺术引入西域敦煌,为8世纪至9世纪敦煌绘画注入了鲜活的造型元素,形成独特的"吐蕃敦煌波罗样式"。这种风格逐渐沿丝路古道向东南推进,进入藏区东部藏汉边境的安多和康区,形成藏汉艺术的第一次辉煌,发展丰富了汉藏与多民族文明史。

分析任何一个地域的艺术史,必须梳理其艺术的起源与风格的流变,这样首先要关注其赖以发生和发展的中心地区,研究藏汉艺术,研究藏传佛教艺术向中国内地的传播,更需要从研究吐蕃本土艺术着手。无可否认,佛教艺术,尤其是吐蕃佛教艺术都是域外传入,但艺术的传播只是艺术发展的外在手段,在特定地域的艺术首先应被视为本土艺术。西方艺术史学者根据从后期西藏艺术中得到的印象,有意无意地片面强调印度佛教艺术对吐蕃艺术的影响,并将整个藏传佛教艺术作为印度艺术的支系,创造出"印度—尼泊尔—西藏艺术"的模式。然而,从吐蕃艺术遗存的实际情况来看,如分析此期彩塑的风格,这一时期的藏传佛教艺术与汉地佛教艺术的关系,比吐蕃艺术与印度艺术的尼泊尔样式(后笈多Post-Gupta及波罗Pāla前期)的联系更为密切,卫藏腹地出现的中心柱四面开龛的石窟样式以及印度不多见的彩塑造像手法,都受到汉地艺术的影响。其次,吐蕃艺术自身具有现实主义造像传统,吐蕃彩塑在艺术风格形成之初,就将写实技法用于外来宗教造像,与以往艺术史家认为吐蕃人严格遵守佛教造像仪轨的说法大相径庭,也使得西藏彩塑有一个高起点。如藏文史书《巴协》记载:

（桑耶寺开始塑造时，没有匠人）只见从韩班白哈来了一个名叫甲参玛坚的人。他背上背了一筐子盛满油漆的罐子，手里拿着一捆笔，口里说道："要说绘画和塑像，世界之上我最强，吐蕃赞普盖神殿，我是他的塑神匠！"把这人叫来了和赞普、大师（莲花生）以及尼泊尔石匠等四人共同商讨。雕塑匠问道："佛像是塑成印度式还是塑成汉地式的？"大师说："佛陀降生在印度，所以塑成印度式的？"赞普说道："大师，我希望让吐蕃喜欢黑业的人们，对佛法生起信仰，所以无论如何，也请把塑像塑成吐蕃的式样！"大师说："那么把全体吐蕃民众召集起来，就照着塑成吐蕃人模样的佛像吧！"于是从召集起来的全体吐蕃民众中，挑出最英俊的男子枯达擦，照着他的模样塑造了（主尊）二手圣观音；挑出最美丽的女子觉若妃子布琼，照她的模样在左边塑造了光明天女像（摩利支天）；挑出最美丽的女子觉若妃子拉布门，照她的模样在右边塑造了救度母像；按照塔桑达勒的模样，在右边塑造了六字观音像；按照门耶高的模样，塑造了圣马鸣菩萨（马头金刚）为守门者。[1]

其中这位来自 hen pan dpe har 的塑匠"甲参玛坚"在古本《巴协》中作 rgya tsha［1］bu can，意为"汉人后裔"。[2]

一、布达拉宫法王洞吐蕃彩塑

吐蕃人物写实风格的代表作品就是布达拉宫法王洞的松赞干布及其二妃文成公主和赤尊公主彩塑像，这也是吐蕃时期最重要的彩塑遗存。法王洞或称法王禅定洞，藏语称

---

〔1〕 参看佟锦华、黄布凡译本《巴协》，成都：四川民族出版社，1990年，第31页。藏文原文（第128—129页）：lha byed pa 'ong gis gsungs pa dang/ hen pan dpe har nas tshar rgya mtshan ma can bya ba mtshon rtsi'i skong bu skor dze gang khur/ spir chag pa gang lag du thog ste/ 'jim gzugs dang ri mo byed pa la 'dzam bu gling na nga mkhas te/ bod kyi btsan po lha khang rtsigs pa'i lha bzo ba nga yin zer ba cig byung/ de bos nas khang par btsan po dang slon dpon dang bal po phya' mkhan dang bzhi mol ba byas te/ lha bzo ba na re/ lha rgya gar lugs su bya 'am/ rgya nag po'i lugs su bya zer/ slob dpon gyi zhal nas buddha rgya dkar por byon pa yin pas/ rgya dkar po'i lugs su by 'i gsungs/ btsan po na re slon dpon la (lat) nga bod nag po la dga' ba rnams dang pa ske re ba lags pas/ lha bod kyi lugs su bya bar cis gnang byas pas/ 'o na bod 'bangs kun bsdus shig/ bod kyi kugs su by'o gsungs/ bod kun tshogs pa'i nang nas/ pho la mtshar ba khu stag tshab la dpe byas te/ gts bo a rya po lo kha sar pa ni bzhengs/ mo la mtshar ba lcog ro gza'［bza'］bu chung la dpe byas te/ lha mo 'od zer can g.yon du byas/ mo la mtshar ba lcog ro gza'［bza'］lha bu sman la dpe byas te/ sgrol ma g.yas su byas/ thag bzang stag leb la dpe byas te./ a rya pa lo yi ge drug pa de'i g.yas su byas/ sman g.yas skor la dpe byas te/ a rya pa lo rta mgrin sgo srungs su byas/

〔2〕 Pasang Wangdu and Hildegard Diemberger, *dBa' bzhed: The Royal Narrative Concerning the Bringing of the Buddha's Doctrine to Tibet*, Wien 2000, p.64. rgya tshal 为汉人使用的颜料"朱砂"，但 -bu 无所依从，tshal 或为 tsha-bu "后裔"；此外，rgya 不可能是 rgya dkar（印度）的 rgya，因为这里提到的是 bal-po（尼泊尔）。

为chos rgyal sgrub phug，是吐蕃时期留存的建筑，建于公元7世纪，松赞干布曾在此洞禅定修法。近年从塑像后面的墙壁上发现了吐蕃时期的壁画残片，从而印证了彩塑的年代。殿堂面积约26.7平方米，沿北壁有松赞干布与文成公主和赤尊公主、迎娶文成公主的大臣噶尔东赞（禄东赞）、创制藏文的吞米桑布扎等像。

松赞干布与二妃等身塑像是现今最有影响的、最重要的塑像遗存（图2-1-1：1，图2-1-1：2）。作为塑像中心人物的松赞干布以一种优雅的、自然放松的王室姿势端坐，造像本身有一种紧密坚实的质地内聚感。雕塑对衣纹的处理是西藏后期彩塑所很少见到的，它能根据人物形体的变化勾画衣纹，使之体现出织物的质感，同时表现了不同重量织物的质地特点：由双肩滑下遮盖后腰的丝巾轻柔流畅，与在腿、臂处形成的厚重衣纹，以及腰带周围尖锐的、切角的衣褶形成对比。双襟外衣用一条带有方形图圃的特殊宽腰带扣在腰间，带扣中央为八瓣花饰图案，实物在近年青海吐蕃墓考古中多有发现，如都兰热水南岸墓地（图2-1-2）。[1]赞普脸庞轻微朝向一侧，用一种坦荡、优雅、友善的表情注视前方。作品在重心的交叉平衡方面有高度技巧，它将日常生活式的自然主义渗入了塑像，人物用左臂支撑身体，同时左腿放松；另侧恰好相反，右臂自然放松，右腿盘起。松赞干布的胡须更透露出吐蕃造像的写实因素，在大昭寺剥离的早期壁画中，着甲执矛武士同样有这样的八字须，可见这是吐蕃人的真实相貌。陕西乾陵唐墓石人

图2-1-1：1　布达拉宫法王洞松赞干布彩塑

图2-1-1：2　布达拉宫法王洞文成公主彩塑

---

[1]　北京大学考古文博学院、青海文物考古研究所编著：《都兰吐蕃墓》，北京：科学出版社，2005年，彩版9。

图2-1-2　都兰吐蕃墓出土带扣

图2-1-3　松赞干布金铜佛造像

武士即有这种胡须，有学者称其为"突厥武士"，或者就是吐蕃样式，这与唐代接受吐蕃多闻天王造像的情形相同，与"于阗天王"并无关涉。[1]

此外，令人非常疑惑的是，赞普的王袍并不是敦煌壁画中出现的翻领胡服样式，与《步辇图》中禄东赞的小团花紧身长袍亦不相同，而是有约四指宽的镶边。头饰顶端的阿弥陀佛表明松赞干布是观世音大悲菩萨的化身，因为观音的头冠上方经常出现阿弥陀佛。赞普头顶缠头冠何时出现化阿弥陀佛现在还不得而知，除了法王洞松赞干布之外，现在见到的头顶现化佛的赞普造像年代大多在14世纪以后，典型的如布达拉宫藏金铜造像，但姿势改为跏趺坐、禅定印，而不是国王游戏坐，联珠纹团花中央瑞兽为后期才有的团龙。[2]其中禅定印的吐蕃装菩萨造像可以见于早期作品，如布达拉宫另一件被确定为松赞干布的金铜像（图2-1-3），高菱状三叶冠与青海玉树贝沟文成公主庙八大菩萨冠叶相似，但无高缠头冠。冠帽边缘镌刻的联珠纹样与袖口中亚萨珊样式的小团花联珠纹样相同，说明冠帽与造像原为一体。冠帽如同发箍将极为写实的发髻束起，两侧自然垂下两条长辫。[3]陕西省考古研究所发掘的昭陵石像残石人物穿翻领窄袖长袍，腰系革带，胸前从两肩处垂下辫子

〔1〕 关于吐蕃天王，参看本章第六节榆林窟25窟天王的讨论。

〔2〕 图版参看德国埃森博物馆举办的西藏文物展览图录 Tibet: Klöster öffnen ihre Schatzkammern, Kulturatiftung Ruhr Essen, Villa Hügel, November 2006, pp. 430-431, pl. 81.

〔3〕 图版参看德国埃森博物馆举办的西藏文物展览图录 Tibet: Klöster öffnen ihre Schatzkammern, Kulturatiftung Ruhr Essen, Villa Hügel, November 2006, pp.428-429, pl.80.

图2-1-4　陕西昭陵吐蕃石刻人物

两条，张建林先生认为石像或为像座"吐蕃赞府"（图2-1-4）所记之吐蕃君长，金铜像发辫之式样即与此相关。"胡服翻领"禅定印样式的"松赞干布"或许是吐蕃时期流行的、地方化的大日如来。[1]因为吐蕃统治河西时期的甘肃武威天梯山石窟，可以看到此种身相的胁侍菩萨（图2-1-5），[2]当地吐蕃人多有供养（图2-1-6）。[3]

　　法王洞文成公主泥塑彩绘作品更是著名的吐蕃雕塑作品，虽然经历了后世的多次重绘，仍然保留了作品初创时期的特征：浅石绿软锦缎的护髻罩住了唐时妇女的顶髻，类似唐代花簪的菱形头饰，饰大耳珰；眉眼清晰明丽，鼻子精巧合度，刻意雕琢的鼻翼使人物增添了活泼的情趣，过于小巧的嘴唇，鹅蛋形丰满圆润的面庞似乎触手可及，早期公主服饰有蓝地素花的外衣和红色团花半袖披肩，人物神情端庄娴静，温文尔雅，这一切反映出

---

〔1〕　参看张建林、史考：《唐昭陵十四国蕃君长石像及题名石像座疏证》，陕西碑林博物馆《碑林集刊》，西安：陕西人民美术出版社，2004年，第十卷（2004年），第82—88页，图版见88页彩色插图。昭陵所见蕃君长图像，应是7世纪的吐蕃人形象。《唐会要》卷二〇："上欲阐扬先帝徽烈，乃令匠人琢石，写诸蕃君长，贞观中擒伏归化者形状，而刻其官名：突厥颉利可汗、右卫大将军阿史那出苾、突厥颉利可汗右卫大将军阿史那什钵苾、突厥乙弥泥孰候利苾可汗右武卫大将军阿史那李思摩、突厥都布可汗右卫大将军阿史那社尔、薛延陀真珠毗伽可汗、吐蕃赞普、新罗乐浪郡王金贞德、吐谷浑河源郡王乌地也拔勒豆可汗、慕容诺曷钵、龟兹王诃黎布失毕、于阗王伏阇信、焉耆王龙突骑支、高昌王左武卫将军曲智盛、林邑王范头黎、帝那伏帝国王阿罗那顺等十四人，列于陵司马北门内，九嵕山之阴，以旌武功。乃又刻石为常所乘破敌马六匹于阙下也。"
〔2〕　天梯山石窟毁损严重，造像现存甘肃省博物馆。
〔3〕　参看敦煌研究院、甘肃省博物馆编著：《武威天梯山石窟》，北京：文物出版社，2000年，彩版七〇和七一。

图2-1-5　武威天梯山石窟菩萨　　　图2-1-6　天梯山石窟壁画吐蕃供养人

当时的艺术家很好地把握了唐代汉地妇女的审美时尚和大唐公主的尊贵个性。赤尊公主塑像反映了吐蕃艺术家高超的技艺,对于来自不同地区、有着不同容貌和性格的公主,艺术家用具有个性特征的写实手法进行塑造:藏文文献记载赤尊公主刚愎自用,性格急躁而且忌妒心非常强,[1] 我们在这件作品中看到,人物秀丽明晰的眉眼似乎透露出某种忧愁,略微高耸呈鹰钩弯曲的鼻子棱角分明、体现出种族的特点,丰厚宽阔、嘴角上翘的嘴唇传达了某种压抑着的哀怨,人物双手合掌的外在宗教静穆与动荡的内心世界形成反差;同时又与文成公主如清泉出自溪流般的娴静内心形成鲜明的对比。

　　布达拉宫作为寺院的历史较晚。[2] 宫殿所在的山称为玛保日(dmar po ri),即"红

---

〔1〕参看萨迦索南坚赞著:《王统世系明鉴》(rgyal rabs gsal ba'i me long)第11章至15章相关记载。

〔2〕据说7世纪松赞干布修筑的布达拉宫规模相当可观,在玛布日山的周围筑有三道围墙,有9层楼高。王宫主殿与南侧王妃的寝宫之间由铜和银制成的栈桥连接,亭台楼阁,雕梁画栋,屋檐都镶嵌了宝石。早期玛布日山宫殿的图像保留在拉萨大昭寺主殿门南的壁画中,原画因寺院烟尘而漫漶不清,五世达赖喇嘛重建时,在布达拉宫白宫门前的三排梯(gsum-skas)回廊北壁重新摹绘。实际上,松赞干布修筑的宫殿大部分毁于雷电和兵乱,清顺治二年(1645)五世达赖喇嘛执掌西藏政教大权后主持修建时,仅存圣者殿('phags-pa-bla-khang)和法王禅定洞(chos-rgyal-sgrub-phug)。五世达赖喇嘛主持的重建历时三年,完成了以白宫为主体的建筑群。(转下页)

山"。"赞普"系从藏文 btsan po 而来，btsan 为民间宗教的神祇，喜居红色岩石，故吐蕃赞普多居红岩，如查玛（brag dmar）。考虑到赞普所居查玛青浦（mchims phu）多岩洞而成的石室，如 ke'u tshang，法王洞很可能是这种居室的遗留，洞内的彩塑应在松赞干布和文成公主逝世之后塑造，即为公元8世纪至9世纪的作品。法王洞彩塑技法与西藏15世纪前后所用的手法有相似之处，同时考虑到14至15世纪西藏社会对早期法王与观音信仰传统的建构思潮，法王洞或在后期有较大的修缮改造。

二、大昭寺与吐蕃时期多元文化交流

布达拉宫作为拉萨的标志性建筑而闻名中外，但在藏族同胞的心目中，大昭寺更有分量。其中一个重要的原因是整个藏区最为灵验的释迦牟尼金铜佛像供奉在大昭寺，所以大昭寺俗称"觉康"（jo-khang），即释迦佛殿。藏传佛教传入蒙古地区以后，满蒙地区藏传佛教寺庙被称为"dzuu"，就是藏语 jo-bo 的蒙古语音译，汉语翻译成"昭"；寺院主尊皆为释迦牟尼佛，可见对大昭寺的尊崇扩展到整个藏传佛教传播地区。来自雪域各地的朝圣者历经千辛万苦来到拉萨，就是要在这尊佛像面前还愿。登临布达拉宫是在参访博物馆，拜谒大昭寺是香客或游客作为圣地居民的一员，真正感受变化着的藏族文化。

大昭寺对拉萨的城镇布局具有重要的影响，可以说有了大昭寺才有拉萨城，拉萨的城镇民居是以大昭寺为中心分布的。由大昭寺的暗廊转经道逐渐形成拉萨城著名的内、中、外三条转经道，藏文分别称为"囊廓"（nang 'khor）、"帕廓"（bar 'khor）和"林廓"（gling 'khor），外转经道将布达拉宫和大昭寺连接成一体。中转经道帕廓街是拉萨著名的商业街。

藏文文献记载，大昭寺是在松赞干布时期与早期镇边庵胜的神殿一起建立的，吐蕃碑文称其为 gtsug lag khang，即说明它最初为佛殿。[1]寺院所在地为卧塘湖，传说由山羊驮

（接上页）康熙二十九年（1690），摄政第斯·桑杰嘉措主持修建了红宫建筑群。此后，历辈达赖喇嘛都修缮了布达拉宫，其中修建七世达赖喇嘛灵塔殿时改建了红宫西北角佛殿，增高墙体并加筑金顶，八世达赖喇嘛圆寂时将红宫顶层佛殿改为灵塔殿并加筑金顶，九世达赖喇嘛圆寂后在八世灵塔殿东侧改建灵塔殿并加筑金顶。十三世达赖喇嘛晚年在白宫顶层东侧建东日光殿作为寝宫，圆寂后，1934年在红宫西侧撤除部分僧舍，于1936年建成十三世达赖喇嘛灵塔殿。

[1] 大昭寺初建于吐蕃王朝的松赞干布时期，如噶迥寺建寺碑记："圣神赞普先祖赤松赞之世，始行圆觉正法，建逻些大昭寺及诸神殿。"（'phrul gyī lha btsan po/ myes/ khri srong brtsan gyī rīng la// sangs rgyas kyī chos mdzad de// ra sa'i gtsug lag khang las stsogs pa brtsīgs shīng）见于王尧《吐蕃金石录》第153页。大昭寺后经13至19世纪逐年的扩建，逐渐形成完整的寺院建筑群。寺院约在公元647年建成。公元822年，唐蕃在拉萨会盟，823年在大昭寺门前立《唐蕃会盟碑》。公元838年朗达玛赞普灭佛，大昭寺沦为屠宰场。公元11世纪初，（转下页）

土填湖建寺，故称"羊土神变佛殿"（ra sa 'phrul snang gi gtsug lag khang），拉萨古称"逻些"，即藏文ra sa"羊土"。寺院由文成公主堪舆占卜为尼婆罗公主赤尊修建，庙门朝西，

图2-1-7 唐蕃会盟碑

与同时为文成公主修建的庙门朝东的小昭寺（ro mo che）相对。寺院建造过程中从尼婆罗及汉地请来众多工匠和塑匠，[1]寺院最初供奉赞普化身的主尊十一面观音，塑像为圣观音，[2]也是吐蕃信奉观音的证据。

大昭寺寺院形制模仿古印度那烂陀寺（Vikramaśilā，超岩寺），由2至4层不同层数的楼房组成，分为南北两院。北院以正方形"觉康"主殿为中心，四周环以房屋。东、西、南均有入口。正门向西，为五开间二层建筑。底层为门廊，有四大天王壁画和塑像，二层为三界殿。班禅、摄政王公署分列寺门两侧。寺门前有文成公主亲手种植的"公主柳"，唐柳北侧是称为亚洲第一碑的《唐蕃会盟碑》（图2-1-7），东侧是清乾隆年间所立《劝人种痘碑》。寺院正门是方形千佛廊院，院子周围

（接上页）来自阿里的译师桑噶·帕巴西饶第一次对释迦殿进行扩建。公元1167年前后，山南达布地方活佛楚臣宁布增建佛殿周围的回廊，并维修壁画。公元13世纪初，拉萨公堂寺僧人在主殿周围新建飞檐。公元13世纪萨迦派统治西藏期间扩建大昭寺，新建大门及护法神殿，塑造赞普和王妃像，在主殿第三层建造神殿并加盖金顶。公元15世纪，乃东王扎巴坚赞受宗喀巴之托，在释迦殿内加盖屋顶。公元1642年，五世达赖用30年的时间大规模改造扩建大昭寺，新建正门，增建金顶飞檐和四角神殿，至18世纪七世达赖以后仍有修缮。

[1] 大昭寺上殿由"赤尊更自尼地召来精巧工匠续为修造之，斯时汉妃亦自汉地召来木工及塑匠甚多，修建小昭寺。"（de'i 'phro la khri btsun gyis bal po'i yul nas rig byed la mkhas pa'i bzo bo mang po bos nas steng khang bzhengs so/ de dang dus mnyam du rgya mo bzas kyang rgya yul nas shing bzo bo dang/ lha bzo ba mang po bos nas）刘立千译本第85页，藏文本第143页。

[2] "尼婆罗塑匠，造有十一面观音菩萨眷属像，如世间自在、圣观音、颦眉佛母、度母、摩利支天、妙音女、甘露旋、吉祥马头金刚。"（de nas bal po'i lha bzos 'khor rnams bzhengs pa ni/ 'jig rten dbang phyug dang/ khar sa pa nī dang/ khro gnyer can dang/ sgrol ma dang/ 'od zer can dang/ dbyangs can ma dang/ bdud rtsi 'khyil pa dang/ dpal rta mgrin rnams bzhengs so/）《西藏王统记》藏文本，第139—140页。观音及其眷属的造像安排样式值得探讨。此尊观音造像供奉于布达拉宫圣观音殿，藏语称为帕巴拉康'phags-pa-lha-khang，为吐蕃时期的佛殿，面积48平方米，回字形殿堂，殿门悬挂清同治皇帝书"福田妙果"匾额，殿内三壁供奉佛像。传说红山是观音菩萨的魂山，形如大象卧槽，如在此山修建观音殿，观音化身的松赞干布住在这里，雪域大地可幸福长久。此殿主供佛是松赞干布的修习本尊观音檀香木雕像，高0.93米，为吐蕃旖檀四自在观音之一，是赞普从尼泊尔迎请的，在吐蕃赞普朗达玛灭法时，雕像曾被搬到拉萨北边的帕邦卡山，又移到小昭寺。公元1618年，拉萨贵族为了感谢蒙古军队的帮助，将此像献给蒙古首领洪台吉。1645年，蒙古首领固始汗的王后又将雕像献给五世达赖。

环立廊柱，此处是举行传召仪式的主要场所。东侧为觉康主殿，殿外东、南、北侧分置佛堂和转经暗廊，藏语称"廊阔"，即内转经道，这种样式是印度古代佛寺的形制，也是藏传佛教转经仪式的最初形式。主殿建筑呈方形，柱头方斗的设置、梁架中大雀替的处理手法和门楣上檐木刻半瓦当的形象都有明显的汉地早期建筑的痕迹，藏语称之为 rgya phibs，并作为"宫殿屋顶"一词遗留在语言中。东侧底层中央为释迦殿，中央佛龛中供奉文成公主从长安带到拉萨的释迦金铜像。在大殿初檐及重檐间排列着108身雄狮伏兽和人面狮身木雕（图2-1-8），这是我国古代木建筑中罕见的承檐装饰，源自印度的早期寺院装饰。[1]

图2-1-8　大昭寺吐蕃时期木作

　　觉康主殿释迦牟尼佛像据说是文成公主由长安带到拉萨的（图2-1-9），最初安放在小昭寺，藏文文献认为大昭寺主殿最初供奉的彩塑主尊是阿閦佛，赤尊公主从尼婆罗带来的不动金刚供奉在南大殿。[2]金城公主进藏后将文成公主带来的释迦牟尼像从小昭寺请到了大昭寺，此后释迦牟尼像就成为大昭寺的主尊。实际上，大昭寺主尊的变换、汉人公主带来的佛像逐渐成为整个藏区最为灵验的"觉沃"像的事实本身反映了汉藏佛教与汉藏民族之间的深层交往，就如同我们将在后面论述的北

图2-1-9　大昭寺释迦牟尼佛像

〔1〕　宿白：《藏传佛教寺院考古》，北京：文物出版社，1996年，第1—20页。
〔2〕　维塔利提到的藏文文献有《广本弟吴教法史》第288页，《娘日宗教源流》第246页，《祖孙三法王传》第134叶，《贤者喜宴》第235页。Roberto Vitali, *Early Temples of Central Tibet*, Serindia Publications, 1990, p.78. 我们从《贤者喜宴》检出"中央为阿閦佛""南殿为不动金刚"的句子（ dbus na mi 'khrugs pa skyabs spyin bzhugs par gzigs/ gtsang khang lho ma na jo bo mi bskyod rdo rje la ....)。

京北海的喇嘛塔。自此，大昭寺与文成公主的关系更为密切，文献与传说交织，形成藏族文化独特的公主情结。藏文史书《巴协》一段极富感情的记载让我们看到远嫁吐蕃的金城公主的寂寞和藏人的宽厚：

> 公主因王子落马而死要嫁老国王，心中悲苦，白天弹奏琵琶，夜晚吹奏笛子唱道：
> "印度国土虽有圣法，
> 但是途径尼泊尔太酷热，
> 想到这些心悲伤；
> 汉地家乡虽有星算学，
> 但是家乡归途太遥远，
> 想到这些心悲伤；
> 吐蕃中心虽然有国王，
> 但是大臣为人太凶恶，
> 吐蕃的大臣罪孽大。"
>
> （国王要公主带上礼物返回家乡，公主还是留了下来。）过了一段时间，公主说："我要看奶奶公主的供养处金释迦牟尼佛像。"便到小昭寺去，向每尊佛像献了供养。因为释迦牟尼佛像已经不在小昭寺里，所以没找着。然后，她又来到大昭寺，先给诸佛像上供养，再找释迦牟尼佛像，也未找见。公主说："书上说大昭寺共有五间内佛堂。如今只看到四间，肯定还有一间隐蔽的内佛堂。"于是便在殿内墙壁上到处敲击，敲到其中一处向内凹入墙壁的上门槛的下部时，墙上出现了裂缝。挖去泥皮，发现一门，打开门，果然看见内藏释迦牟尼金佛像。金城公主大喜说："要为祖奶奶文成公主的佛像举行现面典礼。"马上摆献了盛大的供养。[1]

从造像风格分析，大昭寺释迦牟尼金铜佛由于后代寺院的重修和多次的彩妆及配饰，我们无法找到早期作品的痕迹，佛像的象征意义远比其艺术史价值重要。考虑到西藏大

---

[1] 佟景华、黄布凡译注：《巴协》，成都：四川民族出版社，1990年，汉文本第3—4页；藏文第86—87页。藏文原文：... rgya gar yul na dam pa'i chos gdog［bdog］de bal yul tshad pa che/ de la bsam nas bsam thag［sems thang］chad/ rgya nag yul na ju zhag gi spyad yod de/ pha yul shul thag ring/ de la bsam nas bsam thag［sems thang］chad/ bod yul dbus na rje rgyal gyi mi yod de/ blon po gdug pa che/ bod kyi blon po sdig po che zer zhing glu len/ ... phis ong jo na re ng'i ne ne mo kong bco'i mchod gnas/ gser gyi lha sh'akya mu ne zhal blta'o zer nas/ rgal［rgya］stag ra mo che na lha mi bzhugs nas/ de kun tu mchod pa re byed cing btsal yang ma rnyed nas/ ra sa'i lha khang du mchod pa byed pas/ tsang［gtsang］khang sgo bzhi las med nas 'di na tsang khang gcig sbas yod par nges zhes/ glo 'bur gyi ya lad kyi 'og tu brdungs pas/ ser kha byung de skos nas sgo phye ba dang/ gser gyi lha sh'akya mu ne sbas pa mthong nas ne ne mo'i lha lo zhal ston cig gsol zer nas mchod pa gtsugs［btsugs］.

型金铜佛造像集中出现13世纪以后,这与元代藏汉之间政治经济文化交往的密切、藏地金铜材料的取得与金铜像部件分体錾刻的技术有关,但分体铸造拼合的技术多在14世纪以后,如与元廷关系密切的萨迦寺,保留了这一时期较多的金铜大像。大昭寺觉沃金铜像的年代大致在这一时期。[1]事实上,分析13世纪以来藏传佛教大体量大尺寸的降魔印释迦牟尼金铜佛,我们都必须考虑藏传佛教和佛教艺术中的等身像传统,正如同汉地佛教的佛舍利信仰。藏文史书如《松赞干布遗训》《西藏王统记》和《汉藏史集》等都记载了释迦牟尼等身像的传承,认定等身像是佛陀在世时由工巧天毗首羯摩用金、银、珍珠、珊瑚、蓝宝石等人间五宝熔炼雕塑而成,有8岁、12岁和25岁等身像。其中8岁等身像带到了尼泊尔,12岁等身像带到了汉地,[2]25岁等身像留在了菩提伽耶正觉大塔。所有等身像都与藏传佛教传播史密切相关:尼泊尔赤尊公主将8岁等身像携入吐蕃,供奉在大昭寺;唐文成公主入藏时,带12岁等身像至拉萨,供奉于拉萨小昭寺内。小昭寺12岁等身像后与8岁等身像调换供奉在大昭寺,成为整个藏区最为殊胜、灵验的释迦牟尼像。1409年格鲁派宗喀巴大师在传召法会上,为大昭寺佛像献上五佛冠,成为我们今天看到的著冠觉沃像。[3]可以说,藏传佛教艺术的等身像传承形象地勾勒了藏传佛教与北传大乘佛教,特别是与汉传佛教的关系史。这是我们分析大昭寺金铜佛必须考虑的另一个传统。[4]

---

[1] 冯·施罗德(von Schroeder)和汉斯(Michael Henss)都将觉沃像的年代确定在11至13世纪,更可能是13世纪尼泊尔纽瓦尔的艺术家,甚至是阿尼哥所为。考虑到西藏金铜工艺的发展世纪,笔者更倾向于觉沃像的年代是13世纪至14世纪。值得注意的是,汉斯于1981年拍摄了觉沃像基座后部铜皮錾刻的题记,记录了五世达赖时期的水牛年(1673)12月18日至25日对此像的重修情景。其中记载为修理背光法座等使用了无以计数的珠宝,题记中提到了75位纽瓦尔和西藏艺术家的名字,负责维修的监工是洛桑土登(blo-sangs mthu-stobs),五世达赖时小昭寺的主管。相关记载参看桑结嘉措《五世达赖喇嘛传》。参看汉斯《西藏佛教艺术》(Michael Henss, *Buddhist Art in Tibet, New Insights on Ancient Treasures*, Fabric Verlag 2008, p.135 and pl. 96)。

[2] 藏文史书如松巴堪布《如意宝树史》等记载佛陀在世时雕刻的等身"旃檀佛像",佛陀预言此像将前往汉地(《如意宝树史》蒲文成、才让汉译本);道世(?—683)撰《法苑珠林》卷一百记载:"大唐高祖太武皇帝,又为太祖元皇帝穆公贞皇后,造栴檀等身像三区,图九五之神仪。"文成公主携等身像进藏盖有所本。

[3] "大师为大昭寺释迦牟尼佛像,供奉纯金制造的五佛冠。浮雕有五佛的身像,冠沿的飘带也用纯金制造。并以许多世间罕见,价值昂贵的碧玉宝石,以及珍珠和绿松石等珠宝镶饰佛冠,成为妙好庄严,极为美满。"觉沃佛的衣饰也是此时妆饰的。参看郭和卿译周家巷《至尊宗喀巴大师传》,西宁:青海人民出版社,2006年,第204—205页;西宁:青海民族出版社,1992年藏文本,第309页:jo mo sh'kya mu ne'i snang brnyan la gser bzang po 'ba' zhig gi rgyu tshogs las bsgrubs pa'i dbu rgyan la de bzhin gshegs pa ring lnga'i snang brnyan 'phrul ma 'bur dod dang dar dpyangs kyang gser las byas pa/ rin po che nal dang/ mu tig dang/ g-yu la sogs pa srid na dkon zhin rin thang che ba'i rin po che'i vphra tshom du mas mdzes par byas pa sogs bzo bkod phun sum tshogs dang ldan pa dang/

[4] 事实上,大昭寺释迦牟尼佛像成为西藏最为灵验的佛像的过程是汉藏之间在政治、宗教、文化等各个方面联系逐渐深化的一个形象说明,正如西藏宗教艺术中的等身像反映了西藏佛教与其他宗教之间的关系一样。耐人寻味的是,蒙古藏传佛教同样引进了藏传佛教的等身像信仰,并在呼和浩特建立了供奉觉沃像的大昭寺,但蒙古信众最为灵验的佛像却是供奉于北京雍和宫的旃檀佛,朝拜旃檀佛就等于前往印度朝拜释迦牟尼等身像,其间的变化折射出背后的政治因素。我们可以说,汉藏佛教艺术的变化与发展与我国多民族国家的趋同性相一致。参看伊莎贝尔:《从摩揭陀到布里亚特:蒙古人视野中的旃檀佛像》(From Magadha to Buryatia: The "Sandalwood Buddha" from the Mongols' perspective),第四届西藏考古与艺术国际学术讨论会宣读论文;金申:《汉藏佛教中的旃檀瑞像》,《文物春秋》2005年第4期,第31—40页。

图2-1-10　大昭寺早期壁画

大昭寺一、二层楼的各个佛殿都绘有大量壁画。《贤者喜宴》记载说很多壁画为尼泊尔艺术家补绘,甚至松赞干布也参与绘画。除东佛殿的自显卡萨巴尼观世音菩萨壁画得以保存至今以外,其他壁画都已荡然无存。尼泊尔艺术家后来为这铺自显卡萨巴尼观世音菩萨壁画增画了白色马头明王、度母和吉祥天女等壁画。[1]书中还详细描述了当时在一层绘制的、现已消失的壁画。[2]

大昭寺建于公元7世纪,此一时期的尼泊尔纽瓦尔艺术风格的特征并不明晰,因作为纽瓦尔艺术源头的东印度波罗风格尚未兴起,所谓尼泊尔的影响可以看作是后笈多的影响。近几年考古工作者维修大昭寺时陆续发现了一些11世纪前后的早期壁画,如大昭寺新近剥出的壁画《库藏神》(图2-1-10),从中可见浓郁的敦煌成分:头冠为三层三叶冠,虽有手镯臂钏,但佩戴数珠为写实的汉式,游戏坐于须弥座。人

[1] 在南面的墙壁上还有一铺卡萨巴尼观世音菩萨壁画,传统上将这铺壁画称之为文殊格雍。这铺壁画不是大昭寺修建时所绘壁画。当时,文成公主想拆毁绘有佛像的墙壁,于是将文殊菩萨请到了一边。因此,"格雍"意为"请到一边"。黎吉生对"格雍"一词还有另一种不同的解释,参见黎吉生《拉萨"圣殿"大昭寺》,《西藏艺术论集》1977年,第170页(H. E. Richardson, "The Jo-khang 'Cathedral' of Lhasa", in A. Macdonald, Y. Imaeda eds; *Essais sur l'Art du Tibet*, Paris, 1977, pp. 157-188)。关于文成公主之事,参见《夏格巴目录》第57页,注释49。藏文版《贤者喜宴》第237—238页介绍此观世音时说:"于是,大王命尼婆罗工匠以油漆和毛笔彩绘了柱子之间的树叶装饰,次日商讨如何绘制佛像,此后王臣、工匠等来到神殿,在南壁绘制卡萨帕尼观音救八难图,调伏诸物上师图,两铺绘画自生圆满颜色,一切令人惊奇,王臣拜祭毕了。此后,神变工匠还绘制了其他壁画。"(de nas rgyal pos bal po'i lha bzo ba bka' bsgos te ka ba shing lo can gyi 'gram du tshon rtsi dang bir sogs lta gon byas te sang nyin lha ji ltar bri ba bgro ba'i phyir rgyal blon dang bzo bor bcas pa lha khang du byon pa dang lho ngos kyi logs la khva-rsa-pa'-ni 'jigs pa brgyad skyob kyi gling dang gang la gang 'dul der ston gyi gling dang gnyis kha dog rdogs pa bris pa las lhag par rang byung du byon nas 'dug ste thams cad ngo mtshar te phyag mchod mdzad/ de nas sprul pa'i bzo bo des gzhan rnams bris so/)《贤者喜宴》说补画的白色马头和度母是在"中层",参看239页:"南侧有自显壁画的两殿之间绘文殊和净土变;西南壁绘长寿三尊;西壁绘五方佛和神变大王传记;西北壁绘三世佛;北壁及东北壁绘释迦本行;东壁绘度母、观世音、降魔菩萨等众;东南壁绘药师王众;中层绘白色马头金刚和觉姆度母等众。"(lho phyogs la rang byung gi ri mo'i gling gnyis kyi khar 'jam dbyangs dang bde ba can gyi zhing bkod/ lho nub du ring gsum mgon po/ nub phyogs la ring lnga dang sprul pa'i rgyal po'i rnam thar/ nub byang du dus gsum sangs rgyas/ byang dang byang shar la thub pa'i mdzad pa rnams/ shar logs la sgrol ma spyang ras gzigs thub bdud 'dul sems dpa'i tshogs bcas/ shar lhor sman pa'i rgyal po'i lha tshogs/ bar khang du rta mgrin dkar po dang jo mo sgrol ma bris)

[2]《贤者喜宴》第239页,见前注。

物造型短拙,可与榆林窟第15窟库藏神进行比较,从中可以看到,即使是吐蕃腹地的作品,与敦煌等地的壁画亦有图像学的渊源。[1]

　　觉康主殿第二层东北隅底层墙柱间绘壁画《大日如来五方佛》(图2-1-11)及《六臂观音(?)》(图2-1-12),大日如来主尊右手当胸、似作说法印,左手结禅定印。简洁的三叶式头冠、高发髻、项链、臂钏、手镯已见典型的波罗风格;但仰莲及单茎莲花支撑的莲座,两侧的对狮,依然是早期样式。主尊右上当为红色的阿弥陀佛,但身色已变化不清;右下为绿色的不空成就佛,手印不清,屈左膝作游戏坐。主尊左上为蓝色的不动佛或曰阿閦佛,与不动佛传统上作触地印不同,此佛右手于右膝上结手印,左手当胸持莲花;左下是黄色的宝生佛,手印(慈悲印)不明。整个画面分为三部分框式构图,上方三佛为三色金刚持佛,中央为大日如来五方佛,下方一层为供养菩萨,值得高度重视的是最下方漫漶不清的占据大方格的人物,有头身光,其国王游戏坐姿与布达拉宫法王洞赞普造像完全相

图2-1-11　大昭寺早期壁画五方佛　　　　图2-1-12　大昭寺早期壁画六臂观音

---

〔1〕　故宫博物院罗文华对大昭寺这批壁画进行了系统的梳理和初步的研究;参看罗文华、宋伊哲《大昭寺早期壁画调查报告》,《故宫博物院院刊》2021年第9期。

图2-1-13 大昭寺早期壁画观音

同。其次，眷属菩萨与丹玛扎造像中的八大菩萨以及敦煌绢画《不空羂索观音》中的坐姿眷属有继承关系，但其三叶冠与敦煌绢画及藏东石刻头冠式样略有差异，为早期波罗式样，甚至与榆林窟西夏菩萨的头冠完全相同。必须提及的是，《大日如来五方佛》佛菩萨身侧皆可见藏文榜题。《六臂观音》的构图与丹玛扎极为相似，只是后者将下方五供神的位置改为题记。菩萨造像为早期样式，三叶头冠与大日如来完全相同，菩萨跏趺坐于仰莲座。右上臂上举，手印不明；中右臂手似持弓；下右臂（主臂）手作与愿印。左上臂手持箭；左中臂手持花蕊；右下臂当左胸持莲花。《西藏文化大图集》公布的大昭寺剥离壁画观音（图2-1-13），从三叶头冠样式分析，与前一幅作品相似，但两侧的并脚胁侍菩萨似乎又将作品时代推到11世纪。作品已是完全的波罗风格：极富韵律的曲线构图极为夸张，极窄的短裤、红色透明的裙子、颀长的手臂，完整的臂钏、手镯和项链，都是典型的波罗元素；与后期作品唯一的区别是背龛样式，这里没有看到狮羊。

必须注意的是，大昭寺——主要是建筑样式和木结构雕刻等——所反映的印度及汉地的影响属于吐蕃佛教艺术的早期阶段，大约在7世纪中叶。然而，现存的吐蕃艺术的年代大都在8世纪末至9世纪，他们与吐蕃前期的艺术之间并无十分紧密的风格联系。所谓吐蕃时期印度艺术的影响大致局限在这一范围之内。

值得注意的是，我们现今不能了解大昭寺最初的佛殿布局，学者所根据对寺院殿堂配制的复原的藏文文献都是后期的文献，如《贤者喜宴》等，很多人并没有关注这一点。大昭寺主体建筑分为南北两院，说明寺院建筑本身是按照南北结构的，与同时期的桑耶寺建筑样式相仿，都在模仿印度超岩寺。但大昭寺大门朝向西方令人不解，殿前的唐蕃会盟碑说明初建时即有朝西的寺门，或许是为了与紧邻的布达拉宫形成呼应。从寺院平面图及文献记述的东壁主尊阿閦佛来看，寺院最初仍安置五方佛，否则孤独的阿閦佛与两侧眷属不能形成图像关系。因为西门作为主大门之后，东壁变成了主壁，方位的"错位"造成了突兀的阿閦佛主尊，我们不能就此断定吐蕃时期有作为单体如来出现的阿閦佛信仰，因为在藏区其他寺院的殿堂配置中很难找到单以阿閦佛为主殿主尊的例证，希望这里的判断是正确的。[1]

---

〔1〕 参看四川大学杨清凡的博士论文《藏传佛教阿閦佛图像及其相关问题研究（7—15世纪）》对此的讨论。

第二节　汉藏边境大日如来
八大菩萨摩崖造像

一、汉藏边境摩崖石刻造像

遗存至今的吐蕃时期的艺术作品,除了大昭寺早期木构建筑雕刻与布达拉宫法王洞赞普君臣塑像外,卫藏地区留存的作品并不多见。受到敦煌唐密胎藏界影响,以大日如来配八大菩萨造像为题材的作品更多地集中在汉藏交界地带,沿唐蕃古道川藏和青藏线分布,并有相应的汉藏文文献、石刻题记作为断代的证据。

现在我们逐个对这些遗址进行分析:

(一)查拉姆

查拉姆("神女岩"brag lha mo,当地译音"照阿拉姆")摩崖石刻位于四川邓柯(ldan khog),是从石渠草原前往金沙江洛须镇的古道边一面陡峭矗立的崖壁,造像位于崖壁下方,为非常清晰的流畅线刻(图2-2-1)。当地藏人称之为"长寿三尊"(tshe lha rnam gsum glang rong nang),认定主尊是无量寿佛。这与川藏边境很多大日如来被看作无量寿佛的情形相同。[1]阿梅·海勒(Amy Heller)从其样式判定为大日如来。共有三尊造像和与之联系的三处古藏文题记,约有1.5平方米。主尊大日如来戴长三叶冠,饰耳珰、项链、臂钏和手镯,头光为精致的火焰纹,有身光。似袒右臂,跏趺坐,禅定印,下肢以细线勾勒贴体的裙裤。单茎莲花支撑仰覆莲座,仰莲宽大,为早期样式。莲茎两侧为造型类似狗的狮子,与丹玛扎造像样式相似,莲座狮子是此像被判定为大日如来而非无量寿佛的重要依据。右侧胁侍裸上身,高冠有化佛(弥勒佛),火焰纹头光,饰耳珰、臂钏、手镯等。右手当胸持莲花,据此判定为莲花手观音,左手垂下作与愿印,但手长不及膝,盖非波罗样式。下肢较细,横刻的曲线表现的是敦煌菩萨的衣裤样式,并有飘下的饰带,莲座亦为大仰覆

---

[1]　如本章后面讨论的仁达大日如来造像,同样被当地人认为是无量寿佛或弥勒。

图 2-2-1　四川邓柯查拉姆摩崖石刻

莲座,与敦煌绢画《金刚手菩萨》的完全相同。主尊左侧菩萨下方已漫漶不清。右侧胁侍莲花手观音身右藏文题记共七行,云"菩萨赞普赤松德赞之世,积大功德;拓展圣冕之权势远播四境十方,弘扬佛法,设立译场,所译大乘经典渊博宏福,如弥药王等得入解脱之道者,逾百千人。广建寺庙……敬奉供养者臣民……缘觉之正法……皈依大乘,将长寿永生,久住人间。"[1]造像下方题记漫漶不可卒读。据题记中"赤松德赞"名号可知造像雕刻于公元8世纪后半叶。下方有竖书汉文题记,"杨□　杨二造佛也",另有汉文的"杨"字。这种藏汉文书写格式与榆林窟第25窟的T字形榜题相同,为典型的吐蕃样式。汉字"佛"写作"仏",亦为流行于隋唐。造像温柔敦厚的审美意蕴,莲座的样式,与敦煌菩萨造像风格的相似,以及察雅仁达造像同时提到有黄姓汉人参与其中,使我们有理由相信

---

〔1〕 藏文原文为:(行1)btsan po byang chub sems_ pa khri srong lde btsan gyi sku'i ring la(行2)_ sod nam che/ dbu rmog btsan de phyogs bcur mtha' skyes nas(行3)sbad ching dar ma theg pa chen po mdo sde mang mo zhig gtan la bab par bsgyur to(行4)me nyag _khri rgyal la stsogs pa brgya stong prag du ma zhig thar par zhug so(行5)_ra gtsug lag khang rgyas pa ra brtsigs rkyen 'bangs_zhing la(行6)ldan par phul/ dam pa'i chos_ga par(行7)thag pa chen po bzhe ste brten par bzhug so// 参看 Amy Heller, "Buddhist images and rock inscriptions from Eastern Tibet, Part IV", in E. Steinkellner (ed.), *Tibetan Studies* (Proceedings of the 1995 IATS Seminar, Graz), Vienna: Austrian Academy of Science, 1997, pp. 385–403.汉译文见杨莉《公元8—10世纪东藏的佛教造像及摩崖刻石》,《国外藏学研究译文集》第十五辑,拉萨:西藏人民出版社,2001年,第189—210页。故宫博物院、四川省文物考古研究院(于春执笔):《四川石渠县洛须"照阿拉姆"摩崖石刻》,《四川文物》2006年第3期,第26—72页。

此像出自汉人之手。此外,由汉人所绘的敦煌风格的大日如来造像为此类图像在敦煌与汉藏边境之间的传播确定了一个关联点。题记中出现了"弥药座主"(mi nyag khri rgyal)是 mi nyag 一词现今最早见诸9世纪碑铭文献的例证,以往文献多为年代不能确定的伏藏如《玛尼宝训》等,或者是13或14世纪以后的文献如《贤者喜宴》《红史》等。[1]藏文文献记载弥药是在汉人统治之下,最值得注意的是,《贤者喜宴》提到松赞干布在康区建造寺院时用弥药人作为监工!这与题记中提到弥药王的记载相互印证。[2]查拉姆造像出现的"弥药王"和雕凿佛像的汉人,为吐蕃时期藏汉交界地带民族关系及艺术风格交流以及理解此后西夏艺术中的藏传风格渊源提供了有力的证据。按照藏文史籍对弥药地理位置的限定,这一地区或为今日木雅的故地,故愿文中祝愿弥药王众得以解脱。[3]

三尊造像下方有藏文题记四行,因脱误舛错不可卒读。[4]

值得注意的是,查拉姆大日如来与丹玛扎、玉树贝沟大日如来庙乃至榆林窟第25窟的大日如来当属同一个造像系统。胁侍观音为立像,冠有化弥勒佛,左手执莲花茎,右手作与愿印。虽然此类造像在7世纪前后的尼泊尔例证甚多,不过查拉姆的观音为敦煌样式,例如,他臂钏的位置较高,丝裤平行贴体缠在腿上,尤其是典型的敦煌立像胁侍莲花座样式(图2-2-2),与8—9世纪尼泊尔风格并不相同,人物立姿"直拙"的感觉仍近似敦煌菩萨。我们可以将其与吐蕃腹地

图2-2-2　敦煌绢画立像菩萨

〔1〕黄灏:《藏文史书中的弥药》,《青海民族学院学报》1985年第4期,第56—61页。据本节作者现场录文,"弥药"二字已漫漶不清。

〔2〕巴卧·祖拉陈瓦:《贤者喜宴》,北京:民族出版社,1981年藏文本,第30页(dpa' bo gtsug lag phreng ba: mkhas pa'i dga' ston, mi rigs dpe skrun khang, 1986, p.230)"……党项监工建康地贡唐仲玛寺"(lag mthil g.yas gnon pa la mi nyag gis lag dpon byas te khams kong thang sgron ma)。

〔3〕《贤者喜宴》记载:"(弥药)东为汉地,西为吐蕃,北为霍尔,在此诸国所割据之中心即西夏之国土"(de yang shar ni rgya nag lho na 'jang nub na bod byang hor gyis bcad pa'i dbus ni mi nyag gi rgyal khams te),藏文版第1480页。

〔4〕(行1)/ __ __ __ can gcig __ / thog ma myed pa'i dus tsam gyi skye__ I'i rnam grangs snyed kyi su __ myi skye ba sems kyis don bya bu/ de ltar de bzhin ma lus pa/ (行2) hru __ myi bu ya skied lus kyi 'ang __ __ __ bya ngan bzang par sems bskad do/ chos na stong de myi dmyigs ba/ __ khar kyis ni gsal te __ sa te/ thabs lang ldan pa bcum don no (行3) dbu 'ba' rnam gras kun rjes spyod/ dam pa'i chos kyi gzhung 'di dag __ se thos nas rtog sde __ //(行4) dra na myed po rgyal yi byi go ra ya 可见 "无始之时……众生""众望所归,此誓愿法之所在"等。

作品阿里观音造像碑比较,丝裤式样相差很大,这种掐丝缠腿丝裤集中出现在11世纪藏区西部,有克什米尔造像的影响而非尼泊尔样式。[1]所以不能说邓柯的造像是尼泊尔风格,虽然西藏腹地寺院修建时有众多的尼泊尔工匠,但没有文献的例证说明在8世纪前后尼泊尔的工匠就到了康区。[2]

这里的莲花手观音属于吐蕃早期的观音体系,或为12世纪印度造像学文献《成就法鬘》记载的成就观音(Khasarpaṇa),[3]也就是藏文史书《巴协》讲到修建桑耶寺供奉观世音的佛殿,称为Avrya pa lo。吐蕃时期将此观音归之于度母类,称为jo mo sgrol ma,[4]又称"阿耶巴罗寺中有空行观世音主从"(Ar ya pa lo'i gling na kar sa pa ni gtso 'khor long)。[5]《巴协》记载这位观音是以吐蕃英俊男子为模特塑造的,又说明此观音不属于度母。[6]这位观音或许就是吐蕃时期传往南诏的"阿嵯耶"观音。[7]

此外,查拉姆造像与其他摩崖造像比较有其不同之处,这一地区的大日如来多与八大菩萨同时出现,但此处只看到两位立像胁侍菩萨,与大日如来组成"大日三尊",属于敦煌唐密系统的胎藏界三尊即莲花手、大日如来与金刚手菩萨,象征胎藏界莲花部、佛部和金刚部这类胎藏界简化形式主要出现在汉藏交界地区的摩崖石刻造像中,几乎同样的内容可见甘肃民乐县扁都口石刻。[8]

(二)文成公主寺

文成公主寺摩崖造像位于玉树结古镇(skye rgu mdo)以南约20公里的巴塘乡西北的贝沟('bis khog)石壁上,半浮雕雕刻大日如来及八大菩萨,清代缘壁建檐成寺并彩绘佛像,称为"大日如来佛堂"(rnam snang gtsug lag khang),当地人称"公主寺",传说由文成公主

[1]图版参看 Schroeder, *Indo-Tibetan Bronzes*, pl. 41.

[2]阿梅·海勒说:"在8世纪晚期的康区中部存在尼泊尔风格,如何解释这一点呢?当然,已经发现的受尼泊尔影响的艺术在丝路沿线不乏其例。……整个8世纪尼泊尔的艺术家源源不断地进入西藏,参与了桑耶寺的修建。"敦煌受到的8世纪的"印度—尼泊尔式"影响能否确定就是7世纪前后的尼泊尔风格,还是早期的东印度波罗风格尚待探究。康区早期的"尼泊尔"样式是穿越藏区腹地进入,还是经由敦煌河西一线,借鉴二手的"尼泊尔"风格,可看 "Buddhist images and rock inscriptions from Eastern Tibet, Part IV", pp. 385—403. 汉译文见杨莉《公元8—10世纪东藏的佛教造像及摩崖刻石》,第189—210页。

[3]李翎认为,"莲花手"只是一个泛称,不能据此判定造像为观音。吐蕃早期由尼泊尔传入的莲花手观音造像有确定的称呼。参看李翎:《藏密观音造像》,北京:宗教文化出版社,2004年,第140—142页。

[4]阿梅·海勒提到《巴协》建立 Aryapolo 寺。佟景华、黄布凡译注:《巴协》,成都:四川民族出版社,1990年,藏文第127页,汉文第30页。

[5]《巴协》藏文本,北京:民族出版社,1980年,第47页。

[6]佟景华、黄布凡译注:《巴协》,藏文第128页。

[7]如《南诏图卷》文字卷第七段记载:"保和二年乙巳岁(公元825年)有西域和尚菩立拖诃来到我京都云:吾西域莲花部尊阿嵯耶观音,从蕃国中行化至汝大封民国。"

[8]本节作者对扁都口石刻进行了考古学调查,石刻古藏文题记:"为赞普福德与众生大事比丘帕郭·益西央施造"(// btsan po'i sku yon dang// sems can kyi don gyī phyīr// dge slong pa gor ye shes dbyangs gyis//)。造像为莲花手、大日如来和金刚手三尊。

进藏时修建。[1]佛堂所在崖壁吐蕃藏文题记记载了佛像及经文的雕刻情形（图2-2-3）：

> 于狗年，凸雕佛像并众壮士刻写愿文等，赞普赤德松赞[2]在位之时，为君臣施主与一切众生之利，比丘大译师益西央所施。工匠比丘仁钦朗玛载、杰桑、班丹及众监工皆善德圆满。缘（岩）顶，具有无比力量之众壮士于岩石雕刻佛像与诸壮士并三宝所依之身像，一切众生见之，触之，膜拜之，思念之，则福泽与彻悟，用祝赞普父子及一切众成无上菩提。

图2-2-3　青海玉树文成公主寺古藏文石刻

〔1〕参看聂贡·贡却次旦、白马奔：《玉树吐蕃时期的摩崖造像》，《中国藏学》（藏文版）1988年第4期，第52—75页（gnya'-gong dkon-mchog-tshe-brtan dang padma-'bum: "yul shul khul gyi bod btsan po'i skabs kyi rten yig brag brkos ma 'ga'"）。文中所引为玉树岭贡寺学者桑杰嘉措文。事实上，五世达赖喇嘛著《三世达赖喇嘛传》记载，1581年，三世达赖由理塘前往昌都途中，"途中朝拜了文成公主亲手塑造的毗卢遮那佛像，亲眼看见毗卢遮那佛像现身，从头顶放射出五种光明，从胸口现出宝帐怙主，神变无穷。"可见在五世达赖时期，人们就将此处的摩崖造像认定为吐蕃时期与文成公主相关的大日如来造像。五世达赖喇嘛著，陈庆英、马连龙等译：《一世——四世达赖喇嘛传》，北京：中国藏学出版社，2006年，第242页。

〔2〕《青海金石录》（西宁：青海人民出版社，1993年，第21页）谢佐先生汉译文将赞普名称"赤德松赞"误为"赤德祖赞"，后人论文（如汤惠生）则以讹传讹，导致年代判断的错误。

(L1) khyī[1]'i lo la sku gzugs 'bur du brkos pa dang (L2) dar ma kun brīs pa'i sman lam la sogs pa btsan po khrī lde srong btsan gyī (L3) sku rīng la rje blon yon bdag dang sems can thams cad kyī don gyi phyir dge (L4) slong lo chen yi shes byangs kyī bgyī ste/ bzo bo dge slong rīn chen snang ma dzad dang/ rgyal (L5) bzang dang dpal ldan dang lag dpon thams cad dge legs su byed pa gtsug nas (L6) bla la mi stobs ldan rnam ste/ brag la sku gzugs dang dar ma 'di rna ma sa bris pa dang (L7) dkon mchog gsum gyī rten gyī rnam pa sems can gang dag gīs mthong (L8) ba dang regs pa dang phyag 'tshal ba dang thos pa dang dran pa'i bsod nams (L9) dang ye shes kyīs btsan po yab sras dang sems can thams cad bla na med pa'ī byang chub du grub par smon to//[2]

题记中指明雕凿时间是在赤德松赞时期，末尾有祝愿赞普父子语句，其中的"狗年"当在此父子当政期间。然而，这位赞普的身世有多种说法，有说为赤松德赞第三子穆迪赞普（mu tig btsan po），或第四子，或赤松德赞之孙赤祖德赞（又称赤热巴巾khri gtsug lde btsan/ khri ral pa can）。有崇佛详细事迹者为赤热巴巾（可黎可足），12岁即位（802），此王重用沙门钵阐布，致力汉藏和好，吐蕃彝泰八年（水马年、长庆二年、公元822年）唐蕃会盟。其在位期间出现两个狗年，即806年火狗年和818年土狗年。考虑到丹玛扎木猴年（804）题记中提到益西央在各处造像的事实，这个狗年应当是806年。

中央主尊为大日如来（图2-2-4），高约3米，禅定印，跏趺坐于仰莲狮子座，对襟翻领胡服，饰龙纹、忍冬纹和摩尼宝珠纹团花，背光和头光为火焰纹和十字宝相花纹；左右为高2米的四尊菩萨，上下两层侍立。右上为普贤和金刚手。普贤桶状高发髻，三叶冠，着翻领胡服，四出云纹团花，手持莲花；金刚手执金刚杵，翻领胡服团花由莲花和摩尼宝珠组成。右下为文殊和除盖障（图2-2-5），文殊装束同上，手持一茎并蒂莲花；除盖障则手持海螺。左上为弥勒和虚空藏，弥勒手持宝瓶，虚空藏手执宝剑。左下为地藏和观世音，地藏着瑞鸟衔花团花胡服，手持一茎并蒂莲花；观音着八达晕团花，手持宝瓶。头光皆桃形。[3]造像一侧有藏文题名。造像风格为典型的早期样式，桶状高发髻，束发带，与

---

〔1〕 本书出现的"ī"为吐蕃藏文反写的元音"i"。

〔2〕 参看聂贡·贡却次旦、白马奔：《玉树吐蕃时期的摩崖造像》，第52—75页（gnya'-gong dkon-mchog-tshe-brtan dang padma-'bum/ yul shul khul gyi bod btsan po'i skabs kyi rten yig brag brkos ma 'ga'）；德格才让：《论玉树贝沟大日如来庙吐蕃摩崖造像及石刻》，陈庆英主编：《藏族历史宗教研究》第一辑（藏文），北京：中国藏学出版社，1996年（gdugs-dkar-tshe-ring: "yul shul 'bis khog rnam snan gtsug lag khang gi bod btsan po'i dus kyi brag brkos lha sku dang yi ge la yang bskyar dpyad pa"）；王尧：《青海玉树地区贝考石窟摩崖吐蕃碑文释读》，《唐研究》第十卷，2004年，第493—500页。

〔3〕 参看汤惠生：《青海玉树地区唐代佛教摩崖考述》，《中国藏学》1998年第1期，第114—124页。遗憾的是，大日如来佛堂石雕近年经多次彩绘，虽然基本保留了原作特征，但细节完全不同了，如桃形头光的尖顶消失了。

图2-2-4　青海玉树文成公主寺大日如来　　　　图2-2-5　青海玉树文成公主寺胁侍菩萨

同期布达拉宫法王洞松赞干布发式相类似，圆菱状冠叶，与卫藏11世纪所见波罗样式三叶冠样式不太相同，更像敦煌榆林窟25窟及绢画菩萨头冠所见冠叶样式。人物皆着质感厚实长袍，胡式双翻领，这种颇具特色的翻领可见于敦煌吐蕃时期壁画"吐蕃赞普及其侍从"及青海吐蕃墓出土棺板画，延续至扎塘寺壁画，在藏区西部东嘎石窟壁画中也可以看到。[1]诸菩萨衣袍上有不同的团花图案，如地藏菩萨的瑞鸟衔花、观世音菩萨的八达晕团花等，将这些团花图案与11世纪前后艾旺寺、姜普寺泥塑菩萨的衣饰团花比较，可以看到明显的区别，但与敦煌五代至宋、西夏石窟的团花则颇有相似处。造像挺拔坚毅中透露敦实厚重，具有显见的汉地隋唐风格。莲座为典型的汉地仰莲座，在吐蕃艺术中属于早期样式；但菩萨曳地的衣袖，如观音的右侧衣袖，则含有藏袍的写实成分，距玉树不远的芒康县扎廓拉康小石窟也能看到同样的造像样式，如右胁侍菩萨垂下的衣袖。此外，承座对狮亦见于同时期的所谓"尼泊尔样式"的摩崖造像，如察雅仁达丹玛扎大日如来造像，但丹玛扎造像的八大菩萨是典型的波罗风格。我们可以将贝沟造像中出现的狮座样式看作是"卫藏风格"或"尼泊尔"与汉地风格的最早接触。之所以这么说，是因为狮座中的狮

---

〔1〕翻领最早的例证是克孜尔石窟第205窟主室前壁门左侧的供养人像，敦煌莫高窟第231窟、360窟、159窟吐蕃赞普、第359窟吐蕃供养人等都是此类装饰。此种服饰或与粟特人有关。参看杨清凡：《由服饰图例试析吐蕃与粟特关系》，《西藏研究》2001年第3期，第54—65页；第4期，第44—54页。关于胡服翻领，还可参看姜伯勤：《中国祆教艺术史研究》，北京：三联书店，2004年，第208—216页。

子与具有中亚渊源的藏王赤松德赞墓前石狮子的造型完全不同,从后期的"绿玉鬃狮子"上反而可以找到承莲座狮子的影子。[1] 此外,造像龛边框可见9世纪前后流行的连珠纹。整个构图样式与榆林窟第25窟大日如来狮座相同,这种狮座样式沿川藏边境至河西走廊广有分布,武威蓝家乡杂木寺摩崖藏传造像就是此种风格的余脉:莲茎支撑的仰覆莲座,莲茎两侧撑座狮演变为对马,边框的连珠纹依然回应着早期风格。[2]

此面崖壁尚有十方佛造像（ phyogs bcu'i sangs rgyas rnams ）一铺与35行《普贤行愿品》（ bzang po spyod pa'i smon lam ）、早期线刻石塔及波罗样式大日如来随行菩萨造像。[3]

---

[1] 西藏艺术中最早的狮子造像,见于琼结藏王墓赤松德赞墓碑上的狮子,近年在后藏拉孜县曲玛乡冲钦村墓地也发现如此形制的狮子（参看《西藏研究》2008年第六期封三彩色插图）。虽然此狮子形象与中亚伊朗等地的狮子有若干相似,但还不足以证明其源自中亚,因为我们在藏区西部艺术风格传播区域内并没有发现狮子经由藏区西部进入卫藏的传播线索,考虑到藏王墓石碑碑顶采用了初唐流行的石碑做法即汉式檐顶样式,所以碑前所置石狮极可能是采用唐人陵寝的形制。关于印度古代艺术中狮子的象征意义的演变Asis Sen在《古代印度艺术中的动物母题》中有一段精彩的描述,考虑到狮子在西藏艺术中的重要性,移译如下（ *Animal Motifs in Ancient Indian Art*, Calcutta: Firma K. L. Mukhopadhyay, 1972, pp. 65–76 ）:

　　狮子和公牛一样,与作为原始形态的母亲女神的联系比与男性神灵的联系要古老得多。女性神的怖畏身相的本质是女性神自己变化成令人畏惧的动物,或者是陪伴她和控制她的动物。如此她可能是母狮（如埃及狮身人面像）,也可能骑狮或坐于狮座。印度的这种母亲神可能是母虎,或者是骑虎或坐于狮座。在人类心理中,动物被认为具有某种魔力,将之与女性始祖的生殖神相联系,食肉动物吞食食物往往隐喻女神的交合。但在男权发展以后,男性取代了女性神的主宰地位,一些动物神逐渐改变了性别,成了男性神。

　　此后国王的狮座（ simhasana ）,象征国王对"大母"的统治,此后狮子逐渐演变成国王的象征。此类女性造像突然出现在奥瑞娜文化时期（ Aurignacian period ）,这是最早的雕刻艺术例证。在新石器时代（ Basal Neolithic Age ）,大约公元前六千年,第一次看到裸体女神站在狮背上或有凶猛的狮子胁持。两类母题在此后地中海沿岸的文明中大量出现。弗雷泽《金枝》说亚述人（ Assyrian ）艺术中狮座上的神灵的方式被腓尼基人（ Phoenicians ）和赫梯人（ Hittites ）借鉴,但是用他们自己的动物替代狮子。

　　非常奇怪的是,在印度河谷文化代表的封泥印章图像中,没有看到任何的狮子,只有一些印章描绘了老虎。当然,对雅利安人来说,他们迁徙到印度是以印度河谷遗迹毁坏为代价的。狮子和狼似乎是最应该猎杀的猛兽,但他们不了解老虎,至少在他们的早期著作《梨俱吠陀》（ Rgveda ）没有提到。老虎首先出现在《阿达婆韦陀》（ Atharvaeda ）,揭开这个谜团非常困难,公元1500年以前移居印度的雅利安人应该与老虎有联系。虽然老虎在信德（ Sind ）已经灭绝（ 1883年杀绝 ）,但它以前在这一地区和周边肯定很多。但是在哈拉帕（ Harappan ）的印章中没有狮子造像表明他们不熟悉这种动物。由此我们可以推断对狮子的恐惧来自伊朗及周边地区,这些地区也是雅利安人迁徙印度之前居住或到达的地方。似乎是这些新居民用"狮子"这样一个词来称呼老虎,在他们早期的著作中,这两种猛兽并没有区别。此后,在阿达婆韦陀时代,当雅利安人逐渐熟悉了当地的动植物种后,他们就用老虎代替了狮子。所以,老虎和印度古代母亲神的联系最为古老的。

　　或许是由于印度领土上狮子的数量稀少,在印度早期宗教中任何的神灵头像与狮子都没有关联。在《梨俱吠陀》中,狮子这个名词仅仅被用作表示帝释天、火神等神灵活力的比喻,而比喻又来自他们以往对这种动物已有的印象。狮子象征意义的实际转移发生在孔雀王（ Mauryas ）统治时期,当时伊朗文化（其他西方国家的文化）和印度文化之间产生空前的融合。狮子的象征完全从最初的女性神寓意中剥离出来,属于了礼仪官员或王室。佛教徒则进一步将狮子象征作为从众生苦海中解脱的"力量",以至于佛陀被描绘成"释迦狮子"。阿育王石柱上的狮子头上托有法轮,这些狮子有两层含义:一是他们代表佛陀转动法轮解脱苦海中的众生;二是他们是阿育王王室的象征,这位王将自己的全部精力投身于传播佛法。

[2] 西夏博物馆编:《西夏艺术》,银川:宁夏人民出版社,2003年,第86页图版。

[3] 相关图版见 Amy Heller, *Tibetan Art: Tracing the Development of Spiritual Ideals and Art in Tibet 600–2000 A. D.*, Milan: Jaca Book, pp. 41–52, pls. 38–41.

从上图看出,大日如来与八大菩萨的排列方式并非藏传样式,除开个别菩萨的顺序外,反而与榆林窟25窟的排列方式相同。这种排列透露出的图像传播线索令人关注,因为榆林窟的大日如来与八大菩萨造像仅仅是以新近的波罗样式表达原有的宗教内容,即图像呈现的意蕴属于汉地卢舍那造像系统。贝沟大日如来佛堂的排列同样采用如此构图。我们如何确定风格的演进顺序呢?依据大日如来佛堂附近造像的古藏文题记,可以推定佛堂造像的年代略早于榆林窟25窟,或者两者同时,但卢舍那系统在敦煌早已形成,玉树造像同样以藏传样式呈现汉地密教寓意,传播路线倾向于敦煌传向川边。

(三)勒巴沟石刻

勒巴沟(leb khog)石刻线雕位于贝沟大日如来造像东北约8公里的勒巴沟口。[1]现今公布的线刻石雕有"礼佛图"和"说法图"。前一铺崖刻表现吐蕃贵族(或赞普)夫妇礼拜佛菩萨的场面(图2-2-6)。崖面右侧为立像,头冠似佛像高螺髻,顶上叠小髻,或为化佛。五官刻画清晰,长耳垂肩。头光、身光边缘火焰纹。立像似裸上身,腰间有束带,与脚踝束带状饰物表示长裤;右手与愿印,手心刻五环绕一圆,当为法轮,西藏9至11世纪佛像手掌心多置法轮;左手置胸前似持单茎莲花或者是衣裾;双足外展,仰莲花座。若不考虑发髻样式,此像可以断定为莲花手观音,手持单茎莲花残端,但莲花手观音很少佛装;佛手所持若为衣角,则此像或许可以判定为定光古佛。贴体裙裤样式与5至6世纪那烂陀"曹衣出水"风格相同,这可能是此组摩崖线刻造像年代与文成公主进藏年代最为接近的风格样式了。

莲花座右侧垂髻童子着宽袖衣,束腰,左手托钵状香炉底座,右手持烛,右腿屈起,左腿跪地,这与敦煌莫高窟第159窟吐蕃赞

图2-2-6　青海玉树勒巴沟摩崖石刻线图

---

〔1〕 勒巴沟坐落于通天河畔,沟深约10公里,沟两边山坡上雕有很多明清以来的佛教造像,此间流传着很多文成公主的传说,当地百姓至今仍将二牛抬杠称作"文成公主"。汤惠生:《青海玉树地区唐代佛教摩崖考述》,第118—119页;谢继胜:《川藏、青藏交界地区藏传摩崖石刻造像与题记分析——兼论吐蕃时期大日如来与八大菩萨造像渊源》,《中国藏学》2009年第1期,第123—141页。

普礼佛图中前行女子所捧香炉的场景可以比较,似为汉装人物。童子上方为男施主,五官亦清晰,有鹰钩鼻,桶状缠头,脑后见发辫,着胡服翻领束腰宽袖长袍,双手似捧陶瓷式加盖饭钵。假如与莫高窟礼佛图相比,似可将男主人断定为吐蕃赞普,但青海新近发现的墓室棺板画也有如此装束的游猎出行图,说明当时吐蕃人就是穿戴如此服饰,我们不能将桶状头饰统统认定为赞普,此像或许就是出资雕造大日如来造像的益西央。男施主的缠头实际上就是至今康区男子仍在使用的红色头饰,敦煌壁画吐蕃供养人、郭里木棺板画骑马的男子的红色缠头同样如此。女施主面容清丽,鼻子直而小,有明显的种族特征,发髻为吐蕃流行样式,额头蓬起,发绺垂向两侧,披长袖大氅,双手合十(胸前崖面残损),持长茎莲花,持莲方式与敦煌壁画供养人方式相同。若没有相关的题记,判定此像为文成公主仍然非常困难。女子后面持莲者与前捧香炉者形象相似,或为施主夫妇子女,或为侍童、侍女。

《说法图》位于《礼佛图》左侧崖壁,主尊佛像双手结说法印,跏趺于仰莲座,当为释迦说法。周围听法菩萨等图像已残缺。座下有狮子、虎和象等。值得注意的是,此处所刻浮雕菩萨造像样式与文成公主寺内浮雕风格完全一致,说明线刻与浮雕的年代相同。另外,相近崖壁线刻可见三面菩萨,或许为摩醯首罗天。

此处石刻附近没有找到古藏文碑刻,本节作者实地考察,玉树,甲央尼玛老师在靠近通天河一侧找到古藏文摩崖题记,但漫漶不可卒读。其雕刻方法与勒巴沟另一处大日如来与圣观音及金刚手三位一组造像风格并不相同。后者年代标明"马年",有可能是赤松德赞时期的814年,从佛菩萨雕刻手法分析,这组雕刻时代应该略早,即在814年之前,进入9世纪。

(四)勒巴沟大日如来三尊像

勒巴沟头另有崖刻造像一组(图2-2-7),造像下方有古藏文题记:"敬礼大日如来佛、金刚手、圣观音,刻于马年。"(sang rgyas rnam par snang mdzad dang/ phyag na rdo rje dang/ a rya ba lo la phyag 'tsha lo/ rta'i lo la bgyīs)[1]中央为大日如来,两侧胁侍分别是金刚手和圣观音(图2-2-8),减地浅浮雕,辅助线刻造型。其造像样式与察雅仁达大日如来极为相似:中央大日如来头光上方有类似敦煌佛菩萨造像的华盖璎珞,身光有火焰纹,外缘接于头光之上,头戴尖锐的波罗样式三叶冠,可见臂钏、项圈,穿过左肩与右腋的饰带帛巾,胸臂健硕,腰肢较细,双手作禅定印(此处因岩石裂缝残损,为吐蕃石刻的明证),跏趺坐于莲座。莲座不是后期藏传艺术的仰覆形式,而是大仰莲座,样式与榆林窟25窟大日如来莲座完全相同。莲花茎两侧分框,各有一只头向外狮子形成莲座基础,狮子造像极为简括,尾巴竖起,与榆林窟、仁达造像等处的狮子形象相同(图2-2-9)。双狮莲座下方为占藏文祈愿文。

―――――――――

〔1〕 参看聂贡·贡却次旦、白马奔:《玉树吐蕃时期的摩崖造像》,第75页。

图2-2-7　青海玉树勒巴沟头大日如来石刻

图2-2-8　青海玉树勒巴沟头金刚手
　　　　　和观音

图2-2-9　青海玉树勒巴沟头大日如来石刻局部

主尊右侧菩萨造像特征与大日如来相同,但为了适应胁侍菩萨朝向主尊的形体转动,艺术家将头光与身光也作了适应透视的改变。右侧菩萨为三叶冠,头部仰起朝向主尊,饰耳珰、项圈、臂钏和帛巾,双手当胸合十似捧宝珠,右腿外展,为游戏坐,据此断定为圣观音。莲座样式亦与主尊同。大日如来左侧菩萨漫漶较重,姿态与右侧大致相似,双手亦合十,依藏文原文名称应为金刚手。

这里的观音被称作a rya ba lo,是典型的前弘期造像。[1]题记中的马年有可能是赤祖德赞时期的木马年,即公元814年,或此后的火马年(826)乃至土马年(838)。崖面雕刻三尊一铺,上有孔,似为支撑梁木。中央大日如来波罗样式三叶冠,有冠带,饰耳珰,禅定印,跏趺坐于双狮莲座。支撑莲座的狮子样式与丹玛扎造像的狮子相似。两侧菩萨双手合十,一足弯曲,一足下垂,皆面朝向主尊,其闲适自如的神态使我们想起法王洞的松赞干布像。

一行(683—727)《大日经疏》卷五《入漫荼罗具缘品之余》记"上方是佛身众德庄严,下方是佛持明使者,皆名如来部门。右方是如来大悲三昧,能滋荣万善故名莲华部;左方是如来大慧力用,能摧破三障故名金刚部也。"[2]汉藏交界地区所见大日如来三尊,皆为唐密系统象征胎藏界三部的大日、莲花手、金刚手三尊,是敦煌唐密传入汉藏交融地区的图像例证。

(五)扎廓拉康小石窟石刻

此处石刻造像位于芒康县纳西乡扎果西沟内(brag 'go/ mgo),"造像雕凿在一朝向南面的大石崖上,以减地浅浮雕的技法雕出并列的三尊人像:正中一尊,当地传为松赞干布像,雕像通高1.05米,座宽0.78米,头缠头巾,呈高桶状,长发从双耳处下垂至肩,发端稍向上卷,身穿长袍,衣领呈三角形大翻领向外翻出,右衽交叠于左衽上呈交领状,腰间似束带,结跏趺坐于莲台上,双手相交于腹前,身后隐约可见头光与背光,背光阴线卷云纹饰(图2-2-10)。

图2-2-10 西藏芒康扎廓拉康小石窟石刻

---

[1] 阿梅·海勒谈到,藏密观音称作a rya po/ ba lo者,只出现在前弘期。李翎认定此观音是圣观音,《西藏王统记》(北京:民族出版社,1981年,藏文版第84页)记载:"于是化身比丘将罗格肖热像即圣观音,即现供奉于布达拉山顶之喀萨巴哩佛像迎请来至藏地,献于赞普松赞干布。"藏文原文为de nas sprul pa'i dge slong des 'phags pa lo ke sha ra 'di d altar po ta la'i rtse la bzhugs/ karsa pa ni spyan drangs te/ bod kyi yul du pheb nas chos rgyal srong btsan sgam po la phul bas/

[2] 此经收入《大正藏》卷1796。

左侧一尊传为赤尊公主像,通高1.05米,宽0.32米,头上也缠有呈高桶状的头巾,头发从耳后下垂至肩,身穿三角形大翻领长袍,腰间束扎衣带,直身站立,衣袍下摆处露出头靴,一手下垂,一手上举齐胸,手中原似持物(单茎莲花)。此像上身略长。下身较短。不成比例。"与赤尊公主相对的另一侧传为文成公主像,通高1.88米,宽0.54米,头巾与衣饰特点与赤尊公主完全相同,也是一手自然下垂,另一手上举齐肩,手中执物已漫漶不清(与对应"赤尊公主"持物应相同,皆为单茎莲花)。崖面的东侧另有一块高约1.40米,宽1.90米的崖石,上面也雕有一坐像,像高1.96米,莲座高0.12米,传为陪同文成公主进藏的吐蕃著名大臣禄东赞像。其衣饰特点与正面崖面的三尊像完全相同,半跏趺坐于莲台上,一手屈置于双腿,另一手自然下垂平置于膝前。[1]

　　扎廓拉康石雕的位置后代有所变动,造像的身份仍有待考证。假如为松赞干布及二妃,造像样式与布局应与布达拉宫法王洞的赞普君臣造像有所关联,如此,主尊更应是赞普特有的游戏坐,但本主尊为跏趺坐、禅定印,由于头面部毁损,不易判定身份,但仍然可见高缠头发髻和高菱状冠叶石痕,耳朵写实,两侧垂多缕发辫,或许是大日如来,但两侧胁侍菩萨与八大菩萨或圣观音与金刚手二胁侍类型都不相同。此处造像完全吐蕃化的装束是否表明,法王时期大日如来造像已经完成了地方化的步骤?除了模式化的松赞干布造像以外,以吐蕃服饰出现的佛与胁侍在藏传佛教艺术中还极为少见。可能的解释之一是将吐蕃赞普比作大日如来,王妃化作胁侍菩萨。但松赞干布常被看作是观音化身,缠头冠冕顶上有化佛阿弥陀佛,14世纪前后出现禅定印坐像,化佛双头,大翻领,有团龙花纹,并有相似装束的立像(图2-2-11)。[2]松赞干布此造像与贝沟文成公主庙雕像相比,只是躯干肢体较短,手法较为古拙,但风格极为相似,尤其是桃形头光、垂至脚面的长袍衣袖、唐风莲花座、桶状高发髻、翻领胡服几乎完全相同,将之断代在吐蕃时期毫无疑问。

图2-2-11　14世纪前后松赞干布坐像

〔1〕 参看霍巍:《试析西藏东部新发现的两处早期石刻造像》,《敦煌研究》2003年第5期,第9—15页。
〔2〕 Ulrich von Schroeder, *Buddhist Sculpture in Tibet*, vol. II, Hong Kong: Visual Dharma Publications Ltd., pp. 1170-1171, pl. 312c, 312D and E.

（六）芒康邦达大日如来造像

此处石刻造像位于芒康县邦达乡让堆村境内大日如来殿，海拔高度3880米。殿内现有9尊造像，均圆雕。殿堂的正中为大日如来造像，像高4.23米，有头冠、结禅定印，身穿大翻领交领宽袖袍服，系腰带，饰吐蕃时期常见的长方形团花带扣、别在腰带上的短剑及类似《步辇图》禄东赞腰间的蹀躞垂袋。[1]菩萨结跏趺坐于大瓣仰莲莲花须弥座。莲座高1.70米，下承须弥座，座高1.30米，须弥座的四角各雕立姿狮子，须弥座楣可见忍冬纹（唐草）。大日如来雕像的两侧各有4尊菩萨像，合为八大菩萨；皆游戏坐，像高2.60米，下承仰覆莲座，莲座高0.90米。[2]菩萨头顶可见浅浮雕缠头与高三叶冠，并着圆头毡靴。

笔者倾向于霍巍教授的判断，大瓣莲花座、翻领胡服、桶状高发髻等都是断代的标记，但现存头冠莲花瓣为后期维修时补缀。芒康县然堆祖拉康殿主尊大日如来石雕造像

图2-2-12　西藏芒康邦达大日如来像

（图2-2-12）更是吐蕃时期遗留的作品。虽经近代彩绘，加装五叶冠，仍可见早期特征：如桶状高发髻，汉式仰莲座，近乎圆雕的石胎上以简洁的线条勾勒胡服翻领、飘逸的袖子，刻意写实表现的手如同中国画大片空白中的着墨点，造像的汉风显而易见。莲座下的狮子可与丹玛扎等处的狮子相比。菩萨腰间可见吐蕃时期束腰带，其方匾带扣样式与布达拉宫法王洞松赞干布腰带图案相同。[3]此外，西藏考古工作者在然堆村附近发现一些堑刻在卵石上的吐蕃佛教造像，皆翻领、高发髻、三叶冠，与佛殿的石雕相互印证。考虑到扎廓拉康石雕将佛与胁侍菩萨雕凿成吐蕃人样式，此处大日如来与八大菩萨皆赞普游戏坐，应是吐蕃时期流行的一种样式，布达拉宫法王洞可见如此画法（图2-2-13），[4]后期仍可

---

〔1〕　图版细部为陕西文物考古研究院张建林先生在第四届西藏考古与艺术国际学术讨论会提交论文的照片。

〔2〕　参看霍巍：《试析西藏东部新发现的两处早期石刻造像》，第9～15页。霍巍教授记述："此殿在'文革'中殿堂建筑被毁坏，雕像面部也多被砸烂，1981年当地群众在原址恢复了寺院殿堂，近年又从内地请来工匠对雕像面部等敷泥涂彩，但幸而仍保持了原像的其他雕刻部分。"

〔3〕　此处图版由张建林和熊文彬先生拍摄，谨致谢意。该寺院北面石壁同样有古藏文题记，漫漶而难以辨认。

〔4〕　布达拉宫管理委员会编：《布达拉宫壁画源流》，北京：九州出版社，2000年版，第141页图版。

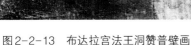

图2-2-13　布达拉宫法王洞赞普壁画

图2-2-14　游戏座松赞干布金铜像

见（图2-2-14），[1]可以发现这段时期吐蕃艺术家已经将历史人物与佛教图像结合起来，创造出一种新的样式。

（七）察雅丹玛扎仁达石刻造像

《西藏王统记》记述文成公主进藏时经过丹玛扎："彼时，汉妃公主与吐蕃使臣一行已到了丹玛扎前，在这石岩上刻了七肘高的弥勒像一尊，《普贤行愿品》经文两部。"（ de'i bar la rgya mo bza' la sogs pa'i bod blon rnams kyis ldan ma brag rtsar phebs nas/ brag la byams pa khri bdun pa cig dang/ bzang spyod gnyis brkos mar bzhengs ）[2]《柱间史》则记载："（公主）在康地丹玛青白岩，勒石刻写《广论首卷》和《普贤行愿品》，在恰杜朗纳造八十肘高的释迦牟尼佛像一尊。"（ khams su ldan ma'i brag sngon rtsi dkar can la rgyas pa'i dbu dum dang/ bzang po spyod pa'i smon lam 'bur du btod pa brkos nas bris/ bya dur glang snar thub pa'i sku khru brgyad cu pa gcig bzhengs/ ）[3]《贤者喜宴》记载："之后，公主和主仆

〔1〕　Ulrich von Schroeder, *Buddhist Sculpture in Tibet*, vol.II, pp. 1170–1171, pl. 312A and B.另见一西著：《盛放莲花：历代佛像撷珍》，北京：文物出版社，2009年，图版第194页彩图。

〔2〕　Sa skya bsod nams rgyal mtshan, *rgyal rab gsal ba'i me long*, mi rigs dpe skrun khang, 1981, p.122.

〔3〕　Atisa, *bkav 'chems ka khol ma*, gan-su'u mi rigs dpe skrun khang, 1989, pp. 185–186.

在康地等候噶尔时,将《普贤行愿品》卷首及八十肘的佛像刻于岩石上。"(de nas kong jo dpon g.yog gis khams su phebs nas/ mgar sgug pa'i phyir brag logs la rgyas pa'i dbu dum dang bzang spyod brkos/ rdo sku khru brgyad bcu pa brkos/)[1]

在20世纪80年代发现丹玛扎摩崖造像(图2-2-15)以前,学者没有认真看待藏文史书中的这些记载。[2]这些资料的发现,尤其是藏文题记中有关造像过程的记述引起众人的极大关注。摩崖造像的纪年对研究汉藏艺术史关系重大,题记的前半部分是《普贤行愿品》内容,后半部分涉及摩崖造像,现征引如下:

> 猴年夏,赞普赤德松赞时,封比丘为政教大诏令,赐给金以下告身,王妃琛萨勒姆赞等,众君民入解脱之道。诏令比丘禅卡云丹及洛顿当,大论尚没庐赤书昂夏,内

图2-2-15 察雅丹玛扎摩崖造像

---

〔1〕《贤者喜宴》,藏文本第214页。
〔2〕 不过,清人黄沛翘撰《西藏图考》记载:"仙女洞在宫角(贡觉)路旁,千仞石壁中露窗隔形,其下依岩作碉房一间,内有石碣,仅存'大蕃国'三汉字,余模糊不清"。(清)松筠、黄沛翘撰:《西招图略西藏图考》,拉萨:西藏人民出版社,1982年。

论□论赤孙新多赞等参政,□初与唐会盟时,亲教师郭益西央,比丘达洛添德,格朗嘎宁波央等,为愿赞普之功德与众生之福泽,书此佛像与祷文。安居总执事为窝额比丘朗却热、色桑布贝等,工头为比丘西舍、比丘□□松巴辛和恩当艾等,勒石者为乌色涅哲与及雪拉公、顿玛岗和汉人黄有增父子、华豪景等。日后对此赞同者,也同获福泽。益西央在玉、隆、蚌、勒、堡乌等地亦广□写,□者为比丘仁多吉。

若对此体神及誓言[1]顶礼供养者,无论祈愿何事,皆可如愿,后世也往生于天界;若恶语戏骂,即得疾病等诸恶果,永坠恶途;法律也对反佛者,从其祖先亲属起施行□□□。故无论任何人均不得詈骂讥讽。[2]

艺术史学者对以上题记应该关注的问题有:

（1）题记中的纪年是赤德松赞时期的猴年,赤德松赞798年即位,815年卒,期间仅一猴年,恰白先生据《唐蕃会盟碑》等史料,断定此猴年为藏历阳木猴年、公元804年。值得注意的是,贝沟大日如来佛堂藏文题记中出现的赞普是赤德松赞时期的狗年,为公元

〔1〕 这里的佛像藏文称为sku-bla,是吐蕃时期人们信仰的"体神"或"身魂",广泛见于吐蕃摩崖刻文和吐蕃藏文写卷。是否指佛像有待考证,前文的佛像都写明sku gzugs。誓言dang ma gnyan po, dang ma可解作"信念","誓言"为dam。

〔2〕 恰白·次旦平错:《简析新发现的吐蕃摩崖石文》,《中国藏学》(藏文版)1988年第1期,第44—53页。(chab pel tshe brtan phun tshogs: "btsan povi dus gyi brag brkos yig")郑堆、丹增汉译文见《中国藏学》1988年第1期,第76—81页。前半部分经文译文为:"圣教之意,乃一切众生皆有识念佛性之心。此心非亲教师及神所赐,非父母所生,无有起始,原本存在;无有终了,虽死不灭。此心若广行善事,利益众生,正法加持,善修自心,可证得佛果与菩提,便能解脱于生老病死,获无上之福;若善恶杂间,则往生于天上人间。多行罪恶与不善,则入恶界有情地狱,轮回于痛苦之中。故此心处于无上菩提之下,亦有情于地狱之上。若享佛法之甘露,方可入解脱一切痛苦之地,获永久之幸福。故众生珍爱佛法而不得抛弃。总之,对于自己与他人之事长远利益,则向亲教师讨教,并阅佛法经典,便能领悟。" 后半部分藏文原文为spre'u gi lo'i dbyar/ btsan po khri lde srong brtsan gyi ring la/ dga'e slong chos dang chab srid kyi bka' chen po la btags ste/ gser gyī bku rgyal mna cad gyi thabs rtsal/ jo mo mchims lta legs mo brtsan la rtsogs pa/ rjes [rje] 'bangs mang mo thar par bkyel/ bka' chen po la gtogs pavi dge slong bran ka yon tan dang lho don dam dang blon chen zhang 'bro phri gzu' dam [ram] shags dang nang blon ÿ blon khri sum bzheng mdo' brtsan la rtsogs pa/ chab srid la bka' rtsal te/ rgya dang mjal dus [dam] kyī mgo' brtsams pa'i la ÿ mkhan bod gor ye shes dbyangs dang/ dga'e slong stag lo gthan te dang/ gad nam ka'i snying po dbyangs kyis/ btshan po'i sku mon dang sems can thams cad kyī bsod nams su/ sku gzugs dang smon lam 'dī rnams bris te/ spyī'i zhing [zhal] ta pa ni/ 'or ngu'ī gnas brtan/ rlang mchog rab dang/ gnyī bzang po dpal kyis bgyīs/ las dpon ÿ dga'e slong zhe hra'u dga'e slong ÿ gseng pab shīn dang yen dam yes bgyīs jo [rdo]mkhan ÿ/ yugs gi nyag bre shab dang shod lags kod [legs kong]dang/ ldum ma 'gam dang rgya hun bong tseng spang [spad]dang/ h'a ho'u jīn rnams kyis bgyis so// 'dī la rjes su yi reng [rang]bas kyang bsod nams mnyam par thob bo/ ye shes dbyangs kyis yol dang 'bom dang led ÿ bo'u du yang rgya che ÿ bris so: mkhen ni dge slong ring rdo rjes/ sku bla dang dang ma gnyan po 'di' la/ phyag 'tshal zhīng mchod pa byas na/ ji smon to chog 'grub cing tshe phyi ma la yang lha yul du skye'o/ kha ngan nam rkyad ka byas na/ 'phal du yang nad la rtsogs pa nyes pa sna tshogs 'byung la/ yun du yang na [ngan]dag du ltung ngo/ bka' khrims las kyang chos la ngan [rgyu]byas na/ yang mes spun tshun cad nas bca bde gun zhed pa byed do/ de bas na su yang phyar ka dang rgyal ka ma byed cig// 另有马林:《仁达摩崖石刻考证》,《青海民族学院学报》1988年第1期,第97—105页。

806年。敦煌莫高窟365窟藏文题记提到的赞普是赤德松赞之后的赤祖德赞,即赤热巴巾(815—836),七佛堂的年代是水鼠年(832)至木虎年(834),榆林窟25窟可能的年代也在9世纪初,排列的时间序列似乎是川青藏边缘地区的大日如来与八大菩萨造像早于敦煌?

(2)题记中提到"益西央在玉、隆、蚌、勒、堡乌等地亦广□写,□者为比丘仁多吉。"这位"益西央"当指贝沟大日如来佛堂石刻中的"比丘大译师益西央"(dge slong lo chen yi shes byangs)。其中"勒"(led)或许就是勒巴沟之 leb。阿梅·海勒根据拉露、石泰安、黎吉生等人的说法,认为他就是著名译师布·益西央(spug ye shes dbyangs),曾连任青海贵德(khri ga 即《宋史》之"溪哥")一座寺院的堪布。贵德位于丝路主道南方,连接长安,通往敦煌,并南接川滇。石泰安教授认为,自9世纪初,汉藏禅宗大师都住在贵德。益西央讲授的教法同样见于敦煌。[1]这种联系可以解释藏汉边界直至敦煌大日如来与八大菩萨图像的流行。现在的问题是贝沟"益西央"注明是"大译师"(lo chen),但丹玛扎石刻为"郭译师"(gor),海勒说黎吉生认为恰白先生对"gor"解读是错误的。

(3)丹玛扎"为愿赞普之功德与众生之福泽,书此佛像与祷文"。(btshan po'i sku mon dang sems can thams cad kyī bsod nams su/ sku gzugs dang smon lam 'dī rnams bris te)贝沟雕凿佛像经文"用祝赞普父子及一切众成无上菩提"。(btsan po yab sras dang sems can thams cad bla na med pa'ī byang chub du grub par smon to)

(4)勒石者有"汉人黄有增父子,华豪景等"。这里的汉人写作 rgya,后面是音译的姓名 hun bong tseng 和 hva ho'u jīn,可见此 rgya 确实指汉人。贝沟大日如来佛堂左侧岩面可见汉字"唐志""波罗密"字样,可见益西央作为施主的这几处摩崖造像皆有汉人工匠参与,如同前面提到查拉姆摩崖造像的勒石刻工汉人"杨二"。这些记载在汉藏艺术交流史上具有非常重要的意义,表明9世纪初年汉藏艺术的相互影响已蔚为壮观,丹玛扎波罗样式的造像已有汉人参与,而贝沟石雕在浓郁的汉风中仍可见吐蕃流行的历史人物写实风格。

为方便描述,我们绘出仁达造像的平面图(图2-2-16):

首先应该指出的是,藏文史书记载仁达或其他地方的大日如来为弥勒佛,并非误记。根据《成就法鬘》(Sādhanamālā),印度雕刻中弥勒佛被描绘成二手,作说法印,与大日如来的造像混淆,通常弥勒佛冠只有一佛塔,"弥勒佛跏趺坐,黄色或金色身相",如果弥勒佛没有手持净瓶或花朵等标志物,或者冠上没有佛塔,很容易与大日如来现证佛

[1] 参看 Amy Heller, "Buddhist images and rock inscriptions from Eastern Tibet, Part IV", pp. 385-403。汉译文见杨莉:《公元8—10世纪东藏的佛教造像及摩崖刻石》,第189—210页。另见石泰安著、耿昇译:《川甘青藏走廊古部落》(Les Tribus Anciennes des Marches Sino-tibetaines Legendes, Classificaltions et Histoire),成都:四川民族出版社,1992年,第132—135页。

虚空藏	大日如来禅定跏趺坐像	普贤
观音		金刚手
地藏		文殊
弥勒	狮座	除盖障(？)
	吐蕃藏文题记	

图2-2-16　察雅丹玛扎摩崖造像平面图

（Abisambodhi Vairocana）混淆。后者为菩萨装着冠佛，作禅定印，狮座，有眷属菩萨，但数量不确定。[1]

　　大日如来着三叶高冠，冠叶较为紧凑、圆润，与榆林窟菩萨冠叶相似（近年重妆嵌镏金五叶冠），胸臂、腰腹、四肢比例合度，坐姿稳定，造像让人感受到瑜伽禅定者肌体的内在力量，有印度后笈多及波罗早期的佛造像风格成分，这种内聚力度是后世造像难以模仿的。莲座为早期仰覆莲座，仰莲宽大，覆莲仅作为莲座底边，以莲茎支撑，两侧对狮，背龛为桃尖状，整个主尊造像置于框式龛内。两侧分列八大菩萨，上方有持明飞天。整个造像构图与11世纪以后卫藏流行的唐卡方格状构图基本相同，只是下方绘制护法和供养人的位置铭刻了藏文题记。可以确认的有主尊右侧上方持剑的虚空藏，其余菩萨持物不易辨认，根据持莲及造像分布规则暂列此图（见平面图）。八大菩萨完全是东印度波罗样式，皆三叶冠，可见项链、臂钏和璎珞。风格与我们后面章节论及的吉美博物馆藏敦煌绢画《不空羂索观音坛城》风格相似，我们甚至在敦煌莫高窟第465窟窟顶菩萨中看到如此的样式。

---

〔1〕 Benoytosh Bhattacharyya, *The Indian Buddhist Iconography: Mainly Based on the Sādhanamālā and other Cognate Tantric Texts of Rituals*, Calcutta, 1968, pp. 45–46.

仁达造像是有相对准确断代的作品，我们面临的问题是，早在赤德松赞时期（猴年），印度波罗艺术就已经进入东部藏区，假如它是穿越卫藏进入康地，那么在卫藏本土遗留的作品在哪里？现今卫藏发现的典型波罗样式构图的绘画大都断代在12世纪前后，如大昭寺和艾旺寺壁画菩萨。我们认为其中的区别是11—12世纪的作品出现具有断代标志的并足胁侍菩萨，早期波罗风格八大菩萨造像集中在受唐密影响的大日如来与观音造像系统。卫藏地区，尤其是靠近印度、尼泊尔的边境地区，也能见到个别早期遗例。如西藏岗巴县乃甲切木石窟第4窟，北壁主尊石胎泥塑像，造像仍为吐蕃后期样式，高发髻，手印似智拳印或转轮印，跏趺坐，最具断代标志的是莲座下方的双狮，但缺乏早期样式的稚拙，为大日如来，并与其余造像似乎组成五方佛系统而非八大菩萨体例，从这一点来说，此窟造像或许稍晚，大约在11世纪前后。[1]西藏本土此类造像较少，可以考虑东部藏区出现的八大菩萨造像是来自敦煌。然而，敦煌吐蕃风格作品，包括壁画和绢画，具有典型吐蕃波罗样式的年代都在9世纪上半叶，集中在830年前后，东部藏区的石刻年代集中在9世纪初，如804—814年。虽然20年在艺术风格的分析上可以略去不计，因为很多敦煌作品的年代不能确定，吐蕃人781年就进入敦煌，更早就进入西域。恰如多闻天王造像一样，我们找不到吐蕃本土大量例证的情况下，不妨朝此方向思维。《大唐西域记》记载于阗国大寺为大日如来寺，其佛像来自迦湿弥罗，[2]勃伽夷城瑞像亦与此地相关，[3]克什米尔为印度后笈多及波罗早期艺术传播之地，敦煌吐蕃式样八大菩萨也可能由克什米尔经藏西、于阗一线进入敦煌，同时经过藏区西部进入卫藏，卫藏等地的大日如来与八大菩萨系统亦来自克什米尔、于阗一线。敦煌吐蕃赞普与菩萨佩饰与藏区西部10至11世纪前后式样非常接近，尤其是翻领胡服，藏西出现较多，甚至保留吐蕃赞普的红色缠头、翻领白袍，更敦群佩先生记述："在阿里及拉达克地区，迄今被传为法王后裔者，每逢新年等节令，他们身着称作古代服饰的衣物，佩戴称作赞霞（btsan-zhva）的顶端细长上角有一用红绢缠缚的阿弥陀佛，绢端前面交错的红帽。"[4]此种遗风卫藏遗存反而较少，恰好印证了敦煌的吐蕃波

〔1〕 何强：《西藏岗巴县乃甲切木石窟》，《南方民族考古·西藏文物考古专辑》第四辑，成都：四川科学技术出版社，1992年。

〔2〕 季羡林等：《大唐西域记校注》下册，北京：中华书局，2000年，第1009—1010页。"王城南十余里，有大（毗庐折那）伽蓝，此国先王为毗卢折那（唐言遍照）阿罗汉建也。昔者此国佛法未被，而阿罗汉自迦湿弥罗国至此林中，宴坐习定。时有见者，骇其容服，具以其状上于王。王遂躬往，观其容止，曰：'尔何人乎？独在幽林。'罗汉曰：'我如来弟子，闲居习定。王宜树福，弘赞佛教，建伽蓝，召僧众。'王曰：'如来者，有何德？有何神？而汝鸟栖，勤苦奉教。'曰：'如来慈愍四生，诱导三界，或显或隐，示生示灭。遵其法者，出离生死。迷其教者，羁缠爱网。'王曰：'诚如所说，事高言议，既云大圣，为我现形。既得瞻仰，当为建立，罄心归信，弘扬教法。'罗汉曰：'王建伽蓝，功成感应。'王苟从其请，建僧伽蓝，远近咸集，法会称庆，而未有捷稚扣击召集。王谓罗汉曰：'伽蓝已成，佛在何所？'罗汉曰：'王当至诚，圣鉴不远。'王遂礼请，忽见空中佛像下降，授王捷稚。因即诚信，弘扬佛教。"

〔3〕 季羡林等：《大唐西域记校注》下册，第1015—1016页。

〔4〕 更敦群佩：《白史》，参看格桑曲批译：《更敦群佩文集精要》，北京：中国藏学出版社，1996年，第134页。

罗风格是从藏区西部进入,这也是当时的吐蕃人入西域的通道。[1]

在分析东部藏区8至9世纪的摩崖造像时,我们必须面对这样一个问题:如何看待有关文成公主的史实与传说与摩崖造像的关系。现在很多的研究者都将这些造像与公主相联系,根据我们以上的分析和题记确凿的年代,这些造像大多是在9世纪初叶、赞普赤德松赞时期。文成公主入藏是在唐贞观十五年(641),卒于680年,为7世纪中后叶,距这些造像的年代近150年。几乎可以确定地说,公主与这些造像本身原本没有关系。然而,众多藏汉文史料及民间传说并非无中生有,藏东汉藏之间的文化交往由于公主入藏而得以加强,汉地敦煌等地的造像风格通过公主入藏而进入康区腹地。[2]

察雅象堆寺南殿亦供奉大日如来,其造像样式应与邓柯神女岩样式相仿,但现今造像经重绘修补已难见原始气象。好在寺院保留了数件早期菩萨石雕的残块,[3]头面瘦削、高发髻、三叶冠,冠叶较高,中间冠叶较宽肥,两侧较瘦,额头较长,中间有天眼。造像样式与神女岩两侧胁侍菩萨风格非常相似。

二、查拉鲁普石窟、吉如拉康寺与藏汉艺术的多元风格

吐蕃文化有极强的包容性,早期西藏艺术同样具有多元风格,与本书主旨相关,需要详尽分析的有拉萨查拉鲁普石窟和吉如拉康彩塑。前者是藏区罕见的中原石窟样式,后者将汉地西域敦煌风格以及所谓于阗样式联系在一起。

(一)拉萨查拉鲁普石窟

查拉鲁普石窟为塔庙窟,[4]位于布达拉宫西南药王山东麓,依山开凿,窟口东向,石窟

〔1〕 Deborah E. Klimburg-Salter, *Tabo: A Lamp for the Kingdom: Early Indo-Tibetan Buddhist Art in the Western Himalaya*, Milan, 1997, pls on p.127. 关于吐蕃进入西域的时间和路线,参看王小甫:《唐、吐蕃、大食政治关系史》,北京大学出版社,1992年,第20—41页;如慧超《往五天竺国传》记:小勃律国人"着毡衫及靴,剪其须发,头上缠叠布一条。"《往五天竺国传笺释》,北京:中华书局,2000年,第69页。

〔2〕 我们同意黄显铭先生的看法,公主是由长安、天水、文县、松潘、金川、丹巴至康定、木雅,沿金沙江河谷西行经邓柯、玉树,过通天河,逾唐古拉山经那曲入藏。参看黄显铭:《文成公主入藏路线初探》,《西北民族学院学报》1980年第1期及《文成公主入藏路线再探》,《西藏研究》1984年第1期,第80—83页。这条路线,既可避免背面昆仑山之险,又可避开东来横断山脉险隘。宋元藏人往来,皆取此途。

〔3〕 图片为张建林、熊文彬提供,谨致谢意。

〔4〕 元代蔡巴万户长次子在窟顶缀修寺院,见郭和卿汉译本《西藏王臣记》第105页:"曾修建拉萨的八阁即帕阔中转经道及扎拉鲁布寺大殿顶。"藏文第108页: chung ba smon lam rdo rje/ 'di nyid kyis lha sa'i bar skor dang/ brag lha klu spug gi rgya phibs. 关于查拉鲁普石窟,还可参看西藏文管会文物调查队:《拉萨查拉路普石窟调查简报》,《文物》1985年第9期;何周德:《查拉路普石窟初探》,《西藏研究》1987年第3期;霍巍《吐蕃第一窟——拉萨市药王山札那路浦石窟的几个问题》,《文物与考古》2003年第1期。

有中心柱和环柱礼佛道。《西藏王统记》记查拉鲁普石窟云：

> 王又于查拉鲁普修建神庙。此庙主神为吐巴查拉贡布，其右旁自现舍利弗，左旁目犍连，又右弥勒，左观世音，主从共五尊。虽然在岩石已自然现出，但为未来众生培积德福，复由尼婆罗工匠将其刻镂更加鲜明。[1]

《柱间史》记载："此后，(松赞干布为弥药王之女)茹雍冬妃，奠定查拉贡布寺之基。""冬妃赤尊还在女妖魔窟旁一崖壁上勒石作大日如来像"。[2]《贤者喜筵》详细记载："……弥药王之女茹雍妃洁莫尊(mi nyag gi rgyal po'i bu mo ru yongs bza' rgyal mo btsun)……茹雍妃命雕刻查拉鲁普众自生像使之凸现，许以十八升盐换取十八升岩粉，于崖壁雕刻成转经堂(ru yongs bzas[v]brag lha klu phug gi rang byung rnams gsal bar brkos te tsh'a la brgyad bcu sde'i dus brag phye bre re phed pa la tsh'a bre re byin nas brag la skor khang brkos/)。"[3]松赞干布时期在康区建造寺院时也以党项人为监工。[4]

茹雍妃所建查拉鲁普石窟，是中心柱四面每面开龛的塔庙窟，宿白先生指出："这类石窟不见于印度、中亚和我国新疆地区，在西藏也只此一例，但却多见于当时中原以迄河西一带。"[5]弥药或称木雅，藏文称为mi/ me nyag，吐蕃时期指党项羌，游牧于甘、川、青一带。敦煌及宁夏须弥山石窟有北周至初唐开凿的众多塔庙窟，弥药妃所建石窟样式或取于此。藏文称此石窟为建在距地面20米崖壁上的转经堂(bskor khang)而不是地面上的佛殿(lha khang)，宿白先生关于塔庙窟的判断至为精当。文献还记载弥药妃在崖壁勒石作大日如来像，也说明藏区东部八大菩萨造像传播的线索。

除了洞窟形制外，查拉鲁普石窟的佛与二弟子半浮雕造像属于"自然天成"，很难看出特定的风格，因为此"转经堂"系"由吐蕃臣民在岩石上造出"(bskor khang brag la brko

---

[1]《西藏王统记》刘立千译本，第92—93页；民族出版社1981年藏文本第158页：de nas yang rgyal pos brag lha klu sbugs su lha khang bzhengs te/ rten gyi gtso bo thub pa brag lha mgon po/ de'i g.yas na sh'a ri'i bu dang/ g.yon na moong gal gyi bu/ de'i g.yas na byams pa/ g.yon na spyang ras gzigs te/ gtso 'khor nga brag la gsal bar byon na'ng/ ma 'ongs pa'i sems can bsod nams bsog pa'i phyir du/ bal po'i lha bzos 'bur du brkos/ bskor khang brag la brko ba la/ bod 'bangs rnams kyis legs par brkos te/

[2] 甘肃民族出版社藏文本bka'-'chems-ka-khol-ma第231页只有茹雍妃建造查拉贡布垃拉之事(de'i phyi ma ru yong stong bza' khri btsun yin/ des brag lha mgon po'i lha khang rmang gting ngo/)。勒石造像事见卢亚军汉译本第145—146页，但藏文本缺，或许是作者翻译所依底本不同。

[3]《贤者喜宴》藏文本，第240页。此页还记载说茹雍妃还建造了米芒蔡神殿(kha cig du ru yongs bzas mig mang tshal gyi lha khang bzhengs)。

[4]《贤者喜宴》藏文本，第230页。"……党项监工建康地贡唐仲玛寺"(lag mthil g.yas gnon pa la mi nyag gis lag dpon byas te khams kong thang sgron ma)。

[5] 宿白：《藏传佛教寺院考古》，北京：文物出版社，1996年，第24—25页。

ba la/ bod 'bangs rnams kyis legs par brkos te/),[1]但其中的一些菩萨造像,典型者如莲花手观音等,经过稍后尼婆罗工匠的修饰,菩萨所着贴体裙裤就是典型的尼泊尔样式,但头冠并不相同。此外,窟内仍保留了着桶状缠头的赞普造像。

藏区的石窟寺可以分为三个体系:最为突出的是藏区西部象泉河沿岸崖壁分布的石窟寺,这种石窟我们可以看作是中亚或西域石窟在西藏境内分布的边缘,因为进入卫藏以后这种石窟形制就没有了;其二是藏区东北部即今天甘肃青海藏汉交接地区10至11世纪分布的石窟寺,如西宁北山石窟寺、青海互助白马寺、尖扎金刚岩石窟等;藏区最早的石窟寺就是查拉鲁普石窟所代表的传自汉地的中心柱式石窟寺,实际上,在与汉藏艺术传播有密切关系的拉萨叶尔巴寺,也有这种中心柱石窟寺。[2]

作为吐蕃第一窟,查拉鲁普石窟将汉地石窟样式与藏东菩萨造像引入吐蕃,是汉藏艺术交流的直接证据,架设了藏传佛教艺术向汉地、西夏传播的通道。

(二)瓜州寺、吉如拉康与阿里观音碑

瓜州寺(kwa cu或者译音为噶曲寺)位于今西藏山南雅鲁藏布江北岸、桑耶寺周边,古代称之为查玛的地方,有时又称查玛瓜州寺(brag dmar kwa cu),为吐蕃赞普居住之地。吉如拉康位于山南乃东县的温('on)地,往东与瓜州寺相隔两道山脊。鉴于吉如拉康寺彩塑独特的艺术风格及其与瓜州寺紧密的历史联系,意大利学者维塔利所著《早期卫藏寺院》(Roberto Vitali, *Early Temples of Central Tibet*, Serindia Publications, 1990)又将瓜州寺(噶曲寺)与吉如拉康认定为同一座寺院,从而将之断代在吐蕃赞普赤松德赞时期,这种观点在西藏艺术史研究中有很深的印记,影响了早期西藏艺术史的研究,其舛误之处需要加以说明。为此我们将瓜州寺与吉如拉康在此一并论述。

乃东县吐蕃赞普与母后常居的温地('on lung pa)在桑耶青浦的山背后,古查玛(brag dmar)属地,因其属于"五茹"之"吉如"(skyid ru),故又称温地属于吉地(skyi)。[3]温地的吉如拉康寺,藏文10世纪前后的文献作ke ru或ke ru lha khang,维

---

〔1〕《西藏王统记》藏文版,第158页。药王山民间造像的传统一直延续至今,所以判定这些摩崖造像的年代非常困难。

〔2〕张建林先生2007年6月7—9日北京藏学研究中心国际会议期间告诉作者,叶尔巴寺也有这种形制的石窟,本节作者考察叶尔巴寺正是如此形制。考虑到该寺在后弘期下路传法时期的特殊地位及最早描绘汉地罗汉的事实,所见此类石窟在情理之中。

〔3〕巴桑旺堆先生指出,以往学者和文献对吉如拉康寺位置的记载有误,今日乃东县的温地'on与藏文史籍提到的温姜多宫殿在两个不同的地方,温地在桑耶寺以东的乃东,即吉如拉康寺所在地,而温姜多宫不在桑耶寺附近,而是在今天拉萨市曲水县的蔡纳乡(tshal-sna),即位于桑耶寺查玛以西约40公里,此说为是,否则称温地属于吉曲,有矛盾之处,此可备为一说。吉如拉康寺收藏的朗达玛十世孙施写的经卷(约10世纪作品),称此地为'on mo lung ring,但这一名称是藏文文献称颂圣地的统称,如本教圣地亦称"魏摩隆仁"('on/ 'od mo lung ring)。

塔利将吉如拉康等同于噶曲寺,虽然吉如拉康寺建造年代比噶曲寺(瓜州寺)晚一个多世纪,也是西藏现存最早、保存完好的佛教建筑之一,其造像风格更与具有敦煌历史背景的噶曲寺(瓜州寺)有密切关系。巴桑旺堆先生认为,两寺虽然相距不远,但并非一寺。[1]

矗立于拉萨河对岸西南若玛岗[2]的噶迥寺建寺碑为我们了解吐蕃时期建造的佛教寺院提供了非常重要的史料。据噶迥寺建寺碑记载,桑耶查玛的噶曲寺建于墀德祖赞赞普时期(704—754)。[3]吐蕃碑文及敦煌藏文写卷中的Kwa chu皆用来指敦煌的“瓜州”,据说吐蕃为纪念727年占领瓜州而建此寺,[4]这种说法极有可能。727年赞普亲征,第二年才返回本土,是一次非常重大的事件,噶曲寺的“瓜州”(kwa cu)就是直接的证据。相信赞普浩浩荡荡凯旋返蕃时,汉人或胡人的工匠不会缺少。敦煌藏文写卷大事纪年记载了吐蕃人占领瓜州后欢喜的心情:

> (墀德祖赞)赞普亲自出征,于唐境推行政令,攻陷唐之瓜州等城堡。彼时唐朝国威远震,北境突厥亦归聚于唐,(西)至大食国以下均为廷辖土,唐地财富丰饶,于西部(上)各地聚集之财宝贮之于瓜州者,均在吐蕃攻陷之后截获,是故赞普得以获

[1] 关于吉如拉康与噶迥寺的关系及其位置,西藏社会科学院历史研究所巴桑旺堆先生指出,维塔利先生有关吉如拉康、温姜多与噶曲寺的论述有明显的地理矛盾,吉如拉康位于噶曲寺以北的山凹中,温姜多位于拉萨以东的曲水蔡纳乡,噶曲寺位于桑耶寺附近的brag mar,即靠近桑耶寺碑北的地方,现已不存。维塔利将现今存世的寺庙吉如拉康等同于噶迥寺:“关于吉如拉康寺,我可以确定地说这个寺庙非常古老。然而,我们在《弟吴教法史》(Lde'u chos 'byung)和《奈巴教法史》(Nel pandita chos 'byung)等较多记载吐蕃时期寺庙的史书中找不到任何吉如拉康的记载。现在这个寺庙有时被称为查玛吉如(brag mar ke ru),但古代文献中看不到这个名称。当然,我们知道brag mar是一个通用地名,但在这里显然是指桑耶附近的地方。而ke ru距桑耶有一段距离,大约两座山脊。当地人称吉如拉康寺为'on ke ru是因为它坐落于'on地。因此,我们认为,brag dmar ke ru这个名称显然有错。这个错误是如何形成的?依据吐蕃文献,我们知道赤德祖赞建造五座神殿,其中之一称为kwa chu,此后的一些文献开始称此庙为brag dmar kwa cu。我们在14世纪时的《西藏王统记》(rgyal rabs gsal ba'i me long,p.197)kwa chu这个词已经被写成ka ru。五世达赖喇嘛《西藏王臣记》(dpyid kyi rgyal mo glu dbyangs,p.140)已经写成brag dmar ke ru。我们是否可以认定'on ke ru与brag dmar ke ru是同一个地方?一些学者认为kwa chu和ke ru是同一个庙宇不同的两种称呼(Vitali, R.,pp.1-35,特别看p.1和p.25,脚注8和30,此处引用图齐和黎吉生对ke ru一词的解释)。我认为并非如此。事实上,我们在桑耶地方寺庙遗址中仍然找到了名叫kwa chu的寺庙,它极可能是赤德祖赞建造的,而且遗址所在的村庄仍然被称作kwa chu。从建造五座神殿的描述我们可以知道它们都建在桑耶地方。可以与此比较的是,《弟吴教法史》(p.366)提到9世纪穆尼赞普建造的查那拉康(khra-sang lha-khang),我们在阿底峡传记中找到,尊者曾在此逗留一月(《贤者喜宴》,p.687),为这个寺院提供了线索。”Pasang Wangdu, *Ke Ru Lha Khang, Cultural Preservation and Interdiscipliary Research in Central Tibet, Text, Image and Song in Transdisciplinary Dialogue* ed by Debroah Klimburg-Salter, Kurt Tropper and Christian Jahoda, Brill, 2007, pp.45-61.
[2] 王尧:《吐蕃金石录》,北京:文物出版社,1982年,第160页。
[3] 王尧:《吐蕃金石录》,第154页:myes khri lde gtsug brtsan gyī rīng la/ brag dmar gyī kwa cu dang/ mchīng phur gtsug lag khang brtsigs ste。
[4] 王尧:《吐蕃金石录》,第162页。

大量财物,民庶、黔首普通均能穿着唐人上好绢帛矣。[1]

　　见于此期的噶曲寺之所以命名为Kwa cu,显然与赞普亲征的这次重大事件相关。Kwa cu这个名称或许激发了学者探索其造像渊源的兴趣,这样就联想到此寺造像的所谓"于阗风格"。维塔利放弃赞普北巡亲赴西域及寺院命名为"瓜州"这一重大史实,转而根据《于阗授记》推断噶曲寺是金城公主为于阗僧人修建,也有他的理由。[2]我们检索藏文史料,发现修建温地宫殿的确实是于阗工匠。[3]

　　不知为什么,维塔利始终没有对噶曲寺的藏文名称与kwa cu完全相同的寓意进行解释。如上所述,我们更倾向于认定噶曲寺就是回应"瓜州":首先,墀德祖赞年幼即位,祖母没庐氏墀玛略垂帘听政。[4]其间遣使赴唐请婚,710年金城公主入藏。兔年,即727年,吐蕃攻占瓜州,墀德祖赞罢免了韦氏家族相论职位,委派祖母家族没庐·琼桑维莽出任,此人担任相论14年。期间唐蕃关系转暖,没庐家族对金城公主及唐王朝十分友善,金城公主在赤德祖赞的默许下邀请于阗僧人到吐蕃传法。噶曲寺早期建筑很可能是在这位相论执事期间创建;其次,维塔利根据《弟吴教法史》(lde'u chos 'byung)确定噶曲寺后期建筑亦为没庐·尚绮心儿('bro khri gsum rje stag snang)维修的,没庐·尚绮心儿维修噶曲寺的目的是补偿他822年以前对"唐人舅舅"(zhang po rgya)的战争中所犯下的罪过。[5]

---

[1]《敦煌本吐蕃历史文书》大事纪年727年"攻陷唐之瓜州晋昌"(rgya'ī mkhar kwa cu sīn cang phab)、"墀都松赞普传略",见王尧、陈践译注:《敦煌本吐蕃历史文书》,北京:民族出版社,1992年,第166页,藏文第130页:rgya po khri lde gtsug brtsan gyi ring la/ rjed gshin chis 'jam ste/ myi yongs kyis skyad do// blon che stag sgra khong lod dang/ rje blon mol nas/ rgyal po zhabs kyis btsugs te/ rgya la chab srid mdzad na/ rgya'i mkhar kwa cu la stsogs pa phabs ste// de stam na rgya 'i srid ches nas/ byang phyogs kyi dru gu kun kyang 'dus la// ta zig la thug pa man chad rgya 'i khams su gthogs ste// rgya 'i nor mang po stod pyogs su 'don pa mams// kwa cu na tshogs byas pa las// thams cad bod kyis phab ste bzhes pas// blar yans dkor mang po brnyes// 'bangs mgo nag pos kyang rgya dar bzang po khyabs par thod bo//

[2]作者指出:"据《于阗罗汉授记》,金城公主当时修建了7座寺院,但这一说法难能令人信服。因为据后来的藏文文献,尤其是赤松德赞和赛那勒时期文献的明确记载来看,赤德祖赞执政时期的吐蕃只有5座寺院。再者,7这个数字反复在《于阗罗汉授记》中出现——佛教传入吐蕃之后的第七代国王、修建了7座寺院和其他一些例子——由此可知,它不是实际的数字,而只是一种具有象征意义的数字。结合本章开头提到的吐蕃王朝时期的诏令内容来看,《于阗宗教史》中的记载似乎更切合实际,即金城公主只于于阗僧人修建了一座寺院。因为据诏令内容,赤德祖赞时期只建有噶曲寺,就算青浦寺也建于此时,最多也只有两座寺院。因此,如果金城公主当时确实只于于阗僧人修建了一座寺院,那么,这座寺院在很大程度上就是指噶曲寺。这一推断并不是说赤德祖赞时期只修建了这一座寺院,而是说噶曲寺是唯一——座于于阗僧人修建的寺院。"参看维塔利《卫藏早期寺院》第1章(Roberto Vitali, *Early Temples of Central Tibet*, Serindia Publications, 1990, pp. 1–36)。

[3]参看本章第五节。

[4]参看《文书》大事纪年700—727年记载,母后多居于温地,参与朝政,载王尧、陈践译注:《敦煌本吐蕃历史文书》,第149—152页。

[5]维塔利确认噶曲寺后期修建者为没庐·尚绮心儿的记载出自《广本弟吴教法史》。参看维塔利《卫藏早期寺院》的第1章(Roberto Vitali, *Early Temples of Central Tibet*, pp. 16-17)。

据说没庐·尚绮心儿很早就到了敦煌,并修建一座圣光寺。[1]第三,温姜多宫殿与瓜、沙安西四镇确实有密切的联系,在吐蕃787年攻占沙洲后若干年后的汉人暴动后,温姜多宫仍然发出文告,证明噶曲寺所在的温地与敦煌关系密切。[2]以上事实都说明噶曲寺的建造与敦煌(瓜州)的关系更为重要。

敦煌和噶曲寺之间的艺术联系还可以在文献中得到更为充分、确切的证实。热巴坚赞普的兵马都元帅和首席大臣没庐·尚绮心儿本人与敦煌的关系尤为密切。其中,唐朝官员写给"尚起律心儿"的一封书信对于了解这一关系具有极其重要的价值。信中不仅对他在吐蕃与回鹘之间的战争中的功绩进行了追溯,而且还认为他既事君又向佛,修建了不少寺院。信中还提到了他定居敦煌并在此修建了一座寺院的重要史实。[3]

必须注意的是,维塔利讨论的噶曲寺等同于吉如拉康寺,[4]作者有关噶曲寺的史实倒是没有大的问题。但巴桑旺堆先生根据吉如拉康寺新近发现的藏文史料,提出该寺曾记载朗达玛之子永丹(Yum brten)的六世孙贡乃(mGon ne),贡乃之父蔡纳益西坚赞(Tshal na ye shes rgyal mtshan)是10世纪前后桑耶及邻近地区著名的邦主。巴桑旺堆先生推断该寺当由永丹后人所建,年代大约在9至10世纪,寺名当时已经称作吉如拉康了。[5]至于又被称作查玛噶曲(brag mar kwa ju)的噶曲寺(瓜州寺)则位于桑耶,寺院废

[1] 这可能是尚绮心儿玛布和南喀宁波事迹中与没庐·尚绮心儿虔诚事佛和在敦煌居住的早期记载。名字中的"玛布"一词可能意为年轻人,疑指年轻的尚绮心儿:他很可能随其父亲驻扎在敦煌地区,因为他父亲尚赞磨是吐蕃驻扎在东北地区重权在握的将军。由此来看,尚绮心儿玛布就是指他本人。参见戴密微著,耿昇译:《吐蕃僧净记》,兰州:甘肃人民出版社,1984年,第388—401页。

[2] 参看托马斯:《西域古藏文社会历史文献》(F. W. Thomas, *Tibetan Literary Texts and Documents Concerning Chinese Turkestan*,刘忠、杨铭译注,北京:民族出版社,2003年),收录残卷指明"温姜多宫颁发盖印之文告:诸臣属听悉,(神圣赞普)取得沙洲城池、百姓和财物……(唐人)不满王政,杀死吐蕃上等臣民……十年来……已无内患……颁布文告者,噶伦赞协"(// pho brang 'on cang do nas bkye'i phyag rgya phog ste// zha sngar snyan du// ... pos sha cu'i skun kar 'bangs dang bchas su phyag du bzhes te// ... bka'/ blon btshan bzher dang blon phyag rgya 'chang du stsald pha)。托马斯认为此宫建在敦煌附近,否则颁发文告不会这么便利。假若如此,就有两个温姜多宫殿,似乎不可能。

[3] 该信见《吐蕃僧净记》"大蕃敕尚书令赐大瑟瑟告身尚起律心儿圣光寺功德颂",第389—400页。其中有云:"圣主(赞普)统三光之明,无幽不照。令公承九天之宠,肱股奉阳。近沾圣德之弘,远沐恩晖之重。率宾咸服,观国之光。烛赈流沙,称圣光寺也。""……敕日(亡)相国先门(卿)尚赞磨(blon-che mgo-mang)……"尚起律心儿的父亲尚赞磨也就是《新唐书·吐蕃传》中迎娶金城公主的大臣尚赞咄。

[4] Roberto Vitali, *Early Temples of Central Tibet*, pp. 1−35,特别参看第1页和25页注释8和注释30。维塔利也引用了图齐(Tucci)和黎吉生(Richardson)对"ke ru"一词的确认。

[5] Pasang Wangdu, "Ke Ru Lha Khang: Cultural Preservation and Interdisciplinary Research in Central Tibet", in *Text, Image and Song in Transdisciplinary Dialogue*, pp.45−61.这份卷子是现藏于西藏博物馆的《般若波罗密多经》,其中一段非常重要:"南瞻部洲,此吐蕃王土;山高、地洁、雪山环绕;诸地最殊胜者是魏摩降仁;众人最杰出者有邦主贡乃;大臣最贤德者相顿班扎;寺庙最庄严者吉如拉康;法师最显赫者格西沃顿"('dzam gling mnga' ris bod kyi rgyal khams 'dir/ ri mtho sa gtsang gangs kyi rgyud kyis bskor// yul las khyad par 'phags pa 'on mo klung ring 'dir// myi las khyad par 'phags pa mnga' mdag mgon ne byung// zhang blon khyad pa zhang ston sbra ban byung// chos skor khyad par 'phangs par lha khang ker ru byung// chos mkhan khyad du 'phangs pa dge bshes 'or ston byung)。

墟至今仍存,当地人仍称噶曲寺。[1]

吉如拉康寺的主供佛释迦牟尼佛可能是整个卫藏地区至今所能见到的最早的泥塑彩绘佛像。虽然寺院建造的年代及与噶曲寺之间的关系至今仍然存在争议,但寺院收藏的吐蕃写卷《般若波罗密多经》及经末题记颇具吐蕃特征的行文方式,[2]以及相距不远的地理位置,共属寺主父王管辖的事实等都说明吉如拉康寺当是吐蕃或后弘初期的古寺,其中的彩塑作品与卫藏11至12世纪如扎塘寺、艾旺寺等作品的风格仍有相当的区别。维塔利对彩塑作品不同风格的直觉应该是准确的。虽然彩塑经过历代多次的重妆早已失去初期的色彩,但佛像宽阔圆润的面部及其恬静隽永的神情仍然透露出早期唐代敦煌和西域于阗风格的特征,与后期佛像雕塑五官塑造的程式化夸张特征截然不同:佛像的眉眼没有处理成细长狭窄、中央凹下的佛眼,鼻翼和嘴唇也相对写实,丰腴的双颊和趋于方圆的面部使我们联想到唐代汉地的佛菩萨造像。佛像身后有很大的背龛,可以看到摩羯和迦楼罗。背龛后方残存有部分壁画,描绘黄底深蓝色的莲花,带有明显的西域风格。吉如拉康佛殿两侧的侧壁分别塑有一组泥塑立像,每侧五尊,分别由四尊菩萨和一尊护法神立像组成,两侧四尊菩萨合为八大菩萨,如前所述,为吐蕃统治敦煌时期最常见的雕塑题材,假如吉如拉康彩塑同样为八大菩萨,但与敦煌及藏边石刻是否同为一个体系?因为后者八大菩萨的主尊为大日如来,这里的主尊为释迦牟尼,释迦牟尼与八大菩萨组合当为新样式。由于此像被锦缎覆盖,很难确定手印和莲座样式,目前还很难定论。但从近期发现的墨竹工卡唐加寺、夏鲁寺马头殿乃至扎塘寺等早期佛殿形制分析,这种小而高的殿堂,中间安置四柱,佛像配置大多是释迦牟尼一佛或三佛配八大菩萨,流行在吐蕃后弘初期至11世纪,与川青藏边缘地带的大日如来配八大菩萨属于不同的造像系统,后者在藏区腹地很少见。关于这个问题,我们讨论榆林窟25窟时集中论述。

从艺术风格来看,由于主尊与菩萨的塑造时间相差近百年,前者是在赤德祖赞修建佛殿时塑造,后者是在热巴坚时期由没庐·尚绮心儿维修佛殿时创作的,因而两者的风格有所不同,主尊佛像展示的是维塔利强调的于阗风格,后者则是敦煌时期的后笈多、波罗样式。与主尊佛像雕塑相比,菩萨造型僵硬而缺少圆润,着意表现菩萨的前额,强调其三维效果,但缺乏整体感,表面也比较粗糙。整个感觉是面部平板,前额宽广,下颏突出,失去了主尊佛像饱满圆润的体积感与富有人间情谊的写实造型特征而流于程式化,但菩萨的嘴唇保留了唐时汉地仕女人物的樱桃小口,正如维塔利先生观察到的,与敦煌吐蕃绢画风格极为神似。[3]金刚手造像与后期圆润鼓腹重在表现躯体内在爆发力的护法神造像完全

〔1〕 Pasang Wangdu, "Ke Ru Lha Khang: Cultural Preservation and Interdisciplinary Research in Central Tibet", p.48.
〔2〕 文物工作者在吉如拉康收集到吐蕃时期的藏文写卷《般若波罗密多经》写卷,可见此寺确实是吐蕃古寺。参看《西藏博物馆》,北京:中国大百科全书出版社,2001年,第53页,图版3、4。
〔3〕 Roberto Vitali, *Early Temples of Central Tibet*, plate on p. 10.

不同，重视胸臂、四肢肌肉的刻画，与敦煌出现的诸如火头金刚等造像的表现方式相同。

吐蕃自787年占领敦煌至848年近70年，维塔利观察到吉如拉康由没庐·尚绮心儿维修时期创作的作品同敦煌现存的大批作品极其相似。其中绢画的风格与吉如拉康菩萨雕塑的风格惊人地相似。如敦煌绢画中具有印度—尼泊尔风格的袈裟、特征不甚明显的三叶冠、造型苗条的身躯和装饰得当的珠宝饰物。[1]更为值得关注的是，学者在吉如拉康考察时发现了吐蕃时期的藏文写卷及白画佛像，这些由吐蕃赞普后人所施写的藏文卷子中发现手绘大日如来造像，仍然看出其风格与榆林窟第25窟、察雅仁达等地造像风格大致相同：造像佛陀螺髻，作说法印，双狮莲座。[2]必须指出的是，此件插图依照其藏文书写样式可以判定在9世纪前后，流畅地表现织物质地的用线方法与吐蕃绘画风格不同，佛像无袒右，衣袖宽大，并作说法印。假如我们断定为释迦牟尼说法图，下方对狮莲座与释迦牟尼图像辨识存在差距；假如断定为大日如来，那么又是一种藏传系统新样式的大日如来，波罗及东密造像确实也有作说法印的这位如来。

8世纪前后以吉如拉康寺彩塑为代表的吐蕃敦煌风格至10至11世纪前后仍然在卫藏流行，据此我们才可以解释后藏康马艾旺寺、耶玛尔寺彩塑，扎囊扎塘寺壁画中敦煌风格的渊源。

藏文文献记载吐蕃时期的寺庙建筑分为三个大的时期，起初为镇边厌胜小庙，传说文成公主堪舆拉萨如同仰卧魔女，须建12座庙宇镇压肢体，小庙称为"神殿"（lha khang），与真正的寺庙尚有差别。从后代遗存和寺名看出和佛教关联的有山南昌珠寺（khra 'brug）、康区西夏人监工的隆唐准玛庙（klong thang sgron ma），以及曲水的仓巴隆伦庙（tshang pa rlung non）等。[3]除了松赞干布时期所建大昭寺和小昭寺外，为传播佛教、供奉经典、真正的早期佛寺建筑是赤德祖赞建立、包括吉如拉康在内的五座寺庙，分别是拉萨的卡扎（'khar brag）、查玛的真桑（'gr[i]n bzang）、青浦的纳热（ne ral）、查玛的噶曲（k[w]a ch[c]u）、桑耶的玛萨贡（ma sa gong），这些庙宇被称为gtsug lag khang而不是lha khang。[4]

吐蕃时期建造的很多寺院都塑有佛菩萨像，松赞干布时期建造的大昭、小昭寺、查·叶尔巴寺、昌珠寺和赤松德赞时期建造的桑耶寺都塑有大量佛、菩萨、护法像。如修

---

[1] 图版参看大英博物馆斯坦因藏品S.142和S.144《观世音菩萨像幡》。
[2] 本节作者曾专门去考察拍摄吉如拉康。
[3] 关于镇边厌胜等庙宇，各种藏史书都有记载，参看《西藏王统记》第14和15章。
[4] 如《巴协》记载赤德祖赞派遣两位大臣到印度迎请佛法，两位听说印度班智达在冈底斯山修法，便前去迎请，但未能请来，只得把大师心中记诵的《分别经》（sde-las-rnam-pa'i-'byed-pa）和《金光明经》（gser-'od-dam-pa'i-mdo）记录后来回来献给国王作为供养，于是国王命令修建五座寺庙供奉经典。参看佟锦华、黄布凡译注：《巴协》，第1—2页（汉文），第83—84页（藏文）。

建大昭寺时的十一面观音本尊彩塑像,被认为是西藏的第一尊彩塑菩萨像。随同两位唐公主进入吐蕃的有众多的汉地工匠,今日大昭寺的四大天王和八大菩萨彩塑的原作,最初都是汉地工匠的作品。遗憾的是,这些彩塑作品经过历代的磨难、毁损和后代无数次的重塑重绘,现今已经很难看到原作的风采了。

吐蕃最初越过昆仑山和喀喇昆仑山进入西域,692年(长寿元年),唐将王孝杰曾收复安西四镇并以重兵驻守于阗。此后吐蕃人进入西域由藏区西部经大小勃律(巴基斯坦北部巴尔蒂和吉尔吉特)绕道葱岭进入于阗等地,吐蕃波罗样式主要是由这条线路进入敦煌的。阿里普兰观音碑应是此时的遗例。

石碑东西两侧刻有碑文,[1]东侧记:"马年秋初,桑格祥钦保·没庐·墀赞扎贡布杰为普天众生之福祉,特立浮雕观音像,愿此举利益众生。"(rta'i lo li ston zla ra ba'i nga la// seng ge zhang chen po 'bro gri brtsan sgra// mgon po rgyal gyīs mthav yas pavī sems can thos cha dang pa thun mong dung so sa te 'phags pa spyan ras gzīgs// dbang phyug gi sku gzugs// rod 'bur du bgyis nas// bzhengs gsol ba// dge ba'ī rtsa ba 'di skye vgro ma lus pa kun kyī don du bsngo)西侧录:"南无观音菩萨,愿除净罪恶,增益福泽,清除二障,福址二资粮圆满。愿我祥·没庐·墀赞扎贡布杰并无计众生同成至上之佛。"

造像石碑中提及的马年是哪一个马年,因为题记中的施主桑格祥钦保·没庐·墀赞扎贡布杰(seng-ge-zhang-chen-po 'bro-gri-btsan-sgra-mgon-po-rgyal)的事迹不详而无从查证。[2]此观音造像右手与愿印,左手执莲花,虽然佩饰皆为其时流行于尼泊尔的东印度波

〔1〕 位于阿里普兰希德村角若村(zhi-sde lcog-ro),北纬30.24度,东经81.18度。碑高170厘米,宽50厘米,厚20厘米。东侧19行,西侧24行。古格·次仁杰布(gu-ge tshe-ring rgyal-po)在《阿里教法史·雪域美饰》(mnga' ris chos 'byung gangs ljongs mdzes rgyan zhes bya ba bzhugs so)记述此碑云:"希德角若是一个小小的部落,据说是吉德尼玛衮的上师角若勒扎勒居住的地方。上师到此之后,佛法在这个地方真正得到弘扬。自此,赞普的后裔在此地声势壮大了。在角若地方竖立了一通圣自在观音立像的石碑,据说此像是角若的弟子从卫藏地方携入的。诚如当地的老人所说,圣观音像是从卫藏的'噶敦'地方延请的。"(zhi sder ljog ro zhes sde tsho chung chung zhig 'dug pa ni skyid lde nyi ma mgon gyi blon po ljog ro legs sgra lha legs kyi sdod khul yin skad/ khong der slebs rjes sa cha de zin cing sangs rgyas chos lugs yul der dngos su dar ba yin/ de nas bzung bod btsan po'i rgyud kyi phyogs gtogs kyis yul der dbang sgyur byas par grags/ yul der 'phags pa spyan ras gzigs dbang phyug ker bzhengs kyi rdo ring zhig yod pa de yang ljog ro'i 'khor gyis dbus gtsang nas 'khyer yong ba yin skad/ yul mi rgan rabs tshos brjod pa ltar na 'phags pa spyan ras gzigs kyi sku dbus gtsang nas dkar dung du gdan drangs shing/ de rting mar zher du gdan 'dren skabs ljog ror nam langs nas der lus pa yin zhes brjod do/ da dung de'i nub phyogs su rdo ring yi ge gang yang med pa gsum tsam yod pa de dag ni zhi sde dang khri sde'i sa mtshams yin par brjod/ zhi sde dang khri sde gnyis dbar la la rtse ha jang mtho po zhig yod pa des yul gnyis dbar nad dang na tsha thams cad bgog gi yod par grags so//)(拉萨:西藏人民出版社,2006年。)

〔2〕 没庐氏('bro)为吐蕃古氏族,墀德祖赞时期名臣有没庐·群桑沃芒('bro-chung-bzang-'or-mang)于728年就位,此后论述吉如拉康彩塑时有详尽说明。巴桑旺堆先生认为,位于拉孜县曲玛乡的冲钦村墓葬墓主有可能是没庐氏家族人,墓前有与藏王墓墓前石狮形制相同的狮子。这样由后藏拉孜往阿里古格一线形成没庐氏家族的移动轨迹(参看《西藏研究》2008年第6期封三彩色插图)。

罗样式,如三叶冠、大耳珰、臂钏、手镯,但饱满古拙的整体风格仍可见东藏八大菩萨的造型特点,或许可以断代在公元8世纪前后。普兰吐蕃观音造像在西藏早期艺术史上具有坐标意义,将吐蕃时期的观音信仰从文献形诸作品,从卫藏扩展至藏区西部,并与藏区东部的观音造像相联系。更为重要的是,观音碑位于吐蕃进入西域敦煌的通道上,印证了敦煌吐蕃波罗样式是由藏区西部、克什米尔等地传入的分析,碑文中出现的没庐·墀赞扎贡布杰与驻守敦煌的没庐·尚绮心儿同属一个家族,此碑极有可能是这位没庐氏前往西域敦煌时所立。因为8世纪前后,在赞普后裔进入古格之前,阿里事迹并不见记载。

第三节 吐蕃统治的敦煌与丝路
汉藏文明中心的形成

一、敦煌吐蕃时期的佛教文化及其东西
方向传播对吐蕃本土的影响

吐蕃崛起的一个重要标志就是向西域扩张,与唐王朝经营西域的目标相同。[1]公元662年(高宗龙朔二年),吐蕃军队已越过昆仑山和喀喇昆仑山进入疏勒以南,[2]665年(高宗麟德二年),吐蕃人进入于阗,[3]670年(咸亨元年)取安西四镇。[4]692年(长寿二年)王孝杰夺回四镇,于龟兹置安西都护府,但这只是昙花一现,此时吐蕃也没有离开西域。安史之乱(755)后,河陇以西之地除个别孤城外尽陷吐蕃。建中二年(781)吐蕃取沙州,此时河陇、西域一带皆属吐蕃管辖。至大中五年(851),张议潮趁吐蕃内乱,恢复了唐廷在以上地区的统治。咸通七年(866),本土内乱加剧,兵源吃紧,吐蕃最终撤出西域。两次进出,吐蕃人在西域盘桓两个世纪,占领敦煌近70年。[5]从文字记载的吐蕃历史、从艺术史风格的形成过程来看,这都是一段漫长的时期,值得我们深入地探讨。遗憾的是,以往将吐蕃绘画作为西藏早期艺术的研究远远不够。

吐蕃统治敦煌近70年,莫高窟属于此期的洞窟分早晚二期,其中早期的年代从公元8世纪80年代吐蕃统治初期至8、9世纪之交,晚期前段从公元9世纪初至839年左右,晚期后段至9世纪40年代吐蕃统治时期尾声。另有榆林窟第15、25窟也是吐蕃统治时期洞

〔1〕 参看王小甫《唐、吐蕃、大食政治关系史》,北京大学出版社,1992年;Ch. I. Beckwith, *The Tibetan Empire in Central Asia*, Princeton University Press, 1987相关论述。

〔2〕 《册府元龟》卷四四九"将帅部"。

〔3〕 《资治通鉴》卷二〇一,第6339页。

〔4〕 《新唐书》卷三本纪第三,高宗条目下:"咸亨元年正月丁丑,刘仁轨罢。二月戊申,虑囚。丁巳,东南有声若雷。三月甲戌,大赦,改元。壬辰,许敬宗罢。四月癸卯,吐蕃陷龟兹拨换城。废安西四镇。"

〔5〕 《资治通鉴》卷二五〇:"(咸通七年十月)拓跋怀光以五百骑入廓州,生擒论恐热,先刖其足,数而斩之,传首京师。其部众东奔秦州,尚延心邀击,破之,悉奏迁于岭南。吐蕃自是衰绝,乞离胡君臣不知所终。"

窟,共计有50余所洞窟。[1]这些洞窟中留有吐蕃绘画遗迹,包括印度波罗风格和吐蕃历史人物绘画"吐蕃赞普部从"约10余窟,集中在中晚期。

现今存世的敦煌吐蕃绢画约数十幅,作品的年代与洞窟壁画年代相仿或略晚一些,其中的吐蕃波罗色彩表现得更加突出。

分析吐蕃时期的佛教艺术,假如按照以往的思路,只是单方面地从西藏腹地开始入手寻找吐蕃艺术的源头,面临的窘境是,除了一些年代与吐蕃佛教造像遗存相比显然偏早且与之无承继关系的寺庙木构件和木雕,以及作为个案的石窟寺庙如查拉鲁普石窟和吉如拉康彩塑之外,我们在卫藏地方找不到更多的吐蕃时期艺术的遗存,学者可以将这种状况归之于后世的毁坏和重修改造,但并无说服力,因为藏传佛教后弘期11世纪开始的佛教艺术,其中一个重要源头并蔚为大观的艺术流派并非承继自卫藏,而是敦煌遗韵。吐蕃本土所谓9世纪前后的尼泊尔波罗样式并没有壮大起来,12世纪流行的东印度波罗式样是后弘期由往返藏印的僧人传入而非吐蕃时期样式的复兴。吐蕃的壮大和境域的宽广使我们使用吐蕃的概念时万万不能局限于卫藏腹地,就艺术样式而言,发生于吐蕃各地的艺术及其遗存都是吐蕃艺术的一部分。新兴的吐蕃在思想文化领域有极强的开放性和包容性,以其雪域高原厚实的胸怀吸收周边地区的文化发展自己。吐蕃佛教艺术初起于7世纪,兴盛于9世纪,早期集中于本土腹地的艺术大部是藏汉与藏尼交往零星的以建筑为主的艺术个案,与8至9世纪蓬勃发展的吐蕃艺术相比,属于另一风格体系。这种艺术的来源及发展与吐蕃本身向西域的发展相一致,而整个西域是佛教艺术传播发展的重要场所和通道,这是研究早期西藏艺术最不能疏忽的事实。早期以汉藏联姻为特征的汉藏艺术的联系实际上多为象征意义,此期汉人的佛教艺术对吐蕃的影响多集中在一些禅宗与宁玛派的艺术理念及汉式建筑、服饰等。吐蕃人在200余年往来西域间,由于昆仑山的阻隔、地理环境的恶劣,吐蕃人进入西域主要是走由吐蕃控制的西线,[2]经藏西、克什米尔、大小勃律,即今日的拉达克、巴尔蒂斯坦至于阗南山,8世纪前后于阗发现的金刚乘文

[1] 敦煌研究院沙武田博士统计(沙武田:《吐蕃统治时期敦煌石窟供养人画像考察》,《中国藏学》2003年第2期,第18—39页),吐蕃统治时期的洞窟分为早晚两期,其中早期的年代从公元8世纪80年代吐蕃统治初期至8、9世纪之交,主要洞窟有:莫高窟第81、111、112、132、133、150、151、154、155、181、183、184、190、191、193、197、198、200、201、222、224、447、470、472、473、474、475等窟;晚期前段从公元9世纪初至839年左右,主要洞窟有第136、141、142、143、144、145、147、157、158、159、160、231、232、235、237、238、240、360、363、365、367、368、369、468等窟;晚期后段9世纪40年代吐蕃统治时期尾声,主要洞窟有第7、358、359、361等窟。榆林窟第15、25窟也是吐蕃统治时期洞窟,共计有50余所洞窟。另外由于敦煌与吐蕃长达近二十年的战争影响洞窟营建,在莫高窟又有一部分洞窟属于盛唐开窟绘画未完工,而后在吐蕃入主沙州后在中唐吐蕃统治时期补绘而成的洞窟,有莫高窟第26、32、33、44、47、49、91、115、116、117、126、129、166、176、179、180、185、188、199、202、205、216、218、225等二十余窟。

[2] 如慧超《往五天竺国传》记:"又迦湿弥罗国东北,隔山十五日程,即是大勃律国、杨同国、娑播慈国。此三国并属吐蕃所管。"《往五天竺国传笺释》,北京:中华书局,2000年,第64页。

献便是这种传播的遗留。[1]吐蕃人盘桓以上地区，将上述地区其时流行的8世纪前后的佛教艺术吸纳到自己的文化中，并根据吐蕃自己的现实主义传统加以演绎，随着吐蕃人进入敦煌，这种原本流传于克什米尔等中亚地区地方化的印度波罗艺术成为敦煌艺术中吐蕃样式的最主要因素。开元三大士被当作唐密的传播者，实际上善无畏进入西域途经波罗样式盛行的迦湿弥罗、莲花生大师故里乌苌并借道吐蕃，他带到敦煌的密教图像中可能还有吐蕃波罗的风格。[2]敦煌吐蕃风格中或许还有原本属于犍陀罗系统的斯瓦特和克什米尔造像风格，成为8世纪至9世纪敦煌艺术最主要的外来影响。[3]于阗所见8世纪前后造像有极强的斯瓦特风格，这种风格甚至一直延伸到河西走廊腹地，武威天梯山石窟所见胡翻领菩萨像就是克什米尔风格的代表。[4]作为佛教艺术的圣地，敦煌艺术家们对外来样式的改造和发展更不遑多让，吐蕃人在西域的百年时间足够让西域及敦煌的藏汉艺术家将一种外来因素融化在无形中，从而形成一种新的风格，我们称之为"敦煌吐蕃波罗样式"，人们并不能在这种风格中捕捉到完全与土著汉地风格分离的艺术成分，这正是以往中外艺术史家忽略西藏艺术的原因之一，或者将"吐蕃艺术"进入敦煌的现象看作是偶然的、进出迅速的艺术过程。实际上蕃汉一体的风格的形成需要时日，是一种成熟的风格，可以看作是西藏艺术传播中的重大事件。由于眷属粮草随行的吐蕃军队远离本土作战，本身就是一个社会，地理屏障使得在西域的吐蕃人与本土的联系非常困难，所以吸收拉达克一带中亚化印度艺术的吐蕃风格在藏区腹地没有更多表现，相反，在吐蕃727年（开元十五年）赞普亲征占领瓜州返回吐蕃后将敦煌汉地样式带到吐蕃本土建噶曲寺，塑造敦

---

〔1〕 如伯希和敦煌藏文写卷P.t.42第Ⅰ，第Ⅷ和第Ⅸ部分就涉及这些教法，特别是第Ⅷ部分几乎就是有关Sūryasimhaprabha所作《〈密法精要〉注疏》（ dpal gsang ba snying povi rgya cher vgrel ba, Delhi, 1976, ff. 308-17）的梗概（ A. Macdonald et Y. Imaeda, Choix de documents tibétains conservés à la Bibliothéque nationale, Tome I, Paris, 1978, pl. 48-52; pl. 59-61）。我们从公元9世纪前后的作为壁画榜题的敦煌汉文卷子可以知道，大约9世纪至10世纪，印度佛教金刚乘已经出入当时有吐蕃人统治的于阗，因为画家已经开始描绘大黑天神。"于阗语文献也证实了金刚乘在于阗的流行。8世纪或更早一些的时候，于阗就有了明显属于金刚乘性质的《理趣般若经》。在敦煌写卷中，有许多用于阗语写的和用于阗婆罗谜字体梵文写的咒语（陀罗尼）。金刚乘文献中某些偈子或《礼忏文》还和于阗国王尉迟输罗（967—977）、尉迟达磨（978—982）及其臣宰张金山、刘再升有关。于阗语《佛本生赞》（ Jātakastava）卷末题记载明，抄写此经，用意在于为所有信仰金刚乘的僧俗荐福。"参看张广达、荣新江：《敦煌"瑞像记"、瑞像图及其反映的于阗》，收入《于阗史丛考》，上海书店出版社，1993年，第212—279页。

〔2〕 赞宁：《宋高僧传》，北京：中华书局，1987年，卷二，第17—22页。"至迦湿弥罗国……畏复至乌苌国……讲《毗卢》于突厥之廷。路出吐蕃，与商旅同次，胡人贪货，率众合围，畏密运心印，而蕃豪请罪。"

〔3〕 印度学者提到原本属于犍陀罗系统的，8世纪流传于斯瓦特和克什米尔的艺术可能途经拉达克，翻越喀喇昆仑山口，到达莎车和于阗。从公元6世纪到10世纪唐末，克什米尔历史性的扮演了原本由犍陀罗艺术独自扮演的角色。见Pran Gopal Paul, From Gandhara to Gansu and Beyond: Facets in the Long March of Buddhist Art Across Central Asia, 载联合国教科文组织编：《十世纪前的丝绸之路和东西文化交流》，北京：新世界出版社，1990年，第527—548页。

〔4〕 天梯山胡翻领胁侍菩萨现存甘肃省博物馆。近期阿梅·海勒博士正在关注克什米尔风格对藏汉艺术的影响。《大唐西域记》卷十二瞿萨旦那国条记载于阗王从迦湿弥逻迎请佛像。

煌风格的佛陀造像；781年占领沙州后，这种风格沿着相对便利的河西走廊唐蕃丝路进入藏区东部，第一节描述的9世纪初的艺术遗存与敦煌吐蕃波罗风格的渊源即在于此。吐蕃人9世纪后半叶离开西域后，在11世纪初叶，敦煌样式即在卫藏腹地大量出现。

西方的艺术史家忽视敦煌艺术对吐蕃的影响，是因为他们不承认敦煌吐蕃时期的作品是西藏早期艺术品。[1]事实上，敦煌吐蕃风格画恰好是早期西藏艺术的风格，反映的是吐蕃王室所在的卫藏地区的审美倾向，敦煌的吐蕃作品与卫藏早期艺术在风格上有继承关系。现在我们所能看到的最早的西藏绘画恰恰就是敦煌的壁画和吐蕃绢画。吐蕃艺术中的印度风格主要是东印度波罗艺术的影响，甚至带有些许后笈多时期的风格成分。至于吐蕃时期的尼泊尔艺术，只能看作是东印度艺术的地方变体，与15世纪以后尼泊尔纽瓦尔艺术属于两个不同的概念，其间没有直接的继承关系。此间印度艺术对吐蕃的影响主要见于金铜佛像，就彩塑来说，其风格主要见于佛菩萨造像的饰物，如头冠、耳环、璎珞、臂钏等饰物，波罗风格对吐蕃人体造型特征的影响，就遗存的彩塑作品看来并不明显。

二、莫高窟吐蕃时期壁画对汉文化思维方式的接受：
吐蕃赞普部丛及相关图像的分析

（一）敦煌莫高窟第158窟《涅槃变》

第158窟被判定为中唐吐蕃窟的依据是甬道北侧供养人题记"大番管内三学法师持钵僧宜"以及北壁各国国王举哀图中吐蕃赞普及侍从居于众国王之首要位置的事实（图2-3-1）。此外，赞普像右上方有适应藏文书写格式的横置榜题"蕃赞普"（﹝bod﹞btsan

---

〔1〕 如巴勒所言，在以往对西藏艺术的研究中，人们相信在公元7世纪至9世纪由于吐蕃和中亚地区，尤其是和于阗一带有密切的联系，在敦煌也发现了一些有藏文题记的作品，但艺术史家认为在卫藏腹地还没有看到任何用这种风格描绘的作品，因而并不将这些作品看作典型的西藏艺术作品。这一观点颇具代表性，引录原文如下（Pal, *Tibetan Paintings, A Study of Tibetan Thankas Eleventh to Nineteenth Centuries*, pp.8-9）：

That Tibetan artists were painting in Central Asia as early as the eight century is clearly evident from inscriptional evidence. However, it would be wrong to consider their works as examples of Tibetan painting, any more than one can regard paintings by sixteenth century Persian masters in Indian as examples of Persian painting. Unfortunately, neither a single canvas nor even a fragment of a mural has survived in Tibet that can be said to reflect the Central Asian style even vestigially.

实际上西方一些研究西藏艺术史的学者也认为西藏地方最早的绘画就是来自敦煌的旗幡画绢画。如汉斯写道："来自敦煌的旗幡画，或许可以作为西藏绘画最早的样式，但不能断代早于9世纪。"（Michael Henss, *The Eleventh-Century Murals of Drathang Gonpa*, Singer, Jane Casey & Denwood, Philip ed., *Tibetan Art: Towards a Definition of Style*, London 1997, pp.160-169） po,[1]或被读为[lha]btsan po[2])确定该窟为吐蕃统治敦煌时期的作品。年代大约在9世纪上半叶。

在敦煌壁画出现的吐蕃赞普及其侍从造像中,此幅造像有不同之处:红褐色缠头外围有叶状冠饰,顶部端面似有装饰。左衽白袍翻领稍小,有团花图案。左右侍从翻领胡服亦有团花图案,这些图案与藏区腹地艾旺寺、姜普寺及夏鲁寺的菩萨团花样式可以比较。值得注意的是,赞普有头光,在诸王举哀图中,只有赞普和唐王拥有头光,而且赞普排在诸王第一位,说明吐蕃人在当地的势力以及蕃汉被认为是佛法之国,国王就是菩萨的化身。

第158窟其他的吐蕃印记,最为显著的是佛床上南壁的菩萨列像。其中第一身

图2-3-1 莫高窟158窟《涅槃变》

菩萨与其他菩萨造像样式有细节差异,为吐蕃波罗式样(图2-3-2)。突出的高发髻,典型的三叶冠,卷曲的双肩发辫梢头以及臂钏样式。甬道北壁的吐蕃装供养人僧宜的画像为我们全面了解吐蕃服装式样提供了珍贵的资料(图2-3-3),其翻领式样较小,与壁画赞普与侍从的翻领式样相同。从服饰来看,第158窟与第159窟的绘制时间不同,第158窟比第159窟壁画略晚。

(二)敦煌莫高窟第159窟《维摩诘变》

维摩诘经变本是敦煌壁画的传统题材,如同涅槃变一样,吐蕃统治敦煌在壁画中最突出的反映就是在此经变中出现了完整的吐蕃赞普礼佛图,并由此形成一种固定的绘画题材而沿袭下去,在吐蕃退出敦煌以后,赞普礼佛图仍然保留了相当长的一段时间。将传统绘画题材作适应形势的改变,是吐蕃人艺术创造力的一种表现。他们在本土具有写实风

〔1〕 此幅赞普壁画现今已不知去向,但从残存画面看,不似盗割,因为赞普半边图像仍然存在。图版存伯希和《敦煌石窟》第19窟图版64,上面有藏文榜题。

〔2〕 海瑟近期也对莫高窟《维摩变》与《涅槃变》中的吐蕃赞普进行了讨论,参看 Heather Stoddard, "Cave Temples in Dunhuang & the Period of Tibetan Rule (781–847): the Vimalakirti Debate, the Mahaparinirvana of the Buddha",刊谢继胜、罗文华、景安宁主编:《汉藏佛教美术研究:第三届西藏考古与艺术国际学术讨论会论文集》,上海古籍出版社,2009年,第35—39页。

图2-3-2 莫高窟158窟《涅槃变》波罗风格菩萨　　图2-3-3 莫高窟158窟甬道北壁吐蕃装供养人

格的历史人物造像进入一个新的地区后,将之作为一种绘画题材很快地融入当地主流艺术,造就一种新颖的艺术形式,丰富了敦煌艺术的表现力。赞普礼佛图可以确认为早期的吐蕃壁画,其人物的描绘具有高度的写实风格,与吐蕃本土以大昭寺法王洞为代表的写实彩塑呼应。然而,我们必须确认这样的事实,维摩下方赞普仪仗的描绘对应文殊下方采用汉地汉魏以来君王绘画原有样式的中原唐王君臣行列,这是汉藏艺术早期糅合最重要的现象之一。

　　第159窟的赞普礼佛图是所有敦煌壁画中场面最宏大的一铺(图2-3-4),队列最前方的女子捧红色三层塔状盘,其后男子着褐色长袍,赞普身着白色长袍,褐色大翻领,发髻堆于两颊,其下为方形坐垫,帽子为典型的红色缠头"朝霞帽",[1]帽尾留巾角,但缠头外并没有冠饰,与第158窟的赞普头饰略有差异。赞普本人、右侧执华盖者与赞普前方的正面女像的装束都完全一样,其间透露出吐蕃人的尊卑观念与汉人完全不同。此期赞普礼佛图不是替代传统的中原帝王将相礼佛图,而是在保存原来题材的基础上,把吐蕃赞普与群臣礼佛图画在传统为各国王子礼佛图的位置,[2]与唐人相对,反映吐蕃人对唐文化的尊

〔1〕《新唐书》卷二一六:"赞普身披素褐,结朝霞冒首,佩金缕剑,大臣立于右。"
〔2〕沙武田:《吐蕃统治时期敦煌石窟供养人画像考察》,《中国藏学》2003年第2期,第18—39页。

图2-3-4　莫高窟159窟《赞普礼佛图》

崇。吐蕃统治敦煌后，与洞窟中供养人画像的大大减少相反，反映吐蕃赞普出行礼佛的画像在这一时期突然出现于敦煌石窟，主要见于《维摩诘经变》中。初盛唐时期莫高窟洞窟壁画《维摩诘经变》中画于文殊菩萨像下前来听法的是率文武百官的中原王朝汉族帝王，[1]而到了吐蕃统治时期，洞窟壁画《维摩诘经变》中，除保留有之前文殊下的中原帝王礼佛图外，在原为各国王子礼佛图的维摩诘下方以吐蕃赞普礼佛图的出现为突出特征，代表洞窟如莫高窟159、231、237、359、360等窟。到了张议潮赶走吐蕃统治之后，在敦煌石窟晚唐五代宋归义军时期的洞窟壁画《维摩诘经变》中又马上恢复了吐蕃前的画面情节与内容。他认为中唐吐蕃窟中的赞普形象可能是当地艺术家根据吐蕃人带来的邈真画像绘制的。[2]在赞普礼佛图进入阶段，这种假设或许是正确的，如本章第一节所引的藏文文献，藏人确实有画"邈真"的习俗。然而，这一阶段持续的时间非常短，因为在第158窟，除了涅槃变的吐蕃赞普外，菩萨造像亦可见吐蕃波罗风格影响。20年后，9世纪上半叶，吐蕃人也成了敦煌的丹青好手，这从画家题记中可以看出。

---

〔1〕　代表作如莫高窟第220、103、335、332等洞窟《维摩诘经变》。
〔2〕　沙武田：《吐蕃统治时期敦煌石窟供养人画像考察》，《中国藏学》2003年第2期，第18—39页。

值得注意的是，第159窟主室西壁，龛外北侧下方二联屏风绘制《五台山图》（图2-3-5），南起第一扇从下而上分别绘梵僧行迹，可见对语、礼塔、坐拜，仰天跪拜和白兔狐等，另有佛塔及化现景象及云中骑狮文殊。考虑到吐蕃曾派人到汉地求取五台山图，我们应该将该窟出现的壁画"吐蕃赞普部从"与壁画中的"五台山图"联系起来。[1]

图2-3-5　莫高窟159窟《五台山图》

（三）敦煌莫高窟第365窟藏文题记与吐蕃供养人

此窟是中唐著名汉僧洪辩所建"七佛药师之堂"，《吴僧统碑·大蕃沙州释门教授和尚洪辩修功德（记）》详细记载此窟的修建过程。碑记中有"圣神赞普，万里化均，四邻庆附，边虞不戒，势胜风清，佛日重晖，圣云布集"的句子，[2]说明此窟修建于吐蕃占领敦煌时期。遗憾的是，坛上塑像已毁，壁画系西夏时重绘的作品。佛坛前壁壁画脱落现出里层的藏文题记，是敦煌石窟最重要的藏文题记之一，黄文焕先生进行了著录解读。

---

〔1〕 参看北京大学艺术系刘礼红的硕士论文《敦煌莫高窟中唐时期的五台山图》，2005年4月。

〔2〕 郑炳林：《敦煌碑铭赞辑释》，兰州：甘肃教育出版社，1992年，第63—71页；马德：《敦煌莫高窟史研究》，兰州：甘肃教育出版社，1997年，第286—290页。

'phrul gyī lha rtsan pho// khri gtsug lde brtsan gyī sku r[i]ng la/ sku yo[n] sems
can thams cad gyī bsa … ī … i … hong pen/ sgos gtsug lag khang 'dī chu pho b[y]a ba
['i] lo['i] dpy[ī]d na gtsugs te/ shing pho stag gi l[o] … son rtsa na … gyi ston sla
'br[ī]ng ba// sku gzugs spyan phyed de// zhal bsros so// tha tha dang sag shen … smon
la du gsol//

圣神赞普赤祖德赞之世……（赞普）功德……垂念众生……洪辩……复此佛殿
于水鼠（壬子）年之春（或夏）兴建……木虎（甲寅）年仲秋月开光承礼。塔塔、索晟
光景祈祷。[1]

赤祖德赞815至836年在位，期间只有一个水鼠年（832），也只有一个木虎年（834），
说明七佛堂修建在832—834年，即用了两年的时间。考虑到绢画《千手千眼观音》绘制
时间为836年，从以上作品可以对敦煌吐蕃作品的年代有一个总体认识。值得注意的是，
365窟题记中提到的赞普赤祖德赞，即赤热巴巾（khri ral pa can, 817—838），《唐书》译为
可黎可足，这位赞普即位以前唐蕃失和，赞普重用钵阐布（blon chen po bran），由双方高僧
大德调停，重续甥舅情谊，于彝泰八年，即唐长庆二年（822）在拉萨会盟。敦煌159窟《维
摩诘经变》壁画中听维摩诘与文殊辩法的赞普或许就是热巴巾，榆林窟25窟吐蕃壁画，很
可能绘于这段时期。

除去本节描述的吐蕃石窟中的吐蕃装供养人外，敦煌研究院沙武田博士指出下列石
窟有吐蕃装供养人，现征引如下：

一是见于营建于中唐吐蕃统治时期洞窟。第240窟主室西龛下愿文题榜北侧画吐蕃
装男供养人一排。第359窟主室北壁经变画下画吐蕃装男供养人一排，门北经变画下画
吐蕃装男供养人一排。第361窟北壁经变画下画着吐蕃装侍从三身。"盛唐未完工""中
唐补绘"洞窟中，第225窟东壁门上南侧与北侧中唐画吐蕃装王沙奴与唐装郭氏供养像。
中唐吐蕃统治时期重修的内容：如莫高窟第220窟，是建于贞观十六年的"翟家窟"，中唐
时期在甬道南壁开一小龛，龛内西壁中唐画一佛二菩萨，下画吐蕃装男供养人二身。

吐蕃时期供养人的特点，沙武田博士总结为如下数点：

一是供养人画像的大大减少，有相当一部分洞窟没有画供养人。

二是供养人画像的位置变化，首次出现于洞窟主室东壁门上，如231、359、91、238、
471等窟。第465窟作为早期窟的证据，供养人就画在东壁门上。

三是吐蕃装的出现以及吐蕃装与汉装供养人画像同时并存于洞窟，更为特殊的现

[1]　黄文焕：《跋敦煌365窟藏文题记》，《文物》1980年第7期，第47—49页。

象是,如果出现这种并存的情况,那么一般是男供养人为吐蕃装,女供养人为唐装,如有240、359、361、220等窟。

四是中唐吐蕃统治时期的供养人僧人多于世俗人。

吐蕃统治时期洞窟供养人画像表明,当时对于汉人男性是要求必须穿吐蕃服饰,而汉人女性则相对自由,可以例外,至少在洞窟供养人画像中是可以的。第225窟吐蕃装王沙奴与唐装郭氏一同发心在洞窟绘画千佛,说明了当时的确对妇女在服饰衣着上的相对自由的政策,有着唐装,有着吐蕃装,而且她们可以共同生活,和平相处。[1]

(四)敦煌莫高窟第156窟

第156窟开凿于张议潮统治敦煌的咸通二年至八年(856—861),其时吐蕃已于大中二年(848)撤离敦煌。此窟壁画以描绘收复敦煌功臣张议潮的出行图著名。主壁开方口盝顶龛,龛顶有唐密千手千眼观音,四披绘菩萨。龛顶东披有两尊菩萨(其中一尊为金刚持菩萨,一尊为普贤三昧菩萨),头光、身光、发髻冠式与其他菩萨样式不同(图2-3-6:A),为典型吐蕃波罗样式。这个菩萨样式可以作为9世纪后半叶敦煌所见吐蕃式样的代表,与绢画《不空羂索观音坛城》中的菩萨可以比较。晚唐张议潮时,维摩诘变下方的西域诸王中已没有吐蕃赞普的身影,只有形容难以确认的吐蕃人。

本窟南壁下方张议潮出行图欢迎队列中有穿吐蕃服饰、跳锅庄舞的百姓(图2-3-6:B),舞蹈与今日锅庄广场舞几乎完全相同,可见锅庄舞是一种延续了千年的舞蹈样式,令人感慨。

(五)敦煌莫高窟第161窟与岩居观音

此窟为晚唐密教窟,其图像渊源值得探究。[2]窟顶绘千手千眼观音一铺,四披绘

图2-3-6:A 莫高窟156窟顶龛波罗风格菩萨

---

〔1〕 沙武田:《吐蕃统治时期敦煌石窟供养人画像考察》,《中国藏学》2003年第2期,第18—39页。
〔2〕 研究者谈及敦煌晚唐的密教,会提到善无畏、不空等,但唐密图像究竟来自何处,还没有得到人们的关注。

图2-3-6：B　156窟锅庄舞者

听法菩萨，中央为观音，造像特征与窟顶主尊及听法菩萨形象有明显差别，如窟顶西披观音（图2-3-7）与卫藏早期绿度母造像几乎相同，两者应有关，敦煌观音或许是藏传佛教绿度母的早期样式，因为度母本身就是观音的身形之一。一些重要的细节，特别是度母四周立体几何状的龛形装饰，实际上表现的是岩窟，这种岩窟样式在11—13世纪的卫藏波罗绘画中大量出现，13世纪以后消失，榆林窟第3窟藏密度母仍可见这种几何岩窟。虽然卫藏绘画中大量出现，但岩窟形式在藏传绘画9至10世纪、包括印度现存的遗例，图像例证仍然少见，第161窟的作品为我们探索这种母题的来源提供了线索。

图2-3-7　莫高窟161窟窟顶西披观音

汉文文献对161窟出现的居于岩窟中的观音,入宋以后有一个固定的称呼,即"岩居观音",这是对晚唐五代以来将道释人物绘于岩壑之内画法的定型化,其中观音像发展出岩山水月观音一系与岩居观音一系,《宣和画谱》指出了这种变化。[1]

三、敦煌吐蕃壁画、绢画与西藏早期绘画

敦煌吐蕃绢画是汉藏与多民族文明交流的重要实物,也是西藏卷轴画唐卡起源的源头之一。存世的敦煌吐蕃绢画主要收藏在大英博物馆和法国吉美博物馆,印度新德里国家博物馆也藏有若干作品。韦陀(Whitefield)编、日本讲谈社1982年出版的《西域美术》收有英国所藏所有图片。以下就其中带有吐蕃风格的作品逐幅分析。

(一)《大日如来与八大菩萨曼荼罗》

《大日如来与八大菩萨曼荼罗》绢画(图2-3-8)是敦煌绢画中最具"西藏风格"的作品,绢画下方有漫漶的吐蕃男女供养人像,图像风格及构图方式与察雅仁达丹玛扎石刻造像的风格最为接近。画面整体感觉有很强的藏风,但菩萨造像缺乏丹玛扎造像的内在的稳定特征,气量偏小。人物头颈与肢体的比例稍欠均衡,甚至出现一些技法的失误,如大日如来的眉眼、僵硬不合逻辑的织物描写等,估计此幅作品为新手绘制。画中菩萨皆高发髻、三叶冠,冠叶如山字形,佩饰如同期敦煌波罗菩萨,有过肩至腰右侧的丝带,臂弯还有其他造像所无、搭在臂钏上的石青(原为绿色)丝带。有虹状头光和背光,早期仰覆莲置于须弥座,须弥座两侧有蹲狮,但并非承座狮,这种样式与藏东大日如来承座狮不同。头上垂璎华盖见于丹玛扎和榆林窟的25窟。主尊左右两行分置八大菩萨,身侧有横置藏文榜题,多不可辨认,可以辨识的是右侧第二身左侧榜题"菩萨地藏"(byang chub sems

---

[1] 如《宣和画谱》记五代画家王齐翰,金陵人,事江南伪主李煜为翰林待诏。画道释人物多思致,好作山林、丘壑,隐岩、幽卜,无一点朝市风埃气。开宝末,煜衔璧请命。步卒李贵者,入佛寺中得齐翰画《罗汉》十六轴,为商贾刘元嗣高价售之,载入京师,质于僧寺。后元嗣偿其所贷,愿赎以归,而僧以过期拒之。元嗣讼于官府,时太宗尹京,督索其画,一见大加赏叹,遂留画厚赐而释之。阅十六日太宗即位,后名《应运罗汉》。今御府所藏一百十有九:传法太上图一,三教重屏图一,太阳像一,太阴像一,金星像一,水星像一,火星像一,土星像一,罗睺像一,计都像一,北斗星君像一,元辰像一,长生朝元图一,写南斗星像六,会仙图三,仙山图一,佛像一,因地佛图一,佛会图一,释迦佛像二,药师佛像二,大悲像二,观音菩萨像一,势至菩萨像一,自在观音像一,宝陁罗观音像一,岩居观音图一,慈氏菩萨像一,白衣观音像一,须菩提像二,十六罗汉像十六,十六罗汉像十,色山罗汉图二,罗汉像二,玩莲罗汉像二,岩居罗汉像一,宾头卢像一,玩泉罗汉像一,高僧图一,智公像一,花岩高僧图一,岩居僧一,高十图二,药干像二,高贤图一,逸士图一,重屏图一,古贤图五,围棋图一,琴会图一,琴钓图二,垂纶图一,水阁图一,高闲图一,静钓图一,龙女图一,海岸图二,秀峰图一,陆羽煎茶图一,陵阳子明图一,支许闲旷图一,林壑五贤图一,林亭高会图一,海岸琪木图一,江山隐居图一,金碧潭图一,设色山水图一,林汀遥岑图一,林泉十六罗汉图四,楚襄王梦神女图一。

pa sa'i snying po），主尊身左侧可见"菩萨……一切"当为"一切智大日如来"（byang chub sems pa ..'...thams cad rnam par.. ）。大日如来与八大菩萨唐卡是将当时壁画的内容移入绘画，当与榆林窟相同内容的壁画一并讨论。

（二）《千手千眼观音曼荼罗》

这是敦煌吐蕃风格绢画中最著名的一幅作品（图2-3-9），最初由海瑟（Heather Karmay）博士在她的大作《早期汉藏艺术》中加以分析，并利用红外线读出了画面的汉藏文题记。[1]此幅绢画画面下部已经漫漶不清，人们看到的画面多是顶端的药师佛，故称此画名《药师佛》，但画面下方所见千手千眼观音才是此幅作品的曼荼罗主尊，故此画又有后一种名称。

图2-3-8　敦煌《大日如来与八大菩萨曼荼罗》绢画

绢画的题记写在画面药师佛下方和千手千眼观音的上方榜题框内，藏文在上，横置；与敦煌吐蕃时期其他汉藏文合璧题记不同，汉文题记位于上方。

（第一行）'brug kyi［gi］lo la dge slong bdag dpal dbyangs kus kyi rim gro bsod namsu［？］bsngos te/ sku gzugs sman kyi［gyi］bla dang kun tu bzang po

（第二行）'jam dpal gzhonu［gzhon nu］dang phyag stong spyan stong dang yid bzhin khor［'khor］lo dang yongsu［yongs su］bsngo ba'i kho［'khor］lo la stsogs 'khor gcig bris so

译文："龙年，比丘白央我为身体康健作回向功德绘制下列药师佛、普贤菩萨、妙吉祥王子、千手千眼观音、如意轮观音回向转轮王等佛像组画"。

汉文题记共9行，分别是：（1）敬画［？］药师如来法席；（2）文殊普贤［佛］会铺［？］；（3）千眼一躯……如意轮；（4）……；（5）……先；（6）……法界苍生；（7）……觉

---

〔1〕　海瑟·噶尔美著，熊文彬译：《早期汉藏艺术》，北京：中国藏学出版社，1994年，第29—30页。（Heather Karmay, *Early Sino-Tibetan Art*, England, 1975, pp.8-13.）

图2-3-9 敦煌《千手千眼观音曼荼罗》绢画

路……;（8）丙辰九月望十五日；（9）……

吐蕃占领敦煌期间（781—848）共有6个龙年，[1]但与藏文对应的汉文题记载明丙辰年，即火龙年。这期间只有一个火龙年即836年，唐开成元年。据此可以确认这件作品完成于公元836年九月十五日（汉历），《千手千眼观音》可以作为吐蕃风格作品的一个标尺，如此断代确凿的绘画确实令人振奋。[2]

画面构图为：顶端为药师佛，两侧胁侍为吐蕃波罗风格的菩萨，药师佛右侧菩萨高发髻、三叶冠、耳珰、项链、臂钏、脚镯严身，腰间有缠过的透明丝带，颈项以套圈画法，胸臂健硕，腰肢较细，有贴体丝织短裤。游戏坐，右手手心向内垂下，似持莲茎；左手向外作与愿印，据此判定为莲花手观音。莲座已可见仰覆莲式样。头光与背光式样与榆林窟第25窟大日如来及八大菩萨的式样略有差异。药师佛左侧菩萨与右侧莲花手对称，左脚置莲台，游戏坐。

其下为完全汉式的文殊妙吉祥于主尊左侧，普贤菩萨于主尊右侧，中央为题记框。绢画最下方中央为残存主尊千手千眼观音头颈部，观音右侧为如意轮转轮王（Cintāmaṇicakra），左侧为回向转轮王（Pariṇatacakra）。

题记中出现的画家白央（dpal dbyangs），与我们前面分析榆林窟题记时提到的韦·白央和娘·白央的事迹相差很远，海瑟提到的P.t.1203有僧人（dban de）白央借条，P.t.1257有dpal dbangs bris（"白央写"）的句子，但具体事迹仍无从考证。[3]这位藏族艺

---

〔1〕 788土龙年，800铁龙年，812水龙年，824木龙年，836火龙年以及848的土龙年。

〔2〕 同年敦煌吐蕃时期文献有国家图书馆收藏BD08679《姓氏录》"大蕃岁次丙辰后三月庚午朔十六日乙酉曾图〔?〕唐氏刍芯悟真记"。

〔3〕 海瑟·噶尔美:《早期汉藏艺术》，第34—36页。

术家白央的出现使我们对敦煌吐蕃艺术有一个新的理解,以往艺术史家总以为敦煌吐蕃时期作品,包括波罗式样的作品,都出自汉族艺术家的手笔,导致此类作品被排斥在西藏艺术之外。《千手千眼观音》的题记明确记载,藏族艺术家白央绘制了此幅壁画中的6位佛菩萨图像,无论是波罗样式的,还是完全中唐汉风作品,都是出自白央之手。本节出现的其他画家题名,也不能确定就是汉人画家。白央等藏人画家的出现,以及娴熟运用两种绘画风格的事实说明,吐蕃人将波罗因素融入盛唐以来的汉地风格形成中唐的吐蕃波罗样式,他们已经完全掌握了融合多种成分的敦煌吐蕃绘画技巧,这是吐蕃艺术的辉煌起始,是西藏艺术初传汉地时期最耀眼的时刻,也是汉藏艺术交流完美的开局。

(三)《不空羂索观音曼荼罗》

此幅绢画藏巴黎吉美博物馆(图2-3-10),阿梅·海勒根据主尊手持羂索判定为不空羂索观音曼荼罗(Mandala of Amoghapásá),韦陀认为可能是大日如来和八大菩萨。[1]由于画面只有七位,判定大日如来与八大菩萨似乎难以成立。绢画构图较为少见,七位眷属呈U状环绕主尊。主尊身色为罕见的青黑色,高三叶冠,冠有化佛阿弥陀佛,似三目,项链、臂钏、手镯严身。四臂,主臂双手似作说法印,右手并执莲花;左手执一长茎花穗状三叉戟。右下臂作与愿印,左下臂外展执羂索。跏趺坐于仰覆莲座,其中仰莲较大。根据观音身色,此不空羂索观音与《不空羂索神变真言经卷第一》所载观音造像相似:"青身观世音菩萨。面目瞋色身有四臂。首戴宝冠冠有化佛。一手持曲钺刀一手执三叉戟。一手执羂索一手执莲华。以诸衣服宝珠璎珞。耳珰镮钏而庄严之。身圆光焰结加趺坐宝莲华座。莲华下画大水池。水中画种种色莲华。菩萨两侧画大龙王。状如天神长跪合掌瞻仰菩萨。各于头上有九龙头。"[2]除去身色,绢画不空羂索与《出世解脱坛像品第二十六》所记观音持物完全吻合:"座上不空羂索观世音菩萨。一面四臂。着天衣服镮钏珠璎。状大梵天面有三目。首戴宝冠冠有化佛。一手把莲花一手把三叉戟。一手把羂索一手施无畏。结加趺坐。"[3]

绢画不空羂索眷属,右上菩萨蓝色身形,持杖;右中菩萨双手捧莲,游戏坐姿与大昭寺《大日如来五方佛》右下菩萨完全相同,敦煌莫高窟第465窟窟顶可见同样风格;下方护法神图像耐人寻味,佛经所记应为"状如天神长跪合掌瞻仰菩萨"的大龙王,且胁侍于两侧。

〔1〕 Amy Heller, "Eight-and Ninth-Century Temples and Rock Carvings of Eastern Tibet", in Jane Singer & Denwood ed., *Tibetan Art: Towards a Defication of Style*, London, 1997, pp.86–103. 韦陀(Whitefield)向海勒建议,此幅绢画可能是大日如来和八大菩萨。

〔2〕 (唐)菩提流志译:《不空羂索神变真言经卷第一》,《大正藏》No.1092,《祈雨法品第七十一》。

〔3〕 (唐)菩提流志译:《不空羂索神变真言经卷第一》,《大正藏》No.1092。

图2-3-10　敦煌《不空羂索观音曼荼罗》绢画(《西域美术》,1-PL.080-1)

此位护法三叶冠带束发，三目，八字须，但不见蛇首。四臂，主臂右手执彩杖，左手当握猫鼬（不清）；左右次臂右手持物不清，左手握白莲花。莲花座，左脚踏小莲座。这里除了该护法神四臂外，其余特征与本节分析的榆林窟第15窟前室北壁天王像及大昭寺早期壁画库藏神非常相似，或为库藏神的另一种样式。主尊左上菩萨执黄色莲花；左中菩萨执紫色莲花；左下菩萨执三叉穗花茎。作品本身具有极高的艺术性，人物皆以纤细的线条勾勒然后平涂，人体比例合度，形体准确自然、写实，特别是五官鼻翼、嘴唇的刻画。绢画虽然有波罗式样佩饰，但整体感觉仍然非常的"汉式"，说明这些作品已经完全地域化了。据绢画的藏文题记，年代在8世纪末前后。

罥索，本是猎取鸟兽的工具，佛教中为佛菩萨摄取众生和"执系不降服者"的象征，因其必有所获，故云不空，不空罥索观音是唐密八大菩萨之一，在敦煌壁画中每与如意轮观音同时画出，位于窟门或龛门的两侧。与藏传风格敦煌绢画可以比较的如敦煌西千佛洞第18窟南壁西侧唐《六臂不空罥索观音变》（图2-3-11）。

不空罥索观音在后期藏传佛教造像中不是刻意表现的题材，吉美绢画是将敦煌先期流行的唐密观音吐蕃化，丰富了敦煌吐蕃艺术。

（四）《金刚手菩萨》

此幅金刚手菩萨绢画（图2-3-12）[1]具有"敦煌波罗"样式的典型特征，宽大山字形三叶冠与冠带连成整体的冠饰，遮住了后面波罗样式中常见的高发髻，造成菩萨头部视觉上缺失。正面构图可见于阗风格，眼部勾白手法多见克什米尔金铜造像妆彩，绘画亦有采用此法者，做法沿袭今日。双肩散落发辫画法与卫藏佛母造像发辫处理方式相同。项链、臂钏、手镯是波罗式样的特征，只是臂钏位置较高。缀饰三条红色小团花丝带的贴体丝裤在11世纪前后多见于藏区西部的作品，与克什米尔的风格相关，与8世纪前后尼泊尔的裙裤样式不同。右手屈于胸腹间，托举蓝色金刚杵，左手垂下执傍体莲花茎，双手手掌施红是波罗样式的标志之一。脚下莲花座为敦煌式样的写实风格，似乎可以看到莲藕。金刚手绢画背面带有藏文题记，人物造型外露紧凑、略微生硬的躯体，颜色艳丽的条状织物图案，厚实平直的线条和人物强烈的凝眸表情，都确定属于藏式的风格特征。作品与当时以流畅的线条、相对较为柔和的用色刻画丰腴人物的汉式风格有很大的不同，人物神情与汉地风格作品亦有差别。

---

〔1〕 图版参看 R. Whitefield and A. Farrer, *Caves of the Thousand Buddhas: Chinese Art from the Silk Route*, London, 1990, p. 63, pl. 36.

图2-3-11　敦煌西千佛洞第18窟南壁西侧唐《六臂不空羂索观音变》　图2-3-12　敦煌《金刚手菩萨》绢画

（五）《莲花手菩萨》《观音菩萨》

此两幅莲花手观音绢画创作于9世纪中叶或10世纪初（图2-3-13：1、2），具有十分明显吐蕃波罗艺术风格，两尊菩萨皆高发髻、三叶冠、大耳珰，双肩卷曲发辫的处理是典型吐蕃式样，右手作期克印，右侧菩萨右手执莲花，左侧菩萨似作与愿印。彩带缠绕、中央垂飘带的裙裤样式在藏传佛教中出现在10至11世纪。左侧菩萨上肢夸张的拉长是东印度波罗风格最突出的特征。维塔利将这两幅绢画看作是吉如拉康彩塑菩萨的样本格

图2-3-13：1　敦煌《莲花手观音》绢画　2　《观音菩萨》绢画

式，认为在9世纪上半叶、即吐蕃占领敦煌时期，卫藏地区和敦煌之间存在风格上的紧密联系。[1]本节作者考察的阿里扎达县卡孜河谷残毁佛塔所见八大菩萨与此绢画风格几近完全相同，年代在11世纪初。

---

[1]　Roberto Vitali, *Early Temples of Central Tibet*, London, 1990.

（六）《普贤菩萨》

此幅普贤菩萨绢画亦创作于9世纪中叶或10世纪初（图2-3-14），[1] 同样具有十分

明显的吐蕃波罗风格，但绘画方法与以上绢画菩萨立像略有不同，更侧重于用线，线条均细而坚韧，附线晕染以淡彩。幡画上方箭头状垂条是宋代卷轴画惊燕的雏形，下方连珠纹，八角悬帐华盖顶莲花饰宝珠火焰纹，下坠交穗璎珞，此种菩萨头顶所覆华盖是中晚唐出现的母题。值得注意的是，菩萨的椭圆形头光边缘饰有火焰，这和其他敦煌立像幡画所见圆形头光不同，后者没有火焰。菩萨头偏向右侧，高发髻，三叶冠，两侧发缕垂于肩上，辫梢系红巾。饰耳珰，两侧耳珰形制不同。臂钏、手镯、脚镯、项链皆波罗式样。右手上举至胸前，作施与印，执细茎三色莲花；左手下垂至膝部。上身赤裸，饰透明蓝色过左肩饰带和红色双臂丝巾。裙裤对称绘画，但与9世纪前后波罗风格菩萨紧密缠在腿上的裙裤样式不同，后者如查拉姆的菩萨像。莲座样式为敦煌流行的汉地式样。立像左侧榜题框内汉字"普贤菩萨"。

（七）《维摩诘变》

此幅绢画（图2-3-15）好像是截取了壁画的一个场景，壁画中吐蕃赞普的服饰与莫高窟第158窟《涅槃变》的赞普及甬道北壁供养人僧宜的小翻领胡服一致，与第159窟《维摩诘变》大翻领样式有区别，可见其绘制年代与第158窟壁画相仿。然而，赞普红色头冠"朝霞冒首"与第158窟有一些区别，缠头外没有冠饰，冠后尾饰见于第158窟赞普侍从。绢画侍从的缠头与藏东及青海郭里木棺板画所见吐蕃头饰完全相同。[2] 赞普红色里衣，小翻领白色长袍"素褐"，长袖及地，左衽，黑色靴，右手于

图2-3-14　敦煌《普贤菩萨》绢画

---

〔1〕 图版参看彭本人编：《海外遗珍：中国佛教绘画》，长沙：湖南美术出版社，2001年，图版二八，绢本，纵59厘米，横18厘米，藏法国吉美博物馆。

〔2〕 罗世平：《天堂喜宴——青海海西州郭里木吐蕃棺板画笺证》，《文物》2006年第7期。

图2-3-15　敦煌《维摩诘变》绢画

袖中垂下，左手外展持莲花茎。执华盖者褐衣白色翻领，红色缠头；后方与此相同装束的妇人，却头戴党项人头饰。最为精彩的是行进的赞普队列前两位吐蕃甩袖舞者，极富生活气息。舞者袖口及领口镶嵌斑点虎豹皮，这或许就是刘元鼎所说的"以黄金饰蛟螭虎豹"，[1]亦即今日的藏装水獭皮袖口。

此外，维摩诘变赞普及侍从上方、维摩诘下方立有四大天王，其中多闻天王造像正如我们前面分析的，具有强烈的吐蕃特征：天王所佩铠甲为吐蕃武士装具，左手托塔，右手执红缨戟，人物短壮敦实，如同陈丹青《西藏组画》中的康巴汉子首领，形貌神态与赞普相似。

---

〔1〕　刘元鼎：《使吐蕃经见纪略》，《全唐文》卷七一六；王尧：《吐蕃金石录》，第56—57页。

第四节　敦煌藏经洞出土护身符：连接 早期汉藏交流的纽带与媒介

有唐以来，中国多民族文化互动交流直抵历史巅峰，佛教艺术的融摄式发展和信仰实践的杂糅性存续在地处丝绸之路咽喉的敦煌可窥一斑。敦煌佛教艺术的多元与繁荣是当时来自不同区域和族际间的文化精髓共同构筑的盛景。

吐蕃占领敦煌期间（786—848），是敦煌佛教艺术的革新期，亦是汉藏佛教艺术互动交融的关键时期。此时来自雪域高原的吐蕃佛教对敦煌的影响并不囿限于石窟艺术，其文化濡染还广泛体现在民众的日常信仰实践层面。本节所讨论的P.t.389、P.4519和S.6348等汉藏文陀罗尼经咒与恶趣清净曼荼罗、观音等密教图像互构所形成的护身符即为典型，是折射该时期敦煌社会多民族文化交流交融的史证。本节将敦煌藏经洞出土的恶趣清净曼荼罗及观音救度等密教图像与陀罗尼经咒相组合的纸本、绢本护身符置于汉藏佛教交融语境中，分析其图像配置、意涵功能及其融摄演进；另结合对图像中藏文经咒与愿文的解读，讨论蕃据时期密教图像与陀罗尼经咒互文构成、源流图景与衍生蕴含等。

一、恶趣清净曼荼罗与陀罗尼经咒组合

敦煌藏经洞出土的恶趣清净系曼荼罗纸本画共计4幅，分别藏于法国国家图书馆和大英图书馆，编号依次是：P.t.389、P.4519、P.3937和S.6348。其中P.t.389为藏文本，画面中题写有大量的藏文经咒与愿文；P.4519和S.6348为汉文版，画面中抄满了汉文经题与经咒；P.3937仅绘图像，并无经咒与愿文。日本学者松本荣一先生是最早的关注者，1937年在其敦煌学巨著《敦煌画研究》中，首次对S.6348中的汉文经咒做了辨识分类。就其图像，松本先生当时指出为佛顶曼荼罗；[1]紧随其后的是法国藏学家玛尔赛勒·拉露

---

[1] 松本荣一：『燉煌画の研究』，東方文化学院東京研究所，1937年，第549—579页。中译本见［日］松本荣一著，林保尧、赵声良、李梅译：《敦煌画研究》（上册），杭州：浙江大学出版社，2019年，第313—330页。

（Marcelle Lalou），她在1953年发表的论文《关于一件敦煌护身符的记述：多罗经忏和白伞盖陀罗尼》中，对P.t.389中的藏文做了录文整理，并就白伞盖陀罗尼经咒在敦煌的流行等展开讨论。然就图像问题，拉露并未对此准确识读；对曼荼罗中神灵尊像题名亦未按相关仪轨对应的方位次第录文。但她凭深厚的藏语文功底和敏锐的学术感知，指出该纸本画很可能是给一位当时活跃于敦煌的汉族人绘制的"护身符"。[1]近半个世纪之后，日本学者田中公明先生于2000年在其著作《敦煌密教与美术》中，对P.t.389、S.6348之图像做了解读，并就其文本依据展开追溯，助推了该研究的学术进展。[2]之后，法国藏学家王微（Frunçoise Wang-Toutain）在论文《白伞盖佛母：汉藏佛教的互动》一文讨论汉藏之间白伞盖佛母尊崇信仰与藏文《佛顶白伞盖陀罗尼经》之汉译本等问题时，曾涉及P.4519和S.6348，并将其图像标注为白伞盖佛母曼荼罗。[3]

鉴于前人先行研究，目前学界对这4幅纸本画之定名仍各持己见，[4]汉藏两版本的综合比对研究稀缺，更未兼顾吐蕃统治敦煌期间汉藏佛教碰撞交融的历史语境，聚焦相关图像与陀罗尼经咒互文构成与衍生功能等问题展开综合分析。故下文在前贤研究的基础上拾遗补阙，展开进一步探讨。

（一）P.t.389、P.4519、S.6348图像与陀罗尼经咒互文构成方式

1.图像构成

P.t.389（图2-4-1）、P.4519（图2-4-2）和S.6348（图2-4-3）三幅纸本恶趣清净曼荼罗结构及图像构成基本一致，尊像和曼荼罗结构线均用浅红色线条勾绘。在曼荼罗结构方面：P.t.389藏文版由3重构成，P.4519和S.6348汉文版由4重构成，三者中央均呈八辐轮形，主尊皆为一面二臂结禅定印、金刚跏趺坐于莲花座上的大日如来。在尊格配置方面：环绕中央主尊的第二重八辐轮上为八佛顶，与八辐轮相切的金刚环外的第一道金刚围墙内四角为外四供养菩萨；第三重东、南、西、北四方分别绘十六菩萨。P.t.389、P.4519和S.6348三者相异之处在于：在P.t.389第三重东、南、西、北四方金刚围墙的中央位置有四门，内绘四摄菩萨，而P.4519和S.6348中的四摄菩萨则绘在第四重外金刚围墙四方的四门。相比之下，P.4519和S.6348比P.t.389多出一重——第四重，其所绘内容为十护方天和八吉祥等。P.3937在曼荼罗结构上不同于以上三幅之处在于，除中央八辐轮中心的主尊

〔1〕 Marcelle Lalou, "Notes A Propos d'une Amulette de Touen-houang: Les litanies de Tārā et La Sitātapatrādhārani", *Journal Asiatique CCXLI*,1953, pp.135-149.
〔2〕 田中公明：『敦煌密教と美術』，法藏館，2000年，第72—96页。
〔3〕 ［法］王微著，罗文华译：《白伞盖佛母：汉藏佛教的互动》，《故宫博物院院刊》2007年第5期，第106—107页。
〔4〕 此外，敦煌研究院敦煌藏经洞陈列馆常年展出高清复制版的P.4519，将之定名为"请观世音菩萨咒曼荼罗图"。

图2-4-1　P.t.389恶趣清净曼荼罗（31×40 cm,法国国家图书馆藏）

大日如来和八辐轮之上的八佛顶外,其余眷属均呈水平式构图。[1]

　　关于P.t.389、P.4519和S.6348三幅曼荼罗所据图像文本问题,田中公明先生已对P.t.389中的尊格构成及图像特征做了对比研究,指出其与大英图书馆所藏藏文手抄本《恶趣清净怛特罗》(编号为S.t.579)中所载的恶趣清净曼荼罗图像仪轨相近。[2]汉文版

---

〔1〕　关于恶趣清净曼荼罗的图像配置的详细讨论,详参王瑞雷:《敦煌、西藏西部早期恶趣清净曼荼罗图像探析》,《故宫博物院院刊》2014年第5期,第81—98页。
〔2〕　相比之下,田中先生指出P.3937恶趣清净曼荼罗白描稿与St.579最为接近。见田中公明:『敦煌密教と美術』,法藏館,2000年,第93页。

图2-4-2　P.4519恶趣清净曼荼罗（35×30.3 cm,法国国家图书馆藏）

P.4519和S.6348与藏文版P.t.389相比,前三重尊数及尊格特征基本一致,仅多出第四重十护方天和八吉祥。[1]基于田中先生的研究,笔者对此仪轨又做详释后发现,S.t.579在讲述恶趣清净曼荼罗图像配置时,亦涉及对十护方天和八吉祥的记载（图2-4-4、图2-4-5、

———————

[1]　除此之外,另在第四重的四隅绘有四天王。在外重四隅绘作为该曼荼罗主尊眷属的四天王极为罕见,在P.4519和S.6348中出现此类现象,怀疑与当时敦煌天王信仰,并与其护法、护国思想,尤其是曼荼罗设坛时需要置四天王"仪像"于四角,以期"严加持结界"有关（《广大宝楼阁善住秘密陀罗尼经卷中·结坛场法品》,《大正新修大藏经》第19卷,第643页;《大佛顶广聚陀罗尼经卷第五·大佛顶无畏宝广聚如来佛顶秘坛八肘大坛法品》,《大正新修大藏经》第19卷,第172页;《关中创立戒坛图经·戒坛形重相状》,《大正新修大藏经》第85卷,第808页）。

图2-4-3　S.6348恶趣清净曼荼罗（53×76.2 cm，大英图书馆藏）

图2-4-6）。[1]

十护方天内容录文并翻译如下：

phyogs skyong bcu por mnan［mtsan］grags pa/ dpang po rdo rje 'chang rgyal te/
lha 'i rgyal po gdon kya das dag/ me me shar phyogs gdon dang bcas pa la phyag 'tshal
bsnyen bkur mchod pa 'bul/ sbyin bsreg 'chang ba mye'i lha/ 'byung po rgyal po gdon
kyī bdag/ 'chas kyi gdon dang bcas pa la/ phyag 'tshal bsnyen/ gshin rje thod dbyug
'chang pa'i lha/ lha 'i rgyal po gdon kyi bdag/ ma mo chogs dang bcas pa la/ phyag/ bden
dang phral pa legs ldan lha/ srin po rgyal po gdon gyi bdag/ 'tshams kyi gdon dang bcas
pa la/ phyag/ zhags pa thogs pa chu'i lha/ yang dag srung ba gdon gyi bdag/ nub phyogs
gdon dang bcas pa la/ phyag/ rlung ste rlung［srung］kyang 'dzin pa'i lha/ chig srung
gdon kyī bdag po ste/ 'tshams kyī gdon dang bcas pa la/ phyag/ gnod sbyin lag na dbyug

〔1〕 其中图2-4-4第8行到图2-4-5第7行为十护方内容记载，图2-4-5第8行到图2-4-6第6行为八吉祥女记载。

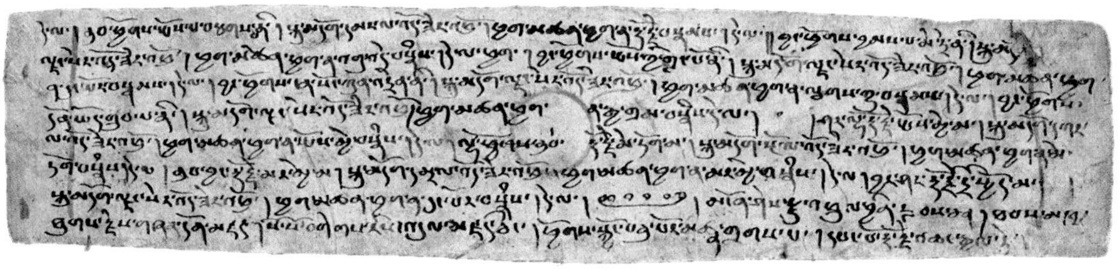

图2-4-4　S.t.579恶趣清净曼荼罗仪轨（十护方神图像内容）（大英图书馆藏）

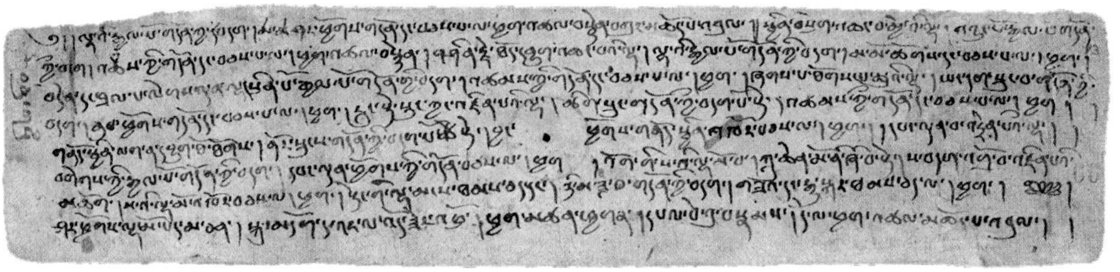

图2-4-5　S.t.579恶趣清净曼荼罗仪轨（十护方神与八吉祥女图像内容）（大英图书馆藏）

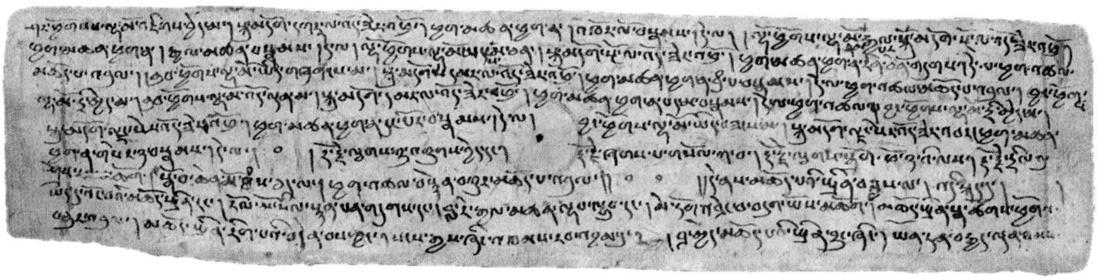

图2-4-6　S.t.579恶趣清净曼荼罗仪轨（八吉祥女图像内容）（大英图书馆藏）

tho thogs/ nor srungs gdon gyi bdag po bdag po che ste/ byang phyogs gnod sbyin 'khor bcas la/ phyag/ dpal ldan ba 'dren pa'ī lha// bgegs kyi rgyal po gdon kyi bdag/ dbang ldan phyogs kyi gdon bcas la/ phyag/ 'og gi sa'i lha mo pa/ klu chen mo ni zhi ba ste/ sa bdag 'gro ba 'dzin pa'i mchog/ sa'i lha mo 'khor bcas la/ phyag steng gi lha ma pa thams cad dang/ ni ma zla ba gdon kyi bdag/ gza' dang rgyu skar thams cad la/ phyag/

十方护天皆为主，手持金刚者为帝释天，诸神之王邪魔主，东南方诸魔障等致以顶礼与供养；持火供者为火天，魍魉之王邪魔主，～～魔障等致以顶礼[与供养]；手持杖者为阎摩天，帝神之王邪魔主，女鬼之王等致以顶礼[与供养]；西南方罗刹天，罗刹之王邪魔主，界之邪魔等致以顶礼[与供养]；持绢索者为水天，护持纯净者邪魔主，西方邪魔等致以顶礼[与供养]；风之守命者为风天，～护持者邪魔主，界之邪魔

等致以顶礼［与供养］；持梃杖者为毗沙门天，护宝之主邪魔王，北方毗沙门携眷属
［致以］顶礼［与供养］；东北方为伊舍那天，除障之王邪魔主，东北方之邪魔等［致
以］顶礼［与供养］；下方为地母，大龙母皆慈祥，大地之主护众生，大地之母及诸眷
属等［致以］顶礼［与供养］。上方为阿修罗之众天，日月乃至邪魔之主，星曜与星宿
之众皆［致以］顶礼［与供养］。

八吉祥内容录文并翻译如下：

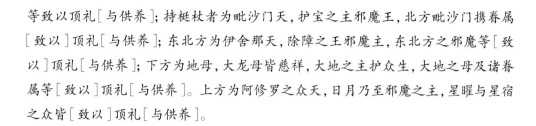

　　shar phyogs lha mo pad ma can/ sku mdog dkar la 'od zer 'phro/ phyag mtshan
phyag na/ dpal be'u bsnams/ de la phyag 'tshal mchod pa 'bul/ shar phyogs lha mo 'jigs
byed ma/ sku mdog dkar la 'od zer 'phro/ phyag mtshan phyag na/ 'khol lo bsnams/ de
la/ lho phyogs lha mo rnam pa［r］rgyal/ sku mdog sngo la 'od zer 'phro/ phyag mtshan
phyag na/ rgyal mtshan bsnams/ de la/ lho phyogs lha mo med ma sa can/ sku mdog sngo
la 'od zer 'phro/ phyag mtshan phyag na rin cen gdugs/ de la phyag 'tshal mchod pa 'bul/
nub phyogs lha mo yid gzhags ma/ sku mdog dmar la 'od zer 'phro/ phyag mtshan phyag
na bum pa bsnams/ de la phyag 'tshal mchod pa 'bul/ byang phyogs lho mo dri byed ma/
nub phyogs lha mo 'od ldan ma/ sku mdog dmar la 'od zer 'phro/ phyag mtshan phyag na
pad ma bsnams/ de la phyag 'tshal/ byang phyogs lha mo dri byed ma/ sku mdog ljang ser
'od zer 'phro/ phyag mtshan phyag na dung por bsnams/ de la/ byang phyogs lha mo yid
bzangs ma/ sku mdog ljang ser 'od zer 'bar/ phyag mtshan phyag na gser nya bsnams/ de la/

　　东方莲花女，身呈白色放光芒，手持吉祥结为标帜，叩首呈供养状；东方梵天女，
身呈白色放光芒，手持轮为标帜，（叩首呈供养状）；南方胜利女，身呈青色放光芒，手
持宝幢为标帜，（叩首呈供养状）；南方谦慧女，身呈青色放光芒，手持宝伞（盖）为标
帜，叩首呈供养状；西方如意女，身呈红色散光芒，手持宝瓶为标帜，叩首现供养状；
西方具光女，身呈红色散光芒，手持莲花为标帜，叩首（现供养状）；北方无垢女，身呈
黄绿散光芒，手持海螺为标帜，（叩首现供养状）；北方善意（火神）女，身呈黄绿色并
散光芒，手持金鱼为标帜，叩首（现供养状）。

　　以上为 S.t.579 中对十护方天和八吉祥的记载。此处的八吉祥，为八吉祥女，手中均
托八吉祥标帜。[1]此外，S.t.579 中还记载了在该曼荼罗建成后举行灌顶仪式时使用八吉

---

〔1〕 八吉祥女所持标帜分别是宝瓶、宝盖（伞）、双鱼、莲花、海螺、吉祥结、宝幢和法轮。

祥和七政宝。[1]汉文版P.4519和S.6348中出现的八吉祥为八吉祥标帜，即以图案的形式
呈现，笔者推测这种现象或与对八吉祥女图像的简化、直接采用其被图案化的标帜有关。
同出自藏经洞，编号为P.3937的恶趣清净曼荼罗（图2-4-7）中的八吉祥是以八吉祥女的
形式呈现。

　　与恶趣清净相关的经典仪轨自吐蕃时期已由胜护（Jayarakṣīta）等人翻译成藏文，[2]
公元836年由吐蕃王室官方编纂修订的译经录《旁塘目录》中亦收录有相关经典。[3]藏
传佛教后弘期初，洽译师法祥（Chos rje dpal）等对此又做了重译。[4]汉译本由宋法贤于

图2-4-7　P.3937恶趣清净曼荼罗（43×59.8 cm，法国国家图书馆藏）

---

〔1〕 详见S.t.579第15页背面第5行。
〔2〕 *De bzhin gshegs pa dgra bcom pa yang dag par rdzogs pa'i sangs rgyas ngan song thams cad yongs su sbyong ba gzi
brjid kyi rgyal po'i brtag pa phyogs gcig pa zhes bya ba*/《清净一切如来阿罗汉等正觉者的恶趣威光王仪轨》（德
格版No.483；北京版No.116）。
〔3〕 西藏博物馆编：《旁塘目录》，北京：民族出版社，2003年，第61页。
〔4〕 *De bzhin gshegs pa dgra bcom pa yang dag par rdzogs pa'i sangs rgyas ngan song thams cad yongs su sbyong ba gzi
brjid kyi rgyal po'i brtag pa phyogs gcig pa zhes bya ba*/《清净一切如来阿罗汉等正觉者恶趣威光王仪轨》（德格
版No.485、北京版No.117）。

至道二年（996）译出。[1]吐蕃统治敦煌期间，在藏地信仰流行的《恶趣清净怛特罗》经典因民族迁徙等由吐蕃人为主媒在敦煌得以传播。显而易见，从藏经洞中发现的这4幅曼荼罗均为恶趣清净曼荼罗，所据文本当与藏文仪轨S.t.579有关。

2. 图像与陀罗尼经咒的图文组合方式

在P.t.389、P.4519、S.6348和P.3937四幅恶趣清净曼荼罗中，前三幅是以图像和陀罗尼经咒图文组合的方式表现，而最后一幅仅绘尊像，并未与之对应的经咒与愿文。P.t.389和P.4519的共性是，在主尊和每一眷属的胸前均有种子字：前者P.t.389之大日如来、八佛顶、十六菩萨、四摄菩萨胸前的种子字为藏文Oṃ，外四供养菩萨胸前的种子字为huṃ；P.4519主尊大日如来胸前种子字为唵吽唵，八佛顶、十六菩萨和十护方天胸前为唵吽，内四供养菩萨胸前为吽，外四供养菩萨胸前为唵吽，四摄菩萨胸前为唵吽叭；S.6348主尊大日如来胸前种子字为唵，八佛顶胸前为唵［吽叭］，内四供养菩萨胸前为吽、外四供养菩萨胸前为唵吽，十六菩萨胸前缺题，十护方胸前为唵。此外，P.t.389除主尊外，另在每一眷属的右侧、或左侧均有藏文墨书乌梅体题写的尊名及与之对应的真言密咒和愿文（曼荼罗外院的上下方亦有用藏文乌梅体题写的经咒和愿文）。相反，汉文版P.4519中没有相应的题名，而是抄满了真言咒语（主要分布在曼荼罗第二重、第三重）和抄录的经题与经文（主要分布在曼荼罗第四重及外重四周，其中之间也夹杂有真言密咒）。S.6348与P.4519类似，亦无题名，仅在八佛顶、内外四供养菩萨和护方天腹部题有真言咒语，以及在该曼荼罗外重抄满了各类经题和经文，它们之间也夹杂有各类真言密咒。S.6348与P.t.389和P.4519之间另一不同之处在于在其背面的两侧，还补抄有大悲咒等陀罗尼经咒（图2-4-8）。

从整体来看，以上三幅曼荼罗图文组合方式基本一致，尤其是P.t.389和P.4519两者在组合形式上高度相似。除主尊胸前种子字外，在曼荼罗第一重——用联珠纹缀合而成的金刚环内外均题写有陀罗尼经咒。P.t.389金刚环内的真言咒语是（图2-4-9）：oṃ sho dha ne sho dha ne sa［sba］pa pa bhi sho dha ne shud dhe bhi shud dhe sa rwa ka rma sa ba ra na bhi shud dhe shwā hā/ oṃ tra ta hri/；[2]外侧第一轮为：Shud d［h］e sa rwā a wa ra na bhi shud d［h］e swā hā/；第二轮是：shud dhe bhi na oṃ bha ga bha ti sa rwa dur rga ti pa ri sho dha na ra dza ya/ ta tha ga ta ya/ a ra ha te sam myag sam bhu ta ya/ tad ya tha oṃ sho dha ne sho dha ne sa rwa pa pa bhi sho dha ne/ P.4519金刚环内的真言咒语是（图2-4-10）：唵

---

[1]（宋）法贤译：《佛说大乘观想曼拏罗净诸恶趣经》（二卷），《大正新修大藏经》第19卷，No.939，佛陀教育基金会出版部，1990年，第88页上至第95页下。

[2] 拉露将第一重真言转写为：oṃ sho dha ne sho dha ne shud dhe bhi shud dhe sa rwa ka rma a wa ra na bhi shud dhe swā hā/ oṃ tra ta hri/

图2-4-8　S.6348恶趣清净曼荼罗背面经咒（大英图书馆藏）

图2-4-9　P.t.389恶趣清净曼荼罗主尊大日如来（法国国家图书馆藏）

毗摩疑阇阇耶伐底阿蜜［米］粟／帝哈哈（左侧）和咤米咤莎咤（右侧）；外侧一圈是：请观世音菩萨咒／那牟啰恒那［耶］／心中心咒／唵状［拔］啰拔罗三拔啰印地／嘌耶毗输达弥［你］唅［哈］哈噜□遮疑莎阿。S.6348金刚环内缺真言咒语（图2-4-11）。此外，在环围P.t.389曼荼罗外重的上下方亦题写有陀罗尼经咒和赞辞（图2-4-12，图2-4-13），据拉露研究，该曼荼罗第一重金刚环内外及外重上下方陀罗尼与赞辞等主要是由观音（度母）以及以Oṃ ṛṣigaṇa和Tadyata oṃ anale为起首的两个大白伞盖佛母陀罗尼构成。[1]因

---

〔1〕　Marcelle Lalou,"Notes A Propos d'une Amulette de Touen-houang: Les litanies de Tārā et La Sitātapatrādhārani", *Journal Asiatique CCXLI*, 1953, p.140. P.t.389恶趣清净曼荼罗外重的上方跋为：dug dang mchon dang mye dang chu las sgrol bar byed pa'i/ gzhan gyis myi thub drag shul che/ gtum pa chen mo stobs chen mo/ 'bar ba chen mo gzi brjid che/ dkar mo chen mo stobs chen mo/ 'bar ba'i 'phreng ba gos dkar mo/ 'phags ma sgrol ma khrog gnyer can/ rgyal ba'i rdo rje'i 'phreng zhes grags/ pad mo'i mngon mchan rdo rje sku/ 'phreng ba gzhan gyi myi thub pa/ rdo rje'i sgros can 'jom ba mo/ zhi ba'i lha rnams kyis mchod pa/ gzugs des gzi brjid chen mo can/ 'phang ma'i sgrol ma stobs mo che/ myi 'chi rdo rje lu gu rgyud/ rdo rje gzhon nu'i rigs 'dzin ma/ phyag na rdo rje'i rig sngags bdag/ sngags 'chang gser gyi 'phreng ba can/ rin chen me tog leb rgan rtsi/ rnam par snang mdzad rdo rje'i gtsug ces（转下页）

图 2-4-10　P.4519 恶趣清净曼荼罗主尊大日如来（法国国家图书馆藏）

大白伞盖佛母陀罗尼具有除障护佑众生等多重功能,故与之相关的经典及陀罗尼在吐蕃占领期的敦煌极为盛行,法国藏学家王薇已注意到它在敦煌流行的功能所在。[1]此外,笔者发现法藏 P.t.858 也是一件由大白伞盖佛母和佛顶尊胜佛母陀罗尼构成的护身符(图 2-4-14)。该护身符展开长 23.5 厘米,宽 23 厘米,据上方遗留的 16 块折叠痕迹,可知它最初是一件长宽约 5.7 厘米,折叠成块状的护身符。其画面是由藏文陀罗尼经咒组合而成的楼

（接上页）grags/ bsgyings ma'i rdo rje gcug ces grags/ bsgyings ma'i rdo rje gser 'od spyan/ ；上方题跋为：rdo rje'i sgros can dkar mo dang/ zla 'od me tog pad mo'i spyan/ phyag rgya'i chogs de thams cad kyis/ yon gyi bdag po yang log la srungs shig srungs shig/ oṃ ri shi ga na pra sha sta ya/ ta tha ga to u shn［ṇ］i sha sing ta ta pad tre/ huṃ druṃ dzam bha na/ huṃ druṃ stam bha na ka ra huṃ druṃ/ ma ha bhyid tya sam bha ksha na ka ra huṃ druṃ/ sa rwa du sta nan stam bha na ka ra huṃ druṃ/ sa rwa ya ksha ra ksha sa gra ha nan bhyid twan sa na ka ra huṃ druṃ/ ca tur shi ti nan gra ha sa ha pra nam bhyid twang sa na ka ra huṃ druṃ/ a sht［r］a bhyin sha ti nan na［g］ksha tra nam pra sa dha na ka ra huṃ druṃ/ a sht［r］a nam ma ha gra ham bhyid twang sa na ka ra huṃ druṃ/ tad ya tha oṃ a na le a na le/ bhi sha dhe bhi sha dhe/ be'i ra be'i ra/ ba dzra dha ri ni bhan dha bhan dha ni/ bdzra pa ni phat/ huṃ huṃ huṃ phat phat phat swā hā/ huṃ druṃ bhan dha phat swā hā/

〔1〕〔法〕王微著,罗文华译:《白伞盖佛母:汉藏佛教的互动》,《故宫博物院院刊》2007 年第 5 期,第 105—115 页。

图2-4-11　S.6348恶趣清净曼荼罗主尊大日如来（大英图书馆藏）

图2-4-12　P.t.389恶趣清净曼荼罗外重上方陀罗尼（法国国家图书馆藏）

图2-4-13 P.t.389恶趣清净曼荼罗外重下方陀罗尼（法国国家图书馆藏）

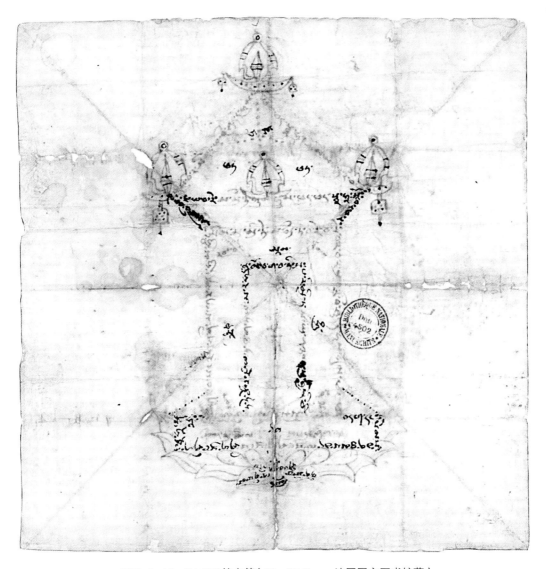

图2-4-14 P.t.858护身符（23×23.5 cm,法国国家图书馆藏）

阁式四角佛塔：塔刹及塔角用金刚杵装饰，塔基以仰俯莲瓣承托。尤为可贵的是，在塔基位置还发现了启请辞（图2-4-15）："愿我及一切众生得到保佑！保佑！保佑！"（bdag dang sems can thams cad la srung shīg srung shīg srung shig/）此类表述常见于敦煌蕃据时期流行的大白伞盖佛母陀罗尼经咒抄本的启请辞中。如P.t.390大白伞盖佛母陀罗尼经咒最后的启请辞为："愿我及一切众生得到保佑！保佑！"（bdag dang sems can la srung shīg srung shig/）由持咒者象雄所抄写（shang zhun kyis bris）的P.t.388大白伞盖陀罗尼，[1]其最后的启请辞为："愿天神赞普、我及其一切众生得到保佑！保佑！"（bod gyi lha btsan po dang bdag dang sems chad gun la srung shig srung shig/）又如P.t.391号卷子大白伞盖陀罗尼经咒，其末尾指明抄写此陀罗尼的目的是为了"保佑rjeng on tse兄弟及其亲属远离一切疾病之侵扰"（rjeng on tse spad spun 'khor dang bcas pa la/ gdon bgegs dang/ nad dang gnod pa thams cad/ myi tshugs par bsrung du gsol/ bsrung du gsol/）。[2]由此可见，持诵、抄写、佩戴大白伞盖陀罗尼经咒能够给信众带来种种利乐，这也是该经咒在敦煌流行的原因所在。而以下要讨论的P.4519和S.6348等，其密布在恶趣清净曼荼罗内外的陀罗尼密咒均与观音及大白伞盖等陀罗尼神咒有关。

汉文版P.4519围绕大日如来内外两重的陀罗尼经咒为请观世音菩萨咒及她的心咒。据此可见在以大日如来为主导的恶趣清净曼荼罗护身符中，环绕主尊的陀罗尼其实与大

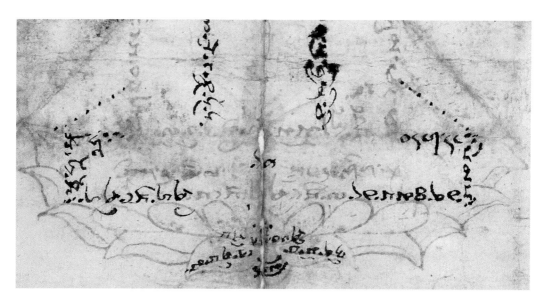

图2-4-15　P.t.858护身符中的启请辞（法国国家图书馆藏）

---

[1] 文末亦指出所抄陀罗尼经典出处：de bzhin gshegs pa'i gtsug tor gdugs dkar po'i gzungs sngags rdzogs gso/
[2] 相关研究见［法］王微著、罗文华译：《白伞盖佛母：汉藏佛教的互动》，《故宫博物院院刊》2007年第5期，第108页。

日如来或恶趣清净仪轨并无直接关联,而是出自其他的经典仪轨。不仅如此,在 P.4519 和 S.6348 中,其曼荼罗内外重所题写的经咒亦为当时敦煌地区流行的真言咒语。经初步辨识整理,P.4519 中涉及内容如下:

1.《佛说随求即得大自在陀罗尼神咒经》(唐·宝思惟译)

2.《诗观世音菩萨咒》

3.《大佛顶如来顶髻白盖陀罗尼神咒经》

4.《佛说七俱胝佛母心大准提陀罗尼经》(唐·地婆诃罗译)

5.《佛说灌顶吉祥陀罗尼咒》

6.《诸星母陀罗尼经》(唐·法成)

7.《请观世音菩萨咒》

S.6348 相比其他两个版本,因保存不善,已有残损之处,尤其是该曼荼罗左下角一块已缺失。松本荣一先生根据现存内容,对此识别整理如下:[1]

1.《大佛顶如来顶髻白盖陀罗尼神咒经》

2.《千手千眼观世音菩萨广大圆满无碍大悲心陀罗尼经》(唐·伽梵达摩译)

3.《诸星母陀罗尼经》(唐·法成译)

4.《大悲心陀罗尼》(唐·金刚智译)

5.《千眼千臂观世音菩萨陀罗尼神咒经》(接近唐·智通译本)

通过以上经题可知,这些陀罗尼是当时敦煌普通民众喜闻乐见的念诵经咒,部分为当时汉藏互译或共享经典:《大佛顶如来顶髻白盖陀罗尼神咒经》在敦煌文献中藏文写本多达90件,汉文本有6件;《诸星母陀罗尼经》的汉译本是唐代法成在藏文本基础上翻译而来(敦煌汉文写卷10件,藏文写本3卷);《千手千眼观世音菩萨广大圆满无碍大悲心陀罗尼经》藏文本是法成根据伽梵达摩汉文译本译成,其中在敦煌文献中汉文写本多达23件,藏文写本有6件;《千眼千臂观世音菩萨陀罗尼神咒经》在敦煌亦存在汉藏两种译本,其中智通译本现存9件。[2]

不仅如此,题写在以上两幅曼荼罗中的陀罗尼经咒亦出现在敦煌"汉蕃相掺"的汇抄文献中。在题名为"谨案汉蕃大悲千眼千臂经云九作曼荼罗法者"的汇抄文献 S.2498 中,就收录了《千眼千臂观世音菩萨陀罗尼神咒经》《佛顶尊胜陀罗尼神咒》《大悲心陀罗尼》《观世音菩萨符印》《观世音菩萨符印》等20余种咒语及符印造坛法。另在抄录有51种

---

〔1〕〔日〕松本荣一著,林保尧、赵声良、李梅译:《敦煌画研究》(上册),杭州:浙江大学出版社,2019年,第313—315页。

〔2〕关于吐蕃时期敦煌汉藏佛教经典整理,详见赵晓星:《吐蕃统治时期敦煌密教研究》,兰州:甘肃教育出版社,2017年,第119—128页。

陀罗尼的古藏文汇抄文献P.t.49中，也发现了与P.4519恶趣清净曼荼罗中所抄经咒相近的陀罗尼，诸如《观世音菩萨咒》《观自在明咒》《圣观自在陀罗尼》等。此外，在敦煌《转经录》(P.3854，收录有33种密教仪轨)中亦可觅得上述曼荼罗中所涉及的《佛说七俱胝佛母心大准提陀罗尼经》以及相近经咒《七俱胝咒》。

敦煌汇抄文献和《转经录》是指为了给持诵者或法事活动提供便捷，将平时常诵经典、陀罗尼经咒等汇聚在一起的集结性文本，它一方面反映了其所处时代的信仰主题，另一方面涵括了当下民众的信仰实践。以上汇抄文献并非诘屈磝碻的密教教义或修行实践取向，而是与平常百姓生活密切相关的真言密咒，具有很强的实用性和融摄性。

(二)恶趣清净怛特罗仪轨及相关图像在敦煌的衍生功能

佛教传入吐蕃后，打破了早期以本教仪轨(仪式)为主导的丧葬习俗。据11世纪藏文史书《韦协》(dBa 'bzhed)载，吐蕃赞普赤松德赞(Khri srong lde btsan, 742—797)卒，王子牟尼赞普年少，王室内佛、本两派大臣为赞普丧葬法事出现争执。佛教徒提出天神赞普超荐仪轨应善法从事，舍弃本教滥杀畜生诸如牛、羊、马等无数以火焰来多次举行"祭鬼"等仪式。他们认为这是前恶未尽又添新罪，执迷于错乱之教。经过两派争执辩论，最后采纳佛教超荐丧葬，其吐蕃修善超荐仪式皆依《恶趣清净密续》之义理，以大日如来和九佛顶曼荼罗仪轨来举行。[1]9世纪晚期至10世纪初，吐蕃王朝后裔在西藏西部阿里地区新建地方政权古格王国，其丧葬礼仪紧承吐蕃旧制。据《仁钦桑布传》记载：大译师仁钦桑布父亲去世时，他依父亲生前嘱托为其绘制了7幅恶趣清净曼荼罗；母亲去世时，为她绘制了3幅恶趣清净曼荼罗；古格国王天喇嘛益西沃圆寂后，仁钦桑布在葬礼仪式上还亲自为他作了恶趣清净仪轨。[2]

原本在吐蕃本部流行、用于超荐亡灵的恶趣清净怛特罗和曼荼罗，在吐蕃占领期的敦煌，不仅被弘法者及迁居至此的吐蕃人弘扬继承，且在以汉文化为主的信仰圈层中得以传播。例如，法藏敦煌藏文文献P.t.37号卷子《开示净治恶趣曼荼罗四门》(Ngan cong rnams par sbong ba'i dkyil 'khor sgo bzhi bstan par bya ba)和《为亡者开启天界净土道》(gShin va lha yul gtshang sar lam bstan)中就指出，恶趣清净仪轨及曼荼罗可使亡者免遭地狱饿鬼，顺利往生极乐净土。[3]不仅如此，该功能在敦煌亦不断衍变，朝着多元化发展。以上所讨论的P.t.389、P.4519、S.6348等恶趣清净曼荼罗即为典型案例。它们与其他汉藏文陀

---

〔1〕 韦·囊赛著，巴擦·巴桑旺堆译注：《〈韦协〉译注》，拉萨：西藏人民出版社，2012年，第30—31页。

〔2〕 张长虹：《大译师仁钦桑波传记译注(下)》，《中国藏学》2014年第1期，第32页，第34—35页。

〔3〕 才让：《法藏敦煌藏文佛教文献P.T.37号译释》，载敦煌研究院编：《敦煌吐蕃文化学术研讨会论文集》，兰州：甘肃民族出版社，2009年，第221—225页。

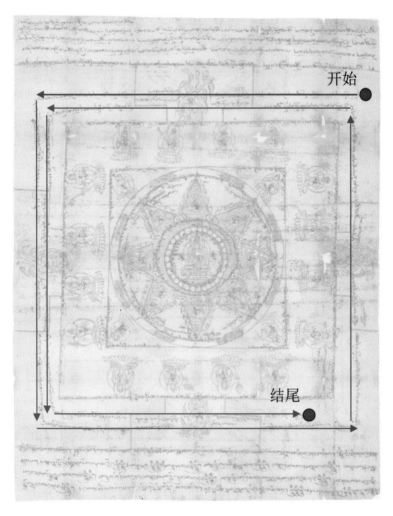

开始

结尾

图2-4-16　P.t.389恶趣清净曼荼罗中发愿文书写顺序

罗尼经咒相结合,形成具有祛邪、攘灾、治病等多重功能、且为汉藏通用的护身符。这从P.t.389中围绕曼荼罗外重一周的愿文(图2-4-16)可见一斑,[1]具体内容录文翻译如下:

Yon gyi bdag po yan ldog gi lus dang sems la gnod par byed pa'i dgra bgegs dang/ che phrog dang dbang tang dang lo zla myi mthun ba'i 'jig nyen dang/ nad dang/ gnod par byed pa las bscogs pa cī yod pa tham dang cad/ deng sangs rgyas kyī bden pa dang chos kyi bden pa dang/ dge 'dun gyī bden pa dang/ lha dang drang srong gyi bden pa

---

〔1〕 关于该发愿文,拉露已做了法文翻译,参见 Marcelle Lalou,"Notes A Propos d'une Amulette de Touen-houang: Les litanies de Tārā et La Sitātapatrādhārani", *Journal Asiatique CCXLI*, 1953, pp.138–139.

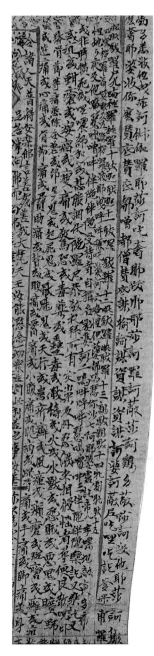

图2-4-17　P.4519恶趣清净曼荼罗中咒符祈愿文（法国国家图书馆藏）

dang/ bden rig sngags dang gzungs sngags kyī bden pa dang/ bden pa'i byin kyi rlabs kyīs deng byed zhi nas/ yon gyi bdag po yan ldog la brkre shis pa dang bde legs phun gsum chogs par mdzad du gsol lo srungs shig srungs shig swā hā/

译文：对于有害于施主Yan ldog心身之魔障，夺命、权势、年月不合之危害、疾病及愧悔等等的一切，以佛、法、僧、天神仙人之真谛，以及真言密咒和陀罗尼经咒之真谛的灵验威力将此消除，唯愿闫郎吉祥如意，幸福美满。保佑！保佑！萨阿哈阿！

据此愿文，这是给一位名为Yan ldog的功德主所绘的恶趣清净曼荼罗咒符。法国藏学家拉露从藏文音读Yan ldog推测这位功德主为汉人。此外，在曼荼罗外重上端经咒的起首处亦发现了该功德主的名字，被写成Yan log，[1]这更确定了Yan ldog或Yan log即为汉文名之音读。由此可见，这种原本流行于吐蕃本部，用于超荐亡灵的恶趣清净曼荼罗，在以汉族为主的民族杂居地敦煌发生了意涵衍生，功能亦趋于多元。在不断被当地汉族等信众融摄的进程中，它与当地日常信仰实践相融共生。以上功能在汉文版恶趣清净曼荼罗咒符P.4519与S.6348中表现得更为明显，此咒符可谓神通广大，无所不能。持之者所遇各种障碍、病症、疼痛都能一一消解。哪怕是当时敦煌地区流行的各类传染病也能逐一治愈。具体内容择录如下（图2-4-17）：

或非时横死，或喂（嗫）震（或"哝"〔唇〕）部迦，或甚能调伏陀罗尼恭敬礼拜所有灾祟及外恶（怨）敌来相侵，恼者寻便良散咒曰：或疽或蚶疮或瘿瘤或瘦痛或惊恐或毒药或虫毒或兽祷或火或水兽或怨贼或恶鬼或旷野体骨节等痛，悉除令差或部多鬼或起尸鬼或厌魅鬼或

〔1〕 该曼荼罗外重上端经咒起首内容为：rdo rje'i sgros can dkar mo dang/ zla 'od me tog pad mo'i spyan/ phyags rgya'i chogs de thams cad kyis/ yon gyi bdag po yang log la srungs shig srungs shig/

天行或患疥癣或风瘅或癫疮或斑疮或癃或疸或齿痛或心痛或骨节痛或胁肋痛或皆（背）或腹痛或腰痛或小腹痛或腿病或踝骨痛或手痛或脚痛或身……皆能破除治愈。

将P.t.389、P.4519、S.6348归之为恶趣清净曼荼罗护身符或咒符，一方面与其内容所体现的功能有关，另一方面从画面看，它们的上方还存留有四角折叠痕迹，推测这三幅纸本恶趣清净曼荼罗之前有被折叠过，为块状便于携带在身的护身之物。此外，S.6348在曼荼罗的四门及外重的每一方均题写有三处"护身"二字（图2-4-18）。

另一值得注意的是，这三幅恶趣清净曼荼罗无论结构线还是主尊眷属形象均用朱色绘制。护身符自古多以朱色书写，北天竺国三藏沙门阿质达霰在他所译的《秽迹金刚禁百变法经》中就有明确记载。[1]《龙树五明论》（失译）上卷不仅列出18种功能各异的朱色护身符，并强调红色即可增强护符之神力。[2]且在该论的下卷中亦指出：当妇女难产时，用赤枣木刻星宿印，然后涂以朱砂印于干净纸张上，令妇女吞下儿则易生，且不为恶鬼得其便。[3]无疑，P.t.389、P.4519、S.6348之恶趣清净曼荼罗护身符采用朱色绘制，目的是为了增强其护持威力。

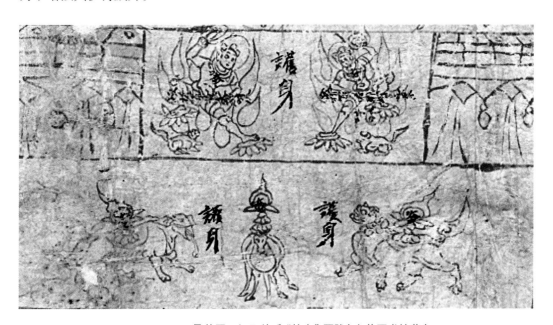

图2-4-18　曼荼罗四门及外重"护身"题跋（大英图书馆藏）

〔1〕（唐）阿质达霰译：《秽迹金刚禁百变法经》卷一，《大正新修大藏经》第21卷，No.1229，佛陀教育基金会出版部，1990年，第160页中、下。

〔2〕佚名译：《龙树五明论》卷上，《大正新修大藏经》第21卷，No.1420，佛陀教育基金会出版部，1990年，第957页中到958页下。

〔3〕佚名译：《龙树五明论》卷下，《大正新修大藏经》第21卷，No.1420，佛陀教育基金会出版部，1990年，第964页上。

二、观音与陀罗尼经咒的图文互构

上文所讨论的护身符P.4519和S.6348中虽未绘出观世音菩萨，但均涉及了其经咒。特别是在P.4519中，主尊大日如来被观世音菩萨的经咒围绕一圈，足以见其重要性。在敦煌纸本和绢质绘画中，以观音为主尊，四周环绕陀罗尼经咒的护身符数量不少，其中以现藏于大英博物馆的绢本墨书护身符（编号为：18.Ch.xxii.0015）最为典型（图2-4-19）。该护身符质地为丝帛，高58.5厘米，宽56.3厘米，为吐蕃统治敦煌时期或略后的遗存。

图2-4-19 观世音菩萨陀罗尼经咒轮（大英博物馆藏）

（一）图像内容

该护身符画面由三部分构成：内院中央主尊与供养人；中院陀罗尼经咒与愿文；外院护方天等。内院中央莲座上为左手持莲花、右手仰掌髀上施与愿印、呈半跏趺坐的观世音菩萨。她头髻高耸，饰三叶宝冠，细腰，着紧身裙裤，并佩戴项饰和臂钏。在其右侧为右膝着地、手持香炉的男供养人（图2-4-20）。笔者推测此人应为愿文中所指的Ang lha skyes，其头戴幞头样式及着装打扮与唐末五代时期敦煌壁画、绢画（图2-4-21、图2-4-22）[1]及两京地区出土护身符（图2-4-23）[2]中地位较高的汉族供养人形象基本一致。

图2-4-20　观世音菩萨陀罗尼经咒轮中男供养人（大　　图2-4-21　文殊与普贤菩萨绢画下方供养者
　　　　　英博物馆藏）　　　　　　　　　　　　　　　　　　　　　（大英博物馆藏）

[1]　其中图2-4-21"文殊与普贤菩萨绢画"（大英博物馆藏，编号为1919,0101,0.5）其画面下方题记内容为："（1）衙前虞侯唐安谏（2）兄唐小晨一心供养（3）兄亡将唐我一心供养（4）父僧神威一心供养：1. 一为当今皇帝二 为本使尼空 2. 三为先亡父母及合……3. 无之（诸）灾障……4. 咸通五年（5）比丘尼妙义一心供养（6）尼福妙一心供养（7）母鞠氏一心供养（8）阿妇什三娘一心供养"。另图2-4-22"报恩经变相图绢画"在大英博物馆藏编号为1919,0101,0.1。

[2]　图2-4-23源自安家瑶、冯孝堂：《西安沣西出土的梵文陀罗尼经咒》，《考古》1998年第5期，第86页图1。此外，在陕西西安西郊出土的大随求佛母陀罗尼经咒中，其主尊大随求佛母右侧下方，亦绘有与大英博物馆的绢本观音护身符相似的戴幞头、右膝跪地的供养人。详参李域铮、关双喜：《西安西郊出土唐代手写经咒绢画》，《文物》1984年第7期，图版四。

图2-4-22　报恩经变相图绢画下方供养人（唐代）（大英博物馆藏）

图2-4-23　西安沣西出土的唐印本梵文陀罗尼经咒护身符中供养者

而其右膝着地的跪姿，则与魏晋南北朝以来译介于中土的陀罗尼仪轨中所载的"诵咒者右膝着地"之规定相吻合。[1]中院从内向外由环绕主尊与供养人的七轮藏文发愿文和陀罗尼经咒构成，再外重四角绘水波荡漾、莲花漂浮之图景，此与本尊观世音菩萨遥相呼应。

中重外缘有三股界道，在此之外为外院，分由内外两重构成，所绘部分尊像因绢布残损状况不明。松本荣一先生推测：内重四隅为四尊，一方为五尊，共计二十四尊，所绘内容除四隅地、水、火、风四大神之外，其余皆为八大龙王和十二护方天；外重一方七尊，四方合为二十八尊，现仅存十尊，均为菩萨装，表现的是二十八星宿。他进一步指出，外重身为菩萨装，右手持念珠，左手置左膝托星（或持莲花，花头托星）之二十八星宿，与胎藏界曼荼罗外金刚部的二十八星宿的图像特征吻合。[2]

---

〔1〕（元魏）昙曜译：《大吉义神咒经》卷四，《大正新修大藏经》第20卷，No 1335，佛陀教育基金会出版部，1990年，第579页中。

〔2〕［日］松本荣一著，林保尧、赵声良、李梅译：《敦煌画研究》（上册），杭州：浙江大学出版社，2019年，第335—336页。

蕃据敦煌期间，是敦煌石窟中观音图像的急剧增长期和转型期：观音由初唐的胁侍菩萨经盛唐发展，成为宏阔构图画面中的观音经变之主尊，并逐步开衍密教观音曼荼罗，历晚唐石窟正龛龛顶的观音曼荼罗集会，到第161窟（晚唐）更是以观音题材来设计整窟的发展历程，足可见重视济拔苦难的观音信仰在敦煌变得愈益流行。正如郭佑孟所指出的，中晚唐时期，莫高窟已发展成"观音圣地"，为郡人朝礼之重地。[1]藏经洞出土的护身符，观音题材亦屡见不鲜。[2]而本节折中所讨论的编号为18.Ch.xxii.0015的这件题写有藏文经咒和愿文的观音护身符，其外重十二护方天、二十八星宿图像背后所呈现的主旨功能其实与主尊观世音菩萨的救济思想相辅相成。相关经典记载，十二护方天和二十八星宿除护方、镇魔外，也有消灾、镇恶、除病，以及"为福者用毗沙门，为贵者用梵天，求官员者帝释天"等世俗性功能。[3]观音与十二天等图像组合题材，在蕃据时期的敦煌莫高窟第361窟和第7窟中亦有相关案例，其组合功能与上述所论观音护身符基本一致。[4]

（二）陀罗尼经咒及愿文

　　大英博物馆所藏的这件护身符其图像背后反映的功能与愿文中所呈现的诉求相得益彰。据陀罗尼及愿文可知，该护身符是给一位名为Ang lha skyes的供养者所绘，其功能是，若该男子佩戴此护身符，可借观世音菩萨和大随求佛母的慈悲灵验之威力护佑他，并使其免遭噩梦侵扰、饿鬼恐吓、争端毁伤及病魔伤害等诸不幸事件。具体内容如下（图2-4-24）：

> bcom ldan 'das ma 'phags pa spyan ras gzigs dbang la phyag 'tshal lo/
> 向薄迦梵母之圣者观世音菩萨顶礼。
> bcom ldan 'das ma 'phags pa so sor 'brang ba chen mo la phyag 'tshal lo/
> 向薄迦梵母之圣者大随求佛母顶礼。

---

〔1〕郭佑孟：《晚唐观音法门的开展——以敦煌莫高窟161窟为中心的探讨》，《圆光佛学学报》1999年第8期，第7页。
〔2〕藏经洞出土的观音类护身符中以大英博物馆藏"圣观自在菩萨千转灭罪陀罗尼护身符"最为典型。该护身符长17.70厘米，宽13.90厘米，编号为1919,0101,0.248。中央主尊为圣观自在菩萨，结千转印（观世音心印）其被三重呈环形的梵文兰扎体经咒由内向外围绕，在其四隅设小型莲台，上书四供养菩萨嬉鬘歌舞的种子字，在此之外重四方另有两重陀罗尼经咒。整个画面右侧用汉字印写持此护身符的功能，具体内容为：此圣观自在菩萨千转灭罪陀罗有大威力，能灭众罪，转现六根，成功德体，若带持者，罪灭福生当得作佛。
〔3〕（唐）不空译：《供养十二天大威德天报恩品》，《大正新修大藏经》第21卷，No.1297，佛陀教育基金会出版部，1990年，第385页上。
〔4〕莫高窟第161窟十二天绘在藻井位置，东壁门两侧绘不空绢索和千手千眼观音；第7窟的十二天亦绘在藻井位置，西壁盝顶帐形龛内十扇屏风上绘观音三十三现身及救诸八难。见赵晓星：《吐蕃统治时期敦煌密教研究》，兰州：甘肃教育出版社，2017年，第285—311页。

图2-4-24　观世音菩萨陀罗尼经咒轮题跋（大英博物馆藏）

'phags pa'i thugs rje'i byīn □ gyi rlabs kyis/ ang lha skyes la bsrung zhing byin gyis brlab［s］u gsol/ bcom ldan 'das ma glang po che'i lha lha □［sum］kyis gzigs ma thams cad du kun nas phyogs thams cad bcing　□［ba］dang/ rdo rje'i zhags pas bcing bas/ bdag 'jigs pa chen po brgyad las bspal du gsol/ 'dzra dzwa la bi shud dha/ □ ra ka ra/ □［du］□ bhu ri/ bha ga ba ti/ ga ngbha bwā hi/ ga ngbha bwā hi/ ga ngbha bī sho ngha ni/ ku kshī sam pu ra ni/ dzwa la dzwa la/ tsa la □［tsa］la/ dzwa la ni/ lha'i chus kun du char dbab du gsol/ a sri ta bar sha ni/ de ba ta/ ạ ba ta ra nī/ bde bar gshegs pa'i gsung rab bdud rtsi ma □□□ sku dang ldan ba/ lha skyes la dbang bskur du gsol/ 'thab pa dang/ thab mo dang/ rtsod pa dang/ 'gye［r］［ba］［da］ng/ rmyi lam ngan pa dang/

ltas ngan pa dang/ bkra myī shis pa dang/ sdig pa thams cad rnam par sbyong ba/ gnod sbyin dang/ srin po dang/ klu thams cad 'jom ba/ □□□[pa]s 'jigs skrag pa/ lha skyes 'jigs pa thams cad dang/ gnod pa thams cad dang/ nad 'go ba thams cad dang/ nad thams cad las thams cad du rtag par bsrung du gsol/ bsrung du gsol/[ba] la ba la/ ba la ba la ti dza ya dza ya/ o ma a mrī bhe/ o mrī[ta]□□[bar]□□ □d dhe hu'u sa phtā phtā swā hā/ a mrī ta/ bī lo kī ni/ ga rwa sang ra ka kra ni/ a kar sha ni hu'um hu'um phtā swā hā/ oṃ ma bī ma le dza ya ba re/ ya mrī te hu'um hu'um phtā phtā swā hā/ oṃ ma bha ra bha ra/ sam bha ra sam bha ra/ yin drī ya di sho dha ni hu'um hu'um phtā phtā ru ru tsa le swā hā/ oṃ ma nī phīr □□□hu ma phtā swā hā/

　　圣观音以慈悲灵验之威力，护佑 Ang lha skyes 并赐予其力量。薄迦梵母（圣观音）可救度象（难）等一切、包括金刚索束缚等八难。[颂咒语]'dzra dzwa la bi shud dha/ □ ra ka ra/ □[du]□ bhu ri/ bha ga ba ti/ ga ngbha bwā hi/ ga ngbha bwā hi/ ga ngbha bī sho ngha ni/ ku kshī sam pu ra ni/ dzwa la dzwa la/ tsa la □[tsa]la/ dzwa la ni/ 向诸界（四面八方）祈雨，[颂咒语]a sri ta bar sha ni/ de ba ta/ a ba ta ra nī/ 用佛陀之善世经典、甘露伏魔药等给 Ang lha skyes 灌顶，戒除其免遭冲突、纠纷、噩梦、恶兆、不幸、恐吓、威胁等。破除危害、饿鬼、龙等，护佑 lha skyes 免遭所有的伤害、传染病、疾病等等。恒久不变！[颂咒语][ba] la ba la/ ba la ba la ti dza ya dza ya/ o ma a mrī bhe/ o mrī[ta]□□[bar]□□ □d dhe hu'u sa phtā phtā swā hā/ a mrī ta/ bī lo kī ni/ ga rwa sang ra ka kra ni/ a kar sha ni hu'um hu'um phtā swā hā/ oṃ ma bī ma le dza ya ba re/ ya mrī te hu'um hu'um phtā phtā swā hā/ oṃ ma bha ra bha ra/ sam bha ra sam bha ra/ yin drī ya di sho dha ni hu'um hu'um phtā phtā ru ru tsa le swā hā/ oṃ ma nī phīr □□□hu ma phtā swā hā/

　　据上可知，该护身符是给名为 Ang lha skyes 的人所做。短短的愿文中，他的名字出现了三次，最后一次用昵称 lha skyes。la ／ lha skyes，疑为吐蕃人名。傅及斯博士根据敦煌文书汉藏人名对音研究，推测藏文 "la" 对 "罗"，"skyes" 对 "悉鸡"，"la skyes" 即敦煌文书中的 "罗悉鸡"。[1] lha skyes 多见于敦煌古藏文文书，其数量不菲，有的直接以人名 lha skyes 出现，有的则在前面冠以 "汉姓"，如 li lha skyes。[2]

　　关于 "汉姓+藏名" 或 "汉姓+藏／汉混合名字" 之类型，日本学者武内绍人认为这是

---

〔1〕 傅及斯：《"罗悉鸡" 及相关词语考辨》，载北京大学中国古代史研究中心：《唐研究》第二十七卷，北京大学出版社，2022年，第173页。

〔2〕 傅及斯：《"罗悉鸡" 及相关词语考辨》，载北京大学中国古代史研究中心：《唐研究》第二十七卷，北京大学出版社，2022年，第176页表3。

汉族居民在长期的吐蕃统治之下，后代开始拥有吐蕃或与吐蕃成分混合的姓名。[1]郑炳林先生则认为"移居敦煌的吐蕃移民被安置在敦煌的各个部落中，他们中的很多人改用汉姓，甚至使用汉族名字，开始吐蕃人的汉化过程"。[2]其实在敦煌文书中"汉姓＋吐蕃名"的组合形式很多，敦煌汉文材料中所见吐蕃人采用汉姓有"王、程、索、李、孟"等。在敦煌吐蕃文书中，亦可见 bam（氾）、'go（吴）、cang（张）、song（宋）、li（李）、jin（金）、leng ho（令狐）、sag（索）等汉姓的吐蕃音译形式，可见唐五代时期采用"汉姓＋吐蕃名"的比例是相当之高。然在该幅护身符中，lha skyes 前方冠以 ang（安）并非汉姓，而很可能是粟特"昭武九姓"之安姓。[3]

有意思的是出现在该护身符中的 Ang lha skyes 头戴幞头，身着圆领束腰长袍，该装束为典型的汉装，为唐末五代敦煌绢画及两京地区出土护身符中身份较高的汉族供养人装束，这再次说明了当时迁居在敦煌的吐蕃人不仅有借用汉姓的，而且还有改用粟特安姓的，但他们在敦煌这块多民族杂居的土壤上曾有被归化或汉化的历程。同时，从着装看，被汉化了的冠有粟特安姓的吐蕃人"安罗悉鸡"（Ang lha skyes）的身份应该不简单，他很可能是一位官员或地位较高者。其所持的这件观音护身符之愿文所呈现的功能与 P.t.389、P.4519、S.6348 恶趣清净曼荼罗护身符如出一辙，主要以密教图像和陀罗尼经咒的灵验威力消灾降福、破除病危等诉求。

在此护身符第一重陀罗尼题跋中，顶礼观世音菩萨之后，"向薄迦梵母之圣者大随求佛母顶礼。"观世音菩萨作为该护身符的主尊，被绘在画面的正中央位置。而大随求佛母仅见其咒语，并未绘出其尊形。关于其真言密咒及图像信仰，在唐代的两京（长安与洛阳）和西蜀地区（成都）极为盛行。据考古材料初步统计，出土数量多达10余幅，且绝大多数出自中晚唐时期的墓葬，为亡者身携之物。表现形式一般中央绘大随求佛母，在其周围题写经咒。在敦煌，与大随求佛母有关的信息除上文已讨论的敦煌古藏文汇抄文献 P.t.0049 中录有《圣明咒王母大随求佛母心要咒》外，最为典型的案例当属藏经洞出土太平兴国五年（980）刊印、现藏大英博物馆的大随求佛母陀罗尼经咒轮（图2-4-25）。从构图看，该咒轮与施主 Ang lha skyes 所持观音护身符高度相似：中央为主尊，中重由内而外依次题写呈轮状的陀罗尼经咒。在此之外，用经幡等装饰的环形带状物将其再分为内外两重，环形界面与外金刚墙相切之内的四角呈水波纹，水上生莲花，莲上托有种子字，其

〔1〕 武内绍人著，杨铭、杨公卫译，赵晓意校：《敦煌西域出土的古藏文契约文书》，乌鲁木齐：新疆人民出版社，2016年，第131—133页。

〔2〕 郑炳林：《晚唐五代敦煌地区的吐蕃居民初探》，《敦煌归义军史专题研究三编》，兰州：甘肃文化出版社，2005年，第621页。

〔3〕 Ang 应该对应的是安，推测此人为当时在敦煌被归化或汉化的粟特人。感谢夏吾卡先老师的提醒，以及在清华大学汉藏语文学青年学者系列讲座期间评议人任小波等诸老师对此问题的进一步讨论和指正。

图2-4-25　大随求佛母陀罗尼经咒轮（大英博物馆藏）

中在画面上方,种子字的左右下方印有汉字"施主李知顺"和"王文沼雕板"。中央主尊为一面八臂呈坐姿的大随求佛母,围绕主尊的十二重陀罗尼经咒用梵文兰扎体刻印。在整个种子轮的正下方有题榜框一处,框内文字注明了持此护身符的具体功能。

> 大随求陀罗尼。若有受持此神咒者,所在得胜,若有能书写者,带在头者、若在臂者。是人能成一切善事,最胜清净。常为诸天龙王之所拥护,又为诸佛菩萨之所忆念。此神咒能与众生最胜安乐、不为夜叉罗刹诸鬼神等为诸恼,害亦不为寒热等病之所侵,损厌蛊咒咀不能为害,先业之罪受持消灾。持此咒者常得安乐,无诸疾病色相炽盛,圆满吉祥,福德增长,一切咒法皆悉成就。若有人受持供养切宜护净。太平兴国五年六月二十五日雕板毕手记。

无疑,大随求陀罗尼经颂扬了该真言密咒的无量功德,以及受持、书写、携带这一陀罗尼经咒护身符所能带来的诸多益处。此与P.t.389、P.4519、S.6348以恶趣清净曼荼罗为主导并附观音、白伞盖、诸星母等陀罗尼经咒的护身符在功能上互印相证。

三、陀罗尼经咒的持信及其与密教图像的组合

从传世经典看,陀罗尼的持信,早在汉魏之际的3世纪前半叶已传入中土,并广泛流行于魏晋南北朝时期,形成该时期密教的主流。[1]入唐之后,随着密教图像的不断成熟与发展,陀罗尼经咒及与之相关的图像组合在经典仪轨中表现得如影随形。

公元230年,中印度竺律炎翻译的《摩登伽经》,内容除涉及星曜崇拜外,还包括了六种陀罗尼的复诵与仪式;[2]晋怀帝永嘉四年(310)中亚来华(洛阳)高僧佛图澄(231—348)善颂各类神咒,并能随性所欲召唤神灵,役使鬼物;[3]前秦建元十二年(376)至长安的中亚僧人涉公(卒于380年)因习得呼龙唤雨之咒术而深得前秦苻坚信任,并常与群臣一起观其演神龙咒术;[4]云冈石窟创建者昙曜于432年翻译的《大吉义神咒经》,内容不仅详载了因需求不同而尊崇不同神祇的法门及做坛法,并指明了持诵该咒所能带来的种种

〔1〕 吕建福:《中国密教史》,北京:中国社会科学出版社,2011年,第2页。
〔2〕(三国吴)竺律炎共支谦译:《摩登伽经》卷上,《大正新修大藏经》第21卷,No.1300,佛陀教育基金会出版部,1990年,第400页上、中;第204页中、下。
〔3〕(梁)慧皎撰:《高僧传》卷九,见《大正新修大藏经》第50卷,No.2059,佛陀教育基金会出版部,1990年,第389页中。
〔4〕 同上。

成就悉地：降雨、止风暴等；[1]梁武帝之子梁元帝自幼学习各类陀罗尼，表明当时陀罗尼咒术已在上层广泛推行；[2]唐代不空译经《佛说摩利支天经》不仅指出将画好的摩利支天置于头顶、或戴在臂上，抑或缝于衣中，可借菩萨威力让信持者免遭灾难等，且详载了持诵该陀罗尼时需建相应的坛城（曼荼罗）；[3]唐代菩提流志在《一字佛顶轮王经》中对经咒的书写材料、佩戴方法、功能、用途等更有详备记载："若善男子乐欲成就一字佛顶轮王咒者，应令内外严饰清洁，以桦木皮或以纸素竹帛等上，雄黄书斯高顶轮王咒，佩带肩臂并持斯咒，速得成就。若有国王王族妃后大臣僚佐清信男女一切人民，信斯咒者，亦令书写戴顶颈臂，为诸人众互相敬诺，而不侵扰灾垢销灭，当得辩才吉相圆满。若有军将及诸兵众敬信斯咒，亦令书写持系旐旗，及戴头臂往他军阵，他自臣伏互不残害，何以故以诸如来力加持故……"[4]等等，类似经典的例子不胜枚举。

唐代是各类陀罗尼经咒翻译、传入和发展的第二个高峰期。[5]诸佛顶、星曜、观音、明王类陀罗尼在这一时期异军突起，并与鬼神及护法护国思想相结合，形成陀罗尼的万能思想。在图像组合上，初唐时期虽有大量陀罗尼经咒与相应的尊像、曼荼罗观想仪轨传入中土，但图像和陀罗尼经咒相结合所形成的护身符并不流行。中唐之后，这种现象大为改观，陀罗尼经咒和密教图像互构所形成的护身符信仰蔚然成风。

据考古材料，密教图像和陀罗尼经咒互构所形成的护身符出土数量多达10余幅，出土地主要集中在唐代两京（长安和洛阳）和西蜀地区。[6]其滥觞于初唐，鼎盛于中晚唐，宋代仍有沿用。[7]基本均出自墓葬，皆为亡者身携之物。护身符上所书陀罗尼内容以

〔1〕（元魏）昙曜译：《大吉义神咒经》卷四，《大正新修大藏经》第21卷，No.1335，佛陀教育基金会出版部，1990年，第579页中和下。

〔2〕如梁元帝《金楼子》卷六《自序篇》中有载："吾龆年之时，诵咒受道于法朗道人，诵得净观世音咒、药上王咒、孔雀王咒，中尉何登善能解作外典咒、痈疽禹步之法。"见（梁）萧绎撰，许逸民校笺：《金楼子校笺精》，北京：中华书局，2011年。

〔3〕（唐）不空译：《佛说摩利支天经》卷一别本，《大正新修大藏经》第21卷，No.1255，佛陀教育基金会出版部，1990年，第261页中。

〔4〕（唐）菩提流志译：《一字佛顶轮王经》卷一，《大正新修大藏经》第19卷，No.951，佛陀教育基金会出版部，1990年，第228页下。

〔5〕第一高峰期当为魏晋南北朝时期，据《祐录》著录，至梁代流行的失译杂咒经已多达80余种。见（梁）僧祐撰：《出三藏记集》卷四，北京：中华书局，1995年，第175—180页。

〔6〕霍巍：《唐宋墓葬出土陀罗尼经咒及其民间信仰》，《考古》2011年第5期，第81—93页。

〔7〕唐代两京及西蜀地区出土的陀罗尼经咒护身符虽数量可观，但均无明确纪年，学界对此亦持不同看法。冯汉骥先生最早将成都出土的陀罗尼经咒印本定在晚唐，已为学界公认（见冯汉骥：《记唐印本陀罗尼经咒的发现》，《文物参考资料》1957年第5期，第48—51页）；安家瑶、冯孝堂根据西安沣西出土的梵文陀罗尼经咒，对其力士形象与供养幪头等做了对比研究，将之断代在唐玄宗时期，即初唐（见安家瑶、冯孝堂：《西安沣西出土的梵文陀罗尼经咒》，《考古》1998年第5期，第91页）；保全对西安柴油厂和西安冶金机械机厂出土的梵汉陀罗尼经咒年代分别划在初唐和盛唐（见保全：《世界最早的印刷品——西安唐墓出土印本陀罗尼经咒》，见《中国考古学研究》，西安：三秦出版社，1987年，第404—410页），然对此学界持有不同的看法（见孙机：《唐代的雕版印刷》，氏著：《寻常的精致》，沈阳：辽宁教育出版社，1996年，第204—211页）。

《大随求陀罗尼经咒》为主,同时在法门寺地宫中也发现了极为罕见的不空译本《佛顶如来广放光明聚现大白伞盖遍覆三千界摩诃悉怛多钵怛啰金刚无碍大道场最胜无比大威德金轮帝祖啰施都摄一切大明王总集不可说百千旋陀罗尼十方如来清净海眼微妙秘密大陀罗尼》。[1]图像内容亦以大随求佛母独占鳌头,个别因出土时残缺,主尊已无法辨识。基于考古材料,出土护身符中纪年最早的是1978年洛阳东郊史家湾出土的五代天成二年(927)报国寺僧人知益发愿刻印的护身符。该护身符长39.5厘米、宽30厘米,构图内圆外方,中央主像为一面八臂呈跏趺坐姿的大随求佛母,8重梵文陀罗尼绕主尊由内而外环绕书写,内四角有供养天,向外为方形7重梵文陀罗尼。最外重是用金刚杵间隔的佛像和种子字,四角配立姿四天王,左侧三行发愿文呈竖状排列。[2]

敦煌藏经洞出土的护身符题材相对多元,除大英博物馆所藏的与两京样式构图及内容相似的大随求佛母陀罗尼护身符外,[3]也发现了数例以观音、无量寿、[4]星宿[5]等为主尊的护身符。

前文讨论的藏经洞出土的藏文版观音护身符,就其结构样式而言,该护身符显然受到唐代两京地区的影响。尤其是在主尊的右下侧绘头戴幞头、右膝跪地的供养人,以及陀罗尼经咒绕中央主尊从内而外依次书写的方式均为两京样式中常见的表现形式。而护身符外重十二天和二十八星宿等图像是否可纳入观音曼荼罗这一范畴,仍有待商榷。因在现有的观音曼荼罗诸仪轨中,均无此记载。在传世图像中亦未发现相关内容。笔者推测,十二护方天、二十八星宿等密教图像与观音组合,实则是对该护身符"一切乐欲所求皆可得"之功能起到互补作用。

在唐代的两京、西蜀和敦煌等地发现的护身符其部分结构虽形似曼荼罗,但并非严

---

〔1〕护身符右侧书经题:"佛顶如来广放光明聚现大白伞盖遍覆三千界摩诃悉怛多钵怛啰金刚无碍大道场最胜无比大威德金轮帝祖啰施都摄一切大明王总集不可说百千旋陀罗尼十方如来清净海眼微妙秘密大陀罗尼",左侧书写内容为:"善男子善女人。若读若诵如书若写。若带若藏诸色供养。劫劫不生贫穷下贱不可乐处。此诸众生,纵其自身不作福业,十方如来所有功德,悉与此人。由是得于恒河沙阿僧祇不可说不可说劫,常与诸佛同生一处。无量功德,如恶叉聚,同处熏修,永无分散。从无量无数劫来。所有一切轻重罪障。从前世来未及忏悔。若能至心。忆念斯咒。或能身上书写带持。若安住处庄宅园观(馆)。如是积业。如是积业犹汤销雪,不久皆得悟无生忍。"感谢中国丝绸博物馆赵丰馆长惠赐此资料。

〔2〕李翎:《〈大随求陀罗尼咒经〉的流行与图像》,载严耀中主编:《唐代国家与地域社会研究:中国唐史学会第十届年会论文集》,上海古籍出版社,2008年,第362页。霍巍:《唐宋墓葬出土陀罗尼经咒及其民间信仰》,《考古》2011年第5期,第81—93页。

〔3〕此外,敦煌也发现了书有宝思惟《佛说随求即得大自在陀罗尼神咒经》的护身符,形制内圆外方,中央为八瓣莲花,外四方有边框,边框内四方书写汉文经咒(P.3982)。

〔4〕无量寿陀罗尼护身符,主尊为无量寿佛,梵文兰扎体经咒,大英博物馆藏,尺幅:13.70×16.70厘米;编号:1919,0101,0.247。

〔5〕北方神星与计都星护身符,主尊为北方神星与计都星,梵文兰扎体经咒,大英博物馆藏,尺幅:43.40×30厘米;编号:1919,0101,0.170。

格意义上的曼荼罗,更多的是在形式表征上的借鉴和内容上的重组。敦煌抄经中也发现了陀罗尼经咒与曼荼罗、咒符等图文相掺并存的念诵仪轨,其图像部分一般会附加少量的解说文字(个别尊像名,或为经咒)。在抄经中插入类似于护身符的曼荼罗咒符,其目的是以视觉形象辅助持诵者能顺利观想到所指之像,并达到应有的成就,这在敦煌"汉蕃相掺"的汇抄文献S.2498中表现的尤为明显。而模仿或采用结构严密、具有神圣空间性的曼荼罗图式做护身符,一方面与特定的仪轨规定有关,另一方面在于凭借曼荼罗的神圣性以之加持护身符的灵验威力。英藏S.4690(图2-4-26)是后者最好的例证。单就此护

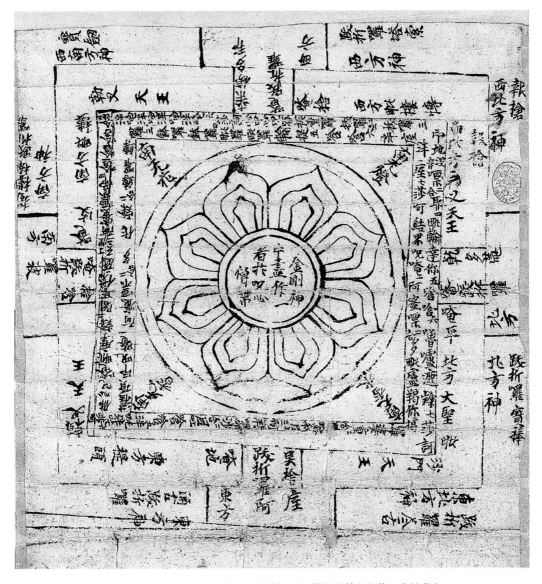

图2-4-26　S.4690大随求佛母陀罗尼咒符护身符(大英图书馆藏)

身符图像而言,很难一目了然辨清供养者所尊崇、持信的对象是谁,若细读中央莲花轮中的墨书题款"僧带者,于咒心中画作一金刚神",可知这件仿密教曼荼罗结构的护身符,其实是一件出自唐宝思惟《佛说随求即得大自在陀罗尼神咒经》的通用范本。换言之,在该经典中,并没有明确指出此护身符需按曼荼罗构造绘制,仅指出因使用者的身份、需求和信仰实践场域不一,于大随求陀罗尼经咒的中央可选不同的神灵。如果是僧人携带的话,中央绘一金刚神。那么,若是怀胎妇人带的话,于咒心中央应作黑色面的摩诃迦罗神等。[1]

四、结　语

本节讨论的恶趣清净曼荼罗护身符——P.t.389、P.4519、S.6348 以及观音护身符无疑是中古中国陀罗尼经咒信仰思潮下的时代产物,是保存至今图像体系最为复杂、所抄经录最为多样的护身符,更是汉藏佛教早期交流互动的文化结晶和多民族杂居地区信仰实践融通的历史缩影。

从考古材料来看,密教图像与陀罗尼经咒互构所形成的护身符早在初唐的两京地区已出现。虽然这种组合在题材上相对单一——主要以大随求佛母经咒及图像为主,但其组合方式和信仰根基已然确立。大英博物馆藏敦煌藏经洞出土题有藏文陀罗尼经咒的观音护身符:环形陀罗尼由内而外重重环绕主尊;主尊右下侧跪坐供养人形象,仿曼荼罗空间结构等无不受到两京地区的影响。尤其是在环绕主尊观音第一重藏文经咒中题写与"向薄迦梵母之圣者观世音菩萨顶礼"相并列的"向薄迦梵母之圣者大随求佛母顶礼",更彰显了蕃据时期流行于敦煌的"蕃汉相掺"护身符继承和延续了唐代两京地区护身符的主流信仰题材——大随求佛母及相关经咒。

P.t.389、P.4519 和 S.6348 之恶趣清净曼荼罗图像,原本为吐蕃王室内部用作丧葬仪式——护佑亡灵免遭恶趣,顺利到达善趣界(极乐世界)的重要媒介。蕃据时期,这种传

---

〔1〕 若转轮王带者于咒心中作观世音菩萨及帝释形。又于其上作种种佛印。诸善神印悉令具足。若僧带者于咒心中。画作一金刚神众宝庄严。下作一僧胡跪合掌。金刚以手按此僧顶。若婆罗门带者。于咒心中作大自在天。若刹利带者于咒心中作摩醯首罗天。若毗舍带者于咒心中作毗沙门天王。若首陀带者于咒心中作斫羯罗天。若童男带者于咒心中作俱摩罗天。若童女带者。于咒心中作波阇波提天从此已上所拟带者。于咒心中所画作诸天神。皆须形状少年面貌喜悦。若怀胎妇人带者。于咒心中作摩诃迦罗神其面黑色。……若商人带者于咒心中作商主形。所将商众皆得安乐。持此咒人自欲带者。于咒心中作一女天。又于其内作星辰日月。若凡人带者。唯当书写此咒带之。(唐)宝思惟译:《佛说随求即得大自在陀罗尼神咒经》,《大正新修大藏经》第21卷,No.1154,佛陀教育基金会出版部,1990年,第642页上。

统在当时有着特殊地缘政治关系的敦煌被当地的汉人、吐蕃人乃至粟特人所继承,同时与其他汉藏文陀罗尼经咒相结合,形成具有祛邪、攘灾、治病、增寿、除障等多重功能、且可供汉藏与多民族通用的"护身符"。从P.t.389恶趣清净曼荼罗和英藏观音护身符之藏文发愿文中供养者Yan ldog/ Yan log和Ang lha skyes/ lha skyes可窥当时活跃于敦煌的汉族或已被归化(汉化)了的藏族、粟特等群体接受并容纳了以吐蕃佛教图像为主体的贴身护身符,反映了当时汉藏等多民族在佛教信仰层面的交流交融之客观现状。

P.t.389、P.4519和S.6348体现了汉藏佛教在敦煌的碰撞与圆融共生。三者虽图像题材均取自流行于吐蕃本部的恶趣清净曼荼罗,但图像中所录经咒则分为汉藏两个版本:P.t.389为藏文,而P.4519和S.6348为汉文,且后者所抄经目多达7种。通过对比,这些陀罗尼经咒为唐代两京及敦煌地区普通民众喜闻乐见的念诵经咒,部分甚至为当时汉藏互译或共享之经典。对此深入解读,对进一步探究吐蕃统治敦煌期间汉藏交流语境下密教经典的互译借鉴和普通民众的信仰实践提供了可资的珍贵材料。

第五节　从温姜多密檐塔看吐蕃宗教
建筑的演化与多民族文明交流

温姜多（或译"温江岛"），藏文作 'on cang do/ rdo 或 'on cang de'u，位于桑耶寺以西40公里、拉萨河以东，藏布江以北，即今拉萨市曲水县的才纳乡（tshal sna），是吐蕃时期殊胜之地，卫藏四大修行圣地之一，[1] 13世纪的乌坚巴周游汉地时还在此处汲取长寿水。[2] 这个地名最早见于敦煌藏文写卷大事纪年，公元700年至712年，母后经常驻于此处，藏文卷子记作 'on cang dor 或 'on chang dor。但大事记年在 'on cang do 名称之前并没有冠以 pho brang，直接称"温姜多"，或许表明712年前温姜多地方还没有建宫殿，当时的宫殿建在"大事纪年"常提到的"查玛"（brag dmar），这座"红岩"前有"宫殿"限定，作 pho brang brag mar（"红岩宫殿"）。

卷中出现温姜多宫的年代集中在700至709年：如700年（鼠年）"母后墀玛类居于温江岛"（yum/ khrī ma lod/ 'on cang do na bzhugs shīng）；702年"母后驻于温江岛，于温江岛集会议盟。颁发一切录于木牍上之诏令，是为一年"（yum 'on cang do na bzhugs/ shīng/ 'dun ma'ang'/ 'on cang dor bsduste/ shing gyi bka' tang chen po bor bar lo chig）；707年"冬季会盟由大臣乞力徐于温江岛宫召集之"（dgun 'dun: 'on cang dor: blon chen pho: khrī gzigs gyīs: bsdus/）；708年"冬季会盟由大臣乞力徐于温江岛宫召集之"（dgun 'dun/ 'on chang dor/ blon chen po/ khrī gzigs gyīs/ bsdus ste）；709年"于温江岛集会议盟"（'dun ma/ 'on chang dor/ blon chen po/ khrī gzigs/ gyīs/ bsdus）。

看来温姜多最初为吐蕃本土母后等所居宫殿，母后（yum）继承了吐蕃早期母舅的传统，如止贡赞普时期的老祖婆婆，有较大的权威，故会盟之地选在了母后居住的宫殿，后

---

〔1〕《弟吴教法史》（mkhas-pa lde'us mdzad pa'i rgya bod kyi chos byung rgyas pa，拉萨：西藏人民出版社，1987年，第356—357页）记载卫藏地方的四大修行圣地为：（1）khams gsum mi ldog sgrol ma；（2）dkar chung gi lha khang；（3）'on cang rdo 温姜多；（4）dgyes mtshal。

〔2〕锁南沃色（bsod nams 'od zer）著《大成就者乌坚巴传》（grub chen u rgyan pa'i rnam thar）第229页，"取温姜多长寿之水"（'on ljang rdo'i tshe chu bton nas），拉萨：西藏藏文古籍出版社，1997年，第229页。感谢陈庆英老师见告。

来逐渐由大臣在母后居住的宫殿召集会盟。作为王宫内室别院，温姜多宫距离查玛等地很近。大事纪年最早提到的王后或王妃是"赞蒙"（btsan-mo），[1]如675年"（猪年）春，赞普至'谐辛'，赞蒙墀玛伦举行盛大庆宴。垒达延墀松贡金鼎。夏，驻于跋布川。"（phīg lo la bab ste/ btsan po dpyid: zhe shing du: gshegste/ btsan mo: khrī mo lan gyīs/ ston mo chen po gsold/ 'bod da rgyal: khrī zung gyīs/ gser zags chen po: gsold pha: dnga/ dbyard:bal po na bzhugs shing）成为母后才称为yum，早期文献yum作佛母讲的较少，多指母亲，如雍布拉康（yum bu lha khang）。赞普居温姜多宫、查玛温布园等多在冬季，夏季多居于离腹地较远的跋布川等。赞蒙墀玛伦（khrī mo lan）是赞普芒松芒赞的妃子，与墀玛类（khrī mo lod）为一人，出于没庐氏（'bro）。芒松芒赞在墀玛类675年大宴后于676年薨，吐蕃纪年676记载墀都松赞普于父亲去世后7日出生。墀都松翦除噶尔家族势力后，运兵四处，由母后没庐墀玛类于700年代掌朝政。[2]墀都赞于704年，薨逝于南诏。祖母墀玛类立墀都赞幼子杰祖如（rgyal gtsug ru，即赤德祖赞）为赞普，太后摄政直至712年。从大事纪年中首次出现温姜多的情形看，此处最初是母后摄政的别宫，故由母后或大臣在温姜多举行集会或会盟。值得注意的是，拉萨河以东，桑耶查玛以西一片区域，另有赞普冬季所居查玛温布园（dgun na brag mar gyī 'om bu tshal），如《巴协》记载赤松德赞（742—797）四岁时（746）住在温布园（de nas rgyal bu lo bzhi bzhes pa pho brang 'om bu tshal na bzhugs/）。[3]在敦煌藏文大事纪年中多次出现，不过出现"温布园"的年代集中在731至735年，brag mar 'om bu tshal，即桑耶寺附近，应当是继温姜多之后又一个母舅外戚势力的居地。

敦煌卷子的'on cang do/ rdo没有说明是宫殿（pho brang）或者是其他什么类型的建筑。但可以由此确定"温姜多"作为地名出现在藏文文献中的年代最晚是在公元700年，8世纪初。根据托马斯研究的一份藏文卷子，记载了吐蕃于787年攻占沙州若干年后的汉人暴动，温姜多已经作为"宫殿"发出文告，明确记载pho brang 'on can do，可见自8世纪后半叶温姜多已经称为"宫殿"了，此时赞普（赤松德赞，755—797）仍然在温姜多宫发文，王后仍居于此宫？抑或在修建寺院之前温姜多地方就是吐蕃的行政中心之一，热巴巾赞普正是吐蕃政治中心大兴土木修建了辉煌的寺院。[4]

---

[1] 赞蒙btsan mo后代也指贵族女子，不单指王后。《东噶大辞典》btsan mo条说，安多热贡地方据说就有王、大臣和赞蒙三个部落。现在btsan mo已经转为btsun mo一词了。

[2] 参看林冠群：《唐代吐蕃史论集》、《唐代吐蕃赞普位继承之研究》，北京：中国藏学出版社，2006年，第130—132页。

[3] 巴塞囊著，佟锦华、黄不凡译：《巴协》，成都：四川民族出版社，1988年，第88页。

[4] 参看托马斯，刘忠、杨铭译注：《西域古藏文社会历史文献》（F. W. Thomas, *Tibetan Literary Texts and Documents Concerning Chinese Turkestan*，北京：民族出版社，2003年，第36—37页）。托马斯认为此宫建在敦煌附近，否则颁发文告不会这么便利。假若如此，就有两个温姜多宫殿，此说为误。

此敦煌卷子内容如下：

温姜多宫颁发盖印之文告，诸臣属听悉，（神圣赞）普取得沙州城池、百姓和财物……，（唐人）不满王政，杀死吐蕃上等臣民……任命巴为都督节儿。时过七年，亦被沙州……杀死。之后节度衙致力恢复秩序，以该主之办事能力，任命该主做节儿。十年来……已无内患与不和发生。上司（粮贡）……未断。向上也屡交殊物。该主……心未变。对此恳求颁发一份批复文告……颁布文告者：噶伦赞协与论……盖印发出。

Pho brang 'on cang do nas bkye'i phyag rgya phog ste// zha sngar snyon du/ ... pos [mos, sos, los?] / sha cu'i skun kar 'bangs dang bchas su phyag du bzhes te// ... chab srid la bsdos te/ ./ bod 'bangs kyi mchog bkum gyis shing// thugs ... pag [mag?] to dog rtse rjer bskos the dgung lo bdun lags na yang// sha [cu?] ... bkum nas// slad gyis khrom gyis mdab non pas lhog pa'i [rngo?] ... bdag spus bthus te rtse rjer stsald nas// dgung lo bchu ... nang krug dang pan pun du ma gyurd pha lags// rje blas [kyang stsang] ... pa yang myi chad phar 'bul zhing blar yang smon yon thogs pa bdag [glo] ... snas myi dbul bar phyag rgya 'ga' zhig chi gnang zhes gsol ... dbul bar gnang zhes// bka'/ blon btshan bzher dang blon [ny] ... phyag rgya 'chang du stsald pha//

这份卷子同时透露出此宫与敦煌从8世纪后半叶以来的联系，事实上，早在吐蕃占领瓜州以后同样出现了类似占领沙州以后出现的民怨沸腾的情境。[1]

具体建造年代，我们检索其他藏文史料：

其中最主要的是《甘珠尔·声明两卷》及其跋语所载赤德松赞（798—815）时期翻译佛经、确定译名并编制目录的情况，此时的温姜多仍然被称为pho brang。

向佛陀顶礼。第一卷。及至马年，赞普赤德松赞驻于"几"地之温姜多宫。上部

---

[1] 例如敦煌写卷大事纪年一条没有年号的记载（可以确定在763年以后，即吐蕃727年占领瓜州后的32年），内容似乎与此相关："颜木久与悉诺穷桑自赞普宫殿前往瓜州时，与城内前往甘州之唐人波高德相遇，谈话如下：吐蕃引兵进攻过去盟誓中声言不应侵扰之地，往昔，盟誓中曾声言将于恪守诺言，却未付诸实践，我等也不再向蕃地输赋，今后，应恪守誓言。赞普驻于'拉格'，严饬以上二论。（下残）"（ba/ btsan pho brang nas yam cu dang sdag cung bjang [bzang] gyis kwa cu khar nang du mchis pa'i dusu khar nang nas rgya po ko te mchis pa'i kam cu mjal de rmas pa mchid nas bod gyis dran ma drang mchis pa dang byar nas bro ye kan las gtog te/ phyin cad nas bden dus gzug yang myi rung pa bod kyang khral yang myi rta da phyin cad nas za gyi khrim dang yang 'byor sde/ btsan po'i pho brang lha sgal nas bzhugs ste bla na bka' nan thur drags sde mchi/）王尧、陈践：《敦煌古藏文文献探索集》，上海古籍出版社，2008年，第100页。

与下部之军攻下宁杰与衮钦。葛逻禄使者前来致礼。大论尚赤苏仁谢、芒杰拉类等由汉地获大量物品,将骆驼、马、黄牛等呈献王庭,尚论以下俱颁给赏赐。

Na mo pudhya/ bam po dang po/ rta'i lo la btsan po khri lde srong btsan pho brang gi'i [sic] 'on cang rdo na bzhugs/ stod smad kyi dmag rnying rjeng dang rkun chen btul/ gar log gi pho nyas phyag btsal/ blon chen po zhang khri zur ram shag dang/ mang rje lha 'on la sogs pas rgyas sa gnang mang po bcad de/ rnga rta ba mar phal mo che phyag tu phul/ zhang blon man chad so sor bya dga' stsal ba'i lan la/[1]

此经跋尾云:

《翻译名义大集》《翻译名义中集》与《翻译名义小集》,这部"词语解释"为中集,即将"大集"中的难点和声明的典籍对照后加以解说的解释难词的明了区别的中集。在温姜多宫,吐蕃及印度之堪布共同审定了佛教用语,君臣合议之后写成了文稿,对以前未创制和未确定的新译词语,由学者们集体创制和确定下来,由神圣赞普赤德松赞授命厘定,不再修改。终。(以上)按厘定之原本书写,他人亦应以此为准,不得改动。《声明》第二卷。

mahā' [y]utpata bye brag du rtogs chen po/ madhya'yutpata bye brag tu rtogs byed 'bring bo/ kulya'yutpata bye brag tu rtogs byed chung ngu/ 'aca'yupata skad bye brag tub bshad du 'di ni 'bring po'i/ chen po dka' ba'i gnas dang sgra'i gzhung dang sbyar te bshad pa'i paňjkāmadhyutpata yin/ no/ pho brang 'on cang dor bod dang rgya kar gyi mkhan po thams cad kyis chos skad gtan la phad ste/ rje blon mol nas reg zid du mdzad bskad gsar gyi ming sngon ma thogs pa dang/ gtan lam phabb [sic] la mkhas pa rnams 'tshogs te ming du btags shing gtan la phab ste/ lha btsan po khri lde srong btsan gyis bskul nas bkas bcad de mi bcos par gzhag pa rdzogs so// bka' bcad pa bla dpe bzhin bris pa gzhan gyis kyang de bzhin du zur ma bcos so/ sgra sbyor bam po gnyis ba'i//[2]

梳理以上史料,与温姜多宫相关的内容有:

〔1〕《甘珠尔》JO 函页262,藏文jo, fol.131b。陈庆英、端智嘉:《吐蕃赞普赤德松赞生平简述》,《西藏民族学院学报》1982年第2期,第69—87页。罗秉芬、周季文:《藏文翻译史上的重要文献——〈语合〉:附〈语合〉序与跋的汉译》,《中央民族学院学报》1987年第5期。五世达赖喇嘛《西藏王臣记》记述热巴巾事迹时也谈到在温姜多厘定文字之事(刘立千汉译本,第47—50页)。
〔2〕《甘珠尔》JO 函页319,藏文jo, fol.169a。参见罗秉芬、周季文:《藏文翻译史上的重要文献——〈语合〉:附〈语合〉序与跋的汉译》,《中央民族学院学报》1987年第5期。

（1）《声明两卷》与谐拉康碑温姜多宫材料的互证：

《丹珠尔》这份跋文中明确指出，温姜多宫位于"几"，文中写作少见的gi'i，后来作skyid，指拉萨河流域下游。这次厘定文字是在赤德松赞在位的"马年"，这位赞普在位的时期是公元798年至815年，这十七年中有两个马年，一个是水阳马年公元802年，一个是木阳马年公元814年。从文中提到的大臣名来看，此处所说的马年应为公元814年。与此印证的是赤德松赞时期所立谐拉康碑乙碑文记载"班第·定埃增忠贞不二，竭尽效力之故，特加恩泽，乃于后一个龙年，驻跸温江岛宫之时，下诏。"（ban de ting nge 'dzin snying nye zhing zho sha chen po phul ba'i phyin/ bka' drin 'brug gi lo phyi ma la/ pho brang 'on cang do na bzhugs pa'i tshe/ gtsiggs gsar du bskyed de/)[1]谐拉康碑的龙年，王尧先生指出为公元812年。从以上史料看，在赤热巴巾赞普即位前（公元815年前），仍然记为pha brang 'on cang do，即为"宫殿温姜多"。[2]证明此时仍然被称为"宫殿"，还不是gtsug lag khang。

（2）噶逻禄遣使与吐蕃劫掠唐人财物及于阗工匠入藏问题：

文中说当年"赞普赤德松赞驻于'几'地之温姜多宫，上部与下部之军攻下宁杰和衮钦"，端智嘉、陈庆英指出此处所说的上部系指攻击回纥，下部系指攻击唐朝的吐蕃军，[3]这次"上下部"的战争为此后温姜多寺建立时汉地与于阗工匠的到来埋下了伏笔。至于"由汉地获大量物品、将骆驼、马、黄牛等呈献给赞普"，这里是指唐宪宗元和九年（814）唐蕃双方在陇州边界上互市而获得大量物品一事。巨量财物的积累为此后赤热巴巾时期建立辉煌的温姜多宫提供了物质基础。此外，吐蕃人从唐人那里得到财物有其传统，赤德祖赞（704—754）攻陷瓜州时，同样取得了可观的财物。[4]

文中提到在马年814年gar log gi pho nya，即"噶逻禄的使者"拜见赞普。噶逻禄[5]是

---

〔1〕 王尧：《吐蕃金石录》，北京：文物出版社，1982年，第123，127—128页。

〔2〕 同上，第128页。

〔3〕 陈庆英、端智嘉：《吐蕃赞普赤德松赞生平简述》，《西藏民族学院学报》1982年第2期，第69—87页。另见杨铭：《唐代吐蕃与突厥、回纥关系述略》，《西南民族大学学报》2005年第6期。

〔4〕 （墀德祖赞）赞普亲自出征，于唐境推行政令，攻陷唐之瓜州等城堡。彼时唐朝国威远震，北境突厥亦归聚于唐，（西）至大食国以下均为廷辖土，唐地财富丰饶，于西部（上）各地聚集之财宝贮之于瓜州者，均在吐蕃攻陷之后截获，是故赞普得以获大量财物，民庶、黔首普通均能穿着唐人上好绢帛矣。见《敦煌本吐蕃历史文书》大事纪年727年"攻陷唐之瓜州晋昌"（ rgya 'i mkhar kwa cu sīn cang phab）"墀都松赞普传略"，王尧、陈践译注：《敦煌本吐蕃历史文书》，北京：民族出版社，1992年，第166页，藏文第130页：rgya po khri lde gtsug brtsan gyi ring la/ rjed gshin chis 'jam ste/ myi yongs kyis skyad do// blon che stag sgra khong lod dang/ rje blon mol nas/ rgyal po zhabs kyis btsugs te/ rgya la chab srid mdzad na/ rgya'i mkhar kwa cu la stsogs pa phabs ste// de stam na rgya 'i srid ches nas/ byang phyogs kyi dru gu kun kyang 'dus la// ta zig la thug pa man chad rgya 'i khams su gthogs te// rgya 'i nor mang po stod pyogs su 'don pa mams// kwa cu na tshogs byas pa las// thams cad bod kyis phab ste bzhes pas// blar yans dkor mang po brnyes// 'bangs mgo nag pos kyang rgya dar bzang po khyabs par thod bo//

〔5〕 后弘期古格王益西沃为邀请阿底峡筹备所需经费，被信奉伊斯兰教的突厥噶逻禄人所俘房。释放益西沃的条件是：或者他改信伊斯兰教，或者缴纳与他的体重相等的黄金。其侄绛曲沃着着黄金来到噶逻禄地方，却发现还差益西沃人头的重量。益西沃要绛曲沃放弃用黄金来赎他，改用来请印度超岩寺的上座高僧阿底峡。

7—13世纪间的西突厥别部,亦称葛逻禄,地处北庭西北,金山(今阿尔泰山)之西,与车鼻部接。鄂尔浑突厥碑文作Qarluq,有三姓,故文献中常称为三姓葛逻禄。首领号叶护,故又号三姓叶护。789年葛逻禄在北庭一带,曾与吐蕃联军,战胜了回鹘。840年,漠北的回鹘汗国灭亡,部众大部分西迁,其中有十五部奔葛逻禄。10世纪前半期,在葛逻禄地区形成了哈剌汗国(黑汗王朝)。公元840年,漠北回鹘汗国因连年自然灾害、内讧及黠戛斯(Qïrqïz)的入侵而解体,其部众大部分西迁,其中一支迁往今吉木萨尔和吐鲁番地区建立了高昌回鹘政权;另一支迁往中亚及喀什一带,与葛逻禄、样磨等民族建立起喀喇汗王朝。喀喇汗王朝与中原地区保持着十分密切的交往,公元1063年宋朝册封喀喇汗王朝可汗为"归忠保顺盰鳞黑韩王",公元1211年,喀喇汗王朝覆灭。吐蕃史中葛逻禄出现的年代同样稍晚,以葛逻禄为主体形成的高昌回鹘王国保持了早期藏传佛教的信仰与相关文献,并将藏传佛教信仰传播到西夏,所以藏传佛教10世纪以后在西域的传播与葛逻禄关系密切,而这一源头与《甘珠尔·声明两卷》跋语所记两位葛逻禄使者入藏及其后的温姜多寺的修建呈现千丝万缕的联系。[1]《声明两卷》提到葛逻禄使者,这与此后建立温姜多宫的"于阗工匠"是否有关联? 如上所述,元和三年(808)以后,吐蕃实现了对西域地区的全面接管,推行类似唐朝的羁縻政策,统治天山北麓的是葛逻禄叶护。葛逻禄首领始终不称可汗,而称叶护,就是为了保持对吐蕃名义上的臣属关系。葛逻禄实乃西域地区最后一个附蕃的西突厥政权,确切地说,应是附蕃的西域异姓突厥政权。这种羁縻政权性质一直延续到朗达磨赞普被刺,吐蕃势力全面退出西域以后。[2]所以,修建温姜多宫时所谓的"于阗工匠",或许都是此时与吐蕃赤热巴巾政权联系,向东靠近敦煌安西一带的葛逻禄及其辖区的人,《甘珠尔》的葛逻禄使者来访正是前兆。

《奈巴教法史》记载尚·蔡邦达桑聂多(zhang tshes spong rtag bzang nya lto)用修建温姜多寺之余资建立堆龙勒玛神殿(stod lung lhag ma)。此蔡邦氏为热巴巾之蔡邦妃之兄弟,堆龙的江浦寺即为此人所建,寺名书于温姜多寺,黄明信先生认为江浦寺即为"余资"(lhag ma)所建的寺,此说为是。[3]从此可以推知当时温姜多寺的规模。至堆龙楚布江浦建寺碑时,温姜多宫已经写作gtsug lag khang,可见此时新寺已经建好。"此神殿之名,亦由赞普颁诏敕赐,书于温姜多神圣大殿之后。"(gtsug lag khang 'di mtshan yang/ btsan po'i bka' zhal gyis btags ste/ 'on cang do'i thugs dam gyi gtsug lag khang chen po'i

〔1〕 10世纪前后古格王与葛逻禄的关系,参看卡尔梅著、严申村(谢继胜)译:《天喇嘛益西沃的〈文告〉》,《国外藏学研究译文集》第三辑,拉萨:西藏人民出版社,1987年。

〔2〕 薛宗正:《吐蕃、回鹘、葛逻禄的多边关系考述:关于唐安史乱后的西域角逐》,《西域研究》2001年第3期,第7—20页。

〔3〕 黄明信:《吐蕃佛教》,北京:中国藏学出版社,2010年,第141页。

mjug la gdags shing/）"文书副本赐予温姜多神殿之应供长老及主持执事。"（'og dpe ni/ 'on cang do gtsug lag khang gi gnas brten dang/ mngan la stsald）[1]温姜多寺最初的名称或为'on cang do'i thugs dam gyi gtsug lag khang chen po（大温姜多发愿寺），简称'on cang do gtsug lag khang（温姜多寺）而非后来的'o shang rdo dpal dpe med bkra shis dge 'phel gyi gtsug lag khang。后来称为"本尊"寺是将其中thugs dam等同于yid dam所致。

《弟吴教法史》作于1109年，是继敦煌文献和碑文后较早的资料。《弟吴教法史》记载赤松德赞时期在卫建造了四座神殿，但这不是后来热巴巾建的大寺，只是温姜多神殿'on cang rdo lha khang。《弟吴教法史》在记述赤松德赞在各地所见寺院时提到"在前藏卫地建三界不净救度母、噶琼神殿、温姜多和贾擦四神殿"。其中的dkar chung就是skar chung寺（dbus na khams gsum mi ldog sgrol ma dang/ dkar chung gi lha khang dang/ 'on cang rdo dang/ dgyes mtshal dang bzhi"o//）。[2]这里与传统认为温姜多直接由热巴巾在吐蕃宫殿基础上建造的说法不同，此前除了pho-brang另有lha khang。该书第359页还提到赤热巴巾于狗年生于温姜多宫，两岁时父亲去世，12岁即位（'di yang kyi lo 'on ljang rdor sku bltams/ lo gnyis na yab gshegs/ chab srid lo bcu gnyis bzungs/），第364页记载朗达玛赞普也于羊年生于温姜多宫（'on ljang rdo ru lug lo la bltams）。

非常奇怪的是《弟吴教法史》没有提到赤热巴巾赞普建立温姜多宫。只是提到其生平时说赤热巴巾信仰佛教，建108处神殿，施行善法，有情安乐，人间无敌，马无绊索，牛无鼻绳，阿里三围赋税密供；调伏边地诸部，远民来伏：其中尼婆罗达拉第、隆域查日、李域和田、汉地垫桑等都聚从麾下，建九妙善殿（legs dgu mkhar du brtsigs），讲说九法。[3]另一处记载（第296页）赤热巴巾建造的寺院云："藏王热巴巾于温江地方建九层绿松石神殿并于朵麦地方建热董神殿等二神殿。其胞弟藏梅建门普噶查那神殿。"（mnga' bdag ral pa can gyis 'on ljang du/ g-yu'i lha khang dgu thog dang/ mdo smad du rab stong gi lha khang dang gnyis so/ gcung gtsang mas mon bud mkhar khram sna'i lha khang bzhengs/）所谓九妙善殿（legs dgu mkhar），应当是吐蕃传统的，多建于山顶或高地的九层城堡，如同雍布拉康（yum bu lha khang）和米拉日巴在洛扎所建的桑噶古托（gsang-mkhar dgu thog）（图2-5-1），Sku mkhar ma ru是色拉寺帕邦卡（pha bong kha）附近的古代宫殿，松赞干布曾

〔1〕 王尧：《吐蕃金石录》，北京：文物出版社，1982年，第175—176、178页。
〔2〕 《弟吴教法史》（藏文版），拉萨：西藏人民出版社，1987年，lDe'u chos-'byung，第356—357页。
〔3〕 同上书，西藏人民出版社1987年版lDe'u chos-'byung，第356—357页。'bangs ban dhe rnams［kyi］'tsho ba bla nas sbyor/ dge ba bag phebs su spyod/ mi yan la dgra med/ rta yan la sgrog med/ ba yan la sna med/ stod mnga' ris skor gsum nas gsang 'jal/ mtha'i sgo bzhi nas dbyang 'bul/ rong kha brgyad nas skyes rdzong/ rgod stod sde bzhe gnyis thul/ yu mo sde bcu gnyis ni nyan/ bal yul ta la/ ti/ klong yul brag ra/ li yul 'u then/ rgya yul stan bzang yan chad mnga' 'og tu 'dus/ khod dang khrims thams cad mes kyi lam［ltar］ston/ legs dgu mkhar du brtsigs/ snyan dgu gtam du smra/

图2-5-1　桑噶古托寺（采自《西藏唐卡》图二十，文物出版社，2004年）

居此四年学习吞弥所造藏文,据说初建时就有九层。[1]可见最初的神殿样式与后代史书肆意描绘的宫殿有所差异。

当然,这里提到于阗等部都是通过战争手段得到的,所谓信仰佛教只是"自此应用了柔和的降伏外敌的方法,此王之法律如同套在牛板筋上的金轭木。"(de dus yan chad du dgra thabs zab mos phyi'i dgra thal/ rgya khrims gser gyi gnya' shing dang 'dra ste 'jam la dam)[2]

此处记载与本节后述的《巴协》提到赞普攻入于阗,强掳于阗工匠的记载一致,可以对比分析。

奈巴班智达札巴孟兰洛卓(grags pa smon lam blo gros)的《奈巴教法史》(Nel pa chos 'byung)(1283 年)所记温姜多宫相关史料如下:

> 赤祖德赞又名热巴巾,阳火狗年,诞生于温姜多宫,行三,颇具学识,12 岁时,父王驾崩,继位,执政 24 年,成为统辖世界三分之二之大王。铁鸡年,36 岁,薨。

> 其幼子赤祖德赞热巴巾继承王位,修建了乌江多的无与伦比,有九层飞檐的雍仲永固寺;扎玛与呷穷等寺父祖发誓修建而未竣工之寺,全部完成。修复已塌毁诸寺,补建而合 108 座寺庙之数。[3]

非常奇怪,《奈巴教法史》提到的寺名"雍仲永固寺"与后世寺名有异,与《弟吴教法史》的"九妙善殿"的名称也不相同。无论如何,812 年的堆龙姜普寺碑已经确定了与后代寺名相关联的名称"温姜多誓愿祖拉康"('on cang do'i thugs dam gyi gtsug lag khang chen po),1109 年和 1283 年的寺名只能作为参考了。

《巴协增广本》对温姜多寺的建立有详尽的描述,因其著作的年代稍早(12 至 13 世纪),增广本大约在 12 世纪前后,不晚于 14 世纪,甚或错入了晚期内容,但书中描写温姜多寺建筑多为后世著作沿用:

> (热巴巾赞普)召集臣属商议要以祖先庄严的寺庙为蓝图修建一座九层高的誓

〔1〕 见《藏汉大辞典》Sku-mkhar ma-ru 条。

〔2〕《弟吴教法史》lDe'u chos-'byung,拉萨:西藏人民出版社,1987 年,第 363 页。

〔3〕《奈巴教法史——古谭花鬘》,《中国藏学》1990 年第 1 期。赤祖德赞薨逝之年,据《王统世系明鉴》《红史》《新红史》诸书,记为辛酉年(841);《贤者喜宴》记为丙辰(836),多有不同。《奈巴教法史》前面记为铁鸡年(辛酉),后又作火鸡年(丁酉),前后不一,似有笔误。

愿寺时，赞普说道："在以前的所有祖先当政的时候，做赞普的有三件大事要做：就是修建誓愿寺庙，给吐蕃民众以安乐，对进犯者率军队予以反击。父祖辈，有的只做了一件，有的只做了两件，有的依次先后做了三件。我要同时做成这三件事！"在给誓愿佛寺奠基时，赞普下令道："我要修建一座好像拉萨的城堡、桑耶的村镇、甲琼寺那样小星坠落大地般的真正的寺庙。"于是，召来了汉地、印度、尼泊尔、克什米尔、李域、吐蕃各地所有的能工巧匠，并请一位汉地的堪舆家查看好地形。说在李域的加诺木莫地方[1]有一个巧匠，他是修建温姜多乌宫殿的工匠师傅。于是，赞普命人将一只獐子关在铁笼中，派使者带着獐子和一封信函。信中写道："笼中关的是吐蕃赞普的香象，今派人送去，请收下。贵国有一个叫李·觉白杰布的巧匠，请让他来修建吐蕃赞普的誓愿寺庙。如果不肯赠与，赞普震怒，将陈兵相向！"使者到了李域，把信函献给李域君王。李域王看了函令，看见送来的礼物香象连屎尿都散发香味，对之非常喜爱。又怕不遵从赞普命令会引起战祸，便商定遵命照办。杰布说："我太老了，我有三个儿子，把他们奉献给吐蕃赞普吧！"李域王说："你如果不去亲见赞普一面，赞普就会领兵来打李域。听说从前吐蕃赞普就曾率兵骑兵击败过李域。这次，你李·觉白杰布一定要到吐蕃去，哪怕死在途中，也要把你的头颅献给赞普！"于是派李·赛松、李·赛悦、李·赛道等三子陪同父亲去吐蕃做工。让使者带着礼品返回吐蕃。李·觉白杰布未死于途，平安到达吐蕃与赞普相见。他向赞普禀告修建寺庙的规划说："应请瞻部洲最好的石匠尼泊尔石匠等来施工修建。下三殿的门框上下都要用石头来修砌。因为石匠手艺特别高超，所以按照祖辈在拉萨大昭寺首先建立石碑恩泽广被的规矩，这次的石匠活也要以先树立金刚杵形石碑开头以为献新。各种画图的献新部分，先在绸缎上画出草样，共要108张。塑像的献新部分先从塑造梵天与遍入天二神像入手。铸造物的献新部分以铸造铃状大钟为首。中三殿，要用砖砌造；上三殿，用木料、铜和皮革修筑，共是九层。殿顶之下，绕以风轮，还要围塑很多僧人像。从飞檐向四方拉出四条铁链，连到四座大佛塔上。当大风从西边刮来时，东边的铁链松了，殿顶便略向东边倾斜；当风从东边刮来时，西边的铁链略松些，殿顶便向西边倾斜。要像日娜山峰高耸入云一样，修建一座殿顶上的大鹏鸟头也高入云霄的寺庙。"如此禀请后便照着修

---

〔1〕 此处提到的李域地名，藏文写作 lcags-ra smug-mo（"紫红矮墙"），此类地名在敦煌藏文写卷或新疆出土的藏文简牍中涉及于阗的内容中亦有出现，如 gling-ring smug-po-tshal（托马斯：《西域古藏文社会历史文献》，第 220 页）但《奈巴教法史》却提到松赞干布在藏地建"又谓修建镇魔四隅的寺庙，东南方修建江若牟保（即"姜若穆波"）寺庙，西南方修建科亭寺庙，西北方修建智慧卓玛寺庙，东北方修建莲花卓玛寺庙。"王尧、陈践译：《奈巴教法史》，《中国藏学》1990 年第 1 期。

起来了。[1]

娘·热巴巾·尼玛维色（nyang ral ba can nyi ma 'od ser 1124—1192）所撰《娘氏宗教源流》（Chos 'byung me tog snying po sbrang rtsi'i bcud）约12世纪成书，该书对温姜多寺院的描绘完全借自《巴协增广本》部分，但有一段衍文，其中有云："建恶趣加行曼荼罗祈祷，建造九层飞檐寺等父祖辈所有神殿……"（ngan song sbyong ba'i dkyil 'khor du bzhengs su gsol lo/ bya 'dab dgu brtsegs la sogs pa yab mes kun gyi lha khang ... ）[2]

考察上文，

（一）我们来梳理以上建寺的步骤，复原寺院的形制：

（1）首先是发愿，即文中的thugs dam，此语后来被等同于yi dam，故被称"本尊寺"，实际上吐蕃当时的佛教信仰还没有达到修习者人皆有本尊的地步；

---

〔1〕 佟锦华、黄布凡译注：《巴协》汉文第60—61页；藏文第182—183页，成都：四川民族出版社，1990年。藏文原文：mes kyi bad rngam po'i lha khang la dpe byas nas thugs dam dgu brtsegs bzhengs pa chad pa'i dus su/ rje'i zhal nas yab mes kun gyi ring la btsan po la bya ba rnam pa gsum yin te/ thugs dam du gtsug lag khang bzhengs pa dang/ bod 'bangs bde ba 'god pa dang/ sku la rdo ba la dmag drang ba'o/ yab mes rnams gyis la las re re tsam mdzad/ la las gnyis gnyis mdzad/ la las gsum ka mdzad nas rim par mdzad/ nga gsum ka dus gcig la byad do ces bka' stsal nas/ thugs dam gtsug lag khang gi rmang sding par byas tsa na/ lha sa mkhar dang 'dra/ bsam yas grong dang 'dra/ skar chung 'chad pa 'dra/ nga lha khang gsha' ma cig byad do ces bka' stsal nas/ rgya dkar nag dang bal po dang/ kha che dang/ li yul dang/ bod yul gyi bzo bo mkhas pa thams cad bkug te/ rgya'i ju bzhag mkhas pa gcig gis sa btsal nas/ 'on cang de'u yi bzo bo mkhas pa zhig li yul lcags ra smug mo na yod par thos pas/ gla ba gcig lcag kyi dra bar bcug nas 'di bod kyi btsan po'i spos kyi glang po yin pas 'di bzhes la/ li spyod pa'i rgyal po zhes pa〔pa'i〕bzo bo mkhas pa zhig yod zer ba de bod kyi btsan po'i thugs dam gyi lha khang gi bzo byed pa la gnang ba zhu ba dang/ de ma gnang na btsan po'i thugs khros nas dmag 'dren no bya ba'i sgrom bu skur nas pho nya btang/ pha nya bas de li rje la phul bas/ li rje bka' sgrom gzigs nas/ spos kyi glang po'i chu dang rul ma tshur〔tshul〕chad spos su byung bas zhu rten l'ang mnyes/ btsan po'i bka' ma nyan na dmag l'ang 'jigs nas/ bka' sgrom nas byung ba ltar rdzong bar chad nas/ li spyod pa'i rgyal po bod yul du mchis 'tshal bar sgo bas/ nga rgas nga'i bu gsum btsan po'i phyag tu 'bul lo mchis bas/ li rje na re khyod rang btsan po dang dyar ma mjal na li yul du btsan po'i dmag 'ong/ sngon kyang bod kyi btsan pos rta dmag drangs nas li cham la phab ces zer nas kho de/ li spyod pa'i rgyal po lam du gum kyang mgo btsan po'i phyag tu phul gcig〔cig〕ces/ bu li gser gzung/ li gser 'od/ li gser tog gsum bod du bzo byed du sdzangs〔brdzangs〕/ pho nya la skyes bskur nas yar 'ong/ li spyod pa'i rgyal po ma gum bar btsan po dang zhal mjal/ 'jam bug ling na rdo bzo mkhas pa bal po rdo mkhan la sogs pas bzo bgyis te/ 'og khang gsum sgo'i rib cha yan chad man chad rdo la byas te/ rdo bzo khyad par 'phags te/ phud ra sa'i gtsug lag khang du mes kyis chos srong gtod pas bka' drin chebas/ rdo ring rdo rje'i tshul du phul/ ri mo'i phud du dar gyi be brum brgya rtsa brgyad phul/ ldir tsho'i phud du tshang pa dang brgya byin gnyis bzhengs su gsol/ lugs ma'i phud tsong chen po dril bu'i tshul du phul/ bar khang gsum so phag las byas/ steng khang gsum shing dang zang dang ko ba byas te/ dgu thog du byas/ rgya phibs kyi 'og nas phar rlung gi 'khor los bskor te/ rab tu byung ba mang po skor ba byas/ bya 'dab las phyogs bzhir lcags thags〔yang 'jug sa lhag〕bzhis mchod rten chen po bzhi la bstod/ rlung chen po nub nas lang pa'i che/ shar gyi lcags thag lhod la rgya phibs shar du yo tsam 'gro/ rlung shar nas lang na nub kyi lcags thag lhod la/ rgya phibs nub du yo 'gro ba/ ri nag gi rtse la na bun byung ba dang/ lha khang gi khyung mgo 'a'ng 'ong ba'i mthon po gcig bzhengs su gsol//

〔2〕 娘·尼玛维色著：《娘氏宗教源流》（藏文本），第417—420页，与《巴协》不同在于420页第2行至第7行。拉萨：西藏人民出版社，1988年。此书作者的生卒年较为确定，似乎可以说明《巴协增广本》的年代在12世纪。

（2）此后请汉人术士（rgya'i ju bzhag mkhas pa）占卜堪舆；

（3）寻访、召请居住于李域加诺木莫（紫红柳 li yul lcags ra smu mo）的工匠大师李·觉白杰布（bzo po mkhas pa li spyod pa'i rgyal po）到吐蕃负责温姜多寺的修建。派使臣送给礼物王的礼物是麝（gla ba，即獐子），就是吐蕃人所说的佛教圣物"香象"（spos kyi glang po）[1]，并威胁使用武力。觉白杰布携三子，名字皆带有 li 和 gser（金）：li gser gzung（持金）；li gser 'od（金光）；li gser tog（金顶），由觉白杰布负责施工监理。

（二）再复原寺院的形制：

（1）寺院门前有石碑，如同大昭寺门前石碑；与吐蕃寺院昌珠寺或桑耶寺一样，铸有大钟。

（2）整个寺院高九层，下三层门框用石砌，中三层，用砖垒；上三层，用木材铜和皮革。吐蕃早期九层碉楼皆石砌，此寺除基座外，罕见地用了砖（so phag 特指烧过的砖，西藏建筑中罕见）和木材，铜是建筑顶部如塔刹、宝瓶、铃铎等使用，皮革应当是缀合木材使用的。

（3）寺顶为汉式屋顶（rgya phibs），稍下有铃铎，外墙一周（bkor）塑有僧人像，证明建筑近圆形。

（4）从寺顶飞檐向四方拉出四条铁链，连接到四座佛塔上（bya 'dab las phyogs bzhir lcags thags［yang 'jug sa lhag］bzhis mchod rten chen po bzhi la bstod）。《西藏王统记》等稍后文献都记载拴在四方石狮子上。

（5）壁画必须先在丝绢（dar）上画出草图（be brum/ bum 藏文 be'u bum 做"手册"）108 幅。

（6）首先塑造的神像是帝释和梵天。此两门神是汉地释梵诸天诸神，藏传造像系统少见。温姜多寺出现"帝释与梵天"可见吐蕃早期寺院流行汉地唐释梵天神样式。敦煌古藏文发愿文记载"敦请梵天、帝释天、四大天王、十方护神以神力加持，一切侵损赤祖德赞之身的魔障未现，并予以护佑"（tshangs pa dang brgya 'byin dang/ rgyal po chen po

---

[1] 其一，佛经中指诸象之一。其身青色，有香气。《杂宝藏经·迦尸国王白香象养盲父母并和二国缘》："比提醯王有大香象，以香象力，摧伏迦尸王军。"南朝陈徐陵《丹阳上庸路碑》："香象之力，特所未胜。"唐王维《和宋中丞夏日游福贤观天长寺之作》："积水浮香象，深山鸣白鸡。"清赵翼《黔中牟珠洞》诗："又有释迦古佛、观世音、手掣香象调鹦鹉。"鲁迅《〈唐宋传奇集〉序例》："夫蚊子惜鼻，固犹香象，嫫母护面，讵逊毛嫱，则彼虽小说，凤称卑卑不足厕九流之列者乎，而换头削足，仍亦骇心之厄也。"其二为菩萨名。《华严经·诸菩萨住品》："北方有处，名香积山，从昔已来，诸菩萨众，于中止住。现有菩萨，名曰香象。"其三指香药和象牙。宋曾巩《本朝政要策·茶》："用三说，则官有七倍之损，而香象之货，居积停滞，公私皆失其利焉。"梵语 gandha hastin，或 gandha gaja。系指由鬓角可分泌有香气液体之强硕大象而言，即指交配期之大象。据《大毗婆沙论》卷三十等载，此时期之象，其力特强，性甚狂暴，难以制伏，合十几象之力仅可抵一香象之力。《杂宝藏经》卷二、《注维摩经》卷一中，又作象炉：于秘密灌顶之道场，所用之象形香炉；以之烧香，受灌顶时，受者入坛前之际，先跨越香象，以此薰身而得清净。此外，日本净土宗之传法仪式中，亦用象形之香炉，称为触香，如《乳味钞》卷十六。

dang 'jigs rten skyong ba bcu la stsogs pas kyang/ mthu dang byin bstang zhing// btsan po khri gtsug lde brtsan gyi sku la gnod byed kyi// bgegs thams chad kyi myi tsugs/)。[1]以上与温姜多宫的梵天帝释图像吻合。汉文史籍如《历代名画记》："中三门外东西壁，梵王帝释并杨廷光画。三门东西两壁释天等，吴画，工人成色，损。"《唐朝名画录》："及景公寺地狱壁、帝释、梵王、龙神，永寿寺中三门两神及诸道观寺院，不可胜纪，皆妙绝一时。"《图画见闻志》："许昌龙兴寺北廊有《帝释梵王》。"黄休复《益州名画录》："于大圣慈寺东廊下维摩诘堂内画帝释、梵王两堵。"

（三）根据现存温姜多宫遗迹印证文献记载：

陕西省考古研究院副院长张建林先生曾对曲水县才纳乡温姜多宫遗址进行了初步勘测，现将张先生实测结果公布如下：现存四个佛塔的塔基残段，皆吐蕃时期夯土样式，与藏王墓夯土形式相同（图2-5-2）。关于此塔，图齐《西藏考古》记载"在吉楚河（skyid

图2-5-2　温姜多宫西南角残塔

〔1〕 黄维忠：《8—9世纪藏文发愿文研究》，北京：民族出版社，2007年，第101—102页。

chu即拉萨河）左岸距噶琼寺不远处有乌香多，它与另一座著名的寺庙都是热巴巾所建，后来都经过修复。庙的四周有4座塔，看上去历史并不悠久，但都有古老建筑的明显痕迹。有2块石碑，与寺庙有关。一块在寺外，一块在寺内，但都没有碑铭。"（图2-5-3）[1]

四座塔分别位于东南、西南、西北、东北四角，其中东西相距约165至170米；南北相距164米，西北角塔残高5.1米，基座边长9.2米，下部夯土层厚30厘米，间隔卵石层厚10厘米。土塔中央皆呈十字状空心，或有可能是中央固定塔刹铁构件的史料坍塌所致。中央佛殿主体已不存，有新建佛堂，其中在殿门前方出土龟趺碑座，仅龟趺通长达2.2米（图2-5-4）。

从现存四方残塔及四塔相隔的距离我们可以推知当时九层中央大塔是如何的壮观，以四方角塔通高15米，及各塔之间相隔160余米距离计，主塔的总高度必须在60米以上，从主塔垂向四座角塔的、长约80余米的铁链才能形成45度以上的夹角，否则如此长度近乎平行的铁链的自重难以克服。吐蕃时期有冶铁造铁索桥的传统，至14世纪则有汤

图2-5-3 图齐所摄温姜多寺寺内石碑

东杰布建造铁索桥的记载。[2]以温姜多宫塔的高度，与现今所见古代佛塔比较高度或应相仿，如洛阳永明寺塔复原高度大约80米，唐慈恩寺大雁塔高69.13米。[3]布达拉宫与前方地面相对高度是113米，可见温姜多宫是吐蕃时期的巨大佛塔和寺院。[4]

至于吐蕃时期所建温姜多宫与中央大塔的形制是否与敦煌盛唐或中唐吐蕃石窟窟顶四披壁画所见塔之样式有关，或与晚唐五代多层木塔样式有关，如榆林窟第33窟七级佛塔，方形，底层坐落于方形砖石须弥座上（图2-5-5:1-3），尚待研究。[5]

[1] 图齐著，向红笳译：《西藏考古》，拉萨：西藏人民出版社，2004年，第2页。
[2] 久米德庆著、德庆卓嘎、张学仁译：《汤东杰布传》，拉萨：西藏人民出版社，2002年。
[3] 张驭寰：《中国塔》，太原：山西人民出版社，2000年，第8页，第259—260页。
[4] 感谢张建林先生提供温姜多宫遗址图片！
[5] 萧默：《敦煌建筑研究》，北京：机械工业出版社，2003年，第147页，线图4-1-2盛唐第23窟壁画佛塔；149页，线图4-4陕西扶风法门寺地宫出土铜塔；151页线图榆林窟33窟壁画佛塔。

图2-5-4　温姜多寺前石碑龟趺出土情况

图2-5-5：1　莫高窟盛唐23窟壁画佛塔

图2-5-5：2　法门寺地宫出土铜塔

（四）于阗工匠入藏史实的考察：

谈到吐蕃与于阗的史料，《于阗授记》《于阗教法史》等是重要的文献，例如法成所译《释迦牟尼如来像法灭尽之记》提到于阗有佛像，但此后被周边国家摧毁，佛法将灭，"释迦牟尼如来灭后，彼法影像及以塔庙，二千年在世，然后灭没。于阗等此三之国，汉与赤面、苏毗、突厥、回鹘等贼，动其干戈而来侵损，是故佛法以渐衰微，毁灭塔寺，众僧资具亦皆断绝。"其中一位菩萨转为吐蕃国王，娶汉地公主（或为金城公主，710年入藏），"尔时于阗属彼赤面王，故广行正法，建立塔寺，置其三宝人户田园，兴大供养。赤面国王，七代已来以行妙。此七代王，于余国中所有三宝及塔寺处，不起恶心，亦不损害尔时于阗众僧。"[1]当时有大量于阗僧人逃往吐蕃，金城公主为众僧建瓜州等五寺供于阗僧众居住。[2]然而，以上史实都发生在赤德祖赞时期（698—755），与赤松德赞（755—797）建温姜多神殿（《弟吴教法史》记载）相隔数十年；与赤热巴巾修建温姜多寺（831）相隔80余年。这些转往吐蕃的于阗僧人是否与修建温姜多寺的于阗工匠或死于寺院修建劳役的"外国人"有关，尚待年代的契合，因为在金城公主去世（739）后，这些于阗僧人被驱赶到犍陀罗国。[3]然而，我们怀疑，于阗地方的教法冲突和伊斯兰化应当在公元9世纪之后才开始，《汉藏史集》也复述了如上史实。

图2-5-5：3 榆林窟33窟五代壁画佛塔

该书于阗王统部分提到于阗由于外道（伊斯兰教？）的进入，很多于阗佛徒都前往吐蕃，吐蕃有汉人妃子礼遇僧众。我们知道于阗地区的伊斯兰化迫害佛教徒开始于10世纪，那么这些僧人进入吐蕃的时间当在这一时期，然而，前面文献为9世纪藏僧法成所译，

---

〔1〕《释迦牟尼如来像法灭尽之记》全一卷，唐代法成译，收于《大正藏》第五十一册，No.2090。

〔2〕所建五寺分别为邦唐无柱殿、青浦南木热殿、瓜州殿、查玛真桑殿和多麦岭格赤载殿，娶金城公主。（'dus srong mang po rje'i sras khri sde btsugs btsan 'brug lo'i dpyid ka'i dus su pho brang lan gar sku 'khrungs/ lo gzhug la yab 'das nas cig jar rgyal srid bzhes nas khri btsugs lde btsan mes ag tsom de'i sku drin la 'phang dang ka med mchims phu nam ra/ ka chu/ brag dmar 'gron bzangs/ mdo smad gling gi khri tse nga bzhengs/ ... rgya rje gen po'i bu mo ong chung khab du bzhes te ...）《弟吴教法史》简本，拉萨：西藏人民出版社，1987年，第119—121页。

〔3〕王森：《西藏佛教发展史略》，北京：中国社会科学出版社，1986年，第5—6页。

或许说明宗教冲突比我们想象得要早。[1]

我们在藏文文献中找到的于阗工匠入藏的史实主要与吐蕃两个寺院有关：温姜多寺与昌珠寺。前引《甘珠尔》跋语记修建温姜多寺之始有噶逻禄使者入藏，《汉藏史集》提到修建此寺有很多"独眼国"与"独脚国"等工匠役夫，尸骨甚至没入地基。《巴协增广本》里提到的赞普动辄威胁武力相向或许正是如此情势的写照。作为参照，我们来比较《柱间史》记载的昌珠寺与李域工匠的关系：

《柱间史》提到松赞干布时期借大臣吞弥之口（此书将后代赞普赤德松赞和热巴巾事迹错入其中，如讲松赞干布修建108座寺院事迹，七户养僧）讲述两位于阗沙弥（li yul gyi dge tshul gnyis）因修习文殊不得证悟而转修观音而往吐蕃见观音化身之松赞干布，在进入拉萨堆龙地方时，看到尸骨遍地，都是吐蕃赞普为维护十善法而处死的罪犯；经过旦巴滩时，满目都是断头、断手的死尸残块。据云可以昼死夜复生。这里的史料说明赤热巴巾崇佛法律的严酷，或与两位噶逻禄使者入藏有关，与《汉藏史集》讲到温姜多宫修建时地下很多外国役夫的骸骨有暗合之处："两位比丘来到堆龙沟口时，看到此地被赞普定罪处死人的断头、剜掉的眼睛、躯干残块，血流成河。"（ ston lungs mda' mar yong bas/ der rgyal pos chad pa bcad pa'i mgo'i phung po dang/ mig phyung pa'i phung po dang/ mi ro'i thang ma/ khrag gi 'do ba chu bran tsam du 'dug pa la/ ）"经过询问，得知赞普现在住在拉萨。当他们经过旦巴地方觐见时，在此地看到断头、残眼、断肢，一些遭受火刑、一些切成残段、一些用利木穿刺，真是惨不忍睹。"（ rGyal po da lta gang du bzhugs dris pas/ lha sa na bzhugs zer bas/ dan 'bag gi dgung seb cig na yar phyin pa dang/ der yang mgo'i ra ba/ mig gi phung po/ rkang lag gi bcad gtubs/ la la me la gtug pa dang/ la la phyed ma byad pa dang/ la la gsal shing la skyon pa la sogs pa'i rigs mi 'dra ba mang por spyod pa mthong bas/ ）[2]

事实上，早期昌珠寺与于阗并无联系，我们在早期的碑铭史料中找不到这些记载，将昌珠寺与于阗联系起来的是传为阿底峡掘出的伏藏《柱间史》，但从该书叙述的史实来看，《柱间史》成书的年代或许在12世纪以后，至于为什么选择昌珠寺作为与于阗联系的寺庙，目前我们还没有找到答案，昌珠寺与温姜多宫一样，或许可以看作是于阗相关传说的一个中心，为湖中诞生寺庙的于阗母题。或许与昌珠寺寺名khra/ khrag-'brug "龙，鹞子"演绎为湖中起寺的传说有关。据《柱间史》以及后世的《昌珠寺志》记载，昌珠寺是

〔1〕 达仓宗巴·班觉桑布著，陈庆英译：《汉藏史集》，拉萨：西藏人民出版社，1986年，第53—60页；藏文版《汉藏史集》，成都：四川民族出版社，1985年，第84—98页。

〔2〕 藏义本《杜间史》(bka'chems ka khol ma)，兰州：甘肃民族出版社，1991年，第302页；卢亚军汉译本：《杜间史——松赞干布遗训》，北京：中国藏学出版社，2010年，第288页；《西藏王统记》第十六章等也有二位李域沙弥进藏看到如此惨状的记载。

从湖中建立的寺院,与藏文文献《于阗国授记》等记载的佛国于阗的形成路径相似。[1]既然与于阗建国史联系,昌珠寺的佛像壁画等皆来自于阗:"如此,吐蕃雪域地方起建了佛塔,昌珠寺亦有金刚宝座塔。所建神殿先前是昌珠大经堂,神殿内供奉从李域地方来到此地的自生五方佛,其中三佛为塑像,二佛为壁画;尚有十二位男女菩萨,供养神馔天女等。"(De ltar bo kha ba can du mchod rten bzhengs pa la khra 'brug gi mchod rten rtse lnga pa 'di snga ba yin no/ lha khang bzhengs pa la khra 'brug gi gtsug lag khang snga ba yin no/ khra 'brug lha khang nang na rten ni/ rgyal ba rigs lnga rang byon bzhugs pa'i gsum ni lder sku/ gnyis nig yang yin/ sems dpa' sems ma bcu gnyis dang/ mchod pa'i lha mo zhal zas ma li'i yul nas rang byung du byon pa bzhugs/)[2]

然而,吐蕃时期昌珠寺钟碑文并没有提到有关李域及八大菩萨或五方佛的问题,昌珠寺与八大菩萨与五方佛相关联应当是在后弘期敦煌密教传播到达卫藏时衍生的。《昌珠寺志》这本寺院指南还记载了从于阗迎请八大菩萨的情形。[3]

14世纪以后的藏文文献记载了温姜多宫详细的建寺时间:《汉藏史集》(1434年成书)有关温姜多宫的记载提到"赤热巴巾于阳火狗年(丙戌806)生于温姜多。"(Bar pa ral pa can ni/ khri srong lde btsan 'khrungs nas/ lo bdun cu dun drug song ba'i me pho khyi lo la/ 'u shang rdor sku 'khrings/)接着详尽叙述道:

> 于阴铁猪年(辛亥,831)修建了温姜多福德无比吉祥增善寺,佛殿高九层,有大屋顶,形如大鹏冲天飞翔。对祖先所建的各个寺院,按照盟誓的规定进行了修缮。又在汉地五台山修建了寺院,在沙州的东赞地方,大海之中、铁树之上修建了千佛寺。[4]

> lCags mo phag lo la/ 'u shang rdo dpal med bkra shis dge 'phel gyi gtsug lag khang rgya phibs dgu rtsegs/ khyung nam mkha' la lding pa dra ba bzhengs/ yab mes yis gtsugs lag khang bzhengs par dam bcas nas/ ma 'byongs pa rnam gsos/ rgya nag ri bo rtse lngar

〔1〕 藏文《于阗国授记》云:"尔时于阗久为湖泊,释迦牟尼佛为预言:该湖泊将成陆地获治国家,乃引菩萨、声闻弟子在内之二十万众,龙王、天人等八部众于灵鹫山升空。既至于阗,时为湖泊,乃坐于今mgo ma河附近水中莲花座上。释迦牟尼佛预言该湖泊将变为获治之陆地之国,乃口申教敕,命包括八大菩萨在内之二万随侍、三万五千五百〇七眷属护法神祇护持该国的这一供养圣地。舍利弗,毗沙门奉敕而开通墨水山,排除湖水,而得地基。佛于原来莲花座上,在牛头山现,今立有释迦牟尼大佛像处结跏七日,而后返回天竺国之呋舍厘城。"托马斯:《新疆出土藏文文献》,第89—90页。
〔2〕 藏文本《柱间史》,第301—302页。
〔3〕 Per K. Sørensen and Guntram Hazod in Cooperation with Tsering Gyalbo, *Thundering Falcon: An Inquiry into the History and Cult of Khra-'brug Tibet's First Buddhist Temple*, pp. 62–63.
〔4〕 达仓宗巴·班觉桑布著,陈庆英译:《汉藏史集》,拉萨:西藏人民出版社,1986年,第121—122页。

lha khang dang/ sha chu sdong btsan du/ mtsho'i dkyil/ ljags kyi sdong po'i steng du/ sangs rgyas stong rtsa'i lha khang dang/[1]

《汉藏史集》确切地指出了温姜多寺的建造时间是831年！寺名也确定为"温姜多无例吉祥兴善寺"，比堆龙江浦寺碑确定的'on cang do'i thugs dam gyi gtsug lag khang chen po多出 dpal med bkra shis dge 'phel，我们在这一时期的文献中都会看到这一名称。史料并描述寺院为汉式屋顶。值得注意的是，此处提到赤热巴巾在五台山和敦煌修建了寺庙。虽然吐蕃使者曾往五台山求取造像图像，但热巴巾时期在五台山建寺庙情况不明，[2]不过热巴巾时期吐蕃人在敦煌确实建有诸多寺庙。沙州的"千佛寺"（sangs rgyas stong rtsa'i lha khang）会不会与莫高窟365窟有关？ 365窟是中唐著名汉僧洪辩所建，《吴僧统碑·大蕃沙州释门教授和尚洪辩修功德（记）》详细记载了此窟的修建过程。碑记中有"圣神赞普，万里化均，四邻庆附，边虞不戒，势胜风清，佛日重晖，圣云布集"的句子，[3]说明此窟修建于吐蕃占领敦煌时期。遗憾的是，坛上塑像已毁，壁画系西夏时重绘的作品。佛坛前壁壁画脱落现出里层的藏文题记，是敦煌石窟最重要的藏文题记之一，黄文焕先生进行了著录解读。

> 圣神赞普赤祖德赞之世……（赞普）功德……垂念众生……洪辩……复此佛殿于水鼠（壬子）年之春（或夏）兴建……木虎（甲寅）年仲秋月开光承礼。塔塔、索晟光景祈祷。[4]
>
> pphrul gyī lha rtsan pho// khri gtsug lde brtsan gyī sku r[i]ng la/ sku yo[n] sems can thams cad gyī bsa ... ī ... i ... hong pen/ sgos gtsug lag khang 'dī chu pho b[y]a ba['i] lo['i] dpy[ī]d na gtsugs te/ shing pho stag gi l[o]... son rtsa na ... gyi ston sla 'br[ī]ng ba// sku gzugs spyan phyed de// zhal bsros so// tha tha dang sag shen ... smon la du gsol//

赤祖德赞（热巴巾）815—836年在位，期间只有一个水鼠年（832），也只有一个木虎年（834），说明365窟修建在832—834年，即用了两年的时间。比温姜多寺修建时间

〔1〕 藏文版《汉藏史集》，成都：四川民族出版社，1985年，第201—202页。
〔2〕《奈巴教法史》说松赞干布"以佛陀释迦牟尼开示诸行无常之教导，修建了五台山寺庙。"《奈巴教法史——古谭花鬘》，《中国藏学》1990年第1期，第115页。
〔3〕 郑炳林：《敦煌碑铭赞辑释》，兰州：甘肃教育出版社，1992年，第63—71页；马德：《敦煌莫高窟史研究》，兰州：甘肃教育出版社，1997年，第286—290页。
〔4〕 黄文焕：《跋敦煌365窟藏文题记》，《文物》1980年第7期，第47—49页。

（831）错后一年，是否就是《汉藏史集》提到的寺院？此外，所谓"东赞"的sdong btsan的sdong为"灯柱"sdong po/ bu树枝，"铁制灯枝之上"，是否与敦煌的燃灯习俗有关？燃灯也是敦煌民众一项重要的佛事活动，P.2341（7）《燃灯文》中有："遂即屈请僧徒，转灯法之道场。加复倾心契虑，虔诚归依，建立灯轮，燃灯供养。"P. 2583《佛事疏文》中载："解毒药二两，充正月元夜燃灯……正月七日弟子节儿论莽热谨疏。"论莽热是吐蕃宰相，也是当时敦煌的最高官员，他直接为上元燃灯布施，体现了吐蕃统治者对佛事活动的重视。P.t. 1123则有："愿得以酥油灯供奉三宝，供神灯象情器世间之境，酥油灯象大海，灯芯象须弥山。"（ dkon mchog gsum la/ mar mye kha mang po phul ba yang/ kong bu ni ston gyi 'jig rten/ gyi khams tsam du 'gyurd// mar ni rgya mtsho tsam du gyur// snying po ni ri rab tsam du gyur// ）[1]唐代千佛信仰（《千佛名经》）非常流行，这里记载修建千佛寺并非空穴来风，详情考察365窟后方可定谳。

《汉藏史集》叙述赤热巴巾在位、修建温姜多寺时：

> 赤热巴巾在位期间，从突厥地方运来了十八头骡子驮载的宝石，奉献给国王，在吐蕃，没有比这一批真正的突厥玉石更好的宝石。在修建温姜多宫的时候，有独眼国和独脚国等许多外国的人前来充当工匠役夫，所以后来有时还从地下挖出许多这些人的头骨和骨头，这都是吐蕃国王的权势最大的时候发生的事。[2]

> rGyal po 'di'i ring la/ gru gu'i yul nas g-yu rnying dre'u khal rgyab bco brgyad 'bul byung bas/ bod na gru gu'i g-yu rnying yin nges de las med do bya ba dang/ 'u shang rdo'i lha khang rtsig dus/ mig gcig pa dang/ tsu ta rkang gcig pa sogs rgyal khams gzhan mang po'i las mi yongs pa'i rgyu mtshan/ phyi sa 'og nas/ de lta bu'i mgo dang/ rus pa mang du thon pa byung zer ba 'dug pas na/ bod rgyal po'i mnga' thang che shos su byung bar gda'o/[3]

"祝古"（ gru-gu ）或译突厥，在西藏传统中是生产兵器的地方，如《格萨尔王传》之《祝古兵器宗》，但此处从gru gu运回大量宝玉，似乎又等同于li yul的于阗。这与814年噶逻禄使者入藏拜见赞普，吐蕃将于阗收归治下，如《巴协增广本》提到的大量于阗工匠入藏修建寺院有关。此处记载大量独眼国和独脚国的工匠参与修建温姜多寺，很多人命丧

〔1〕 黄维忠：《8—9世纪藏文发愿文研究》，北京：民族出版社，2007年，第97、98—102页。
〔2〕 达仓宗巴·班觉桑布著，陈庆英译：《汉藏史集》，拉萨：西藏人民出版社，1986年，第123页。
〔3〕 藏文版《汉藏史集》，成都：四川民族出版社，1985年，第205页。

雪域。Tsu ta（独脚国），[1]也指宝石，可见独脚国是生产宝石之国，与li yul应有一定的关系。G.yu snying为"古玉""老玉"，可以入药。故西藏医学始祖宇妥分别名为g.yu thog rnying/ gsar，祝古、于阗地方的"宝玉"恰好对应吐蕃送给于阗王的"香象"（spos kyi glang po），此"香象"与佛教史上的"香象"有别，实际上指麝香，两者构成吐蕃与西域所谓的"麝香黄金之路"，这也是麝香见于藏文史籍的重要记载。[2]

　　其他一些14—16世纪的文献，都简略地记载了温姜多寺的修建，寺名已经固定为"温姜多无例吉祥增善寺"，如《雅隆教法史》（1376）所记温姜多宫史料："（赤热巴巾）为盟誓建温姜多无例吉祥增善寺。至此，诸法王菩萨已如愿建成一千零八座寺院。"（ Thugs dam du 'o shang rdo dpal dpe med bkra shis dge 'phel gyi gtsug lag khang la sogs pa bzhengs/ 'di'i yan chad du chos rgyal byang chung sems dpa' rnams kyis gtsug lag khang stong rtsa brgyad bzhengs par 'dod do//)[3]《新红史》（成书于1538）提到"复建伍祥多之温姜多无比吉祥扬善寺（原注：未开光）广弘佛教。"（ 'u shang rdo'i 'on cang rdo dpe med bkra shis dge 'phel gyi gtsug lag khang ）"其时，又与汉地发生甥舅不和，出动数万吐蕃军，毁坏汉地诸地方城镇，但吐蕃之诸僧侣予以调解，甥舅逐一盟誓。"[4]这里提到是"复建"而且建好后未开光，或许暗示着朗达玛时期的血雨腥风，此语非空穴来风，《新红史》或许沿袭布顿大师（1290—1364）《布顿教法史》（成书于1321年）的原注："此王对每一出家人，配给俗家庶民七户，敷头巾于坐垫，以示顶礼，一度进兵汉地得胜，树甥舅和盟碑于拉萨（原注：建乌江岛吉祥无比增善寺，在此之前，由王臣建佛堂一百零八座）。此后，赞普朗达磨乌东赞执政……毁坏译师和班智达的译经场所，使未竟的译经半途而废，乌江岛寺也未能开光。"（ rgya la dmag drangs te bcom nas dbon zhang 'dum byas pa'i yi ge lha sa'i rdo ring la bris〔'u shang rdo spal dpe med dge 'phel gyi lha khang bzhengs/ 'di yan la rgyal blon rnams kyis gtsug lag khang stong rtsa brgyad bzhengs par byas so〕bu ston chos 'byung/ de nas btsan po glang dar ma 'u dum btsan la chab srid gtad/ ...... lo pan gnyis kyis chos bsgyur ba'i grwa bshig ste bsgyur 'phro la lus/ 'i shang rdo la rab gnas ma grub par lus so/)[5]

　　我们再以《贤者喜宴》记载的温姜多寺形制对比：

〔1〕 西藏民间宗教有厉鬼名"独脚鬼" the'u-rang。

〔2〕《唐书》曰，波斯国人，皆以麝香和苏途须点额，及于耳鼻，用以为敬。《抱朴子》曰，辟蛇法：入山以麝香丸着足爪中，皆有效。又，麝香及野猪皆啖蛇，故以压之也。又作笔墨法曰：作墨用鸡子白、真珠、麝香，合以和墨，宜用九月二日。《南夷志》曰，南诏有婆罗门、波斯、婆渤泥、昆仑数种外道交易之处，多珠昭唉，以黄金麝香为贵货。

〔3〕 释迦仁钦岱（Shakya rin-chen-sde）著：《雅隆教法史》（yar long chos 'byung，1376年成书），拉萨：西藏人民出版社，1988年，第64—65页。

〔4〕 班钦·索南扎巴著，黄颢译：《新红史》，拉萨：西藏人民出版社，1987年，第30—31页。

〔5〕 布顿·仁钦珠著，蒲文成译：《布顿佛教史》，兰州：甘肃民族出版社，2007年，第121页；中国人民大学国学院根据四川德格印经院木刻版整理，1991年，第191页。

誓愿所依神殿温姜多,无例吉祥兴善祖拉康,净殿九层飞檐亦九重。陶砖、双垂璎珞、檐瓶与围栏、牌坊等装饰吉祥。汉式寺顶金脊与玉龙,如同风吹华盖舞动在空中。金色屋脊宝瓶之尖顶高与寺后山峦平齐,所建寺为南瞻部州无与伦比之献供,政教二法由此永久安定,十善誓愿法罪衍名未闻,缘神示知悟变幻我执贪欲,天下福禄、富足如帝释,无惧法力咒术极喜自在,四方大地一切诸相殊胜。

Thugs dam rten du lha khang 'u zhang rdo/ dpe med bkra shis dge 'phel gtsug lag khang/ gtsang khang dgu thog bya 'dab dgu yis mdzad/ pha gu do shal shar bu mda' yab dang/ rta babs la sogs rgyan rnams kun gyis bkra/ rtse mor rgya phubs gser 'phru g-yu 'brug bcas/ rlung gis bskyod tshe mkha' la gdugs ltar 'khor/ gser gyi gńdzi ra yi tog gi rtse/ rgyab ri'i ljog dang mtho dman med par mnyam/ 'dzam gling tsam na 'gran zla bral bar bzhengs/ lugs gnyis bka' khrims chos bzhin gtan la phab/ dge bcu'i khrims dam sdig spyod ming mi grag/ mkhyen pas 'phrul chags mdzad pa lha las lhag/ mnga' thang dpal 'byor sa la brgya byin bzhin/ stobs dang mthu yis dga' rab dbang phyug skrag/ mtha' bzhi kun las rnam par rgyal gyur te/[1]

誓愿所依温姜多无例吉祥兴善寺修建时,寺院泥塑献新者为塑造拉萨强巴却阔寺(慈氏转法式样)的门神梵天与帝释,木构献新者为四条大宝通天大柱,绘事献新者为108幅“粉本”(be-bum)等装饰,雕铸献新者为贡献大钟,其余献新者尚建有叶尔巴寺(样式之)佛塔。众多汉地、尼泊尔的工匠大师建造了此座九层神变光明神殿,下面三层用石垒成,里面居住赞普君臣;中间三层用砖砌成,其中住着译师、比丘等众;上面三层以木神变而成,殿内供奉誓愿所依神佛造像。所有造像都是中印度白利玛和红利玛造像样式,以恒河纯金鎏金装饰。每一层空廊(zhing)皆以琉璃(mthing)飞檐、釉砖、半满璎珞、挑脊宝瓶、凭栏护墙装饰,每条飞檐的空间为众译师译经著述之处,每层有外凸的门与门廊,(底层有)下马石牌坊。寺顶飞檐汉式屋顶上为屋脊宝瓶,与寺后山一样高齐,宝瓶左右隐伏绿松石龙,风吹拂汉式寺顶的华盖在空中转动。如果有大风吹过,拴在四边石狮上的四条铁链牢固地系在四座佛塔上。大宝鬘、华盖、胜幢、飞幡、金制铃铎串齐声鸣响。如同南瞻部州从来无人所知、无与伦比的温姜多无例吉祥兴善寺建成了。从此寺算起,吐蕃诸王发愿修建的一千零八座寺院就建成了。

Thugs dam gyi rten du 'u shang rdo dpe med bkra shis dge 'phel gyi gtsug lag khang bzhengs te/ de'i sa phul la lha sar byams pa chos 'khor gyi sgo srung tshang pa dang brgya byin bzhengs/ shing phud la gnam yangs ka ba bzhi rin po ches brgyan ste phul/ bris phud

〔1〕 巴卧·祖拉陈哇:《贤者喜宴》藏文版,北京:民族出版社,1986年,上册第415页。

du be bum brgya dang rtsa brgyad sogs/ lugs ma'i phud la cong dril chen phul/ yang phud la yer par mchod rten bzhengs/ rgya bal gyi gzo bo mkhas pa mang pos lha khang dngos thog dgu ldan 'phrul snang gi tshad tsam du bzhengs te/ 'og gi thog gsum rdo las brtsigs te de na rje blon rnams bzhugs/ bar thog gsum so phag gis brtsigs te lo pañ dge 'dun rnams bzhugs/ steng thog gsum shing gi 'phrul gyis bteg ste thugs dam gyi rten rnams bzhugs/ sku'i rten thams cad rgya gar yul dbus kyi lha la dpe byas li dkar dmar las lugs su blugs pa dzmbu chu bo'i gser gyis g-yogs pa 'ba' zhig du mdzad/ thog re re zhing mthing gi bya 'dab dang pha gu/ dra phyed/ sham bu/ mda' yab kyis mdzes pa/ bya 'dab kyi bar re re zhing lo pañ rnams kyis chos bsgyur ba dang 'chad rtsom byad pa/ thog re re zhing glo 'bur gyi sgo dang/ sgo khyams dang/ rta babs kyis mdzes pa/ yang rtse'i bya 'dab kyi rtser gser gyi ghṇḍi ra rtse mo rgyab rim dun ma'i rte dang mnyam pa'i gyas g-yon du g-yu 'brug gis sbas ba/ yang rtse'i rgya phubs rlung gis bskyod pa na mkha' la gdugs ltar du 'khor ba/ rlung ha cang che ba na zur bzhi ljags thag gis rdo'i seng ge la gtod pa'am mchod rten chen po bzhi'i ngos su 'dogs kyang skad/ rin po che'i phreng ba dang/ gdugs dang/ rgya mtshan dar 'phan dang/ gser gyi drrl phreng gis kun tu 'khrol ba/ lta bas chog mi shes pa dzmbu'i gling tsam na 'gran zla dang bral bar bzhengs so/ spyir 'di yan la bod kyi rgyal po rnams kyis gtsug lag khang stong dang brgyad bzhengs bar 'dod do/ gzhan yang de'i tshe blon po 'ga' dang myang ban sha'i spyan can la sogs pas lha sar shar du dkar ru dang dmar ru gnyis/ lhor dga' ba dang dga' ba'i 'od/ nub tu bran khang dang brang khang tha ma la sogs pa'i lha khang byas te bod 'bangs thams cad dge bcu la longs spyod bde skyid lha khang mtshungs/[1]

《贤者喜宴》所记内容与《巴协增广本》略有不同,但此后的藏文史籍记载温姜多寺时基本上与巴卧·祖拉陈哇的叙述大同小异。然而,《贤者喜宴》没有记载藏王召请李域工匠的内容,甚至在修建寺庙的工匠中少了李域来的匠人,只提到汉地和尼泊尔的工匠。或许这与温姜多寺后期重修时的样式属于汉地佛塔形制有关。因为东嘎仁波切提到据《竹巴教法源流》[2]记载,天喇嘛绛曲沃(菩提光)之时,温姜多宫被大火焚毁,后重新修葺一新。

〔1〕 巴卧·祖拉陈哇:《贤者喜宴》藏文版,上册,第417—419页。

〔2〕 《竹巴教法史》('Brug pa'i chos 'byung, by 'Brug pa Padma dkar po, Bod ljong bod yig dpe rnying dpe skrun khang, 1992)同样引述《声明两卷》指出赤热巴巾赞普于马年居于温姜多宫,降伏上下君王与大盗,彼时葛逻禄使者拜谒(藏文第246页:sGra sbyor bam gnyis pa las 'di khri srong lde btsan pho brang kyi'i 'on ljang do na bzhugs/ stod smad kyi dmag rje dang rkun chen btud/ gar log gi pho nya phyag 'tshal/);该书亦指明温姜多宫为赤热巴巾赞普修建(第251页:rgyalpo des 'on ljang rdo'i gtsug lag khang btab),但在介绍后弘期上路弘法及菩提光等人事迹时,我们还没有找到有关重建温姜多宫的记载(藏文第258—261页)。

（'Brug pa chos 'byung las lha bla ma byang chub 'od kyi dus 'u shang lha khang mes tshig pa nyams gso mdzad ces gsal）14世纪以后的文献描述的赤热巴巾建造的温姜多寺还是菩提光时修葺的"温姜多无例吉祥兴善寺"值得讨论，9世纪前后的文献并没有提到宫殿九层的形制，12世纪前后的文献确认是九层建筑，但寺名略有变化，14世纪以后的文献完整的描述了类似密檐塔的形制。

从14世纪以后的文献分析，九层的温姜多寺在藏区没有先例，故寺名强调是"无例"（dpe med），此寺建筑除基座外使用了砖和木材，殿之间有廊，四面有门，从寺顶垂下四条铁链固定在四角佛塔狮子上，或固定于四周小塔上，后一种样式当为早期金刚宝座样式塔，[1]这些做法宛如晚唐至辽代的密檐塔，所谓"无例"，是指藏地不见汉地密檐佛塔，温姜多寺或许是藏区仅见的汉地九层密檐塔。

中国最早的佛塔是东汉永平十年（67）洛阳（北魏）白马寺和东汉末笮融在徐州所建浮屠祠中的塔。据称白马寺塔是"犹依天竺旧状而重构之"，[2]已显露了中印建筑融合的迹象；浮屠祠的塔是"上累金盘，下为重楼"，[3]中国的重楼成了塔的主体。金盘又称相轮，即堵波的层层伞盖，这种塔属楼阁式。塔的另一重要型式是密檐式，多为砖石结构。密檐式的各檐也是对重楼各檐的模仿。早期楼阁式塔是北魏洛阳永宁寺塔，据《洛阳伽蓝记》记此塔为木构，高9层，平面方形，各层每面9间，3户6窗，塔刹铜制，有金盘30重，并从刹顶垂铁链4条向屋顶四角：

> 中有九层浮图一所，架木为之。举高九十丈，有刹复高十丈，合去地一千尺，去京师百里已遥见之。初掘基至黄泉下，得金像三千躯。太后以为信法之征，是以营建过度也。刹上有金宝瓶，容二十五石宝瓶。下有承露金盘三十重，周匝皆垂金铎。复有铁锁四道引刹向浮图，四角锁上。亦有金铎，铎大小如一石瓮。子浮图有九级角，角皆悬金铎，合上下有一百二十铎。浮图有四面，面有三户六窗，户皆朱漆。扉上有五行金钉，合有五千四百枚。复有金环铺首布。殚土木之功，穷造形之巧，佛事精妙不可思议，绣柱金铺骇人心目，至于高风，永夜宝铎和鸣，铿锵之声闻及十余里。[4]

假如温姜多寺是菩提光时期11世纪前后复建，与此最为近似的当为辽金砖塔，平面八

〔1〕 明初山西洪洞广胜上寺飞虹塔就是这种样式。参看张驭寰《中国塔》第107页附图，太原：山西人民出版社2000。

〔2〕（北齐）魏收撰，仲伟民等标点：《魏书》，卷一一四，志第二〇，《释老》，长春：吉林人民出版社，1995年，第1762页。

〔3〕许嘉璐主编：《二十四史全译·后汉书·陶谦传》，上海：汉语大词典出版社，2004年，第1448页。

〔4〕（北魏）杨衒之撰，范祥雍校注：《洛阳伽蓝记校注》，上海古籍出版社，1978年，第1—29页。

角形或方形,在基座上设须弥座,上置斗承平座,再以莲瓣承托塔身;塔身仿木构,雕刻柱、枋、门、窗及佛像等;塔身以上重叠的密檐,有些雕有斗;塔顶为塔刹或宝顶。顶上置铁刹,以8条铁链固定在8条屋脊上,如辽大安五年(1089)建造的山西省灵丘县觉山寺塔。

不过,与温姜多寺更为相似的是建于辽清宁二年(1056)、金明昌六年(1195)增修完毕的山西应县佛宫寺释迦塔,木构八角5层6檐,层间各有暗层,故结构实为9层。塔建在4米高的两层石砌台基上,塔内明层都有塑像,第一层释迦佛、壁面有六尊如来画像;二层一主佛、两位菩萨和两位胁侍菩萨;三层塑四方佛,面向四方。五层塑释迦坐像于中央、八大菩萨分坐八方。温姜多寺第一层用石砌就是指塔基座,每层有短廊、底层供奉佛像都是辽代木塔这样的形制才能具有如此功能。

那么,如此形制的塔能否在11至12世纪传入吐蕃腹地?存在这种可能,辽与青唐角厮啰政权有密切的联系。角厮啰在西宁附近建内供佛像的十三级大塔,应该就是辽代流行的密檐砖木塔,建塔耗资甚巨,民怨顿生:

> "城之西,有青唐水,注宗哥,水西平远,建佛祠,广五六里,绕以周垣,屋至千余楹。为大像以金涂其身,又为浮屠十三级以护之。阿离骨敛民作是像,民始贰离。有大事必集僧决之,僧之丽法无不免者。城中之屋,佛舍居半,唯国主殿及佛舍以瓦,余虽主之宫室,亦土覆之。"[1]

我们再来分析《西藏王统记》(1328)所记温姜多寺史料:

> (热巴巾)王为安置本尊,于温姜多修建柏麦扎西格培寺。遂由于阗召请善匠工巧,由尼泊尔召请甚多塑匠石匠等,修建九层佛殿。下三层及其门楼等,皆用石建造。中三层并其门楼皆用砖建造。上三层并其门楼皆用木建造。上有顶阁,共为九重。每顶阁之游廊间,为诸沙门讲经说法之处。其最上顶,有金龙玉龙,微风鼓荡,如伞盖旋转。中间墙围之上,有宝石墙砖、飞檐、栏杆,饰以流苏璎珞。复有伞盖、幢幡、宝鬘、铃铎、小铃,其声铿锵。大殿金盖之宝顶,高与山齐。此庙在吐蕃境内,绝无伦比。乍见之下,立生敬信。为防巨风,顶盖四周,系以铁链,连与四方石狮子上。此山三层供奉赞普本尊神像,中三层内,居诸受供僧伽,下三层内王与诸臣僚居焉。如温姜多无比吉祥增善伽蓝,其造塑之新奇者,即塑造帝释梵天像作为拉萨慈氏法轮殿之门神。木工之新奇者,于四大通天柱上,均以珍宝作为严饰。壁画之新奇者,若画古

---

〔1〕 李远:《青唐录》,《古今游记丛钞》第3册,卷一三,北京:中华书局,1936年。

旧，仍可补绘。造一百〇八柱瓶，作为修复之用。其熔铸之新奇者，则敬献大钟等是也。又王之受供僧娘·霞坚及少数臣僚等在拉萨东面建噶如及木鹿寺。[1]

索南监赞叙述的内容与《贤者喜宴》非常接近，但其中提到了来自于阗的工匠，与《巴协增广本》内容呼应。

五世达赖喇嘛《西藏王臣记》（1643）温江岛宫史料亦是对以上建寺史实的复述：

> 又于历代先祖所修建之佛宇，承侍供养，常加修葺。并新建一大寺，下三层用石建造，中三层用砖，上三层用木。每层之飞檐、殿门、墙砖，与及流苏璎珞等穷极妙严。大寺金顶为风鼓动，则如同伞盖旋转，又如无尽空中现出希有云发。同时赞颂之声，犹如雷鸣，震动诸方孔雀之耳。此寺即呈祥多无比吉祥增善大伽蓝。其寺上层安奉至尊三宝身、语、意三密所依；中三层居住译师论师，于此诵阅经典，勤行闻思，并修禅定以度时光；下三层居住王与诸臣，开启四部百千大门，为上下一切臣民降下安乐富裕之甘霖。[2]

> De nas mes rnams kyi gtsug lag khang la rnyed bkur zhig gsos mdzad cing/ gsar du gtsug lag khang 'og thog gsum rdo/ bar thog gsum sa phag steng thog gsum shing las grub pa/ thog re re bzhin bya 'dab/ sgo pha gu dra phyed sogs kyis rnam par mdzes shing/ steng gi rgya phub rlung gis bskyod tshe gdugs ltar 'khor ba'i ngo mtshar gyi chu 'dzin 'phreng ba yid kyi skabs gsum pa'i lam du 'khrigs pa las/ ched du brjod pa'i dbyar skyes

---

〔1〕刘立千汉译本《西藏王统记》，第137—138页；民族出版社1981年藏文本，第227—228页：de'i steng du dge 'dun bzhugs par mos la dge 'dun dbu sde gnyis zhes grags so/ thugs dam du 'u shang rdo/ dpe med bkra shis dge 'phel gyi gtsug lag khang bzhengs par 'dod nas/ li'i yul nas rig byed la mkhas pa'i bzo bo bos/ bal po'i yul nas lha bzo dang/ rdo bzo ba mang po bos nas lha khang dgu thog tu mdzad pa la/ 'og gi thog gsum sgo dpe dang bcas pa rdo las grub/ bar gyi thog gsum sgo dpe dang bcas pa so phag las grub/ steng gi thog gsum sgo dpe dang bcas pa shing las grub/ rgya phub dgu brtsegs yod pa/ rgya phub re re'i bya 'dab bar na/ rab tu byung ba chos nyan bshad byed pa bzhugs/ steng gi rgya phub gser 'brug g-yu 'brug dang bcas pa/ rlung gis bskyod dus gdugs ltar 'khor ba/ bar gyi rtsig pa'i steng na/ rin po che'i pha gu la/ mda' yab dang pu shu/ dra ba dang dra ba phyed pas mdzes pa/ gdugs dang/ rgyal mtshan dang/ rin po che'i phreng ba dang/ dar gyi cod pan dang/ dril bu g-yer kha'i sgra 'khrol ba/ rgya phub rtse'i gser 'bru rgyab ri dang mthod man mnyam pa/ bod yul kun na 'gran zla dang bral zhing mthong ba tsam gyis dang bar byed la/ rlung chen rgya phub kyi phyogs bzhir lcags thag btang ste phyogs bzhir rdo'i seng ge dang sbrel/ de la steng gi thog gsum na rje'i thugs dam bzhugs/ bar gyi thog gsum na mchod gnas dge 'dun bzhugs/ 'og gi thog gsum na rje blon 'khor dang bcas pa bzhugs so/ de ltar 'u shang rdo dpe med bkra shis dge 'phel gyi gtsug lag khang bzhungs pa'i phud la/ lha sar sa phud/ tshang pa dang brgya byin/ shing bzo'i phud la gnam yas ka ba bzhi rin po ches brgyan pa dang/ ri mo'i phud la rnying pa gso rgyu nyan pa/ be bum brgya rtsa brgyad lugs ma'i phud du ljong la sogs pa rnams phul lo// 于阗确实出塑匠，新疆木简中就有记载'dzom sman kyi sde/ 'o nal lha zo。王尧、陈践：《吐蕃简牍综录》，No.187.

〔2〕五世达赖喇嘛著，刘立千译：《西藏王臣记》，北京：民族出版社，2002年，第49—50页。

kyi rnga gsang phyogs bral gtsug phud can gyi rna bar sgrog pa'i 'u shang rdo dpe med bkra shis dge 'phel gyi gtsug lag khang bzhengs pa'i steng thog tu mchog gsum dam pa'i sku gsung thugs kyi rten rnams bzhugs/ bar gyi thog gsum du lo pan rnams klog pa thos bsam dang spong ba bsam gtan gyis dus mda'/ 'og thog gsum du rje blon rnams sde bzhi'i sgo 'phar brgya phrag mngon par bye nas mchog dman kun la bde skyid kyi dpal 'byor char du bsnyil lo//[1]

18世纪大学者松巴堪布益西（1704—1788）在《如意宝树史》中同样继承了如上说法并有所演绎：

> ……生于火狗年的赤德松赞热巴巾后来执掌国政，在"吉麦"（skyid-smad拉萨河下游）地方修建温姜多寺，大做佛事。温姜多寺共九层，下面是宫殿，中间是住室，上面是佛堂，屋顶可以转动。当时与汉不和，发生战争。藏地上师和汉地和尚劝赞普与舅父汉王相和，分别于汉藏两地（汉地的贡谷地方）和交接的梅如（rme-ru）地方立石碑三通，勒誓约于石，对藏地功德甚大。在此之前，相传藏地的诸法王共建经堂一千零八座。[2]

钦则旺布的《卫藏胜迹志》（1840）所见皆为作者亲历，其中描述温姜多宫云："又沿大河下游走，约一天的路程便到藏王赤热巴巾时修建的温姜多的柏美根培古庙。在庙的遗址上又重新修建寺庙，庙内塑造觉沃等金身焕然一新。"[3]（De nas gtsang po mar brgyud phyin na nyin lam tsam gyi sar mnga' bdag khri ral pa can gyis bzhengs pa'i 'u shangs rdo dpe med dge 'phel gyi lha khang shul du gsar bzhengs lha khang dang jo bo spus gtsang ba bzhugs/)[4]此处提到是在"庙的遗址"（lha-khang shul）shul"废墟""故址"说明早期的庙堂在钦则旺布前往拜谒时已经不存在或者部分不存在了，此后的寺庙都是19世纪以来重修的。司徒·确吉嘉措著《司徒古迹志》记述1920年代的温姜多宫时写道：

> 温姜多宫面积起初方圆有五百度，山顶九层楼矗立于凸起的山脊，宛如拉萨、桑耶两地的胜迹。后遭朗达玛毁坏，现今岱巴甸（地方政府）十三世达赖土登嘉措期间

---

〔1〕 五世达赖喇嘛著：《西藏王臣记》藏文本，北京：民族出版社，1980年，第73—74页。

〔2〕 松巴堪布益西著，蒲文成、才让译：《如意宝树史》，兰州：甘肃民族出版社，第260页。

〔3〕 刘立千汉译本，第37页。

〔4〕 藏文本，第63—64页。

加以修缮,有八柱神殿,中央能自在金铜像非常稀奇,高约数卡,面容完美,是前无范本的白利玛造像。据说十三世达赖喇嘛庄园亚溪敬奉了达赖母亲的整套饰物作为佛像头饰,有珍珠、沉香、美玉等。佛殿围绕三世佛安置八大菩萨、护门二位护法。经授方面,朵甘丹绛孜哇主讲药师显宗经教,协仲(曲水地名)桑阿林四部扎仓主讲四月药师法。寺院金顶琉璃瓦,有刻字石碑和佛塔等。[1]

以上记载印证了钦则旺布的观察,由赤热巴巾建造的温姜多寺在建成后不久即遭毁坏,东噶仁波切引述《珠巴教法史》也强调了这一点,但提到菩提光后弘期时修复了寺庙,此后如何被毁没有找到相关文献记载。十三世达赖喇嘛时期,按照后世文献的记载修建了一座新的温姜多寺,此寺文革期间毁损殆尽。[2]

或者我们可以这样说,后期文献记载的温姜多吉祥兴善寺是藏族文献与史学传统在毁于灭法时期的建筑遗物和早期史料的基础上"再造"的寺院之一。赤热巴巾时期的"誓愿大寺"见诸文献碑铭,但并无后世描述的九重飞檐与辉煌壮丽。假若毁于朗达玛,12世纪前后的藏文文献如《弟吴教法史》应有所追忆,但此期文献只记载了类似藏族九层碉楼式的城堡。与辽代佛宫寺相似的"无例吉祥兴善寺"只出现在13世纪以后的藏文典籍或壁画、唐卡中,此时我们没有找到重建温姜多寺的记载或者此寺这段时间毁损的史料,典籍作者描述的寺院建筑可以确定是辽金之际的石基九重密檐木塔,最初的作者(如《巴协》)关于汉地辽金木塔的知识或许与特定时期汉藏文化的交流有关,如《巴协》作者提到禅宗在敦煌的传说,朝拜五台山等。藏文史传文学的记述法,对吐蕃法王的尊崇,对热巴巾时期汉藏会盟以后吐蕃最美好时代的回忆,致使在人们的信仰中建立起一座丰碑大塔,这座大塔是热巴巾时期吐蕃佛教达到顶峰的标志,也是吐蕃佛教盛极而衰的转折点。

---

[1] 藏文原文: de nas chu tshur don nas slar yang phyin pas 'u shang rdor sleb/ sngon gyi logs re la 'dom lnga brgya re yod pa/ rtse dgu thog yin cing bye 'bur gyi ri de dang mnyam pa lha sa bsam yas gnyis las lhag pa lta bu yod pa glang dar gyis 'jig shul da lta sde pa gzhung gis rgyal bat hub bstan rgya mtsho 'di'i sku ring nyams gsos gnang ba/ lha khang ka brgyad/ dbus thub dbang li ma shin tu nyams mtshar thog so mtho nges zhal ras legs pa la dpe med pa li dkar/ rgyal ba'i gsum pa'i yab gzhis yum gyi rgyan kha tshang gis dbu brgyan phul ba red zer ba dbu rgyan mu tig sha dang g.yu bzang can gsol 'dug/ 'khor thog so mtho nges re'i tshad dus gsum sangs rgyas/ nye sras brgyad/ sgo srung khro bo gnyis bcas/ mdor dga' ldan byang rtse ba sman bla'i mdo phyogs gsung mkhan dang/ shel grong gsang sngags gling gra' bzhi sde res zla ba bzhir sman bla gsung/ gser gyab rdza gyo 'dres ma dang mthar rdo ring/ mchod rten bcas/ 参看司徒·确吉嘉措:《司徒卫藏古迹志》(kaḥ-thog si-tu'i dbus-gtsang gnas-yig),藏文版,拉萨:西藏人民出版社,1999年,第107—108页。

[2] 西尼崔臣《拉萨市辖寺庙志》在提到曲水县有"乌香多柏麦扎西格培寺",赤热巴巾赞普建于公元9世纪。bshes-gnyen tshul-khrims, lha sa'i dgon tho rin chen spungs rgyan zhes bya ba bzhugs so/ 参本书藏文版,拉萨:西藏人民出版社,2001年,第295—296页,寺名写作 'u-zhang-rdo dpe-med bkra-shis dge-'phel gtsug-la- lkhang.

西藏后期的史迹画大多以一座典型吐蕃寺院建筑作为该位赞普的核心事迹加以描绘,所谓祖孙三法王更是如此,其生平故事画都围绕寺院相关的故事展开。如松赞干布为布达拉宫或大昭寺,赤松德赞为桑耶寺,赤热巴巾就是温姜多宫,但温姜多宫的湮灭使后人对忽视了温姜多宫的重要性。藏区寺院壁画及唐卡中有若干描绘温姜多寺院建筑史实与大塔的画面,这些作品的具体年代有待考订,从绘画风格分析,大致是在18世纪至19世纪,反映了当时人们对赤热巴巾时期建造温姜多宫史实的追忆和复原。布达拉宫壁画温姜多宫,年代在17世纪末至18世纪初,画面可以分离出九层,可见上三层为佛菩萨,中三层为上师和译师等,下三层绘吐蕃赞普。下方看到有狮子游弋,但并无铁索从塔顶四角垂下。另一幅唐卡(图2-5-6)中描绘的温姜多宫与后期藏文史籍《西藏王统记》等记载的形制几乎完全相同,并有藏文榜题说明所绘内容,整个唐卡围绕温姜多宫描绘了赤热巴巾的主要生平事迹。值得注意的是,唐卡描绘了赤热巴巾时期汉藏和盟,天上日月一双,地上甥舅一对的史实,以稍显喜剧的笔调叙及汉藏盟约对两者的约束力:此后进入对方境地的军队看到先祖盟誓的碑文后都自行撤退。此外,唐卡复原的温姜多宫大塔就是汉地晚唐至宋辽时期的多层木檐塔,塔之铁链拴在狮背上,塔前有石碑,四方有四个小塔,可见后人对温姜多大塔样式的认同。

温姜多寺院是与大昭寺、桑耶寺齐名的寺院,是代表吐蕃王朝势力与佛教发展,代表汉藏文化交流的纪念碑式建筑,时至今日,尚无学者进行深入研究,温姜多宫遗址也没有进行考古挖掘与清理。[1]

---

〔1〕 陕西省考古研究院张建林教授十分关注温姜多宫遗址的清理,认为该遗址的挖掘清理意义重大。2021年至2022年,陕西省考古研究院对温姜多遗址进行了细致的考古发掘,确定其在8世纪后半叶至9世纪,考古领队为席琳。

图2-5-6　温姜多宫（采自《西藏唐卡》）

第六节　从毗沙门天王族属的转换看
汉藏多民族文明的趋同潮流

本节由分析榆林窟第15窟前室北壁天王像入手，讨论汉藏佛教造像中持伞幢执鼬鼠天王与持戟执塔天王区隔的图像证据，并从吐蕃敦煌多闻天王的信仰、流行的"于阗毗沙门天王"的图像特征，指出吐蕃武士形象在多闻天王图像形成中的作用。7至13世纪前后所谓于阗毗沙门天王信仰在汉藏及多民族之间的传播、天王本身族属的转换，反映了汉藏及多民族之间冲突与融合的进程。

图2-6-1　榆林窟第15窟持伞幢执鼬鼠天王像

现存最早的持伞幢执鼬鼠天王见于榆林窟第15窟（图2-6-1），此窟敦煌研究院断为中唐覆斗形窟，中唐壁画保存在前室，前甬道南北两壁为"吐蕃装伎乐"，前室左右两壁及后壁两侧绘四大天王。此窟天王像是分析藏传佛教多闻天王造像演变的重要例证。

前室北壁对应南壁的增长天王，北壁所绘天王坐须弥座，不着甲胄，上身赤裸，"身饰璎珞臂钏，发披两肩，双目圆睁颇有威势，右手握棒，左手中有一吐珠貂鼠，后依背靠，菩提双树，头有项光，顶饰华盖，飞天散花于空中。右侧天女奉宝盘，左侧力士持宝袋，共为这尊天王的眷属。此图在天王造像中实属罕见的一例。""据《修药师仪轨布坛法》，药叉大将'左右各结自印当胸前，左手皆持宝鼠，口吐宝珠，众宝庄严，身着天衣，腹大体棒（胖），形相可畏，皆犹帝王游戏而坐'，与此像颇多吻合，但此像身份显然非药叉之属，按位置似为北方天王，其手握貂鼠却与中国传统中的东方天王一致。总之，这是一幅融合了更多吐蕃艺术内容的天王像。"[1]

敦煌研究院的专家敏感地发现了此幅图像的不同之处，并找到了作为"药叉大将"的造像特征。实际上，15窟的图像正好填补了现今藏传佛教四大天王造像中缺失的环节。

金维诺先生公布的敦煌《金统二年壁画表录》所载库藏神即为此神，其中提到名为"阿啰摩罗"就是梵语Vaiś-ra-va-ṇa，可见此神名称就是多闻天王。《表录》称此神"唐言库藏神"，说明"阿啰摩罗"就是汉语所称"库藏神"，没有强调他是"毗沙门天王"。《表录》画宝鼠"老鼠深紫，身上怗（贴）宝"，"（须弥）床面绿"，这些特征在榆林窟15窟前室北壁所绘库藏神图像中得到精确的再现。[2]金统二年（881），即9世纪后半叶的年代也为榆林窟15窟图像的年代提供了一个参照。敦煌藏经洞的汉文画稿 P. 4518（31）《药师佛与二眷属》主尊立像药师，主尊右侧胁侍头顶虎皮，手托猫鼬，身侧榜题"库藏神"；主尊左侧榜题"功德天女"（图2-6-2）。可见唐代库藏神与着虎皮乾达婆相关，或者说与天龙八部乾达婆相关的形象是毗沙门天王的最初样式，并与来自于阗的功德天女形成药师眷属，如同莫高窟第154窟东壁门南吐蕃装天王与功德天。多闻天王、药师或佛陀与功德天的组像是中唐莫高窟流行的式样，如法国吉美博物馆藏编号EO.1162的纸本三尊像（图2-6-3）。

多闻天王是四大天王中的护北方天王，四大天王之首，是西藏民间宗教与藏传佛教中的最著名的护法神之一，也是古代中亚，尤其是古代于阗及敦煌地区最受崇敬的神灵，[3]《大唐西域记》记载毗沙门天王为于阗守护神。[4]多闻天王信仰在敦煌的广泛传播更与

〔1〕敦煌研究院编：《中国石窟·安西榆林窟》，北京：文物出版社，1997年，第229页，图版4。此段经文原出《大正新修大藏经》第十九册No. 928《修药师仪轨布坛法》："下台莲华瓣座上。自东门内。左列极畏药叉大将。黄色持杵。其右金刚药叉大将。青色持剑。次执严药叉大将。黄色持棒。东北隅执星药叉大将。浅蓝色持棒。北方执风药叉大将。红色持三股叉。居处药叉大将。烟色持剑。执力药叉大将。红色持棒。执饮药叉大将。黄色持棒。西北隅执言药叉大将。黄色持斧。西方执想药叉大将。黄色持索。执动药叉大将。蓝色持棒。圆作药叉大将。红色持轮。以上药叉大将。右手各结自印当胸。左手皆持宝鼠。口吐宝珠。众宝庄严。身着天衣。腹大体胖。形相可畏。皆犹帝王游戏而坐。"

〔2〕金维诺：《吐蕃佛教图像与敦煌的藏传绘画遗存》，《艺术史研究》第2辑，广州：中山大学出版社，2000年，第18页。

〔3〕有关多闻天王在于阗的情况，参看张广达、荣新江：《敦煌"瑞像记"瑞像图及其反映的于阗》，载《于阗史丛考》，上海书店出版社，1993年，第212—279页。

〔4〕《大唐西域记》卷一二："王甚骁武，敬重佛法。自云，毗沙门天之祚胤也。昔者此国虚旷无人，毗沙门天于此栖止……乃往毗沙门天神所祈祷请嗣。神像额上剖出婴孩，捧以回驾国人称庆。既不饮乳，恐其不寿，寻诣神祠重请育养。神前之地忽然隆起，其状如乳。神童吮饮，遂至成立。智勇光前风教遐被，遂营神祠宗先祖也。自兹已降奕世相承，传国君临不失其绪，故神庙多诸珍宝，拜祠享祭无替于时。地乳所育因为国号。"季羡林等：《大唐西域记校注》，北京：中华书局，2000年，下册第1006页。

图2-6-2　法藏敦煌P.4518号（31）纸本画

图2-6-3　法国吉美博物馆藏EO.1162纸本画

不空传播密法翻译此王经典有关。[1]吐蕃统治敦煌期间，最为遵奉的神灵就是以多闻天王为主的四大天王和天龙八部，留有很多祭祀天王的仪轨文，甚至行人走路也要祈请多闻天王佑护。[2]库藏神与多闻天王形象的转化，尤其是持物由塔为鼠的改变，首先是受到吐蕃人带入西域、原属乌苌吐宝兽的影响，[3]于阗神鼠传说亦有相当的作用，所谓毗沙门天王助瞿萨旦那王退匈奴，即神鼠之谓也。[4]

多闻天王的梵文名称Vaiśravaṇa，汉文佛经传统译为毗沙门天王，藏文作 rnam thos sras 或 rnam thos kyi bu，意为"多闻子"。作为护法神时，多闻天王称为 kuvera 或 kebura，对应藏文的 drag ched/ lus ngan，译为"恶身"或"丑身"；作为本尊神时，称为 Jambala，藏文转写为 dzam bha la，称为"库藏神""宝藏神"或"财神"，[5]汉文传统译为"阇婆罗"。藏传多闻天王的身色为黄色，象征标志为猫鼬或吐宝兽（nakula），所持标志有三叉戟、胜幢和宝瓶，车舆坐骑为自行马车（pushpaka）以及象或狮。其妻为Bhuñjati，明妃是Vasudhārā。

在印度，毗沙门天王更多地被尊奉为财神丑身王，是仙人多闻（Vaiśravas）的儿子，梵天神认定他为财神，其后由喜马拉雅的冈底斯山（Kailāsa）转到了锡兰，在此地使用《罗摩衍那》中妖魔罗伐奴王（Rāvaṇa）用过的战车。毗沙门率领众多的夜叉和紧那罗（Kiṃnaras）兵卒居住在喜马拉雅地区的杨柳宫（Alaka）。众夜叉有28位将领统辖，众将之首为五娱夜叉（Pāñcika）。据《大神系谱》（Mahāvaṃsa）所说，五娱夜叉是鬼子母诃利帝（Hārītī）五百儿子之父。[6]这位夜叉在印度极为受人崇拜，在犍陀罗和北印度可以找

〔1〕　不空译有四部关于毗沙门天王的经典，即《毗沙门天王经》（《大正藏》卷二一）、《北方毗沙门多闻宝藏天王神妙陀罗尼别行仪轨》（《大正藏》卷二一）、《北方毗沙门天王随军护法仪轨》（《大正藏》卷二一）以及《北方毗沙门天王随军护法真言》（《大正藏》卷二一）。

〔2〕　如 P.2341 之九云："今为王事，欲涉长途。道路悬迥，关山峻阻。欲祈告达，仰托三尊。敬舍珍财，愿保清适。惟愿伐折罗大将引道，所向皆通；毗沙门天王密扶，往来安泰。"此外，P.2807、S.2146 之天王文、布萨文都是以多闻天王为主的愿文。参看杨富学、李吉和辑校：《敦煌汉文吐蕃史料辑校》，兰州：甘肃人民出版社，1999年，第224—229页。

〔3〕　赞宁：《宋高僧传》卷二："……（善无）畏复至乌苌国，有白鼠训绕，日献金钱。"，中华书局，1987年，第19页。

〔4〕　《大唐西域记》卷一二："王城西百五六十里，大沙碛正路中有堆阜，并鼠壤坟也。闻之土俗曰：此沙碛中鼠大如猬，其毛则金银异色，为其群之酋长，每出穴游止则群鼠为从。昔者匈奴率数十万众寇掠边城，至鼠坟侧屯军。时瞿萨旦那王率数万兵，恐力不敌素知碛中鼠奇而未神也。泊乎寇至无所求救，君臣震慑莫知图计。苟复设祭焚香请鼠，冀其有灵，少加军力。其夜，瞿萨旦那王梦见大鼠，曰：敬欲相助，愿早治兵，旦日合战必当克胜。瞿萨旦那王知有灵佑，遂整戎马，申令将士，未明而行，长驱掩袭。匈奴之闻也，莫不惧焉。方欲驾乘被铠，而诸马鞍人服弓弦甲缝，凡厥带系，鼠皆啮断。兵寇既临面缚受戮，于是杀其将，虏其兵。匈奴震慑，以为神灵所佑也。瞿萨旦那王，感鼠厚恩建祠设祭，奕世遵敬，特深珍异。故上自君王，下至黎庶，咸修祀祭以求福佑，行次其穴下乘而趋拜以致敬，祭以祈福或衣服弓矢，或香花肴膳，亦既输诚多蒙福利，若无享祭则逢灾变。"季羡林等：《大唐西域记校注》，下册，第1017—1018页。

〔5〕　如不空译《北方毗沙门多闻宝藏天王神妙陀罗尼别行仪轨》称呼"多闻宝藏天王"。

〔6〕　Bhattacharyya, Benoytosh, *The Indian Buddhist Iconography-Mainly Based on the Sadhanamala and Gognate Tantric Texts of Rituals*, Calcutta, 1968. 该书第13章将毗沙门、夜叉和紧那罗归之于源于印度教的神灵。

到他的造像,其造像后来与毗沙门的图像糅合在一起。这就是《修药师仪轨布坛法》所记药叉被学者误会的原因。五娱夜叉通常戴有头冠,持矛和珠宝囊,有时会有一两只鸟禽相伴,其图像类似汉地佛教《送子观音图》中的小鸟。在阿旃陀石窟,五娱夜叉是作为诃利帝的眷属神出现的。其象征标志经常变化,矛很少见到,珠宝囊更罕见,但也持有毗沙门特有的象征物猫鼬(藏传佛教造像绘为吐宝兽,故称毗沙门为宝藏神,而且不同的毗沙门天王造像之间有些微的差别,有的持三叉戟,有的以龙相伴)。关于宝藏神,无早期经典,有宋代法天译《佛说宝藏神大明曼挐罗仪轨经卷》其中讲到宝藏神眷属的八大夜叉,此处仍然是指多闻天王的八大马王。[1]至《佛说圣宝藏神仪轨经卷》记明此宝藏神为狮子座,"右手作拳左手按腰",[2]今日藏传宝藏神,即为狮子座。大昭寺吐蕃时期壁画持杂宝杖主尊,即为宝藏神。

　　藏传绘画多闻天王图像的形成与吐蕃于于阗、敦煌的活动密切相关。吐蕃时期有一些于阗艺术家就在吐蕃活动,于阗一带流行的绘画风格在吐蕃多有留存。西藏绘画中着重以线造型的绘画题材似乎多见于多闻天王造像,其中"屈铁盘丝"的用线风格与传统西藏绘画大异其趣,让我们想到尉迟乙僧的绘画。[3]台北故宫收藏《护国天王像》,泥金篆字题款"尉迟乙僧敬绘",画中天王为坐像,右手外举托塔,左手于左膝,穿过膝铠甲,顶上有华盖彩云,两侧各二位胁侍,衣纹略见"屈铁盘丝"之势。同样构图及画法的卷轴另见故宫收藏的《唐吴道子宝积宾伽罗佛像》,瘦金体题款。[4]西安法门寺地宫八重宝函第二函鎏金四天王像亦为托塔坐像,佩弯刀,著过膝铠甲。[5]除了成都下同仁路出

〔1〕　于宝藏神大夜叉王两边有夜叉:一名吉隶,二名摩隶,恒倾宝藏。北方名舍也(二合)摩夜叉、妙满夜叉、满贤夜叉;东方获财夜叉、大财夜叉,亦倾宝藏大腹一切庄严大夜叉王。此八眷属夜叉王东方满贤、南方多闻、西方获财、北方宝贤等真言。此八大夜叉王,居八地自在大菩萨位,于其利生善能取舍,安住三界一切财宝。于宝藏神右边,安置清净宝瓶,及吉隶夜叉、摩隶夜叉。此二是宝藏神兄弟,亦居最上菩萨位,一住西南角,誓愿度脱一切众生。一住东北方,具大精进所见真实发欢喜誓愿。若念名者所求皆得。(《大正藏》No.1283,第21册0343页)

〔2〕　《大正藏》No.1284,第21册第0349页,法天译《佛说圣宝藏神仪轨经卷》"作宝藏神师子座印以献座,此印结中间,宝藏神并及眷属,皆坐其中而作施愿,次作洁净,用乌尸啰木作拂,画本尊贤圣色相:即以右手作拳左手按腰,作用拂印而用拂拭,诵洁净真言七遍献于贤圣。"

〔3〕　有关尉迟乙僧的生平及其作品,参看金维诺教授《阎立本与尉迟乙僧》,载《中国美术史论集》,北京:人民美术出版社,1981年,第117—134页。罗马大学教授马里奥布萨格里谈到于阗画派对西藏艺术的影响时写道:"由于于阗画派赢得了良好的声誉,他对西藏的影响继续下来了,于阗在公元8世纪已和西藏关系密切,《西藏王统记》记载说于阗画家和译师出现在吐蕃是热巴巾时期(815—838)。我们后来在13世纪以前的艾旺寺发现了用于阗风格(李域li-yul)描绘的佛殿;有一些唐卡也是同样的于阗风格;在江孜白居寺万佛塔也有着塔里斯拉克(Tāriślark)和丹丹乌里克(Dāndān Õilüq)作品的痕迹;而且在各个时期的毗沙门天王画像中均有对尉迟乙僧绘画风格模模糊糊的模仿。所有这些表明于阗艺术对不同时期西藏绘画的主题和类型的影响。于阗艺术风格的活力为西藏艺术的特质和精巧所证实。"(Mario Bussagli, *Central Asian Painting*, 1979, Switzerland, p.67.)

〔4〕　图版参看台北故宫博物院编:《故宫书画图录》,1990年,卷一页七、一九图版。

〔5〕　安然、韩生撰文,法门寺博物馆:《佛指舍利》,北京:中国藏学出版社,2008年,第138页插图。

土、与南方天王对坐的托塔北方天王坐像外,[1]现今所见7、8世纪毗沙门天王多为立像,坐像较为少见,传为尉迟乙僧和吴道子的坐像天王的出现耐人寻味。《历代名画记》卷三提到净域寺绘有"神、鬼",[2]段成式《寺塔记》中则记述更加详细:"佛殿内,西座番神甚古质,贞元已前西番两度盟,皆载此神立于坛而誓,相传当时颇有灵"。[3]藏传佛教美术对汉地的影响始于吐蕃统治敦煌时期的中唐壁画,大约在9世纪前后,其间影响止于河西及今日川藏、青藏等汉藏边境,想当时群胡毕至,吐蕃弟子久居长安,和亲会盟,吐蕃美术在长安应该留下印记,但却无从查找。净域寺的西侧"番神",之"番"当指吐蕃神无疑,因为此"番神"属于"西番",文中所记"贞元已前西番两度盟,皆载此神立于坛而誓,相传当时颇有灵"即为明证!从唐蕃关系史看,唐蕃会盟始于中宗神龙元年(705),止于穆宗长庆元年(821)。开元二十二年(734)唐蕃会盟于赤岭,各树界碑;[4]建中四年(783),唐蕃在清水会盟议界。[5]这是两次真正的会盟,时间恰好在贞元(785—804)以前。这段记载表明唐蕃会盟的细节:设坛立神而誓。可以设想,此神是唐蕃783年在清水会盟之后留到了净域寺,因为清水处于丝绸之路主道,长安正东,净域寺是唐京城名寺,将番神迎入合情入理。

净域寺的"番神"究竟为何神,《太平广记》卷二一二《画三》记:

净域寺,本太穆皇后宅。寺僧云:"三阶院门外,是神尧皇帝射孔雀处。"禅院门内外,《游目(目原作自,据《西阳杂俎》改)记》云:王昭隐画门西里面和修吉龙王有灵。门内之西,火目药叉及北方天王甚奇猛。门东里面,贤门野叉部落,鬼首蟠蛇,汗烟可惧。东廊树石险怪,高僧亦怪。西廊万菩萨院,门里南壁皇甫轸画鬼神及雕、鹗,

〔1〕 霍巍:《论成都出土的早期佛教天王像》,《考古》2018年第8期。

〔2〕 张彦远:《历代名画记》卷三"两京寺观等画壁",北京:人民美术出版社,1963年。

〔3〕 段成式:《寺塔记》,北京:人民美术出版社,1964年,第24页。

〔4〕 开元十七年(729),唐军攻下吐蕃占领下的石堡城(今青海湟源县南),吐蕃求和,进表称:"遂和同为一家,天下百姓,普皆安乐。"金城公主也遣使类众失力入朝,进肯双方以和为贵。开元二十一年(733),唐蕃双方在赤岭(今青海湟源县西)隆重会盟,并在赤岭各竖分界之碑,盟铭曰:"言念旧好,义不忒兮。道路无壅,烽燧息兮。指河为誓,子孙忆兮。有渝此诚,神明殛兮。"立碑后,各派使臣共住碛西(龟兹)、河西、剑南及吐蕃边境,历告边界守将,"自今二国和好,无相侵暴"。

〔5〕 建中四年(783),唐蕃在清水(今甘肃清水西)会盟议界。据会盟之汉文盟文载:"今国家所守界:泾州(甘肃泾州)西至弹筝峡西口(平凉县西),陇州(陕西陇县)西至清水县,凤州(陕西凤县)西至向谷县(甘肃成县),暨剑南西山大渡河东,为汉界。吐蕃守镇在兰、渭、原、会,西至临洮(甘肃临潭),东至成州(甘肃成县西),抵剑南西界磨些诸蛮,大渡水西南,为蕃界。"依这次议界规定,大体上黄河以南,自北向南一线从今六盘山中段开始到陇山南端,然后穿西汉水、白龙江、循岷江上游西到大渡河,再循河南下,此线以东归唐管辖,以西归吐蕃管辖。吐蕃切断了长安通向河西、西域的通道,并占有了西自临洮东到陇山西麓,包括大夏河、洮河、渭水上游、西汉水上游的一大片农业地区,唐朝被迫接受了这一既成事实。参看马大正:《公元650年至820年的唐蕃关系》,《马大正文集》,上海辞书出版社,2005年,第179—197页。

形势若脱壁。翰与吴道玄同时，吴以其艺逼己，慕人杀之。（出《酉阳杂俎》）万菩萨殿内有宝塔，以小金铜塔数百饰之。大历中，将作刘监有子合手出胎，七岁念法华经，及卒焚之，得舍利数十粒，分藏于金铜塔中。佛殿东廊有古佛堂，其地本雍村。堂中像设悉是石作。[1]

文中"门内之西，火目药叉及北方天王甚奇猛。"与《寺塔记》"佛殿内，西座番神甚古质"所记完全符合，故"门东里面，贤门野叉部落"，可见所说"番神"乃北方天王及其药叉眷属。[2]这里说得很清楚，此"番神"属于"西番"，是吐蕃神。[3]《历代名画记》记述京师宝应寺"院南门外，韩干画侧坐毗沙门天王"，但早于张彦远的朱景玄《唐朝名画录》叙韩干事迹时指明韩干所绘为"西院北方天王"。[4]可见当时北方天王绘塑于西院，而其中罕见的天王坐像正是吐蕃特有的样式。[5]传为尉迟乙僧和吴道子所绘天王，从图像特征分析就是7至8世纪流行的多闻天王样式，其间糅合了吐蕃天王的成分。该天王头冠样式至今仍存留于藏传佛教多闻天王图像中：身穿吐蕃天王特有的过膝连身甲，但右手仍然执塔而非伞幢，腰间没有弯刀。[6]郭若虚《图画见闻志》卷五"相蓝十绝"条记载，"其八，西库有明皇先敕车道政往于阗国传北方毗沙门天王样来，至开元十三年封东岳时，令道政于此依样画天王像，为一绝"。说明所谓"毗沙门"图像进入汉地的时间在唐开元年间。

吐蕃统治敦煌时期北方天王信仰非常盛行，如《龙兴寺毗沙门天王灵验记》是在"大蕃岁次辛巳，润（闰），二月十五日"，时当唐贞元十七年（801）。而敦煌民间仪式"赛天王"更将吐蕃赞普作为歌颂的主体，如P.2807《天王文》"奉资圣神赞普，惟愿如南山之寿，如北神之星，不褰不崩，不移不损。"[7]这些颂辞与古藏文碑铭及敦煌吐蕃藏文写卷的用语几乎一致。[8]S.5448则记敦煌莫高窟宕泉"其谷南北两头有天王堂及神祠，壁画吐蕃赞普部丛"，而敦煌绢画《维摩诘经变》中正将赞普绘于天王下方（图2-6-4）。可见将赞普比

〔1〕 此处据《唐两京城坊考》，北京：中华书局，1985年，第58页录文。

〔2〕 关于多闻天王造像学分析，参看谢继胜：《西夏藏传绘画》，石家庄：河北教育出版社，2002年，第145—153页。

〔3〕 艺术史界流传很久的说法，汉地佛教造像中的多闻天王图像来自所谓"于阗天王"的说法是一个非常不严谨的说法。

〔4〕 朱景玄《唐朝名画录》"神品下第五"。

〔5〕 唐代托塔持戟多闻天王多为立像，坐像极为罕见。实际上，坐像天王是毗沙门与其伴神五妓夜叉（Pañcika）的变体之一。

〔6〕 关于唐宋画论中的吐蕃美术史料，参看谢继胜：《唐宋画论中的吐蕃史料考释》，《文艺研究》2007年第6期。

〔7〕 录文参看李小荣《敦煌密教文献论稿》，北京：人民文学出版社，2003年，第168页。

〔8〕 王尧《敦煌本吐蕃历史文书》（民族出版社，1982年）："在七重天之苍穹，从神境苍天之中，降一天子为人之救主，与一切人众之地方，既不相似又不相同，地方高耸，土地纯净，吐蕃地方来降生，为一切地方人众之主。"

作毗沙门天王，故唐蕃会盟时天王作为吐蕃神立于祭坛。以上文献指天王为"番神"，盖有所本。

在今天所能见到的西藏早期绘画中，描绘持戟执塔所谓"于阗样式"的毗沙门天王的作品比较少见，根据现有的资料，包括敦煌壁画在内的吐蕃绘画中最早的毗沙门天王造像出现在莫高窟第154窟南壁西侧"毗沙门天王"，其造像与勃伽夷城瑞像一并出现，[1]瑞像"红巾裹成宝冠状""服饰与敦煌壁画中所见吐蕃赞普或于阗王者均有相似处"，说明瑞像与于阗的紧密关系乃至于阗与吐蕃造像的内在关联。[2]第154窟天王具有强烈的吐蕃风格，首先是天王所佩铠甲为所谓"吐蕃连身铠甲"，这种铠甲

图2-6-4　敦煌绢画《维摩诘经变》

在今天后藏和阿里地区的文物中仍可以看到，布达拉宫甚至收藏着吐蕃时期的这种甲胄，大昭寺壁画中亦见早期着此类铠甲吐蕃武士（图2-6-5）。[3]其塑像见于新疆焉耆7—8世纪明屋佛寺遗址与七格星佛寺遗址（图2-6-6），武士造像样式与第154窟天王完全相同：长甲过膝，有翻领，头盔与西藏寺院等地所见头盔式样相同，盾牌外面亦有四孔（图2-6-7）。[4]第154窟天王佩刀亦为藏式腰刀，上身甲有翻领。异域面容、火焰边纹桃形冠

〔1〕　敦煌研究院编：《中国石窟·敦煌莫高窟》第四卷，北京：文物出版社，1987年，图版99。

〔2〕　《大唐西域记》卷一二瞿萨旦那国条（《大正藏》卷五一，第994页）记载，于阗王从迦湿弥逻迎清佛像到于阗，佛像至勃伽夷城止而不行，莫能移动，于阗国王遂就地建寺供养，将自己的冠、袍施于佛像。敦煌壁画中勃伽夷城瑞像头戴王冠，穿卫服。中晚唐石窟甬道顶两披（9窟）或佛龛盝顶的斜坡（237窟）常绘勃伽夷城瑞像。见《中国石窟·敦煌莫高窟（四）》，北京：文物出版社，1987年，第210页：孙修身"莫高窟的佛教史迹故事画"。

〔3〕　参看刘鸿孝主编：《布达拉宫秘宝》，北京：中国民族摄影艺术出版社，1999年，第251页图版。

〔4〕　焉耆佛寺的武士泥塑像图版参看孟繁华编著《新疆古代雕塑辑佚》，第175页图版288，第181页图版300，彩图见第27页图版24，以及穆舜英主编《中国新疆古代艺术》，乌鲁木齐：新疆美术摄影出版社，1994年，第147页彩图381。藏式头盔样式参看张建林执笔《古格故城》下册，图版一二四"头盔及盔顶缨管饰"。学者或将古格此类盔甲遗存与古格寺庙的年代混为一谈，实际上，盔甲的年代远远早于寺院，因为寺院建筑的年代这些盔甲在战争中已经不再使用。

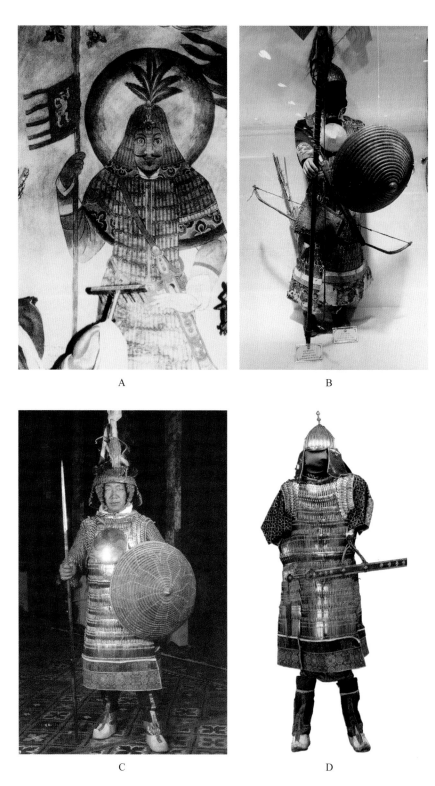

图2-6-5　大昭寺壁画武士及实物参照图

样式在后世藏式多闻天王造像中得以继承。天
王右手带侧钩的长矛非三叉戟,左手托五柱空心
塔,脚下有云中人头,背后有环状对角似头光。
稍后有榆林窟第25窟前室东壁北侧立像多闻天
王(图2-6-8),[1]天王右手执三叉戟,左手托五
柱空心塔(与西方广目天王托塔持鼬不同),但
已着吐蕃武士铠甲,座下有两夜叉鬼,形貌与后
世藏传多闻天王相似。[2]

　　至中晚唐时,敦煌多闻天王形象开始改变,
莫高窟第158窟西壁北侧天王已持类似伞幢的
彩杖托塔而非持矛或戟。第12窟毗沙门天王已
成坐像,右手亦持彩杖而非长矛或三叉戟,左手
仍托塔,项后对角成为摩尼头光,这种样式逐渐
演变为固定的汉式天王,与此坐姿一致但持物变
化的就是榆林窟第15窟的多闻天王,为汉藏多
闻天王变化的分水岭。于阗多闻天王造像的形
成实际上融合了太多的吐蕃艺术因素,可以说
吐蕃艺术促进了这一图像的形成和发展,所谓于
阗毗沙门天王像,事实上是吐蕃武士的写真而
已,形成于吐蕃流连于西域之时,故武士装多闻
天王造像出现在中唐吐蕃统治时期。S.5448记
敦煌莫高窟岩泉"其谷南北两头有天王堂及神
祠,壁画吐蕃赞普部丛",[3]可见吐蕃人在敦煌是
将多闻天王与赞普部丛绘画在一起。P.t.2222、
P.t.2223白描稿可见吐蕃人与多闻天王的关系
(图2-6-9)。饶有意味的是,虽然中晚唐所见
毗沙门天王形象完全是吐蕃人的创造,然而,这
位吐蕃天王图像多被汉人用来作为克敌制胜保

图2-6-6　新疆焉耆七格星遗址武士塑像

图2-6-7　新疆焉耆盾牌泥塑

〔1〕 敦煌研究院编:《中国石窟·安西榆林窟》,北京:文物出版社,1997年,图版150。
〔2〕 敦煌研究院编:《中国石窟·安西榆林窟》,图版42。
〔3〕 录文采自马德《敦煌莫高窟史研究》,兰州:甘肃教育出版社,1996年,第319页附录10。这些天王及赞普壁画
　　或许完全是吐蕃人自己的窟室,今已无存。

图2-6-8　榆林窟第25窟天王像　　　　　　图2-6-9　法藏敦煌白描图

护城池的战神，[1]如同洮岷地区各民族信奉的明代大将常遇春。[2]

假如另作思考，是否吐蕃武士的造像是沿用了于阗当地的形式呢？虽然整个铠甲的形制与7世纪前后龟兹服饰样式有联系，但这种联系是包括吐蕃在内、生活在吐蕃西部至西域的中亚游牧民族的共同特点。如现藏日本的龟兹乐舞舍利盒上的人物服饰与敦煌

〔1〕　如《毗沙门仪轨》(《大正藏》卷21，第227页)："北方大毗沙门天王。唐天宝（742—756）元戴壬午岁，大石、康五国围安西城。其年二月十一日，有表请兵救援。圣人告一行禅师曰：和尚，安西被大石、康国围城，有表请兵。安西去京一万二千里，兵程八个月然到其安西，即无朕之所有。一行曰：陛下何不请北方毗沙门天王神兵应援？圣人云：'朕如何请得？'曰：'胡僧大广智即请得。'敕唤得大广智到内，云：'圣人所唤臣僧者，岂不缘安西城被五国贼围城。'圣人云是。大广智曰：'陛下执香炉入道场，与陛下请北方天王神兵救。'急入道场请。真言未二七遍，圣人忽见有神人二三百人，带甲于道场前立。圣人问僧曰：'此是何人？'大广智曰：'此是北方毗沙门天王第二子独健，领天兵救援安西故来辞。'圣人设食发遣。至其年四月日，安西表到云：去二月十一日已后午前，去城东北三十里，有云雾斗闇。雾中有人，身长一丈，约三五百人尽着金甲。至西后鼓角大鸣，声震三百里，地动山崩。停住三日，五国大惧尽退军。抽兵诸营坠中，并是金鼠咬弓弩弦，及器械损断尽不堪用。有老弱去不得者，尽所管兵欲捉之，空中云：'放去不须杀。'寻声反顾，城北门楼上有大光明。毗沙门天王见身于楼上。其天王神样，谨随表进上者。"必须注意的是，吐蕃时期的汉藏艺术交流主要发生在唐蕃交恶时的玄宗时期，战争与和平促进了文化的交流。以上"随表进上"的多闻天王图像，大致就是吐蕃统治西域时期形成的样式。此时汉地敦煌的罗汉图像也是在玄宗时期被吐蕃人接受。

〔2〕　明将常遇春征讨洮岷藏民，但该地藏民仍奉其为大神常爷，资料据作者2005年7月在陇南的实地调查。

吐蕃赞普部丛的服饰很相似。[1]但铠甲本身是吐蕃人自己发展起来的,此种甲胄增强了战斗力,加快了吐蕃的迅速扩张。"吐蕃连身甲"本身集中出现在吐蕃进入西域于阗之后,现今发现的图像除了敦煌壁画外,新疆出土的此类武士年代都在7世纪吐蕃占领以后由于阗进入瓜沙的通道。如焉耆,没有早期遗物,假如为当地武士,在出土文物中会看到继承关系。另外,藏式武士佩有弯状腰刀,10世纪柏孜克里克出土绢画受吐蕃式样影响的三目天王尚持此类短刀(图2-6-10)。[2]萨迦寺藏所谓元代兵器中这种弯刀极为常见(图2-6-11A、B)。[3]

图2-6-10　柏孜克里克绢画天王

　　实际上,这种着连身甲、佩弯刀的多闻天王就是宋以后被特别指称的"兜跋毗沙门",日本学者很早就关注传播到日本的这种天王图像,[4]他们认为"兜跋"可能就是唐时所称的"吐蕃",或者就是藏语的"斗篷",然而早期的研究并没有注意到毗沙门图像的细微差异。笔者或许同意松本节三郎"兜跋"为藏语斗篷的说法,但例证"dug-pa"为"旧衣服",更贴切的应当是thul-pa。此外,吐蕃壁画中赞普着"素褐"大氅,可谓一证。无论如何,这表明学者注意到这种样式与

〔1〕穆舜英主编:《中国新疆古代艺术》,乌鲁木齐:新疆美术摄影出版社,1994年,第83页,彩图202—203。
〔2〕穆舜英主编:《中国新疆古代艺术》,第94页,彩图238。
〔3〕李冀诚:《雪域名刹萨迦寺》,北京:中国藏学出版社,2006年,第53页插图。
〔4〕兜跋者,或指化身于兜跋国护持佛法的毗沙门。兜跋国,位置不详。关于"兜跋"一词,近代另有新看法。以为系唐天宝年中(742—756)吐蕃来寇时,唐将曾造立毗沙门天王像退敌。时人讹传,曾将当时之"吐蕃"误称为"兜跋",此后习俗混淆,乃有"兜跋毗沙门"一词。此外,依《大梵如意兜拔藏王经》(《阿娑缚抄》所引)所载,如意藏王示现无畏观世音自在菩萨等十种降魔身。其中,第六为毗沙门天,第七是兜跋藏王。此一兜跋藏王威德自在如毗沙门天王,身相面貌是忿怒降魔、安详圆满,有无量福智光明。其形像即化身于兜跋国之大王的形像。今所见的形像,为女形的坚牢地神,二手上仰,承托毗沙门的两足,旁有邪鬼作畏缩状。又《佛像图汇》卷一出四面十臂,身带八刀,乘狮子之像,称之为刀八毗沙门,此或系由"兜跋"讹转为"刀八"所致。日本学者松本节三郎认为"兜跋"一语当系自西藏传入。原指西藏宗教领袖冬季所穿的长外套,略同于"斗篷"一词。"兜跋毗沙门"即是穿上类似这种外套的战袍的毗沙门,亦即武装的毗沙门。民间即用此语以别于一般的护法毗沙门。参看松本节三郎著、金申译:《兜跋毗沙门天考》,《敦煌研究》2003年第5期,第36—43页。

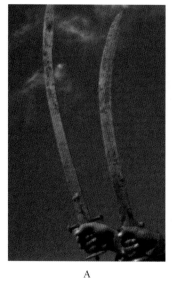 

A   B

图2-6-11　萨迦寺弯刀

吐蕃的联系。藏式多闻天融入库藏神,这种库藏神在大昭寺壁画、敦煌绢画《不空羂索坛城》胁侍菩萨中同样看到。右手彩杖演化为华盖或伞幢,左手执物为猫鼬或吐宝兽,坐骑为狮。此种多闻天在13世纪前后逐渐被宝藏神(Jambhala)取代,[1]右手持物已非彩杖而是花蕊。造像完全藏化,与多闻天王区别开来。然而,藏式多闻天王像仍然保留敦煌时期毗沙门造像的元素,如头冠样式,甚至是绘画的笔法。然而,宝藏神多为坐像,而多闻天王为立像,后期绘画中,即使是立像多闻天王,仍然右手伞幢,左手吐宝兽(图2-6-12)。[2]

　　敦煌毗沙门天王信仰唐宋时期已传入蜀地,今川中石窟留存众多遗例。[3]这种吐蕃天王样式逐渐取代蜀地原本流传的汉地天王图像,如成都万佛寺出土康胜造释迦如来尊像龛(梁普通四年522),左侧天王右手高擎宝塔,褒衣博带,像莲座下有伏魔,其造像特征与唐宋多闻天王没有任何联系。[4]先有巴中石窟南龛之65、94龛,94龛镌造于会昌六

〔1〕　宝藏神,梵文称为Jambhala,奇怪的是藏文没有像多闻天王那样意译,直接转写为dzam bha la,称为"财神"或"宝藏神",汉文音译"赞巴拉",意译布禄金刚。宝藏神最早只是多闻天王八大马王随从之一,为褐色身形,右手持金瓶,位于东方,或者说宝藏神就是库毗罗。然而,在藏传佛教造像中,宝藏神逐渐替代了多闻天王,或者说将多闻天王作为财神的职能完全承接,逐渐称为了本尊神,同时也是西藏民间最受人崇敬的财神。值得注意的是,藏传佛教艺术中宝藏神多以雕塑的样式表现。自元明以后,尤其是俺答汗邀请三世达赖喇嘛锁南嘉措在蒙古地方传播格鲁派以后,宝藏神信仰的蒙古地区也传播开来。

〔2〕　西藏自治区文物管理委员会编:《西藏唐卡》,北京:文物出版社,1985年,图版128。

〔3〕　Tom Suchan, "A Survey of Vaiśravaṇa Imagery in Sichuan as Facets of the Maritial Culture of the Late Tang and Five Dynasties Periods",兰州大学敦煌研究所等编:《敦煌佛教艺术文化论文集》,兰州大学出版社,2002年,第303—356页。

〔4〕　图版参看王卫明著《大圣慈寺画史从考:唐、五代、宋时期西蜀佛教美术发展探源》,北京:文化艺术出版社,2005年,第186页;原见刘志远、刘廷壁编:《成都万佛寺石刻艺术》,北京:中国古典艺术出版社,1958年,图版一;袁曙光:《四川博物馆藏万佛寺石刻造像整理简报》,《文物》2001年第10期。

图2-6-12　立像多闻天王

图2-6-13　大足北山天王像

年（846），而65龛为唐乾符四年（877）镌造。[1]巴中石窟多闻天王造像没有牛角状项光，其时代对应吐蕃退出敦煌的中晚唐，其年代与敦煌毗沙门天王相当。至大足北山第5龛唐景福元年（892）毗沙门天本尊已完全是敦煌气象（图2-6-13）。天王着吐蕃铠甲，牛角状项光、连身铠甲、甚至连腰刀样式也完全相同。相似例证又有广元千佛崖第134龛，其造像样式亦与莫高窟第154窟吐蕃装多闻天王相同，保留了牛角状项光。千佛崖位于金牛道要冲，巴中石窟位于米仓道，皆为唐时连接长安西域的重要辅道，敦煌多闻天王造像由此进入这一领域自在情理之中。蜀地多闻天王像或有变体，宋董逌《广川画跋》卷六"北天王像后题辨"云："吴明仲以吴生画天王示余。因告之，曰：昔余尝得内典，说四天王所执器，皆自报应中出。北天毗沙国王也，尝兵鬭不利，三逃于塔侧，方免其困。时愿力所全得无违碍，报回乡（向）则变相所成，画者得以据之。今以云物为执者，非吴生所为也。或曰：'何以知此？'曰：'以云物易塔之重，自王衍始。余往见孙知微于蜀中作

---

〔1〕巴中市文管所、成都市文物考古研究所：《巴中石窟》，成都：巴蜀书社，2003年，第30—31页，第52—54页，图版1，9-2，65窟造像题记云："朝散郎守化成县令赵荐凡为自身疾苦发愿敬镌北方大圣毗沙门天王一躯今已成就乾符四年四月八日修斋表赞讫永为供养。"

天王相如此,将无是耶?'"[1]敦煌绢画《天王图》已见天王以手托"云物"塔于其上(图2-6-14)。[2]《摩诃吠室罗末那野提婆喝罗者陀罗尼仪轨》记:画天王,身着七宝金刚庄严甲胄。其左手执三叉戟,右手托腰(又一本左手捧塔)。[3]我们以为,天王叉腰样式或受到宝藏神的影响,宝藏神左手多叉腰,但手中有鼬鼠。

图2-6-14　敦煌绢画天王像

〔1〕（宋）董逌:《广川画跋》,见于安澜编:《画品丛书》,上海人民美术出版社,1982年,第303页。

〔2〕大英博物馆斯坦因藏品S41,CH0018《行道天王图》。

〔3〕般若斫羯啰译:《摩诃吠室啰末那野提婆喝啰阇陀罗尼仪轨》(一卷),《大正藏》第21册第0219页"画像品第一":"画天王,身着七宝金刚庄严甲胄。其左手执三叉戟,右手托腰(又一本左手捧塔)。其脚下踏三夜叉鬼,中央名地天亦名欢喜天。左边名尼蓝婆,右边名毗蓝婆。其天王面作可畏,猛形,怒眼满开,其右边画五太子及两部夜叉罗刹眷属,左边画五行道天女及妻等眷属。"

可以看出藏汉多闻天王的发展循不同的轨迹，随同佛教传入并经不空等人翻译相关经典引入西域的多闻天王造像，其最初造像样式在吐蕃人统治西域时期被演化为吐蕃武士形貌，被西域敦煌等地蕃汉各族广为尊崇。藏式造像在8世纪末至9世纪初与库藏神造像糅合，逐渐演变为藏传佛教多闻天王样式的宝藏神。汉传样式最初当由京师入蜀，鼓四川石窟保留敦煌吐蕃式样的天王，其后甲胄转化为汉式，至南宋时有持戟叉腰无塔图像。

明清之际坐像多闻天王，右手持伞幢演变的彩杖，左手叉腰，无持物，没有坐骑狮，当是藏式多闻天库藏神的演变形式。

藏传佛教多闻天王样式在中国内地广泛传播。西夏时期榆林窟第5窟完全藏式风格的多闻天王，杭州飞来峰石刻多闻天，以及与汉地艺术有密切关系的夏鲁寺壁画多闻天王，大约创作于1306年，其造像坐骑为狮，持伞幢，携猫鼬而不是吐宝兽。其后，在江孜白居寺壁画中也出现了多闻天王图像。其中优秀作品的例证如北京福佑寺清乾隆时期多闻天王（图2-6-15）。

多闻天王与库藏神图像的演变史如同阳光下的水滴，映照出我国藏汉民族文化交往的历史。

图2-6-15 北京福佑寺天王

第七节 《步辇图》与吐蕃时期
汉藏政治文化交流

　　《步辇图》(图2-7-1:A)是唐代宫廷画家阎立本的作品,现藏北京故宫博物院,与其他传世名画相比,以往的研究成果与此画的地位似乎不太相称。原因或许在于早期画史著录的缺乏、清宫《石渠宝笈》对此画著录的游移言辞,或许在于西域文史及汉藏美术的研究在艺术史领域还不甚普及、与之相关的考古与传世文物的发现还不足以说明解读此画所面临的难题;其次是学科之间的隔阂阻碍了学术的探索,后世书画鉴定大家对此画所下的不准确的断语、书画界经验主义的质疑影响了文史学人的介入。[1]这种心态也让我们遗漏了此画很多非常重要的历史信息,没能将《步辇图》从"传世名画"真正看作是一面唐蕃历史的镜子。本节结合近年汉藏佛教艺术史实地考察所得资料与教学研究的心得,对《步辇图》所涉及的四个问题进行探讨,其中分为:(一)人物关系、联珠立鸟、立羊纹与乌皮六合靴及蹀躞;(二)武都公李造与误读的"李道"及"唐相阎立本";(三)《步辇图》画卷拖尾与章伯益题跋以及作为结论的(四)《步辇图》绘制与重装的年代。

一、人物关系、联珠立鸟、立羊纹与乌皮六合靴及蹀躞
——兼论撒马尔罕大使厅粟特壁画与《步辇图》的联系

　　《步辇图》画面中心情节是唐太宗坐在九位宫女抬着的步辇上来到会见使臣的场所,接见先期赶到、在场等候的吐蕃使者禄东赞,此时太宗还未从步辇上下来,分割在横幅卷

---

〔1〕 对故宫步辇图最为完整的著录,参看《石渠宝笈初编》卷三四:"画卷次等。唐阎立本画《步辇图》一卷,次等。天一。素绢本,着色画。卷中幅署'步辇图'三字,卷后章伯益篆书本事,并署云:唐相阎立本笔。"另见徐邦达编《中国绘画史图录》(上海人民美术出版社,1981年,上册图版11)著录云:"唐,阎立本、步辇图卷(宋摹本)","设色画:唐太宗李世民接见西藏使臣禄东赞的一段故事。画中李世民乘坐着'步辇',由四宫女抬行。无款,传为阎画。本幅上有宋初章友直(伯益)用小篆书写的那段故事情节,并录唐李道誌、李德裕'重装背'时题记二行。"参看丁羲元《再论〈步辇图〉为阎立本真迹》,《故宫博物院院刊》2013年第4期。

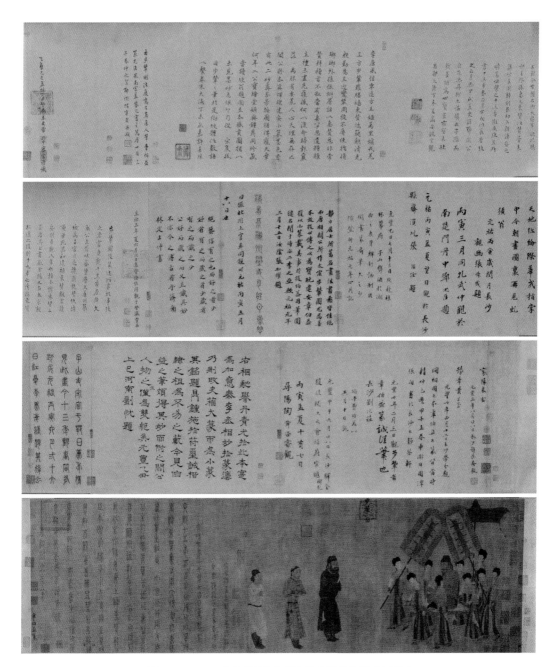

图2-7-1：A　《步辇图》全图（故宫博物院数字图片）

轴两端的两位主角已有了视线与情绪的交流，《步辇图》展现的正是这一行进中呈现的瞬间（图2-7-1：B），描绘的是故事画中情节铺陈的顶点，与此后宋画以动作制造画面效果完全不同，《步辇图》是以几乎迟缓静态的人物内在的情绪形成画面的戏剧冲突。以往的观画者没有关注《步辇图》场景"非正式的"的官方场合，以宫女抬步辇的随意温馨的方

图2-7-1：B 《步辇图》局部

式接见吐蕃求聘使者，从中可以看出唐与吐蕃之间不同寻常的亲密关系，因为吐蕃使臣禄东赞访唐，其名义上的使命是求聘联姻而非政争战事，这与汉藏文献中记载的禄东赞求婚的故事情境相符合；[1]唐蕃如此重大事件以"非正式"方式表现，也有唐代使臣政治交往层面轻视对方的意图，按照《旧唐书·舆服志》的记载，唐皇接见宾客，仿汉制应穿"白纱帽，亦乌纱也；白裙襦，亦裙衫也；白袜，乌皮履，视朝听讼及宴见宾客则服之。"[2]令人不解的是，《步辇图》中宫女所抬的步辇在唐代《舆服志》失载，可见不是当时正式的车舆。如同唐代有汉魏风尚的天子朝服，太宗以步辇接见使臣，尽显汉魏名士风度，有"简傲"之态，令使臣"见中国服饰之美，缩缩愧沮"。[3]步辇即步舆，隋以前又称"平肩舆"，是后代轿子的原型，东晋南朝时名士多乘舆，且以此见客，如《晋书·谢安传附弟万传》记，谢万妻父太原王述为扬州刺史，"万尝衣白纶巾，乘平肩舆，径至厅事前"。[4]及至隋代，使用步辇已不分阶层，如《隋书·礼仪志》："天子至于下贱，通乘步舆，方四尺，上施隐膝以及

---

〔1〕 关于吐蕃赴唐求聘公主，汉文正史新旧《唐书》、《册府元龟》等都有明确记载，后代藏文史籍对此大加渲染，如《王统世系明鉴》《贤者喜宴》等，伴随吐蕃时期胎藏界大日如来图像摩崖石刻，沿陕甘青川藏唐蕃古道皆有文成公主入藏的传说。

〔2〕《旧唐书》卷四五《志第二十五·舆服》。

〔3〕《新唐书·吐蕃传上》："弄赞率兵次柏海亲迎，见道宗，执婿礼恭甚，见中国服饰之美，缩缩愧沮。"此外，肩舆与孤傲的关系参看《世说新语》二十四："王子猷尝行过吴中，见一士大夫家极有好竹。主已知子猷当往，乃洒扫施设，在听事坐相待。王肩舆径造竹下，讽啸良久，主已失望，犹冀还当通，遂直欲出门。主人大不堪，便令左右闭门，不听出。王更以此赏主人，乃留坐，尽欢而去。"《太平御览》卷七七四："武侯（诸葛亮）与宣王（司马懿），在渭滨将战。宣王戎服莅事，使视武侯，乘舆、葛巾，持白羽扇指麾，三军皆随其进止。宣皇闻而叹曰：可谓名士。"

〔4〕 参看《晋书》卷七十九《列传第四十九》。

襻，举之。无禁限。载舆亦如之，但不施脚，以其就席便也。"又记"方州刺史，并乘通幰平肩舆，从横施八横，亦得金渡装较。"[1]周迁《舆服杂事记》曰："步舆方四尺，素木为之，以皮为襻，捆之，自天子至庶人通得乘之。"[2]唐代步辇虽然在唐代《舆服志》失载，但《宋史·舆服志》所记"腰舆"与之大致相同："腰舆，前后长竿各二，金铜螭头，绯绣凤裙襕，上施锦褥，别设小床，绯绣花龙衣。"[3]此外，观者对《步辇图》中太宗一侧没有其他官员随侍，只有瘦弱宫女抬着肥硕帝王的画法表示不解，其实此为唐代的礼制之一。至于女子抬辇，当源自唐代沿袭汉魏以来的后宫昭仪制度，[4]因吐蕃使臣求聘的是公主，太宗需要与后宫夫人商议，画面描绘宫女抬步辇，正好说明皇帝由后宫赶来。《步辇图》的这个细节透露出阎立本绘制此画时武则天武曌的存在，禄东赞两次访唐求聘分别是在640年和645年，贞观十一年（637）十一月武则天年十四岁时，唐太宗召入宫，封为五品才人，赐号"武媚"，禄东赞两次访唐的时间恰好是武曌入宫的第3年（640）至第8年（645），司马光《资治通鉴》记载唐太宗从驯马的态度看出武曌为可用之才，其时武曌正作为唐太宗的"宫女侍侧"。[5]时间的完全对应使我们可以推定唐太宗接见禄东赞时武则天有可能在侧，[6]《步辇图》绘制抬步辇的宫人共有九位，初唐因隋制，皇后四位，其下为九嫔、婕妤、美人等，品级正二品至正四品，不可能去抬步辇。才人属正五品，顾名思义，为才女，共九位。[7]才人入宫年龄较小，与其他嫔妃不同，为皇帝做起居注，参与太宗接见内臣、使节等，有女秘书的性质，《步辇图》抬步辇的宫人恰好就是才人的角色。北宋光禄寺丞庞元英撰《文昌杂录》云："唐制，天子坐朝，宫人引至殿上。故杜甫诗有'户外昭容紫袖垂，双瞻御坐引昭仪'之句。盖自武后临朝，女官随侍，后遂相沿为定制耳。"[8]这种宫人抬步辇见客的仪礼在武则天临朝之后成为定制了，《步辇图》显示其制于太宗时已经实行。武则天临朝

〔1〕《隋书》卷一〇《志第五 礼仪五》。

〔2〕萧统《昭明文选》卷一六《志下"哀伤"》。

〔3〕《宋史·志第一百二 舆服一》。

〔4〕《新唐书》卷七六《列传第一 唐制》："皇后而下，有贵妃、淑妃、德妃、贤妃，是为夫人。昭仪、昭容、昭媛、修仪、修容、修媛、充仪、充容、充媛，是为九嫔。婕妤，正三品；美人，正四品；才人，正五品；各九员。"

〔5〕《资治通鉴》卷二六〇《唐纪二十二·则天顺圣皇后中之下》："（久视元年）……项奏事，方援古引今，太后怒曰：'卿所言，朕饫闻之，无多言！宗有马名师子骢，肥逸无能调驭者。朕为宫女侍侧，言于太宗曰：妾能制之，然须三物，一铁鞭，二铁楇，三匕首。铁鞭击之不服，则以楇楇其首，又不服，则以匕首断其喉。'太宗壮朕之志。今日卿岂足污朕匕首邪！"

〔6〕《唐会要》卷三："贞观十年，文德皇后崩。太宗闻武士彟女有才貌，召入宫，以为才人。时上在东宫，因入侍，悦之。太宗崩，随嫔御之例出家，为尼感业寺。上因忌日行香，见之。武氏泣，上亦潸然。"

〔7〕上官婉儿因其才智封为才人，参见《大唐故婕妤上官氏墓志铭并序》："婕妤懿淑天资，贤明神助。诗书为苑囿，捃拾得其菁华；翰墨为机杼，组织成其锦绣。年十三为才人，该通备于龙蛇，应卒逾于星火。"

〔8〕《文昌杂录》卷六："唐制：天子坐朝，宫人引至殿上。故杜甫诗云：'户外昭容紫袖垂，双瞻御坐引朝仪。'天佑二年十二月，诏曰：'宫妃女职，本备内任。今后每遇延英坐日，只令小黄门祗候引从，宫人不得出内。自此始罢也。'赵翼《陔余丛考》：'《宋史》吕大防称：宫人阁图有昭容位，可见当日着为昭仪，至形至图画也。'"（石家庄：河北人民出版社，2003年，第315页。）

之前的影响，还可以从660年前后绘制于撒马尔罕大使厅北壁的壁画中可以看出，一位蓝衣唐装女子及随侍女子等10人，乘坐一叶红色舟身、金色兽（龙）头的小舟飘荡水天之间，衣饰与初唐紫红色条纹女装相似（图2-7-2），[1]考虑到此期唐与诸粟特羁縻州的关系，康马泰对撒马尔罕壁画与唐高宗、武则天关系推断，舟中女子或与武则天的传说有关：[2]武则天唐武德七年（624）正月二十三生于川西广元，传说其母与江舟游览时与龙感孕，生出武则天，广元谚语"正月二十三，妇女游河湾"就是对这一古老传说的回应。晚唐诗人李商隐《利州江潭作〈感孕金轮所〉》正是感叹此事。[3]撒马尔罕壁画唐人女王乘龙

图2-7-2　撒马尔罕大使厅北壁壁画

〔1〕　参看［苏］L. I. 阿尔巴乌姆著，［日］加藤九祚译：《古代サマルカンドの壁画》（古代撒马尔罕的壁画），L.I.アリバウム 文化出版局，1980年，第42页，图38北壁插图。

〔2〕　［意］康马泰（Matteo Compareti）著，毛铭译：《唐风吹拂撒马尔罕：粟特艺术与中国、波斯、印度、拜占庭》（ *Dawn of Samarkand: Artistic Interaction between Sogdiana and China, Persia, India, and Byzantine* ），桂林：漓江出版社，2016年。

〔3〕　诗云："神剑飞来不易销，碧潭珍重驻兰桡。自携明月移灯疾，欲就行云散锦遥。河伯轩窗通贝阙，水宫帷箔卷冰绡。他时燕脯无人寄，雨满空城蕙叶雕。"《全唐诗》卷五四〇第51首。利州唐时属山南西道，今四川广元市。金轮就是指武则天。如意二年（693），加金轮圣神皇帝尊号。明人胡震亨《唐音癸签》："《蜀志》：'则天父士礮泊舟江潭，后母感龙交，娠后。'然史不载其事。"《名胜记》："古利州废城在今保宁府广元县⋯⋯县之南有黑龙潭，盖后母感溉龙而孕也。"

舟，或许是对这一感孕场景的描绘，但画中女子或是武则天的母亲而非武曌。

《步辇图》中禄东赞由两位官员模样的人物一前一后陪同。前方着团领缺骻红袍官员戴着与太宗相同的幞头官帽，满脸络腮胡须，容貌似在唐廷供职的胡人，很可能是多由西域胡人任职的鸿胪寺的官员，能够直接引领西域使者面见太宗，或是鸿胪寺卿，[1] 红色官服表明其官职当在五品之上，因鸿胪寺卿位阶正三品，其腰骻佩戴银色鱼袋，正好符合舆服的规定。[2] 《步辇图》红衣官员与神龙二年（706）唐中宗时修建的李贤墓墓道所绘《客使图》（图2-7-3）鸿胪寺三位迎送官员相比，

图2-7-3 唐乾陵墓道所绘《客使图》

层级更高；最为神奇的是，这位官员在阎立本另一幅传世画作《职贡图》里也出现了，长卷正中骑马的连鬓胡白袍黑缠头胡官与此红衣官员两人形貌几乎完全相同（图2-7-4：AB）。[3] 红衣官员后面紧跟禄东赞、着白色唐服的官员应当是鸿胪寺的专职翻译，其衣着装束、神态与懿德太子墓内侍壁画人物几乎完全相同，此人重心稍稍后仰，是画家力图表现紧急召请翻译匆忙赶来，迅速停步所致的后挫动作（图2-7-5）。[4] 此类重大外事活

---

〔1〕《新唐书·百官志》记鸿胪寺"卿一人，从三品；少卿二人，从四品上；丞二人，从六品上。掌宾客及凶仪之事。领典客、司仪二署。"

〔2〕《旧唐书》卷七睿宗李旦："鱼袋着紫者金装，着绯者银装。"

〔3〕《客使图》位于乾陵唐章怀太子墓（652—684）。唐高祖武德七年（624）所颁布的〈武德令〉，其中包括有服饰的令文，计有天子之服十四、皇后之服三、皇太子之服六、太子妃之服三、群臣之服二十二、命妇之服六。高祖曾规定大臣们的常服，亲王至三品用紫色大科（大团花）绫罗制作，腰带用带钩。五品以上用朱色小科（小团花）绫罗制作，腰带用草金钩。《职贡图》为绢本设色，61.5×191.5厘米，现藏于台北故宫博物院，传为阎立本所做，书画鉴定诸家多认为是宋代摹本（如杨仁恺：《中国书画》，上海古籍出版社，2009年，第81页；李霖灿：《中国名画研究》，杭州：浙江大学出版社，2014年，第4页），从绘画笔法看确为宋代笔法，当属宋人摹本，但《职贡图》摹自唐画无疑，其画法、形象与敦煌莫高窟初唐103窟《维摩诘经变》下方人物画法相同；此处白袍胡人首领的画法与《步辇图》的高度相似恰好证明《职贡图》原画为阎立本所绘。

〔4〕《内侍图》位于唐懿德太子墓第三过洞西壁，年代在唐中宗神龙二年（706）。唐代外事翻译设在中书省和鸿胪寺，译语称"译语人""译史""译官""译语官""译者"，如《唐六典》卷二《尚书吏部》云，"凡诸司译直，皆有定制"，其中中书省翻书译语十人，"鸿胪寺译语并计二十人"。由于中央设置的译语人员皆为直官，品级自然不高。《新唐书·选举志》谓"鸿胪译语，不过典客署令"（卷四五，第1174页），参看韩香《唐长安译语人》，刊《史学月刊》2003年第一期，第28—31页；赵贞《唐代对外交往中的译官》，刊《南都学坛》2005年第六期，第29—33页。对翻译后脚不稳的解释，来源自研究生毛一铭的解释。

图2-7-4：A　鸿胪寺官员　　　图2-7-4：B　职贡图局部　　　图2-7-5　《步辇图》鸿胪寺
　　　　　　　　　　　　　　　　　　　　　　　　　　　　　　　　　　　白衣翻译

动的翻译多为唐人而非胡人。[1]画中的禄东赞瘦削身材，头发向后束于脑后，系一窄条
黑色的抹额头带，脚上穿的靴子黑色靴首翘起，与前面的唐朝官员的"乌皮六合靴"样式
相同，或者是唐代官员已为住宿在京城的使者换上了唐靴。[2]禄东赞所穿衣袍领口为缀
白边圆领，以红地立鸟连珠纹团花图案与立羊团纹相间，黑色腰带上有蹀躞挂件，双手作
揖拜状。额头发际间略窄，眉毛向眉中仰起，眼神似有蓦然见到大人物时坚韧的试探，与
太宗的视线形成交集。鼻子细长，略呈鹰钩状，有络腮连鬓胡子，上唇亦有髭，与敦煌绢

〔1〕《新唐书·吐蕃传》称："告盟，一人自旁译授于下。"《全唐文》卷六七四，白居易《代王必答吐蕃北道节度使论
　　赞勃藏书》云："初秋尚热，惟所履珍和，谨因译语官马屈林恭迥不具。偲白。"
〔2〕鸿胪寺的职责就是安置入唐的吐蕃使者，供给饮食和衣饰。《大唐六典·鸿胪寺·典客署》也载有典客署内职
　　员所掌事宜其中典客令"凡酋渠首领朝见者则馆而以礼供之。若疾病所司遣医人给以汤药。若身亡使主副及
　　第三等以上官奏闻其丧事所须所司量给。欲还蕃者则给举递。至境诸蕃使主副五品以上给帐毡席六品以下给
　　幕及食料。"

画维摩诘变中的赞普相似。[1]《步辇图》禄东赞形象
将一位恪尽职守、谨小慎微的使者表现得淋漓尽致，
与《旧唐书·吐蕃传》对禄东赞的记载完全一致（图
2-7-6）。[2]《步辇图》中没有背景，九位抬辇宫女、占
画面空间很大的纨扇、硕大的皇帝在柔弱宫女的反衬
下透露出的逼人气势，将吐蕃使臣夹在中央，使臣的瘦
弱渺小是画家力图营造的气氛。

　　非常奇怪的是，《步辇图》中的禄东赞并没有戴我
们熟识的、作为吐蕃赞普及其侍从标志的红色缠头"朝
霞冒首"，也没有穿敦煌壁画中赞普身着的白色或褐色
的大翻领吐蕃王臣服饰（图2-7-7：AB），[3]或许是鸿
胪寺官员引见唐皇时临时摘掉了缠头巾，换上了新的
锦袍？[4]禄东赞的服饰团花为波斯萨珊样式的团窠立
鸟联珠纹，吐蕃统治时期的敦煌壁画中可见此类式样，
如莫高窟中唐第158窟涅槃佛靠枕（图2-7-8：A）与
举哀赞普像衣袖对襟上的立鸟纹，这种织物在7至9世
纪前后在藏区东北部非常流行，青海都兰吐蕃墓出土
了双立鸟联珠文的残片和唐样棉袄。[5]1959年新疆
吐鲁番阿斯塔那墓出土的西州时期（9世纪）单立鸟
织锦与（图2-7-8：B）《步辇图》禄东赞翻领图案（图
2-7-9）几乎完全相同，禄东赞服饰上的立羊纹（图
2-7-10）[6]在撒马尔罕大使厅粟特壁画（图2-7-11）[7]

图2-7-6　《步辇图》禄东赞

〔1〕　参看敦煌绢画《维摩诘变》编号Ch.00350，另有2016年公布的同名纸画，编号MA6277。
〔2〕　"初，太宗既许降文成公主，赞普使禄东赞来迎，召见顾问，进对合旨，太宗礼之，有异诸蕃，乃拜禄东赞为右卫大
　　　将军，又以琅邪长公主外孙女段氏妻之。禄东赞辞曰：'臣本国有妇，父母所聘，情不忍乖。且赞普未谒公主，陪
　　　臣安敢辄娶。'太宗嘉之，欲抚以厚恩，虽奇其答而不遂其请。"《旧唐书》卷一九六上《列传第一百四十六上　吐
　　　蕃上》。
〔3〕　《新唐书》卷二一六下《列传第一百四十一下》："中有高台，环以宝榱，赞普坐帐中，以黄金饰蛟螭虎豹，身被素
　　　褐，结朝霞冒首，佩金镂剑。"
〔4〕　《通典》卷六《食货志》：广陵郡（扬州）"贡蕃客锦袍五十领、锦被五十张、半臂锦百段、新加锦袍二百领。
〔5〕　参看北京大学考古文博学院与青海省文物考古研究所编：《都兰吐蕃墓》，北京：科学出版社，2005年，彩版一一
　　　"鸟纹锦"（99DRNM1：39）；杨清凡：《从服饰图例试析吐蕃与粟特关系》，《西藏研究》2001年第3期。
〔6〕　新疆吐鲁番地区出土的立羊纹织锦年代多在南北朝时期，此处未列入。
〔7〕　[苏] L．I．阿尔巴乌姆著，[日]加藤九祚译：《古代サマルカンドの壁画》（古代撒马尔罕的壁画），L.I.アリ
　　　バウム文化出版局，1980年，第54页插图立羊纹。

图2-7-7：A　莫高窟159窟吐蕃赞普部从

图2-7-7：B　穿白氅吐蕃赞普

中也有出土；萨珊联珠纹立鸟团窠纹7—8世纪出现在佛教金铜造像中，如扎什伦布寺藏斯瓦特宝冠释迦摩尼坐垫图案（图2-7-12：AB）。[1]最令人震撼的是，现藏布达拉宫的吐蕃后期约11世纪的金铜赞普像有典型的单立鸟联珠纹团花（图2-7-13、14），[2]金铜赞普像的联珠纹位于吐蕃粟特式样外袍的宽大镶边，另一件金铜造像赞普已经是菩萨五佛冠，冠叶高耸，发髻上的缠头冠后代脱落，项饰数珠，与青海玉树文成公主庙菩萨头冠属于同一式样，但与禄东赞立鸟相同的联珠纹团花是在长袖的宽大镶边上（图2-7-15、16），可见吐蕃时期粟特联珠纹立鸟锦多用作吐蕃袍服的镶边。相隔万里的两件文物图案的高度吻合说明吐蕃王室曾流行立鸟锦，禄东赞穿的是我们不多见的吐蕃锦袍。阿梅·海勒博士提到此锦或来自四川，但四川织锦兴盛于宋代，锦绫多用来制作被褥面料，域外风格明显的团窠立鸟联珠纹更可能是自中亚经由丝路而来的

〔1〕　故宫博物院、西藏自治区文物局、扎什伦布寺编：《须弥福寿》，北京：故宫出版社，2020年，第304页，图版113。
〔2〕　一西著：《盛放莲花：历代佛像撷珍》，北京：文物出版社，2009年，第192—194页图版。

图2-7-8：A　莫高窟中唐第158窟涅槃佛靠枕联珠纹

图2-7-8：B　新疆吐鲁番阿斯塔那墓出土西州时期单立鸟织锦

图2-7-9 《步辇图》禄东赞衣袍边饰立鸟团花

图2-7-10 禄东赞服饰上的立羊纹

图2-7-11 撒马尔罕大使厅粟特壁画立羊团花

图2-7-12：A 扎什伦布寺藏斯瓦特宝冠释
迦摩尼坐垫图案

图2-7-12：B 坐垫局部

图2-7-13　布达拉宫藏赞普金铜像

图2-7-14　赞普翻领立鸟团花

图2-7-15　布达拉宫藏菩萨装吐蕃金铜佛

图2-7-16　赞普金铜佛衣袖立鸟图案

粟特织锦,[1]榆林窟19窟主室甬道曹元忠侧供养人服饰亦类似此团花。敦煌壁画莫高窟409窟11至12世纪回鹘王或供养人的团花窄袖服饰,实际上就是禄东赞所谓萨珊样式的风格的发展。此外,有关《步辇图》作品的真伪,书画界人士尚有不少争论,从作品的构图安排、人物细节以及画面展现的叙述逻辑分析,应该没有大的问题:例如宫女头饰、紫红色条状的服饰,与陕西长安执失奉节墓壁画舞女等初唐仕女风格相同(图2-7-17);[2]《步辇图》中的引见的官员与阎立本《凌烟阁功臣图》持笏恭立的姿态完全相同。[3]实际上,这种服饰受到典型粟特风格的影响以及波斯萨珊风格的影响,例如撒马尔罕粟特城址大使厅西壁的《使臣像》(图2-7-18:AB),[4]同样是联珠纹团花长袍,甚至形象也是与禄东赞相似的连鬓胡,额

图2-7-17　奉节执扇仕女

头上有抹额头带,重要的是此处也是绘制的使臣,也有官员导引使者与君主相见的情节(图2-7-19),[5]与《步辇图》绘制使臣禄东赞乃至稍后的《客使图》绘制各国使臣的动因是一致的,况且粟特《使臣像》绘制年代在公元630年前后,与阎立本《步辇图》的年代大致相仿,[6]禄东赞及大使厅壁画人物形象与乾陵番君长石像也非常类似(图2-7-20:ABC)。

---

〔1〕 参看艾米·海勒著,赵能、廖旸译:《西藏佛教艺术》,北京:文化艺术出版社,2007年,第12页。关于四川织锦,参看元人费著著《蜀锦谱》,其中提到"建炎三年(1129),都大茶马司始织造绫被褥,折支黎州等处马价。"茶马司锦院织锦名色(茶马司须知云:逐年随蕃蛮中到马数多寡以用,折传别无一定之数),其中与吐蕃相关者或有"真红双窠锦"与"青绿瑞草云鹤锦"等,对此时兴起的唐卡装裱或有影响。

〔2〕 此铺壁画1957年由陕西省长安县郭杜镇执失奉节墓出土,显庆三年(658)绘制,与《步辇图》抬步辇的红裙侍女的创作年代与形象最为接近。壁画现藏陕西省历史博物馆。

〔3〕 此画现仅存11世纪的拓本,藏中央美术学院,图版可参看杨新等《中国绘画三千年》,第62页,图版52。

〔4〕 粟特壁画内容包括王者接见、公主出嫁、贵族饮宴、骑士厮杀、勇士格斗、女侍操琴等世俗题材。参看前引《古代サマルカンドの壁画》(古代撒马尔罕的壁画),第13页,第29页图版。

〔5〕 前引《古代サマルカンドの壁画》(古代撒马尔罕的壁画),第15页,西壁壁画"官员引荐使臣"的场景。

〔6〕 参看 Guitty Azarpay, *The Afrasiab Mural: A Pictorial Narrative Reconsidered*, publishend in *The Silk Road* 12, 2014, pp.49-56, 作者考订大使厅使臣像壁画的年代当在660年前后,而不是以前认定的630年。这与本节末推定的《步辇图》的年代640—658年的年代几乎同时!

A

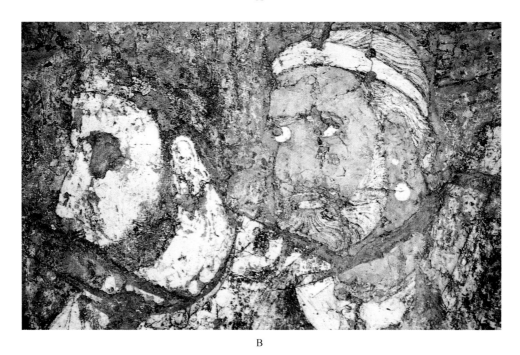

B

图2-7-18　撒马尔罕粟特城址大使厅西壁的《使臣像》

图2-7-19　撒马尔罕大使厅西壁壁画"官员引荐使臣"

A

B

C

图2-7-20　乾陵番君长石像

更为有力的证据来自藏区西部拉达克与斯匹第（Spiti）地区藏传佛教寺院的壁画中，例如拉达克阿尔齐寺（Alchi）初建时期的集会殿（'dus-khang）壁画《王室宴饮图》与《武士图》（图2-7-21：ABCD），中央邦王着束腰团花长袍、长发以宽带约束，与《步辇图》禄东赞的立鸟联珠文团花服饰几乎完全相同。最为奇特的是邦王的胡须与禄东赞的联鬓胡须样式吻合，这种团花样式发生变异后在后弘期卫藏寺院雕塑中可以见到，例如夏鲁寺、姜普寺与艾旺寺。[1]必须注意的是，阿尔齐寺壁画年代在11至12世纪，壁画吐蕃王服饰或

A   B   C   D

图2-7-21　拉达克阿尔齐寺集会殿《王室宴饮图》

---

〔1〕 Christiane Papa-Kalantari, "The Art of the Court: Some Remarks on the Historical Stratigraphy of Eastern Irannian Elements in Early Buddhist Painting of Alchi, Ladakh", in *Text, Image and Song in Transdisciplinary Dialogue*, pp. 167-228, pl. 1-22.

图2-7-22　东嘎石窟1号窟佛传赞普部从

许可以看作是藏区西部吐蕃邦王服饰的地方变体，此类服饰在藏西石窟的其他壁画中可以看到，例如11世纪初的东嘎石窟，就有与敦煌石窟壁画吐蕃赞普部在造像上相似的图像（图2-7-22）。

图2-7-23：A　步辇图禄东赞的靴子

《步辇图》禄东赞穿的黑色靴子（图2-7-23：A）的渊源也值得探讨，吐蕃时期图像中，几乎所有描绘赞普的绘画，都刻意表现赞普黑色的靴子。此类靴子源自北周，是唐初中亚草原至丝路长安流行的式样，是帝王专属的"六合靴"，大多黑色皮革制成，靴子前端捆扎为一个皮鬏。[1]此后莫高窟159窟吐蕃赞普壁画，布达拉宫法王洞彩塑与壁画是赞普靴子（图

〔1〕《旧唐书·舆服志》："其常服，赤黄袍衫，折上头巾，九环带，六合靴，皆起自魏周，便于戎事。"《辽史·仪卫志二》："皇帝柘黄袍衫，折上头巾，九环带，六合鞾。起自宇文氏。唐太宗贞观以后，非元日、冬至受朝及大祭祀，皆常服而已。"《宋史·舆服志》："皂文靴，大宴则服之。"

图2-7-23：B　布达拉宫法王洞穿六合靴的赞普壁画　图2-7-23：C　扎塘寺壁画穿靴子的释迦牟尼
　　　　　　　　　　　　　　　　　　　　　　　　　　　　　　　说法图

2-7-23：B）都是如此式样。吐蕃人穿着六合靴，或与此时流行的"胡服"的蔓延有关，也与唐蕃文化交流相关，后期六合靴的流行更与唐武则天武周时代以来下生弥勒信仰兴起，帝王统治阶层的标识、信仰、审美蔓延至世俗与宗教造像领域的风尚有关。此类装束是帝王阶层的标志之一，[1]也是吐蕃赞普、佛王形象的标志，延续至11世纪的扎塘寺壁画，说法的释迦牟尼极为罕见地穿着靴子（图2-7-23：C）；夏鲁寺马头金刚殿菩萨也穿六合靴（图2-7-23：D）；藏西托林寺佛塔新近出土的11世纪的唐卡，赞普翘起的乌皮六合靴非常引人注目，与贞观五年（631）李寿墓第一过洞西壁《步行仪卫图》及李贤墓《客使图》中的黑色翘角靴子几乎完全一样（图2-7-24、25）。

　　禄东赞腰带所佩戴的蹀躞带，原属中亚及北方草原民族的衣袍带具，指上缀挂件的皮质腰带，所悬挂物品统称为蹀躞七事，样式多见粟特人装具，其中七事最为完备者是武威

_____

〔1〕《旧唐书·吐蕃传》："松赞干布率兵次柏海亲迎，见道宗，执婿礼恭甚，见中国服饰之美，缩缩愧沮。归国，自以其先未有昏帝女者，乃为公主筑一城以夸后世，遂立宫室以居。公主恶国人赭面，弄赞下令国中禁之。自褫毡罽，袭纨绮，为华风。"

图2-7-23：D 夏鲁寺马头金刚殿穿六合靴的菩萨

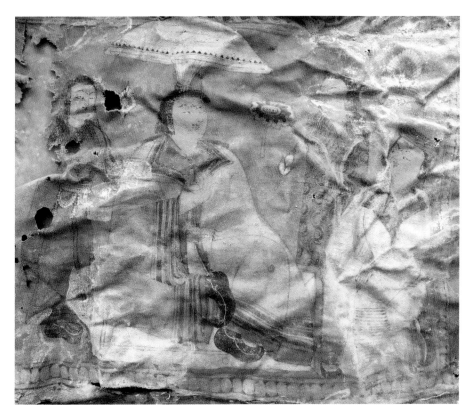

图2-7-24 托林寺11世纪唐卡穿六合靴的赞普像（王瑞雷摄影）

图2-7-25　太宗贞观五年（631）李寿墓第一过洞西壁《步行仪卫图》

博物馆藏南营东山坡村发现的翻领吐蕃人石像（图2-7-26），与莫高窟159窟白袍翻领赞普像极为类似，迟至辽、夏、吐蕃后弘及回鹘时期，蹀躞带的应用仍然非常普遍，如莫高窟409窟回鹘天子像（图2-7-27：A）。此七事新旧《唐书》有明确记载，如《旧唐书》："武官五品已上佩蹀躞七事。七谓佩刀、刀子、砺石、契苾真、哕厥、针筒、火石袋等也。"其中"佩刀"为长剑；"刀子"为随身餐刀；"砺石"为磨刀石；"契苾真"之"契苾"原为隋代铁勒部落一支古族名，其首领"契苾哥楞"，可勘音"契苾真"。[1]此族又称"高车解批"，[2]或是辽代解释蹀躞时所指用于解开绳扣的"解锥"；[3]"哕厥"不解，或为预防消化道疾病

---

〔1〕《钦定皇舆西域图志》（四库全书本）卷一二："契苾亦曰契苾羽，在焉耆西北鹰娑川多览葛之南。其酋哥楞自号易勿真莫贺可汗，弟莫贺咄特勒皆有勇，子何力尚纽率其部来归，时贞观六年也。诏处之甘凉间以其地为榆溪州。"

〔2〕《新唐书·回鹘传下》："契苾亦曰契苾羽，在焉耆西北鹰娑川，多览葛之南。"

〔3〕《礼记·内则》："左佩纷帨、刀、砺、小觿、金燧"，郑玄注："小觿，解小结也。觿貌如锥，以象骨为之。"（唐）陆德明《释文》："觿……解结锥。"这里解锥"觿"与火石"金燧"并列。《辽史·二国外记传·西夏》："其冠用金缕贴，间起云，银纸帖，绯衣，金涂银带，佩蹀躞、解锥、短刀、弓矢，穿靴，秃发，耳重环，紫旋襕六袭。"

图2-7-26 武威博物馆藏南营东山坡村发现的翻领吐蕃人石像蹀躞带与夏鲁寺马头殿壁画

图 2-7-27：A　莫高窟 409 窟回鹘天子

或中暑的药物；[1]"针筒"难解，或为先前的"算囊"或"算袋"，观者看到《步辇图》禄东赞腰右侧的七事之二，应当是有盖的长方形盒子"针筒"，[2]内装药石钟乳、金针等；[3]"火石袋"为火镰包；"针筒"外垂的铰链，应当是悬挂佩刀或弓套使用，因为唐代蹀躞带佩刀在身体右侧（图 2-7-27：B），[4]但刀剑不可携入会见场所，只画铰链。[5]黑绳系口的是"火石袋"，唐代所见大都在武士身体右侧，如乾陵番君长石像。

对唐宋以来的蹀躞，稍晚的宋人笔记《梦溪笔谈》之"胡服"解释最详：

中国衣冠，自北齐以来，乃全用胡服。窄袖绯绿，短衣，长靿靴，有蹀躞带，皆胡服也。窄袖利于驰射，短衣长靿，皆便于

〔1〕（唐）孙思邈《孙真人备急千金要方卷之五十二》："治卒呕哕、厥逆方：饮新汲冷水三升佳。橘皮汤，治乾呕哕，若手足厥冷者方：橘皮四两、生姜半斤。右二味，口咀，以水七升，煮取三升。分三服，不止，更合服之。"（宋）苏轼《艾子杂说·艾子好饮》："一日大饮而哕。门人密抽彘肠致哕中。"清《医宗金鉴·杂病心法要诀·呕吐哕总括》："有物有声谓之呕，有物无声吐之征，无物有声哕干呕。"

〔2〕《资治通鉴·唐则天后神功元年》："赐以绯算袋。"胡三省注："唐初职事官，三品以上赐金装刀、砺石，一品以下则有手巾、算袋。开元以后，百官朔望朝参，外官衙日，则佩算袋，各随其所服之色，余日则否。算囊为针筒的证据可见《酉阳杂俎》卷九，说明算囊中有钟乳和金针："平原高苑城东有鱼津，传云，魏末，平原潘府君字惠延，自白马登舟之部，手中算囊，遂坠于水，囊中本有钟乳一两。在郡三年，济水泛溢，得一鱼，长三丈，广五尺，剖其腹中，得顷时坠水之囊，金针尚在，钟乳消尽。其鱼得脂数十斛，时人异之。"

〔3〕《尧山堂外纪》卷三三："白乐天求筝于牛奇章，奇章赠诗曰：'但愁封寄去，魔物或惊禅。'乐天云：'会教魔女弄，不动是禅心。'乐天尝言：'思黯自夸前后服钟乳三千两，而歌舞之妓甚多，乃谲予衰老。'故答思黯诗云：'钟乳三千两，金钗十二行。妒他心似火，欺我鬓如霜。慰老资歌笑，销愁仰酒浆。眼看狂不得，狂得且须狂。'奇章又有诗云：'不是道公狂不得，恨公逢我不教狂。'"

〔4〕如山西太原南郊金胜村太原化工焦化厂唐墓出土的男侍图，头戴软角幞头，身着窄袖圆领袍，腰系黑色革带，挎长剑，足穿黑色长靴。

〔5〕《新唐书·列传》第四十一《王及善传》："帝曰：'以尔忠谨，故擢三品要职。群臣非搜辟，不得至朕所。尔佩大横刀在朕侧，亦知此官贵乎？'"

图2-7-27：B 太原南郊金胜村太原化工焦化厂唐墓出土男侍图

涉草。胡人乐茂草，常寝处其间，予使北时皆见之，虽王庭亦在深荐中。予至胡庭日，新雨过，涉草，衣袴皆濡唯胡人都无所沾。带衣所垂蹀躞，盖欲以佩带弓剑、帉帨、算囊、刀砺之类。自后虽去蹀躞，而犹存其环，环所以衔蹀躞，如马之秋根，即今之带铐也。天子必以十三环为节，唐武德、贞观时犹尔。开元之后，虽人旧俗，而稍褒博矣。然带钩尚穿带本为孔，本朝加顺折，茂人文也。[1]

在北朝后期出现的玉带，是高级贵族专用的服饰。2013年扬州发现隋炀帝墓，墓中出土一副完整的白玉十三环蹀躞带，等级更高，符合文献中北周皇帝御用蹀躞带的规格，而其式样与材质，与咸阳北周时期若干云墓的玉带非常相似，因而有学者认为隋炀帝所用蹀躞带为北周遗物。榆林窟第39窟前室甬道东西侧供养人的团花服饰，特别是腰带即佩带的"蹀躞七事"。[2]吐蕃统治敦煌时期蹀躞七事带绘有七环，两把短刀皆以皮索

---

〔1〕 沈括：《梦溪笔谈》，上海书店出版社，2003年。

〔2〕 唐代放官印、鱼符（龟符）的佩袋与装细物的佩囊分开使用，据《朝野佥载》记载："上元年中，令九品以上佩刀砺等袋，彩为鱼形，结帛作之，取鱼之象，强之兆也。" 刀砺袋，鱼形袋，新、旧《唐书》称之为"鱼袋""蹀躞七事"。"七事"即佩刀、刀子、砺石、契真、哕厥、针筒、火石袋等物。蹀躞七事应是后来的"七事荷包"（《歧路灯》第七十八回）的前称。唐代妇女尤其喜欢佩带荷包。荷包大多为圆形，上有不同的纹样。佩挂囊的妇女形象，大多身穿胡服，腰束革带，打扮成西域妇女的形象，但腰部一般都有佩挂的荷囊，如西安南里王村韦墓线雕石刻、唐李重润墓和李贤墓壁画中的侍女。

A

B

图2-7-28 莫高窟159窟吐蕃赞普部从佩刀方式

系扣别在腰间蹀躞带上（图2-7-28：AB）。令人吃惊的是，迟至11世纪，西藏中部仍然使用辽金时流行的玉板蹀躞带，或当为十三环，例如夏鲁寺初建时期的护法殿12生肖壁画，与敦煌壁画相同，猴将穿云肩，腰间系单匕首。[1]

二、武都公李造与误读的"李道"及"唐相阎立本"

以往的书画鉴定大家纠结《步辇图》的真伪，最主要的原因是这些鉴定家对题记的误读。《步辇图》上有米芾题字，宋章伯益篆书：

> 太子洗马武都公李造（道）志
> 中书侍郎平章事李德裕
> 大和七年十一月十四日重装背
> 贞观十五年春正月甲戌，以吐蕃使者禄东赞为右卫大将军。禄东赞是吐蕃之相也。太宗既许降文成公主于吐蕃，其赞普遣禄东赞来逆，召见顾问，进对皆合旨，诏以琅邪长公主外孙女妻之。禄东赞辞曰："臣本国有妇，少小夫妻。虽至尊殊恩，奴不愿弃旧妇，且赞普未谒公主，陪臣安敢辄取。"太宗嘉之，欲抚以厚恩，虽奇其答而不遂其请。
> 唐相阎立本笔
> 章伯益篆

---

[1] 此图与敦煌159窟壁画几乎对应，同样穿云肩间色长袍。魏文摄影。

以往人们解读《步辇图》对此段榜题中"武都公李道"迷惑不解，认为唐代文献"查无此人"，因而怀疑《步辇图》的真伪。[1]篆书题跋中的"太子洗马"为职官名，《汉书·百官公卿表》说：太子太傅、少傅的属官有洗马之官，[2]颜师古注引张晏说："洗马原十六人，秩比谒者"，又引如谆注："前驱也，《国语》曰：勾践为夫差先马，先或作'洗'也。后世皆称洗马。[3]"洗马"即在马前驰驱之意，为太子的侍从官。西晋李密《陈情表》就有"除臣太子洗马"，[4]梁代以洗马隶属典经局，隋唐于司经局置洗马，是掌管书籍文献的官员，而太子洗马是辅政太子，教太子政事、文理。《唐六典》对其由来及职守有详尽说明。[5]《步辇图》上篆书的"太子洗马""李道"，以往错认误读，可以勘定为"李造"，因为唐代没有叫"李道"的"武都公太子洗马"。[6]只有《全唐文》卷四四七《述书赋》记载的李造："李造，陇西人，武都公言侍中。"[7]其他文献如《法书要录》《唐书宗室世系表》亦有李造的记载。[8]其人为陇西（今甘肃陇西东北）人，封武都公，官起居舍人，工书。《述书赋》

〔1〕徐邦达：《传世阎立本步辇图和肖翼赚兰亭图的时代》，《考古与文物》1980年第1期；陈佩秋：《论阎立本步辇图与历代帝王图》，《收藏家》2003年第4期。

〔2〕班固《汉书·百官公卿表上》："太子洗马，太子出，则洗马为前驱"。

〔3〕东汉班固编撰、唐颜师古注《汉书》卷十九上《百官公卿表第七上》："太子太傅、少傅，古官。属官有太子门大夫、〔一〕庶子、〔二〕先马、〔三〕舍人。颜师古注〔一〕应劭曰："员五人，秩六百石。"〔二〕应劭曰："员五人，秩六百石。"〔三〕张晏曰："先马，员十六人，秩比谒者。"如淳曰："前驱也。《国语》曰勾践亲为夫差先马。先或作洗也。"

〔4〕《陈情表》："前太守臣逵察臣孝廉，后刺史臣荣举臣秀才。臣以供养无主，辞不赴命。诏书特下，拜臣郎中，寻蒙国恩，除臣洗马。猥以微贱，当侍东宫，非臣陨首所能上报。"

〔5〕《唐六典》卷二六《太子三师三少詹事府左》：司经局：洗马二人，从五品下。（《国语》云："勾践为夫差洗马。"汉太子少傅属官有太子洗马。后汉员十六人，秩比六百石，职如谒者。太子出，则当直者一人在前导威仪，盖洗马之义也。魏因之。晋太子詹事属官太子洗马八人，掌皇太子图籍经书；职如谒者，局准秘书郎；品第七：班同舍人，次中舍人下；绛朝服，进贤一梁冠，黑介帻。宋祖置八人。齐太子洗马一人。梁典经局有太子洗马八人，统典经守舍人、典藏守舍人员，班第六，正七品。陈因之。北齐典书坊有太子洗马二人，从五品上。隋门下坊司经局置洗马四人，从五品上。至大业中，减二人。皇朝因之。龙朔二年改为太子司经大夫，咸亨元年复旧。）文学三人，正六品下。（魏置太子文学。魏武为丞相，命司马宣王为文学掾，甚为世子所信，与吴质、朱铄、陈群号为太子四友。自晋之后不置。至后周建德三年，置太子文学十人，后废。皇朝显庆中始置。）校书四人，正九品下。（宋孝建中，太子洗马有校书史四人。此后无闻。至北齐，有太子校书郎，从九品上。隋司经局置校书六人，从九品上。皇朝减置四人。）正字二人，从九品上。（隋司经局置正字二人，从九品下。炀帝改为正书，皇朝复为正字。）洗马掌经、史、子、集四库图书刊缉之事，立正本、副本、贮本以备供进。凡天下之图书上于东宫者，皆受而藏之。文学掌分知经籍，侍奉文章，总缉经籍；缮写装染之功，笔札给用之数，皆料度之。校书、正字掌校理刊正经、史、子、集四库之书。

〔6〕笔者2005年起在首师大美院教授中国美术史时发现这个问题，给研究生开设中国美术史专题课时讨论《步辇图》个案，但没有著文发表，2010年上海书画出版社《藏传佛教艺术发展史》谈及《步辇图》时有所提及。课上有研究生提到陕西博物院徐涛的论文《"李道"疑为"李造"考》（刊《文博》2008年第5期），告知徐老师已经注意到这个问题，此乃"英雄所见略同"是也。遗憾的是，徐涛发表数年并未引人关注，2013年的故宫院刊丁羲元论文竟然也未引用。

〔7〕见唐窦臮撰《述书赋》卷上，收入《全唐文》及《钦定四库全书》"李造，陇西人，武都公言侍中。"

〔8〕张彦远《法书要录》卷四："近于李造处见全书，了然知公平生志气，若与面焉。后有达志者，览此论，当亦悉心矣。夫知人者智，自知者明。论人才能，先文而后墨。羲、献等十九人皆兼文墨。乾元元年（758）四月日张怀瓘述。"《新唐书·唐朝宗室世系》（卷八二《列传第七》）记载唐代宗李豫（727—779）第十三子名李造，为忻王"忻王造，元和六年薨（811）"。《旧唐书》卷一六六《列传第六十六》"忻王造，代宗第十三子。大历十年（775）封，仍领昭义军节度观察大使。元和六年薨。"

云："武都先觉,翰墨泉薮。"武都公首见于南北朝梁时期的封号,大都分封武将,如南梁名将陈庆之(484—539)或封武都公。[1]

其中提到的"起居舍人"为官名。隋炀帝时始置,属内史省。唐贞观初于门下省置起居郎,废舍人,掌记录皇帝日常行动与国家大事。显庆三年(658),另置起居舍人于中书省,掌记录皇帝所发命令。龙朔二年(662)改起居郎为左史,起居舍人为右史,咸亨元年(670)复旧。天授元年(690)又改为左、右史,神龙元年(705)再复旧,皇帝御殿时,郎左、舍人右,对立于殿中,记载皇帝言行,季终送史馆,宋、辽亦置。"起居舍人"多升任"太子洗马"。如"蔡允恭,荆州江陵人,后梁左民尚书大业子。美姿容,工为诗。仕隋,历起居舍人。炀帝有所赋,必令讽诵。遣教宫人,允恭耻之,数称疾。授内史舍人,俾入宫,因辞,繇是疏斥。帝遇弑,经事宇文化及、窦建德,归国为秦王府参军、文学馆学士。贞观初,除太子洗马,卒,著《后梁春秋》。"[2]初唐名臣魏征也曾任职太子李建成宫中洗马官。唐张彦远《法书要录》记载了李造的押名。卷四云"贞元十一年正月,于都官郎中窦众兴化宅见王廙书,钟会书各一卷,武都公李造押名,又两卷并古锦褾玉轴,每卷十余人书,内一卷开皇十八年押署,有内史薛道衡署名。前后所见贞观十三年及开元五年书法,跋尾题署人名或人数不同,今具如前。"(建中二年正月二十一日知书楼直官臣刘逸江、贺遂奇等,检校副使掖庭令臣茹兰芳、副使内寺伯臣宋游瑰是杂迹卷上录。元和三年四月五日。)唐窦息大历十年撰《述书赋》卷上则记载"宋中书侍郎虞龢上明皇帝表《论古今妙迹》正、行、草、楷纸色标轴真伪卷数,无不毕备。表本行于世,真迹故起居舍人李造得之。"[3]

唐代书画常用押名做鉴赏书印,开元年间(713—741)对遗存书画重新整理押名并重修装裱。[4]这些押名印鉴类似以往的封泥印,呈正方形且小巧,字体多用唐代小篆,且古拙。《历代名画记》录"起居舍人李造印'陶安'",[5]此印被看做是太宗宗所用印,异常重要。[6]我们还未在《步辇图》中找到"陶安"的押印。榜题中的李德裕(787—850)更是声名显赫,自不待言。[7]

至于《步辇图》篆题中的"唐相阎立本",《新唐书》记:"立本,显庆中以将作大匠代立德为工部尚书。总章元年,自司平太常伯拜右相、博陵县男。初,太宗与侍臣泛舟春苑池,

〔1〕《梁书》卷三二《列传第二十六》:"仍趋大梁,望旗归款。颢进庆之卫将军、徐州刺史、武都公。仍率众而西。"
〔2〕《新唐书》卷二一四《列传一二六》。
〔3〕《述书赋》有云:"大历四年七月防发行朱,寻绎精严,痛摧心骨,其人已往,其迹今存,追想容辉,涕泪呜咽。"
〔4〕《历代名画记》卷三"开元中玄宗购求天下图书,亦命当时鉴识人押署跋尾,刘怀信等亦或割去前代名氏,以己等名氏代之。"又记"十五年月日(王府大农李仙舟装背,内使尹奉祥监,是集贤书院书画)""已上跋尾押署,书画多同此例。"
〔5〕《历代名画记》卷三:"叙自古跋尾押署"。
〔6〕窦息《述书赋》卷上:"贞观开元文止于二,太宗宗所用印陶安。"
〔7〕《全唐诗》卷四七五录李德裕史料。

见异鸟容与波上，悦之，诏坐者赋诗，而召立本侔状。阁外传呼画师阎立本，是时已为主爵郎中，俯伏池左，研吮丹粉，望坐者羞怅流汗。归戒其子曰：'吾少读书，文辞不减侪辈，今独以画见名，与厮役等，若曹慎毋习！'然性所好，虽被訾屈，亦不能罢也。既辅政，但以应务俗材，无宰相器。时姜恪以战功擢左相，故时人有'左相宣威沙漠，右相驰誉丹青'之嘲。"[1]

　　非常奇怪的是，虽然唐代的相关文献对阎立德、阎立本画作有所记载，如记阎立德传有《文成公主降蕃图》《王会图》，[2]但并没有提到阎立本绘制《步辇图》。[3]及至宋代，《宣和画谱》与米芾《画史》及《步辇图》宋人题跋始有著录。[4]元人汤垕《古今画鉴》则对《步辇图》有完整著录，其文云："及见《步辇图》画太宗坐步辇上，宫人三十余舆辇，皆曲眉丰颊，神采如生。一朱衣髯官持笏引班，后有赞普使者服小团花衣及一从者。赞皇李卫公小篆题其上，唐人八分书赞普辞婚事，宋高宗题印，真奇物也。"[5]汤垕或者将章伯益篆书认写作李德裕题跋，或者元代人可见此画全本，尚有李德裕篆书题跋？只是将禄东赞辞婚误为赞普辞婚。解开谜团只有分析章伯益的题跋。

三、《步辇图》拖尾与章伯益题跋

　　《步辇图》全图分为本图与拖尾两个部分，有章伯益、米芾等近三十人的题跋。在章

〔1〕《历代名画记》卷九。

〔2〕《太平广记》卷二一一"阎立德"收录唐胡璩《谭宾录》云："唐贞观三年，东蛮谢元深入朝，冠乌熊皮冠，以金络额，毛帔，以韦为行滕，著履。中书侍郎颜师古奏言：'昔周武王治致太平，远国归款，周史乃集其事为《王会篇》；今圣德所及，万国来朝，卉服鸟章，俱集蛮邸，实可图写贻于后，以彰怀远之德。'上从之，乃命阎立德等图画之。"此画清初收藏家吴其贞也曾见到。吴其贞《书画记》卷六："阎立德《王会图》绢画一卷：颜色白净，丹墨鲜明。画王会者，是唐太宗时外蕃来朝，有二十四国，命立德图之，以彰一时之盛。画法不媚，古雅有余，是唐画无疑。大抵唐画颜色白净，丹墨鲜明者，想当时绢中不用胶矾之故，不然何有此种气色。此图当时已有临本，至宋时临本又多。此图后面有吴子山、王余庆、王肯堂跋。"北京：人民美术出版社，2006年，下卷第483—484页。吴其贞字公一，号寄谷，室名"梅景书屋"，安徽休宁商山人。古代书画鉴藏家，出生于1607年（万历三十五年），1678年在世，去世时间不详。

〔3〕如《封氏闻见录》卷五："国初阎立本善画，尤工写真。太宗之为秦王也，使立本图秦府学士杜如晦等一十八人，令学士褚亮为赞，今人间《十八学士图》是也。"张彦远《历代名画记》也没有提及，参看张彦远《历代名画记》卷九，北京：人民美术出版社，2005年，第166—171页。

〔4〕米芾《画史》《唐画》载："唐太宗《步辇图》，有李德裕题跋，人后脚差是阎令画真笔，今在宗室仲爱君发家。"《宣和画谱》记其作品有"步辇图一"。米芾提到的"宗室仲爱"，《宋史·徽宗本纪》《宋史》卷二二《本纪第二十二记》："乙酉，封开府仪同三司、江夏郡王仲爰为嗣濮王。"'己丑，仲爰薨。'《文献通考》卷二七七·封建考十八记载，"仲爰，宣和四年（1122）嗣封。"米芾《书史》记载与仲爰争王羲之书帖事，云："王羲之'桓公破羌帖'、有开元印。唐怀充跋、'笔法入神'。在苏之纯家。之纯卒、其家定直久许见归。而余使西京未还、宗室仲爰取之。且要约曰：'米归有其直见归还'。余遂典衣以增其直取回。仲爰已使庸工装背、剪损古跋尾参差矣。痛惜痛惜。"濮王善收唐画，米芾《画史》："宗室仲爰，字君发，收唐画《陶渊明归去来》其作庐山有趣不俗。"

〔5〕汤垕《论画》《古今画鉴》，收入潘运告编著《元代书画论》，长沙：湖南美术出版社，2002年，第340页。

伯益的小篆之后，又有米芾、黄公器、张向、刘次庄、曹将美、关杞、陶舜咨、刘忱、李康年、张舜民、邓忠臣、张偓佺、张知权、江澈、上官彝、田俨、杜坰、集贤院官员、姚云、许善胜、郭衢阶（亨甫）等在此题跋。[1]总体看来，宋代多位题跋者都是元丰年间于长沙观画，可见当时《步辇图》流落在此；另外题跋者与黄庭坚、苏轼等都有着不同程度的关联；[2]题跋者大都进士及第，并有一定官职，是当时文人雅士聚集的小圈子，我们甚至可以从《步辇图》的不同题画者生平事迹来考察中国书画鉴藏传世的方式。

章伯益的篆书是在画卷的本图，占据了画面的主要位置，应当是最早的题字，也是迄今流传最早的篆书书法作品的墨迹。伯益的篆书结构匀称，笔划匀圆婉转瘦劲，因为像牙制的筷子（箸），所以称玉箸篆。《步辇图》上章伯益按照唐人八分篆书书写的题跋，或是章伯益为与阎立本唐画相呼应，以唐篆书题字其上。元人汤垕认为《步辇图》李德裕原题跋就是八分篆书，[3]但书史记唐代能篆者仅为李阳冰一人，没有李德裕亦能篆书的记载。篆书者章伯益即章友直（1006—1062），字伯益，福建建安人，一作浦城人（浦城隶属建安，[4]位于福建最北部，入闽通衢，靠近江西，吴方言区）。章伯益工玉箸篆，兼通相术，知音律，精弈棋，善画龟蛇，以篆笔作之。[5]《宣和书谱》卷二篆书下列章友直，载"章友直，字伯益，闽人。博通经史，不以进取为意。工玉箸字学，嘉祐中，与杨南仲篆《石经》于国子监，当时称之。太常少卿元居中出领宿州，素喜其书，且富有之，至宿则尽所有摹诸石，以广其传，缘此东吴之地多其篆迹。友直既以此书名世，故家人女子亦莫不知笔法，咄咄逼真，人复宝之。说者云：'自李斯篆法之亡而得一阳冰，[6]阳冰之后得一徐铉，而友直在

---

〔1〕 相关题跋参看本节插图一画卷拖尾部分。

〔2〕 例如黄公器为黄庭坚宗亲，为黄齐公长子，字安世，行十三。宋熙宁六年（1073）癸丑登余忠榜进士，宣德郎，知衡州常宁县。张向为黄庭坚外兄。参见（清）谢旻修：《（雍正）江西通志》，清文渊阁四库全书本。参见《湖南黄氏宗谱 永昌府黄氏家谱世系表》，（宋）黄䓕：《山谷年谱》卷二七，清文渊阁四库全书本："先生是岁在黔州是春，以避外兄张向之嫌迁戎州。"

〔3〕 "及见《步辇图》画太宗坐步辇上宫人三十余舆辇，皆曲眉丰颊，神采如生。一朱衣髯官持笏引班，后有赞普使者服小团花衣及一从者。赞皇李卫公小篆题其上，唐人八分书赞普辞婚事，宋高宗题印，真奇物也。"可以判断汤垕并没有看到这幅画，现存《步辇图》抬步辇的是九位宫女，而非三十位宫人。

〔4〕 天宝元年（742）八月，定名浦城，属建安郡。参看明黄仲昭编纂《八闽通志》（1490）卷二·地理·郡名。

〔5〕 米芾《画史》："章友直，字伯益，善画蛇，以篆笔画亦有意，又能以篆笔画棋盘，笔笔相似，其女并能之"又宋陈栖《负暄野录》："建安章伯益友直以小篆著名，尤工作'金钗体'。初来京师，人有欲从之学者，章曰：'所谓篆法，不可骤为，须平居时先能约束用笔轻重及熟于画方运圆，始可下笔'，其人犹未甚解，章乃对之作方圆二图，方为棋盘，圆为射帖，皆一笔所成，其笔画粗细，位置疏密，分毫不差。盖其笔法精熟，心手相忘，方圆不期，自中规矩。自言得李阳冰笔意。"

〔6〕 阳冰自视甚高，参看李阳冰《论篆》："吾志于古篆，殆三十年，见前人遗迹，美则美矣，惜其未有点画，但偏旁摹刻而已。""天将未丧斯文也，故小子得篆籀之宗旨。""诚愿刻石作篆，备书六经，立于明堂，为不刊之典，号曰《大唐石经》。使百代之后，无所损益，仰圣朝之鸿烈，法高代之盛事，死无恨矣。"

铉之门,其犹游、夏欤!'"〔1〕《步辇图》题跋者之一、当朝画家刘忱对章伯益评价甚高,与李斯并列:"右相驰誉丹青,尤于此本实为加意。秦丞相妙于篆法,乃删改史籀大篆而为小篆,其铭题鼎钟,施于符玺,诚楷隶之祖,为不易之范;今见伯益之笔,颇得其妙,而附之阎公人物之后,仅为双绝矣。元丰乙丑上巳(1085),河南刘忱题。"〔2〕

《步辇图》的玉箸篆题跋没有提及具体时间,从两方面考虑,其一,章伯益为当时金石书画书法大家,虽自甘清贫,但家族背景显赫,与之结交多达官贵人,如族人章得象〔3〕(978—1048)为集贤殿大学士和当朝宰相,曾在江西洪州、山东、浙江、广东南雄州为官,曾荐举章伯益为官,章伯益皆不受,〔4〕但在"皇祐年中"(1049—1054),章伯益唯一一次外出是与杨南仲(豫章,即南昌人)〔5〕篆《石经》于国子监。北宋当时有位于商丘的南京国子监或位于开封的东京国子监,期间执掌太常寺的太常少卿元居中(生卒年不详,当与章伯益同时)非常欣赏章伯益篆书,宣和二年(1120)编集的《宣和书谱》云"太常少卿

〔1〕 见《宣和书谱》卷二"篆书"章伯益条;另欧阳修《集古录》云:"铉与弟锴,皆能八分小篆,在江南以文翰知名,号'二徐',为学者所宗"。朱长文《墨池编》:"自阳冰之后,篆法中绝,而铉于危难之间,能存其法,虽骨力稍歉,然亦精熟奇绝。及入朝见《峄山刻石》摹本,自谓得师于天人之际,遂臻其妙。"关于章伯益家人与子女,南宋陈槱《负暄野录》(1201年左右活动)"章友直书"条记:"建安章伯益友直以小篆著名,尤工作金钗体,初来京师,人有欲从之学书者,章曰:'所谓篆法,不可骤为,须平居时先能约束用笔轻重,及熟于方画运圜,始可下笔。'人犹未甚解,章乃对之作方、圜二图,方为棋盘,圜为射帖,皆一笔所成,其笔画细、位置疏密,分毫不差。且语之曰:'子姑归习之,能进乎此,则篆有余用,不必见吾可也。'其人方大骇愕,不敢复请问。盖其笔法精熟,心手相忘,方圜不期,自中规矩。友直尤工作古文,余尝见其于信州弋阳县《□□峰记》,文意高绝,盖非止以字画名世也。伯益既下世,有女适著作佐郎黄元者,能嗣其篆法,备极精巧。尝书《阴符经》,字皆径寸,势若飞动。伯益侄孙章衡得其本,知襄阳日,刻于郡斋,余尝得墨本,诚可珍玩。"
〔2〕 刘忱,即刘明复。初名忱,后以字行,洛阳人。官至直龙图阁。善画山水,师李成。特秀细,作松枝而无向背。冯山求画山水诗云:"时将素毫写胸臆,宁复意外分精粗。""顾公乘兴一挥丽,束绢数幅光芬敷。异时解组还故庐,皎洁将伴林泉躯。"《冯山太师集》《画史》《画继》《图绘宝鉴》有载。浮休有邓正字宅见刘明复所画《麓山秋景》五十六言云:"洛阳才子见长沙,自识中开鬓未华。文武全才皆不试,丹青妙笔更谁加。老杉列在皇堂上,小景将归学士家。我有故山常自写,免教魂梦落天涯。"
〔3〕 章得象(978—1048),宋真宗咸平年间进士,为翰林学士十二年,正当太后刘娥听朝,宦官权盛,他独立自守,被宋仁宗赏识。景祐三年(1036)二月,任同知枢密院事。景祐五年(1038),宋仁宗拜章得象为同中书门下平章事、集贤殿大学士。庆历二年(1042),兼枢密使。庆历三年(1043)为昭文馆大学士。章得象为相八年。
〔4〕 《王安石文集》第91卷收有王为章伯益所作《墓志铭》,其文曰:"君讳友直、字伯益,姓章氏,少则卓越,自发不羁,不肯求选举,然有高节大度,过人之材。其族人郇公为宰相,欲奏而官之,非其好不就也。自江淮之上,岭海之间,以至京师无不游;将相大人、豪杰之士以至闾巷庸人小子皆与之交际,未尝有所忤。亦莫不得其欢心。卒然以是非利害加之,而莫能却其喜愠,视其心若不知富贵贫贱之可以择而取也,颓然而已矣。昔列御寇、庄周当文武末世。哀天下之士沈于得丧、陷于毁誉。离性命之情而自托于人。伪以争须臾之欲。故其所述,多所谓天之君子,若君者似之矣。君读书通大指,尤善于相人,然讳其术不多为人道之。知音乐书画弈棋,皆以知名于一时。皇祐中,近臣言君文学善篆,与李斯、阳冰相上下,又召君。君即往。经成。除试将作监主簿不就。嘉祐七年十一月甲子以疾卒于京师,年五十七。"
〔5〕 杨南仲曾任北宋"知国子监书学"。欧阳修《集古录》(嘉祐八年〔1063年〕成书)"韩城鼎铭":"右原甫既得鼎韩城,遗余以其铭。而太常博士杨南仲能读古文篆籀,为余以今文写之,而阙其疑者。原甫在长安所得古奇器物数十种,亦自为《先秦古器记》。原甫博学,无所不通,为余释其铭以今文,而与南仲时有不同。故并著二家所解,以俟博识君子。具之如左。"释文后"嘉壬寅冬十月,太常博士、知国子监书学、豫章杨南仲识。"

元居中出领宿州，素喜其书，且富有之，至宿则尽所有摹诸石，以广其传，缘此东吴之地多其篆迹。"且太常寺管理上朝遗留旧物，[1]因而太常寺所藏唐末散逸的阎立本名画让章伯益于其上篆书，也是合理的推测；其次，另一种可能性是章伯益自己买到了《步辇图》并于其上题篆，因友直眼力超卓，雅好古物，交游其广，"自江淮之上，岭海之间，以至京师无不游；将相大人、豪杰之士以至间巷庸人小子皆与之交际，未尝有所忤"。[2]根据宋人文献，章伯益在画卷题篆的时间可能是在皇祐年中（1049—1054）与杨南仲合作篆写国子监《石经》之时始，至他去世的嘉祐七年（1062）止。[3]或是在这段时间内，章伯益看到、或倾尽全力买到了《步辇图》，在画面上自题篆书。因为在画卷本图重要位置大段题跋，只有是自己购得的藏品、且自视甚高的书法家才有如此题跋的气概。

章伯益早逝（1062）于东京开封，[4]家境窘迫，其所藏《步辇图》或于其去世后流转长沙被静胜斋收藏。米黻与刘子庄等于长沙"静胜斋"等处看到《步辇图》是在元丰三年至七年（1080—1085），距离章伯益题跋仅十余年时间。米黻等题跋中的"静胜斋"，见于宋绍兴二年（1132）进士张九成（1092—1159）的《横浦集》[5]内《静胜斋记》条，其文云："同年，友永嘉（温州）陈开祖，绍兴癸酉（1153）二月十八日遗余书，凡数纸。其一曰，'近辟书室，深可数丈，左右图史相半其中，且榜之曰静胜。盖欲居闲守静以胜事物之纷纭也。'""开祖用意伊川之学四十年矣。"[6]此静胜斋有可能是籍贯永嘉的陈开祖在长沙创建或承转接受的前人的书斋，此人与张九成关系密切，曾官至南剑州（福建南平）司理，[7]热衷程朱理学，但开斋时间与长沙静胜斋似乎不是同一个斋室，《步辇图》众多题跋中不见陈开祖名号，活动年代与张九成相仿（1092—1159），就算比张九成年长十余岁，在元丰三年（1080）也是孩童，不可能做静胜斋的老板，因为此斋见于记载的时间与米芾等人观画时间相差52年！

〔1〕《新唐书·百官志三》凡藏大享之器服，有四院：一曰天府院，藏瑞应及伐国所获之宝，禘祫则陈于庙庭；二曰御衣院，藏天子祭服；三曰乐县院，藏六乐之器；四曰神厨院，藏御廪及诸器官奴婢。初，有衣冠署，令，正八品上；贞观元年，署废。高宗即位，改治礼郎曰奉礼郎，以避帝名；龙朔二年，改太常寺曰奉常寺，九寺卿皆曰正卿，少卿曰大夫。武后光宅元年，复改太常寺曰司常寺。

〔2〕王安石撰章伯益墓志铭。

〔3〕如成书于淳熙十二年（1185）、宋曾敏行撰《独醒杂志》卷三："章伯益名友直，郇公之族子也。郇公尝欲以郊恩奏补，辞不愿受。皇祐中，廷臣以文行论荐，召试玉堂，亦以疾辞，时有诏太学篆石经，廷臣复荐之，伯益不得已，遂至阙下。篆毕，除将作监簿，伯益固辞，朝廷知其不愿仕，亦不之强。伯益书画今皆名世，惟词章不多见焉。"

〔4〕见王安石撰章伯益墓志铭："嘉祐七年十一月甲子以疾卒于京师，年五十七。"

〔5〕收入《钦定四库全书·集部·四·横浦集》别集类三。《横浦集》二十卷，宋张九成撰。九成字子韶，自号无垢居士，其先开封人，徙居钱塘，绍兴二年进士第一。

〔6〕张九成《横浦集》卷十七。

〔7〕《步辇图》曹将美（1084）有题跋："延平曹将美以其月十□日观"。据北宋南平（《寰宇志》称曹将美为沙县人）进士名录载：曹将美为熙宁九年（1076）进士。参看（明）黄仲昭：《八闽通志（下）》，福建省地方志编纂委员编纂，1991年，第209页。

拖尾起首是米芾的跋文："襄阳米黻 元丰三年八月廿八日长沙静胜斋观"。元丰三年,米芾在长沙做官。[1]名署"黻",当在米芾改名之前。[2]其《画史》记,继承濮王王位的江夏郡[3]王赵仲爰(1053—1123)[4]购置收藏了《步辇图》。"宗室君发以七百千置阎立本《太宗步辇图》,以熟绢通身背画,经梅便两边脱磨得画面苏落。"《步辇图》上米芾观画记录是在元丰三年(1081),《画史》记录的"唐太宗《步辇图》,有李德裕题跋,人后脚差是阎令画真笔,今在宗室仲爰君发家。"似乎是他在看过之后的记录,从而证明画面题跋的可靠,但米芾所说李德裕的题跋没有找到。另外,章伯益篆书言之凿凿地说明此画"太子洗马武都公李造志,中书侍郎平章事李德裕大和七年(833)十一月十四日重装背"[5]的史实,原画上应该有记载,现今的画面(观者看)步辇唐太宗及其侍女右侧构图不平衡,或许漫漶损坏的画面在濮王赵仲爰购买后因梅雨画面脱落,以熟绢裱褙时已经裁掉,但当时的修补者看到了上面的内容。

我们推测,显庆三年(658)设置了有可能晋升为太子洗马的起居舍人职位,作为以鉴藏书学才能担任"太子洗马"的李造,在此后的某段时间内对阎立本旧作进行著录,至李德裕于太和七年(833)重新装裱初唐贞观时期重要画作时,给予此画以《步辇图》的命名,整个著录与装裱过程应该都有详尽记录并形诸画题,或许就是米黻《画史》所谓"李德裕"的题跋"赞皇李卫公小篆题其上,唐人八分书赞普辞婚事。"[6]然而,米芾观画在元丰三年(1081),此时章伯益已经去世(1062),友直八分篆长跋早在画面之上,况且赞皇说"赞普辞婚"与画面内容不符。因此,虽然有唐人著录,或李德裕题跋,但并不是"篆书题跋"。唐代李造、李德裕的题跋或置于画面起首位置,后代因画面"苏落"被裁。因唐初画史文献漏载,画面才有详尽说明太子洗马李造著录、当时炙手可热的中书侍郎平章事李德裕装裱的情形,这在传世唐宋绘画中是罕见的待遇。晚唐五代后此画散逸,故张彦远

〔1〕《跋欧率更史事帖后》:"右唐弘文馆学士兼太子率更令,勃海县开国男欧阳询字信长书《度尚帖》,余元丰官长沙,获于魏泰。"《欧阳询度尚庚亮帖赞》序中有云:"《度尚帖》元丰乙未官长沙,获于南昌魏泰。"可见,元丰二年乙未年间,米芾已官至长沙。参看魏平柱《米芾年谱简编》,《襄樊学院学报》2004年第1期,第88—96页。

〔2〕一是清代学者翁方纲认为米芾改名在宋哲宗元佑六年(1091),即在米芾41岁时开始改"黻"为"芾"。二是近些年来,青年学者朱亮亮认为米芾之名由"黻"开始改为"芾",即他在官场用"黻"名,书、画作品上开始题用"芾"名,或曰二名并用应该始于元丰年间,也就是在米芾30岁之后。直到元佑六年,米芾的官名也由"黻"改用"芾"了。其说颇有道理。朱亮亮:《翁方纲关于米芾改名的论断有误——米氏"黻"、"芾"改名考辨》,《南京艺术学院学报(美术与设计)》2007年第2期。

〔3〕隋开皇九年(589)改汝南县为江夏县后,"江夏"县名沿袭不变,1912年为纪念辛亥革命改江夏县为武昌县。

〔4〕《宋史》卷二四五《列传第四·宗室》:"赵仲爰,嗣濮王。徽宗即位,拜建王节度使,为大宗正,加开府仪同三司,封江夏郡王,徙节泰宁定武,检校少保、少傅。宣和五年六月薨,年七十,赠太保,追封恭王。"

〔5〕《旧唐书·李德裕传》:"其年冬,召德裕为兵部尚书。僧孺罢相,出为淮南节度使。七年二月,德裕以本官平章事,进封赞皇伯,食邑七百户。六月,宗闵亦罢,德裕代为中书侍郎、集贤大学士。"

〔6〕傅璇琮、周建国提到"章伯益篆书前三行说明'重装背'的题记,后十行用小篆书写的那段故事情节,都是过录李德裕在原画上的题跋而来的。"参看《〈步辇图〉题跋为李德裕作考述》,《文献》2004年第2期,第60—69页。

等不得见,《历代名画记》等晚唐画史也未见收录。宋时此画流落江南,宋人章伯益一定是看到了题写画卷起首或拖尾处原画的唐代题录,深以为重要无比,故将之篆写在画卷中央,因此元祐元年(1086)观画的张知权强调是章伯益重新用小篆记录了史实"建安章伯益复以小篆载其事于后";[1] 章氏考虑到普通人辨识玉箸篆的困难,特意用行楷书写"步辇图"三字以命名画卷,"步辇图"三字郑重而清晰,不合常理地置于画面主体的中央上方,用意在于强调此画的极端重要性。其书写与篆书题记尾的行楷"章伯益篆"几个字笔顺写法完全相同(图2-7-29:A),为同一人所书,可以确认本卷"步辇图"三字出自章伯益手笔,甚至可以说此画的正式命名当始于友直,此后此画以"步辇图"之名见诸宋代画史。画名三字上有钤印,红色印泥覆盖墨书,墨书当在钤印之前,此印右侧(观者视角),是为"伯益"(图2-7-29:B);[2] 此印左侧,当为"建安",本印全文"建安伯益",如同"襄阳米芾"。《宣和书谱》记章伯益"闽人",王安石撰友直墓志铭记其为建安人。[3] 张知权则直称"建安章伯益";《步辇图》南宋咸淳元年(1265)进士永嘉许善胜[4] 大德丁未(1307)题跋:"阎公粉本真辉煌,建安小篆墨色香,有此二妙齐芬芳,按图犹得窥天章。"可见宋元时章伯益篆书以其籍贯称为"建安小篆",故此,钤印"建安伯益"当属正解![5]

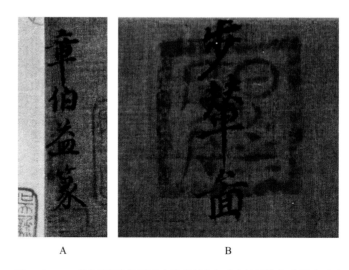

A   B

图2-7-29 《步辇图》题跋"章伯益篆"与"步辇图"字形写法对比

---

〔1〕《步辇图》张知权跋文记载:"静力居士所蓄名画法书悉皆佳绝,而唐相阎公所作太宗步辇图尤为善本,故后世传之以为宝玩。建安章伯益复以小篆载其事于后。伯益用笔圆健,名闻于时,亦二李之亚欤,元祐元年三月十五日汝阴 张知权题。"

〔2〕感谢浙江大学文化遗产研究院文字学家曹景炎先生指教,认为此印属宋代印,应有四字,右侧为"伯益"。

〔3〕王安石《临川集》卷九一《建安章君墓志铭》。

〔4〕据明《弘治温州府志·科第》:"咸淳乙丑阮登柄榜。许善胜(永)。"其名又见明《嘉靖永嘉县志·选举志》。

〔5〕宋人书画钤印印文多从右至左,若此,印文为"伯益建安",也有印文从左至右者,少见。或是章伯益桀骜不驯之处。

从大的范围看,宋代东南沿海的福州、泉州、长沙、杭州与江夏都是文化经济发达的一线城市。安史之乱后,长安艺术珍品随肃宗散逸,唐亡后一部分进入川蜀,如《益州名画录》所记。入宋,名家名品回流北宋朝廷,恰逢宋属江南各地经济文化发达,书画市场兴旺,到北宋后期,时局吃紧,大量珍品从北宋东京流入江南。《步辇图》涉及的关键人物聚集在福建北部、江西豫章(南昌)、浙江温州永嘉至湖南湖北接壤地带的临湘(长沙)与江夏(武昌)等不大的范围内。静胜斋老板陈开祖的家乡永嘉(温州、东瓯)紧邻福建北部章伯益的老家浦城(建瓯),属于瓯越文化体系。张九成《静胜斋记》记永嘉人陈开祖的静胜斋,从《步辇图》观画记看,元丰三年(1081)此斋在临湘(长沙),宋时今天的长沙称为潭州,"长沙"一名为靠近湖北的临湘县所有,据江夏(武昌)不远,不排除赵仲爰从长沙静胜斋购买了《步辇图》。

　　至元丰七年(1085),《步辇图》已至长沙静鉴轩,此后鉴赏地点不断变化,至元祐元年(1086)汝阳张知权题跋时此画已归"静力居士"所有,后者为何人不可考。

四、《步辇图》绘制与重装的年代

　　《步辇图》描绘的是重大的历史事件,唐代的宫廷画家如同现代官方的通讯社,所描绘的事件较为清晰,画家活动的年代,特别是卒年(咸亨四年,673)确定,就为作品确定了下限。[1]根据本节叙述的线索,我们对以上年代略作梳理排序:《历代名画记》记载阎立本武德九年(626)绘《十八学士图》及贞观十七年(643)绘《凌烟阁功臣图》;[2]禄东赞是在贞观十四年(640)与贞观十九年(645)两次出使长安;中书令阎立本咸亨四年(673)年卒,《步辇图》的绘制时间可以限定在640年至673年间。作为宫廷记录历史的官员画家,很可能是禄东赞首次抵达长安以后就绘制了《步辇图》,此图绘制年代当在640至645年前后。这与本节起首讨论的《步辇图》与中亚撒马尔罕大使厅使者壁画使臣图流行的年代基本吻合。章伯益玉箸篆书记明此画由"太子洗马武都公李造志,中书侍郎平章事李德裕大和七年十一月十四日重装背",其中涉及李造过眼著录和李德裕重新装裱的具体时间,可以有两种解释:现今出现的"两位"李造,一位是唐皇嫡亲代宗李豫十三子李造,按照唐代皇室籍贯应在陕西武功或陇西,[3]大历十年(775)封

---

〔1〕《资治通鉴·唐纪十八》"咸亨四年":"冬,十月,壬午(初一),中书令阎立本薨。"
〔2〕《历代名画记》卷九:"武德九年命写秦府十八学士,褚亮为赞。""贞观十七年,又诏画凌烟阁功臣二十四人图,上自为赞。"
〔3〕邢铁:《唐朝皇室祖籍问题辨正》,《西部学刊》2015年第4期。

为忻王，镇守山西等地的昭义军节度观察大使，卒年元和六年（811）；另一位似乎也是皇室宗亲，但被封为武都公的李造，籍贯陇西，这位似乎是当时著名的书法及鉴藏家，官至"起居舍人"及"太子洗马"，但生卒年不详。两位李造极有可能是同一人，但没有史料佐证忻王李造是否曾担任太子洗马、收藏书画的记录，暂且存疑。张彦远《法书要录》卷四录《书议》说张怀瓘（生卒年不详，似活跃于开元至乾元年间）于乾元元年（758）在李造处看到王羲之的书帖，指的当是书法鉴藏家李造，并见到其他有这位李造押名的藏品在贞元十一年（795），《历代名画记》卷三"叙自古跋尾押署"记载了"起居舍人李造印"为"陶安"。[1]唐起居舍人职位于显庆三年（658）置，太子洗马则常置司经局，李造著录《步辇图》的时间当在其由"起居舍人"升任"太子洗马"后，可定在658年之后的某个时期；中书侍郎平章政事李德裕（787—850）重裱《步辇图》则是在大和七年（833）。假若李造著录、李德裕重装都是在大和七年进行的，此时忻王的"李造"已经过世，参与著录装裱的应当是另一位武都公李造，但这位武都公，就算是乾元时20至30岁的书学才俊，从乾元元年至德裕重裱时的大和七年，高龄或95岁，不可能参与833年的《步辇图》重裱，而李德裕（787—850）当时仅46岁。合理的解释是李德裕年轻时就认识这位皇室苗裔的大藏家太子洗马武都公，出于对先辈的敬重重裱武都公旧藏，其时作为鉴藏家的李造应已离世。因此，大和八年（834）的进士赵璘《因话录·商下》追记云"李相国、武都公知贡举，门生多清秀俊茂。"[2]重裱《步辇图》时，李德裕还是"中书侍郎平章事"，德裕唐武宗时拜相（会昌元年至六年，841—846），故此后的赵麟称其"李相国"。

根据以上次序，可以排序出阎立本《步辇图》原图绘制在640至658年间，此后由武都公李造著录，至李德裕重裱时的大和七年（833）已近200年，原画定有漫漶破损之处，按照唐代宫廷内库的传统，重点作品往往重裱甚至令画工重绘，二阎为重大政治题材画家，其作品更是如此。[3]此画在李造著录、李德裕重装的过程中题名"步辇图"，由章伯益书录，及至宋元后以此名传世。

〔1〕唐张彦远《法书要录》卷四："贞元十一年正月，于都官郎中窦众兴化宅见王廙书、钟会书各一卷，武都公李造押名。"

〔2〕（唐）李肇、（唐）赵璘：《唐国史补·因话录》，上海古籍出版社，1979年。

〔3〕《历代名画记》卷九："时天下初定，异国来朝，诏立本画外国图"；卷一："贞观十七年，又使立本图太原幕府功臣长孙无忌等二十四人于凌烟阁，太宗自为赞，褚遂良题之。其后，侯君集谋逆，将就刑，太宗与之决，流涕曰：'吾为卿，不复上凌烟阁矣。'中宗曾引修文馆学士内燕，因赐游观。至凌烟阁，见君集像有半涂之迹。传云，君集诛后，将尽涂之，太宗念其功而止。玄宗时，以图画岁久，恐渐微昧。使曹霸重摹饰之。立本以高宗总章元年迁右相，今之中书令也。时人号为丹书神化。今西京延康坊，立本旧宅。西亭，立本所画山水存焉。"

结　语

　　唐与吐蕃政治、经济、文化的交流是中国多民族历史上最为重要的史实,作为初唐时期官居宰相、并专职以画笔还原重大历史情境的宫廷画家,阎立本的《步辇图》记录了唐蕃关系史上最为重要的瞬间,如同拉萨大昭寺寺门前矗立的长庆会盟碑,其重要意义怎么解说都不为过。本节从画卷构图呈现的人物关系、人物形象特征、装束与配饰,以同时期相关联区域出土的图像比较分析,揭示其内在勾连的合理逻辑,通过探索禄东赞形象的吐蕃造像渊源,确认《步辇图》画卷的可靠性;同时,对画卷各类题跋及其所涉及的人物进行了文献梳理,指出李造被误读为"李道"是阻碍《步辇图》研究深入的障碍;并通过篆书名家章伯益及其交由事迹的考订,确定此图正中"步辇图"为章伯益题,进而追溯本画于闽北江南传播流散的痕迹;同时以武都公李造著录、后官至宰相的李德裕重裱等时间节点,还原了本图的绘制与装裱的年代。

第八节　吐蕃缠头与南诏头囊

　　由于明初兵燹和明代以后的文化转型,南诏大理国的文献典籍和文化遗迹存世甚少,不足以清晰勾勒这500多年间的社会文化样貌和历史发展脉络,而存世的雕刻绘画以佛教艺术为主,多有断层,难以呈现完整的谱系。诸多因素造成南诏大理国研究中文献释义、图像释读和图文对应等难度较大,且一些既有的认识需要商榷和修正。例如,唐樊绰所著《蛮书》记载了南诏特有头饰"头囊",相关研究屡有涉及,但都错误地将之与存世雕刻绘画图像中王者头戴的一种特有的高穹庐冠饰相对应。不仅对南诏头囊的形制特点和由来探讨不清,更未挖掘出其中蕴含的重要历史文化内涵。

　　本节对《南诏图传》(以下简称《图传》)[1]为主的南诏大理国与西藏艺术中的相关文献和图像资料进行综合研究,不仅发掘出艺术遗存中与头囊对应的唯一图像,明确了头囊的形制特点、由来,还搜寻到罕有的当代头囊遗存实例。南诏头囊中蕴含的历史文化内涵,还为南诏大理国与西藏在佛教文化艺术上的相关性这一争议较大、缺乏实证的重大问题提供了不可辩驳的文字和图像双重证据。

一、南诏头囊的文献记载与《图传》中梵僧头饰的图像和文字考释

　　《蛮书》卷八对南诏头囊有下述记载:

　　　　其蛮,丈夫一切披毡。其余衣服略与汉同,唯头囊特异耳。南诏以红绫,其余

---

〔1〕　又称《南诏中兴画卷》或《南诏中兴二年画卷》,纸本设色,高30.5厘米,长580.2厘米,现藏于日本京都有邻馆,由绘画卷和文字卷两大部分组成。绘画卷以连贯有序的画面,描绘南诏始祖细奴逻与子逻盛躬耕于巍山,梵僧数次向细奴逻之妻浔弥脚和儿媳梦讳乞食并幻化为观音点化和襄助细奴逻父子接受西洱河大将军张乐进求的禅位,建立南诏国。文字卷共2000多字,和画面内容总体对应。据题记,《南诏图传》作于南诏国舜化贞中兴二年,即公元899年,也有学者认为此为大理国时期甚至更晚的摹本。

向下皆以皂绫绢。其制度取一幅物,近边撮缝为角。刻木如樗蒲头,实角中,总发于脑后为一髻,即取头囊都包裹头髻上结之。羽仪已下及诸动有一切房甄别者,然后得头囊。若子弟及四军罗苴已下,则当额络为一髻,不得戴囊角;当顶撮髽髻,并披毡皮。[1]

以上为南诏头囊最翔实的文字记载,说明头囊为南诏特有的不同于汉地的头饰;"南诏以红绫"即南诏王的头囊用红绫(注:"南诏"即南诏王者,"诏"为氐羌语,意为"王"[2]),南诏王之下的"皆以皂绫绢",即头囊用黑布。《蛮书》详细介绍了如何形成头囊,即下文"其制度",说明需用一幅绫绢,在其边缘撮缝形成一个角并将木头刻成如"樗蒲头"(注:樗蒲即古代的骰子,两头圆锐,中间平广,像压扁的杏仁)形状的木制品"实角中";所有头发在脑后束为一髻后,再将角边充塞了"樗蒲头"的绫绢布幅包裹缠绕发髻就形成了头囊。推测"樗蒲头"的作用大致是为了使得发髻和头囊有硬质物可依托,不至于在缠绕到一定高度后垮塌。据《蛮书》,南诏有明确的使用头囊的等级规定,能据此甄别身份。

目前尚未有南诏头囊的专门研究,但较多论著涉及,不过都将之与存世雕刻绘画图像中常见的南诏大理王者头戴的一种特有的冠饰相对应(见图2-8-1和图2-8-2)。[3]这种冠饰近头部两倍高,中部膨大,呈高穹庐状,顶有一钮,本节暂且谓之"高冠"。不同的高冠图像显示其装饰纹样繁简有别,但都为同一种形制,且明显为硬物所制,与《蛮书》所记头囊由绫绢缠绕而成明显不符。对于这一明显矛盾,有关研究试

图2-8-1　石钟寺第二窟戴高冠的南诏王阁逻凤

〔1〕 (唐)樊绰,向达整理:《蛮书校注》,北京:中华书局,2018年,第207页。

〔2〕 范义田:《云南古代民族之史的分析》,北京:中华书局,1944年。(并见《范义田文集》,昆明:云南民族出版社,2007,第89—91页。)

〔3〕 如杨郁生:《南诏服饰》,载《南诏文化论》,昆明:云南人民出版社,1991年,第514—515页;刘长久:《云南剑川石钟山石窟内容总录》,《敦煌研究》1995年第1期;王伯敏:《中国少数民族美术史》,第三编(上),福州:福建美术出版社,1995年,第243页;李靖寰:《南诏、大理国时期的美术概说(上)》,《云南艺术学院学报》1999年第2期;李玉珉:《阿嵯耶观音菩萨考》,《故宫学术季刊》第二十七卷第一期,2009年秋季;李玉珉:《佛陀形影》,台北故宫博物院,2014年,第132页;薛琳:《南诏大理国时期的造像和绘画艺术》,《广西民族大学学报(自然科学版)》2009年7月;王明达:《南诏大理国观音图像学研究》,昆明:云南人民出版社,2011年,第68页。

图2-8-2 《宋时大理国描工张胜温画梵像》
第4—6开中着高冠的王者、着大虫皮(虎皮)的武士

图据前述《蛮书》所载文字的上下文解释,但进一步出现错乱,如李玉珉认为:

> 头囊乃刻木而成,应有相当的重量,故在《梵像卷》(注:即《张胜温画卷》)和剑川石窟里,头囊的两侧皆有绳带,系于颔下,以固定之,使其端正。[1]

可见,图像中南诏大理国王者高冠与《蛮书》所载严重不符,头囊究竟是《蛮书》记载有误,还是图文对应出错?

同书同卷后文又载:

> ……贵家仆女亦有裙衫。常披毡及以缯帛韬其髻,亦谓之头囊。[2]

---

〔1〕 李玉珉:《阿嵯耶观音菩萨考》。
〔2〕 (唐)樊绰,向达校注:《蛮书校注·卷八》,北京:中华书局,1962年,第207—209页。

"韬"本指弓或剑的套子,引申为"隐藏"之意;贵家仆女亦使用头囊,说明也适用于女性。

传说《南诏奉圣乐》进唐宫演出时,舞人的服饰打扮很体现南诏特点的就是黑头囊,上披锦方幅,冠金宝花鬘。

又杨佐《云南买马记》(《续资治通鉴长编》卷二六七引宋如愚《剑南须知》)中载:

> 王馆佐于大云南驿……俄遣头囊儿来馆伴,所谓头囊者,乃唐士大夫不幸为蛮贼驱过大渡河而南,至今有子孙在都王世禄,多聪悟挺秀,往往能通汉语。

可见,大理国时,饰头囊以彰显身份的上层人士已被称为"头囊儿",此系提喻(图2-8-2)。

以目前刊布的图像资料来看,尚未发现戴红色布帛缠绕而成的头囊的南诏、大理王者图像。经笔者多方考释,发现《图传》中一例红色头饰值得深究,但释读难度较大,长久以来未得学界正解。

《南诏图传》之绘画卷第一画描绘了齐王即细奴逻家现种种瑞相,在"天兵相助"和"天乐供养"两个主题内容的下方,穿僧衣披袈裟的梵僧首次登场,向细奴逻之妻浔弥脚和儿媳梦讳乞食。值得注意的是,在整幅《南诏图传》之绘画卷中,唯独这一个梵僧头戴如塔状的红色头饰(见图2-8-3),[1]其图像特征为红色,高塔状,顶部尖,用渲染的手法强调层次,共五层,类似一个红色的大竹笋。后续出现的梵僧头饰均为另一种类型,呈黑色,质地应为织物(见图2-8-4,经考释为后文所称的"二端叠",据名称和图像形制特点,当为黑色长方形织物两端对叠而成,至今大理一带白、汉等族老年妇女还使用此种头帕)。

在第二画中,浔弥脚和梦讳再遇梵僧乞食,此时梵僧的红色塔状头饰已脱下,放置于画面上部的一块石头上,画面旁的文字注解如果从左至右顺读为:"施黑淡彩二端已为祴梦讳布盖贵重人头戴赤莲之巳冠顺蕃俗缠头也脱在此回乞食时"(见图2-8-4)。与之相对应的《图传》之文字卷则记:"浔弥脚等送饭至路中,梵僧已在前回乞食矣。乃戴梦讳

---

〔1〕　这一红色头饰一直被释读为云南历代文献中入云南的印度僧人戴的"赤莲冠",如海伦·B.查平在《云南的观音像》(载〔美〕查尔斯·巴克斯,林超民译:《南诏国与唐代的西南边疆》,昆明:云南人民出版社,1988年)第284页"赤莲冠"条目下将下文所述梵僧头戴的红色塔状头饰释读为"赤莲冠",并提及与书后所附黑白图片一幅西藏佛教图像中僧人的头饰近似,但未加以阐释。查平对这幅西藏图像的说明为:"藏传佛教的佛像。西藏绘制,时间约在十八世纪至十九世纪之间。柏林'艺术'博物馆藏。"笔者根据其艺术特征,判断为晚期藏东噶玛噶赤派的作品,图像下方三身造像均头戴布帛层层缠绕而成的头饰,虽为黑白图片,无法判断颜色是否为红色,但表现形式与《图传》中的梵僧头饰同出一辙。应表现的是松赞干布、禄东赞和吞米桑布扎,如同布达拉宫法王洞塑像一样。前揭王明达亦认为此头饰为"五层莲花瓣组成的'赤莲冠'",第67页。

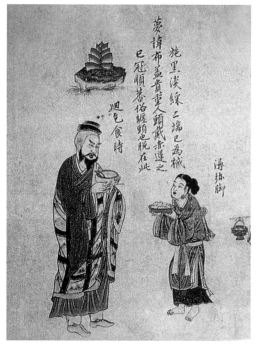

图2-8-3　头戴红色头饰的梵僧　　　图2-8-4　头戴"二端叠"的梵僧和脱在石上的红色头饰

所施黑淡彩二端叠以为首饰盖贵重人所施之物也后人效为首饰也。[1]"

图画旁的文字注解和文字卷两者的语言表述不清,逻辑混乱(通过反复考量,发现图2-8-4画面旁的"梦讳"二字高于其余几行文字,应予以提出,放在句首理解),如果不能结合相关历史文化背景,把图像和文字有机地结合起来,很难正确释读《图传》中这一塔状红色头饰的内涵,甚至会出现错读。

对于《图传》中梵僧的红色塔状头饰,汪宁生认为"所戴之莲瓣冠即'赤莲冠'",并指出:

> 惟梵僧之冠脱置石上,其旁三行题记颇难释读,其中似有错简脱行之处,大意似说梦讳还曾布施"黑淡彩二端"与梵僧作缠头布,梵僧为顺蕃俗改装,脱冠而改为缠头。故由此往后诸段中梵僧即不再着冠。[2]

在《中国少数民族美术史》一书中,对这部分图像和文字内容的解释是:

〔1〕《南诏图传》文字卷的文字著录依据李昆声:《云南艺术史》,昆明:云南教育出版社,2001年,第227页。

〔2〕汪宁生:《〈南诏图传〉考释》,载云南省文物管理委员会:《南诏大理文物》,北京:文物出版社,1992年,第189页。

……梵僧为尊重"蕃俗"，将原戴的赤莲冠脱在石上，改用黑淡彩缠头。[1]

王明达对这段文字的理解是：

　　梦讳提供的布，是专门给受人尊重的高贵的人作为头饰戴用的。(梵僧深知这一点)为尊重蕃人风俗，用布缠了头，所以把本来已经戴在头上的赤莲冠脱在此(石头上)。[2]

　　以上是对《图传》图像和相关文字指称的严重误读，错误的关键是：

　　一、把"蕃"错误地理解为"少数民族"；"蕃俗"自然被解读为南诏当地少数民族的习俗。"顺蕃俗缠头也"因此被误解为顺应南诏少数民族习俗而改为缠头。实际上，在表示少数民族这一含义时，汉文常用的是"番"，而不是"蕃"；"蕃"在唐代汉文中特指吐蕃。

　　二、由于对"蕃"字理解错误，因而未能明白"赤莲之巳冠"即"赤莲冠"[3]，实际指的是"缠头"，即梵僧的红色塔状头饰；"顺蕃俗缠头"指梵僧以红布缠头而成的头饰仿习自吐蕃风俗，不是指他进入南诏后顺应当地风俗而改换的头饰。

　　三、把"缠头"与梦讳施予梵僧戴在头上的"黑淡彩二端叠"混为一谈。黑淡彩二端叠实际上是用黑色织物两端对叠而成的头饰，至今仍是白族老年妇女中常见的头饰，与"缠头"没有任何关联。

　　四、把后续"盖贵重人所施之物也后人效为首饰也"中"贵重人所施之物"和"首饰"的所指错误地理解为黑淡彩二端叠。实际上，它指梵僧脱下的红色头饰即"缠头"；梵僧把该缠头施与了南诏后，为南诏方面效仿，成为流行头饰。

　　以上几个误读一环扣一环；第一环节出了重大问题，后面的看上去自圆其说，实际上谬之千里，这也是头囊长久以来未被识别的重要原因。

　　厘清以上几点，结合相关历史文化背景，对上述红色塔状头饰图像和相关文字的内涵

[1]　陈兆复：《中国少数民族美术史》，北京：中央民族大学出版社，2001年，第384页。
[2]　前揭王明达第258—259页。王明达其实已经注意到了"蕃"可能指吐蕃，并提到"吐蕃贵胄亦有缠头之习俗"，但他把缠头与《图传》"祭铁柱"部分的9人头饰等同(这9人实为发髻上缠绕绳带，与头囊毫无关联)。
[3]　梵僧头上的红色头饰除了颜色是红色，与"赤"字相关以外，其形态实际上和莲冠的造型区别较大，但《图传》文字卷中用"赤莲冠"来指代，显然这种指称当时就形成，当是把头囊的颜色与莲花(梵僧传播的佛教的象征物)进行了关联。明代以后云南的方志和学者亦称入南诏的梵僧为"莲冠老人"，前揭海伦·B.查平和王明达皆谓此头饰"赤莲冠"。这种文字指称上的复杂性正是《图传》中的红色头饰一直未能被识别为头囊的重要原因之一。

应正确理解如下：

第一，梵僧刚入南诏时的头饰就如《图传》中的第一个梵僧（见图2-8-3），这也是唯一一个头戴红色塔状头饰的梵僧形象。"顺蕃俗缠头也"之"顺蕃俗"指梵僧自吐蕃而来，在吐蕃时顺应风俗缠头，脚上还穿着雪域藏地勾尖靴，说明之前在吐蕃停留了不短时间，在一定程度上融入吐蕃社会；"缠头"指这个竹笋状的红色塔状头饰，由红布在头前部交叉缠绕层叠而成，而非后面梦讳施与梵僧的"黑淡彩二端叠"头饰。

第二，梦讳施以梵僧黑淡彩"二端叠"头饰[1]后，原来戴的红色头饰就脱在该乞食处（见图2-8-4，在后面的画面中，脚上的勾尖靴也脱下，换成浅口布鞋）。后来梵僧幻化为观音，助细奴逻父子建立南诏国，此头饰即为贵重人所施之物，得到南诏的效仿。比对前述《蛮书》中有关南诏王者和部众头囊的记述，能确认《图传》称为"缠头"的这种红色布帛缠成的高塔状头饰即是南诏王者红色头囊的对应物，为其原型。

总之，《图传》试图以绘画和文字相结合的方式记录佛教由梵僧传入南诏，南诏政权来自梵僧所授，即"君权神授"的主题，但由于文字晦涩难解、图文对应难度较大，有关梵僧头饰改换的图文叙述本身有逻辑不清之处，因而长期被误读，梵僧的红色塔状头饰也未能被识别为南诏王者头囊的对应物。

《图传》图画记述梵僧经由吐蕃而来，对此，其文字卷中以下内容也有表述：

> 保和二年乙巳岁，有西域和尚菩立陁诃至我京都云：吾西域莲花部尊阿嵯耶观音从蕃国中行化至汝大封民国（指南诏国）如今何在？语迄，经于七日，终于上元莲宇。我大封民始知阿嵯耶来至此也。

"从蕃国中行化至汝大封民国"即从吐蕃而来，"蕃"与"国"连用再次印证了当时"蕃"专指吐蕃，不应理解为"边地少数民族"的意思。阿嵯耶观音[2]理应指前述《图传》绘画卷中传授阿嵯耶观音信仰和圣像的梵僧。

又同卷载：

---

[1] 《南诏图传》之文字卷和图画卷对梵僧红头囊的来历和之后改戴的"二端叠"头饰这一细节的记载应该是可信的，因为《张胜温画卷》第86开中的"建国观世音菩萨"的形象就是这位梵僧，他头上就是这种"二端叠"头饰，背光顶部还有阿嵯耶观音像，即表示梵僧曾幻化为此观音。

[2] 南诏佛教特别尊崇阿嵯耶观音，而所谓的阿嵯耶观音本来应专指由吐蕃入南诏的印度密宗轨范师即梵僧传入的最早的观音信仰，后来用来专指这种观音造像样式。对阿嵯耶观音的图像学特征研究显示其来源为中南半岛，尤其近似越南占婆观音，但南印度造像因素是阿嵯耶观音与中南半岛观音的共同祖源，南诏阿嵯耶观音名号和图像学特征的来源以及信仰的确立应是多元因素的耦合。

敕大封民国圣教兴行，其来有上，或从胡梵而至，或于蕃汉而来，奕代相传，敬仰
无异，因以兵马强盛，王业克昌，万姓无妖扎之灾，五谷有丰盈之瑞。然而朕以童幼，
未博古今，虽典教而入邦，未知何圣为始，誓欲加心供养，图像流形，今世后身，除灾致
福。因问儒释耆老之辈，通古辩今之流，莫隐知闻，速宜进奉。

此段引文推测南诏国的佛教大抵来自印度、吐蕃和汉地（胡、梵即天竺及沿途少数民
族地区；蕃、汉即吐蕃与中原内地），但"未知何圣为始"，即在南诏时期对佛教来源的具
体情况就已不清。

《图传》之文字卷明确记述了阿吒力教特有的"阿嵯耶观音"的名号及来由，《图传》
之绘画卷也明确表现了梵僧腾空化现为阿嵯耶观音像，村民熔铜鼓铸阿嵯耶观音圣像的
细节，意在表明南诏佛教及其阿嵯耶观音信仰与吐蕃存在相关性，与前述梵僧的红色塔状
头饰的来源和南诏王红色头囊的由来相互印证。

按此，《图传》意在表明梵僧应经由吐蕃而来，很可能是在吐蕃传教一段时间后，继续
向东南传教而入南诏。[1]他有可能就是《图传》文字卷中菩立陁诃来南诏京都寻找的西
域莲花部尊阿嵯耶观音。当然，历史上由吐蕃入南诏的梵僧应该不止一人，画面中的这
位梵僧可能为由吐蕃陆续前来的梵僧的典型性写照，也有可能特指某位起到重大作用的
梵僧。

二、吐蕃缠头的图像和文字资料

《图传》关于南诏头囊源自吐蕃的图文记述是否属实，需要在吐蕃方面得到确证。关
于西藏吐蕃时期和后世的文献和研究中并无"头囊"一词，从语汇上无从直接对应。笔
者梳理吐蕃服饰的图文资料，发现与南诏"头囊"最为接近的是吐蕃时期流行的一种用布
帛缠绕发髻而成的高头饰，汉文典籍将其记为"帽首"或"朝霞冠"[2]，相关研究者称之为

〔1〕 关于南诏佛教与西藏渠道的关系，徐嘉瑞在《大理古代文化史》中根据大理观音伏罗刹神话中和西藏近似的内
容，认为"……则佛教之输入大理，实以西藏为主流，而影响之大，亦在缅甸与中原之上也。"同书罗庸序《大理
古代文化史叙》，补缀新得到的民国二十四年南京诺那精舍译刻乌简灵巴所述之《莲花生大士应化史略》中的
资料，并以此认为"则滇藏间佛教因缘，宜若可寻其踪迹也。"资料记述了西藏僧人贝落等至印度"……学无上
密宗，得大成就。既归，为黑教大臣所潜，王乃纵之使至云南阿敦子（今德钦）一带，普宏密法。"贝落至德钦遇
一老人"赴西藏求即身成佛法"。罗庸认为该老人即莲冠老人也即莲花生，他后来循澜沧江南下至大理弘法。
见徐嘉瑞：《大理古代文化史》，昆明：云南人民出版社，2005年。
〔2〕 参见竺小恩：《敦煌服饰文化研究》，杭州：浙江大学出版社，2011年，第160—161页。

"缠头""高桶式缠头""红色长筒卷布帽",等等。此种高头饰前面又束宝冠;宝冠本身就很高,发髻又高耸在宝冠之后,由此宝冠与发髻常占整个头部的较大比例,往往占二分之一的比例。[1]不同文化中的同一名物,其名称往往不一致,甚至同一文化中也使用多种名称,因此,仅依据文字难以建立恰当关联,辅之以图像学特征的比对分析,在寻找和建立恰当关联上意义重大。

吐蕃时期的造像和绘画中有许多关于这种高缠头的图像资料。青海都兰郭里木吐蕃热水大墓出土的彩色木棺板画上有众多戴红色高头饰的人物,一般认为是吐蕃贵族,布帛的缠绕刻画为螺旋形,简练传神。另有部分高头饰为白色,还有部分红色头饰较为矮平。[2]布达拉宫法王洞(Chogyel Drupug)壁画,一般认为是吐蕃时期的遗存,壁画中的吐蕃赞普松赞干布头上就用红色布帛层层缠绕成高高的缠头;布帛的质感、在头前部交叉的缠绕方式表现得清楚写实(见图2-8-5)。玉树地区勒巴沟唐代摩崖石刻,其沟口

图2-8-5 布达拉宫法王洞松赞干布壁画

的《文成公主礼佛图》中,松赞干布身着吐蕃时期贵族的对襟翻领长袍,头上也是布帛在前部交错缠绕成的高塔式缠头。[3]法王洞吐蕃时期的松赞干布和他的大臣们的泥塑像是布达拉宫无数塑像中最写实的一组,生动而准确地塑造了赞普和大臣头上红色布帛层层缠绕、在头前部交错的红色高塔式缠头;松赞干布头顶还有一尊释迦牟尼像,因为他被认为是观音的化身(见图2-8-6)。另有一尊传为吐蕃时期的松赞干布的金铜造像也是这种用布帛层层缠绕的高塔式缠头,顶部有释迦牟尼像。[4]

自公元786到公元848年,敦煌有半个多世纪的时间归属于吐蕃的统治,因此也遗留下一些吐蕃佛教的美术作品,其中的许多吐蕃赞

〔1〕 张亚莎:《西藏美术史》,北京:中央民族大学出版社,2006年,第103页。

〔2〕 图版参见《中国国家地理》2006年第3辑《青海专辑·下辑》。

〔3〕 图版参见汤惠生:《青藏高原古代文明》,西安:三秦出版社,2003年,第261页线描图。

〔4〕 图版参见谢继胜主编,谢继胜、熊文彬、罗文华、廖旸等著:《藏传佛教艺术发展史》(上),上海图书出版社,2010年,第29,37页。这尊像上的缠头方式显得过于规整,也许受制于金属铸塑艺术本身造型的限制和要求,也或许是相对后期发展起来的对松赞干布高缠头的程式化表现。

普像都戴这种红色布帛缠绕而成的缠头。[1]如敦煌莫高窟159号洞窟东壁南侧就绘制着《吐蕃赞普礼佛图》：画面中各国王子赴会行列中，吐蕃赞普头戴红毡高冠，走在最前面，身后是持曲柄伞的侍从。这幅壁画中的赞普即赤热巴巾，在他执政时期，吐蕃和南诏是盟友关系；他头上的缠头较低矮，不完全是前述那尊吐蕃时期松赞干布青铜塑像的缠头和后面提到的扎塘寺壁画中的菩萨缠头那么高而程式化的造型。

关于吐蕃时期王臣服饰的来源和后世的流传，根敦群培《白史》载：

> 彼时其他国家与藏族关系最多者，厥为"波斯"等国，尔时波斯国中，非但盛行佛教，即博学大德，余国亦无能比，西藏之王臣，似皆波斯之风尚，传说"松赞王"以红绢缠头等，又披彩缎之斗篷，着钩尖之革履，此等亦皆同波斯之风俗。其时印度与汉地均无穿彩缎之风俗。也可用其他推比之方法来探索，如各国所敬事之鬼神，即作该国

图2-8-6 布达拉宫法王洞松赞干布
（右一，头顶有释迦牟尼像者）和大臣塑像

---

[1] 参见马德：《小议敦煌壁画中的蕃装人物》，载樊锦诗主编：《敦煌吐蕃统治时期石窟与藏传佛教艺术研究》，兰州：甘肃教育出版社，2012年。

昔时伟人之服饰。以此试观吾等称之为"赞""贾波""漾伦"等之地方鬼神,即以此推度昔时"赞波""贾波"等战斗时所服之戎装,似无大误。"俄日喇达"(指阿里、拉达克)处,直至现在传为法王之后裔者,彼等遇新年等节令,则其所着衣物,谓是往昔之服饰,戴称作"赞夏"之红帽,其顶细长,上角有一"阿弥陀"像用红绢缠缚,绢缎前面交错。[1]

以今天所见的图像遗存来看,根敦群培描述的以红绢缠头而成的"'赞夏'之红帽""彩缎之斗篷""钩尖之革履"的服饰,确实是吐蕃时期松赞干布的装束。"披彩缎之斗篷"与法王洞松赞干布泥塑和前述金铜造像上的衣饰完全吻合,尤其金铜像衣裳的前胸与后背上部有硕大团花图案的斗篷或披肩状的饰物,团花图案的中间是蛟龙纹饰,边缘是一圈联珠纹。当时吐蕃贵族普遍穿着有团花图案的大翻领式束腰长衫,且团花中间都为动物图案,除松赞干布为蛟龙纹饰外,其余为鸟兽等纹饰,而边缘都为联珠纹。这种中间动物纹饰,外圈饰联珠纹的团花图案是非常典型的波斯图案。[2]吐蕃王朝灭亡后,这种高缠头和大翻领长衫不再流行,但在西部阿里地区古格王朝的权贵们中还有保留,因为古格王族是吐蕃赞普王室的后裔,他们会继承和保留吐蕃赞普世系的衣冠样式,因此,根敦群培所言直至今日法王(指松赞干布)后裔在重大节日,仍穿戴如吐蕃赞普的衣饰是可信的。"上角有一'阿弥陀'像用红绢缠缚,绢缎前面交错"的细节与前述法王洞塑像和金铜松赞干布像的头饰完全吻合。

这些赞普后裔所戴的"赞夏"之红帽,"其顶细长""绢缎前面交错",与法王洞壁画松赞干布头上写实地表现出红色布帛层层交相缠绕的形制完全吻合,与《南诏图传》中梵僧的红色塔状头饰相比,在材质、颜色、头前部交错缠绕的细节上完全吻合,与《蛮书》关于头囊的记述在材质、颜色、缠绕而成的特点也吻合。不同的是,梵僧的头饰和后文将介绍的佛教造像中的南诏大理头囊以及民间的头囊遗存的顶部更尖一些,而西藏艺术中均着重写实刻画顶部露出的齐平并束紧了的布帛端头,但这是艺术表现手法上的差异,综合来看,实为同一名物。[3]因此,梵僧"顺蕃俗而缠头"的记述是完全可靠的:因佛教和吐蕃政权关联密切,梵僧在吐蕃时受到赞普礼遇,头饰仿习赞普,以红绢缠头;梵僧刚入南诏时,仍"顺蕃俗缠头",后改为"黑淡彩二端叠"头饰,原有的"缠头"即红色头饰转而成为

〔1〕根敦群培,法尊法师译:《白史》,北京:中国藏学出版社,2012年,第9—10页。

〔2〕唐代波斯艺术文化通过吐蕃丝绸之路对藏区渗透,反映在当时吐蕃王朝王公贵族的服饰,特别是青海吐蕃墓葬出土的大量带有波斯图案特点的布帛,这些图案大多为圆形,中间有鸟兽纹饰,边缘都有联珠纹。参见许新国:《都兰吐蕃墓出土含绶鸟织锦研究》,载《中国藏学》1996年第1期。

〔3〕名称和图像刻画细节的差异也是《南诏图传》中梵僧头饰和佛教造像中的南诏大理头囊长久未能被识别的重要原因。

南诏王的专有头饰,即《蛮书》所记南诏王的红色头囊。

另外,阎立本《步辇图》中吐蕃使者和敦煌莫高窟159号洞窟东壁南侧的《吐蕃赞普礼佛图》等诸多图像显示吐蕃装人物脚上穿着的是根敦群培所言松赞干布及王室、大臣皆仿效波斯的"着钩尖之革履"。值得注意的是,《图传》中出现的第一、第三、第四个梵僧形象(第二个梵僧形象的脚部为衣服遮盖)脚上均着高筒靴子,靴头尖而向上勾起,与吐蕃服饰中的靴子相同。在梵僧遇害部分的画面上部,该靴被置于石上。《图传》中第五、第六个梵僧改穿浅口鞋,鞋尖也向上勾起。《张胜温画卷》之"利贞皇帝礼佛图"中身着如吐蕃首、爪、尾俱全的"大虫皮"袍服的武士脚上就穿着这样的"勾尖之革履",反映了南诏大虫皮告身制度和神祇虎皮衣饰受吐蕃直接影响;[1]且其头盔和前述布达拉宫法王洞松赞干布和大臣塑像中那名武士头盔的形制完全一致,是一种波斯萨珊王朝头盔的样式(见图2-8-2、图2-8-6)。

由此可见,《图传》关于梵僧"顺蕃俗而缠头",其红色头囊源自吐蕃赞普,后为南诏王仿效的记录有充分的历史依据,应为史实;南诏头囊和吐蕃赞普缠头的图像特征高度一致,有充分的图像资料和文字资料能证明两者的关联。

三、吐蕃和南诏大理国佛教艺术中的缠头囊造像

吐蕃的高缠头习俗还运用到西藏早期的一些佛教造像中,西藏研究领域对此已有认识。藏文典籍《巴协》记载了吐蕃时期,为利于佛教由统治阶层内部向民间传播,在印度、汉地等佛教造像基础上融合藏地的相貌、服饰特征形成"藏式佛像"的历史,尤其详细记载了公元779年建成的藏区第一座寺院桑耶寺采用藏式、汉式、印式建筑和造像风格。现存塑像和壁画虽经过多次重塑、翻新,但遵循最初的风格,佛像穿交领长袖大袍或三角大翻领长袍,头戴长筒卷布帽(即缠头或头囊),外饰三叶三角宝冠,足下可能蹬钩尖靴(被台座遮掩)。[2]西藏芒康噶托镇吐蕃时期的大日如来与八大菩萨摩崖造像多有漫漶,但

〔1〕　最初注意到南诏大虫皮制度和吐蕃告身制度关联的研究包括向达:《唐代长安与西域文明》,石家庄:河北教育
　　　出版社,2001年,第191页;汪宁生:《中国西南民族的历史与文化》,昆明:云南民族出版社,1989年,第206页。
　　　后续告身制度方面成果较多,如赵心愚的《南诏告身制度试探》,载《民族研究》2002年第4期和《格子藏文碑
　　　与吐蕃告身制度的几个问题》,载《民族研究》2004年第3期;陆离的《大虫皮考——兼论吐蕃、南诏虎崇拜及
　　　其影响》,载《敦煌研究》2004年第1期等。陆离在《敦煌、新疆等地吐蕃时期石窟中着虎皮衣饰神灵、武士图像
　　　及雕塑研究》(《敦煌学辑刊》2005年第3期)中研究了吐蕃虎皮衣饰的神灵和武士形象。
〔2〕　白日·洛桑扎西:《解读巴协中"藏式佛像"之说》,载谢继胜、罗文华、景安宁主编:《汉藏佛教美术研究》,上海
　　　古籍出版社,2009年,第17页。

大日如来像和其中几尊菩萨像的头部能清晰辨出高缠头,其外又戴低于缠头的莲瓣宝冠(见图2-8-7)。意大利著名藏学家G.图齐对后藏康马县艾旺寺的考察中,提到东配殿的雕塑头部有缠头的造像特征,并拍摄了照片。如今,这些塑像的头部已毁,但从图齐拍摄的宝贵照片中可以辨出造像有高高的缠头发髻,穿着当时仅为吐蕃贵族穿着的翻领对襟长袍,袍子的缎面上还印有团花图案。张亚莎考证后认为,艾旺寺应当建于11世纪20—30年代。[1]另外,在西藏11世纪的扎塘寺壁画中,清晰地描绘了多尊菩萨用布帛层层缠绕为高缠头,其外又戴三角形的三花或五花宝冠,身穿吐蕃贵族的团花翻领长袍(见图2-8-8)。

艾米·海勒认为“在9世纪中叶产生于云南的一些石像的造型以及服饰,很明显与敦煌壁画中的西藏赞普相似,也与文成公主庙相似”;指出相似点在于剑川石钟寺石窟南诏王阁逻凤(见图2-8-1)“穿着双重翻领的袍子”。[2]经辨识图像,阁逻凤穿着的是圆领袍,不能确定其“穿着双重翻领的袍子”。

图2-8-7 西藏芒康嘎托镇
吐蕃大日如来与八大菩萨摩崖造像

图2-8-8 扎塘寺壁画中的缠头菩萨

〔1〕 图齐拍摄的照片图版参见张亚莎:《十一世纪西藏的佛教艺术——从扎塘寺壁画研究出发》,北京:中国藏学出版社,2008年,第15页;文字说明见第160页。
〔2〕 [瑞士]艾米·海勒,赵能、廖旸译:《西藏佛教艺术》,北京:文化艺术出版社,2008年,第45页。

前述根敦群培所言"如各国所敬事之鬼神,即作该国昔时伟人之服饰",很有见地。这种依据吐蕃赞普头饰和吐蕃贵族服饰来改造印度传来的佛教造像的艺术手法,是在吐蕃王朝时期就已出现的一种艺术改造行为。公元806年,即吐蕃王朝的赤德松赞时期(798—815)制作的青海玉树贝纳沟文成公主庙的一组吐蕃时期摩崖造像,佛和菩萨穿着吐蕃赞普的长袍,头髻束成高髻,其外又戴高大的头冠。张亚莎指出,这种以吐蕃服饰和头饰来改造印度佛像的手法仅流行于11世纪的卫藏地区,在时间和空间上有局限性,当卫藏地区出现了东印度的正统波罗风格佛教艺术后,即取代了原有的"吐蕃化"头饰和服饰,成为卫藏的主导样式。[1]

《蛮书》记载了南诏君王和臣民皆缠头囊的风习盛况,那南诏大理国是否也如吐蕃一样,把缠头囊的造型运用在本土的佛教造像中呢? 对此,前述研究没有丝毫提及。

多方寻觅,终于在西昌凉山博什瓦黑南诏摩崖石刻中发现了非常隐蔽的缠头囊菩萨的踪迹。这一特殊的造像特征及其内涵完全未被学界注意。西昌在唐时为嶲州,是由西藏经四川通往云南的门户,也是吐蕃、南诏和唐王朝逐鹿的要塞。凉山曾属南诏辖地,博什瓦黑是彝语,意为"蛇门岩",位于今四川省西昌市东昭觉县境内的山野,是古代蜀身毒道必经之地。16块巨大的岩石上用阴文线刻画了佛、菩萨、明王、护法神等密教神众,还有头戴高冠的南诏王、清平官等近90躯和怪异神兽近20躯。石刻创作年代为南诏至大理国初,风化较为严重,因未加施色,其造像特征不容易辨认,但可以看出其中有几尊造像的头部头饰较高,呈塔状,占头部比例至少二分之一。塔状头饰上刻画有平行或交叉的线条,应当表现层层布帛缠绕在头前部交叉成高塔状(见图2-8-9)。据其中一幅断代为南诏时期刻有阿閦佛及涅槃佛石刻的线描图(见图2-8-10),戴这种高塔状头饰的造像包括:阿閦佛左右两尊菩萨、涅槃佛头

图2-8-9 博什瓦黑线刻协侍菩萨的头囊

〔1〕 张亚莎:《十一世纪西藏的佛教艺术——从扎塘寺壁画研究出发》,第223页。

侧和脚侧两尊菩萨和石刻右边一组神像中站立于主尊右手边的胁侍菩萨,共五躯。博什瓦黑石刻处于滇川藏交界地区,很可能是南诏大理国接受吐蕃佛教艺术的前哨。在岩石上用阴线刻画形象的造像手法与青藏高原及北方地区的岩画创作传统有关联,但南诏王和清平官等形象说明确系南诏文化所为,即南诏大理国佛教艺术中也存在缠高头囊的菩萨造像。

除了西昌这样的滇藏交接地带之外,在《宋时大理国描工张胜温画梵像》第79开佛陀身后,也发现了两尊很小的布帛缠头的菩萨造像。这两尊菩萨站立在佛陀身后,左右各一,虽然像较小,但可以清晰辨出头部莲瓣宝冠后有布帛在头前部交相缠绕成高头囊,且菩萨头戴的宝冠和前述芒康吐蕃时期的大日如来和八大菩萨像头冠样式相似。这两尊菩萨面庞较宽,两耳较长,上身袒露,饰有璎珞珠宝,腰下着贴身裙裤,上有平行的U字形线条,叮辨出裙下双腿的轮廓,赤足,脚踝有配饰,整体造型与"佛公图"中占绝大多数的汉地造型菩萨反差强烈(见图2-8-11)。这两尊菩萨的所有造像特征,尤其是高缠头,都说明这种以印度波罗造型为主的菩萨的造像特征与吐蕃有直接关系。

图2-8-10　博什瓦黑石刻中阿閦佛及涅槃佛两侧,
以及右端站立胁侍菩萨共五躯缠头囊的菩萨造像(线描图)

总体而言,缠高头囊的菩萨在南诏大理国艺术中仅有少数例证,可能因为相关文物多不存,更可能是缠头囊菩萨造像的影响有限,或是对这种造像因素持保留态度。总之,这几尊仅有的缠高头囊的菩萨造像更进一步确证了以布帛缠头为高头囊这种习俗来自吐蕃,是吐蕃贵族尤其是赞普的专有头饰,继而为南诏王者仿习;缠头囊的菩萨造像在吐蕃佛教造像中运用广泛,在一定程度上也影响到南诏大理国的菩萨造像。

图2-8-11 《张胜温画卷》第79开佛像两侧的缠头囊菩萨

四、余　论

以布帛缠头是包括南诏和吐蕃在内的较多西南少数民族的共有习俗。南诏和吐蕃两地的头囊或缠头,有一定的共同传统文化基础因素。[1]

《南诏图传》中梵僧头戴的红色塔状头饰即是画卷注解中的"缠头"和后世云南典籍沿袭记载的"赤莲冠"的对应物,是迄今发现的唯一与《蛮书》所记南诏王红色头囊对应的图像,和吐蕃赞普红色头饰与菩萨的缠头有共同图像学特征:由红色布帛层层环绕,在头前部交叉,呈高塔状,占头部比例近二分之一甚至超过二分之一;布帛的缠绕层叠感被刻画得很生动,不同图像对此的具体表现手法略有差异,但结合相关背景分析,实为同一名物;两地皆只有王者贵胄能以红色布帛缠高缠头,并都可在头囊上再戴高冠。

丽江金山白族乡几幅20世纪五六十年代的照片,显示当地女性头饰为黑色织物在头前部交叉包裹为高塔型(图2-8-12)。据介绍,自婚礼之日起,金山白族女性将长辫盘绕,用椭圆布包上并别上发簪立于头顶,再用折叠成三指宽的条形黑布头帕层层盘旋至头顶,呈尖塔形,称"峰塔巾",白语记音为"登春",[2]与《蛮书》所记"其余向下皆以皂绫绢"和缠绕方式完全吻合,确证了《蛮书》记载属实,也进一步确证了之前的论述。这种头饰在其他白族地区从未见到,当为南诏习俗在白族文化边缘地带的古老遗迹。

---

[1] 时至今日,一些氐羌系和濮系民族仍有以黑色或深蓝色布匹缠头的习俗,但较为低矮;在一些地区,仅土司、头人、巫师或有特殊才艺的人如民间歌手等能够以红色缠头,以示和普通民众的区别。

[2] 杨世瑜:《丽江金山白族文化概要》,昆明:云南科技出版社,2015年,第165页。

图2-8-12 丽江金山白族妇女在20世纪五六十年代的服饰

总之,《南诏图传》的绘画卷和文字卷两相映照,叙述了梵僧头戴如同吐蕃赞普的红色头囊经由吐蕃入南诏传播佛教,幻化观音助细奴逻父子建立南诏国,其红色高塔状头饰即为"贵重人所施之物",得到南诏王的直接效仿,转而成为南诏王的专有头饰,即《蛮书》所记南诏王的红色头囊,随后头囊成为南诏风习。吐蕃的缠头囊装扮较多地运用到早期的佛教造像中,笔者在南诏大理国艺术中也发现了缠头囊佛教造像的例证,还搜寻到缠头囊这一千年古俗在当代罕有的遗存实例,以不可辩驳的图像和文字双重证据进一步佐证了梵僧经由吐蕃入南诏且南诏头囊源自吐蕃的史实,更揭示了西藏对南诏大理国佛教和佛教艺术的影响。当然,不排除南诏在和吐蕃的政治结盟关系中也受到影响。[1]

迄今没有发现戴红色头囊的南诏大理王者图像,在石钟山石窟、《画卷》和《张胜温画卷》等图像资料中,南诏、大理王者像头戴的都是总体上属于同一种形制的高冠(见图2-8-1、图2-8-2),并没有红头囊的图像。李玉珉言及《张胜温画卷》第4—6开(见图2-8-2):"图中利贞皇帝的头冠为红色,正与《云南志》所载南诏、大理国的帝王以红绫为

---

〔1〕《南诏德化碑》和《南诏野史》都载有吐蕃宰相倚祥叶乐持金冠、锦袍、金宝带、金帐等吐蕃宝物,赐予南诏,约为兄弟之国。

头囊的冠服制度牟合。"[1]李玉珉还将皇帝身后的王臣头上的高冠也称为头囊。李玉珉描述"利贞皇帝的头冠为红色"属图像辨识有误,据图,其头冠呈现金色硬质并带镂空花纹,其下隐现红色。通过以上的研究可知,王者头上之所以没有出现头囊,是因为它隐藏在高冠下,需要先用红绫把头发缠为高头囊,在其外再戴高冠,即《张胜温画卷》高超地刻画了金色镂空高冠下隐约可见的红色头囊。

汪宁生没有把《张胜温画卷》中皇帝的高冠当作头囊,他认为《张胜温画卷》之十一面观音(第103开)中"南诏诸王均戴这种冠。官吏头上无冠而有布缠之头饰,不知是否即《蛮书》卷八所说的'头囊'。"[2]此处"布缠之头饰"属图像辨识有误,据图知其为如王者高冠形制的黑色高帽,非缠绕而成,应是硬质布帛质地高帽,如《张胜温画卷》中皇帝身后部众(见图2-8-2)。目前没有发现只缠头囊不戴高冠的南诏王者图像。然而,文献中记录了头缠红绫绢的南诏王影像:"唐使徐云虔,到善阐府,见骑数十,曳长矛,拥绛服少年,朱缯约发。典客伽陀酋孙庆曰:'此骠信也。'"骠信即南诏王,此为南诏晚期帝王隆舜;"朱缯约发"即以红绫绢缠头。可见日常场合下南诏王只缠头囊不戴冠。[3]南诏大理王者的高冠形制特别,已成为王者的专属符号,值得研究。

以佛教为核心的南诏大理国文化具有多元混融、多重杂糅的突出特质,地方民族色彩也较浓厚,以深入的图文互证恰如其分地评断多种源流影响的具体体现和综合作用,是深化南诏大理国佛教艺术的系统研究、改变学术研究相对滞后现状的关键。在缺乏文献记载的客观现实下,学术界对南诏大理国与吐蕃和元代以前的西藏在佛教文化艺术上的关联争议较大但缺乏实证,本节力求还原历史文化情境,不仅以图文实证厘清了有关南诏头囊的史实,还将推动对一系列相关问题的系统深入探讨。

---

〔1〕 李玉珉:《佛陀形影》,第132页。
〔2〕 汪宁生:《〈南诏图传〉考释》,第200页。
〔3〕 欧阳修、宋祈:《新唐书·南蛮列传中》,上海:汉语大词典出版社,2004年,第4829页。

第九节　多民族交融语境中的五台山佛教圣地建构及其视觉呈现

一、五台山佛教圣地的多民族建构

在东亚佛教信仰文化圈内,五台山(图2-9-1)是一个最为特殊的所在,五峰耸峙,景色奇绝,自古即被称为"仙都紫府""神人之都"。佛教传入中国后,根据佛经提示,山西五台山被认定为文殊菩萨的弘法道场"清凉山",逐渐确立其正统法脉,并与尼泊尔蓝毗尼园、印度菩提伽耶、印度鹿野苑、印度拘尸那迦等并称为举世公认的世界五大佛教圣地。依《大般涅槃经》所言,其余四个朝圣之处均与释迦牟尼佛的活动密切相关,[1]分别对应佛陀出生、成道、初转法轮与涅槃。而五台山是世界五大佛教圣地中唯一一处没有与佛传事迹直接对应的地方。同时,五台山也被推为中国四大佛教圣地之首,后有"金五台、银

---

[1] 关于佛教圣地巡礼(朝圣)的经典依据源自《大般涅槃经》《阿含经》《根本说一切有部毗奈耶杂事》。如《大般涅槃经》卷中:"尔时如来告阿难言:若比丘、比丘尼、优婆塞、优婆夷,于我灭后,能故发心,往我四处,所获功德不可称计,所生之处,常在人天,受乐果报,无有穷尽。何等为四?一者如来为菩萨时,在迦比罗旆兜国蓝毗尼园所生之处;二者于摩竭提国,我初坐于菩提树下,得成阿耨多罗三藐三菩提处;三者波罗㮈国鹿野苑中仙人所住转法轮处;四者鸠尸那国力士生地熙连河侧娑罗林中双树之间般涅槃处,是为四处。若比丘、比丘尼、优婆塞、优婆夷,并及余人外道徒众,发心欲往到彼礼拜,所获功德,悉如上说。尔时,阿难闻佛此语,白言:世尊!我从今者当普宣告诸四部众知此四处,若往礼拜,功德如是。"参见(东晋)法显译:《大般涅槃经》卷中,《大正新修大藏经》,第1册No.7,东京:大正一切经刊行会,1924—1934年,第199页。《长阿含经》卷四载:"佛告阿难:汝勿忧也,诸族姓子常有四念,何等四:一曰念佛生处,欢喜欲见、忆念不忘、生恋慕心。二曰念佛初得道处,欢喜欲见、忆念不忘、生恋慕心。三曰念佛转法轮处,欢喜欲见、忆念不忘、生恋慕心。四曰念佛般泥洹处,欢喜欲见、忆念不忘、生恋慕心。阿难,我般泥洹后,族姓男女念佛生时功德如是;佛得道时神力如是;转法轮时度人如是;临灭度时遗法如是;各诣其处游行礼敬诸塔寺已,死皆生天除得道者。"参见(东晋)佛陀耶舍、竺佛念译:《长阿含》卷四,《大正新修大藏经》,第1册No.1,第25页下—第26页上。《根本说一切有部毗奈耶杂事》卷三八载:"又汝等苾刍(比丘)此地方所有其四处,若有净信男子女人,乃至尽形常应系念生恭敬心。云何为四:一谓佛生处,二成正觉处,三转法轮处,四入大涅槃处。若能于此四处或自亲礼,或遥致敬企念虔诚,生清净信常系心者,命终之后必得生天。"参见(唐)义净译:《根本说一切有部毗奈耶杂事》,《大正新修大藏经》,第23册No.1442,第399页上。

图2-9-1 从黛螺顶俯拍五台山台怀镇（张书彬摄于2015年6月）

峨眉、铜普陀、铁九华"之说传世。[1]

据顾炎武（1613—1682）考证："五台在汉为虑虒县，而山之名始见于齐。其佛寺之建，当在后魏之时。"[2]五台山初以仙山名世，"夫紫府名山，七佛师栖真之处；清凉圣境，万菩萨晦迹之方"。[3]《古清凉传》载：

郦元水经云，其山五峦巍然，回出群山之上，故谓五峰。晋永嘉三年，雁门郡筱人县百余家，避乱入此山，见山人为之步驱而不返。遂宁居岩野。往还之士，时有望其

〔1〕中国佛教"四大名山（圣地）"的说法形成比较晚，至迟从万历三十三年（1605）开始出现"三大道场"（峨眉、五台、普陀）并列的提法。"四大名山"则要到康熙年间（1662—1722）才提出。圣凯法师认为：名山信仰的形成，是一个"经典、地理、感应传说、塔寺、信徒、国家支持"综合历史过程，是中国佛教信仰圈的最明显标识。参考圣凯：《明清佛教"四大名山"信仰的形成》，《宗教学研究》2011年第3期，第80—82页。

〔2〕（清）顾炎武著，华忱之点校：《顾亭林诗文集》，北京：中华书局，1983年，第103页。

〔3〕（唐）慧祥：《古清凉传》，《大正新修大藏经》，第51册No.2098，第1092页下。对于神山信仰的起源，张光直曾指出，中国古代巫师沟通天地时所用的工具，第一个是神山，第二个是若干种树木，再有一种便是各种动物。他指出："在全世界萨满式的想法中，把山当作地到天之间的桥梁是很常见的。"他进一步提到，美国芝加哥大学教授伊利亚德（Mircea Eliade）称其为"地柱"，就是说这种柱子从地下通到天上，通天地的萨满可以通过爬这个柱子，从一个世界到另外一个世界去。参考张光直：《考古学专题六讲》，北京：文物出版社，1986年，第6—7页。

居者,至诣寻访,莫知所在。故人以是山为仙者之都矣。仙经云:五台山,名为紫府。常有紫气,仙人居之。[1]

武周时期(690—705)于阗国三藏实叉难陀(652—710)译《大方广佛华严经》卷四五"诸菩萨住处品第三十二",明确提出"清凉山"乃文殊菩萨的弘法道场:

> 东北方有处,名清凉山。从昔已来,诸菩萨众于中止住。现有菩萨,名文殊师利,与其眷属、诸菩萨众一万人俱,常在其中而演说法。[2]

唐中宗景龙四年(710)南印度三藏菩提流志(571—727)译《佛说文殊师利法宝藏陀罗尼经》:

> 我灭度后于此瞻部洲东北方。有国名大振那。其国中有山名曰五顶。文殊师利童子游行居住,为诸众生于中说法。[3]

"振那"或"震那",古指中国。华严宗四祖澄观法师(738—839)所撰《大方广佛华严经疏》则进一步在佛教教理上明确"清凉山"即代州五台山:

> 清凉山,即代州雁门郡五台山也。于中现有清凉寺。以岁积坚冰夏仍飞雪,曾无炎暑故曰清凉。五峰耸出顶无林木,有如垒土之台故曰五台。表我大圣五智已圆,五眼已净,总五部之真秘,洞五阴之真源。故首戴五佛之冠,顶分五方之髻,运五乘之要,清五浊之灾矣。[4]

唐《道宣律师感通录》载:"今五台山中台之东南三十里,见有大孚灵鹫寺。……汉明之初,摩腾天眼亦见有塔,请帝立寺。山形像似灵鹫名大孚。孚,信也。帝信佛理,立寺

---

[1] (唐)慧祥:《古清凉传》,第1092页下。

[2] (唐)实叉难陀译:《大方广佛华严经》卷四五"诸菩萨住处品第三十二",《大正新修大藏经》,第10册No.279,第241页中。需要注意的是,西晋居士聂道真译《佛说文殊师利般涅槃经》指出是"雪山"而未明确为"清凉山":"(文殊师利)大士久住首楞严,佛涅槃后四百五十岁,当至雪山,为五百仙人宣畅敷演十二部经,教化成熟五百仙人,令得不退转。"参见(西晋)聂道真译:《佛说文殊师利般涅槃经》,《大正新修大藏经》,第14册No.463,第480页下。

[3] (唐)菩提流志译:《佛说文殊师利法宝藏陀罗尼经》,《大正新修大藏经》,第20册No.1185A,第791页下。

[4] (唐)释澄观:《大方广佛华严经疏》卷四七《诸菩萨住处品第三十二》,《大正新修大藏经》,第35册No.1735,第859页下。

劝人。"[1]大孚灵鹫寺即今大显通寺。宋《广清凉传》沿袭此说,[2]明《清凉山志》记载更为细致,"汉明帝时,滕(摄摩腾)、兰(竺法兰)西至,见此山,乃文殊住处,兼有佛舍利塔,奏帝建寺。滕以山形若天竺灵鹫,寺依山名;帝以始信佛化,乃加'大孚'二字。大孚,弘信也"。[3]这被认为是佛教传入五台山之始,[4]也由此拉开其与皇权间的诸般联系。

(一)五台山与皇室的互动

北魏鲜卑族孝文帝事佛虔诚,先后参与了云冈石窟和龙门石窟的开凿。《广清凉传》载"梵僧乞地"之说:"憨山者,在北台东北。世传后魏孝文皇帝台山避暑。大圣化作梵僧,从帝乞一坐具之地,修行住止。帝许之。梵僧乃张坐具,弥覆五百余里。帝知其神,乃驰骑而去。"[5]"相传云:'五台五百里,敷一座具地矣。'"[6]这是史传中关于五台山与皇室发生关联的最早记述。此故事极具想象力,彰显佛教之神通,叙事方法与九华山地藏菩萨道场形成之初颇为相近。[7]通过比较,可以看出此类"乞(施)地—神通"故事模式在佛教传播过程中的一致性和特殊意味。

"就唐廷佛教政策言,此山久有灵异之名,故特被重视。"[8]正是唐皇室对五台山文殊信仰的肯定和宣传,得以令其在全国范围内确立正流法脉。大唐一朝,起兵太原而平定天下,故太宗贞观九年(635)下诏"五台山者,文殊閟斋,万圣幽栖。境系太原,实我祖宗植德之所,尤当建寺度僧,切宜祇畏"。[9]因循圣教,唐代诸帝除武宗外皆对五台山礼遇有加,或减免赋税,或普施供养,或修寺度僧,或延请名僧。高宗曾诏减免五台山等地僧寺税赋,派西京会昌寺僧会赜、内侍张行弘和画师张公荣等十余人至五台山检寻圣迹,在大孚

---

[1]　(唐)道宣:《道宣律师感通录》,《大正新修大藏经》,第52册No. 2107,东京:大正一切经刊行会,1924—1934年,第437页上。

[2]　《广清凉传》载:"汉明之初。摩腾天眼。亦见有塔。劝常造寺。名大孚灵鹫。言孚者信也。帝信佛理。立寺劝人。名大孚也。又山形。与其天竺灵鹫山相似。因以为名焉。"参(宋)延一编:《广清凉传》,《大正新修大藏经》,第51册No. 2099,第1103页下。

[3]　(明)释镇澄:《清凉山志》,杜洁祥主编:《中国佛寺史志汇刊》,第二辑第29册,台北:明文书局,1980年,第69页上。

[4]　此说不一定可靠,颇多争议。唐《古清凉传》认为五台山佛教之始于北魏:"大孚图寺。寺本元魏文帝所立。帝曾游止。具奉圣仪。爰发圣心。创兹寺宇。孚者信也。言帝既遇非常之境。将弘大信。"参考(唐)慧祥:《古清凉传》,第1094页上。顾炎武考证,"彼教之人以为摄摩腾自天竺来此,即居是山。不知汉孝明图像之清凉台在洛阳而不在此也"。见(清)顾炎武著,华忱之点校:《顾亭林诗文集》,北京:中华书局,1983年,第103页。

[5]　(宋)延一:《广清凉传》卷上《释五台诸寺方所七》,《大正新修大藏经》,第51册No. 2099,第2099页上。

[6]　[日]圆仁著,小野胜年校注,白化文等修订校注:《入唐求法巡礼行记校注》卷三,石家庄:花山文艺出版社,2007年,第297页。

[7]　《安徽佛门龙象传》卷下《神异》,台北:成文出版社,1985年,第266—268页。

[8]　严耕望:《魏晋南北朝佛教地理稿》,上海古籍出版社,2007年,第256页。

[9]　(明)释镇澄:《清凉山志》卷五《帝王崇建》,杜洁祥主编:《中国佛寺史志汇刊》,第二辑第29册,第208页上。

寺东堂造文殊像,禀奏所见异象,于是"清凉圣迹益听京畿,文殊宝化昭扬道路"。[1]会赜撰《清凉山略传》一卷,张公荣绘《五台山图》小帐,广行京畿三辅。[2]

武则天极重视佛教,利用佛教助其成就正统之位。长寿二年(693),菩提流志等新译《宝雨经》,称菩萨现女身,大造舆论。武则天还延请神秀为国师、布施脂粉钱兴建奉先寺、两度迎奉佛骨舍利等。[3]证圣元年(695),又命菩提流志和实叉难陀重译《华严经》。长安二年(702),武氏自称曾"神游五顶",敕琢玉文殊像供养五台山清凉寺,后命大德感法师为清凉寺住持,封"昌平县开国公,食邑一千户,主掌京国僧尼事";派人至五台探菊采花;于各台顶敕建铁塔;[4]又显庆设斋,万圣赴会。从政治、经济、文化方面加强对五台山的管理、宣传和支持。古正美认为,武则天以佛教统治国家,不但奠定五台文殊信仰,甚至奠立转轮王及佛王的五台朝山文化,推崇"字陀罗尼"五台文殊信仰。[5]这是五台山在全国佛教界取得统领地位的发端,也是在官方利用和扶持下,发展为名山圣地的开端。

唐代宗也曾遇文殊示现,"广德元年十一月,土番(吐蕃)陷京师,帝在华阴,文殊现形,以狄语授帝。及郭子仪克复京师,驾还长安,诏修五台文殊殿,铸铜为瓦,造文殊像,高一丈六尺,镀金为饰"。[6]

唐代文殊信仰的兴盛,与不空三藏赋予文殊信仰以护国的意义有着密切的联系。不空金刚为唐密传承五祖,他将文殊化现与国运皇祚相关联,使得文殊信仰得到了皇室的认可和推崇。自唐永泰二年(766)起,他先后奏请皇帝舍衣钵于五台山修造金阁寺、玉华寺,[7]作为五台山文殊信仰的基地。代宗为此诏令全国十节度使为建造金阁寺布施,耗资"计钱巨亿万",历三年竣工,寺中壮丽的金阁分上中下三层,高百余尺,"铸铜为瓦,涂金于上,照耀山谷",[8]令僧常转《仁王经》《密严经》《法华经》等护国三经,使五台山成为镇国道场。之后又陆续使皇帝颁诏在天下僧寺食堂中置文殊菩萨为上座,[9]在太原府至德

〔1〕(唐)慧祥:《古清凉传》,《大正新修大藏经》,第51册No.2098,第1098页中。

〔2〕参考山本谦治:《五台山における聖地信仰の形成——仏教聖地形成の一例として》,同志社大学人文科学研究所编:《人文科学第11号 超越的世界観の比較文化史の研究》,1991年,第45—86页。

〔3〕Jinhua Chen, Śarīra and Scepter. "Empress Wu's Political Use of Buddhist Relics", *Journal of the International Association of Buddhist Studies*, Volume 25, 2002, pp.33-150.

〔4〕圆仁曾于中台顶见武则天"镇五台所建"的三铁塔,见《入唐求法巡礼行记校注》,第280页。古正美认为武氏在台顶建造铁塔原因在于:以转轮王的姿态,祈请文殊菩萨护佑自己"王祚永隆"。参见古正美:《从天王传统到佛王传统:中国中世佛教治国意识形态研究》,台北:商周出版,2003年,第399—401页。

〔5〕古正美:《从天王传统到佛王传统:中国中世佛教治国意识形态研究》,第383页。

〔6〕(明)释镇澄:《清凉山志》,载杜洁祥主编:《中国佛寺史志汇刊》,第209页上。

〔7〕(唐)不空等:《代宗朝赠司空大辨正广智三藏和上表制集》,《大正新修大藏经》,第52册No.2120,第834页,卷二《修金阁寺制一首》《请舍衣钵同修圣玉华寺制书一首》。

〔8〕《旧唐书》卷一一八《列传第六十八·王缙传》,北京:中华书局,1975年,第3418页。

〔9〕(唐)不空等:《代宗朝赠司空大辨正广智三藏和上表制集》,《大正新修大藏经》,第52册No.2120,第837页,卷二《天下寺食堂中置文殊上座制一首》。

寺设文殊院，[1]在天下一切僧尼寺中设文殊院，[2]使得文殊院成为当时佛寺必备的规制。

即便在会昌法难后恢复佛教的过程中，官方也给予五台山特殊优待。武宗崩后，宣宗始逐渐恢复佛教，限各地寺数，两都各置五所，每寺度五十人，其他各道各州各限置一至二所，每寺三十人，未定诸山置寺数，但特别指出"五台山置寺五所，如有见存寺，便令修饰充数，每寺度五十人，数内置尼寺一所"，[3]标准同两都。如此大兴建设，使得唐代见诸记载的五台山佛寺就有七十余所，规模宏伟。致使晚唐文人姚曇大发感慨："今天下学佛道者，多宗旨于五台，灵圣踪迹，往往而在，如吾党之依于丘门也。"[4]

通过日本求法巡礼僧人圆仁的记述，可以得见五台山僧众与朝廷间的互动细节。五台山真容院文殊塑像完工后，"频频放光，频现灵瑞。每有相时，具录闻奏"。睿宗以为吉兆，"敕施袈裟……每年敕使送五百领袈裟，表赐山僧。每年敕使别送香花、宝盖、真珠、幡盖、珮玉、宝珠、七宝宝冠、金镂香炉、大小明镜、花毯白氎、珍假花果等，积渐已多，堂里铺列不尽之，余者总在库贮积见在。自余诸道州府官私施主每年送者不可胜数。……其堂内外七宝伞盖当菩萨顶上悬之，珍彩花幡、奇异珠鬘等满殿铺列。宝装之镜大小不知其数矣"。[5]其奢华和尊崇令圆仁惊叹。开成五年（840）农历六月，圆仁亲眼见证了朝廷派使臣前去供养五台山诸寺，诸僧为唐武宗诞辰祈福的情境，为我们提供了现实画面。[6]

（二）异域僧众的竞相朝礼

来自天竺、西域、朝鲜半岛、日本等异域的佛教徒竞相朝礼五台山的宗教动机，是与瞻礼文殊真容及化现圣迹可积聚甚深功德的教理传播有关的。如西晋时译《佛说文殊师利般涅槃经》称：

> 若有众生但闻文殊师利名，除却十二亿劫生死之罪；若礼拜供养者，生生之处恒生诸佛家，为文殊师利威神所护……[7]

〔1〕（唐）不空等：《代宗朝赠司空大辨正广智三藏和上表制集》，《大正新修大藏经》，第52册No.2120，第837页，卷二《请太原至德寺至文殊院制书一首》。后文将详述其营造太原大兴善寺文殊阁的佛教宏愿。

〔2〕同上书，第841页，卷三《敕置天下文殊师利菩萨院制一首》。

〔3〕（唐）唐宣宗：《受尊号敕文》，载周绍良主编：《全唐文新编》第1部第2册，沈阳：吉林文史出版社，2000年，第1000页。

〔4〕（唐）姚曇：《大唐润州句容县大泉寺新三门记》，载王昶编：《金石萃编》卷一一三，《历代碑志丛书》第六册，南京：江苏古籍出版社，1998年，第467页上。

〔5〕《入唐求法巡礼行记校注》卷三，第276页。

〔6〕同上书，第290—291页。

〔7〕（西晋）聂道真译：《佛说文殊师利般涅槃经》，《大正新修大藏经》，第14册No.463，第481页。

《古清凉传》记载最早巡礼五台山的外国僧人是麟德年间（664—665）的西域僧释迦密多罗。[1]其后北印度僧佛陀波利朝拜五台山的故事流传最广。[2]日本、朝鲜半岛等地的佛教徒也多奔赴五台山巡礼求法，其中日本僧人众多，且多名僧，如惠萼[3]（又作慧锷、慧谔，生卒年不详）、灵仙、圆仁、慧运、圆修、宗睿（809—884）等。慈藏和慧超（又作惠超，704—783）在唐代文殊信仰向朝鲜半岛的传播过程中起到了重要作用。《宋高僧传》载，曾有十余位高僧驻锡五台，或获文殊感应，或积薪自焚、或割肉身亡以殉道，或兴福灭罪、利己利他。[4]唐宋时朝鲜半岛、日本的僧人前往中国求法巡礼，是比较重要的求学和修行的方式，[5]同时很大程度上促进佛法的传播和影响。另外，此经历也可在一定程度上成为留学僧人回国后的求法凭证和弘法象征。[6]

"开元三大士"之中印度僧人金刚智（669—741）曾遇观音菩萨示现告知："可往中国，礼谒文殊师利菩萨，彼国与汝有缘，宜往传教，济度群生。"[7]说明盛唐时文殊菩萨在中国弘法的说法已经流传到印度，并且由此因缘，使得金刚智来到中国弘扬密教，成为密教祖师，译出《金刚顶曼殊师利菩萨五字心陀罗尼品》等。北印度人般若三藏（俗姓乔答摩）也"远闻曼殊大圣，五髻童真，住清凉之五峰，息烦恼之炎热，与万菩萨众，保护大唐"[8]而持梵典泛海东渡，趋清凉圣境而巡礼五台。义净（635—713）西行求法时，记"西方赞云：曼殊师利现在并州，人皆有福，理应钦赞"。[9]可见，文殊菩萨驻锡中土之说在中晚唐时已传至南亚。

在汉文化圈及中古"多极化"的亚洲秩序体系[10]中，中华帝国与朝鲜半岛、日本的关系纵横交错，错综复杂。大唐帝国和新罗交往密切，尤其表现在佛教交流层面。"大量新

〔1〕（唐）慧祥：《古清凉传》，《大正新修大藏经》，第51册No.2098，第1098下—1099页下。
〔2〕（唐）佛陀波利译：《佛顶尊胜陀罗尼经》序，《大正新修大藏经》，第19册No.967，第349页。圆仁曾专门礼拜金刚窟，记录佛陀波利见老人的故事。[日] 佐々木大樹：《仏頂尊勝陀羅尼経幢の研究》，《智山学報》第五十七辑，2007年，第41—67页。
〔3〕参考田中史生编：《入唐僧恵萼と東アジア附 恵萼関連史料集》，東京：勉诚出版，2014年。
〔4〕统计数据来源于李映辉：《唐代佛教地理研究》，长沙：湖南大学出版社，2014年，第269页。
〔5〕木宫泰彦认为，"天台山、五台山的巡礼似乎和日本的所谓修行遍历有密切关系，为了教化而遍历各国，早在道昭（629—700）和行基（670—749）时就有过，但寻访圣迹的巡礼，却在平安朝中叶以后"。详参 [日] 木宫泰彦著，胡锡年译：《日中文化交流史》，北京：商务印书馆，1980年，第187页。
〔6〕相关研究参考石守谦：《古传日本之南宋人物画的画史意义——兼论元代的一些相关问题》，《美术史研究集刊》1998年第5期，第153—182页。高昕丹：《凭证与象征——〈无准师范图〉研究》，《新美术》1996年第1期，第18—24页。
〔7〕（唐）圆照：《贞元新定释教目录》卷一四，《大正新修大藏经》，第55册No.2157，第875页中。
〔8〕同上书，第894页下。
〔9〕（唐）义净著，王邦维校注：《南海寄归内法传校注》卷四《西方学法》篇，北京：中华书局，1995年，第187页。
〔10〕Wang Zhenping（王贞平），*Tang China in Multi-polar Asia: A History of Diplomacy and War*（《多极亚洲中的唐代中国：外交与战争的历史》），Honolulu: University of Hawaii Press, 2013.

罗僧人的赴唐求法,使得新罗佛教得到空前的发展,形成五教九山[1]之兴盛时期。"[2]新罗僧人赴唐求法者,有据可查者多达188名,[3]而新罗五教九山之创始人,除涅槃宗圆光(532—630)、法性宗元晓(617—686)外,都曾赴唐求法,不难从中看出唐代佛教的重要影响。如《海东高僧传》载:

> 自竺教宣通于海东,权舆之际未曾大集。英俊间生,奋臂而作,或自悟以逞能,或远求而命驾。新医袪于旧医,邪正始分。旧尹告于新尹,师资相授。于是西入中国,饱参而来,继踵而起。[4]

可见朝鲜半岛佛教界所掀起的入华求法的高涨热情和积极的兴趣。如高丽太祖王建(877—943)曾作《训要十条》,其中第四条为"惟我东方,旧慕唐风,文物礼乐,昔遵其制",[5]承前启后,凸显了在数千年汉文化影响之下朝鲜半岛的发展取径。

(三)多民族参与下的圣地建构

在五台山圣地的建构过程中,吐蕃、辽、西夏和元朝等也多方参与,发挥了各自的地域性影响,彰显了五台山文殊信仰在多民族文明交流过程中的重要性和特殊性。

据《辽史》载:统和十年(992)"九月癸卯,(辽圣宗)幸五台山金河寺饭僧"。[6]随后又载(辽)道宗于咸雍九年(1073)七月"幸金河寺"。[7]辽圣宗、道宗两帝亲临的五台山金河寺位于辽西京道蔚州(今河北省蔚县)境内,盛行华严宗,高僧辈出。关于金河寺的记载,清人厉鹗在《辽史拾遗·卷十五》中曾引述《山西通志》的记载曰:"金河十寺在蔚州东南八十里五台山下,河中碎石为金,故名金河寺,俱辽统和间所建。"[8]而清乾隆四年刊本《蔚县志》则对此小五台山进行了详细记载,如卷四载:"五台山在城东一百里,其山五峰突起,俗称小五台,又东五台,以别于晋之清凉山。内东西北中四台。俱县属南台,则州属也。东台高千仞……其下有汤浴寺……。西台有甘露泉……旧有普贤寺,今废。

〔1〕 五教,即涅槃、律宗、华严、法性、法相等五宗。九山,即禅宗九派系:须弥山、凤林山、狮子山、圣住山、阇崛山、桐里山、迦智山、宝相山、曦阳山等。

〔2〕 杨昭全:《中国-朝鲜·韩国文化交流史Ⅰ·中朝佛教交流》,北京:昆仑出版社,2004年,第368页。

〔3〕 关于入唐求法的高丽僧人情况,详参杨昭全:《中国-朝鲜·韩国文化交流史Ⅰ·中朝佛教交流》,第317—368页。另参考黄有福、陈景福编著:《海东入华求法高僧传》,北京:中国社会科学出版社,1994年。此时,亦有大量朝鲜学生入唐求学,参考杨昭全:《中国-朝鲜·韩国文化交流史Ⅰ·中朝佛教交流》,第158—180页。

〔4〕 [高丽]觉训:《海东高僧传》卷第二·流通一之二,《大正新修大藏经》,第50册No.2065,第1020页中。

〔5〕 (清)董诰等编:《全唐文》,北京:中华书局影印本,1983年,第10366页下。

〔6〕 《辽史》卷一三·本纪第十三《圣宗四》,北京:中华书局,1974年,第143页。

〔7〕 《辽史》卷六八《游幸表》,北京:中华书局,1974年,第1072页。

〔8〕 (清)厉鹗:《辽史拾遗》,《丛书集成初编》,上海:商务印书馆,1936年,第309页。

北台……东麓为铁黎寺，又有寺，沟窑寺，即辽时饭僧金河寺。中台久废……。南台有那罗洞……"[1]卷二十五又载："金河寺。在城东九十里五台山。山东台有汤浴寺。西台有普贤寺，今废。北台下院有铁林寺。中台下院有普寿寺，胥称一方名寺。"[2]此外，蔚州城东五台山上还有金觉寺等。[3]故可推知，辽代之"五台山"即今河北省蔚县与涿鹿县交界处的小五台山，借山西五台山之盛名，已逐渐形成一个规模不小的寺院群。

五台山是通过《华严经》的翻译和传播而被认定为是文殊菩萨讲法之"清凉山"。华严宗在西夏影响较大，其中有多位国师、帝师、高僧等参与译介流传，存世的西夏文《大方广佛华严经》有刻本和写本等多个版本。西夏也曾刻印有汉文本《大方广佛华严经》，现存以大安十年（1083）刻本最早。甘肃省定西县也发现泥金字书写《大方广佛华严经》。[4]

而根据史料梳理显示，西夏最早的佛事活动即与五台山密切相连。宋景德四年（1007），时任夏州节度使、西平王的党项族首领德明之母罔氏去世，德明请求赴宋朝北部的五台山修供十寺荐福，并派遣使者亲自护送供物至五台山："（德明）母罔氏薨，除起复镇军大将军右金吾卫上将军外置同正员，余如故，以殿中丞赵积为吊赠，兼起复官告使，德明以乐迎至枢前，明日释服涕泣，对使者自陈感恩。及葬，请修供五台山十寺，乃遣阁门祗侯袁瑀为致祭使，护送所供物至山。"[5]德明崇奉佛教，后于宋天圣八年（1030）十二月派使臣赴宋朝求赐大藏经。显然这次巡礼佛教圣地五台山的活动，表明了五台山在西夏佛教信仰中的重要地位。宋宝元元年（1038），元昊向宋廷提出要求，希望派使臣赴五台山供佛，虽引起宋人的猜疑，但终获许可："春正月……癸卯，赵元昊请遣人供佛五台山，乞令使臣引护，并给馆券，从之。元昊实欲窥河东道路故也。"[6]显然，宋人的猜测并非空穴来风，元昊派人巡礼五台山的目的不纯粹，不久元昊即称帝位，建国号大夏（史称西夏）。其巡礼五台山的行为似乎也是为了回应其父李德明派人赴五台山修供十寺的行为，表明当时西夏上层社会佛教信仰的流行程度和对于五台山圣地的推崇。

敦煌莫高窟第444窟窟檐门北柱上有西夏时的汉文墨书题记，其一曰"北五台山大清凉寺僧沙□□光寺主……"[7]此外，清宫汉文本《大乘要道密集》第六篇《解释道果语录

〔1〕（清）王育榑修、李舜臣等纂：《蔚县志》卷五《山川》，清乾隆四年（1739）刊本，第1—2页。采自《中国方志丛书》·塞北地方·第廿八号，台北：成文出版社，1968年。

〔2〕同上书，卷廿五《祠庙（寺观附）》，第5页。

〔3〕同上书。

〔4〕史金波：《西夏社会》（下），上海人民出版社，2007年，第593页。

〔5〕《宋史》卷四八五《夏国传》，北京：中华书局，1977年，第13990页。然而，史金波依据《续资治通鉴长编》卷六七记载真宗景德四年十月庚申条与《宋史》有异，认为出于军事考虑，西夏使可能并未直接抵达五台山。参考史金波：《西夏社会》（下），第548页。

〔6〕《续资治通鉴》卷四十一《宋纪四十一》，"仁宗宝元元年（1038）正月癸卯"条，第961页。

〔7〕敦煌研究院编：《敦煌莫高窟供养人题记》，北京：文物出版社，1986年，第168页。

金刚句记》，题款为"北山大清凉寺沙门慧忠译，中国大乘玄密帝师传，西番中国法师禅巴集"。而大乘玄密帝师即是西夏帝师。[1]其中提及的"北山大清凉寺"，并非是山西五台山，而应是贺兰山中的北五台山大清凉寺，就是西夏的五台山，为显示区别，故又称为"北五台山"。而清人张鉴在《西夏纪事本末》中所载的《西夏地形图》，在贺兰山内记有"五台山寺"。具体方位可能包括今贺兰山拜寺口寺庙遗址和山中的一些寺庙遗址。[2]说明西夏人可能出于对山西五台山佛教圣地的推崇，在入宋朝圣的道路被切断后，选择在贺兰山建构了新的五台圣地。据藏文史料显示，萨迦四祖萨班在凉州期间，也曾到贺兰山上的五台山向修道者传授密法。[3]

榆林窟第3窟[4]主室西壁门北侧西夏时期的新样文殊及其眷属壁画（图2-9-2），宽3.44米、高2.81米。该壁画上部是多有化现场景的群山（极有可能是五台山），[5]突出了五台山的背景。主尊文殊菩萨头戴宝冠，右手持如意，左手结印，游戏坐于狮子背上。画面的中下部，文殊菩萨的眷属侍从共有十八尊，这在现存的图像资料中比较少见，王中旭将其与画史记载的"降灵文殊像"相联系。[6]如南宋周密《云烟过眼录》载："陆探微《降灵文殊》，高宗御题，本兰坡故物，后归乔氏。大小人物共十八人，飞仙四，皆佳。内亦有番僧手持骷髅盂者，盖西域僧。"[7]不知"飞仙"（飞天？）为谁，且画中僧人佛陀波利手持为钵盂而非骷髅盂，仅从画面看，眷属中似乎存在道释结合的影子。画中驭狮者头戴宝冠，着臂钏脚钏，双足脚趾尖利外露。[8]此外，在黑水城和甘肃武威亥母洞寺石窟中，也发现存有多件西夏时期的文殊菩萨画像。

据《册府元龟》所载，吐蕃曾遣派使臣向大唐请赐《五台山图》："穆宗长庆四年（824）九月甲子，灵武节度使李进诚奏，吐蕃遣使求《五台山图》。山在代州，多浮图之迹，西戎尚此教，故来求之。"[9]该事件在《旧唐书》《新唐书》《唐会要》中均有记载，说明

〔1〕　陈庆英：《西夏大乘玄密帝师的生平》，《西藏大学学报》2000年第3期，第6—14页。

〔2〕　史金波：《西夏社会》（下），第611页。

〔3〕　才让：《萨班在凉州弘法事迹考》，《西藏研究》2004年第4期。

〔4〕　关于榆林窟第3窟，参见贾维维：《榆林窟第3窟壁画与文本研究》，杭州：浙江大学出版社，2020年。

〔5〕　贾维维认为："榆林窟第3窟的场景还是在五台山的语境里，比如后面山上门口有一道光，都在强调文殊与侍从在五台山化现的背景。水也许只是艺术家添加了一些艺术元素。"由此观之，这有可能是西夏时期的画师借助传统中原地区山水画的理念，为了布置画面场景而特意在（五台）山的意象之外加入水的元素。

〔6〕　王中旭：《故宫博物院藏维摩演教图的图本样式研究》，《故宫博物院院刊》2013年第1期，第112页。

〔7〕　（宋）周密：《云烟过眼录》，《四库全书》子部，杂家类，卷一六三，第871—874页。

〔8〕　仔细观察可以发现，驭狮者（于阗王）的形象有一个细节——足端有一根尖利的脚趾探出，呈现了图像主题在传播过程中的隐秘联系。此细节在大量新样文殊的图像中存在，比如P.4049白描骑狮文殊五尊像、榆林窟第3窟主室西壁门北侧文殊变、文殊菩萨及眷属像（东京国立博物馆A-231）、木造骑狮文殊菩萨及胁侍像（东京国立博物馆C-1854）、日本京都清凉寺藏文殊菩萨像版画（雍熙元年，栴檀释迦瑞像胎内发现）等。

〔9〕　《册府元龟》卷九九九《外臣部·请求》，北京：中华书局，1988年，第6640页。《旧唐书·敬宗本纪》卷一七有："甲子吐蕃遣使，求五台山图"，《旧唐书》卷一九六《吐蕃传》亦有同样内容。

图2-9-2　榆林窟第3窟西壁文殊菩萨及眷属像,西夏

五台山文殊信仰已闻达于吐蕃。[1]而藏传佛教正式传入五台山,则始于元朝帝师八思巴的巡礼活动。元蒙哥汗七年(1257),八思巴在朝圣五台山期间,不仅著述了多种赞颂、密法要义和仪轨等,而且首次以密部五教阐释五台山,将五台视作密法金刚界五部佛的佛座,奠定了五台山汉藏并存的宗教格局。至今,五台山普恩寺(旧称西天寺)仍存有传为八思巴的"衣冠塔"(图2-9-3)。继八思巴之后,达赖喇嘛、班禅、章嘉、哲布尊丹巴等藏传佛教高僧持续前往五台山举行巡礼朝圣活动,延续至今。元代诸帝也积极支持五台山的发展,修复、新建了三十余处藏传佛教寺院。[2]其中,元大德五年(1301),阿尼哥在塔

〔1〕 林韵柔:《五台山与文殊道场——中古佛教圣山信仰的形成与发展》,台北:台湾大学博士论文,2009年,第220—221页。

〔2〕 赵改萍:《山西佛教史·五台山卷》,北京:中国社会科学出版社,2014年,第55页。

图2-9-3 五台山西天寺传八思巴衣冠塔（张 　　图2-9-4 五台山塔院寺大白塔（张书彬摄于2017年
书彬摄于2017年7月22日）　　　　　　　　　　7月15日）

院寺依尼泊尔风格[1]所创建的大白塔（图2-9-4），甫一建成，即成为藏传佛教在五台山
的重要标志。这使五台山成为内地唯一一处"汉藏并行、青黄共济"的佛教圣地，也使得
五台山文殊信仰逐渐成为维系汉族与蒙、满、藏等民族信众的情感纽带，并在政治、经济等
方面发挥了重要作用。[2]

　　根据佛教经论的提示，五台山突出了即清凉山、文殊圣地金色世界的佛教内涵，加之
唐代及之后多位帝王、贵族力量的支持，诸多灵异故事的流传与附会，敦煌赞文、曲子词、
行记、五台山图、新样文殊图像等传播，吸引了来自天竺、西域、朝鲜半岛、日本等异域巡礼
求法僧人的虔诚朝拜与弘法，巡礼朝圣者众，分布甚广，影响深远，使其确立并不断充实加
强了佛教圣地的地位。这个过程直接推动了"文殊—五台山"信仰的多方传播，并在东亚

〔1〕 黄春和：《阿尼哥与元代佛教艺术》，《五台山研究》1993年第3期，第41页。

〔2〕 相关研究可参王俊中：《有关五台山成为佛教圣山的研究二则——以与华严学兴起的关系和元代藏传佛教势力
的进入为主》，《东亚汉藏佛教史研究》，台北：东大图书股份有限公司，2004年，第63—80页。王俊中：《文殊菩
萨与满洲源流及其与西藏政教关系》，《东亚汉藏佛教史研究》，第81—134页。林士铉：《中华卫藏：清仁宗西
巡五台山研究》，《故宫学术季刊》2010年12月第28卷第2期，第147—212页。

文化圈内实现多处信仰空间的重现,从而形成独特的"文殊—五台山"信仰。之后其他菩萨的人间道场逐一兴起,开启一种与极乐世界相比附的人间道场的新的信仰模式。

二、视觉朝圣:敦煌莫高窟《五台山图》的时空逻辑

敦煌石窟存有多幅五台山图(表2-9-1),绘于唐代至五代、西夏时期,承载了宣扬"文殊—五台山"信仰的重要功能,描绘了五台山周边地理、佛教史迹及圣迹化现等场景。这些《五台山图》,大致分为三类:屏风式、圣迹式(圣迹在画面中占绝对优势)和经变式。[1]前两种类型大多是将五台山作为文殊菩萨图像的背景出现,并未描绘出具体的地理胜景。相较而言,莫高窟第61窟西壁的《五台山图》,属于经变式,规模最为宏大、内容最为丰富。

表2-9-1　敦煌石窟《五台山图》一览表[2]

石窟	窟号	时代	图像方位	内　容	备　注
敦煌莫高窟	112	中唐	主室西壁龛下	五台山	无榜题
	159		主室西壁龛外北侧	文殊变中的五台山,屏风式	无榜题
	222		西壁龛外壁南、北侧	五台山,圣迹式	无榜题、漫漶
	237		西壁盝顶帐形龛外北侧	文殊变中的五台山,屏风式	榜题自右向左:"东台山""现座云狮时""北台山""文殊菩萨现时""金□□□""现□□□"
	361		西壁盝顶帐形龛内北侧	文殊变中的五台山,屏风式	榜题数则,漫漶不可辨
	9	晚唐	中心塔柱东向面龛内南壁	五台山	
	144		西壁盝顶帐形龛外南侧	文殊变中的五台山,经变式	榜题"□□菩萨来会"
	61	五代	主室西壁	五台山全景,经变式	榜题195则

[1] 敦煌研究院主编:《敦煌石窟全集12:佛教东传故事画卷》,第四章"文殊和五台山",上海人民出版社,2000年,第185—186页。

[2] 根据《敦煌石窟内容总录》(北京:文物出版社,1996年)、党燕妮《五台山文殊信仰及其在敦煌的流传》(《敦煌学辑刊》2004年第1期,第89页),结合图像比对综合增订制作。

续　表

石窟	窟号	时代	图像方位	内　容	备　　注
敦煌莫高窟	25	宋	西壁龛外北侧	文殊变中五台山,经变式	
	149	元	南壁	文殊五尊像后五台山,经变式	
榆林窟	19	五代	主室西壁门南侧	新样文殊变中的五台山,经变式	
	32		主室东壁门南侧	文殊变中的五台山,圣迹式	榜题数则
	3	西夏	主室西壁门北侧	文殊变中的五台山	
肃北五个庙石窟	1	西夏	南壁门东侧	文殊变中的五台山	
	EO.3588			文殊变中的五台山,圣迹式	法国吉美博物馆藏,绢画

（一）莫高窟第61窟《五台山图》

莫高窟第61窟又称"文殊堂",为五代时期归义军节度使曹元忠所造,位于莫高窟南区中段最下层,主室为覆斗形,窟室中央设马蹄形佛坛,坛后有背屏直通窟顶(图2-9-5、2-9-6)。中央佛坛上原塑有文殊菩萨及胁侍像,现仅存一些残迹,根据沙武田的观察,"狮子立小石台与四蹄遗迹仍在,小台北侧牵狮人像立二脚木柱仍在,外侧一圈两侧各四身大像痕迹仍在,但在狮子小台的两侧与前方,有几处大面积的造像痕迹"[1]和背屏上残留的动物尾巴(多被认为是狮子尾巴)等残迹。

图2-9-5　敦煌莫高窟第61窟内景(吴健摄影)

〔1〕 沙武田:《敦煌P.4049"新样文殊"画稿及相关问题研究》,《敦煌研究》2005年第3期,第31页。该文附有"莫高窟第61窟中心佛坛现存遗迹"示意图。

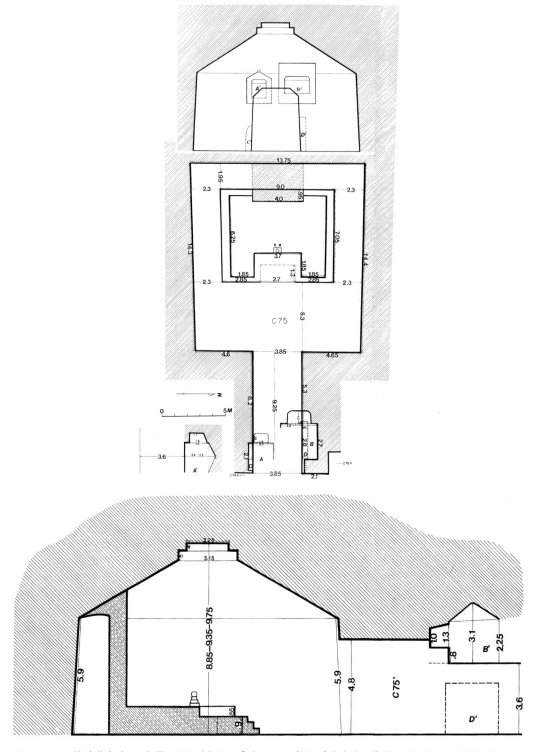

图2-9-6 敦煌莫高窟61窟平面图及剖面图。[来源：石璋如：《莫高窟形》第二册，台北："中研院"历史语言研究所，1983年，图版64莫高窟C75（T61）平、剖面图]

第61窟南壁西起依次绘楞伽经变、弥勒经变、阿弥陀经变、法华经变、报恩经变。北壁西起绘密严经变、天请问经变、药师经变、华严经变、思益梵天所问经变。[1]窟顶中央饰有团龙鹦鹉井心，四披绘有千佛图像，除西披外各披中央分别绘四方佛，四角绘有护法天王。中央背屏背面绘制有通屏凉州瑞像样式的巨大佛像。

莫高窟第61窟西壁的《五台山图》长13.45米、高3.42米，面积达45.999平方米，现有可辨识榜题多达195则。结合五台山实际地理分布，可以发现莫高窟第61窟《五台山图》（图2-9-7）中五台的相对位置并非与现实一致，而是以图中的"大圣文殊菩萨真身"及"中台之顶""大圣文殊真身殿""万菩萨楼"为中轴线，除东台位于画面上方外，其余四台位于画面中间位置，从左到右依次为南台、西台、中台、北台和东台，几乎呈对称形式，平行分布（图2-9-8）。这意味着《五台山图》并非是完全按照实际地理空间来绘制的，[2]而是经过了思虑周详的严格的构图处理，带有某些象征指向性和图像空间预设的意味。通过细致的图像和地理空间比对，可以看到，敦煌五台山图的图像构成奇特，和敦煌传统经变画的构成差别比较明显。莫高窟第61窟《五台山图》按描绘内容大致可分为三部分：

（1）最上部描绘的是众菩萨化现乘祥云莅临五台山的景象，左边以毗沙门天王、普贤菩萨为首，右边以观音菩萨、文殊菩萨为首；后有"云现菩萨千二百五十会""菩萨千二百五十现""阿罗汉一百二十五人会""云现罗汉百五十俱"等。

（2）中间部分为五台山五座山峰及各大寺院的情况，同时穿插许多灵验化现的故事，比如"金佛头云中现""圣佛足现""化金桥现""白鹤现""灵鸟现""功德天女现""大力金刚现""师子云中现"等。也描述了文殊菩萨化现的诸多事迹，如佛陀波利见到文殊化现的老人故事（两次出现）、文殊化现贫女的故事等。这些灵验圣迹在敦煌卷子《五台山赞文》中也被大部分提到。[3]

（3）下部表现的则是通往五台山的朝圣道路，包括从山西太原到河北镇州沿途的地理风貌和各地送供使等。

许多发生在不同时期如北魏孝文帝登五台的遗迹"魏文帝箭孔山"，到唐代晚期、后

---

〔1〕 综合敦煌研究院编：《敦煌石窟内容总录》第26—27页的相关信息。具体图像请参考赵声良编：《敦煌石窟艺术·莫高窟第六一窟（五代）》，南京：江苏美术出版社，1995年。

〔2〕 古代中国舆图的制作过程中主观性认识占较大比重，有别于现代地图的制作要求准确客观，分属不同的制图理念系统。关于古代中国地图绘制过程中的"非科学性"和"非准确性"，参见成一农：《"非科学"的中国传统舆图：中国传统舆图绘制研究》，北京：中国社会科学出版社，2016年。

〔3〕 杜斗城将《五台山赞》分类为甲乙丙丁四类，并进行了校录整理。详见杜斗城：《敦煌五台山文献校录研究》，太原：山西人民出版社，1991年。高田时雄：《丁类〈五台山赞〉小注》，《涅瓦河边谈敦煌》，京都大学人文科学研究所，2012年，第111—122页。

图2-9-7 五台山图,五代,莫高窟第61窟西壁,13.45×3.42米

图2-9-8 敦煌莫高窟第61窟《五台山图》中五个台顶相对位置及画面平衡分割、下部两条进山道路(张书彬标注)

唐同光元年(923)的送供天使、马楚开运四年(947)南楚的"湖南送供使"[1]、新罗送供使、高丽送供使等场景也跨越了多个不同的历史时间穿插在一起,以图绘的方式呈现于同一个时空。《五台山图》并非仅仅停留于对真实地理空间的客观描述,而是将若干个不同时间和地点的五台山视觉图像连缀起来,在同一幅图面上平行呈现,将现实和想象融合在一起。壁画除展示实际的地理空间外,还呈现了佛教的神圣空间、佛国世界。

说到五台山的朝圣者,不得不提及日本的慈觉大师圆仁。[2]开成三年(838),圆仁以请

〔1〕 赵声良根据对"湖南送供使"的研究,认为《五台山图》原稿的绘制时间不会早于947年。见赵声良:《莫高窟第61窟五台山图研究》,《敦煌研究》1993年第4期,第100页。但公维章认为这不可靠,他根据图中"永昌之县"的设置时间、第61窟开凿完工的时间及其他文献,将莫高窟第61窟《五台山图》壁画的绘制时间推断为943—947年间的农历四五月份,是为最新的研究成果。参见公维章:《敦煌莫高窟第61窟〈五台山图〉的创作年代》,《敦煌学辑刊》2010年第1期,第90—97页。

〔2〕 严耕望据圆仁巡礼五台山的日记,专门研究了五台山进香道交通问题。严耕望:《唐代交通图考》(第五卷河东河北区)篇肆肆"五台山进香道",台北:"中研院"历史语言研究所,1986年,第1507—1512页。彭文峰:《唐代"五台山进香道"补释》,《中国历史地理论丛》2004年第19卷第4辑,第50—55页。

益僧身份随遣唐使入唐求法巡礼,辗转于840年农历四月廿八至七月初七巡礼五台山。在圆仁离开五台山时,头陀僧义圆特地出资请太原的画博士为圆仁绘制了"五台山化现图":

> （七月十八日）头陀僧义圆见雇博士,自出帔袄子一领,画五台山化现图。拟付传日本国。……（七月）廿六日　画化现图毕。头陀（义圆）云:"喜遇日本国三藏,同巡台,同见大圣化现。今画化现图一铺奉上。请将归日本供养,令观礼者发心,有缘者同结缘,同生文殊大会中也。"[1]

敦煌卷子P.4648《往五台山行记》亦有关于绘制《五台山图》的记载:"又行十里/到太原城内大安寺内常住库安下。廿五日前(?)衙参/太傅。二月廿八日下手画《台山图》。廿九日长画至终。"[2]

从上述史料中可以看到,在太原等地已经形成绘制"五台山图"的产业链,出现按需绘制"五台山化现图"的职业画家。这类化现图像也许已成为朝圣者收藏或赠送友人的纪念物。[3]

（二）文本和图像的想象空间

敦煌遗书中有多件与五台山有关的卷子,目前能够见到的有《五台山赞》[4]《五台山曲子》《往五台山行记》《五台山志》《游五台赞文》《诸山圣迹志》《辞娘赞文》等多种文献。其中,《五台山赞》和《五台山曲子》在现存敦煌遗书中数量较多,达30件以上。[5]从中,可以了解到当时在敦煌民众中流行的对于五台山的向往热情:

> 文殊菩萨五台山,遍化神通在世间。……（ P.2483《五台山赞并序》）[6]
> 金刚真容化现来,光明花藏每常开。天人共会终难识,凡圣同居不可裁。五百神龙朝月殿,十千菩萨住灵台。浮生踏着清凉地,寸土能消万劫灾。（ P.4641《五台山

---

〔1〕《入唐新求圣教目录》,载《入唐求法巡礼行记校注》,第317—318页。
〔2〕杜斗城:《敦煌五台山文献校录研究》,太原:山西人民出版社,1991年,第141页。
〔3〕在某种意义上,这些"五台山化现图"（地图）也是建构（形塑）五台山圣地的重要形式,应引起重视。如本尼迪克特·安德森和通猜·威尼差恭就将近现代国家形成过程中地图的绘制、使用和传播视为形塑国家地缘有机体的重要方式,直接回应了古代中国对于地图的使用。参见［美］本尼迪克特·安德森著,吴叡人译:《想象的共同体:民族主义的起源与散布》,上海人民出版社,2003年。［美］通猜·威尼差恭著,袁剑译:《图绘暹罗:一部国家地缘机体的历史》,南京:译林出版社,2016年。
〔4〕杜斗城经过排列对比,发现甲乙丙丁四类中,甲类卷子居多。见杜斗城:《敦煌五台山文献校录研究》,第2—81页。高田时雄:《丁类〈五台山赞〉小注》,第111—122页。
〔5〕高田时雄:《丁类〈五台山赞〉小注》,第113页。
〔6〕P.2483《五台山赞并序》。录文见杜斗城:《敦煌五台山文献校录研究》,第76—77页。

圣境赞》底本，据P.4617补。）[1]

P.3718《唐河西释门故僧政京城内外临坛供奉大德兼阐扬三教大法师赐紫沙门范和尚写真并序》载范海印和尚曾巡礼五台山："每虑坏躯虚假，翘情礼于五台。"[2]类似的想象和文学性描述，还可以在其他敦煌遗书和敦煌版画中看到，可以说，它们体现了敦煌地区的"文殊—五台山信仰"的状况。[3]

S.5981《同光二年智严往西天巡礼圣迹后记》保存了智严法师在沙州巡礼圣迹的留

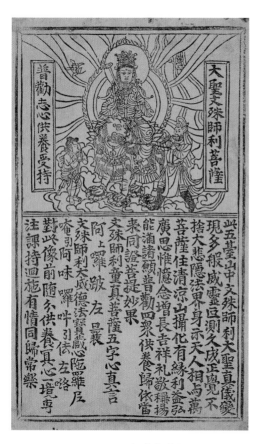

图2-9-9　Ch.00151.a文殊菩萨（版画，27.7×16.7厘米，大英博物馆藏，图片来源：IDP国际敦煌项目）

后记，文中有"智严回日，誓愿将此凡身于五台山供养大圣文殊师利菩萨，焚烧此身，用酬往来道途护卫之恩。所将有为之事，回向无为之理，法界有情，同证正觉"。[4]说明智严于三月初来到敦煌，准备东归入五台山供养文殊菩萨。

敦煌"新样文殊"版画（Ch.00151.a文殊菩萨版画）（图2-9-9）中刻有供养愿文：

此五台山中文殊师利大圣真仪，……与万菩萨住清凉山……思惟忆念，增长吉祥，礼敬称扬，能满诸愿。普劝四众，供养皈依，当来同证，菩提妙果。

版画的优势在于能够大量复数印刷，造价不高，容易携带，便于在空间范围内广泛传播，一定程度上体现了民众的信仰需求。

这些活泼而通俗的赞文和曲子、图像等，富于想象，一一细述五台圣迹和文殊的慈悲示现，夹杂着对圣地的无限向往。应是随着

〔1〕 P.4641《五台山圣境赞》底本，据P.4617补。录文见杜斗城：《敦煌五台山文献校录研究》，第41—42页。
〔2〕 同上书，附录第219页。
〔3〕 同上书。党燕妮：《五台山文殊信仰及其在敦煌的流传》，《敦煌学辑刊》2004年第1期，第83—97页。
〔4〕 杜斗城：《敦煌五台山文献校录研究》，附录第218页。黄征、吴伟校注：《敦煌愿文集》，长沙：岳麓书社，1995年，第923页。

《五台山图》的流行而出现的,显示了五台山文殊信仰于晚唐至宋初时在敦煌民众间的流行程度。它们在普通民众间通过表演等形式口耳相传,容易让无缘巡礼圣地的人,获得文化上的认同感,感念到文殊菩萨的慈悲与智慧,期待能够在五台山圣地得到加持和福佑。

五台山信仰的兴盛和文殊示现的种种灵验故事令那些远方无法前来的朝圣者闻而心动,充满憧憬和想象。[1]人们通过图像(如五台山化现图、新样文殊像等)和文本(清凉山传、赞文、曲子、巡礼行记等)的流通,以及五台山在异地的空间重现,为这些想象找到了载体,从而也催生了《五台山图》的绘制。

(三)视觉朝圣与修行实践

我们首先来看日本僧人圆仁初到五台山的真实心理写照。出于对佛教的虔诚和对圣地的崇敬之情,刚踏入五台境内,圆仁的心理即先入为主:"未入院(停点普通院)中,向西北望见中台,伏地礼拜……望遥之会,不觉流泪。"[2]可见文殊信仰对于信众的影响所及,这恐怕也是大多数虔诚信众初朝五台的心情写照,以至于一草一木皆被认为是文殊化现——"入大圣境地之时,见极贱之人亦不敢作轻蔑之心。若逢驴畜,亦起疑心:恐是文殊化现欤?举目所见皆起文殊所化之想。圣灵之地,使人自然对境起崇重之心也。"[3]

在敦煌遗书中,有不少关于朝圣五台山的卷子。这些卷子显示了来自印度、于阗、敦煌等地区的僧人朝礼五台山和崇拜文殊菩萨的热情,有些甚至明确记载了朝圣五台山的道路。那么,这些记录一方面记录了朝圣之途的艰辛,一方面也为那些远方无法前来巡礼的人们留下了想象朝拜的空间。

朝圣巡礼之行,借由固定或不断增添的圣迹和灵验传说贯穿始终,导引信众在朝圣途中不断巩固信心,借瞻礼圣迹的同时,追怀佛菩萨的事迹功德,[4]进而积累甚深功德,鼓舞宗教热情,同时也成为一种重要的修行方式,如果幸运的话,甚至可以亲眼见到圣迹示现,故古今不绝。朝圣的行为可以是有组织的,也可以是自发形成的,往往在宗教的特定节日(如佛菩萨的圣诞或成道日)达到朝圣进香的高潮。从莫高窟第61窟《五台山图》中,可以看到有两条巡礼五台山的外部道路——东路、南路。[5]

〔1〕 又如敦煌卷子P.5538c "梵—于阗双语对照会话练习簿",体现了文殊信仰和五台山在丝绸之路上的重要知名度,使得西域僧人不辞路途艰辛前来朝圣,甚至在随身携带的会话练习手册中都提及要去五台山拜谒文殊菩萨。参见[美]芮乐伟·韩森著,张湛译:《丝绸之路新史》"第七章于阗:佛教、伊斯兰教的入疆通道",北京联合出版公司,2015年,第278—279页。

〔2〕《入唐新求圣教目录》,《入唐求法巡礼行记校注》,第261页。

〔3〕 同上书,第270页。

〔4〕 可参[日]高田修著,杨美莉、高桥宣治译:《佛像的起源(上)》,台北:华宇出版社,1986年,第86—89页。

〔5〕 马德:《敦煌〈五台山图〉中的道路交通简论》,《敦煌学与中国史研究论集:纪念孙修身先生逝世一周年》,兰州:甘肃人民出版社,2001年,第42页。《敦煌石窟全集26:交通画卷》,第二章"山重水复——五台山图的朝圣送供道",上海人民出版社,2001年,第55—74页。

（1）东路——由海路经沧州、镇州（河北正定）西行到五台山。这是中国东部沿海各地、朝鲜半岛和日本登临五台山朝圣的道路。由镇州到五台山的路线为：河北道镇州—新荣之店—灵口之店—柳泉店—龙泉店—永昌之县—石觜关门—石觜关镇—青……（阳）之岭—河北道山门东南路—五台山。往来行人有"高丽王使""湖南送供使""新……（罗送）供使""游台送供道人""送供道人"等（图2-9-10）。[1]

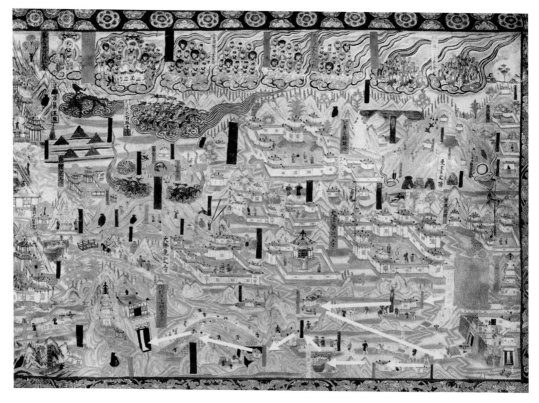

图2-9-10　莫高窟第61窟《五台山图》巡礼五台山的外部道路——东路（张书彬标注）

（2）南路——由太原始，北行到忻州定襄，后经河东道山门西南，过关至五台。由太原至五台山的路线为：太原—太原新店—……（太原三桥）店—太原白枧店—石岭关镇—忻州定襄县—河东道山门西南—五台县西南大桥—五台县—五台山（图2-9-11）。[2]

在这两条外部进入五台山的道路上，来来往往有送供的使节、僧俗等各色人等，或骑马或牵驴，或牵骆驼或挑担步行。除了对于画面下端外部交通道路的关注，在图像中部，

---

〔1〕 部分榜题漫漶不清，参照赵声良绘制的"第61窟'五台山化现图'示意图"，敦煌研究院主编：《敦煌石窟全集12：佛教东传故事画卷》，第206—207页。

〔2〕 同上书。

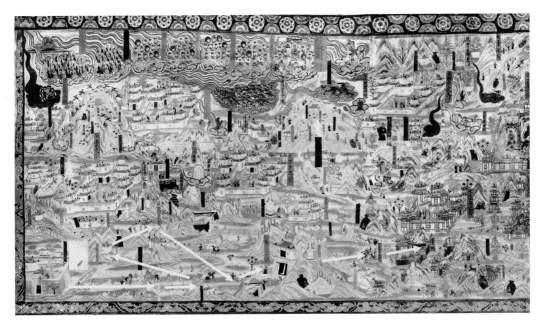

图2-9-11　莫高窟第61窟《五台山图》巡礼五台山的外部道路——南路（张书彬标注）

还可以看到台顶与台顶、寺院与寺院、圣迹与圣迹之间都有清晰的道路相连，僧俗不绝于缕，多做双手合十等虔诚巡礼之态。大部分寺院如"东塔常住之院""大福圣之寺""大佛光之寺""大建安之寺""大王子之寺""大金阁之寺"等中多有高僧讲法开示、俗众侍立听法的场景。

　　纵观《五台山图》全图，可以发现绘制者在处理画面视角时有着特殊的视觉导引设计考虑：画面上部的佛国世界呈现平视视角，各大菩萨、罗汉乘祥云而至，香烟缭绕。但画面中部展现五台山实景和巡礼的道路时则采用鸟瞰式俯视视角，而且灵验化现的圣迹越往画面下部越少，越接近现实世界。整幅五台山图画面高3.42米，加上下部佛传故事画，画面最上部离地高达5.9米。[1] 加之背屏后与《五台山图》相对，绘有一铺"手把袈裟"的御容山大佛（典型的凉州瑞像样式，身着袈裟右袒，左手于胸前捏衣襟，右手下垂，掌心向内或向外，施与愿印，跣足立莲台之上）。站在观者的角度，抬头仰视，随着视线范围的逐渐抬升，逐渐起到登临五台圣地，进入文殊菩萨的清凉圣境，越往高处越能接近佛教神圣世界的效果。

　　画面视角的特殊考虑，通过画面中透视关系的处理也可以得到印证（图2-9-12）。整幅图以中台为中轴线，左右两部分几乎呈对称处理。通过中轴线两侧山峰、寺院墙

---

〔1〕　石璋如：《莫高窟形》，第一册莫高窟C75窟（T61），台北："中研院"历史语言研究所，1983年，第130—134页；第二册图版64莫高窟C75平面及剖面图，1942年7月2日测。原测5.9公尺，即5.9米。

图2-9-12 敦煌莫高窟第61窟《五台山图》透视图（张书彬制作）

面的倾斜处理，可以看到画面的聚焦点位于中轴线上的两个点：一个是画面最上部的中台之顶；一个是大圣文殊真身殿的释迦佛，其两侧胁侍菩萨分别为"大圣文殊真身"和"大圣普贤真身"。值得一提的是，这个中轴线正对背屏背部的凉州瑞像，形成呼应关系。

　　另据敦煌遗书《腊八燃灯分配窟龛名数》（敦煌研究院藏D.0671号背面）载，该年腊八，敦煌僧人道真负责安排莫高窟"遍窟燃灯"事宜，从南而北各层各段洞窟均有专人负责燃灯，第61窟"文殊堂"由"李禅"负责，具体燃灯两盏："李禅。司徒窟北至灵图寺六十窟翟家窟两盏社众窟两钱（盏？）宋家窟两盏文殊堂两盏……"[1]该卷子的发现，证明敦煌莫高窟在佛教节日期间会举行燃灯供养活动，说明第61窟的开凿建设除了为了积累功德外，也会被用作举行佛教活动的空间。

　　根据实地体验和"数字敦煌"的线上体验，结合石璋如先生《莫高窟形》的测量数据，[2]可知第61窟的甬道长约9.25米，从窟内东壁到西壁长约14.3—14.4米，背屏和窟内西壁间隔1.95米。那么，从甬道口到西壁《五台山图》的距离长达23.55—23.65米。显然，只依靠自然光线，是无法清晰观看图像的，需要借助火把或灯烛。而《五台山图》中的朝圣路线（包括榜题等）和信众的身影，恰恰为高举火把或灯烛的观者指明了观看的方向和顺序，在这种导引下，观者一步步巡礼五台山各大寺院和化现圣迹，并逐渐抬高视线，到达画面上预设的两个视线的焦点（中台之顶和大圣文殊真身殿），达到视觉朝圣的高潮（图2-9-13）。火把或灯烛昏暗的光线，则在另一层面上让这种观看过程增添了一种仪式感和神秘感。画面的对称处理，让观者无论是否遵循佛教右绕原则观看，

---

〔1〕 释文参考孙修身：《敦煌石窟〈腊八燃灯分配窟龛名数〉写作年代考》，丝绸之路考察队编著：《丝路访古》，兰州：甘肃人民出版社，1983年，第209—215页。孙修身先生考证该写卷完成于951年。

〔2〕 石璋如：《莫高窟形》，第一册莫高窟C75窟（T61），第130—134页；第二册图版64莫高窟C75平面及剖面图，1942年7月2日测。

图2-9-13　模拟视觉朝圣的过程,敦煌莫高窟第61窟(张书彬调整视角并标注。来源:数字敦煌项目)

都可达到同样的效果。而画面上的"东路"和"南路"两条路线,可以是进山的道路,也可以是出山的路线。尤其是"东路",成为东部沿海、朝鲜半岛和日本信众前来巡礼的最佳路线。

关于《五台山图》的性质问题,学界尚未形成完全统一的认识。多有人将五台山图归入"山水人物画"[1]、"佛教史迹画"[2]、"宗教全景图"[3]、"胜迹游览图和灵异图"[4]之列,特别是青绿山水的行列。但是很明显,虽然图中着色绘制了五台山的地形地貌,但和传统青绿山水画的内涵是不对应的。《中国古代地图集》(战国—元)[5]、《中国地图学史》[6]等对于中国古代地图的研究多收入此《五台山图》,将其作为五代时期地图的代表。[7]但结合

〔1〕　宿白:《敦煌莫高窟中的〈五台山图〉》,《文物》1951年第5期,第49—73页。

〔2〕　赵声良:《莫高窟第61窟五台山图研究》,《敦煌研究》1993年第4期,第88—124页。

〔3〕　Dorothy C. Wong(王静芬),"A Reassessment of the Representation of Mt. Wutai from Dunhuang Cave 61", *Archives of Asian Art*, 1 Vol. 46, 1993, pp.27-52. 中译本见王静芬撰,冀培然译:《敦煌61窟〈五台山图〉的再探讨》,《东吴文化遗产》第五辑,上海:三联书店,2015年,第135—164页。

〔4〕　日比野丈夫:《敦煌の五臺山圖について》,《佛教藝術》(34),1958年,第75—86页。

〔5〕　曹婉如等编:《中国古代地图集(战国—元)》,北京:文物出版社,1990年,图版31—47,图版说明第3页。

〔6〕　余定国著,姜道章译:《中国地图学史》,北京大学出版社,2006年,第177—178页。Ernesta Marchand, "The panorama of Wu-t'ai Shan as an example of tenth century cartography", *Oriental Art 22*, Vol XXII No.2, Summer 1976, pp.158-173.

〔7〕　著名地理学家陈正祥去敦煌考察时认为,"最先要看的是五台山图,它可能是中国现存最古老的山图"。见陈正祥:《西北考察记》,台北:南天书局,1999年,第210—211页。

五台山实际地理状况和地图对照,莫高窟第61窟《五台山图》中对于五台和大寺院建筑的分布明显呈对应排列,与实际相去甚远。另外,画工对于寺院的描述大多流于样式化,仅通过榜题示意寺院位置的所在。以"大佛光之寺"为例,1937年梁思成正是依据《五台山图》的指引才在台外找到的唐代的木构建筑——佛光寺东大殿。[1]壁画中的佛光寺(图2-9-14),平面方形,廊庑四周围绕,前有门楼,转角处有二层角楼,院中东北角(?)有二层佛阁。庭院中有法师正在向俗家弟子开示。现存佛光寺东大殿建于唐大中十一年(857)(图2-9-15),并未出现在画面中,而且从画面上无法获悉唐代建筑的风采。很有可能画工并未见过真正的佛光寺,而是根据粉本和想象进行的描绘。而《敦煌石窟全集21:建筑画卷》认为,"据记载,此寺(大佛光寺)在唐会昌毁法之前,还有一座七间三层的弥勒大阁。图中所画正是一座佛阁,说明此图反映的是佛光寺较早的情况"。[2]该研究将壁画描绘等同于历史现实,做法欠妥。

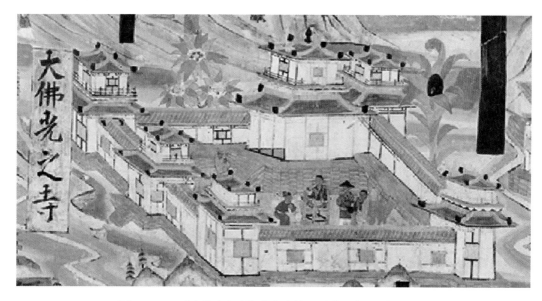

图2-9-14 "大佛光之寺",莫高窟第61窟《五台山图》,五代

〔1〕 梁思成:《记五台山佛光寺建筑》,《中国营造学社汇刊》,1944年第七卷第一期,第13—61页;梁思成:《记五台山佛光寺建筑(续)》,《中国营造学社汇刊》,1944年第七卷第二期,第1—20页。梁氏依据敦煌莫高窟第61窟壁画找到佛光寺此说,或不确切,存在较多疑惑,比如壁画中佛光寺的建筑形式与实际不符,另外佛光寺是台外寺院,而非位于台内,所处位置也与实际相去甚远。任思捷认为,有证据表明,梁思成发现佛光寺有可能也受到当时日本学者小野玄妙、常盘大定、关野贞等人考察活动和出版物的启发。参考Ren Sijie(任思捷), *Foguangsi on Mount Wutai: Architecture of Politics and Religion*, Ph.D dissertation, University of Pennsylvania, 2016. 另参朱涛:《梁思成与他的时代》,桂林:广西师范大学出版社,2014年。
〔2〕 敦煌研究院主编:《敦煌石窟全集·建筑画卷》,香港:商务印书馆,2001年,第239页。

图2-9-15　佛光寺东大殿（张书彬摄于2015年6月7日）

　　朝圣者在巡礼五台山过程中会接触到种种宗教经验，包括与文殊菩萨相关的各种感通事迹。一旦进入五台山的辖境或望见台顶，即开始了神圣空间的旅行——处处皆笼罩在文殊菩萨的慈悲护持下。当朝圣者的足迹踩在文殊示现过的土地上时，在宗教情感体验上将逐渐与文殊的神力结合，内心期待得到文殊加持，有缘目睹感通示现，渐趋清凉圣境，乃至在台顶参拜塑像时达到最高峰。敦煌五台山文献中有多份写卷详细描述了与五台山相关的种种故事，大多呈现于莫高窟第61窟《五台山图》中。如于君方指出"举凡感应故事、地方传说、文学及艺术都是传扬朝圣圣地的媒介，它们在有意朝山的人心目中形成某些期待，甚至可能影响朝圣者的实际体验"。[1]因此，景点、记忆、文字、图像和口耳相传建构了层累的五台山佛教圣地文化景观。莫高窟第61窟《五台山图》就是这个层累的五台山文化景观在敦煌石窟的图像投射和再现。[2]

〔1〕　于君方著，陈怀宇、姚崇新、林佩莹译：《观音——菩萨中国化的演变》，第九章《普陀山：朝圣与中国普陀络迦山的创造》，北京：商务印书馆，2012年，第356页。

〔2〕　需指出的是，通过图像比较，可看到数百年之后的现藏美国国会图书馆的版画 G7822.W8A3 1846 .G4《五台山圣境全图》在画面的视觉考虑上和莫高窟第61窟《五台山图》有异曲同工之妙。该图源出于慈福寺藏版，制作于清代道光二十六年（1846），尺寸为118×163厘米，有多个不同彩色版本，收藏在世界各地。图中用满、藏、汉文书写题记，增加了藏传佛教的遗迹（如塔院寺大白塔等）和清廷官员打扮的朝圣者，体现了层累的五台山文化景观在藏传佛教和清朝统治下的双重语境中的再发展，从而在《五台山图》上也留下印记。参考 Wen-shing Chou（周文欣），Maps of Wutai Shan: Individuating the Sacred Landscape through Color, JIATS, no. 6, December 2011, pp.372-388.

关于观想五台山进行佛教修行实践的文献记载,兹不多见。其中值得一提的是,明末四大高僧之一憨山德清大师曾以观想五台山作为观想净土的譬喻,显示了佛教观想修行中的一些实践细节。他曾作《憨山老人梦游集》卷十八"答袁沧孺使君":

> 山野少年听华严经。闻五台山万年冰雪。因而切切想住此山。因而日夜想之。久久但见目前一座雪山。经行坐卧。皆在此中。纵经闹市。亦不见一人。但在雪山中行。及后到五台。俨如昔所想。以此观之。则净土远近可知矣。[1]

此譬喻形象生动,从观想五台山到"所见",中间有一个诱因,即是对《华严经》的听闻。与此相比,视觉形象的《五台山图》更为直观,利于观想行为的实现。

此类《五台山图》,基于实际地理空间和巡礼路径,起到了导引敦煌信众趣往文殊圣地的作用。一方面,作为朝圣路径的导引路线图,既是进香巡礼之旅,又是求法祈福之途,甚至还有可能在途中目睹文殊菩萨化现,集资净障。另一方面,作为神圣导引图像,便于信众观想[2]修行,身临其境,通过图像的视觉导引,用视线追随朝圣者的足迹巡礼朝圣五台山,从而进入到文殊菩萨的清凉圣境。

(四)神圣舆图

绘制于莫高窟第61窟西壁的《五台山图》,应是作为石窟中心文殊造像的背景而绘制,以中心坛像为主尊,通过特定的时空逻辑和视觉设计语言,连缀而成文殊菩萨道场五台山的视觉现场。莫高窟第61窟的开凿应为整体设计规划,通过壁画、雕塑与石窟内部空间共同形成文殊菩萨的清凉圣境,为因种种原因无法前往山西五台山朝圣的信众提供就近巡礼朝圣的"五台山"。层累的五台山佛教圣地文化景观和空间想象以图像(如五台山图、新样文殊等)和文本(清凉山传、赞文、曲子、巡礼行记等)等形式广为流传,深入民心,为五台山图的绘制提供了众多素材和理论参考依据。

敦煌地处边陲,相距五台山甚远。囿于交通等客观因素,莫高窟第61窟"文殊堂"的开凿在一定程度上弥补了人们无法亲自前往五台山朝圣的遗憾。信众希望能够就近朝拜圣地,将自己及有情众生纳入文殊圣地金色世界的照耀下,积资净障,获得解脱。而《五台山图》运用特定的时空逻辑和视觉语言,通过形象的方式力图真实地呈现五台山

---

〔1〕《憨山老人梦游集》卷十八《答袁沧孺使君》,《卍新续藏》,第73册No.1456,台北:新文丰出版公司,1994年,第593页上。

〔2〕 关于禅观与石窟的关系,可参[日]山部能宜撰,张宇红译:《禅观与石窟》,方立天、末木文美士主编:《东亚佛教研究Ⅳ——佛教制度与实践》,北京:宗教文化出版社,2014年,第145—172页。

文化景观,其中绘有众多僧俗朝圣者或送供使的虔诚身影,巡礼于各台顶、大寺院或圣迹之间,间或经历感通示现,为观者呈现感同身受的视觉朝圣之旅。借助榜题文字提示和道路交通指示,观者可以手持火把或灯烛用视线追随画中朝圣者的足迹完成巡礼朝圣的过程。作为"神圣舆图"的《五台山图》,兼具舆图功能和神圣性,作为神圣导引图像,承载了视觉朝圣和宗教修行的重要功能,是佛教在东亚范围内的一种重要的视觉传播模式。

第三章（上）

汉藏文明新时代的复兴与交融：

十至十三世纪辽、回鹘、西夏

多民族美术的联系

第一节　佛教的中兴与贝叶经图像在多民族地区的传播：敦煌莫高窟76窟《八塔变》与贝叶经图像传播

本节从讨论敦煌莫高窟76窟东壁《八塔变》壁画入手，探讨《八塔变》所据经典及其图像的东印度波罗艺术原型，并对中原汉地、卫藏（藏区中部）、辽、西夏时期所见诸多《八塔变》图像个案进行比较，指出宋初经由丝路敦煌的中印佛教往来、中印贝叶经及作为图像学范本的贝叶经插图的流通、密教复兴及汉藏西夏佛教交流与宗教理念的糅合与《八塔变》的关系，指出《八塔变》图像的兴起与传播，透露出10至13世纪覆盖我国西南、西北至东北大部分地区多民族文化交流的现实。

一、莫高窟76窟《八塔变》与汉地八塔变图像渊源

所谓"八塔变"，是以八塔和八相[1]相结合的形式展现佛陀生平的图像，换言之，它将佛陀生平/神变故事、圣地崇拜和佛塔崇拜融为一体，并以易于用图像传达的方式来表现。"八塔变"中的八塔在概念上又与稍晚时期趋于成熟的藏传佛教"善逝八塔"（bDe gshegs mchod rten brgyad）[2]有别，后者更加强调各塔的形制和量度规范，二者各有文本依据和图像发展体系。

现今的八塔变，最早见于敦煌莫高窟76窟壁画中。该窟最初为唐窟，宋元时重修，现今窟室甬道、窟门宋夏风格浓郁。窟室位于崖面底层，下半部壁画水浸毁损。在窟前壁（东壁）上方贯通画飞天十铺，下方门上绘七宝象征七佛。两侧门南、门北画《八塔变》

---

〔1〕 佛教传统中的"八相"是指释迦牟尼一生中的八个阶段，亦称"八相示现"，内容为：降兜率天、乘象入胎、住胎、降生、出家、成道、转法轮和入灭。"八塔变"中表现的释迦牟尼生平事迹与传统的"八种相"不尽相同。

〔2〕 善逝八塔通常指迦毗罗城佛降生处聚莲塔、摩羯陀成道处大菩提塔、波罗奈斯初转法轮处吉祥多门塔、舍卫城神变塔、天降塔、王舍城和合塔、吠舍离思念寿量处尊胜塔、拘尸那揭罗涅槃塔。

两排,下排图像因渗水而残毁。非常难得的是壁画有详尽的汉文榜题文字并标明八塔的次序:上排南起分布为第一塔释迦降生、第三塔初转法轮,门北为第五塔降服六师和第七塔猕猴献蜜(图3-1-1:1、2),[1]八塔的顺序是由右至左,先上后下。右上第一为降生,左下最后为涅槃,可见是按照由左而右,由上而下的汉地叙事画线索安排情节的。示意如下表3-1-1:

表3-1-1　莫高窟76窟《八塔变》位置

飞　天　十　身				
第七塔 猕猴献蜜	第五塔 舍卫城神变	七宝	第三塔 初转法轮	第一塔 降生兜率
无存 (第八塔涅槃)	无存(第六塔)	窟门	无存 (第四塔)	无存 (第二塔)

　　从图像式样分析,与该窟现存南北壁壁画《法华经变》与《华严经变》,甚至密教意味的《观音经变》的宋代汉风样式不同,《八塔变》壁画具有的东印度波罗风格(Pāla Style)、或者说波罗母题(motifs)非常明显,其中最为典型的是塔龛两侧的狮羊立兽(vyalaka),这种立兽在波罗艺术中出现于9世纪,西藏艺术中现存最早的狮羊例证出现在11世纪后半叶的卫藏(藏区中部)寺院,如大昭寺和艾旺寺,并多见于12世纪的唐卡,在西藏西部13世纪的石窟壁画中也偶有发现,[2]是阿底峡(982—1054)入藏前后传入卫藏的波罗艺术中具有断代意义的母题之一;波罗样式的另一个标志是胁侍立姿菩萨,着三叶或五叶头冠、高发髻、璎珞严身、臂长及膝、手心、脚掌施红、超短红色犊鼻裙裤(dhoti),双脚并向主尊一侧,与躯干形成婀娜扭转,或者将人物置于龛内形成框式构图等。观察第76窟《八塔变》,虽然图像画法已汉风浸淫,但波罗母题清晰可辨,写实化的狮羊如同大角山羊,羊背攀援的小童有如成人,羊下承象,为"六拏具"的早期样式。例如第七塔"猕猴献蜜",塔龛中释迦汉装佛衣,右侧胁侍菩萨戴三叶冠,双手合十作印,短裙裤,双脚似并向一侧。龛外"菩萨声闻从佛会时"一侧两位菩萨,第一位右手与愿印,左手长过膝,似执莲茎,为典型波罗莲花手观音相;右侧菩萨亦双手合十,身体扭转深得波罗神韵,双脚并立虽不如12世纪胁侍菩萨典型,但仍可确定并向一侧,与后藏夏鲁寺早期壁画波罗菩

〔1〕　敦煌文物研究所编:《中国石窟敦煌莫高窟(五)》,北京:文物出版社,1987年,图版106—109。
〔2〕　霍巍:《西藏西部佛教石窟壁画中的波罗艺术风格》,《考古与文物》2005年第4期。

图3-1-1：1 莫高窟76窟八塔变现存四塔（一）

图3-1-1：2 莫高窟76窟八塔变现存四塔（二）

萨画法非常相似，[1]或为弥勒菩萨。《八塔变》佛塔的样式同样是莫高窟新的佛塔形制，与
卫藏11世纪的塔龛，如艾旺寺残存的塔龛样式相似，但塔刹两侧的飘幡又是汉地晚唐五

_____

〔1〕 如夏鲁寺马头殿壁面上方11世纪绘画。

代长幡的样式。[1]

《八塔变》图像是敦煌壁画中宋至西夏时期涌现的题材,此经变画在76窟出现与全窟壁画的图像配置有关,或与宋夏11世纪前后密教的复兴有关,更与辽人华严入密,造塔奉佛的信仰关联。该窟十分突兀的波罗样式佛塔经变画位于东壁窟门两侧,主壁(西壁)图像无存,南北壁《法华经变》对《华严经变》、《千手千眼观音经变》对《十一面八臂观音经变》、《观无量寿经变》对《药师经变》。[2]南北壁中铺构成的一组观音经变是敦煌壁画仅见的经变样式,与八塔变图像作为新样式的出现相呼应。敦煌研究院将此窟壁画确定为北宋,年代在公元10世纪。事实上,唐代敦煌流行有以佛陀事迹劝诫世人的变文,如《八相变》《八相押座文》等,[3]但并未形诸绘画,宋以前敦煌石窟中完整的八相图极为少见。[4]以八塔结合八相为表现形式的"八塔变",敦煌石窟壁画中出现的时间就是76窟《八塔变》绘制的时间,考虑到卫藏与辽、西夏的八塔八相题材的实例,76窟壁画的年代在10世纪末至11世纪上半叶,原因是此时汉地及辽夏等地密教的短暂复兴所致的相关仪轨的流行、经典的传译和插图贝叶《大般若波罗蜜多经》佛教图像的传播。

二、汉藏文典籍中的"八塔"

(一)汉文典籍中的"八塔"

汉文典籍中开始较频繁出现八塔始于唐代高僧的朝拜笔记。唐玄奘《大唐西域记》和慧超《往五天竺国传》中虽没有提到"八塔"这一总称,但是玄奘参礼的众多圣地名目中包含了八大舍利塔所在地,而且慧超文中所述四大灵塔与中天竺四大塔起塔之地名加起来正好与该体系一致。[5]俄藏敦煌文献中有一篇Φ209《圣地游记述》,记载一位僧人用时58个月在印度巡礼佛教胜迹的情况,亲礼各地中有"舍卫国祇树给孤独园、波罗奈城鹿野林苑、俱尸那城佛入涅槃处"等等,由于Φ209号写卷卷首残缺,前面应该还有八大圣

[1] 艾旺寺塔龛图版参看 Robert Vitali, *Early Temples of Central Tibet*, Serinda Publications, 1990, pl.28.
[2] 敦煌文物研究所编:《中国石窟敦煌莫高窟(五)》,北京:文物出版社,1987年,第261页。
[3] 王重民:《敦煌变文集》卷四,北京:人民文学出版社,1957年。
[4] 现今所见最早的完整的八相图是出自吠舍离的石刻《八相图》,很多学者认为此作品年代是5世纪(宫治昭《印度美术史》吉川弘文馆第128页)笈多风格的雕塑,苏珊·亨廷顿认为此石刻风格与Gurjara-Pratihāra时期的雕刻风格非常相似,其年代当在8世纪。本节倾向于后者,因为这件八相图与此后出现的八相图实例有很大的年代空白。参看 Susan L. Huntington, *The Art of Ancient India: Buddhist, Hindu, Jain*, Weather Hill, 1985, p.459.
[5] 慧超朝拜的四大灵塔分别位于鹿野苑、拘尸那、王舍城、摩诃菩提。中天竺四大塔分别位于舍卫国、毗耶离城(即吠舍离城)、迦毗罗城、中天竺三道宝阶塔处。见(唐)慧超著,张毅笺释:《往五天竺国传笺释》,北京:中华书局,1994年,第19—22、31—42页。

地的其他几处。晚唐五代时期敦煌僧人到印度游历圣地时往往把前人巡礼路线作为指南或参考，如敦煌出土文书汉文文书S.2659V《大唐西域记》第一卷末就有智严题记曰："往西天求法沙门智严《西传记》写下一卷"，智严抄写《大唐西域记》并把它作为前往西天巡礼的指南，Ф209也极有可能是在同样的契机下完成的。俄藏敦煌文献中还有一件编号为Дх00234的文书，孟列夫定名为《圣地游记述》，年代为唐代前期，虽然此件文书甚残，但仍然可见"八塔"字样。[1]唐代敦煌流行的变文里也有《八相变》《八相押座文》等文，[2]从题目看似乎与本节讨论的八塔八相密切关联，但内容却是记述佛陀生平事迹，在"八相"题材的选择上也和八塔变中的"八相"不尽相同，与其呼应的是敦煌壁画中大量出现的佛传故事画，但可以确定的是在晚唐之前，敦煌已有用"八相"概指佛陀生平事迹的传统。

　　另外，唐义净所译《根本说一切有部毗奈耶杂事》卷记："有其八所，一本生处，二成道处，三转法轮处，四鹫峰山处，五广严城处，六从天下处，七祇树园处，八双林涅槃处，四是定处，余皆不定，"[3]虽仍未明确道出"八塔"之名，但是八大圣地与稍后时期悟空（731—？）在《大唐贞元新译十地等经记》（又称《悟空入竺记》）卷中言及的"八塔"所在地两相吻合，说明八塔体系内各塔对应的印度圣地位置在中唐时期或之前已经基本固定下来。《十地等经》首次详细列出"八塔"作为一完整体系的名号。[4]

　　比慧超稍晚时期的来自罽宾国的高僧三藏般若（智慧，Prajñā，唐贞元〔785—805年〕中）也曾亲礼八塔，《宋高僧传·唐洛京智慧传》有记："释智慧者，梵名般刺若……诣中天竺那烂陀寺……并依承智护、进友、智友三大论师，复游双林、经八塔，往来瞻礼十有八年。"[5]般若于唐德宗建中三年（782）抵达长安之后奉诏译经，其中《大乘本生心地观经》[6]提到的八塔塔名和次序与悟空本稍有区别：

〔1〕 有关俄藏敦煌Ф209写卷的研究见郑炳林：《俄藏敦煌写本唐义净和尚〈西方记〉残卷研究》，《兰州大学学报〈社会科学版〉》第32卷第6期，2004年11月，第14—18页。Дх00234《圣地游记述》的研究见郑炳林、魏迎春：《俄藏敦煌写本王玄策〈中天竺国行记〉残卷考释》，《敦煌学研究》2005年第2期（总第48期），第3—11页。同时参见［俄］孟列夫（L.N. Mensikov）主编：《苏联科学院亚洲民族研究所藏敦煌汉文写本注记目录》（*Opisanie Kitaiskikh rukopisei Dunkhuanskogo fonda Institute Narodov Azii*），1963—1964；中文本见袁席箴、陈华平译：《俄藏敦煌汉文写卷序录》，上海古籍出版社，1999年。
〔2〕 潘重规：《敦煌变文集新书》，台北文津出版社，1994年。
〔3〕 《大正藏》卷二十四，No.1451，《根本说一切有部毗奈耶杂事》，第三十八卷。
〔4〕 （唐）悟空：《大唐贞元新译十地等经记》，《大正藏》卷一七，第716页。八塔塔名中，悟空及其之前的高僧朝圣笔记或译注均没有指出"天降处"所在地，悟空所言"泥嚩袜多城"即梵文Devāvatāra的音译，意为"从天降处"（藏：lHa yul nas bab pa）。
〔5〕 《宋高僧传》卷二，《唐洛京智慧传》，见《大正新修大藏经》第五十册，No.2061。
〔6〕 《大正藏》卷三，第294页。

又此光中现八塔	皆是众生良福田
净饭王宫生处塔	菩提树下成佛塔
鹿野园中法轮塔	给孤独园名称塔
曲女城边宝阶塔	耆阇崛山般若塔
庵罗卫林维摩塔	娑罗林中圆寂塔
如是世尊八宝塔	诸天龙神常供养
金刚密迹四天王	昼夜护持恒不离

般若本"八塔"显然比前述几个版本更有影响力,该体系内的八塔名号和次序全部被辽人继承。辽人崇塔,辽代故地发现的多处佛塔塔身上均刻有八塔塔名,如始建于唐代、辽初及重熙十三年(1044)重修的朝阳北塔,塔身四面中央各有浮雕坐佛一尊,旁立二胁侍,胁侍外侧又各有小塔一,小塔一侧有石额,额内竖书阴刻楷书,南面为"净饭王宫生处塔""菩提树下成佛塔",西面刻"鹿野园中法轮塔""给孤独园名称塔",北面刻"曲女城边宝阶塔""耆阇崛山般若塔",东面刻"庵罗卫林维摩塔""娑罗林中圆寂塔"。[1]另外,辽北塔天宫出土辽重熙十二年(1043)鎏金银塔、辽大安八年(1092)白塔峪塔塔身上也都刻有八塔名号,塔名与《大乘本生心地观经》及朝阳北塔八大灵塔名号完全一致。

辽虽与宋同期,却没有继承宋代新译佛典的传统。宋时携梵本佛经至汴京的天息灾(即法贤,?—1000)奉宋太宗之诏在太平兴国寺所建译经院内翻译佛典,其中两部就是围绕八大灵塔而作,分别为《八大灵塔梵赞》(梵:*Aṣṭamahāsthāna caityavandanāstava*)[2]与《佛说八大灵塔名号经》(梵:*Aṣṭamahā-caitya-nāma sūtra*)。[3]《梵赞》实则是对梵文本的音译,不谙梵音者单从字面上难以通晓其意,该本对应的藏文本《八大圣地制多礼赞》仍然存于藏文大藏经。[4]《八大灵塔名号经》对应的藏文本已不存,跟它最接近的是由10世纪那烂陀寺上师龙树(klu sgrub)所著《八大圣地制多赞》,[5]《八大灵塔名号经》与般若本八塔名号基本一致,但仍能看出二者在八塔排列次序和译名方面的差别。[6]

---

〔1〕 朝阳北塔塔身上的八个小塔内各塑有一释尊像,除了"庵罗卫林维摩塔""娑罗林中圆寂塔"之外的六塔内均塑造全跏趺坐像释尊(偶有手印不同者),"庵罗卫林维摩塔"内是维摩诘,"娑罗林中圆寂塔"内是右胁而卧的释尊。

〔2〕 《大正藏》No.1684。

〔3〕 《大正藏》No.1685。

〔4〕 *gNas chen po brgyad kyi mchod rten la phyag 'tshal ba'i bstod pa*,德格版,No.1168。

〔5〕 *gNas chen po brgyad kyi mchod rten la bstod pa*,德格版,No.1133。关于八塔相关藏文文献的梳理,详见下文。

〔6〕 天息灾译《佛说八大灵塔名号经》所记八塔为:净饭王都迦毗城,龙弥你园佛生处。摩伽陀泥连河侧,菩提树下成正觉。迦尸国波罗奈城,转大法轮十二行。舍卫大城祇园内,遍满三界现神通。桑迦尸国曲女城,忉利天宫而降下。王舍大城僧分别,如来善化行慈悲。广严大城灵塔中,如来思念寿量处。拘尸那城大力地,娑罗双树入涅槃。如是八大灵塔。

从现在掌握的信息来看，天息灾译本在当时并没有产生多少影响力，西夏故地出土的两幅《金刚座佛与佛塔》唐卡采用竖书榜题的方式标明八塔，分别为"净饭王宫生处塔""菩提树下成道塔""释迦如来□□塔""降伏外道名称塔""佛从天下宝阶塔""耆阇崛善大乘塔""菴罗林会维摩塔""拘尸那城涅盘塔"，榜题内容基本延续了唐《大乘本生心地观经》、辽塔的传统，但是"释迦如来□□塔"的出现颇有让人费解之处，或许因为西夏人曾接触不同体系的八塔组合而在图像中对两种（或多种）体系加以调整。

汉文经典多采用偈赞的形式颂扬八塔及供奉八塔带来的功德，内容与佛教艺术中的"八塔变"题材基本无涉，诸如"给孤独园名称塔""耆阇崛山般若塔""庵罗卫林维摩塔"等塔名也难以用绘画形式表达，所以敦煌石窟宋夏时期八塔变图像的来源和绘制依据另有所本。

（二）藏文典籍中的八塔

西藏人前往金刚座朝圣的文字记录最早出现在11世纪，[1]从中可以一窥藏人对佛陀行迹所到之地的崇奉，他们也有足够充足的条件接触本节所探讨的八塔信仰及其图像。《巴协》（sBa bzhed）、《弟吴教法史》（lDe'u chos 'byung）等藏文史籍记载桑耶寺按照汉地样式建造的中层转经廊配殿绘制有八塔，其中《巴协》还特别提到此八塔是根据《涅槃经》绘制的。[2]《大般涅槃经》中记述的八塔实为"八王分舍利"后所建八大舍利塔，从绘画表现形式方面来说应与八塔八相的组合方式相去甚远，或许是八座形制一模一样的舍利塔。

藏文史籍中关于八塔实物的记载寥寥无几，不过大藏经中却保留有不少相关文献。成书于8—9世纪的于阗佛教史书《于阗国授记》（Li yul lung bstan pa）[3]明确列出八王八分舍利之后所建"八大舍利塔"和糅合了佛陀行迹的"八大制底"两个体系。[4]《于阗国授记》体系的"八大制底"尤其强调佛在王舍城成等正觉前后的神迹故事，有三塔都是为这一历史事件而建，其中"调伏魔军塔"和"梵天请转法轮塔"在10世纪之后藏文典籍记

〔1〕 最早出现在萨迦二祖索南孜摩（bSom nams rtse mo, 1142—1182）1167年所著《佛教入门》（Chos la jug pa'i sgo zhes bya ba'i bstan bcos）中，这部论书是我们迄今所知的第一部藏文佛教史。转引自Kurtis R. Schaeffer, "Tibetan Narratives of the Buddha's Acts at Vajrasana"，《藏学学刊》第7辑，第94页。

〔2〕 巴塞囊著，佟锦华、黄布凡译《巴协》藏文本第135页："sKor khang kha phyir blta la mchod rten brgyad pa mya ngan las 'das pa'i rgyud ris"；mKhas pa lde'u, mKhas pa lde'us mdzad pa'i rgya bod kyi chos 'byung rgyas pa，拉萨：西藏人民出版社，1987年，第349—350页。

〔3〕 德格版《大藏经》第4202号经典。《于阗国授记》是有关古代于阗建国传说、佛教发展状况的一部非常重要的教法史，很早就引起学界重视，相继有日译本、英译本、汉译本问世，分别见寺本婉雅《于阗国史》，京都：丁子屋，1921年；Thomas, F.W., Tibetan Literary Texts and Documents concerning Chinese Turkestan, Parts I-IV, London: The Royal Asiatic Society, 1935, 1951, 1955, 1963；朱丽双：《〈于阗国授记〉译注》（上），《中国藏学》2012年第S1期，第223—268页。

〔4〕 藏文原文详见朱丽双文，第232—233页。

载的八塔体系中再无出现。

德格版《大藏经》第3069号经典名为《念诵圣佛顶放无垢光明入普明陀罗尼及契经中所集一百零八支提和五支提建立仪轨》(下文简称《建立仪轨》),[1]从后记可知该仪轨由菩提萨埵(Bo dhi satwa,即莲花戒 Kamalaśīla,藏文 Padma'i ngang tshul,约740—795)著成,仪轨的藏译者不明。

《建立仪轨》是目前所见藏文文献中唯一一部完整描述现存"八塔变"图像内容的文本。行文虽然简短,但是它基本涵盖了八塔变所涉及的所有神迹故事和发生地点,这八塔八相分别是:

> 龙弥你园降生处、金刚座现证菩提处、舍卫城大神变处、波罗奈斯转法轮处、王舍城降服大象护财处、神自天上降处、广严城猕猴献蜜处、大力地涅槃处,在此佛陀真身舍利八分及其所作大行之地,化现佛塔。[2]

正如上引文中所说,释迦生平/神变故事(即"大行")和圣地崇拜在这里融汇为一体,佛教艺术传统中"八塔变"的主要情节应在8世纪之前的印度地区就基本固定下来并在造像作品中保持稳定发展,因为迄今所见几乎所有的印度页岩石雕和贝叶经插图(主要是《八千颂般若波罗蜜多经》)、卫藏唐卡、敦煌地区宋西夏时期的壁画以及辽代佛塔建筑中的八塔变内容均与该文本所描述的情节吻合。

但是菩提萨埵之后的文献却没有继承这一系统。多个文本中记载的八塔名号存在不一致和混乱之处,这或许说明在10—11世纪的印度,八塔依然没有形成统一体系,不同的传统并行存在并各自发展。10世纪那烂陀寺上师龙树(klu sgrub)著有两部《八大圣地制多赞》,[3]藏译者都是印度译师帝刺喀(Tilaka,或 Tilakakalaśa)和西藏译师巴曹尼玛扎(Pa tshab nyi ma grags)。龙树一人著有两部与八塔相关的同名经典,但是两文内容并不

---

〔1〕 'Phags pa kun nas sgor 'jug pa'i 'od zer gtsug tor dri ma med par snang ba'i gzungs bklag cing mchod rten brgya rtsa brgyad dam mchod rten lnga gdab pa'i cho ga mdo sde las btus pa,德格版大藏经,No.3069。

〔2〕 见 'Phags pa kun nas sgor 'jug pa'i 'od zer gtsug tor dri ma med par snang ba'i gzungs bklag cing mchod rten brgya rtsa brgyad dam mchod rten lnga gdab pa'i cho ga mdo sde las btus pa,德格版《大藏经》,No.3069,叶156a。

〔3〕 梵:Aṣṭamahāsthāna caityastotra,藏:gNas chen po brgyad kyi mchod rten la bstod pa,德格版《大藏经》,No.1133,No.1134。有关这两部《八大圣地制多赞》的研究见 P.C. Bagchi, "The Eight Great Caityas and their Cult", The Indian Historical Quarterly, vol.17, no.2(1941), pp.223-235; Tadeusz Skorupsti, "Two Eulogies of the Eight Great Caityas", The Buddhist Forum, Vol. VI, The Institute of Buddhist Studies, Tring, UK & The Institute of Buddhist Studies, Berkeley, USA, 2013, pp.37-56; Nakamura, Hajime, "The Aṣṭamahāsthāna caityastotra and the Chinese and Tibetan Versions of a Text similar to it", in Indianisme et Bouddhisme: mélanges offerts à mgr Étienne lamotte, Université catholique de Louvain, Institut orientaliste, Louvain la veuve, 1980, pp.259-265.前述几篇文章都提供了两部《八大圣地制多赞》的英译文,此不赘述。

相同，不管是在八塔名号还是在次序安排上都有较多出入。[1]同样的情况也见于上文提到的宋法贤译《八大灵塔梵赞》所对应的藏文本中，该藏文译本名为《八大圣地制多礼拜赞》，[2]从后记得知作者为克什米尔王曷利沙（Śrīharṣadeva，10世纪），译者为印度学者智友（Śrījñānamitra）和西藏译师云丹贝（khe'u brgad yon tan dpal），智友和云丹贝两人生活的年代相差甚多，或许是前者于8世纪先将《八大圣地制多礼拜赞》自梵译藏，后者在11世纪再度校译。鉴于未见相关汉译本发表，现将文中提到的八大灵塔名翻译如下：

> 胜三世大神变塔、洁白如雪山之天降塔、遍至如来涅槃塔、广严城塔与波罗奈斯室兽摩罗善怖畏稠林近处塔、舍卫城塔与龙弥你园菩提树旁降生处塔、憍赏弥城塔。[3]

曷利沙撰写的《八大圣地制多礼拜赞》与其他几个文本相比出入较大，前三个塔名没有言及起塔地点，憍赏弥城塔也不见载于其他文本，这也印证了前文提到的10世纪左右印度存在多个八塔体系的说法。

从现存藏文文献的情况来看，有关世尊涅槃后八分舍利所建八大舍利塔与纪念佛陀

---

〔1〕 巴曹日称所译藏文本《八大圣地制多赞》还被回鹘人继承，现藏于德国的一部回鹘文《金光明最胜王经》后附有《八大圣地制多赞》，毛埃（D. Maue）和罗伯恩（K. Röhrborn）在《古回鹘文本〈金光明最胜王经〉中的〈八大圣地制多赞〉》中经过分析后认为回鹘本的《八大圣地制多赞》应是从藏文译出，且文末有藏文尾跋。见毛埃（D. Maue）、罗伯恩（K. Röhrborn）：《古回鹘文本〈金光明最胜王经〉中的〈八大圣地制多赞〉》（"Ein Caityastotra aus dem alttürkischen Goldglanz-Sūtra"），载《德国东方学会杂志》（ZDMG）第129卷，1979年，第282—320页。转引自［德］茨默著，桂林、杨富学译：《佛教与回鹘社会》，北京：民族出版社，2006年，第55页。
〔2〕 德格版《大藏经》No.1168。列维（Sylvain Lévi）曾将该赞还原成梵文，见Sylvain Lévi, "Une poésie inconnue du roi Harsa Çîlâditya," in The Art of the Xth Congress of Orientalists, Geneva, 1895, Vol.3, pp.198−199.
〔3〕 德格版《大藏经》No.1168, gNas chen po brgyad kyi mchod rten la phyag 'tshal ba'i bstod pa, 叶480—481。疑 "yangs can wā rā ṇa sī byis pa gsod ri 'jigs rungs bcings 'gram dang" 一句在 "yangs can" 后少一 "dang" 字。通过藏文本上下文语境和对照梵文本原文也可以看到这一句及其之后的两句都采用一样的句型，将两个地名合并到一句中介绍。此处的yangs can即其他藏文文献中出现的yangs pa can（广严城）。
这段文字对应的梵文原文为：
　　Caityaṃ cādyaṃ tribhuvanamahitaṃ
　　　　śrīmahāpratihāryam
　　sthānaṃ cedam himagirinilayaṃ
　　　　devadevāvatāraḥ
　　vandeha praṇamataśirasā
　　　　nivṛtā yatra buddhāḥ
　　vaiśālyāṃ dharmacakre śiśumagiriṭaṭe
　　　　bhīṣmakāyoditīre
　　śrāvastyā Bodhimūle kuśinagaravare
　　　　lumbinīkāpilālye
　　kauśambyā smreakoṣṭhe mathursvarapure
　　　　nandagopasya rāṣṭre

神迹故事八塔的文献集中出现在7—9世纪和10—12世纪两个时期,基本对应唐宋两朝佛教发展繁盛期,其后,藏传佛教艺术中的"善逝八塔"体系在此基础上继续发展并逐渐走向成熟,以致后期常用形制不同的善逝八塔来取代早期佛教图像艺术中常出现的形制相同的八大舍利塔,八塔搭配八相的"八塔变"图像也在13世纪之后逐渐退出佛教艺术的主流,约活动于11—12世纪的俱生游戏(Sahajavilāsa,藏文名Lhan cig skyes pa'i rol pa)所撰《观普门入光明无垢顶髻照一切如来心髓三摩耶陀罗尼疏》(下文简称《无垢顶髻疏》)最能体现转变期八塔的特点。[1]文中列出的"八塔"是建立在八分舍利所建舍利塔体系之上的,与后期成熟的"善逝八塔"相比,这八塔的名目存在几个混淆之处,如佛陀降生处所建从兜率天降下之天降塔与"善逝八塔"中的从忉利天下之天降塔混淆;拘尸那揭罗城涅槃处所建大神变塔与纪念舍卫城大神变的舍利塔之间的混淆等等,这正说明《无垢顶髻疏》是八塔"善逝八塔"体系尚未定型时期撰成。[2]

俱生游戏之后,萨迦三祖扎巴坚赞(Grags pa rgyal mtshan,1147—1216)作品全集中还能找到一篇题为《阙伽仪轨广释》(A rga'i cho ga dang rab tu gnas pa don gsal)的文本,文中完整记录了佛塔的礼拜仪式、构件、类型、形制等等,其内描述的八塔正是后期形成定式的藏传佛教"善逝八塔",正如文中所言:"佛塔之中有其八,塔基形制各不同,方形、圆形、莲花形、半圆形等状,各各优美",[3]《阙伽仪轨广释》将八塔用基座的形制加以互相区别,这是迄今发现藏文文献中最早完整记载"善逝八塔"体系的文本,它的出现标志着前期"八塔变"中的八大舍利塔在13世纪左右最终完成向"善逝八塔"的转变。北京居庸关过街塔门洞内壁上刻有五体文字,其中东壁所刻"造塔功德记"的内容就是以《阙伽仪轨广释》为母本,五体字中属藏文偈文的内容最为详尽且与《阙伽仪轨广释》原文最为接近。[4]

扎巴坚赞之后的藏文文献中涉及造塔仪轨、形制、造塔次第、尺寸的文本不一而足,元代著名佛教大师布顿撰有《大菩提塔量度·加持祥焰》(Byang chub chen po'i mchod rten

〔1〕 见 Kun nas sgor 'jug pa'i 'od zer gtsug tor dri ma med par snang ba de bzhin gshegs pa thams cad kyi snying po dang dam tshig la rnam par blta ba zhes bya ba'i gzungs kyi rnam par bshad pa,德格版《大藏经》,No.2688,叶313a7—313b4。俱生游戏所撰《无垢顶髻疏》后被收入洛卓桑波(Blo gros bzang po)的《善逝身像量度论·如意宝》(bDe bar gshegs pa'i sku gzugs kyi tshad kyi rab tu byed pa yid bzhin nor bu),洛卓桑波文本中相应内容的译文见[意]图齐著,魏正中、萨尔吉主编:《梵天佛地》第一卷,第100页。

〔2〕 参见廖旸:《"天降塔"辨析》,《故宫博物院院刊》2014年第1期。

〔3〕 见 Grags pa rgyal mtshan, 'A rga'i cho ga dang rab tu gnas pa don gsal ba', In Sa skya bka' 'bum, TBRC W22271. 9-169-230. Dehra dun: Sakya Center, 1992—1993,叶4a6。

〔4〕 相关研究见 Yeal Bentor, "In Praise of Stupas: The Tibetan Eulogy at Chü-Yung-Kuan Reconsidered", Indo-Iranian Journal, 38(1995), pp.31 54, Parimoo, Ratan, Life of Buddha in Indian Sculpture: Asta-mahā-prātihārya: An Iconological Analysis, Kanak Publications, New Delhi, 1982.居庸关过街塔门洞内壁所刻"造塔功德记"偈文内容见村田治郎编著:《居庸关》,东京大学工学部,1958年,第二卷,第225—322页。

gyi tshad byin slabs dpal 'bar ），[1]主要细说建造大菩提塔的次第、尺寸等，并未言及已成体系的善逝八塔，16世纪噶举派藏传佛教艺术大师珠钦·白玛噶波（ sGrub chen padma dkar po, 1527—1529 ）《八大灵塔建造尺度经》（ *mChod rten brgyad kyi thig rtse* ）[2]是对善逝八塔建造尺寸的详尽解说，再至第悉·桑结嘉措（ sDe srid sangs rgyas rgya mtsho ）《白琉璃论·除疑答问》（ *Vaiḍūrya dkar po g.ya' sel* ），此文除了开列八塔塔名、起塔地点及各地发生本行/神迹故事之外，还特别指出文中描述的八塔与那些为供养释迦牟尼舍利而建的八大舍利塔不同。[3]这些文本侧重的内容是在塔仪、塔律等类，表现在图像上是用形制各异的八塔取代了之前一模一样的双塔、五塔或八塔组合，与10—13世纪集中出现的以八塔八相表现释迦大行的方式相去甚远。

通过以上对相关汉藏文文献的梳理可以看到，八塔信仰贯穿整个佛教发展史，它在漫长的佛教历史和艺术发展史上形成不同体系并各自发展，不同阶段的文献各有侧重。7—9世纪和10—12世纪是与"八塔变"图像相关文本创作（或翻译）的两个高峰期，唐高僧般若《大乘本生心地观经》一系的八塔名号因其偈句工整对仗，而以榜题文字的形式被纳入辽、西夏佛塔艺术作品之内，如现存辽代佛塔塔身上的刻文、西夏佛塔唐卡中的榜题等内容都基本出自《大乘本生心地观经》。就"八塔变"这一艺术题材来说，尽管前述文本记载的八塔八相内容不尽相同，但是迄今所见佛教艺术中的"八塔变"图像却基本恪守一种固定搭配，即：树下诞生→降魔成道→初转法轮→舍卫城神变→调伏醉象→降忉利天→猕猴献蜜→涅槃，也许艺术家刻意采用易于以图像表现的情节入画，是一个长期选择的过程。8世纪印度高僧菩提萨埵所撰《建立仪轨》是现存藏文文献中最早、也是唯一一部完整描述与现存"八塔变"图像表现内容吻合的文本，但并不能说《建立仪轨》就是中原内地八塔变图像创作的文本依据，因为我们暂时找不到任何《建立仪轨》一系的文献在西夏属地流传的证据，而且现存一些印度画、像艺术品遗存证明"八塔变"中的"八相"早在5世纪时就已作为搭配组合出现，菩提萨埵所写文书或许仅是对一种既定图像传统的记录。与《建立仪轨》或相似文献相比，河西地区八塔变图像受相关艺术作品影响的成分更大，8—12世纪波罗王朝时期是八塔变题材作品创作的高峰期，它对10—13世纪中原地区涌现的这个新题材的影响力殆可想见。

〔1〕《布顿文集》（ *Bu ston thams cad mkhyen pa'i bka' 'bum* ），pha函。该文汉译本见《大乘要道密集》之《大菩提样尺寸法》，参见沈卫荣：《元代汉译卜思端大师造〈大菩提塔样尺寸法〉之对勘、研究》，谢继胜、廖旸主编：《汉藏佛教艺术研究——第二届国际西藏考古与艺术国际学术讨论会文集》，北京：中国藏学出版社，2006年，第77—198页。
〔2〕《白玛噶波文集》（ *Kun mkhyen rdzogs pa'i sangs rgyas padma dkar po'i gsung 'bum gyi dkar chag ngo mtshar shel dkar me long* ）ka函。
〔3〕 见《梵天佛地》第一卷附录，第106页。

三、从印度到河西——"八塔变"图像的流变和传播

印度留存的佛教文物表明,波罗王朝在10世纪后半叶至12世纪流行金刚座降魔印释迦牟尼成道像石刻,流行一大塔两侧配置四座小塔构图的八塔擦擦,[1]流行基于《般若波罗蜜多经》佛陀圣地说法的义理、描绘圣地与圣迹的贝叶经插图《八相图》,趁金刚乘佛教曾在西域敦煌一带传播的余绪与方便,以卫藏波罗的图像样式进入汉地密教的图像体系内,但波罗式样的八塔图像如何在11世纪前后进入敦煌,是颇费思量的问题。

76窟壁画塔龛两侧的狮羊、胁侍菩萨扭转的身姿、犊鼻短裙、加长的手臂和施红和掌心等确定无疑的风格特征都表明此处的八塔变图像来源于东印度波罗样式。我们面临的问题是,现今存世的、作为八塔变图像源头的梵文贝叶经八大圣地插图的年代大都在11世纪末至12世纪,甚至13世纪初,与76窟壁画的年代同时或略晚。例如藏于法国吉美博物馆的贝叶经《八千颂般若波罗蜜多经》插图,断代在1115年,[2]虽然东印度作为佛教书籍的贝叶经出现较早,但插图《大般若经》贝叶经的形成与中亚吉尔吉特(Gilgit)等地早期大乘信仰的晚期流行有关,其装帧形成一种新的样式与亦与中亚地区相关,[3]年代在10世纪以后。帕尔教授认为,《般若波罗蜜多经》插图贝叶经在波罗朝集中流行在1000至1200年,此前的佛经没有插图。插图贝叶经绘制的内容是大乘或金刚乘佛教的神灵和表现释迦牟尼事迹的八大圣地或圣迹(图3-1-2)。[4]不过,东印度波罗朝贝叶经《般若波

图3-1-2　贝叶经释迦牟尼八大圣迹插图

〔1〕 参看上海博物馆编:《古印度文明: 辉煌的寺庙艺术》,上海书画出版社,2010年,第96页图版1: 26,现藏大英博物馆。

〔2〕 艾米·海勒著,赵能、廖旸译:《西藏佛教艺术》,北京: 文化艺术出版社,2008年,第65页,图版2—14。

〔3〕 D. Klimburg-Salter, "The Gilgit Manuscript Covers and the «Cult of the Book»", in: *South Asian Archaeology, 1987.* Part 2, M. Taddei, P. Callieri eds., Rome, 1990, pp.815–830. D. Klimburg-Salter, "Notes on Two Gilgit Manuscript Cover paintings", in: *The Art of Ajanta. New Perspectives*, Volume 2, R. Parimoo and alii eds. New Delhi, 1991, pp.521–535.

〔4〕 帕尔《佛教经书插图》一书对作者熟悉的东印度插图贝叶经有极好的叙述。Pratapaditya Pal & Julia Meech-Pekarik, Buddhist Book Illuminations, Ravi Kumar Publishers, 1988, pp.45–134.

罗蜜多经》保留了西域早期大乘的四相图，因此贝叶经插图单叶多见四塔，通过多叶展示八塔的内容；八塔擦擦内中央的大塔并未包括在八大法行之内，两侧八小塔象征八相。

特别需要指出的是，76窟的图像样式与梵文贝叶经插图中八塔变的编排结构惊人的一致，八塔按照情节发生的时间顺序安排位置，画面右上方是第一塔降生塔，左下方已经残损的情节应是第八塔涅槃塔。贝叶经插图限于页幅尺寸，常用多叶联排的方式顺序安置各画面，如果把各个单叶放置在同一平面观看，就会形成这样的视觉效果（图3-1-3）：[1]

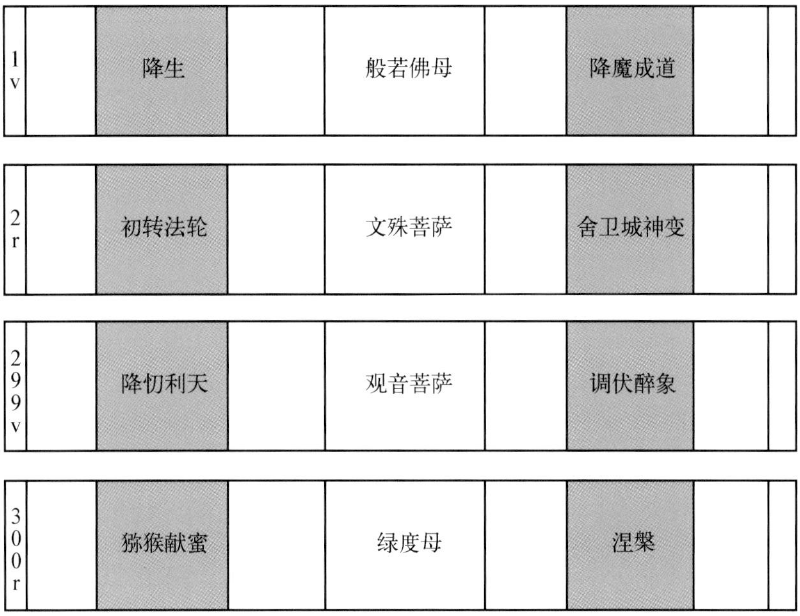

1v	降生	般若佛母	降魔成道
2r	初转法轮	文殊菩萨	舍卫城神变
299v	降忉利天	观音菩萨	调伏醉象
300r	猕猴献蜜	绿度母	涅槃

图3-1-3 八塔变贝叶经结构

我们若将页面竖置，画幅左侧四情节几乎能和76窟上排四画面的顺序完全对应，仅有"舍卫城大神变"代之以"降忉利天"，相应地，窟内下排残损的四画面也可以确认自南向北应当是"降魔成道""降忉利天""调伏醉象"和"涅槃"，将贝叶经插图的格局直接借用到石窟壁画中应当是宋人的首创之举。

另一种"八塔变"图像的重要传播载体是擦擦。加尔各答印度博物馆收藏的这件陶印模制作年代为10世纪（图3-1-4），[2]陶模正面呈凹槽状，中间阳刻八塔八相。令人激

〔1〕 此处举出的例子是那烂陀寺发现的1058年《八千颂般若波罗蜜多经》插图，现收藏于纽约亚洲协会博物馆（Asia Society, New York）。示意图参照 Jinah Kim, *Receptacle of the Sacred: Illustrated Manuscripts and the Buddhist Book Cult in South Asia*, University of California, 2013, Diagram 3-1.
〔2〕 模制造像在印度有长久历史，唐义净《大唐西域求法高僧传》有载："归东印度，到三摩呾吒国，国王名曷罗设跋毛……每于日日造拓模泥像十万躯"，"西方法俗，莫不以此为业"，其中所提到的这种"拓模泥像"应当就是指的"擦擦"。

图3-1-4　加尔各答博物馆擦擦

动的是，在这件作品里，不仅八相中的每个情节都被安置在佛塔中央，而且画面布局也与11世纪末以降中原内地的八塔八相图像完全一致（偶将"初转法轮"和"舍卫城神变"对换位置），暗示了10世纪或许就是后期成熟的八塔变图像的定型期，同样的图像组合也见于位于Solampur Raghunātha寺的八塔变石雕中，[1]制作年代也在10世纪。

画面被清晰地分为8个情景，中央居于佛塔内的是全跏趺坐、触地印释迦牟尼，象征降魔成道、终成正觉的瞬间。最上方为"涅槃变"，描绘右胁而卧的释尊和围绕身侧的三个弟子。"涅槃变"下方、塔刹两侧分别为"调伏醉象"和"降忉利天"，佛陀在这两个画面中均呈站姿，身体稍微侧向中间佛塔。在佛陀头部位置的右方描绘的是"初转法轮"，佛作转法轮印，身侧伴有闻法弟子；左方是"舍卫城神变"。画面最下方的两个画面分别是右面的"猕猴献蜜"和左方的"树下诞生"，这两个画面中的主要人物也通过肢体语言营造画面构图的和谐。"猕猴献蜜"中的佛陀采取侧身垂足坐，这和稍晚时期的卫藏唐卡作品处理方法完全一致。模印技术在八塔变图像中的应用意味着其相关艺术品的批量制作，体量轻便这一特点也方便前往印度朝拜的僧人或信徒携带身侧。以菩提伽耶寺为中心的东北印地区在波罗王朝时期制作了相当大数量的八塔变擦擦，并作为纪念品出售给前来朝拜的远方信徒，因为我们在西方博物馆藏品中也发现了其他地区出土的八塔变擦擦，如瓦尔特艺术博物馆（The Walters Art Museum）、牛津大学阿什莫林博物馆（Ashmolean museum, Oxford University）收藏的两件11世纪蒲甘作品（图3-1-5：1、2），说明图像也曾流传到该地区。集合了佛陀生平事迹、舍利和圣地崇拜的八塔变模印、擦擦或唐卡让佛教徒的朝圣行为发生改变，开始从外在的身体力行转向内在的精神礼拜。前往印土亲见佛国是一条艰辛之旅，有宋代皇室雄厚财力、物力支持的庞大西渡取经队伍尤要经过至少两年时间的长途跋涉才能抵达，更勿论普通信徒的困难程度了，"八塔变"相关微型携带物浓缩了早期大乘佛教信徒对于佛陀神奇一生的崇奉、对于释尊生身舍利的狂热、对于佛祖亲历八大圣地的向往，即使不能亲礼西方圣土，信徒通过供奉顶礼八塔图

〔1〕图片见Thomas Eugene Donaldson, *Iconography of the Buddhist Sculpture of Orissa*, Indira Gandhi National Center for the Arts, New Delhi, 2001, Vol.2, fig.50.

图3-1-5：1 瓦尔特艺术博物馆八塔变擦擦　　　　图3-1-5：2 阿什莫林博物馆八塔变擦擦

像也能完成了悟佛门甚深法义的"心理朝圣"。

　　我们在讨论11世纪的敦煌艺术或敦煌艺术与西藏艺术的关系时，大家更多考虑吐蕃的灭法所致的汉藏与印藏宗教以及宗教艺术联系的断裂，重视西藏佛教艺术对汉地佛教艺术的影响，对11世纪前后吐蕃与西域敦煌之间的联系由于找不到确凿的藏文史籍的印证而痛苦不堪。[1]此外，佛教艺术史家对唐代中印之间的交流，对于往来于丝路的玄奘等行脚僧三藏关注有加，但对宋初中印之间的佛教及其艺术的交流史实视而不见。事实上，北宋初期，唐末动乱所致寂寞的丝路随着宋初社会的安定，古道又迎来了短暂的春天，往来大漠的印藏僧人的数量超过了前朝，皇室甚至一次派出300人之众的取经团，很多僧人在印度逗留数年，在东印度，甚至克什米尔都建有汉僧的寺院并立中文石碑纪念取经行程，[2]这些僧人到盛产贝叶经的东印度的目的就是请回梵夹贝叶经，他们前往印度的时间

〔1〕 以往西藏艺术史学者认为，敦煌吐蕃风格的绘画集中出现在9世纪前后，晚唐一些密教窟室壁画中偶然能看到吐蕃波罗样式的遗风。可以确定的是，晚唐吐蕃成分是早期样式的遗留。假如把第76窟八塔变的年代判定在10或11世纪，那么意味着我们在敦煌11世纪前后的壁画中发现了在后弘期11至12世纪西藏艺术中才能看到的母题。

〔2〕 印度菩提伽耶现有汉文碑铭五通，当为这些入印取经的僧人所立，年代正好在11世纪中叶：最早的碑或为道圆等所立，另三碑约为乾兴二年（1022）建立，另一碑建于明道二年（1033）。参看沙畹（E. Chavannes），Les inscriptions chinoises de Bodh-Gaya（菩提伽耶的中文碑铭），Revue de l' histoire des religions, 34, 1, 1896, p.58.

恰好在波罗朝开始制作插图贝叶经的10世纪末至11世纪初,集中在11世纪后半叶。[1]汉僧在印度拜访释迦牟尼八大圣地,回程取道尼泊尔经西藏返回丝路故道,途经瓜沙诸州回到京师与故地。[2]我们观察到这些取经僧人活动的年代也就是76窟突兀样式壁画出现的时间。

《宋史》和范成大《吴船录》都较为详细地记载了宋末汉地僧人往返印度取经的详情。考虑到赴印僧人主要在于拜谒东印度佛教八相图表现的八大圣迹,求取以《般若经》为主并绘制有佛陀圣迹的贝叶经;考虑到此时法贤翻译记载天竺佛画仪轨的《大方广菩萨藏文殊师利根本仪轨经》[3]以及菩提伽耶的僧人11世纪初将"唐卡原型"的东印度布画的粉本"白氎上本"携入中土;[4]考虑到汉梵行僧旅途经由沙州和瓜州,且往来中印的年代在11世纪上半叶至11世纪中叶等等史实,我们完全有理由相信莫高窟76窟颇显突兀的波罗风格的《八塔变》是这些僧人从印度携回的新样式,[5]与此时在吐蕃本土兴起的卫藏波罗式样没有直接的联系,因为这段时间在藏区腹地缺乏西域"末法"时代建塔追寻舍利的氛围,很难找到与八塔变完全相同的风格样式。西夏人1032年控制沙州以后,其佛教绘画继承了《八塔变》样式,仅从年代来说,76窟可以归入西夏早期的石窟,这一初期的波罗样式在西夏艺术中被延续下去,因此黑水城出现了很多的八相成道图,出现了东千佛洞第5窟、榆林窟第3窟的八塔变相,这一图像样式在同时期的西藏艺术中是很少见的。

---

〔1〕帕尔提到现今存世的有公元9世纪的贝叶经但都没有任何插图,有《般若经》插图的贝叶经出现在10世纪末至11世纪初,至13世纪初逐渐消退。Pratapaditya Pal & Julia Meech-Pekarik, *Buddhist Book Illuminations*, Ravi Kumar Publishers, 1988, pp.45-50.

〔2〕范成大《吴船录》:"踰大山数重,至泥波罗国。又至磨逾里,过雪岭,至三耶寺。由故道自此入阶州。"此处的"三耶寺"是否与"桑耶寺"相关待考。

〔3〕谢继胜:《唐卡起源考》,《中国藏学》1996年第4期;《大正藏》,No.1191.《文殊根本经》卷十一"广大画像仪则曼拏罗成就法"。

〔4〕《图画见闻志》卷六"觉称画"云:大中祥符初(1008),有西域僧觉称来,馆于兴国寺之传法院,其僧通四十余本经论,年始四十余岁。丁晋公延见之,嘉其敏惠。后作《圣德颂》以上,文理甚富,上问其所欲,但云:"求金襕袈裟,归置金刚坐下。"寻诏尚方造以给之。觉称自言酷尝左国人,刹帝力姓,善画。尝于译堂北壁画释迦面,与此方所画绝异(昔有梵僧带以白叠上本,亦与寻常像不同。盖西国所称,仿佛其真,今之仪相,始自晋戴逵。刻制梵像,欲人生敬,时颇有损益也)。《画继》卷十"天竺中印度那兰陀寺僧,多画佛及菩萨、罗汉像,以西天布为之。其佛相好与中国人异,眼目稍大,口耳俱怪,以带挂右肩,裸袒坐立而已。先施五藏于画背,乃涂五彩于画面,以金或朱红作地,谓牛皮胶为触,故用桃胶,合柳枝水,甚坚渍,中国不得其诀也。邵太史知黎州,尝有僧自西天来,就公廨令画释迦,今茶马司有十六罗汉。"参见谢继胜:《涉及吐蕃美术的唐宋画论》,《文艺研究》2006年第6期。另,宋初至景祐初年(1034)有80名入中土天竺僧进贝多罗叶经。

〔5〕从印度取新样式携入中土是唐代佛教艺术的传统之一。如张彦远《历代名画记》卷三云"(敬爱寺)佛殿内菩提树下弥勒菩萨塑像,麟德二年,自内出,王玄策取到西域所图菩萨像为样。"郭若虚《图画见闻志》卷五记大相国寺"相蓝十绝"云:"西库有明皇先敕车道政往于阗国传北方毗沙门天王样来,至开元十三年封东岳时,令道政于此依样画天王像为一绝。"宋人当继承这一传统。

四、西夏《八塔变》与辽、吐蕃及东印度同类题材的关系

西夏的佛教信仰是多元的，早期佛教与汉地佛教和辽代佛教关系密切，甚至通过回鹘僧人的中介而与吐蕃旧派佛教藕断丝连，后期接受了噶举派、萨迦派等重在修习实践的体系化的藏传佛教。西夏的回鹘僧人既熟悉西域的佛教信仰，又了解以宁玛派为代表的沿袭自敦煌吐蕃旧派佛教，留存的西夏绘画中出现的西夏高僧形象，大都戴着宁玛派上师具有辨识特征的莲花帽。西夏人在辽代后期佛教艺术如八塔变的传播中也起到了中介作用，恰如西夏人把藏传佛教传播给蒙古人。然而，契丹人倾向于八塔信仰有辽代佛教自身的因素，但与西夏人将回鹘佛教中有关释迦牟尼胜迹的信仰引入辽不无关系。

从美术角度考察西夏与辽的关系，《辽史》有两条重要的记载，辽咸雍三年（1067）"冬十一月壬辰，夏国遣使进回鹘僧、金佛、《梵觉经》"，[1]辽寿昌元年（1095）"十一月甲辰，夏国进贝多叶佛经。"[2]非常重要的是，《辽史》提到西夏人在1095年，也就是11世纪末，就送给辽人"贝多叶佛经"（pattra）！我们在讨论76窟波罗样式时谈到，11世纪前后的贝叶经插图是波罗样式的八塔变图像渊源之一，也是卫藏波罗样式的唐卡的图像及风格的源头之一，莫高窟76窟图像的形成与11世纪初往来于中印的汉梵僧人有关。西夏人的情形同样如此，西夏人1032年占领瓜沙地区，1038年建国，这段时间仍然是丝路往来的黄金时期。西夏控制了丝路以后，初期仍然保持着宋初盛行的东印度馈经取经之路，对贝叶经的求取几近痴迷，西夏人甚至扣留往来北宋的天竺僧人求取贝叶经。[3]民间人士在西夏天盛国庆五年（1073）施印《大般若波罗蜜多经》，[4]甘州宝应寺西夏僧人燕丹赴中印度求法归来后依照此时流行的《大涅槃经》《大般若波罗蜜多经》（"如来昔记"）等起甘州大佛寺，正好呼应11世纪前后西夏八塔变的流行。[5]来自天竺，或者迦湿弥罗的佛教上师亦时常往来于西夏控制的西域地区，例如"天竺大般弥怛五明显密国师在家功德

〔1〕《辽史》卷二二《道宗纪》，北京：中华书局，1974年，第267页。

〔2〕《辽史》卷二六《道宗纪》，北京：中华书局，1974年，第308页。吴广成《西夏书事》："（绍圣二年1095，西夏天佑民安六年）冬十一月，进《贝多叶经》于辽。"

〔3〕西夏广运三年（1036）："天竺入贡，东行经六月至大食国，又二月至西州，又二月至夏州。先是，僧善称等九人至宋京，贡梵经、佛骨及铜牙菩萨像，留京三月，宋帝赐束帛遣还。抵夏州，元昊留于驿舍，求贝叶梵经不得，羁之。"清吴广成撰，龚世俊等校证：《西夏书事校证》，兰州：甘肃文化出版社，1995年，第140页。

〔4〕汉文《大般若波罗蜜多经》发愿文为国庆五年"陆文政施"，见史金波：《西夏佛教史略》，银川：宁夏人民出版社，1988年，第237页。

〔5〕明宣宗撰《敕赐宝觉寺碑记》，见（清）钟庚起著，张志纯等校点：《甘州府志》卷十三《艺文》，兰州：甘肃文化出版社，1995年，第518—519页。

司正曩乃将沙门捺也阿难捺"（Jāyānanda）就是一位来自迦湿弥罗的上师。[1]而西夏的佛教上师中亦有西游求法者，如著名的捺弥译师相加思葛剌思巴（rTsa-mi lo-tsa-ba Sangs-rgyas grags-pa）曾往天竺学法，最后竟然成了印度贝叶经制作中心的菩提迦耶和那烂陀寺（Nālandā）的金刚座座主，以至于来自西藏的学僧亦不得不皈依到他的门下。[2]以西夏人对外来文化的包容性，他们对印度佛教图像的敏感超越汉人。西夏人继承东印度贝叶经的传统，以其得自汉地文明的雕版印刷技术成千上万地雕版印制带有插图的《般若波罗蜜多心经》和《大般若波罗蜜多经》等，这些西夏木刻版画的年代远远早于人们所认知的西夏与吐蕃联系的年代，因此这些佛经插图的"粉本"都是取自东印度贝叶经的插图，而非卫藏佛教艺术。例如断代在天盛十九年（1167）的《佛说般若波罗密多心经》插图，[3]以及完整演绎东印度贝叶经义理的《如来鹫峰山演大般若》插图，说明西夏雕版印画确系来自贝叶经插图，[4]西夏人保留了汉人没有留存的贝叶经图像并将之形诸新式的雕版！黑水城所见早期波罗样式浓郁的一些唐卡、东千佛洞断代在12世纪的壁画等，这些绘画作品的年代在12世纪，与卫藏地区出现的类似风格的作品几乎同时，甚至出现年代稍早。艺术史家痛苦地从西夏佛教与萨迦、噶举等教派的联系中找寻这些波罗式样的源流，实际上，早在11世纪，西夏人或通过回鹘藏僧、或直接从东印度或中印度得到了这些图像，其中一些波罗特征的图像就有可能来自西夏人拥有的贝叶经插图，甚至莫高窟76窟波罗样式的八塔图像很可能是西夏人在贝叶经八大圣迹插图的基础上创造的！因此，与11至13世纪卫藏艺术中缺少此类图像的情形不同，西夏极为流行八塔八相图像，西夏文汉文刻本《大方广佛华严经入不思议解脱境界普贤行愿品》卷末题记有云："（太后）散施《八塔成道像》净除业障功德共七万七千二百七十六帧。"此经为罗皇后为悼念仁宗（1139—1193）去世三周年而施，当为1196年。散施的《八塔成道像》疑为雕版刻印单幅

［1］ 关于11世纪至14世纪的多民族西域佛教史，参看沈卫荣：《重构十一至十四世纪的西域佛教史——基于俄藏黑水城汉文佛教文书的探讨》，《历史研究》2006年第5期。Van der Kuijp, L. W. "Jāyānanda. A Twelfth Century *Guoshi* from Kashmir among the Tangut," *CAJ* 37/ 3-4（1993），pp. 188-197.西夏与印度关系梗概，参看陈爱峰、杨富学：《西夏印度佛教关系考》，《宁夏社会科学》2009年第2期。

［2］ Elliot Sperling, "rTsa-mi lo-tsa-ba Sangs-rgyas grags-pa and the Tangut Background to Early Mongol-Tibetan Relations", *Tibetan Studies: Proceedings of the 6th Seminar of the International Associati on for Tibetan Studies*, Fagernes 1992, Per Kvaerne (ed.), vol 2. Oslo: The Institute for Comparative Research in Human Culture, 1994, pp. 801-824.

［3］ 此为《佛说圣佛母般若波罗蜜多心经》的德慧汉文译本，卷尾有一篇西夏仁宗皇帝的御制发愿文，署天盛十九年："寻命兰山觉行国师沙门德慧重将梵本再译微言。仍集《真空观门施食仪轨》附于卷末，连为一轴。于神妣皇太后周忌之辰，开板印造番汉共二万卷，散施臣民。"

［4］ 西夏12世纪中后叶及13世纪初的雕版印画（1167年及以后）中浓郁的东印度风格的版画，实乃出自印度刻工之手。汉文《佛说大乘圣无量寿决定光明王如来陀罗尼经》《佛说般若波罗蜜多心经》发愿文记："时皇建元年（1210年）十一月初五日，圣普化寺连批张盖利沙门李智宝谨施，西天智圆刁（雕），索智深书。"西天智圆当为天竺僧刻工。参见史金波：《西夏佛教史略》，银川：宁夏人民出版社，1988年，第279页。

图像，从77 276帧的庞大数量可以看出此类造像的盛行。[1]从具体作品分析，黑水城出土的《释迦牟尼与八塔》（图3-1-6：1、2）或许就是《八塔成道像》的样本之一，其八塔配置方式与东印度波罗式样不同，也没有找到东印度其他的例证与之相仿，或与《八大灵塔名号经》及辽代的八塔配置最为接近，八塔名称与顺序与朝阳辽塔基本相同，可见其图像来源。唐卡中释迦牟尼居于大菩提塔II，塔名"菩提树下成道塔"，画面右侧（主尊左侧）由上而下，分别为"尘园法轮初转塔"III、"释迦如来生处塔"I和"拘尸那城涅槃塔"VIII；左侧（主尊右侧）分别为"耆门崛山大乘塔"VI、"菴罗林会维摩塔"VII和"佛从天下宝阶塔"V；中间主塔下五座小塔名为"降伏外道名称塔"IV。唐卡所绘佛塔两侧的榜题有西夏文对应，这种构图样式鲜见于东印度与卫藏唐卡，但其绘画风格确实是典型的波罗式样，或者是西夏人将辽夏八塔引入唐卡绘画。在此幅唐卡中，释迦牟尼佛黄色身形，结跏趺坐于莲花座上，左手结禅定印，右手作触地印。在他的前方置有一金刚杵，这是藏传佛教造像触地印释迦牟尼佛的特征之一。[2]佛陀的脖颈和手臂较短，五官较为集中，被安

图3-1-6：1 黑水城 八塔成道

图3-1-6：2 黑水城 八塔成道示意图

[1] 此卷编号为TK-98，参看孟列夫《黑城出土汉文遗书叙录》，第28页附图。其中还提到"度僧西番、番汉三千员；散斋僧三万五百九十员；放神幡一百七十一口……"
[2] 11至12世纪前后的藏传佛教造像，释迦牟尼佛与五方佛中的不动如来有一个固定的置换关系。11世纪前后的很多卫藏寺院，主尊供奉释迦牟尼佛和八大菩萨，但寺院的大门朝向东方，如扎塘寺、吉如拉康寺、早期大昭寺等，即在回应早期的不动如来信仰。因此，降魔印释迦牟尼佛在金刚座前置金刚杵，就是这种关系的反映。

置于佛塔之内,佛塔两侧绘有三叶形的菩提树,表明释迦牟尼在菩提树下证悟的场景,左侧汉文榜题是"菩提树下成道塔",说明此大塔象征佛陀事迹中最重要的菩提证悟。头光为白色,两侧绘有中原汉地出土的凤鸟图案,这一图案见于黑水城出土《四美图》的上方,其旋上的尾羽形成头光的边缘装饰。佛陀背龛仍为石绿底色并绘有卷草纹装饰。主尊右侧为白色的观音或莲花手菩萨,右手持白莲花,左手手印不可辨;佛陀右侧是黄色的弥勒菩萨,右手持上有净瓶的莲花,左手作安慰印。贺兰县宏佛塔也出土了带有八大佛塔的绢质唐卡,画面大部分毁损,仅残存佛塔,每座塔的两侧也留有汉文和西夏文对照的榜题,画面的用色、形制与黑水城这幅作品完全相同,可见两者是同时期创作的作品,断代在12世纪末。[1]

虽然《八塔成道像》与辽塔顺序相近,但西夏石窟壁画的《八塔变》与莫高窟第76窟相似,大都遵奉东印度波罗风格,与第76窟最为接近的就是东千佛洞第5窟《八塔变》(图3-1-7)。[2]本铺壁画多漫漶,取方格式构图,次序与波罗原型基本相同。中央大塔

图3-1-7　东千佛洞第5窟八塔变

〔1〕宁夏回族自治区文物管理委员会雷润泽、于存海、何继英编著:《西夏佛塔》,北京:文物出版社,1995年,第93页,图版47。

〔2〕第5窟位于西崖上层,坐西向东,窟内四壁下方可见西夏文供养人题记当开凿于西夏时期。

为释迦降魔塔 II，塔上为"涅槃" VIII。画面左侧从上而下分别为"降伏醉象" VI、"初转法轮" III、"猕猴献蜜" VII；画面右侧分别为"降忉利天" III、"舍卫城神变" IV、"降生兜率" I。最下面一栏漫漶，或许是《方广大庄严经》描绘的内容。第5窟佛塔可见砖石结构，遵奉第76窟样式，但塔顶敦煌样式飘幡已消失，两侧胁侍菩萨有西夏常见的须弥座。较为特别的是，降伏醉象和下忉利天场景绘制的佛陀皆为坐像，而非波罗原型的立像。上方为涅槃变，但没有绘成塔状。两侧为六小塔，共同构成八大塔。

从《八塔变》在本窟的位置看，76窟将《八塔变》安置在门侧东壁，左右安置华严经变与法华经变，十一面八臂观音与千手千眼及药师经变，可以看作是北宋或西夏早期以华严为主体的佛教信仰的体现。至东千佛洞第5窟，窟门两侧安置曼荼罗与护法，窟室南北壁由东而西分别绘制文殊变与普贤变、八臂观音对绿度母、一切智大日如来十王对八塔变、金刚萨埵对四臂岩居观音、四臂文殊对水月观音，后室为五方佛坛城对涅槃变的格局，窟顶则有与敦煌100窟相似的四大天王配置十六罗汉以环绕窟顶曼荼罗。其间汉地佛教与藏传佛教，唐密、辽密与藏密，来自龟兹型石窟的小乘意蕴与中亚早期大乘佛教圣迹形成貌似混搭的全新样式。

然而，我们观察年代稍后的榆林窟第3窟（图3-1-8），可以看出西夏人对八塔变图像进行了调整：穹隆状方形窟顶画金刚界曼荼罗，主尊为智拳印大日如来，四方阿閦、阿弥陀、宝生、不空成就如来。窟室中央设佛坛，坛上塑像为清代重做的西夏雕塑。最令人吃惊的是，八塔变绘于窟室主壁（东壁）正中，东壁南侧千手千眼观音经变，北侧五十一面千手千眼观音，南北壁画东段胎藏界曼荼罗和金刚界曼荼罗，西壁两侧画文殊、普贤经变。如同莫高窟76窟反映的宋初或西夏早期的佛教义理，第3窟的图像布置则完整地体现了西夏中后期佛教思想的多元特征，与李通玄为代表的五台山系华严系统信仰相关。毗卢遮那、文殊、普

图3-1-8　榆林窟第3窟八塔变

349

贤组合或者观音、文殊、普贤所组成的三圣圆融思想，以及受三圣圆融观影响而形成的华严思想是第3窟文殊、菩萨、观音与密教坛城布置的关键。[1]西壁窟门两侧的文殊普贤变或与主壁的八塔变释迦牟尼构成华严三圣，如同华严入密的辽代佛塔，主壁的释迦牟尼亦或等同于窟顶金刚界曼荼罗的主尊大日如来。

从八塔八相位置来看，榆林窟第3窟八塔变的构图与东千佛洞第5窟基本相同，中央大塔释迦牟尼降魔成道 II，腋下诞生 I 仍然在画面右下（主尊左下）的位置，与之对应的应当是猕猴献蜜 VII；与释迦平齐的左侧初转法轮 III，右侧舍卫城神变 IV；与塔龛相对的分别是左侧的降伏醉象 VI 和右侧的下忉利天 V，塔顶安置涅槃变 VIII。以上布局与东印度原型完全相同，但画面采用两侧四格竖框的构图，似乎在回应辽代八塔构图，但绘制的内容如"天地独尊"或"牧女献糜"仍然是波罗式样《方广大庄严经》情节，说明榆林窟第3窟采用的是与76窟相同的图像体系，与西夏《八塔》唐卡表现的来自辽代八塔的图像不同。

如前所述，作为金刚乘佛教图像的东印度八相八塔图，其流行在于印证《般若波罗蜜多经》的义理；辽与西夏引进并流行八塔信仰应当与中亚西域的早期大乘信仰有关，西夏人超越了我们所理解的西夏疆域的边界，在吐鲁番地区有很深的影响，至今在大小桃儿沟石窟还能发现沿袭早期构图的藏传佛教石窟壁画，石窟主壁残龛主尊或为降魔印释迦牟尼佛或为高僧，如同东千佛洞第4窟塔龛主尊将释迦成道像替换为西夏上师像，两侧有僧人像，并分置四塔、合为八塔，[2]当为吐鲁番八塔变在13世纪前后的变体；莫高窟465窟现存前室后壁、东西两侧壁皆绘有12世纪噶当式佛塔，实际上也是西夏八塔信仰与中亚佛教结合所致的变异样式，前室后壁之主室门上方置上师像龛，以整个主室窟内所绘密教五方佛及眷属等同于八塔之成道释迦而呼应前室空壁所绘佛塔。[3]这一特征还能在西夏人布置在五个庙石窟第1窟中心柱的《八塔变》看出来：五个庙第1窟是中心柱窟，因壁画漫漶而不易辨识，正壁主尊或为大日如来或释迦牟尼，东西两侧配置十一面观音和六臂观音，似乎与榆林窟3窟《释迦成道图》与《五十一面观音》和《千手千眼观音》的构成形成对比。东西壁由北而南则绘制双铺《曼荼罗》《弥勒变》与《炽盛光佛》《水月观音》等。《弥勒变》的"生产劳动场面"或与榆林窟第3窟51面观音的类似持物手有关。窟顶或为与榆林窟3窟相同的金刚界九会曼荼罗。[4]五个庙1窟《八塔变》八塔八相布局与东千佛洞、榆林窟等处的八塔变相同，绘制在中心柱的南侧，即正对窟门的柱面，这或许是隐含了

〔1〕 魏道儒：《李通玄华严学的核心内容及其历史地位》，《法源学报》2001年第19期。小岛岱山著，黄玉雄译：《中国华严思想史的再认识——五台山系华严思想与终南山系华严思想》，《五台山研究》2000年第4期；《五台山佛教文化圈内的华严思想——五台山系华严思想的特征和发展》，《五台山研究》1995年第01期。
〔2〕 感谢吐鲁番文物研究所陈爱峰先生电邮告知并提供图片。
〔3〕 敦煌研究院编：《莫高窟465窟》，江苏美术出版社，2001年。
〔4〕 五个庙的个别图版参看张宝玺编：《甘肃石窟艺术壁画编》，兰州：甘肃人民美术出版社，1997年。

龟兹型石窟的某些义理。我们以往对西夏时期的东千佛洞第2窟、第4窟出现典型的龟兹型石窟迷惑不解：因为佛教考古学界认为，龟兹型石窟的下限是在8世纪前后，断代在12世纪的典型西夏龟兹型石窟让人愕然。

五、结论：《八塔变》图像与11—13世纪 中国多民族宗教思想与美术交流

莫高窟76窟《八塔变》是北宋西夏时期出现的一种新的佛教绘画题材，其浓郁的域外风格和典型的卫藏波罗样式使研究者努力将其与后弘初期的吐蕃绘画联系在一起，但吐蕃本土，尤其是藏区中部很难找到断代在11世纪、留存的"八塔变"壁画和雕塑。传世的12世纪前后的卫藏唐卡个案保留了东印度波罗原型的特征，但唐卡上面的图像样式并没有施造于11世纪广泛兴起的藏传佛教寺院壁画中。后弘初期吐蕃缺乏八塔变相的缘由在于新起的各派藏传佛教，如噶当派教法是非常侧重经典与义理的"高级"教法而非衰败的金刚乘大乘密法，造像重在金刚界曼荼罗五方五智如来，并非着意于单纯的释迦牟尼圣迹或舍利，所以西藏最早的佛塔是桑耶寺附近的五座石塔而非八塔。事实上，北宋初年包含密教义理的佛教在宋辽西夏的兴起，佛教经典如《八大灵塔名号经》的传译、往来中印之间汉梵僧人的求取或馈赠贝叶经的热潮，其中将11世纪东印度流行的、剔除了神秘与血腥仪轨内容的密教内容，将插图丰富的新式贝叶经佛典《般若波罗蜜多经》引入中土，创造了莫高窟等地的八塔变图像，成为宋初的新经变。由于八塔信仰与中亚西域早期大乘对释迦牟尼的信仰相适应，与龟兹石窟体现的观念相吻合，与西州回鹘11世纪前后末法思潮流行的八王分舍利、建八大圣迹塔的信仰相关联，[1]这些又与具有草原民族特质的辽、西夏、回鹘的宗教倾向合拍，[2]辽、夏又能毫无障碍地接受汉地有关八塔的经典的翻译，接受回鹘的舍利与佛塔信仰，因此八塔信仰在辽夏地方蔓延，并与追求纯密且糅合了华严信仰的辽代密教结合而形成了对八塔信仰的最新阐释。西夏佛教与辽代佛教有很大的共同性，有华严义理的西夏汉密应当是辽代密教观念的发展，但更加侧重李通玄等所传五台山华严系统义理。1032年后的二百年间，西夏控制丝路与敦煌，近距离直接吸收来

---

〔1〕 例如北庭回鹘王家大寺的壁画《八王分舍利》等佛传故事画。回鹘人造塔传统参看陈国灿、伊斯拉非尔·玉苏甫：《西州回鹘时期汉文〈造佛塔记〉初探》，《历史研究》2009年第1期。

〔2〕 八塔变之所以流行于西域敦煌与西域早期佛教的传统有关，克孜尔石窟的所谓龟兹样式也是在展示佛陀的生平，西夏石窟在12世纪复原龟兹式石窟并流行八塔变或八相成道图也是不自觉的靠向西域敦煌的早期大乘传统，他与敦煌唐宋以来的佛教传统有一定细微区别，说明辽金西夏带有中亚游牧民族共性的族群仍然无意识地倾向西域早期大乘传承。或者可以看作是11至12世纪前后对早期传统的一次回归运动。

自东印度的典型波罗原型；在与噶举、萨迦等藏传佛教派别接触以后又汲取了来自卫藏的波罗图像样式，在造像体系中延续了东印度波罗与卫藏波罗样式，因而在榆林窟、东千佛洞、黑水城出土的唐卡中八塔八相图成为西夏早期的重要样式。西夏在与藏传佛教各派紧密联系以后，早期以"八塔成道""降魔印金刚座释迦牟尼佛"为主的图像体系让位于以上师、本尊、护法、空行母、曼荼罗为主的造像系统。窥一斑而知全豹，通过对八塔变图像的分析，可以勾画出 10 至 11 世纪中印佛教和佛教艺术的交流、勾画出 11 至 13 世纪前后我国多民族佛教美术的相互影响。

第二节　辽塔密教图像配置与
宋辽密教体系

辽（916—1125）作为契丹民族在我国北方广大地区所建立的国家政权，盛事佛教。特别是圣宗、兴宗、道宗三朝（982—1101在位），崇佛之风臻于极盛，广建塔寺。史载，在契丹统治的我国北方广大地区，"处处而敕兴佛事，方方而宣创精蓝"、[1]"城邑繁富之地，山林爽垲之所，鲜不建于塔庙，兴于佛像"。[2]正如宿白先生所指出的："辽人佞密，更甚于中原"，[3]辽代密教的来源以开元三大士所传纯密为框架，糅合契丹萨满教的成分，并吸收西域（回鹘）和汉地佛教中的密教内容加以系统化而成。[4]辽人的密教信仰体现在诸多方面，或讽诵行持，或竖立塔幢，或刻置石经，或建造尊像等。[5]如今于辽朝境内发现的诸多纪年明确的辽塔遗存，塔上的密教图像便无疑为辽人佞密提供了鲜活例证，堪称研究辽代佛教艺术、佛教信仰特征和11—13世纪多民族艺术交流史的重要遗存。在本节中，我们结合辽塔考古实物资料，并钩沉密教典籍和辽代石刻文字资料，从讨论辽塔密教图像样式入手，将对辽塔密教图像配置、渊源、宗教意涵的讨论置于11—13世纪多民族文化交流这一广阔的文化背景和视野下，从而进一步研判和理解辽代佛塔的功能意义，更深层地揭示辽代佛教信仰的真实面貌和辽文化的丰富内涵。

〔1〕　陈述辑校：《全辽文》，北京：中华书局，1982年，第233页。
〔2〕　陈述辑校：《全辽文》，第308页。
〔3〕　宿白：《藏传佛教寺院考古》，北京：文物出版社，1996年，第239页，注释8。
〔4〕　谢继胜、常红红：《莫高窟76窟〈八塔变〉及相关的几个问题——十一世纪至十三世纪中国多民族美术关系史研究》，《艺术史研究》第13辑，广州：中山大学出版社，2011年，第207—250页。
〔5〕　吕建福：《中国密教史》，北京：中国社会科学出版社，1995年，第489页。

一、由八大灵塔图像管窥辽代佛教信仰[1]

（一）辽塔所见八大灵塔图像辨识与分析

感圣寺佛舍利塔，位于辽中京（今内蒙古赤峰市宁城县大明镇）城内丰实坊，为辽时感圣寺佛舍利塔，如今坊、寺建筑已无存，唯独佛塔依旧矗立（图3-2-1）。辽中京遗址俗称大明城，故此塔被称作大明塔。该塔明确建造年代尚无记载，[2]塔为八角十三级密檐式，塔座为须弥座，塔身八面。一层塔身每面为一佛二胁侍，居中位置辟有佛龛，其中南面正中为结智拳印的大日如来像（Mahāvairocana），大日如来头戴宝冠，结跏趺坐于束腰须弥座上。另外七面正中坐佛构成七佛。四正面龛外侧高浮雕二胁侍菩萨；四隅面外侧雕二金刚力士。每面坐佛的上方有华盖，华盖两侧各有一身飞天。各面塔身转角处砖砌成经幢形制的八大灵塔（图3-2-2），上层刻有八塔名号，下层刻有八大菩萨名号。二者对应关系如表3-2-1所示：

表3-2-1　感圣寺佛舍利塔八塔与八大菩萨名号对应表

八大灵塔名号	八大菩萨名号
净饭王宫生处塔	观世音菩萨
菩提树下成佛塔	慈氏菩萨
鹿野园中法轮塔	虚空藏菩萨
给孤独园（名称）塔	普贤菩萨
(曲女城边宝阶)塔	金刚手菩萨
耆阇崛山般若塔	妙吉祥菩萨
庵罗卫林维摩塔	除盖障菩萨
婆罗林中圆寂塔	地藏菩萨

---

[1] 参见于博：《由八大灵塔图像管窥辽代佛教信仰》，《东北史地》2015年第5期，第29—35页；于博：《辽塔密教图像意蕴考——兼及对图像配置的探讨》，《美术与设计（南京艺术学院学报）》2015年第5期，第115—126页。关于辽代八大灵塔的研究，另见［韩］成叙永：《辽代八大灵塔的图像特征与出现背景》，刘宁、张力主编：《辽金历史与考古国际学术研讨会论文集（下）》，沈阳：辽宁教育出版社，2012年，第399—416页。

[2] 1983年维修时，在塔的二层叠涩上发现"寿昌四年四月初八日……"的墨书题记和多则"寿昌"年号的墨书题记。参见姜怀英、杨玉柱、于庚寅：《辽中京塔的年代及其结构》，《古建园林技术》1985年第2期，第32—37页；另有学者将该塔断代为辽统和四年（986），详见陈术石、马雪峰、杜津伏：《内蒙古宁城大明塔建造年代考》，《古建园林技术》2012年第3期，第56—58页。

图3-2-1 感圣寺佛舍利塔（郎智明拍摄）

图3-2-2 感圣寺佛舍利塔局部（郎智明拍摄）

除感圣寺佛舍利塔外，辽中京城另有建于清宁三年（1057）的半截塔（图3-2-3）。[1] 该塔因塌毁严重，现仅存一层檐及其上束腰以下部分，故俗称半截塔。塔身平面呈八角形，塔身四个正面皆设有假门，假门上方雕有华盖，假门左右原各对称嵌刻砖雕，现多残缺。塔身四个隅面各并列设有尖栱浅龛两个，浅龛内各置八角三级密檐式灵塔一座，合为八大灵塔。[2]

以朝阳北塔为代表的辽宁省朝阳地区的多座辽塔塔身图像配置均包含八大灵塔，如朝阳北塔、云接寺塔、青峰塔、大宝塔以及朝阳南塔。上述辽塔均为典型的方形十三级密檐式，可称之为"朝阳模式"。分别简述如下：朝阳北塔（图3-2-4），于辽初和辽重熙十三年（1044）两度维修，更名为延昌寺塔。1984年和1988年分别在朝阳北塔地宫和天宫内发现大量辽代瑜伽密教遗物，[3] 表明该塔所在的延昌寺是一座传持无上瑜伽密

〔1〕 前揭姜怀英、杨玉柱，于庚寅：《辽中京塔的年代及其结构》。
〔2〕 张晓东：《辽代砖塔建筑形制初步研究》，吉林大学博士学位论文，2011年，第80—81页。
〔3〕 朝阳北塔考古勘察队：《辽宁朝阳北塔天宫地宫清理简报》，《文物》1992年第7期，第1—28页。

图3-2-3　辽中京半截塔（郎智明拍摄）

图3-2-4　朝阳北塔（于博拍摄）

教的寺院。[1]北塔第一级以上重檐迭起。塔身四面中央各浮雕宝冠如来一尊与二胁侍菩萨，佛顶华盖下垂，旁为飞天；东方象座阿閦佛（Aksobhya），手作触地印相（Bhumisparsa Mudra）；南方双马座宝生佛（Ratna sambhava），手作与愿印相（Varada Mudra）；西方孔雀座阿弥陀佛（Amitabha），手作禅定印相（Dhyani Mudra）；北方金翅鸟座不空成就佛（Amogha siddhi），手作无畏印相（Abhaya Mudra）。

图3-2-5 朝阳北塔局部（于博拍摄）

每壁尊像两侧各浮雕灵塔，高3.2米左右，方形十三级密檐式，灵塔内侧立碑，碑身阴刻八大灵塔名号（图3-2-5）。[2]朝阳北塔塔身浮雕如表3-2-2所示：[3]

表3-2-2 朝阳北塔塔身浮雕图像配置简表

	东（阿閦佛）		南（宝生佛）		西（阿弥陀佛）		北（不空成就佛）	
主尊佛像	头戴宝冠，颈系璎珞，结跏趺坐，手作触地印相		头戴宝冠，颈系璎珞，结跏趺坐，手作与愿印相		头戴宝冠，颈系璎珞，结跏趺坐，手作禅定印相		头戴宝冠，颈系璎珞，结跏趺坐，手作无畏印相	
生灵座	五象		双马		五孔雀		五金翅鸟	
胁侍菩萨	宝冠，璎珞，菩萨装，跪姿，双手托物		宝冠，璎珞，菩萨装，跪姿，双手托物		宝冠，璎珞，菩萨装，跪姿，双手托物		宝冠，璎珞，菩萨装，跪姿，双手托物	
八大灵塔	佛右	佛左	佛右	佛左	佛右	佛左	佛右	佛左
	娑罗林中圆寂塔	庵罗卫林维摩塔	菩提树下成佛塔	净饭王宫生处塔	给孤园中名称塔	鹿野苑中法轮塔	耆阇崛山般若塔	曲女城边宝阶塔
飞天	右	中	左	右	中	左	右	中	左	右	中	左
	俯身，双手托物	立身，舞姿	俯身，双手托物	立身，舞姿	俯身，一手托物一手执物	立身，舞姿	俯身，双手托物	立身，舞姿	俯身，双手托物	俯身	残损	俯身

[1] 前揭吕建福：《中国密教史》，第468页。
[2] 由南按顺时针方向依次安置佛塔，塔名分别为："净饭王宫生处塔""菩提树下成佛塔""鹿野园中法轮塔""给孤独园名称塔""曲女城边宝阶塔""耆阇崛山般若塔""庵罗卫林维摩塔""婆罗林中圆寂塔"。
[3] 该表参考汪盈：《辽塔分布及形制初探》，北京大学硕士学位论文，2009年，第14页。

图3-2-6　云接寺塔（郎智明拍摄）

图3-2-7　云接寺塔局部（郎智明拍摄）

朝阳北塔塔身内外构成了一个融合多种宗教理念的空间：以塔的中心象征大日如来，由此形成用密教金刚界五方佛和八大灵塔、八大菩萨构成辽密的空间布局。金允美（Youn-mi Kim）对朝阳北塔素有研究，认为朝阳北塔塔身雕有八大灵塔图像，信徒们对朝阳北塔的崇奉，即同时实现了对于佛陀八大圣地的崇拜。[1]朝阳凤凰山上的云接寺塔（图3-2-6）塔身外壁亦有与朝阳北塔相似的八大灵塔图像（图3-2-7），亦为方形十三级密檐式，灵塔之上雕有小型佛坐像，颇似大塔的"微缩版"，饶有趣味。[2]胁侍和灵塔之间雕刻塔名榜题；[3]朝阳西营子乡五十家子塔又名青峰塔（图3-2-8），塔身浮雕图案与朝阳北塔和云接寺塔相同，为"一佛二菩萨二灵塔"组合。四面塔身各有两座浮雕小塔，合为八大灵塔（图3-2-9）。[4]亦为方形十三级密檐式，外侧上方嵌有塔铭碑，塔铭现已不存；位于凤凰山北麓山谷中的大宝塔（图3-2-10），塔身四壁每面坐佛左右两侧各雕一座灵塔，构成八大灵塔（图3-2-11）。与前几座塔的"方形十三级密檐式"灵塔不同的是，为方形九级密檐式；[5]朝阳南塔（图3-2-12），建于辽大康二年（1076），构造与以上诸塔同，方形十三级密檐式，四面设假

〔1〕 Youn-mi Kim, "Eternal Ritual in an Infinite Cosmos: The Chaoyang North Pagoda（1043—1044）." Harvard University, PHD dissertation, 2010, pp.75-76.

〔2〕 于余：《朝阳云接寺塔》，《辽宁大学学报（哲社版）》1983年第1期，第97—98页。

〔3〕 灵塔题名分别为：东壁"庵罗卫林维摩塔""娑罗林中圆寂塔"；南壁："净饭王宫生处塔""菩提树下成佛塔"；西壁："鹿野苑中法轮塔""给孤独园名称塔"；北壁："曲女城边宝阶塔""耆阇崛山般若塔"。

〔4〕 城址附近有乾统八年《大辽兴中府安德州创建灵岩寺碑》。碑载"安德州灵岩寺者"，说明此塔为辽代安德州灵岩寺塔。相关研究，另见赵兵兵、陈伯超：《青峰塔的构造特点与营造技术》，《华中建筑》2011年第4期，第136—140页。

〔5〕 灵塔塔身浮雕假门，各嵌有塔铭碑一方，现已模糊。

图3-2-8　青峰塔（郎智明拍摄）

图3-2-10　大宝塔（郎智明拍摄）

图3-2-9　青峰塔局部（郎智明拍摄）

图3-2-11　大宝塔局部（郎智明拍摄）

门，门外环以砖雕云朵，无佛像、宝盖。四面刻八大灵塔石额，无菩萨名（图3-2-13）。[1]
此外，朝阳地区另有八棱观塔，位于大平房镇八棱观村塔营子村北的山顶上。八角十三级
密檐式砖塔。塔身正中每面雕一佛坐像，佛两侧为典型的"二胁侍二飞天和二灵塔"的组

〔1〕　前揭项春松：《辽代历史与考古》，第352页。

图3-2-12　朝阳南塔（郎智明拍摄）　　　图3-2-13　朝阳南塔局部（郎智明拍摄）

合。灵塔为方形十三级密檐式。[1]

　　北塔天宫出土辽圣宗重熙十二年（1043）经塔（图3-2-14）。塔身四重相套，最外一重金片刻八大灵塔曼荼罗（图3-2-15），[2]主尊为结智拳印大日如来，跏趺坐莲花座，戴宝冠，项饰。[3]北塔地宫内立有一保存完好的石经幢（图3-2-16），幢身呈八角柱状体，幢座由八角形和仰莲圆座组成，立四节，其中，第三节座亦刻八大灵塔（图3-2-17）。

　　建于辽代大安八年（1092）的兴城白塔（图3-2-18）位于辽宁省兴城市白塔乡白塔峪，是辽代国师圆融大师澄观舍利塔。塔为须弥座，八角十三级实心密檐式，八面四佛四碑。四个正方位塔身壁上雕有佛龛，龛内砖雕五方佛之四如来像，各有胁侍。龛顶部嵌有

〔1〕　周亚利：《朝阳辽塔砖雕艺术》，载杨曾文、肖景林主编：《中国佛教的佛舍利崇奉和朝阳辽代北塔》，北京：宗教文化出版社，2009年，第289—307页；前揭张晓东：《辽代砖塔建筑形制初步研究》，第138—139页。

〔2〕　八塔顺序及名号分别为：一左上外"净饭王宫生处塔"、二左上内"菩提树下成佛塔"、三右上内"鹿野园中法轮塔"、四右上外"给孤独园名称塔"、五左下外"曲女城边宝阶塔"、六左下内"耆阇崛山般若塔"、七右下内"庵罗卫林维摩塔"、八右下外"婆罗林中圆寂塔"。

〔3〕　经塔第二重为银质，外刻三菩萨装跏趺坐佛（佛名待考）；第三重为金质，外刻结智拳印大日如来和八大菩萨。参见辽宁省文物考古研究所、朝阳市北塔博物馆编，王晶辰、董高、杜斌主编：《朝阳北塔——考古发掘与维修工程报告》，北京：文物出版社，2007年，第69—72页。

琉璃雕佛名，依次为：南面"宝生如来"，佛下座雕三马；西面"无量寿佛"，佛下座雕三只孔雀；北面"不空如来"，佛下座雕三只金翅鸟；东面"阿閦如来"，佛下座雕三象；在佛的两侧各立一菩萨，佛龛上左右各有五个小佛，结跏趺坐于祥云之上，其上皆有宝盖，构成十方诸佛。塔内装藏佛龛与龛顶的密檐象征大日如来，与其他四如来构成金刚界系统。在四隅面，塔身改佛龛为砖碑，阴刻楷书，西南刻"诸行无常"，西北刻"是生灭法"，东北刻"生灭灭已"，东南刻"寂灭为乐"。塔身八角各嵌有石刻倚柱，刻八大灵塔塔名（图3-2-19）。[1]《觉华岛海云寺空通山悟寂院塔记》（以下

图3-2-14 朝阳北塔天宫出土经塔（于博拍摄）

图3-2-15 经塔錾刻大日如来与八塔线图（王晶辰、董高、杜斌主编：《朝阳北塔——考古发掘与维修工程报告》，北京：文物出版社，2007年，第71页）

[1] 从南面左柱起依次为："净饭王宫生处塔""菩提树下成佛塔""鹿野苑中法轮塔""给孤园中名称塔""曲女城边宝阶塔""耆阇掘山般若塔""庵罗卫林维摩塔""娑罗林中圆寂塔"。

图3-2-16　朝阳北塔藏石经幢（王晶辰、董高、杜斌主编:《朝阳北塔——考古发掘与维修工程报告》,北京:文物出版社,2007年,图版第64页）

图3-2-17　朝阳北塔藏石经幢八塔图像（王晶辰、董高、杜斌主编:《朝阳北塔——考古发掘与维修工程报告》,北京:文物出版社,2007年,第92页）

图3-2-18 兴城白塔（郎智明拍摄）

图3-2-19 兴城白塔局部（郎智明拍摄）

简称《塔记》），石高49厘米，宽48.5厘米，计15行，每行15字，1956年出土于辽宁兴城县白塔峪乡塔沟村砖塔附近井中。[1]《塔记》明确记载了兴城白塔峪塔地宫装藏的物品，石刻既刻有出自《华严经》的一百二十贤圣名号，也刻及诸杂陀罗尼造塔功德经九圣八明王八塔。在塔身上，则是典型的密宗金刚界系统和华严宗十方诸佛结合，实为辽代佛教显密圆通思想之明证。[2]

　　值得注意的是，从塔身图像上看，前文所述的朝阳北塔、凤凰山云接寺塔和青峰塔塔身上的八大灵塔，均为方形十三级密檐式塔。顺州城塔（图3-2-20），又名十家子塔，塔身上的八大灵塔亦属密檐式塔，该塔位于辽宁阜新市辽代顺州城址，塔平面呈八角形，高九层，塔下有砖砌台基，塔身转角处各有小型密檐式塔，以此代替倚柱（图3-2-21）。辽

〔1〕《塔记》载："觉华岛海云寺空通山悟寂院创建舍利塔，于地宫内安置八角石藏于上。并镌诸杂陀罗尼造塔功德经九圣八明王八塔各名及偈，一百二十贤圣五佛七佛名号……"参见向南：《辽代石刻文编》，石家庄：河北教育出版社，1995年，第451页。

〔2〕陈术石、佟强：《从兴城白塔峪看辽代佛教的显密圆通思想》，《北方文物》2012年第2期，第57—60页。

图3-2-20 顺州城塔（郎智明拍摄）

图3-2-21 顺州城塔局部（郎智明拍摄）

上京南塔（图3-2-22），为辽时开悟寺塔，[1]位于辽上京城南八华里，今内蒙古赤峰市巴林左旗林东镇塔子沟山岗上。八角七级密檐式，须弥式塔座，刹顶已残。其中，四个塔身壁上各雕有两座小塔，构成八大灵塔（图3-2-23）。另有赤峰市巴林右旗辽庆州白塔（图3-2-24），为大契丹国章圣皇太后特建的"释迦佛舍利塔"，建成于辽兴宗重熙十八年（1049），八角七级楼阁式砖塔。塔身第一层的四个隅面，当心间饰有直棂假窗，直棂假窗两侧的稍间，雕有八大灵塔（每个隅面两座，图3-2-25），每座灵塔之上均饰有一对围绕宝盖舞动的飞天。[2]天津蓟县观音寺白塔，亦与辽中京大明塔和顺州城塔相同，在各面塔身转角处砖砌成八大灵塔（图3-2-26）。观音寺白塔建于辽道宗清宁四年（1058），束腰形须弥座，八角形塔身，八个折角处各砌有一小塔，小塔有两层叠涩塔檐。小塔身二层均素面无字，一层塔身上腰处雕有幡带、莲瓣各一层；二层塔身上出单层飞檐，檐上立刹，刹为莲瓣托覆钵、相轮，形似小窣堵波。[3]

在现存辽塔中，如顺州城塔一样，在塔身转角处砌有小塔，以此代替倚柱，构成八大灵塔的例子为数不少，如蔚县南安寺塔、静安寺塔和涞水西岗塔。蔚县

---

〔1〕塔下有砖雕塔记铭，残文"至第五檐……十二年"等，推测此塔可能建于辽太祖天显十二年（937）。前揭《辽代历史与考古》，第359页。

〔2〕承蒙郎智明先生告知，特致谢忱。

〔3〕天津市历史博物馆考古队、蓟县文物保管所：《天津蓟县独乐寺塔》，《考古学报》1989年第1期，第83—119页。

图3-2-22　巴林左旗辽上京南塔（于博拍摄）

图3-2-23　辽上京南塔局部（于博拍摄）

图3-2-24　巴林右旗辽庆州白塔（郎智明拍摄）

图3-2-25　庆州白塔局部（郎智明拍摄）

图3-2-26　蓟县观音寺白塔（于博拍摄）

图3-2-27　南安寺塔（郎智明拍摄）

南安寺塔（图3-2-27），位于河北省张家口市蔚县南安寺院内，塔为八角十三级密檐式砖塔。塔身四正面圆拱券内为砖筑假门；四隅面设方形假窗。塔身转角处各置有五层密檐式灵塔，构成八大灵塔（图3-2-28）。[1]静安寺塔（图3-2-29），位于内蒙古赤峰市元宝山区美丽河镇大营子村北的孤峰山上，山下有辽代静安寺遗址。该塔为直接建在山体基岩上，砖筑，八角形，残高约14米，塔顶以上部分现已无存。塔身四正面设有拱形券龛，四隅面各雕有菩萨立像一尊。塔身转角处设有二层经幢，构成八大灵塔。[2]涞水西岗塔（图3-2-30），位于河北省涞水县涞水镇北的西岗上，塔为八角十三级密檐式砖塔。塔身四正面为券门或假门，四斜面设直棂假窗。塔身角柱构成八大灵塔，灵塔亦为经幢形制。[3]

此外，山西应县佛宫寺释迦塔（图3-2-31）建于辽清宁二年（1056），塔高达66.7米，为八角形五级六层檐，是我国现存时代最早的木塔。塔底层内槽门内是一尊高达11米的释迦佛塑像（图3-2-32），结跏坐于八角形莲台之上，内壁上画佛座像六躯与主尊构成七

〔1〕　前揭张晓东：《辽代砖塔建筑形制初步研究》，第161—162页。
〔2〕　佟强、郎智明、郭学松：《静安寺塔和静安寺》，《草原文物》2013年第1期，第57—64页。
〔3〕　前揭张晓东：《辽代砖塔建筑形制初步研究》，第162页。

图3-2-28 南安寺塔局部（郎智明拍摄）

图3-2-30 涞水西岗塔局部（郎智明拍摄）

图3-2-29 静安寺塔（郎智明拍摄）

图3-2-31 佛宫寺释迦塔（于博拍摄）

佛；二层为华严三圣像；三层为密教金刚界四方佛（图3-2-33），三层坛座八角形隐喻八大灵塔；四层再塑释迦牟尼佛和阿难、迦叶、文殊、普贤像；五层设八大菩萨曼荼罗坛（图3-2-34），坛中央为结智拳印大日如来周围布列八大菩萨，以此呼应三层的密教四方佛。其中，第一、二、四层为显教佛像，第三、五层为密教佛像，从而构成显密融合、共同崇拜的

图3-2-32 释迦塔一层释迦牟尼像（郎智明 图3-2-33 释迦塔三层四方佛造像（陈明达:《应
拍摄） 县木塔》,北京:文物出版社,1966年）

图3-2-34 释迦塔五层一佛八菩萨像（陈明达:《应县木塔》,北京:文物出版社,1966年）

宗教体系。[1]又塔内发现的契丹藏《大法矩陀罗尼经》卷十三扉页亦为八大菩萨曼荼罗，中尊大日如来，左右侧八大菩萨。[2]

（二）辽代八大灵塔图像与多民族文化交流

八大灵塔与佛教中的八大圣迹有关，佛教多用八大灵塔来象征释迦牟尼生平中最重要的八大事件，从降生、成道直至涅槃，每一阶段均通过建塔以使其神圣化，称为八大灵塔、善逝八塔或如来八塔，八塔既可指引信徒朝礼圣地，也体现出对圣者之追思与崇拜。[3]霍杰娜先生认为，由于辽代瑜伽密教中增加了对"八大灵塔"和"八大菩萨"的崇拜，这便"首先影响了相关的佛教建筑，特别是作为佛教象征建筑的塔"。[4]另据项春松先生统计，五京之内目前尚存辽塔一百余座，其形制仅百分之五左右为方形塔，今辽宁省朝阳市内及其郊外集中了现存的四座辽代方塔；另有不到百分之五的辽塔为六角形，为宋代样式；其余百分之九十以上平面为八角形，当与八大灵塔信仰有关。[5]

在《梵天佛地》一书中，将八塔分为两组，第一组：诞生、成道、初转法轮、涅槃；第二组：忉利天下降、舍卫城大神变、吠舍离神变、息诤。前者乃纪念佛陀本行，后者为纪念佛陀的著名神变。[6]

检索密教部经典，有关八大灵塔的记载不在少数，如唐输波迦罗译《苏悉地羯棉经》、

[1] 参见罗炤：《应县木塔塑像的宗教崇拜体系》，《艺术史研究》第12辑，广州：中山大学出版社，2010年，第189—216页。另，有关辽代八大菩萨的研究，见于博：《辽代八大菩萨曼荼罗图像再探——11—13世纪中国多民族佛教文化交流的一个侧面》，《艺术史研究》第19辑，广州：中山大学出版社，2017年，第267—298页；[韩]成叙永：《辽代八大菩萨造像研究》，《辽金历史与考古》第七辑，沈阳：辽宁教育出版社，2017年，第81—109页。

[2] 包括《大法矩陀罗尼经》在内，共发现有《契丹藏》十二卷和其他三十五卷辽代刻经。详见阎文儒、傅振伦、郑恩淮：《山西应县佛宫寺释迦塔发现的〈契丹藏〉和辽代刻经》，《文物》1982年第6期，第9—19页。

[3] 廖旸：《南京弘觉寺塔地宫出土金铜尊胜塔像新考》，《故宫博物院院刊》2011年第6期，第42—57页。

[4] 霍杰娜：《辽墓中所见佛教因素》，《文物世界》2002年第3期，第15—20页。作者认为，辽代墓葬早期多以圆形或方形多室墓出现，辽道宗清宁以后，开始出现与日益流行八角或六角形单室墓。八角形墓葬的流行正是佛教在辽朝境内走向全盛的时期，因而众多辽地佛教信徒便开始模仿建造形似佛塔八角形地宫的墓葬，使这种形式终成一种社会风尚。

[5] 前揭项春松：《辽代历史与考古》，第330页。美国学者夏南悉先生（Nancy Shatzman Steinhardt）曾注意到八角形墓葬与辽代八角形塔之间的密切联系，并认为辽塔具有"中介"的性质，象征着皇权。辽朝统治者通过塔身及其上的佛教图像，可以把自己比作佛教的神。参见[美]Nancy Shatzman Steinhardt, Liao Architecture, Honolulu: University of Hawai'i Press, 1997, p.398.李清泉先生在讨论八角形或六角形经幢促使墓葬形制演变时认为，"或许那些出现更早的八角形、六角形经幢，曾经也是辽塔建筑样式的一种源头，并且最终又与多角形塔一道，共同影响着多角形墓葬的形成"，从而提出，"唐代以迄辽宋之际，丧葬礼仪艺术的总体嬗变，其中不乏佛教因素的深度影响。而导致这次嬗变的关键性因素，是密教陀罗尼信仰"。参见李清泉：《宣化辽墓：墓葬艺术与辽代社会》，北京：文物出版社，2008年，第311页、第317页。魏聪聪认为以章圣皇太后为首的萧氏家族所崇奉的密教信仰，可能是推动整个辽代在建塔和修墓时使用八角形形制更为深层的原因。参见魏聪聪：《辽代后族墓葬艺术研究——以关山、库伦辽墓群为中心》，中央美术学院硕士学位论文，2014年，第20页。

[6] [意]图齐著，魏正中、萨尔吉主编：《梵天佛地》卷一，上海古籍出版社，2009年，第11页。

唐善无畏译《苏悉地羯罗》、唐般若译《大乘本生心地观经》、宋地僧人法贤译《八大灵塔梵赞》和《佛说八大灵塔名号经》等。

唐般若译《大乘本生心地观经》卷一云：

> 又此光中现八塔，皆是众生良福田：净饭王宫生处塔，菩提树下成佛塔，鹿野园中法轮塔，给孤独园名称塔，曲女城边宝阶塔，耆阇崛山般若塔，庵罗卫林维摩塔，娑罗林中圆寂塔，如是世尊八宝塔，诸天龙神常供养。[1]

宋法贤译《佛说八大灵塔名号经》云：

> 尔时世尊告诸苾刍。我今称扬八大灵塔名号，汝等谛听，当为汝说。何等为八？所谓第一迦毗罗城龙弥尔园是佛生处；第二摩迦陀国泥连河边菩提树下佛证道果处；第三迦尸国波罗奈城转大法轮处；第四舍卫国祇陀园现大神通处；第五曲女城从忉利天下降处；第六王舍城声闻分别佛为化度处；第七广严城灵塔思念寿量处；第八拘尸那城婆罗林内双树间入涅槃处。[2]

《佛说八大灵塔名号经》所载偈颂云：

> 净饭王都迦毗城，龙弥你园佛生处。
> 摩迦陀泥连河侧，菩提树下成正觉。
> 迦尸国波罗奈城，转大法轮十二行。
> 舍卫大城祇园内，遍满三界现神通。
> 桑迦尸国曲女城，忉利天宫而降下。
> 王舍大城僧分别，如来善化行慈悲。
> 广严大城灵塔中，如来思念寿量处。
> 拘尸那城大力地，婆罗双树入涅槃。[3]

由经中文字可见，《大乘本生心地观经》与《佛说八大灵塔名号经》所载八塔名号并不相同。在《佛说八大灵塔名号经》中，另载："如是八大灵塔，若有婆罗门及善男子善

---

〔1〕《大正藏》，第3册，294c。
〔2〕《大正藏》，第32册，773a。
〔3〕《大正藏》，第32册，773a。

女人等，发大信心修建塔庙承事供养，是人得大利益，获大果报，具大称赞，名闻普遍甚深广大。""若有净信善男子善女人，能于此八大灵塔，向此生中至诚供养，是人命终速生天界。"[1]佛陀住世时曾亲举八大灵塔名，并劝听者供养之，上述文字显然是修建八大灵塔并至诚供养所获的种种益处。[2]

从7、8世纪开始，印度佛教巡礼八大灵塔之风兴盛，八大灵塔的图像随着对释迦八相名号佛经的翻译而传入，并随之传来了印度波罗（Pāla）王朝继承笈多（Gupta）朝萨尔纳特（Sārnāth）佛教美术的造像样式及风格。造像形式此时发生了重大变化，既有佛传场面，也有作为礼拜像的特性。[3]而在早期印度和犍陀罗（Gandhāra）艺术中，有众多表现"四相图""八相图"的浮雕。[4]

萨尔纳特出土有迄今发现最早的八相图，造像之初的八相图可惜已无存。现存于萨尔纳特博物馆（Sārnāth Museum）的八相图（图

图3-2-35　萨尔纳特博物馆藏八相图，公元5世纪（*The Golden Age Of Classical India — The Gupta Empire*, Paris：Réunion des musées nationaux, 2007, PL. 33）

3-2-35）制作于公元5世纪。该八相图为学界所关注，其画面由左、右两侧各四幅画面组成，左侧一列自上而下为初转法轮、三道宝阶、猕猴献蜜和诞生，右侧一列自上而下为涅槃、千佛化现、调伏醉象和成道。[5]日本学者宫治昭先生在讨论"早期佛教美术中的涅槃图"时，有一段关于该八相图的论述尤为精彩，兹转引如下：

〔1〕《大正藏》，第32册，773a。
〔2〕 尤李：《辽〈觉华岛海云寺通山悟寂院塔记〉考释》，《东北史地》2012年第5期，第28—31页。
〔3〕 贺小萍：《莫高窟第76窟八塔变中三佛图像辨析》，《敦煌研究》2010年第1期，第8—13页。
〔4〕 相关研究，如［日］宫治昭著，李萍、张清涛译：《涅槃和弥勒的图像学》，北京：文物出版社，2009年，第125—166页；刘永增：《瓜州榆林窟第3窟释迦八相图图像解说》，《敦煌研究》2014年第4期，第1—16页；张丽香：《印度佛传图像模式在雕刻中的发展演变》，沈卫荣主编：《文本中的历史：藏传佛教在西域和中原的传播》，北京：中国藏学出版社，2012年。释迦诞生、成道、初转法轮以及涅槃为释迦四相，在这四相的基础上再加上释迦牟尼的另外四个事迹就构成了八相。在八相中，释迦四相是固定不变的，其他四相则多有变化。在印度佛传文学或佛教美术发展的初期阶段，四相是佛传的核心，其内容的固定化表明对四相的信仰已经有了长久历史。但是，随着这一信仰在广大信众中的深入和普及，其内容也发生了变化，逐渐产生了有别于四相的六相和八相。从佛教经典和印度佛教美术作品来看，六相是向八相发展的中间阶段，八相是四相发展的最终形式。参前揭刘永增文。
〔5〕 刘永增：《瓜州榆林窟第3窟释迦八相图图像解说》。

从萨尔纳特四相图或八相图的各场面来看，除"诞生"之外，释迦不仅占据了画面的中心位置，而且都是形象格外高大的正面像，故事内容的描写和其他出场人物及情景处于画面的周边，形体小而具有附属的性质，从中可看到与"涅槃"场面同样的故事性衰退现象。中心的佛陀有明确的印相，表现为高大的礼拜像。比起佛传故事内容，释迦在何圣地、成就何种奇迹，首先使观者一目了然。我们依次观看四相图、八相图雕刻嵌板的各个场面，犹如对四大圣地乃至八达圣地进行了视觉上的巡礼。这种"视觉的巡礼"画面结构通过追忆释迦从诞生至涅槃的事迹，令观者恍如被引导走上涅槃之路。[1]

笈多朝萨尔纳特八相图艺术是以八个相对等的场面构成画面，及至波罗朝，释迦佛在画面中受到最大程度的重视，具体表现为以"降魔成道"的释迦为中心，突出表现其高大、庄严，具有礼拜像的性质，周围配置包括"涅槃"在内的其他七相的小场面。值得注意的是，"涅槃"一定位于释迦头顶的上方，即画面的最上端。[2]该种造像形式的作品颇多，代表者有加尔各答印度博物馆（Indian Museum, Kolkata）藏制作于公元12世纪的释迦八相图和波士顿美术馆（Museum of Fine Arts, Boston）藏同样制作于公元12世纪的释迦八相图，两件作品均为造像碑样式，并且在画面构思、尊像造型和表现手法以及八相的位置安排上都极为形似。[3]

现今的八塔变（即以八塔结合八相图），最早见于前文所重点讨论的敦煌莫高窟76窟壁画中。[4]如前所述，该窟东壁窟门两侧为八塔变壁画中的第一、三、五、七塔，窟门两侧为第二、四、六、八塔。由于该窟位于崖面的最下层，下排图像因渗水而残毁，现仅存第一、三、五、七塔。[5]

据考证该窟八大灵塔就是将唐般若译《大乘本生心地观经》和宋法贤译《佛说八大灵塔名号经》结合佛传情节绘制而成。[6]八塔变壁画波罗母题非常明显，其中最为典型

〔1〕［日］宫治昭：《涅槃和弥勒的图像学》，第156页。
〔2〕［日］宫治昭：《涅槃和弥勒的图像学》，第162—163页。
〔3〕刘永增：《瓜州榆林窟第3窟释迦八相图图像解说》。
〔4〕学界对莫高窟第76窟八塔变多有关注，多位学者做过相关研究。简要列举如下：孙修身：《莫高窟第76窟〈八塔变相〉中现存四塔考》，《敦煌研究》1986年第4期，第37—46页；［日］宫治昭：《莫高窟第76窟与榆林窟第3窟释迦八相图及其印度的源流》，敦煌研究院编：《2000年敦煌学国际学术讨论会文集·石窟考古卷》，兰州：甘肃民族出版社，2000年；前揭贺小萍：《莫高窟第76窟八塔变中三佛图像辨析》；谢继胜、于硕：《"八塔经变画"与宋初中印文化交流——莫高窟76窟八塔变图像的原型》，《法音》2011年第5期，第37—43页；前揭谢继胜、常红红：《莫高窟76窟八塔变及相关的几个问题——十一世纪至十三世纪中国多民族美术关系史研究》。
〔5〕前揭孙修身：《莫高窟第76窟〈八塔变相〉中现存四塔考》。
〔6〕樊锦诗主编：《敦煌石窟全集4·佛传故事画卷》，香港：商务印书馆，2004年，第197页。

的是塔龛两侧的狮羊立兽，另一个标志是双脚并向主尊一侧，身姿婀娜扭转的胁侍立姿菩萨。[1]八塔变壁画的构图形式亦明显受波罗朝八相成道造像的影响，既有佛传场面，又有礼拜像之特性，主尊居中，周围画面配置不同的佛传情节。[2]（关于八塔变壁画中的第一、三、五、七四塔的详细情节和内容，前贤已有详细考证，兹不赘述。）除敦煌莫高窟76窟八塔变壁画外，敦煌石窟还出现了其他八大灵塔的图像，如西夏时期安西榆林窟第3窟东壁、东千佛洞第5窟北壁均有大幅八塔变相，而肃北五个庙石窟第1窟中心柱东向面有"释迦七相图"。[3]

如谢继胜先生所言："作为北方民族的辽人，对于西域中亚流行的尊奉释迦牟尼胜迹法行为特征的大乘早期教法有很强的认同感"，[4]位于辽宁义县前杨乡八塔子村西山上的八塔遗存（图3-2-36）正是反映释迦牟尼生平事迹的八大灵塔。该八塔均为砖筑小塔，始建年代不可考，虽屡经修葺，仅一、二号塔尚保持辽代风格，[5]但仍可视作辽人信仰由初始的萨满教转变为佛教的标志之一。如前文所述，随着辽代密教的发展，八塔信仰与中兴密教的金刚界曼荼罗结合在一起，将代表佛祖胜迹的八大灵塔以五方佛的观念集合到一塔之上，为11世纪末至12世纪初八相图与八塔结合形成一种新的绘画样式提供了契机。[6]日本学者大原嘉丰先生提出："八大宝塔象征性地表现了释迦八相，说明存在以释迦信仰为基础的对过去七佛的信仰。"[7]笔者赞同大原嘉丰先生的观点。另如沈雪曼（Hsueh-man Shen）博士所言，辽塔上金刚界五方佛与八大灵塔的结合，"共同反映辽代的法身信仰"，因为八大灵塔即代表释迦牟尼佛本身，释迦牟尼佛与诸佛同时出现，"不仅反映辽人对'佛法不灭'的信仰，同时还强调'佛法住于此娑婆世界'的想法，从而强化辽代

〔1〕 前揭谢继胜、于硕：《"八塔经变画"与宋初中印文化交流——莫高窟76窟八塔变图像的原型》。

〔2〕 前揭贺小萍：《莫高窟第76窟八塔变中三佛图像辨析》。

〔3〕 刘永增先生认为敦煌石窟中的八相图多出现在西夏时代，其中五个庙石窟的造像为七相图，其表现形式与印度波罗王朝出土的八相图十分相似，应是在印度波罗王朝密教美术影响我国佛教的这一大背景下的产物。另，榆林窟第3窟中八相图最下方表现有故事画"龙宫入定"。在八相图中表现该故事画的例作只有那烂陀出土的公元10世纪的八相图。可见，这一题材的佛教壁画在内容和表现形式上都可能受到了中印度佛教的影响。前揭刘永增：《瓜州榆林窟第3窟释迦八相图图像解说》。此外，贾维维博士对榆林窟3窟"八塔变"图像作了细致的辨识与分析，见贾维维：《榆林窟第3窟壁画研究》，首都师范大学博士学位论文，2014年，第58—104页；常红红博士对西夏、辽"八塔变"中的"灵鹫山般若塔"有所讨论，颇有新见，见常红红：《东千佛洞第2窟壁画研究》，首都师范大学博士学位论文，2015年，第34—38页。

〔4〕 前揭谢继胜、常红红：《莫高窟76窟八塔变及相关的几个问题——十一世纪至十三世纪中国多民族美术关系史研究》。

〔5〕 邵福玉：《八塔子塔》，《辽宁大学学报（哲学社会科学版）》1997年第4期，第113页。

〔6〕 前揭谢继胜、常红红：《莫高窟76窟八塔变及相关的几个问题——十一世纪至十三世纪中国多民族美术关系史研究》。

〔7〕 ［日］大原嘉丰著，姚义田译：《朝阳北塔表现的辽代佛教一个侧面——以华严信仰为中心》，辽宁省辽金契丹女真史研究会编：《辽金历史与考古国际学术研讨会论文集（下）》，沈阳：辽宁教育出版社，2012年，第427—440页。

图3-2-36　义县八塔子塔（郎智明拍摄）

人在末法危机中对佛法不灭的信心"。[1]如以朝阳北塔和兴城白塔为代表的辽塔为我们提供了辽代密教金刚界图像与八大灵塔组合在一起的证据，而赤峰辽中京感胜寺佛舍利塔塔身图像则直观表现为大日如来、八大灵塔和过去七佛三者的结合。

　　值得注意的是，辽代八塔图像的名称与次序与汉译经典所记大致相同，这也是辽代八塔固定的次序，几乎没有变化。如廖旸研究员所言："在11世纪中晚期的一些辽代八塔实例中，八塔形制相同，也不设塔龛表现故事情节，只用榜题进行标识。"[2]如以感圣寺佛舍利塔、朝阳北塔和兴城白塔为代表的诸多辽代八塔，其名称与次序均依照唐般若所译《大乘本生心地观经》。[3]谢继胜先生关注到西夏佛教与辽代佛教的共同性，认为西夏人在辽代后期佛教艺术如八塔图像的传播中起到了中介作用。契丹人倾向八塔信仰除有辽代佛教的自身因素，亦与西夏人将回鹘佛教中有关释迦牟尼胜迹引入辽有关。从具体作品分析，宁夏黑水城出土有《释迦牟尼与八塔》唐卡，其八塔配置与辽代八塔配置最为接近，可

〔1〕　沈雪曼:《辽与北宋舍利塔内藏经之研究》,《美术史研究集刊》总第十二期,2002年,第169—212页。

〔2〕　廖旸:《"天降塔"辨析》,《故宫博物院院刊》2014年第1期,第6—24页。

〔3〕　日本学者村田治郎先生曾注意到朝阳北塔壁面的八大灵塔铭碑题刻所据经典并非北宋初期法贤译的《大乘本生心地观经》《八大灵塔梵赞》,而是依唐般若译的《本生心地观经》。转引自［日］向井佑介著,姚义田译:《朝阳北塔考——从佛塔和墓制看辽代的地域》,《辽宁省博物馆馆刊》第3辑,2008年,第169—185页,注释4。

见其图像来源。[1]而西藏佛教大师们在进一步整合不同地区佛教文化理念与建筑元素的基础上，精心设计创造出的善逝八塔最终成为藏传佛教艺术的一个鲜明标志。[2]例如，白居寺大塔善逝八塔壁画题记出自龙树《八大圣地支提赞》，善逝八塔中的涅槃塔多作噶当塔，而噶当塔则以波罗艺术中的塔为原型。[3]

（三）辽代八大灵塔的图像样式与辽代密教信仰

从图像样式上看，与敦煌莫高窟76窟的波罗样式塔不同，朝阳北塔、云接寺塔、青峰塔及八棱观塔塔身上的八大灵塔均为十三级密檐式塔；半截塔、大宝塔、辽上京南塔、顺州城塔（十家子塔）及南安寺塔的八大灵塔亦为密檐式塔。而辽中京大明塔、天津蓟县观音寺白塔、静安寺塔、涞水西岗塔几例均在塔身转角立幢形塔柱，直接以经幢的形式构成八大灵塔。

为学界所普遍熟知的是，《佛顶尊胜陀罗尼经》的传译和流布是促成经幢建立的直接原因。刘淑芬研究员曾对经幢问题作了十分细致的梳理和全面的研究。[4]作为中国密教发展初期所传入的杂密经典之一，《佛顶尊胜陀罗尼经》自唐高宗时期便已传播流布，在中国密教发展初期扮演着十分重要的角色。检索辽代石刻文字资料，到处可见社会各层僧俗信众建造经幢、刻写诸种"陀罗尼"（dhāraṇī）的记载，反映出佛顶尊胜陀罗尼信仰民俗已深入民间，成为有辽一代民众日常精神生活中至关重要，并且风靡一时的宗教活动。[5]

宿白先生云："1123年金人灭辽，又三年（1126）亡北宋。有金密籍如房山刻密、陕北密像以及分布于各地的佛顶尊胜陀罗尼经幢和雕饰密像的密檐塔等、皆沿辽宋之旧。"[6]谢继胜先生认为西夏佛顶尊胜佛母广为流行的原因即与10世纪末叶以后，新密籍流入中原对佛教图像进行大规模的更新和密教在中原传播的历史密不可分。[7]另据熊文彬先生对杭州飞来峰第55龛元代顶髻尊胜佛母九尊坛城造像的研究，当时对于佛顶尊胜信仰的

---

[1] 此外，西夏贺兰县宏佛塔出土绘有八塔的绢质唐卡，画面大部分已毁损，仅存佛塔。每座塔的两侧亦有汉文与西夏文对照的榜题，画面的用色、形制与上述黑水城出土的唐卡作品完全相同，可见两者是同时期创作的，断代在12世纪末。参见谢继胜：《西夏藏传绘画：黑水城出土西夏唐卡研究》，石家庄：河北教育出版社，2002年，第37—41页；另见谢继胜：《黑水城西夏唐卡中的释迦牟尼佛像考》，《宁夏社会科学》2002年第1期，第75—84页。

[2] 善逝八塔通常指迦毗罗卫佛降生处聚莲塔、摩揭陀成道处大菩提塔、波罗奈斯初转法轮处吉祥多门塔、舍卫城神变塔、天降塔、王舍城和合塔、吠舍釐思念寿量处尊胜塔、拘尸那揭罗涅槃塔（噶当塔）。

[3] 前揭廖旸：《"天降塔"辨析》。

[4] 刘淑芬：《灭罪与度亡：佛顶尊胜陀罗尼经幢之研究》，上海古籍出版社，2008年。

[5] 夏广兴：《密教传持与唐代社会》，上海人民出版社，2008年，第212—213页。

[6] 前揭宿白：《藏传佛教寺院考古》，第239页，注释8。

[7] 前揭谢继胜：《西夏藏传绘画：黑水城出土西夏唐卡研究》，第93页。

崇奉依旧兴盛。[1]及至明代,西夏遗民仍然在河北保定建造佛顶尊胜陀罗尼经幢。[2]

辽代建造的陀罗尼幢,或属祈福消灾的功德幢,或属供养佛舍利的供养幢,或属度脱亡人的塔幢,而以后者为多。凡师僧寂灭,都要起塔树碑,凡塔碑纪铭,都要碑幢合一,同刻陀罗尼,故陀罗尼幢亦称陀罗尼塔。[3]刘淑芬先生关注到《佛顶尊胜陀罗尼经》中说尊胜陀罗尼是塔、《佛说造塔功德经》及《法华经·见宝塔品》与塔有关、有些经幢内埋有舍利、一些石刻材料直称经幢为塔、经幢建筑的结构和塔类似以及民间常把经幢称之为"塔",力图证明经幢的性质是塔,是在唐代所发展出来的一种糅合了刻经、造像,并且具有特殊宗教作用的塔。[4]

从辽宁朝阳北塔地宫出土辽代经幢幢座上的图像可见,该经幢除第二节幢座刻有"过去七佛"图、第三节幢座刻有"八大灵塔、七佛名"图、第四节幢座则有"八国诸王分舍利"图(图3-2-37)。[5]本是埋藏舍利的北塔、亦埋入经幢,从中可见《法华经》舍利信仰与佛顶尊胜信仰之融合。[6]

在辽代现存的石刻文字资料中,有关八大灵塔的文献如前文所述1956年出土于辽宁兴城县白塔峪乡塔沟村砖塔附近井中的《觉华岛海云寺空通山悟寂院塔记》、[7]辽重熙十一年(1042)《大王镇罗汉院建八大灵塔记》[8]等,而在有关辽代八大灵塔的石刻文献中,于辽兴宗重熙十三年(1044)在今北京平谷县三泉寺内建立的《罗汉院八大灵塔记》则素为研究辽代佛教和历史者所重视(笔者在下文讨论辽塔大日如来的转轮王观念时,对该碑文的题记文字亦有引用)。

---

〔1〕 熊文彬:《杭州飞来峰第55龛顶髻尊胜佛母九尊坛城造像考》,《中国藏学》1998年第4期,第81—95页。

〔2〕 史金波、白滨:《明代西夏文经卷和石幢初探》,《考古学报》1977年第1期,第143—164页。前揭谢继胜:《西夏藏传绘画:黑水城出土西夏唐卡研究》,第93页。

〔3〕 前揭吕建福:《中国密教史》,第490页。

〔4〕 前揭刘淑芬:《灭罪与度亡:佛顶尊胜陀罗尼经幢之研究》,第103—113页。

〔5〕 前揭朝阳北塔考古勘察队:《辽宁朝阳北塔天宫地宫清理简报》。

〔6〕 前揭刘淑芬:《灭罪与度亡:佛顶尊胜陀罗尼经幢之研究》,第108页;尤李:《论辽代密教的来源》,载氏著:《多元文化的交融——辽代历史与文化研究》,北京:中国社会科学出版社,2013年,第3—43页。除朝阳北塔外,其他多处辽塔中亦出土有经幢,它们均属于"法舍利"之列。如北京顺义县辽圣宗开泰二年(1013)修建的净光舍利塔基,地宫中央立着一座石经幢。参见北京市文物工作队:《顺义县辽净光舍利塔基清理简报》,《文物》1964年第8期,第49—54页;北京房山区北郑村辽塔(1051)地宫顶盖石板的上方立有一座辽穆宗应历五年(955)陀罗尼经幢。参见齐心、刘精义:《北京市房山区北郑村辽塔清理记》,《考古》1980年第2期,第147—158页;朝阳东塔塔基内发现刻写《无垢净光大陀罗尼法舍利经》的石经幢,为辽圣宗开泰六年(1017)七月十五日再建。参见张洪波、林象璋:《朝阳二塔考》,《北方文物》1992年第2期,第48—50页。

〔7〕 碑文载:"觉华岛海云寺空通山悟寂院创建舍利塔,于地宫内安置八角石藏于上。并镌诸杂陀罗尼造塔功德经九圣八明王八塔各名及偈,一百二十贤圣五佛七佛名号……"前揭向南:《辽代石刻文编》,第451页。

〔8〕 碑文载:"无垢净光大陀罗尼经(经文从略)。施舍利主大王北管赵遂,妻吴氏,男守勤,守用、守庆。重熙十一年岁次壬午七月壬寅朔十七日戊午时建记。"向南、张国庆、李宇峰:《辽代石刻文续编》,沈阳:辽宁人民出版社,2010年,第78页。

图3-2-37 朝阳北塔藏石经幢"八国诸王分舍利"图（王晶辰、董高、杜斌主编：《朝阳北塔——考古发掘与维修工程报告》，北京：文物出版社，2007年，第94页）

《罗汉院八大灵塔记》碑文云：

> 《罗汉院八大灵塔记》。□德郎、□□□直府、守□州录事参军、骑都尉、监知□张轮翼撰。金枝联七叶之荣，宝位禅千龄之运。谨按内典云，初地修一无数劫，受华报果，为自在身，今我皇帝是也。[1]

《罗汉院八大灵塔记》又云：

---

〔1〕 前揭向南：《辽代石刻文编》，第233页。

礼此塔者,无冤不解,有恨皆销。聋者善听而归,瞽者善视而去。具贪爱者,顿生厌离。被无明者,速得解脱。尘沾出地狱之门,影覆入菩提之室。[1]

从"尘沾出地狱之门,影覆入菩提之室"一句可见,"尘沾影覆"同时强调破地狱、成菩提的功能,如众周知,"尘沾影覆"与经幢的宗教功能密切相关,正是因为"尘沾影覆",经幢的各种宗教功能才得以充分实现。近年来,张国庆先生对现存的辽代石刻文字作了全面、系统的研究,如其所言:"如果再将《佛顶尊胜陀罗尼经》刻写在高高的幢石之上,使受益者得到经咒的'尘霑'或'影覆',那么,其宗教功能将会更加强大……只有在幢石经咒的'尘霑'和'影覆'之下,才能百灾蔫灭,万福由生。"[2]

另有《灵感寺释迦佛舍利塔碑铭》,于辽天祚帝天庆六年(1116)在兴中府(今辽宁省朝阳市)建立,碑铭载:"夫塔古无有也,本出浮屠氏,自佛教东被始有之,是谓佛庙。"[3]"故所有舍利,为八国以宝塔分葬之,其数凡八万四千。"[4]碑文又云:"故一尘所沾,一影所覆,其利乐信不虚矣!"[5]文中的"尘沾、影覆"乃尊胜经幢的功能,这是《法华经》舍利信仰与佛顶尊胜信仰融合的又一例证。可见,从佛教经典来看,尊胜经幢或无垢净光舍利塔内藏舍利与《法华经》所宣称的佛舍利信仰有关。而塔幢互通,实则是杂密经典《无垢净光大陀罗尼经》和《佛顶尊胜陀罗尼经》在实践中与《妙法莲华经》的合流。这在唐代已初现端倪,被契丹辽人所继承,并得到进一步的发挥。[6]

二、辽塔大日如来图像与转轮王观念关系考

(一)辽塔大日如来图像与转轮王观念的契合

检索辽朝佛教典籍文献、现存佛教遗迹以及出土的相关文物遗存,均可见末法思想于辽朝社会的盛行。佛祖离世,佛法将灭,"护法弘法"的转轮王便由此应运而生。转轮王

〔1〕 前揭向南:《辽代石刻文编》,第234页。
〔2〕 张国庆:《辽代经幢及其宗教功能——以石刻资料为中心》,《北方文物》2011年第2期,第60—64页。
〔3〕 前揭向南:《辽代石刻文编》,第661页。
〔4〕 前揭向南:《辽代石刻文编》,第661页。
〔5〕 前揭向南:《辽代石刻文编》,第662页。
〔6〕 尤李博士认为在佛教中,储存和供养舍利本来就是《法华经》所述建塔之缘由。后来,陀罗尼经幢盛行,和塔渐渐趋同。因此,建经幢藏舍利跟起塔实质是一样的。辽人常常建经幢来藏舍利,恰恰表明杂密舍利陀罗尼信仰影响之大、深入人心。前揭尤李:《论辽代密教的来源》,该文对本节的写作颇具启发意义,特此致谢。相关讨论,另见于博:《重铸法身——由辽塔藏文物遗存管窥辽代佛教的舍利信仰》,《美术学报》2017年第6期,第5—14页。

（Cakravartin）观念乃源自于古印度传统，后逐渐被佛教所吸收接纳，体现出"佛教治国"的理念。[1]

在辽朝社会，护法思想与转轮王思想盛行。[2]护法思想的产生实际上基于末法思想。末法思想可谓佛教发展到一定阶段的必然产物，早在阿含部类经典中便已出现。它认为在佛祖释迦牟尼涅槃之后，佛法将日益衰微，故而将其流行时期分为正、像、末三时。[3]"正，意为依教法修行，即能证果；像，意为虽有修行，多不能证果，即相似之意；末，意为虽有禀数，而不能修行证果。"[4]我国佛教史上的初次末法思潮出现于十六国北凉时期，北凉的末法思潮不仅对北凉佛教影响巨大，而且对北朝及隋唐佛教都产生了极为深远的影响。[5]佛法将灭，"护法思想"应运而生。在辽代，末法思想的盛行即突出表现在"护法思想"行为当中，而护法思想又多以佛教"转轮王思想"的方式体现出来。[6]

李静杰先生对中原北方宋辽金时期涅槃图像有详尽梳理和讨论，提出"对护法思想的重视，成为宋辽金时期涅槃图像的一大主题"。[7]如前述朝阳北塔天宫出土木胎银棺1件，现存4块银片，一大银片线刻释迦牟尼涅槃像（图3-2-38）。北侧银片线刻法、报、化

［1］ ［新］古正美：《贵霜佛教政治传统与大乘佛教》，台北：允晨文化实业股份有限公司，1993年，第53—87页，96—119页。

［2］ 有关辽代的转轮王信仰，学界多有关注，如杨富学、杜斗城先生在讨论辽与敦煌的历史文化关系时便敏锐地关注到有辽一代护法思想与转轮王思想的流行。参见杨富学、杜斗城：《辽鎏金双龙银冠之佛学旨趣——兼论辽与敦煌之历史文化关系》，《北方文物》1999年第2期，第21—25页；沙武田先生在讨论敦煌藏经洞的封闭原因时，提出"辽代的末法思潮便传到敦煌，与敦煌原有的末法思想相结合"，转轮王信仰自然是其中的重要体现。参见沙武田：《敦煌藏经洞封闭原因再探》，《中国史研究》2006年第3期，第61—73页；康建国先生对辽朝佛教中独特的文化现象有所关注，认为在辽朝社会的三大独特文化现象中，便有末法思想与转轮王信仰。参见康建国：《辽朝佛教中独特的文化现象初探》，《内蒙古社会科学（汉文版）》2011年第1期，第48—51页；尤李博士通过分析山西应县佛宫寺释迦塔的辽代刻经《华严经·入法界品》的宗教意涵，关注到辽道宗利用华严宗的思想资源与转轮王信仰产生密切联系。参见尤李：《应县木塔所藏〈入法界品〉及其相关问题考论》，《山西档案》2013年第6期，第27—32页。

［3］ 前揭杨富学、杜斗城：《辽鎏金双龙银冠之佛学旨趣——兼论辽与敦煌之历史文化关系》。

［4］ 对三个时期的划分，诸经论说法不一，大体可分为四种：一是按《贤劫经》卷3、《大乘三聚忏悔经》的说法是正法五百年，而后像法五百年；二是按《中观论疏》及释净土《群疑论》卷3的说法是正法一千年，而后像法一千年；三是按《大方等大集经》卷56、《摩诃摩耶经》卷下的说法是正法五百年，而后像法一千年；四是按《悲华经》卷7、《大乘悲分陀利经》卷5的说法是正法一千年，而后像法五百年。以上四种说法对佛法进入末代的时间可分为三种，即释迦涅槃之后一千年说、一千五百年说及两千年说。四种说法大体都认为，像法转入末后的末法期有一万年。在古代中国的北方大体流行后两说，即在中原地区早期流行一千五百年说，在民族地区流行两千年说。参见陈国灿、伊斯拉菲尔·玉苏甫：《西州回鹘时期汉文〈造佛塔记〉初探》，《历史研究》2009年第1期，第174—182页。

［5］ 殷光明：《试论末法思想与北凉佛教及其影响》，《敦煌研究》1998年第2期，第89—102页；另见氏著：《北凉石塔研究》，台北：台湾财团法人觉风佛教艺术基金会，1998年，第139—151页。

［6］ 前揭沙武田：《敦煌藏经洞封闭原因再探》。

［7］ 详见李静杰：《中原北方辽金时期涅槃图像考察》，《故宫博物院院刊》2008年第3期，第6—46页。相关讨论，另见于博：《西夏与辽宋时期涅槃图像的比较研究》，《西夏学》2019年第1期，第182—199页。

图3-2-38　朝阳北塔天宫藏木胎银棺释迦牟尼涅槃像（王晶辰、董高、杜斌主编：《朝阳北塔——考古发掘与维修工程报告》，北京：文物出版社，2007年，第73页）

三身佛，大日如来头戴宝冠，结智拳印，与另二佛结跏趺坐于莲座上；[1]朝阳北塔塔身东面南侧灵塔为"娑罗林中圆寂塔"，塔身刻涅槃像，释尊头枕右手，侧卧于"七宝"床上，床后有两棵娑罗树。[2]位于今内蒙古赤峰市巴林左旗林东镇南20公里山谷中的真寂寺为辽朝早期石窟寺，分南、中、北三窟。中窟内便有释迦佛涅槃像，身长3.7米。[3]冉万里先生曾对我国古代舍利瘗埋制度作了系统总结和论述，[4]在讨论辽代的舍利瘗埋制度时，提出辽代的瘗埋制度大多受到皇室贵族的资助，法舍利盛行，并且宋辽瘗埋制度彼此多有交流和影响。如其所言："将佛的涅槃像直接置于石函或砖函之内，纳于天宫或者地宫的做法，实际上是将涅槃像看做佛全身舍利了"。[5]这种现象始于宋代，盛行于辽。前述内蒙

〔1〕前揭王晶辰、董高、杜斌主编：《朝阳北塔——考古发掘与维修工程报告》，第69—72页。另：朝阳北塔天宫出土辽圣宗重熙十二年（1043）经塔，第三层金套上除刻有一佛八菩萨外，还刻有题记3行："重熙十二年四月八日午时葬，像法只八年。提点上京僧录宣演大师赐紫沙门蕴跬记。"在天宫石函门板外侧立有"石匣物帐与题名志石"，物帐末尾刻有："大契丹重熙十二年四月八日午时再葬，像法更有八年入末法，故置斯记。"地宫中出土石刻经幢第四节幢身幢文最后刻记有："司司轩辕亨勘梵书，东班小底张日新书。大契丹国重熙十三年岁次甲申四月壬辰朔八日己亥午时再葬讫，像法更有七年入末法。石匠作头刘继克镌、孟承裔锈。"辽重熙十二年为1043年。按当时建塔者的观念，再过8年即进入末法，即是说到1051就进入末法时代。前揭朝阳北塔考古勘察队：《辽宁朝阳北塔天宫地宫清理简报》；陈国灿、伊斯拉非尔·玉苏甫：《西州回鹘时期汉文〈造佛塔记〉初探》。
〔2〕前揭王晶辰、董高、杜斌主编：《朝阳北塔——考古发掘与维修工程报告》，第118页。北侧灵塔为"庵罗卫林维摩塔"，塔身刻维摩大士，扎巾戴帽，身着袍服，侧身坐在床上。
〔3〕前揭康建国：《辽朝佛教中独特的文化现象初探》。
〔4〕冉万里：《中国古代舍利瘗埋制度研究》，北京：文物出版社，2013年。
〔5〕前揭冉万里：《中国古代舍利瘗埋制度研究》，第413页。

古巴林右旗辽庆州白塔的覆钵顶部正北
单体穴室中，藏有一组涅槃佛砖函（图
3-2-39），包括砖函一套，涅槃佛一尊，均
为砖雕制成；[1] 此外，庆州白塔中还藏有3
尊汉白玉石质的释迦佛涅槃像，其中1尊
保存良好，侧卧的佛像与长方形基座一体
（图3-2-40）；[2] 北京房山区北郑村辽塔地
宫中央藏有舍利石函，其中亦装有一尊石
雕释迦佛涅槃像（图3-2-41）。[3]

图3-2-39　庆州白塔藏涅槃佛砖函（张汉君《辽庆
州释迦佛舍利塔营造历史及其建筑构
制》，《文物》1994年第12期）

接下来，试从辽塔所见大日如来与七
佛的图像配置出发，讨论辽塔大日如来的转轮王观念：

结智拳印与结最上菩提印的毗卢佛像是中国佛教艺术中毗卢遮那佛的两大造型。[4]
对于结智拳印的毗卢遮那像，陈明光先生曾作统计（范围基本限于唐宋汉地石窟遗存），
认为这些尊像均为密教本尊大日如来，并提出该尊像传播中土是在"开元三大士"来华译
经弘传"体系化"密教之后。[5] 李静杰先生提出"宋辽金时期密教思想延续发展，而且出
现与《华严经》思想交汇融合的情况，于是密教大日如来与《华严经》教主毗卢遮那佛混
合造型也流行开来。"[6]

五重佛舍利塔（图3-2-42），此塔由外及内重叠相套，五塔最外层为石塔，然后依次
为铁塔、铜塔、银鎏金塔、黄金舍利塔。[7] 石塔全高174.1厘米，整体保存完好，塔身为上下

〔1〕 德新、张汉君、韩仁信：《内蒙古巴林右旗庆州白塔发现辽代佛教文物》，《文物》1994年第12期，第4—33页。

〔2〕 田彩霞：《辽庆州白塔藏释迦佛涅槃石像》，《文物》2002年第11期，第93页。

〔3〕 前揭齐心、刘精义：《北京市房山县北郑村辽塔清理记》。

〔4〕 赖天兵：《两种毗卢遮那佛造型：智拳印与最上菩提印毗卢佛造像探讨》，《中国藏学》2009年第3期，第177—
186页。

〔5〕 参见陈明光：《菩萨装施降魔印佛造像的流变——兼谈密教大日如来尊像的演变》，《敦煌研究》2004年第5期，
第6—17页。

〔6〕 李静杰：《陕北宋金石窟大日如来图像类型分析》，《故宫博物院院刊》2013年第3期，第119—133页。

〔7〕 该塔2007年由王崇仁先生从海外购回。金维诺先生认为现在五重塔上虽然没有建塔人明确的文字，但根据石
塔刻有女卫士和侍从宫女，铜塔上供养人为后妃，表明该塔为辽皇室建造，表现的正是"招仙浮图"的内容。参
见金维诺：《佛牙舍利与招仙浮图》，佛舍利五重宝塔编纂委员会编：《佛舍利五重宝塔》，北京：人民出版社，
2008年，第172—175页；温玉成先生根据该塔上造像的具体内容及所表现出的诸多契丹文化内涵，将此塔断代
为"辽代前期之作"。参见温玉成：《谈王崇仁藏佛舍利五重宝塔》，《世界宗教研究》2008年第3期，第12—15
页；金申先生认为该塔的建造年代应在辽所处的"11世纪中叶左右"，出土地很可能是"内蒙古东部"一带。参
见金申：《浅析五重舍利宝塔的内容和制作年代》，佛舍利五重宝塔编纂委员会编：《佛舍利五重宝塔》，北京：
人民出版社，2008年，第176—184页；郑岩先生推测该塔为"辽代上层社会的遗物"。参见郑岩：《关于五重塔
式舍利容器断代的一点线索》，《文博》2008年第1期，第29—31。本节作者亦与几位先生持相同观点，认为该塔
为辽代所造。

图3-2-40　庆州白塔藏释迦佛涅槃像（于博拍摄）

图3-2-41　北郑村辽塔藏释迦佛涅槃像（韩永主编：《北京文物精粹大系：佛造像卷（上）》，北京出版社，2004年，第20页）

两层，每层各有八块长方石板，上层每块石板
上各雕一尊佛像（图3-2-43），根据石塔上八
尊佛像的造型模式，可将其分作两组：唯一的
一尊释迦涅槃佛像独立出来为一组，其余七
尊佛像皆跏趺坐于仰莲座上，且有身光和头
光，作为另一组。在第二组的七尊佛像中，其
中一尊为结智拳印大日如来（图3-2-44），造
像头戴宝冠，冠前有一残箍固于头部，宝缯从
冠侧自然垂于两肩之下，缯中另有花结凸起。
中、晚唐以后，密教以及受到密教重大影响的
水陆道场仪文中出现了法身一报身一应（化）
身这三身佛和密教金刚界东、西、南、北四方
佛组成的、以金刚界大日如来为首（法身佛）
的新七佛组合形式。[1]第四重银鎏金塔，底座
为八角形束腰仰莲须弥座，塔身由右至左嵌
刻三组佛像。第一组为一佛一菩萨，主尊为
头戴宝冠、双手结说法印的大日如来，其右侧

图3-2-42　五重佛舍利塔（佛舍利五重宝塔编
纂委员会编：《佛舍利五重宝塔》，北
京：人民出版社，2008年，第16页）

图3-2-43　五重佛舍利塔石塔八佛像线图（佛舍利五重宝塔编纂委员会编：《佛舍利五重宝塔》，北京：人
民出版社，2008年，第22页）

---

〔1〕　罗炤先生认为将佛如此区分始于隋朝的智顗（天台宗创始人）。因为三身佛中的法身佛毗卢遮那佛（大日如
来）被密教化，所以新七佛中的大日如来一身二任：既作为三身佛中的法身佛，又是金刚界五方佛中的主尊、中
尊。这样，三身佛加五方佛本应八尊佛，由于大日如来一身二任，简化为七尊，由此便形成了一个新的七佛体系。
参见罗炤：《海外回归五重宝塔佛像系统的宗教内容与意义》，佛舍利五重宝塔编纂委员会编：《佛舍利五重宝
塔》，北京：人民出版社，2008年，第136—165页。

图3-2-44　五重佛舍利塔石塔大日如来像
（佛舍利五重宝塔编纂委员会编：
《佛舍利五重宝塔》，北京：人民出
版社，2008年，第24页）

立一双手合十恭奉的胁侍菩萨；第二组为一佛一弟子，主像为结跏趺坐、双手结说法印的释迦佛，其右侧立一双手合十恭奉的弟子像；第三组为释迦涅槃像，其前后左右环绕僧俗弟子五位，悲恸之态各异，极具生动。五重佛舍利塔最内裹的一重是一座金瓶；环绕瓶身錾刻四尊佛像，主像为头戴宝冠、结智拳印的大日如来，左右两侧为两尊双手合十的胁侍菩萨，另一尊为毗沙门天王。

在八面体的石塔上雕刻八尊佛像（每面一尊），国内现存最早的实例为河西地区发现的北凉石塔。[1]北凉石塔出土地为甘肃武威、酒泉、敦煌和新疆吐鲁番四地，共计14座。虽大小有别，但皆由塔刹、塔身、基座三部分组成，塔身分覆钵和圆柱体两部分，覆钵上皆开八个圆拱形像龛。除"酒泉田弘塔"和"敦煌岷州庙塔"有所残缺之外，其余12座石塔均为完整的"七佛—弥勒"造像绕塔分布，突出表现三世佛思想，龛上部饰有覆莲。北凉石塔的覆钵形制承袭于印度，而七佛—弥勒造像的绕塔分布，八身造像首尾相连的排列形式明显受到犍陀罗艺术的影响，亦可谓七佛造像的单向顺序排列结构。[2]

---

〔1〕 有关北凉石塔，学界多有研究，成果简述如下：宿白：《凉州石窟遗迹和"凉州模式"》，《考古学报》1986年第4期，第435—446页；王毅：《北凉石塔》，《文物资料丛刊》第一期，北京：文物出版社，1977年，第179页；贺世哲：《关于十六国北朝时期的三世佛与三佛造像诸问题（一）》，《敦煌研究》1992年第4期，第6—25页；贺世哲：《关于十六国北朝时期的三世佛与三佛造像诸问题（二）》，《敦煌研究》1993年第1期，第1—10页；杜斗城：《北凉石塔》，载氏著：《北凉佛教研究》，台北：台湾新文丰出版公司，1998年；前揭殷光明：《北凉石塔研究》；张宝玺：《北凉石塔艺术》，上海辞书出版社，2006年；Alexander Soper，"Northern Liang and Northern Wei in Kansu"，Artibus Asiae，XXI，2，1958；[新]古正美：《再谈宿白的凉州模式（摘要）》，《敦煌研究》1988年第2期，第14—15页；彭建兵：《北凉时期敦煌民间杂密信仰问题考察——以北凉石塔为中心》，《敦煌学辑刊》2009年第4期，第140—146页；彭建兵：《盛唐以前敦煌石窟中的杂密七佛》，《黔西南民族师范高等专科学校学报》2009年第2期，第29—31页；安忠义：《简论北凉石塔》，《丝绸之路》2001年第1期，第50—52页；陈晓露：《从八面体佛塔看犍陀罗艺术之东传》，《丝绸之路》2006年第4期，第63—72页。

〔2〕 七佛与弥勒菩萨并行排列是一种较为成熟的组合模式，该模式可追溯至古印度犍陀罗艺术时期。该模式的特点为：七佛—弥勒菩萨一字排开，其左端或右端一身造像为弥勒菩萨，组合整体上有立、坐之异。参见魏文斌：《七佛、七佛窟与七佛信仰》，《丝绸之路》1997年第3期，第36—37页；前揭张宝玺：《北凉石塔艺术》，第41—43页。

七佛的另一种结构序列是以毗婆尸佛为中心，依次向两边发展的对称结构。该结构为佛教进入石窟后产生，实例见于庆阳北石窟寺第165窟、泾川南石窟寺第1窟、云冈石窟第13窟等。[1]而创建于辽开泰九年（1020）的辽宁义县奉国寺（原名咸熙寺）大雄殿的七佛造像正是该种排列结构。大雄殿为奉国寺主殿，七尊主像，皆结跏趺坐于莲台之上（图3-2-45）。按辽时"尊中尚左"排列，自东而西为迦叶、拘留孙、尸弃、毗婆尸、毗舍浮、拘那含牟尼、释迦牟尼。除位居西一的释迦牟尼像方位、衣饰处理较特殊外，各尊面相、衣饰、坐姿基本一致，唯独各像手印等细部略有差别。每尊主像前东、西两侧各塑有胁侍菩萨一尊，共十四尊。[2]另有前述山西应县佛宫寺释迦塔一层的七佛，内槽门内一尊释迦佛塑像，与内壁上六躯佛座像壁画构成七佛，如此处理与传统的表现手法大不相同。[3]

图3-2-45 奉国寺大雄殿过去七佛像（陈术石拍摄）

〔1〕 孟嗣徽：《元代晋南寺观壁画群研究》，北京：紫禁城出版社，2011年，第25页。

〔2〕 李向东：《奉国寺大雄殿塑像调查》，载杨烈主编：《义县奉国寺》，北京：文物出版社，2011年，第13—22页。另外，谷赟博士提出"七佛造像在奉国寺出现体现了'护国'的皇家愿望。"谷赟：《奉国寺过去七佛造像与"护国"思想》，《山东艺术学院学报》2015年第3期，第43—49页。

〔3〕 罗炤先生认为释迦牟尼佛单独塑像，形体巨大，并且处于塔内中心位置，使得人们入塔之后即得瞻礼。其左右两侧内槽六个壁面的六佛之像则在该层起陪衬作用。这样处理，即恰当地考虑到佛宫寺释迦塔的属性（藏释迦牟尼佛舍利），又符合它们在五层佛像总的崇拜体系中的位置，并且巧妙地利用了木塔一层特别的空间结构（高大宽敞的内槽及其南北二门、六面墙壁），可谓匠心独运。前揭罗炤：《应县木塔塑像的宗教崇拜体系》。

如前文所述，辽中京感圣寺佛舍利塔为八角十三级密檐式，一层塔身每面居中为一身佛像，整体上构成由结智拳印的大日如来像（图3-2-46：1、2）统摄过去七佛像。据杭侃先生认为，其宗教依据当是慈贤所译辽代新出的密教经典《妙吉祥平等秘密最上观门大教王经》。[1]除辽中京感圣寺佛舍利塔外，尚有锦州广济寺塔、北镇崇兴寺西塔、义县广胜寺塔三例辽塔均为八面体佛塔上雕刻八尊佛像，均在正面安置大日如来与二胁侍，另外七面雕刻七佛像与二胁侍。广济寺塔（图3-2-47：1、2），位于辽宁省锦州市古塔区广济寺内。砖筑，八角十三级密檐式，建于辽道宗清宁三年（1057）。[2]李树基先生根据辽道宗耶律洪基《清宁集》、耶律良《庆会集》、朗思孝《祖庭参禅记》中相关记载，考证广济寺塔即辽道宗耶律洪基肇建的"无垢净光舍利塔"，于清宁九年（1063）四月初八佛诞日竣工，历时六年，辽道宗最初为该塔定名为"八方镇餐浮图—无垢净光舍利塔"。[3]

图3-2-46：1　寺佛舍利塔南面大日如来造像（郎智明拍摄）　　图3-2-46：2　大日如来线图（王诗晴绘制）

---

[1] 《妙吉祥平等秘密最上观门大教王经》（以下简称《大教王经》）为大契丹国国师中天竺摩揭陀国三藏法师慈贤译。慈贤入中土翻译了《大教王经》等九部密教经典，大力推动了密宗在辽朝的传播。该题材从《大教王经》中可以得到很好的解释。此经以弥勒菩萨等问佛的形式开头，当弥勒等询问："世尊此秘要最上法门，于何佛闻师何佛学，依之修行获大神通得大菩提"，佛回答说："向于毗卢遮那如来所，闻如是法作如是观，秘密修行得成正觉。过去诸佛若不依此法门，无由得证于菩提"。佛说他十七岁的时候夜半逾城，到毕钵罗林中苦行，乃是在过去六佛帮助下，闻毗卢遮那如是法，作如是观才得以成佛的，这就是将大日如来与过去七佛组合在一起的经典依据。前揭杭侃：《辽中京大明塔上的密宗图像》。

[2] 前揭项春松：《辽代历史与考古》，第354页。

[3] 详见李树基：《耶律洪基在锦州肇建大广济寺塔考略》，《锦州师范学院学报（哲学社会科学版）》1998年第1期，第127—128页。

图3-2-47：1　锦州广济寺塔（郎智明拍摄）　图3-2-47：2　广济寺塔局部大日如来造像（郎智明拍摄）

　　崇兴寺西塔，位于辽宁锦州北镇县城内东北隅，东、西两塔对峙（图3-2-48：1、2），相距43米。西塔塔北有清代崇兴寺建筑，形成寺塔合一之布局，故名。双塔形制相同，均为八角十三级密檐式实心砖塔。创建年代并无文献记载，从塔的建筑形制和风格看，推测为辽代中晚期遗存。[1]郑景胜先生根据崇兴寺寺史并结合文献记载，认为崇兴寺始建于金天会三年（1125），乃"先建塔，后修寺"。[2]

　　广胜寺塔（图3-2-49：1、2），位于辽宁省义县县城内西南隅。砖筑，八角十三级密檐式。据广胜寺沙门怀直为其师前上座沙门可炬所建石经幢记载，此塔建于辽乾统七年（1107）。[3]

---

〔1〕　双塔斗拱的作法与辽开泰九年（1020）所建义县奉国寺大雄殿相似，砖作与辽清宁三年（1057）所建锦州广济寺塔相同，而细部雕饰又与辽天庆七年（1117）所建北京房山云居寺南塔相近。参见于余：《北镇崇兴寺双塔》，《辽宁大学学报（哲学社会科学版）》1981年第5期，第97页。

〔2〕　详见郑景胜：《崇兴寺寺史考察与修复设计》，《古建园林技术》2000年第2期，第25—27页。另见郑景胜：《崇兴寺双塔》，《古建园林技术》1993年第1期，第18页。

〔3〕　曹汛：《义县广胜寺塔及其建造年代》，《辽宁文物》1980年总第一期；孙立学、陈术石先生认为该塔的建造年代"跨越了辽金两朝"，应称之为"奉国寺舍利塔"，详见孙立学、陈术石：《义县嘉福寺舍利塔建造年代及其他相关问题》，《北方文物》2014年第1期，第39—43页。

图3-2-48：1　崇兴寺双塔（郎智明拍摄）

图3-2-48：2　崇兴寺西塔局部大日如来造像（郎智明拍摄）

图3-2-49：1　义县广胜寺塔（郎智明拍摄）　　　图3-2-49：2　广胜寺塔局部大日如来造像（郎智明拍摄）

　　七佛造像渊薮久远，随着七佛信仰的传播而逐渐形成和发展。[1]他们代表的是一种强烈的入世思想和救世思想。[2]七佛的概念在东晋出现之后便具有护国及护王的作用。[3]刻经立幢之风至道宗晚期和天祚朝臻至高峰，反映出密宗佛顶尊胜陀罗尼信仰已与辽人的日常生活息息相关，融为一体。佛教将"陀罗尼"的作用和威力渲染得神通万

〔1〕 "过去七佛"是指释迦牟尼与在他出现之前悟得正觉的6位佛尊，依次为毗婆尸（Vipasin）、尸弃（Sikhin）、毗舍浮（Visvahu）、拘留孙（Krakucchandha）、拘那含牟尼（Kanakamuni）、迦叶（Kasyapa）和释迦牟尼（Sakyamuni）。杂密经典七佛译名与此不同，依次为第一维卫佛、第二式佛、第三随叶佛、第四拘楼秦佛、第五拘那含牟尼佛、第六迦叶佛、第七释迦文佛。七佛信仰产生于印度，早在各类《阿含经》中便有相关内容。在佛教发展进程中，他们是释迦、弥勒信仰共同崇拜的对象。参见孟嗣徽：《兴化寺壁画与晋南元代寺观壁画群的几个问题》，谢继胜、罗文华、景安宁主编：《汉藏佛教美术研究——第三届西藏考古与艺术国际学术讨论会论文集》，上海古籍出版社，2009年，第223—259页。另载氏著：《元代晋南寺观壁画群研究》，北京：紫禁城出版社，2011年，第22—25页。

〔2〕 谢继胜、熊文彬、罗文华、廖旸主编：《藏传佛教艺术发展史（下）》，上海书画出版社，2011年，第848页。

〔3〕 ［新］古正美：《大足佛教孝经经变的佛教源流》，黎方银主编：《2005年重庆大足石刻国际学术研讨会论文集》，北京：文物出版社，2007年，第136—172页。

能,从而吸引大批信徒,以这些咒术来化度众生。辽代民众视持陀罗尼之诸佛、菩萨及护法神为解脱苦难的护佑圣灵,只要诵读、修行陀罗尼经咒,便能获七佛保护,他们坚信幢石上诸"陀罗尼"尘沾影覆后的灭罪祈福之特殊功效。[1]

除相关图像材料外,如今于辽朝境内发现的诸多纪年明确的石刻文字资料,无疑为七佛信仰在辽代的流行提供了文字例证。除前文述及的《觉华岛海云寺空通山悟寂院塔记》外,另如辽咸雍八年(1072)《创建静安寺碑铭》载:"中其殿,则曼荼罗坛,洎过未七佛明口高僧之像存焉。"[2]辽大康四年(1078)《秦德昌墓志》载:"余见夫人所造七佛像,记公之后,已从宗敬寺尼临坛大德法显,削染受具,法讳道远。"[3]辽大安二年(1086)《觉相等建经幢记》载:"大天庆寺东贤圣洞主……园觉奴、九圣奴、三贤奴、七佛奴。"[4]另有辽统和二年(984)《朝阳南塔定光佛舍利铭记》载:"七佛垂福禄之恩,六通保延龄之筭。"[5]

除上文所述的各例辽代七佛图像和文字材料外,另有前述朝阳北塔地宫出土石经幢,第二节八角座刻过去七佛和执金刚神众(图3-2-50),像旁题名。[6]内蒙古巴林右旗庆州白塔相轮樘五室内(图3-2-51)出土小型法身舍利塔109座,其中塔身雕有"七佛"的多达105座(图3-2-52:1—3),而在这109座法舍利塔中,密藏有陀罗尼咒、经卷共109卷,[7]体现出辽人供养佛塔舍利的功德利益,特别是法舍利的殊胜功能。综上可见七佛信仰在辽朝的兴盛,而大日如来统摄七佛的造像布局无疑为七佛造像这一盛而不衰的佛教艺术题材赋予了新的内容。[8]

(二)辽代的末法思想、护法思想与转轮王观念

转轮王观念中的"轮",简言之就是车轮、轮子,一方面以之比喻世间的统治政权经久不衰、皇基永固;另一方面也特指法轮,用以表达佛法犹如车轮向前滚动不止、常驻不灭。[9]转轮王即"世界大王",传说此王出世,"七宝"(sapta ratna)伴随,轮宝导引。"王

〔1〕前揭彭建兵:《北凉时期敦煌民间杂密信仰问题考察——以北凉石塔为中心》;张国庆:《辽代经幢及其宗教功能——以石刻资料为中心》。
〔2〕前揭向南:《辽代石刻文编》,第361页。
〔3〕前揭向南、张国庆、李宇峰辑注:《辽代石刻文续编》,第166—168页。
〔4〕前揭向南、张国庆、李宇峰辑注:《辽代石刻文续编》,第183页。
〔5〕前揭向南、张国庆、李宇峰辑注:《辽代石刻文续编》,第22页。
〔6〕从左往右依次为:南无释迦牟尼佛、南无迦叶佛、南无拘那含牟尼佛、南无拘留孙佛、南无毗舍浮佛、南无尸弃佛、南无毗婆尸佛。
〔7〕前揭德新、张汉君、韩仁信:《内蒙古巴林右旗庆州白塔发现辽代佛教文物》。
〔8〕相关讨论,另见于博:《从辽塔造像看密教对辽代七佛造像的影响》,《北方文物》2015年第3期,第67—71页。
〔9〕张文卓:《从转轮王到顶轮王——佛教轮王思想盛行的政治因素剖析》,《青海社会科学》2013年第3期,第137—141页。

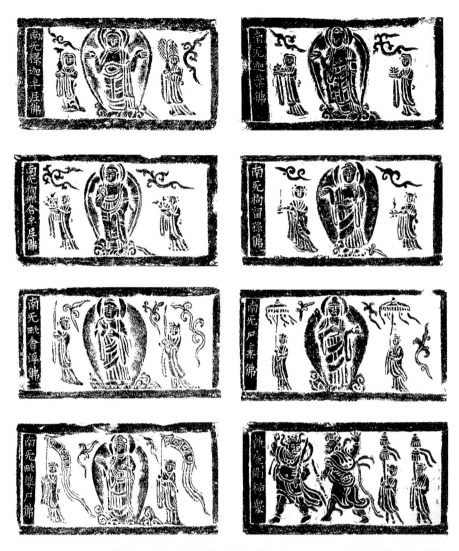

图3-2-50　朝阳北塔藏石经幢"过去七佛和执金刚神众"图（王晶辰、董高、杜斌主编：《朝阳北塔——考古发掘与维修工程报告》，北京：文物出版社，2007年，第91页）

自在以法治化，人中殊特，七宝具足"。[1]另如《长阿含经》卷六云："典四天下，以正法治，莫不靡伏。七宝具足：一金轮宝，二白象宝，三绀马宝，四神珠宝，五玉女宝，六居士宝，七主兵宝。王有千子，勇猛雄烈，能却外敌，四方敬顺，不加兵杖，自然太平。"[2]转轮王出现，敌国遇之，无不束手而降，故转轮王兵不血刃便可一统天下。转轮王另以五戒、十善的德化来化导众生，在佛的出世教化下，未来的人间净土便将成为理想世界。[3]佛教

〔1〕《大正藏》，第1册，39b。
〔2〕《大正藏》，第1册，42a。
〔3〕汪志强：《印度佛教净土思想研究》，成都：巴蜀书社，2010年，第50页。

图3-2-51　庆州白塔覆钵中相轮樘五室（张汉君：《辽庆州释迦佛舍利塔营造历史及其建筑构制》，《文物》1994年第12期）

1　　　　　　　　　　　　2　　　　　　　　　　　　3

图3-2-52　1—3　庆州白塔藏七佛法舍利塔（于博拍摄）

兴起以来，先后塑造了众多的转轮王形象，如佛典中所提到的阿育王（Asoka）、[1]迦腻色迦（Kaniska）、波斯匿王（Prasenajit）、儴佉王（Sankha）、月光王（Candra-prabha）、顶生王（Mūrdhagata）等均被称为转轮王。由于传统政治思想与大乘佛教的影响，转轮王观念传入中土后，便为君主权力在世俗和神圣两个界域的扩张提供了便利条件。[2]检索魏晋南北朝到唐的历史可以发现，转轮王观念已成为当时僧俗信众理解世俗王权的主要理论。而统治阶层就此顺应潮流，在中土本已有之的"天子"意涵之外，又给"护法弘法"的君主加上了佛教"转轮王"的内涵，逐渐转成"转轮王即佛"的模式。[3]历史上著名的北凉沮渠蒙逊、[4]北魏诸帝、梁武帝、隋文帝与武则天[5]等，便统统以此方式推广佛教，并充分攫取这一佛教资源以证明自己统治的神圣性与合法性。[6]

　　此外，转轮王观念也传播流行至周边地区，辽、西夏、回鹘、南诏、吐蕃、于阗等少数民族统治区域也盛行转轮王思想。[7]王红梅、杨富学先生曾对出土于新疆吐鲁番的藏密佛教经典《吉祥胜乐轮曼陀罗》写本进行研究，证实"转轮王思想在回鹘中的存在及其来源于藏传佛教等些许史实"。[8]杨鸿蛟博士以元代夏鲁寺壁画中的般若佛母殿《文殊根本续》壁画为中心，通过图像辨识和文本比对分析，揭示出元朝皇室因素与转轮王观念之关系。[9]黄璜博士对剑川石窟石钟寺第六窟作了细致考察，认为该窟主尊为大日如来，主尊显"摄一切佛顶轮王之相"，即"释迦牟尼佛"与"转轮圣王"之复合形象。[10]陈玮博士对西夏佛王传统有所研究，提出在西夏史诗中，李继迁被塑造为文殊菩萨和转轮王的化身。

〔1〕廖苾雅：《长清灵岩寺塔北宋阿育王浮雕图像考释》，《故宫博物院院刊》2006年第5期，第52—85页。

〔2〕孙英刚：《转轮王与皇帝：佛教对中古君主概念的影响》，《社会科学战线》2013年第11期，第78—88页。

〔3〕前揭孙英刚：《转轮王与皇帝：佛教对中古君主概念的影响》。

〔4〕彭建兵：《论北凉沮渠氏的佛教功利主义态度》，《乐山师范学院学报》2009年第7期，第71—73页。

〔5〕罗世平：《天堂法像——洛阳天堂大佛与唐代弥勒大佛样新识》，《世界宗教研究》2016年第2期，第29—42页；孙英刚：《南北朝隋唐时代的金刀之谶与弥勒信仰》，《史林》2011年第3期，第56—68页；孙英刚：《武则天是宣扬自己弥勒下生吗？》，《文史知识》2015年第2期，第17—23页；吕博：《明堂建设与武周的皇帝像——从"圣母神皇"到"转轮王"》《世界宗教研究》2015年第1期，第42—58页。

〔6〕康乐：《转轮王观念与中国中古的佛教政治》，《"中研院"历史语言研究所集刊》第67本第1分，1996年，第109—143页。

〔7〕相关研究，见希都日古：《论17世纪蒙古编年史所谓转轮王的概念》，《内蒙古社会科学（汉文版）》2002年第4期，第45—48页。

〔8〕王红梅、杨富学：《回鹘文藏密经典所见"七宝"考》，郑炳林、樊锦诗、杨富学主编：《丝绸之路民族古文字与文化学术讨论会会议论文集》，西安：三秦出版社，2007年，第72—77页。相关研究，另见钟焓：《从"海内汗"到转轮王——回鹘文〈大元肃州路也可达鲁花赤世袭之碑〉中的元朝皇帝称衔考释》，《民族研究》2010年第6期，第75—82页。

〔9〕杨鸿蛟：《夏鲁寺般若佛母殿〈文殊根本续〉壁画与转轮王观念关系考》，《中国藏学》2012年第2期，第188—195页。

〔10〕黄璜：《剑川石窟石钟寺第六窟主尊身份及其图像源流考》，《美术与设计（南京艺术学院学报）》2015年第1期，第22—33页。而有关南诏—大理国观音佛王信仰的研究，可参见侯冲：《南诏观音佛王信仰的确立及其影响》，载氏著《云南与巴蜀佛教研究论稿》，北京：宗教文化出版社，2006年，第67页。

西夏帝陵的八角形佛塔式灵台建筑昭示着西夏皇帝的转轮王身份。拜寺口西塔的影塑中有七宝而为西夏时期的转轮王塔,可见西夏佛王传统对西夏皇室的深刻影响。[1]张清涛先生提出:"观音菩萨化身为帝王,以菩萨的慈悲、力量治国恤民的意识,在于阗国曾很盛行,这种宗教意识,在公元7世纪前后于阗和吐蕃的接触过程中,对相邻的吐蕃也会产生一定的影响。"[2]相关问题,栾睿先生亦有探讨。[3]此外,程雅娟博士归纳出转轮王从起源开始至东渡日本的三个阶段以及每个阶段的特征及寓意,并就其如何从世俗统治者转变至佛教最高神祇作了分析与佐证。[4]

从南北朝到初唐,佛教净土信仰盛行。如西晋竺法护译《佛说弥勒下生经》所言,弥勒下生与崇德弘法的转轮王统治的人间净土将会出现。无论对于帝王还是一般民众而言,弥勒(Maitreya)信仰均具有极大的诱惑力。皇权与佛法相结合、皇帝身份与佛王身份相重叠,成为当时政治与宗教的显著特征。皇帝即如来、皇帝即转轮王、弥勒佛王等类似政教合一的观念便突出表现出来,成为当时社会各阶层普遍的心理期待。[5]

从现存的有确切纪年的造像资料来看,我国汉地最早的三世佛造像即前文所提到的北凉石塔上的"七佛—弥勒"。在此系列中,因为释迦牟尼之前的六佛为过去佛,现在佛释迦牟尼也已涅槃,所以信众们便把希望寄托于未来佛弥勒身上。因此,在北凉的造像与写经发愿文中都十分强调弥勒,多发愿"舍身受身,值遇弥勒",并对后世产生了深远影响。[6]另外,如杜斗城先生所提出的,北凉在佛教和末法思潮的影响下,出现了弥勒下生信仰,该信仰与佛教政治、皇帝崇拜关系密切。而北凉译经之内容,"以转轮王护法思想最有特色,政治意义非常明确"。[7]

弥勒盛世有转轮圣王穰佉王,在其皈依佛门之后,随弥勒来到翅头末城。该城中有"过去诸佛所坐金刚宝座",弥勒亦来坐此座,转正法轮,助菩提法,并为穰佉王宣说十二

〔1〕 陈玮:《西夏佛王传统研究》,《中央民族大学学报(哲社版)》2016年第4期,第90—97页。相关研究,另见〔美〕邓如萍著:《党项王朝的佛教及其元代遗存——帝师制度起源于西夏说》,聂鸿音、彭玉兰译,《宁夏社会科学》1992年第5期,第39—47页;杜斗城:《西夏的转轮王塔——宁夏拜寺口西塔之建造背景》,载氏著:《河西佛教史》,北京:中国社会科学出版社,2009年,第567—576页;聂鸿音:《迦陵频伽在西夏王陵的象征意义》,《宁夏师范学院学报》,2007年第1期,第112—114页。
〔2〕 张清涛:《试论早期吐蕃的观音信仰及与周边地区的关系》,《敦煌研究》2005年第6期,第84—87页。
〔3〕 栾睿:《从授记到结构化:佛菩萨信仰的演化——以于阗佛菩萨信仰为例》,《西域研究》2016年第1期,第79—86页。
〔4〕 程雅娟:《皇权·预兆·庇护——东亚佛教理想皇权"转轮王"图像的演变研究》,《美术与设计(南京艺术学院学报)》2016年第4期,第83—89页。
〔5〕 李星明:《佛法与皇权的象征——论唐代帝陵神道石柱》,《复旦学报(社会科学版)》2011年第1期,第27—37页。
〔6〕 前揭贺世哲:《关于十六国北朝时期的三世佛与三佛造像诸问题(二)》。
〔7〕 杜斗城:《北凉译经论》,兰州:甘肃文化出版社,1995年,第277页。

因缘。王及大臣、眷属随从，"于佛法中亦随大王出家学道"。[1]北凉石塔上除覆钵肩上均雕刻七佛与弥勒造像外，腹部另刻有《十二因缘经》，既表达了当时广大信众祈祷弥勒早日下生成佛、宣说十二因缘救助世间的心愿；又表达了希望护法救世的转轮圣王早日出现，"于佛法中随大王出家学道"的迫切心情，因为未来佛弥勒只降生在转轮王的国土之中。[2]

因此，从时间层面上讲，在未来佛弥勒的下生信仰中，弥勒与转轮王二者是"重叠"的，如果没有转轮王形象，也就不会有弥勒的下生。如林伟先生所言，"没有弥勒菩萨的成佛，转轮王的存在也毫无意义。"弥勒成佛下生世间或是转轮圣王统治天下，便都意味着此时"人间佛教即净土世界"。[3]

而在早期密教（杂密）经典中，弥勒是最早列席听闻陀罗尼和护持陀罗尼的大菩萨，依中国译经年代估算，弥勒与陀罗尼结合最迟3世纪初已经开始，比观音、文殊等大菩萨与陀罗尼的结合早一个世纪左右。[4]东晋失译的《七佛八菩萨所说大陀罗尼神咒经》（又名《七佛所说神咒经》《七佛十一菩萨说大陀罗尼神咒经》）提到众生若能书写、诵读此陀罗尼者，命终悉得往生兜率天上面见弥勒。[5]而值得注意是，从该经经名可见，弥勒菩萨的崇高地位已可被其他大菩萨所分享，业已突破"七佛—弥勒"的格局。[6]

（三）显密信仰的交融与转轮王造像的生成

朱子方先生曾将辽代佛教宗派特点概括为："密教振兴，显密结合"。[7]魏道儒先生指出："辽代佛学的主流，是密教和华严。"[8]吕建福先生云："辽代的密教学，遥承唐密，近取新传，融汇华严之学，倡导显密圆通。"[9]廖旸研究员云："汉地佛教诸宗派中也以华严

---

〔1〕 前揭殷光明：《北凉石塔研究》，第293页。

〔2〕 同上。

〔3〕 林伟：《从交脚弥勒菩萨造像的流行看中国传统文化对佛教的影响》，《江苏社会科学》2009年第1期，第109—115页。

〔4〕 李利安先生认为观音与陀罗尼的关系大约在4世纪真正开始，王雪梅博士认为文殊与陀罗尼结合的时间与之相当。参见李利安：《观音信仰的渊源与传播》，北京：宗教文化出版社，2008年，第122页；王雪梅：《试论弥勒信仰与密教的融合》，《宗教学研究》2010年第4期，第77—85页。

〔5〕 经曰："此陀罗尼四十二亿诸佛所说，若诸行人有能书写、读诵此陀罗尼者，现世当为千佛所护，此人命终以后不堕恶道，当生兜率天上面睹弥勒。得命终生兜率天上见弥勒，欲生他方净佛国土现在佛前，当书写、读诵、修行此陀罗尼。此陀罗尼句，乃是过去四十亿恒河沙等诸佛所说，我今已说。此陀罗尼力能令十佛世界六种震动，其中所有一切众生，以此陀罗尼法音光明入其毛孔，尘劳垢习一时消除。以我得大势威神力故，及此陀罗尼威神力故，此诸众生命终已后，生兜率天上面见弥勒。"《大正藏》，第21册，538b—540b。

〔6〕 前揭王雪梅：《试论弥勒信仰与密教的融合》。

〔7〕 朱子方：《辽代佛教的宗派、学僧及其著述》，《辽金契丹女真史研究》1986年第1期。

〔8〕 魏道儒：《辽代佛教的基本情况和特点》，《佛学研究》2008年，第229—237页。

〔9〕 前揭吕建福：《中国密教史》，第472页。

与密宗的关系最为密切,如均崇奉毗卢遮那(大日如来)等等,致有'华严密教'之称。"[1]综合上述诸位先生的看法,可见华严学与密教的交相辉映共同构筑了辽代佛教义学的繁荣和发达。[2]

转轮王从佛教体系外走进佛教内部无疑是一大转变,而从佛法实践者到与佛教最高神祇发生密切联系、再到成为佛教最高神祇无疑是一个更大的转折,这一转折主要就是在华严类经典中出现的。[3]日本学者镰田茂雄先生提出,《华严经》以"佛"为重点,是说佛的经。[4]《华严经》中所说的佛是"毗卢舍那佛"。[5]唐般若译《大方广佛华严经》云:"尔时毗卢遮那宝莲华藏妙吉祥髻转轮王者,岂异人乎?今弥勒菩萨是也。"[6]这里毗卢遮那佛和弥勒二者都成了转轮王,但此处又不同于般若类经典中所言"佛菩萨为了教化众生而化作转轮王"。此处所强调的是,佛菩萨本身就是转轮王,转轮王就是佛菩萨。[7]前述山西应县佛宫寺释迦塔第四层释迦主像内的藏经中,有东晋天竺三藏佛陀跋陀罗所译《大方广佛华严经》(六十卷本)卷第四十七《入法界品》,该份经卷属于《契丹藏》。[8]而《华严经》所表现的净土思想,在修行法门上,对于现实的实践有特殊的强调。《入法界品》是华严经的最后一品,在八十卷华严中,这一品就占了二十一卷,该品在《华严经》中的重要性可见一斑。[9]新加坡学者古正美先生研究认为,支提信仰是一种对帝王统治形象崇拜的信仰,而记载支提信仰密教化最重要的作品就是《入法界品》。由于有"一佛多身"的信仰,帝王在施行支提信仰之际,有以弥勒菩萨的面貌出现者,有以毗卢遮那佛等面貌出现者。因此,《入法界品》最终要说明的是弥勒菩萨或毗卢遮那佛作为转轮王的信仰。[10]《入法界品》用同一"佛母"的身份重叠来说明诸佛的关系,不外乎是要以此方式说明为何弥勒的地位可以被毗卢遮那佛所取代。而在《佛本行集经》卷一中曾提到弥勒

〔1〕 廖旸:《瞿昙寺瞿昙殿图像程序溯源》,《故宫博物院院刊》2012年第6期,第96—121页。

〔2〕 辽时燕京圆福寺总秘大师觉苑在继承唐代密教大师一行学术的基础之上,融汇华严思想以释《大日经》,多方面论证了密教与华严学的一致性,其阐释《大日经》的基本立场即显密圆通。参见陈永革:《论辽代佛教的华严思想》,《西夏研究》2013年第3期,第3—11页。有"显密圆通法师"之称的五台山金河寺沙门道㲀兼通儒释,后专攻密教,撰有《显密圆通成佛心要集》。有学者将道㲀的显密圆融思想特点归纳有二:一、显密平等,无高下之别;二、显教取华严为心要,密教取准提为心要。参见唐希鹏、李缓:《五台山沙门道㲀与密教中国化》,《西南民族大学学报(人社办)》2005年第4期,第285—287页。

〔3〕 前揭张文卓:《从转轮王到顶轮王——佛教轮王思想盛行的政治因素剖析》。

〔4〕 [日]镰田茂雄著,黄玉雄节译:《华严经的构成和思想》,《五台山研究》1991年第1期,第5—10页。

〔5〕 [日]镰田茂雄著,黄玉雄节译:《华严经的构成和思想(续)》,《五台山研究》1991年第2期,第9—15页。

〔6〕 《大正藏》,第10册,753b。

〔7〕 前揭张文卓:《从转轮王到顶轮王——佛教轮王思想盛行的政治因素剖析》。

〔8〕 山西省文物局、中国历史博物馆主编:《应县木塔辽代秘藏》,北京:文物出版社,1991年,第20—27页。

〔9〕 前揭汪志强:《印度佛教净土思想研究》,第201页。

〔10〕 参见[新]古正美:《大足北山多宝塔的建造性质与造像——宋高宗的支提信仰内容与造像》,黎方银主编:《2009年重庆大足石刻国际学术研讨会论文集》,重庆出版集团、重庆出版社,2013年,第426—482页。

菩萨过去世身作转轮圣王时，其名正是毗卢遮那。[1]由此，当不难理解大日如来图像为何在辽代如此盛行，其作为转轮王出现也为诸多辽塔采用大日如来统摄七佛这一图像配置提供了更多合理的解释。而随着密教在辽朝的盛兴，密教大日如来与华严毗卢遮那佛在信仰主体和佛教宇宙观上具有一致性，[2]正如李静杰先生所言："大日如来拥有转轮圣王的性格"。[3]在这里，"佛"的概念被形象化地与现实中的辽朝统治者融合在一起，完美地实现了"神人合一"的观念。

前述辽兴宗重熙十三年（1044）《罗汉院八大灵塔记》在北京平谷县三泉寺内建立，碑文云：

> 恒怀宵旰，肯构灵祠。系玉毫尊，恢八万四千定慧之力；继金轮职，咸尘数万类束手而降。咸加海表既如彼，恢张佛利又若此。文武贤辅各代天行化，运掌上之奇兵；辅国济民，利域中之邦本。夫如是，黔首知力，白足荷恩。契经以尘合沙界，堪为如来法器也……九层俄就，捄□建事白众议曰：佛法付与国□（应为'王'）大臣，今则特仗当仁，遽（据?）成胜概。[4]

文中"继金轮"即把当时辽朝皇帝辽兴宗耶律宗真与佛教的转轮王相提并论；"数万类束手而降"，是佛教经典中所记载的"转轮王"君临天下的情境；"佛法付与国王大臣"，也是佛典中所载佛对转轮王的"嘱累"。[5]由此可见，辽兴宗时期，辽朝统治者便已利用佛教资源将自身神化为转轮圣王。

辽清宁八年（1062）沙门法悟所撰《释摩诃衍论赞玄疏序》云：

> 我天佑皇帝，传刹利之华宗，嗣轮王之宝系。每余庶政，止味玄风，升御座以谈

---

[1] 经曰："目捷连。彼毗卢遮那转轮圣王。供养于彼善思如来。及声闻众。恭敬尊重。幡盖花香四事具足。目捷连。时毗卢遮那转轮圣王。见彼如来具足三十二大人相八十种好。及声闻众。佛刹庄严。寿命岁数。即发道心。自口称言。希有世尊。愿我当来得作于佛。十号具足。还如今日善思如来。为于大众声闻人天恭敬围绕。听佛说法信受奉行。一种无异。弥勒又言。愿我当来为多众生作诸利益。施与安乐。怜愍一切天人世间。目捷连。弥勒菩萨在于我前四十余劫发菩提心。而我然后始发道心。种诸善根。求阿耨多罗三藐三菩提。目捷连。我念往昔有一佛。名示海幢如来。目捷连。我于彼佛国土之中作转轮圣王。名曰牢弓。初发道心。种诸善根。求阿耨多罗三藐三菩提。我时供养彼佛世尊。满一千年。及声闻众。恭敬尊重。礼拜赞叹。四事充足。持五百具妙好衣裳一时布施。乃至彼佛般涅盘后起舍利塔。高一由旬广半由旬。七宝庄严。所谓金银颇梨琉璃赤真珠等车碟马瑙而以饰物。复持种种幡盖幢铃香花灯烛。以用供养。"《大正藏》，第3册，656b。

[2] 殷光明：《敦煌显密五方佛图像的转变与法身思想》，《敦煌研究》2014年第1期，第7—20页。

[3] 李静杰：《五代前后降魔图像的新发展——以巴黎集美美术馆所藏敦煌出土绢画降魔图为例》，《故宫博物院院刊》2002年第6期，第47—62页。

[4] 前揭向南：《辽代石刻文编》，第233页。

[5] 前揭杨富学、杜斗城：《辽鎏金双龙银冠之佛学旨趣——兼论辽与敦煌之历史文化关系》。

征,光流异瑞;穷圆宗而制赞,神告休征。然备穷于群经,而尤精于此论。……我圣文神武全功大略聪仁睿孝天佑皇帝,位纂四轮,道逾三右。[1]

文中的"天佑皇帝"即辽道宗耶律洪基。"刹利"乃印度四种姓之一,全称为"刹帝利",处于第二等级,包括国王、大臣等统驭民众之人,释迦牟尼即出自这一种姓。"华宗"为华严宗的简称。沙门法悟以"刹利之华宗,嗣轮王之宝系"比喻当朝皇帝道宗同佛祖释迦牟尼一样,出身乃"刹帝利",即使不出家,也可承继"转轮王"之位。"位纂四轮"指转轮王的四个等级,分金、银、铜、铁四种,通常所说的"轮王"特指金轮王。[2]

庆州白塔中藏有《妙法莲华经》卷五《安乐行品第十四》,其中明确提及"文殊师利如转轮王",可见转轮王思想与世俗政治间的密切关系。[3]另有辽大安九年(1093),沙门志延撰《景州陈公山观鸡寺碑铭并序》,载"我朝建国,嗣纂金轮。三教助化,千龄在辰"。[4]此处无疑也是将当朝皇帝比作转轮王,以此力证佛法不灭。可见护法思想在辽朝之兴盛和弥漫,而这一点也正是末法思想盛行于辽的表现所在。[5]综上可见,护法思想和末法思想盛行于辽朝社会,而诸多辽塔采用大日如来统摄七佛这一图像配置都贯穿着一个中心主题——转轮王观念。

三、结　语

总体而言,11—13世纪是中国历史上值得重视的关键阶段,这一阶段是中西文化交流史和多民族文化交流史上的重要时期,这一时期确定了具有中华特色的多民族发展的历史走向。有辽一代,自太祖初建,至天祚亡国,前后凡二百余年。在其政权的发展进程中始终与中原王朝及西夏、回鹘、吐蕃等少数民族政权之间保持密切联系,彼此间的往来在我国民族关系史上留下了浓墨重彩的一笔。11—13世纪,中原佛教文化信仰极大地促进了各周边地区少数民族政权对汉文化的认同,他们一方面主动学习和借鉴汉地文化,另一方面也积极发展具有草原游牧民族自身特色的传统文化。10世纪上半叶,辽先后占领幽、云等北方十六州,由此加速了汉化进程。至11世纪初,辽朝与北宋签订"澶渊之盟",

〔1〕 财团法人佛陀教育基金会印:《大藏新纂续藏经》,第45册,台北:新文丰出版社,1973,第831页。
〔2〕 前揭尤李:《应县木塔所藏〈入法界品〉及其相关问题考论》。
〔3〕 前揭尤李:《论辽代密教的来源》。
〔4〕 前揭陈述辑校:《全辽文》,第189页。
〔5〕 前揭沙武田:《敦煌藏经洞封闭原因再探》。

自此，辽、宋双方结束了长期的敌对状态，形成了空前稳定的南北对峙的政治局面，从而促使辽人更加全面、有效地吸收和学习中原文化。[1]

具体到本节内容，显然，辽朝统治者已充分认识到华严宗思想的重要性，他们通过建塔造像，富有创意地以视觉化的大日如来图像形式呈现既可护持佛法又能统治天下的转轮王形象，这无疑是辽代佛教更加深入地融入辽朝社会中的具体体现。[2]辽人又能够吸收接受汉地七佛信仰相关经典的翻译，并与追求纯密且糅合了华严信仰的辽代密教结合发展出七佛造像的自有形式，使众多辽塔遗存既带有宗教崇拜的神圣意味，又成为皇权意志的象征符号。而辽代八塔信仰受印度佛教巡礼八大灵塔之风的影响，与密教金刚界曼荼罗相结合，将代表佛祖胜迹的八塔以五方佛的观念集合到一塔之上，为11世纪末至12世纪初八相图与八塔结合形成一种新的绘画样式提供了契机，[3]而八塔信仰又与释迦八大胜迹、八王分舍利的信仰相关联，对辽代佛塔形制、经幢以及墓葬形制产生直接或间接的影响。

本节内容所述有关密教图像的辽塔例证大多修造于辽代中后期，这是辽人全面崇佛的高峰期。在辽塔的图像配置中，不仅浓缩体现出印度造像传统，并且突出表现出汉地大乘佛教文化信仰、唐代密宗信仰、宋代舍利信仰的影响，并与其他各族宗教信仰交流互通，水乳交融，从而熔铸成具有纪念碑性质的、深深打上北方游牧民族烙印的多元佛教艺术图景昭示后人，既是辽人实现其文化建构的身份认同，又是11—13世纪我国多民族跨地域文化交流史的时代缩影。[4]

---

〔1〕 杨树森：《辽史简编》，沈阳：辽宁人民出版社，1984年，第121页；于宝林：《契丹古代史论稿》，合肥：黄山书社，1998年，第249页；前揭：李静杰《中原北方辽金时期涅槃图像考察》。"澶渊之盟"后，辽朝统治者与北宋皇帝多以"兄弟"互称，从双方往来的书信中可见，如《续资治通鉴长编》载："弟大契丹皇帝谨致书于兄大宋皇帝，粤自世修欢契，时遣使轺，封圻殊两国之名，方册纪一家之美。"见（宋）李焘撰：《续资治通鉴长编》，第十册，卷135，北京：中华书局，1985年，第3229页。宋真宗崩，辽圣宗耶律隆绪亦曾对臣属发出如下感叹："吾与兄皇未结好前，征伐各有胜负。泊约兄弟二十余年，兄皇升遐，况与吾同月生，年大两岁，吾又得几多时也？"见（宋）叶隆礼撰：《契丹国志》，贾敬颜、林荣贵点校，上海古籍出版社，1985年，第58页。而自始至终，契丹民族一直将自身视作炎、黄之后。如《辽史·太祖纪下》载："辽之先，出自炎帝，世为审吉国。"见（元）脱脱等撰：《辽史》，第一册，北京：中华书局，1974年，第24页。
〔2〕 在本节作者与宁强先生的私下交流中，他认为在中国历史上，对于作为非汉族血统的少数民族统治者来说，如何处理政治与佛教的关系问题，一直是这些政权无法回避的课题。而有辽一代，佛教无疑具有强烈的国家政治色彩，伴随着佛教在辽朝的发展，佛教信仰日趋注重现实利益，这无疑会影响到佛教造像的设计思想，使其更加丰富和具体化。
〔3〕 斯如谢继胜先生所言："窥一斑而知全豹，通过对八塔变图像的分析，可以勾画出10—11世纪中印佛教和佛教艺术的交流，勾画出11—13世纪前后我国多民族佛教美术的相互影响。"前揭谢继胜、常红红：《莫高窟76窟〈八塔变〉及相关的几个问题——十一世纪至十三世纪中国多民族美术关系史研究》。
〔4〕 本节图版除注明拍摄者与出处外，均由郎智明先生提供，特此致谢！

第三节　从佛顶尊胜陀罗尼到释迦三尊像：
真言密教的具象趋势

　　大理剑川石窟石钟寺第8窟（图3-3-1，下简称"第8窟"）有大理国盛德四年（1179）的题记。[1]该窟分上下两层：上层正中主窟刻"阿央白"，即女阴。在主窟右内壁亦刻一铺由"西方三圣"和"地藏菩萨"及比丘像构成的造像；左内壁（图3-3-2）则刻一铺以释迦佛为主尊的"一佛二胁侍"及禅定僧造像。[2]在主窟两侧又各刻一天王立龛。于二天王的外侧，也就是在主窟的外左侧（图3-3-3）和外右侧（图3-3-4）亦各刻一铺"一佛二胁侍"及禅定僧的浅龛。第8窟下层风化严重，为宝塔、文官坐像、供养人、禅定

图3-3-1　石钟寺第8窟全景

---

〔1〕　该窟顶有题框，其内除纪年外，题记已漫漶。但经过实地考察，历年来学界也辨认出了部分文字，虽个别录字有
　　　 微异，但大体一致，未生歧义，兹不缀录。主要可参见北京大学考古学系、云南大学历史系、剑川石窟考古研究课
　　　 题组：《剑川石窟——1999年考古调查简报》，载李崇峰著：《佛教考古：从印度到中国》（Ⅱ），上海古籍出版社，
　　　 2014年，第648页；李东红：《剑川石窟和白族的信仰民俗》，《世界宗教研究》2006年第3期，第138页。
〔2〕　见《剑川石窟——1999年考古调查简报》，第650页。

图3-3-2　主窟左内壁

图3-3-3　主窟外左侧浅龛

僧、供物之类。历来学者在研究该窟时，问题几乎都集中于正中主窟"阿央白"的问题上，鲜有深入关注该窟"一佛二胁侍"的造像，本节则对其造像重新进行了辨识，且对其组合的文本依据及该类组合的内在义蕴进行了探讨。

一、"一佛二胁侍"的造像内容及其尊像的身份

经过辨认，三铺"一佛二胁侍"的造像形制、内容一致，"二胁侍"则分别是三面六臂观音和一面四臂尊胜佛母。

（一）主窟外龛

主窟外左侧浅龛该处正中刻释迦佛，上半部分风化后由后人补刻。[1]佛像结跏趺坐

---

〔1〕　见《剑川石窟——1999年考古调查简报》，第648、650页。

图3-3-4　主窟外右侧浅龛　　　　　图3-3-5　主龛外左侧浅龛"三面六臂"像

于由祥云承托的莲花座上,其左手抚膝,右手作说法印,两侧的题榜已无字可寻。在佛像的正下方刻一禅定僧,头部已毁。禅定僧的右侧刻一尊三面六臂像,三面已磨泐,饰璎珞,后上二手托日月,中二手当胸左托钵、右执柳枝,下二手左持方印、右执金刚杵,结跏趺坐于云托莲台上(图3-3-5);[1]而左侧刻一面四臂坐像,莲台下亦有云纹承托。其上二手上举头顶合十,指尖上顶一化佛,已磨泐;下二手当胸合十,饰璎珞,帛带于身两侧上扬。该二尊像是为二胁侍,其背后身光皆刻成了颇具动感的拖尾纹状。

关于三面六臂像身份,根据当胸托钵和持柳枝来判断,应是一尊密教观音;与此图像类似的有《梵像卷》第105页三面六臂立像,其上二手持祥云,云上再托日月;中二手左持宝印,右持剑;下二手当胸左托钵,右持柳枝,冠住阿弥陀佛,李玉珉指出该立像是一尊大理国的三面六臂密教观音。[2]对比此处三面六臂的坐像,持物中除了宝剑变成金刚杵外,其他持物都一样,更重要的是均托钵和持柳枝。在石钟寺第5号龛右耳龛以及第7号龛中的观音均是左手托钵,右手持柳枝的形象。

---

〔1〕 图3-3-5,见刘长久主编:《中国石窟雕塑全集9云南　贵州　广西　西藏》,重庆出版社,1999年,图版四七。
〔2〕 李玉珉:《张胜温梵像卷之观音研究》,《东吴大学中国艺术史集刊》第15期,台北故宫博物院出版组,1987年,第239页。

而一面四臂像，是流行于大理地区的"尊胜佛母"。此种一面四臂的尊胜佛母大量出现在了大理国至元明时期大理地区的火葬墓碑上。现存云南省博物馆的大理国彦贲赵兴明为亡母造墓幢（图3-3-6）上即刻有此种尊胜佛母像，并刻有"南无尊胜大佛母"的铭文。[1]在大理国地藏寺佛顶尊胜经幢（昆明市博物馆藏）最顶层四面四龛亦刻有该类一面四臂的尊胜佛母（图3-3-7）。[2]1984年玉局寺亦出土一尊大理国时期的铜鎏金一面四臂尊胜佛母，现藏于大理州博物馆。[3]

　　然而，该类尊胜佛母的仪轨颇为怪异，根据宋法天译《佛说一切如来乌瑟腻沙最胜总持经》（下简称"法天译本"），尊胜佛母为三面八臂，且"顶戴塔"。[4]在敦煌石窟，如榆林窟、莫高窟、东千佛洞尊胜佛母曼荼罗中，尊胜佛母无一不是三面八臂像。

　　　图3-3-6　大理国彦贲赵兴明为亡母造墓　　　　　图3-3-7　地藏寺佛顶尊胜经幢

〔1〕见杨世钰主编：《大理丛书·金石篇》，卷1，北京：中国社会科学出版社，1993年，第34页；图3-3-6同出。
〔2〕见侯冲：《论大理密教属于汉传密教》，载王颂主编：《佛教与亚洲人民的共同命运——2014崇圣（国际）论坛文集》，北京：宗教文化出版社，2015年，第202页。
〔3〕见杨益清：《大理征集到一件大理国尊胜佛母造像》，载杨世钰、赵寅松主编：《大理丛书·考古文物篇》，卷6，昆明：云南民族出版社，2009年，第2706—2707页。
〔4〕见《大正藏》，卷19，第409页上。

可见,大理国的一面四臂"尊胜佛母"与经典以及敦煌石窟中尊胜佛母的仪尊轨相去甚远,且头"顶化佛"。[1]这种尊胜佛母是否有具体的文本依据,还需考证。但对比大理地区经幢、墓碑中大量尊胜佛母的形象,我们可笃定,第8窟中这种一面四臂、双手合十的尊像是尊胜佛母无疑!

(二)主窟左内壁

该处释迦右手结说法印。但二胁侍磨泐严重,不过将残存的图像痕迹与主窟外左侧浅龛中的造像相比较,显然形制相同。左侧的一面四臂尊像结跏趺坐,及上二手顶上合十的图像特征尚存。而右侧尊像三面六臂的特征则一目了然。二胁侍中间亦有一禅定僧。

(三)主窟外右侧浅龛

该处刻工粗糙,造像似乎较新,形制一如上述两处造像。可能为晚近时期参照主窟外左侧和左内壁的造像补雕而成。

由于该三处的造像内容相同,为便于叙述,本节合为一组论。

二、"一佛二胁侍"组合的文本来源

根据法天译本,"乌瑟腻沙最胜总持法门"由观音奉请无量寿佛宣说。因此将尊胜佛母和观音的形象并列刻在一起,应该是出自法天译本,而该二者的主尊通常就是"无量寿

---

〔1〕 该化佛可能是"大日如来"。在唐佛陀波利译《佛顶尊胜陀罗尼》以及唐义净译《佛说佛顶尊胜陀罗尼经》中分别有云:"佛告帝释言:此咒名净除一切恶道佛顶尊胜陀罗尼……诸佛同共宣说,随喜受持,大日如来智印印之",及"尔时世尊说此陀罗尼已……同共宣说,随喜受持,以大日如来智印印之",《大正藏》,卷19,第351页上、362页下。在《成就法鬘》中也有数则与尊胜佛母相关的仪尊,如第191号:"皈依佛顶尊胜……三面三眼,年轻貌美……使(观者)想起八臂世尊……右四臂持羯磨杵、莲花上佛像、矢、与愿印,左四臂弓、期克印与羂索、施无畏手、满瓶,居佛塔内,额上印毗卢遮那",转引自刘永增:《敦煌石窟尊胜佛母曼荼罗图像解说》,《故宫博物院院刊》2013年第4期,第33页。又因为彦贲赵兴明为亡母所造墓幢上的尊胜佛母,头冠正中则刻有摩尼宝珠;而玉局寺出土的尊胜佛母,亦顶严五股金刚杵。据《造像度量经续补》可知,顶严五股金刚杵或摩尼宝珠即具五部之义,见《大正藏》,卷21,第949页上,这表明大理国时的此尊胜佛母应与金刚界五方佛有关。在丽江城北玉龙山下的岩脚村火葬墓地发现一块明嘉靖悼杨氏的残碑,其中云:"南无总时(持),密王尊胜,佛母相会",见田怀清:《略论白族对尊胜佛母的信仰》,载大理白族自治州博物馆编:《大理考古与白族研究——田怀清文集》,昆明:云南人民出版社,2013年,第168页。"密王"即是指密教教主大日如来,这里显然告诉我们在大理一带,尊胜佛母被视为大日如来的化身。这也与大理国时期尊胜佛母顶严五股金刚杵和冠内刻摩尼宝珠相吻合,且能从早期唐代经典中"大日如来智印印之""以大日如来智印印之"等经文中找到一定的关联依据。

佛"。但第8窟中尊胜佛母和六臂观音的主尊却是作说法印的释迦佛。[1]这种组合在相关的尊胜经典中无法完全找到对应，可能是受到了自唐代佛陀波利译出《佛顶尊胜陀罗尼经》（下简称"佛陀波利译本"）后所一直广为流传的佛顶尊胜信仰和宋时法天译本的双重影响，是大理国在此基础上进行的具有一定本土特色的创造。

（一）以释迦佛为主尊延循的是早期佛陀波利的佛顶尊胜系统

佛陀波利译本是最早，也是流传最广，持诵最多的佛顶尊胜译本。该经讲的是善住天子在得知自己七日后命将绝，并将"受地狱苦"等而心生怖畏，故向天帝释求法度救，帝释往诣世尊（释迦佛）处求法，世尊则宣说佛顶尊胜陀罗尼，并嘱其将此陀罗尼传授于善住天子。[2]因此，在佛陀波利译本中，是以世尊释迦佛说法为中心构架。

此后关于佛顶尊胜信仰的数本经典基本上都是沿循的此叙事版本，如唐杜行顗译《佛顶尊胜陀罗尼经》（下简称"杜行顗译本"）、地婆诃罗译《佛顶尊胜陀罗尼经》（下简称"地婆诃罗译本"）和《最胜佛顶陀罗尼净除业障咒经》以及义净译《佛说佛顶尊胜陀罗尼经》等。只是到了法天译本中说法的主尊从释迦佛变为由"观音"奉请"无量寿佛"。但法天译本的主体思想以及内容仍然和佛陀波利译本一脉相承，也就是说法天译本也是在佛陀波利译本的基础发展而来的。不过，法天译本相较于尚处于早期密教阶段的佛陀波利译本而言，前者已属于后期密教的密法。第8窟中这组造像，以作说法印的释迦佛为主尊则表示这一点还是沿循的早期佛陀波利所译的佛顶尊胜系统。

（二）观音与尊胜佛母相配并"形象化"则始自法天译本，该经是配置依据

在佛顶尊胜信仰中，当以释迦佛为主尊时，只有杜行顗译本和地婆诃罗译本经首中提到观世音菩萨前来听法。[3]然而，根据经文，观世音菩萨也只是作为前来听法的"三万二千菩萨摩诃萨众"上首之一出现在经首而已，并非经文突出的主要参与者；并且其后经文所述内容与佛陀波利译本中的一致，主要还是围绕善住天子、帝释和释迦宣说佛顶尊胜陀罗尼而展开。那么，依佛陀波利所译佛顶尊胜系统一系，尚不足以将观音突出，和尊胜佛母并列而置。对比经文，只有到了法天译本中，观音才贯穿整篇经文，其地位得以加重，且作为经文的主要参与者与佛顶尊胜陀罗尼以及尊胜佛母建立起紧密的联系。

因此，将观音和尊胜佛母的形象并列而置，至早不会早于宋代。敦煌石窟中的尊胜佛

---

[1] 虽然阿弥陀佛九印之中品印相又称为说法印，其中中品上生印即是拇指与食指相拈，作说法印状，但其为双手当胸，掌心向外作印。而该处主尊单手结印，且非向外结印，是典型的释迦说法印。

[2] 《大正藏》，卷19，第350页上—351页上。

[3] 《大正藏》，卷19，第353页上、355页中、357页下。

母曼荼罗也都是西夏、元时期的作品。虽然唐代以来,佛顶尊胜信仰中"度亡""破地狱"的思想使信众常将《佛顶尊胜陀罗尼经》或尊胜咒,与《心经》及其密咒、《大悲咒》等合刻在佛顶尊胜陀罗尼经幢或墓幢上,但将观音和佛顶尊胜"具象化"并置,却应该出现在法天译本之后。

因为法天译本对佛顶尊胜信仰最大的发展就是规述了尊胜佛母的形象,使单纯的陀罗尼信仰发展成对具体的尊胜佛母的信仰,并且将观音菩萨、金刚手菩萨以及四大明王规述在尊胜佛母的两侧。这是观音菩萨与尊胜佛母最具直接性关联的叙述,但是法天译本中通篇并没有对观音菩萨的仪轨作出类似尊胜佛母一样的详尽规述,只云"手执白拂"。榆林窟第3窟南壁东侧和东千佛洞第2窟东壁北侧尊胜佛母曼荼罗中,基本上即是依该经所述来配置尊胜佛母和观音菩萨以及金刚手菩萨等。

然而,在东千佛洞第7窟中心柱东向面的尊胜佛母曼荼罗中,尊胜佛母的两侧没有画观音菩萨和金刚手菩萨,和莫高窟第465窟西天井中的一样,出现了"一佛二胁侍"的组合——中间主尊是无量寿佛,左侧是十一面观音,右侧是尊胜佛母。根据主尊的身份可判析,这种配置亦与法天译本的译出相关。不过相对于观音和金刚手二菩萨作为尊胜佛母的胁侍而立于两侧,这种将观音与尊胜佛母左右对称并列,且安排在主尊无量寿两侧的形式则更类似于第8窟中释迦、尊胜佛母和六臂观音的组合,所不同的只是主尊的身份,及相配合的密教观音的形象。但无论是哪一种形式的观音,在法天译本中均未有规述,这也给不同地区画师的创作让出了自由发挥的空间。

（三）是早期《佛顶尊胜陀罗尼经》系统和后期法天译经系统的融合

概而论之,第8窟"一佛二胁侍"的组合造像是由唐至宋尊胜佛母信仰的融合。其中将释迦佛作为尊胜佛母的主尊,是沿循的佛陀波利译本系统;而将尊胜佛母和观音组合在一起,作为胁侍立于两侧的配置,则依据的是法天译本——只是第8窟中"一佛二胁侍"的主尊不是无量寿佛,依旧是释迦佛。

三、"一佛二胁侍"中观音托钵、持柳枝的仪轨

与大理地区流行的四臂尊胜佛母一样,与之配置的六臂观音也颇为独特,主要在于持物中以钵与柳枝相配对。虽然唐苏嚩译《千光眼观自在菩萨秘密法经》中有记载"……当画宝钵观自在菩萨像……但二手当脐上持宝钵,即成已"。[1]但并没有提到钵与柳枝

---

[1]《大正藏》,卷20,第121页下。

的搭配；而且观音最流行的是净瓶与柳枝的组合。不过这种仪轨的观音在大理国却时常出现。这种样式的观音我们目前没有发现其明确的经典文本依据。[1]但具体问题具体分析，就第8窟中与尊胜佛母相匹配的六臂观音而言，笔者认为其中托"钵"、持柳枝的形象与法天译本中所规述的相关法事仪式有关。同时我们进一步认为，在看待此处观音托钵、持柳枝的问题时，不能忽视两个问题：一、宋时佛教在汉地发展的一个背景，即宋代忏仪佛教的兴起对法天译本和观音托钵，持柳枝含义的影响；二、第8窟的整体性质，实际上它是一个具有实用功能的经忏道场窟，主要关注着"现世"和"身后"的利益。

那么，在讨论这一问题前，我们有必要先概略地了解一下宋时汉地佛教发展的一个新趋势——忏仪佛教的兴起。

（一）宋代忏仪佛教与佛顶尊胜信仰

1. 唐宋之际忏仪佛教逐渐兴起，其显著特征是吸收了浓厚的观音信仰

唐宋时期，佛教在汉地的发展出现了世俗化的倾向，佛教经忏信仰兴起，日臻完备，规模巨大的水陆道场逐渐形成。尤其至宋时集成了一批体系完备，但至今仍散逸在历代《大藏经》之外的经忏道场仪轨（下简称"道场仪"）。这种经忏信仰被方广锠先生称之为"忏仪佛教""信仰性佛教"。方氏指出这种忏仪佛教以"功德思想与他力拯救为基础，以汉译典籍中的信仰性论述及中国人撰著乃至诸多疑伪经为依据，以追求现世利益及逃避地狱惩罚为主要目标"，且"大规模法事仪轨的出现，是我国信仰性佛教由配角走上前台的重要标志。"[2]可以说，至宋时经忏信仰已十分流行，标志着忏仪佛教的成熟。这也是唐宋以降佛教形态在汉地发展的一大主流。

忏仪佛教在发展的过程中"以方便为究竟"，不断融合世俗需求，主动汲取道教及民间等信仰。但作为佛教的一种形态，其最显见、最重要的特征之一还是在于忏仪佛教中广泛吸纳了浓厚的观音信仰。[3]这一方面是因为观音在现世中救苦救难，深受民众崇拜；

---

[1] 但从图像上看，这种托钵并持柳枝的观音样式来自巴蜀地区。巴蜀地区该类观音造像端绪于唐、五代，但集中出现在12世纪中叶前，并形成二臂和六臂两种样式；大理国则在12世纪中叶往后出现这种持物配对的观音造像，且显示出明显的唐宋巴蜀造像遗风。参见黄璜：《大理、巴蜀地区观音托钵并持柳枝图像关系考释——兼论"钵"与"净瓶"在大理国礼忏图像中的意蕴分野》，《中国美术研究》第41辑，上海书画出版社，2022年。

[2] 方广锠撰《序》，载侯冲著：《云南阿吒力教经典研究》，北京：中国书籍出版社，2008年，第5，7页。

[3] 例如属地藏科的，由北宋释元照集：《地藏慈悲救苦荐福利生道场仪·密教卷》中述有《大明神咒经》，即《般若心经》；后又"诵大悲咒"，附咒文；北宋"眉阳慧觉寺长讲沙门祖照"集《楞严解冤释结道场仪·提纲卷》，属楞严科，其中同样书写《摩诃般若波罗蜜多大明神咒经》及"梵语心经"，见方广锠主编：《藏外佛教文献》，第六辑，北京：宗教文化出版社，1998年，第289—291页、157—158页、162—163页。另外，还有属药师科的：《佛说消灾延寿药师灌顶章句仪》，在进行"药师胜会"时，亦要"加持直字梵语心经陀罗尼"等，见方广锠主编《藏外佛教文献》，第七辑，北京：宗教文化出版社，2000年，第11页。至于北宋成都府教授侯溥集《圆通三慧大斋道场仪》，本身就是观音科仪，自勿需赘言，见方广锠主编：《藏外佛教文献》，总第十二辑，北京：（转下页）

另一方面又因为观音作为"西方三圣"之一,同时也有济度亡灵、往生极乐的功德。可见对观音的崇拜不仅可以"追求现世利益",又能"逃避地狱惩罚",获得"他力拯救"。宋时集成的大批道场仪,大多又都含有度亡荐福的目的,因此在这些世俗性的道场仪中观音信仰成为了其中一个十分重要,且不可或缺的共同因素,同时也表明至少至宋时观音信仰已完全被融合到经忏信仰这一忏仪佛教的信仰形态中去了。

现在,如果我们注意到宋时这一佛教发展背景的话,再来审视法天译本和佛顶尊胜信仰,或许就会有新的认识。

2. 法天译本正是在汉地忏仪佛教作兴的大环境下译出,受其影响,突出观音在经中的分量

法天译本出世时,正值中国汉地忏仪佛教兴起的时期。在这样的信仰形态的风潮下,法天译本虽然不是专门根据尊胜佛母信仰撰成的道场仪,但作为一种追求现世利益、济度亡魂,以及"逃避地狱惩罚",祈求往生净土的佛顶尊胜信仰而言,其必然也受到彼时汉地大兴的佛教经忏信仰之形态的影响。对此显见的表征至少可上循到五代(10世纪),彼时在佛顶尊胜陀罗尼经幢上就开始出现了七字一句的"启请文"。其中的"启请""奉请""稽首归命""称扬""回施法界"等都是道场仪中常用的术词。这种七律"启请文"就是道场仪中常见且必不可少的偈颂。如前晋天祐十二年(915)东岳庙尊胜经幢中刻有偈颂,如下:

佛顶尊胜陀罗尼真言

稽首归命十方佛,真如海藏甘露门。 三 宝 十 圣应真僧,请□□□□□护。念希总持秘密教,能发圆明广大心。我今随分略称扬, 回 施 法 界诸含识。

大兴善寺三藏沙门大广智不空奉敕译,经不具录。……□□□□□广赞扬。

诸神名

天翁、地母、天齐王、盖国大师、华岳三郎君、阎罗天子、左丞右相、天曹……灶君、中岳嵩高郎君、北岳恒杨五郎、□判官、泰山主簿……风伯、雨师……仙家部队、□净

(接上页)中国人民大学出版社,2008年。西夏时期在进行法会时也要奉请《般若心经》等,不赘述,见史金波著:《西夏佛教史略》,银川:宁夏人民出版社,1988年,第41页。实际上,根据北宋《水陆缘起》中所引杨锷的话可知,忏仪、法会发愿文中经常出现的"大明神咒经""般若心经"本身就是一种经忏仪文,见《续藏经》,57册,第115页上。此外,在水陆法会中,"焰口施食"颇为风行。"焰口施食"其实就是出自观音"甘露施饿鬼",大理国《广施无遮道场仪》中即有"甘露洒时除热恼,密言宣召获清凉。食充鬼魅饿虚苦,物献佛身相好光""八万四千饿鬼……咽喉开通,气形端净。各乘甘露之法食,同开六道之业门"的偈颂,见《藏外佛教文献》,第六辑,第365、368页。从上述可见,经忏信仰,或叫忏仪佛教的一大特质就是蕴含了浓厚的观音信仰,其不仅成为宋时汉地佛教的一大特色,同时与汉地毗邻,自始至终都与之保持着密切的宗教文化交流的少数民族地区也深受影响,法会兴盛。

尊师、六蕃王。

　　天祐十二年岁次乙亥八月巳丑朔二十五日癸丑建立庙宇及塑仪并造幢……[1]

　　在此尊胜经幢中，除了偈颂之外，还刻有"诸神名"，皆是道教和民间信仰的神祇。从中可以看出，经幢所刻内容堪称是一个"水陆道场"启请。佛顶尊胜信仰开始与佛教的经忏信仰相糅合。

　　在宋雍熙四年(987)李恕尊胜石幢中不但有"佛顶尊胜陀罗尼启请"文，同时还有关于观音信仰的"□□大悲陀罗尼□□□□启请"文。如下：

　　　佛顶尊胜陀罗尼启请

　　　奉请尊胜三千主，慈悲广大金色身。……若能一念至皈心，八方圣众皆来助。……我今讽念佛真言，一心皈依尊胜主。

　　　(以上启请共五行，下为陀罗尼咒，共十四行，内主佛菩萨号，最多不俱录)

　　　□□大悲陀罗尼□□□□启请

　　　□□□□自在□，大圆□□全容□。……共是化人大菩萨。眼中长圣大悲愿。力不思□是□□。

　　　以上启请共三行，字多残缺，下为大悲咒，共六行半……不具录。佛说般若波罗密多心经。以上接大悲咒……下为心经共六行，中无注，不具录……

　　　时大宋雍熙四年丁亥岁四月二十日赵郡西祖李恕自书，男绍宗，石匠薛璘[2]

　　虽然佛顶尊胜陀罗尼和大悲陀罗尼在唐时就已经配合出现在经幢上，但那只是咒文的组合，还没有形成一种经忏行文。李恕尊胜石幢可以看成是将佛顶尊胜与观音信仰相配用的现象结合到经忏行文中，或叫以经忏行文形式表述的例证。这不是说这种现象的直接源头是出自经忏信仰的影响，而是说宋时这种现象被吸收到了忏仪佛教的形态中。"启请文"在佛顶尊胜陀罗尼经幢中的出现正值五代之际，此时正是世俗性的忏仪佛教快速发展的时期。更重要的是"启请文"的出现与法天(？—1001)译出是经的时间也相近不远！法天于宋开宝六年(973)来华，译出此经也就是10世纪晚期的事。也就是说在法

─────────

〔1〕(清)段松苓：《益都金石记》卷二，载新文丰出版公司编：《石刻史料新编》，第一辑第二十册，台北：新文丰出版公司印行，1982年，第14840—14841页。"天祐"为唐昭宗、唐哀帝时期的年号，总共仅用四年。唐亡后，晋王李克用父子的"前晋"政权沿用"天祐"年号，直至其子李存勖于天祐二十年(923)称帝建立"后唐"，遂改元"同光"。在宋开宝四年(971)宏正大师遗界记石幢中亦有"佛顶尊胜真言启请"文，该启请文类似于东岳庙尊胜经幢中偈颂，该引段中的框内补字即按之补录，见《益都金石记》卷二，第14846页。

〔2〕见《益都金石记》卷二，第14847页。

天译本出现之前,启请文以及水陆中所请的众神祇就已出现在佛顶尊胜陀罗尼经幢上了。据上述材料可合理推论,在这种社会信仰的大环境下,至法天再译尊胜经时难免会受到,或迎合忏仪佛教这一信仰形态的影响和需求,从而观音的分量在经中得以重点突出——这应该就是为什么与佛陀波利等诸译本一样都是强调佛顶尊胜信仰,但法天译本则刻意加强了观音在经中的地位,将其和佛顶尊胜陀罗尼,以及尊胜佛母信仰直接紧密衔接起来的一大时空背景和原因之一。

(二)法天译本及观音手中的"钵"和"柳枝"与道场仪中的"洒净"仪式

1. 法天译本中"钵"和"柳枝"常见于道场仪的歌赞中,用于经忏法事中的"洒净"仪式

法天译本除了规述了尊胜佛母的图像仪轨外,经中还规范了一系列的作法仪式,如曰:

> ……作四方曼拏罗。以白花散上,燃酥灯四盏安坛四隅。焚沉香、乳香,满钵盛阏伽水。复用白花作鬘,以此总持或安塔中,或功德像中安于坛上。持诵之人以左手按坛,右手持数珠。一日三时诵此总持二十一遍……能消诸病,延寿百年。解诸冤结得妙音声……生生得宿命神通。若将前加持净水,洒于王宫及自舍宅,乃至牛马等所住之处,速得去除罗刹、龙蛇之难。……。若有病苦,以水洒顶,永得消除一切重病。如是无量赞大总持,如所作必得成就。复用柳枝以此总持加持二十一遍,即将揩齿获得无病,聪明长寿。[1]

引段中有"建坛"("作四方曼荼罗",即建立道场)、"散花"、"燃灯"、"焚香"、"洒净"、"安像"、"持珠"、"诵咒"、"赞叹"等一系列法事仪式。站在上述背景下再来审视这些经文,这本质上就已是出于尊胜佛母信仰而举行的一个简略的经忏法事仪式;且经文中明确出现了"钵"和"柳枝"两种法事用器。经文表明,"钵"是用于满"盛阏伽水","柳枝"用于一系列"洒净"的仪式。这种"洒净"实际上就等同于在经忏道场中"广洒法水"这一必不可少的重要的仪式;[2]且"钵"和"柳枝"也常见于包括大理国在内的宋代不同道场仪的歌赞中,是其中常见的法器,用于"洒净"道场和"众身"。[3]

---

[1]《大正藏》,卷19,第408页中。

[2] 广洒"法水"即是广洒"甘露水"。《地藏慈悲救苦荐福利生道场仪》中云:"法事所务,咒水为先。凭杖伽陀,即成甘露",见《藏外佛教文献》,第六辑,第230页。因此,广洒"甘露"是举办经忏法会最重要的仪式之一。

[3] 如"一钵寒泉,蠲除热恼,功疏不可量。……霁法雨,杨枝洒处,遍满坛场",见同上,第163、231页;及"普为众等,行洒露水:愿以一切佛神力,加护钵中功德水。令如甘露遍十方,普洒众身获清凉",见方广锠主编:《藏外佛教文献》,总第十六辑,北京:中国人民大学出版社,2011年,第35页。

2. 第8窟是经忏道场窟，"一佛二胁侍"中观音托"钵"、持"柳枝"表达的即是这种洒净仪式的含义

根据经典可知，信奉尊胜佛母，书写、持诵、供养佛顶尊胜陀罗尼能够救拔饿鬼、济度亡灵、往生净土。同时也能满足现世的诉求，如祛病消灾、延寿增益、增长智慧、解冤释结等，具有很明显的世俗经忏性质。[1]第8窟除了刻有释迦、观音和尊胜佛母的组合造像和象征"生"的"女阴"外[2]，在主窟左内壁"一佛二胁侍"对称的右内壁上又刻着一铺可司掌"身后"的"西方三圣"和地藏菩萨，而在下层正前方还雕有用以礼拜忏悔的石"蒲团"（图3-3-8），不难看出整个第8窟实际营造的即是一个经忏道场窟，主要承载的就是度亡、荐福的世俗功能。[3]在这样一个实用性质的凿窟目下，其观音托钵，持柳枝的义蕴就可以结合上引法天译本中规述的仪式做出解释——与尊胜佛母相配的六臂观音手中托钵并持柳枝应该就是表示"满钵盛阏伽水""复用柳枝以此总持加持……"等上述相关仪式，也就是说其喻示的是在道场中洒净的含义。

虽然经中仪式皆与"观音"无涉，是举行法事时由信众和道场僧所执行的道场仪式。但由于自南诏至大理国时期，大理地区的观音信仰本身就甚为兴盛，可以说是自王室至平民都极为崇奉的全民信仰，且经忏法事中观音信仰又较为浓厚，受其影响，在石窟造像中，工匠将这种与佛顶尊胜信仰相关的"满钵盛阏伽水""加持净水""若有病苦，以水洒顶""复用'柳枝'以此总持加持……"等一系列仪式完全转嫁由观音来表现，以此实现经

---

〔1〕 从法天译本引段可知，设道场供奉尊胜佛母，并作诸仪式等，其现实功德都不外乎作经忏道场仪的范畴。正如《楞严解冤释结道场仪》有云："非唯解冤释结，抑亦罪愆消灭。可以祝于星天，可以崇于福寿，可以荐严先祖，可以资益群，可以禳于刀兵，可以却于冤敌，可以祈于后嗣，可以保于孕娠。不论吉意凶情，一一可皆修设"，见《藏外佛教文献》，第六辑，第37页。

〔2〕 云南大学李东红教授对该窟题记重新进行了释读，指出其大意即是大理国的上士布燮（相当于宰相），名叫某天王员的官员捐资供养观世音菩萨像。同时李氏结合佛教密宗义理和大理白族地区相沿千年的民俗，敏锐地指出佛教信仰和民间习俗不应割裂对待，窟中所凿女根实际上就是观音的化身，是观音诸相中的"一相"，其形为"女根"，象征"生产"，见《剑川石窟和白族的信仰民俗》，第138—139页。

〔3〕 李东红教授也指出剑川及其周边白族地区的新婚夫妇，尤其是久婚不育的夫妇会到这里来膜拜祈子。通常在"经母"等神职人员的引领下，进行祭拜与请愿。仪式一般有"上香、诵经、念咒、跪拜、请愿、许愿"等等，见《剑川石窟和白族的信仰民俗》，第139页。由此也可见，该窟至今保持着其世俗的实用功能。该窟题记中有"观世音者法法无相，渡四生，而方便法师忙忙无形于有情"，以及"……福田无穷，子孙世世……生生无尽后"等内容，其"渡四生""法师""子孙……无尽后"等文字也透露出该窟是可做法事的经忏道场窟，在荐福（祈求子孙昌茂）的同时，也可承担度亡（渡四生）的诉求。同时，"一佛二胁侍"造像的莲座下，及其龛沿处的云纹与四川石篆山石刻中所见云纹类似，而石篆山石刻则被认为是中国佛教水陆法会石刻造像的早期遗迹，这些细节表现的正是诸圣置身于云烟缭绕中的形态。且"二胁侍"颇具动感的"拖尾纹"样式的身光，与石篆山石刻造像头顶后的"拖尾云纹"亦有异曲同工之效——从下仰视该窟时，使人感觉诸圣云临高空，是从遥远的太空受请降临道场。关于石篆山石刻及其"龛沿云纹"和"拖尾云纹"含义的研究，参见侯冲：《石篆山石刻——雕在石头上的水陆画》，载大足石刻研究院编：《2009年中国重庆大足石刻国际学术研讨会论文集》，重庆出版社，2012年。

图3-3-8　第8窟用于忏悔礼拜的"蒲团"

中所言"消病延寿""解冤释结""获得智能""禳灾去难"等现实诉求。而四臂尊胜佛母的职责则转为专门负责济度亡魂,追荐冥福——也就是说二者有了明确的分工,观音负责现世利益的需求,而尊胜佛母专司度亡。

四、结　语

第8窟释迦、观音和尊胜佛母的造像组合融合了自唐佛陀波利至宋法天传播的佛顶尊胜信仰,说明该二类译经都经汉地传入了大理国。同时大理国的僧侣和工匠也没有完全囿于经典,出现了具有大理地区信仰特色的尊胜佛母的形象,且一直流传至元明时期。

宋代法天译本首次将佛顶尊胜陀罗尼信仰具象化,同时还受到了彼时发展成熟的世俗化的忏仪佛教的影响:[1]一者,在这一度亡的信仰中着重加强了观音的参与度;二者,

---

〔1〕 此外,该窟"一佛二胁侍"造像中的座下"禅定僧",亦多次出现在石钟寺石窟和《梵像卷》的相关造像中。之前有学者提到可能是"替身僧",笔者认为或有道理。这种替身僧即具有世俗性质的"门僧"之流,当然这是另一个值得专文探讨的问题。

经中规述的一些仪式，实际就等同于简略的经忏法事仪轨。宋时这一忏仪佛教的信仰形态也浸淫到了与之毗邻的，且一直都保持着密切文化往来的少数民族地区——第8窟即是一个用于经忏礼拜的功能窟，其中与尊胜佛母配对的六臂观音，一手托钵，一手持柳枝，就是提炼于经中的这种法事仪式。

同时，该窟中二胁侍分工明确，观音悲悯现世，尊胜佛母专心世人"身后事"。这种四臂尊胜佛母虽然形式上与《成就法鬘》中的尊胜佛母"额上印毗卢遮那"类似，亦首顶大日如来，但该尊胜佛母大量出现在墓碑、经幢上，则显然仍侧重于度亡这一现实功用。[1] 其主要被赋予的是"逃避地狱惩罚"，追求逝者冥福的世俗功德，是一种非常直白的出于世俗"功利"思想的信仰仪式，而非如《成就法鬘》一般，为了追求成就，用于密续修行。[2]

---

〔1〕 新近有学者认为大理国的这种一面四臂尊胜佛母可能是受到苏利亚笈多（出生于克什米尔地区）于公元7到8世纪传入西藏（但并未十分流行），而实例主要出现在14、15世纪及其以后汉藏地区的二十一度母中的部分度母样式的影响（尤其指的是顶上合十的样式），但胸前合十的样式则是汉地诸佛、菩萨造像中的常见样式。大理尊胜佛母图像的形成和长期流传是汉地尊胜陀罗尼信仰、西藏度母视觉艺术和本民族原始宗教中阴性崇拜共同作用的结果。见张珂璇：《大理地区佛顶尊胜佛母图像研究》，《荣宝斋》2023年第9期，第80—87页。
〔2〕 有学者指出诸如《成就法鬘》中的尊胜佛母"额上印毗卢遮那"，其目的不同于法天译本"乌瑟腻沙最胜总持法门"，是要瑜伽行者绘制尊胜佛母并对其作观想礼仪、护摩法，求证金刚乘之菩提，见《敦煌石窟尊胜佛母曼荼罗图像解说》，第35页。

第四节 《诸佛菩萨金刚等启请》与唐密在大理国的传播

　　《诸佛菩萨金刚等启请》(下称《启请》)是大理国时期的密教仪式文本,其中记述了佛、菩萨、金刚(明王)等几十种尊圣的启请次第。经过录文、整理发现,《启请》中的绝大部分次第内容与汉地密教经轨有关。尤其通过对比与不空所传教法相关的经轨,显示出《启请》受不空所传金刚界教法的影响至深,说明了《启请》与唐代密教文献有着深厚的渊源关系,从而折射出唐密在大理国的遗存。通过对《启请》的研究,进一步说明了大理国密教主体上属于汉地密教在云南的传播,是汉地密教经轨在大理国的流传和演绎,其主体是中国中古时期汉地密教的一个流脉。

一、前　言

　　关于大理密教的性质,一直以来,众说纷纭,有认为直接承自印度,有认为源自汉地,还有人认为来自吐蕃。多年以来,侯冲搜集、整理并考据了大量从早期到明清时期的大理文献资料,并在此基础上对南诏大理国佛画和石窟造像等展开研究,说明了大理佛教"受中原汉传佛教的影响甚大"。[1]

　　我们基本认同侯氏的观点。这样的认同是建立在对"新材料"大理国密教仪轨《启请》的录文和整理之上的。[2]以此为基础,通过对《启请》的具体研究,可以展现出唐

---

〔1〕 侯冲:《云南与巴蜀佛教研究论稿》,北京:宗教文化出版社,2006年,第83页。

〔2〕 所谓"新材料",并非指时间属性上的"新",而是指自发现后,笔者首次对其进行系统校录,并整理出"可靠文本",因此是这层意义上的"新"。实际上,《启请》是1956年在大理凤仪北汤天董氏宗祠发现的一大批写经中的一份密教启请仪轨,发现时已有佚失,所存残阙,后经装裱又有错简和脱文。根据卷末题记,《启请》为保天八年(1136)的大理国写经,汉梵相杂。现绝大部分藏于云南省博物馆,另有残叶五张藏于云南省图书馆。由于各种原因,自发现以来,长期被束之高阁,详情未为人知。直到2008年出版的《大理丛书·大藏经篇》,收入了《启请》的影印本,但影印质量不高,清晰度不够,且印刷时又修过版,删除了一些重要信息,未能忠实反映（转下页）

宋时期汉地密教在大理国的流布。而且由于五代两次大规模的"法难"，以及"宋挥玉斧"的国策，使得大理国密教又尤其与"会昌法难"前的唐代密教关系密切，是彼时唐密在大理国的遗存。这无疑进一步佐证了大理国密教主体上讲是汉地密教流脉的认知。

就此问题，下文拟根据"新材料"《启请》中的相关次第，结合唐本文献进一步展开探讨，以此说明唐密对大理国密教的影响。但"唐密"内涵广泛，所涉《启请》的内容亦为丰富。囿于篇幅，在此主要选取部分与不空（705—774）所传教法相关的经轨作为主要勘比对象，以此来讨论这一问题。不空作为"开元三大士"之一，在唐代礼遇三朝，在华译经弘密也最为突出，影响最为深远，通过将《启请》中的相关内容和部分与不空所传教法相关的经轨进行对比，无疑可以反映出大理国密教与唐密的源流关系。

二、本节所涉次第教法及与不空所传教法相关的经轨

不空师承金刚智，传译经轨众多。但从所传密法上讲是以金刚界教法为主，其中以金刚乘瑜伽密教为核心，辅之以持明教法和经法部，以及陀罗尼、胎藏部密教。[1]结合《启请》中佛、菩萨、金刚三部，本节主要选取其中与不空所传的"金刚顶系教法""经法系经轨""持明教法""天王明王（金刚）法""瑜伽观想法"，以及"金刚界五方佛种子字"等相关的内容加以说明。

本节所涉次第及内容有：

（一）金刚顶系：毗卢遮那三摩地法、莲花部陀诃嘌摩法、大悲观世音法、普贤金刚萨埵法、延寿命护摩法。

（二）持明教法：波嘌那社噂梨佛母法。

（三）经法系：护国法、阿弥陀法。

（四）天王、忿怒明王（金刚）法：摩利支天法、降三世明王法、蘖路茶王法。

（接上页）原卷面貌，从而影响了其学术价值。故不能将影印本作为录文、整理和研究的基础。承蒙侯冲惠赠全部清晰彩色照片，笔者得以对《启请》开展全面的校录和整理，目前整理出至少48种启请次第。具体次第目录不赘述，大致可参见侯冲《大理国写经研究》一文（侯冲：《大理国写经研究》，《民族学报》第四辑，北京：民族出版社，2006年，第14—54页）。但经笔者梳理后，次第顺序有调整，且较之多出"白盖如来启请次第""莲花部陀诃嘌摩启请次第""婆苏陀罗佛母启请次第""蘖路茶王启请次第""阿弥陀佛内净外静启请次第""不空成就佛启请次第""灯请十王斋搠延寿命火食次第""□……□请次第_{地轮灯道场内用,其}"等次第。

〔1〕 参见吕建福：《中国密教史》（修订本），北京：中国社会科学出版社，1995年（2011年修订），第354页。

（五）瑜伽观想法：发菩提心和月轮观。

（六）金刚界五方佛种子字：a hūṃ trāṃ hrīḥ aḥ

本节所涉与不空所传教法相关的经轨主要有：

（一）《金刚顶经瑜伽修习毗卢遮那三摩地法》

（二）《金刚顶莲华部心念诵仪轨》（下简称《莲华部心念诵仪》）

（三）《金刚顶瑜伽千手千眼观自在菩萨修行仪轨经卷》（下简称《金刚顶千手千眼观自在菩萨修行仪》）

（四）《普贤金刚萨埵略瑜伽念诵仪轨》（下简称《普贤念诵仪》）

（五）《金刚寿命陀罗尼念诵法》（下简称《念诵法》）

（六）《金刚顶一切如来真实摄大乘现证大教王经》（下简称《真实摄经》）

（七）《金刚顶发菩提心论》

（八）《叶衣观自在菩萨经》

（九）《仁王般若经陀罗尼念诵仪轨》（下简称《仁王念诵仪》）

（十）《无量寿如来观行供养仪轨》（下简称《无量寿观行供养仪》）

（十一）《佛说摩利支天经》

（十二）《圣贺野纥哩缚大威怒王立成大神验供养仪轨法品》（下简称《圣贺野纥哩缚念诵轨》）

（十三）《萨路荼王经》

三、《启请》中的"金刚顶"系教法

（一）毗卢遮那三摩地法：毗卢遮那修习启请次第^{金刚顶瑜伽毗卢遮那三摩地法 摄颂}与金刚智译，不空笔受《金刚顶经瑜伽修习毗卢遮那三摩地法》

该次第首尾全。次第名有附文言"金刚顶瑜伽毗卢遮那三摩地法 摄颂"（图3-4-1），这告诉我们该次第是依据《金刚顶瑜伽毗卢遮那三摩地法》而撰成。

查阅《大正藏》，在日僧空海东渡求法目录《御请来目录》中载该经为不空所译。[1] 但查阅《二十二种大藏经通检》，不见该经。只检索到相近的经名，即金刚智译《金刚顶经瑜伽修习毗卢遮那三摩地法》（后称金刚智译本），收入《房山石经》《碛砂藏》《丽藏》、

---

[1]《大正藏》，第55册，第1062页中。

《嘉兴藏》《大正藏》等。[1]再查《续开元释教录》，知其为金刚智译，不空笔受。[2]由此来看，《金刚顶瑜伽毗卢遮那三摩地法》与金刚智译本是指同一经。日本学者川崎一洋对该次第作过初步的对比研究，认为该次第是根据金刚智译本编纂而成，属于《真实摄经》系统的行法次第，由此可见大理国时期唐密在云南的传播和影响。[3]经对比，该次第近乎通篇与金刚智译本高度对应。不空事师金刚智，所传瑜伽密教最基本的密教思想与金刚智所传一致，只是范围及内容有所扩大。[4]这从该次第中将阿字观、瑜伽月轮观和发菩提心融合一体就能看出。金刚智译本中讲究月轮观和证菩提心，其所传金刚界密法亦重视将发证菩提心与月轮观相结合。但在不空所传密教思想体系里，则又进一步发展成为以阿字起义的"阿字月轮观"。这一点正表现在以金刚智译本为据本的该次第中，且该次第中不太习见的五方佛种子字也在不空所传金刚顶系经轨中找到依据，[5]故而鉴于不空与金刚智在教法上的传承及该次第中对不空所传教法的直接体现，本节亦将该次第作为与不空所传教法相关的内容列出，并再做略究。

1. 该次第内容和金刚智译本（不空笔受）的比对

该次第篇幅较为冗长，为便于说明，笔者拟节录该次第前半部分和后半部分的内容，将其与金刚智译本对照，以兹示例。如下：

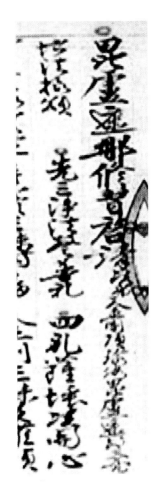

图3-4-1 毗卢遮那修习启请次第附文

[1] 童玮编：《二十二种大藏经通检》，北京：中华书局，1997年，第353页。

[2] "金刚顶经瑜伽修习毗卢遮那三摩地法一卷，一十五纸；千手千眼观世音菩萨大身咒本一卷，二纸；千手千眼观自在菩萨广大圆满无碍大悲心陀罗尼咒本一卷，三纸；不动使者陀罗尼秘密法一卷，一十一纸。右四部共四卷，南天竺国三藏沙门跋日啰菩提（唐言金刚智）译，沙门智藏笔受。智藏后从号改名阿目佉跋折罗（唐言不空金刚）或单名不空。其有智藏笔受者，并编入大历目中。"（《大正藏》，第55册，第748页下）

[3] 该文最后还指出"毗卢遮那修习启请次第"亦非绝对地照搬《三摩地法》的内容，而是在此基础上，加以变化，将内容逐步展开，从而形成了云南当地的密教行法方式。同时，认为虽然唐密是日本密教的源流，但中原反复的战乱、灭佛，唐代密教传统已经断灭。在云南发现的这些材料对于了解唐代密教的实际情况，以及唐代之后密教的发展情况，具有一定的指导意义。参见川崎一洋「『諸仏菩薩金剛等啓請』所収の『毘盧遮那修習啓請次第』について」，『密教図像』28，平成二十一年（2009），第46—47页。

[4] 参见《中国密教史》（修订本），第354页。

[5] 关于这两点，后文单独详述。

表3-4-1

出处 序号	毗卢遮那修习启请次第	金刚顶经瑜伽修习毗卢遮那三摩地法
1	先请佛发愿。	"归命毗卢遮那佛"文（配诵真言）[1]
2	次三金刚守护。	
3	次净法界。	"归命毗卢遮那佛"文末言"先佛圣仙所游处，种种胜地或山间。建立精室布轮坛，香泥涂拭为尊位。灯明阏伽皆布列，妙花散地以庄严。为令众生器世间，纯一净妙为佛土。以此自他清净句，应理思惟密称诵。真言曰：唵萨嚩二合婆嚩二合戌陀萨婆达摩萨嚩二合婆嚩二合戌度铪"
4	次警觉咒印。	次应运心遍法界，尘刹佛海满虚空。吽字种子加三业，结金刚起遍警觉。檀慧钩结金刚拳，进力二度合三举。真言曰：……[2]
5	次普礼咒印印：两手母指，小指返相叉。头指，中指，无名指背相搭，安于顶上，咒：唵引婆嚩毗oṃ vajra viḥ。	由此真言印加持，诸佛不贪寂静乐。悉从定起赴集会，观察行人同摄受。次结金刚持大印，一一想礼如来足。禅慧檀智反相叉，右膝着地置顶上。真言曰：唵么折啰二合勿微一切。[3]
6	次礼四方佛咒印。	才结金刚持印已，一切正觉皆随顺。即于十方诸佛前，礼事供养皆圆满。为欲承事诸如来，舍身奉献阿閦佛。全身委地以心礼，金刚合掌舒顶上。真言曰：……[4]
7	次萨埵印。自身中想白色阿a字为大白月轮。轮内想白色吽hūṃ字，自身、一切众生同萨埵位，咒曰：唵引些摩耶似当亡二合oṃ samāya stvaṃ。	…… 行者次修三摩地，跏趺端身入正受。四无量心尽法界，修习运用如法教。即入普贤三昧耶，体同萨埵金刚故。才诵本誓印真言，身处月轮同萨埵。真言曰：唵三磨耶萨怛梵三合。[5]

〔1〕《大正藏》，第18册，第327页上—下。
〔2〕《大止藏》，第18册，第327页中。
〔3〕《大正藏》，第18册，第327页中—下。
〔4〕《大正藏》，第18册，第327页下。
〔5〕《大正藏》，第18册，第328页中。

续　表

出处 序号	毗卢遮那修习启请次第	金刚顶经瑜伽修习毗卢遮那三摩地法
8	次开心入智同。	由此妙印及真言，一切圣众皆欢喜。 次当开心入佛智，怛啰吒字想乳上。 掣金刚缚当心前，二字转枢如启扇。 真言曰：……〔1〕
9	次降三世咒印，右绕顶上，除魔结界咒印同。	次以威怒降三世，净除内外所生障。 二羽交臂金刚拳，檀慧相钩竖进力。 行者想身发威焰，八臂四面竖利牙。 震吼吽字如雷音，顶上右旋成结界。 真言曰：……〔2〕
10	次结莲花印印：结金刚缚，小指， 母指并竖，安于脐下， 咒曰：唵引婆嵯啵头摩些摩耶似当亡 oṃ vajra padma samāya stvaṃ。	次结莲花三昧耶，为令成就三摩地。 定慧二羽金刚缚，檀慧禅智和合竖。 由此真言密印故，修行三昧速现前。 真言曰：唵么折啰钵娜么二合三昧耶萨怛梵二合。〔3〕
11	次结金刚定印印：两手内相叉，屈两头指，母 指押两头指甲上。印安脐下。	行者欲入金刚定，先住妙观察智印。 定慧二羽仰相叉，进禅力智各相柱。 以此妙印修等引，即得如来不动智。〔4〕
12	次满月轮结禅定印时澄心清净，想一切 诸法陀是幼妄寂 灭，无是在才。真言曰：oṃ bodhicittā prativedhaṃ karomi。	行者闻警已，定中普礼足。 唯愿诸如来，示我所行处。 诸佛同音言，汝应观自心。 　　　　…… 我不见自心，此心为何相？ 诸佛咸告言，心相难测量。 授与心真言，如理谛观心。 唵 质 多钵啰二底微邓 迦嚕弥 念顷便见心，圆满如净月。 复作是思惟，是心为何物 　　　　…… 我已见自心，清净如满月。 离诸烦恼垢，能执所执等。 　　　　……

〔1〕《大正藏》，第18册，第328页中。

〔2〕《大正藏》，第18册，第328页中—下。

〔3〕《大正藏》，第18册，第328页下。

〔4〕《大正藏》，第18册，第328页下。

出处 序号	毗卢遮那修习启请次第	金刚顶经瑜伽修习毗卢遮那三摩地法
12		汝观净月轮，得证菩提心。 授此心真言，密诵而观照。 唵 菩提质多 母怛跋二合娜夜弥。[1]
13	次想心内白色阿a字变为大白月轮， 咒：oṃ tiṣṭhā vajra。	能令心月轮，圆满益明显。 诸佛复告言，菩提为坚固。 善住坚固故，复授心真言。 唵 底瑟姹二合么折啰。[2]
14	轮内想白色吽hūṃ字放白色光明，并同法界。收光还入种子上，变为婆嵯，竖月轮中，咒曰：唵引 婆嵯多摩俱含 oṃ vajratmaku haṃ。	汝于净月轮，观五智金刚。 令普周法界，唯一大金刚。 应当知自身，即为金刚界。 唵 么折啰引 怛么句含。[3]
15	更想婆嵯腰上金色嗑入 āṃḥ字放金色光明，周遍法界，收光还入种子字上，变成毗卢遮那佛，自他及诸眷属等同一无异，粤高我心， 咒：唵耶他多他伽多似多他含 oṃ yathā tathāgatāstathā haṃ。	自身为金刚，坚实无倾坏。 复白诸佛言，我为金刚身。 时彼诸如来，便敕行者言。 观身为佛形，复授此真言。 唵 曳他 萨婆 怛他蘗多 萨怛他含。[4]
16	想佛心中青虚色阿a字为圆明。圆明内想白色吽hūṃ字放白色光明，济度法界众生已，收光还入婆嵯一子，竖月轮上，咒曰：唵引 飒婆二合多他伽多阿毗呬二合三菩坐呬二合地呬婆嵯胝是他重 oṃ sarva-tathāgatā abhisanbuddhiṃ-dṛdhi-vajra tiṣṭhā。	以证心清净，自见身为佛。 众相皆圆备，即证萨婆若。 定中遍礼佛，愿加持坚固。 一切诸佛闻，金刚界言已。 尽入金刚中，便说金刚心。 唵 萨婆 怛他蘗多引 鼻三菩提 涅里荼 么折啰 底瑟姹二合。[5]
17	想婆嵯腰上白色吽hūṃ字放白色光明，周遍法界。想一切天公龙神，蒙光入道，同证金刚地位，一切三灾七难消灭光明内，收光还入种子字上，变为金刚萨埵也。	诸佛大名称，才说是明已。 等觉金刚界，便证真实智。 时彼诸如来，加持坚固已。 还从金刚出，普住于虚空。 行者作是念，已证金刚定。 便具萨婆若，我成正等觉。[6]

---

[1]《大正藏》,第18册,第328页下—329页上。

[2]《大正藏》,第18册,第329页上。

[3]《大正藏》,第18册,第329上页。

[4]《大正藏》,第18册,第329页上—中。

[5]《大正藏》,第18册,第329页中。

[6]《大正藏》,第18册,第329页中。

续　表

出处 序号	毗卢遮那修习启请次第	金刚顶经瑜伽修习毗卢遮那三摩地法
18	次结金刚三昧耶印^{印：两手结金刚缚，两中指直坚，安身四处，心、额、喉、顶。} 咒曰：唵^引婆嵯娑多噂^{二合}胝是他似噂忙^引 oṃ vajra satvā tiṣṭhāsva maṃ。 一切天仙神祇、八部神龙等证入金刚三昧耶，同欢喜，灾难永灭。	为令证入佛地故，当结金刚三昧耶。 十度圆满外相叉，忍愿如幢皆正直。 印心及额喉与顶，各诵一遍以加持。 真言曰：唵 么折啰 萨怛噂^引地瑟姹^{二合}萨噂^{二合}铪〔1〕
19	次结金刚涂香印^{两手外相叉，二舞，胸前叉放，右掌仰，左掌右掌如涂香势。} 咒曰：唵^引素乾陀诃^{二合}其 oṃ su-gandhagi。	次结金刚涂香印，以用供养诸佛会。 散金刚缚如涂香，香气周流十方界。 真言曰：唵 苏巘荡儗^{姸以反}。 由以金刚涂香印，得具五分法身智。 如是广作佛事已，次应谛心为念诵。 先当一缘观本尊，四明引入于己体。 知身与尊无有二，色相威仪皆与等。 会眷属自围绕，住于圆寂大镜智。〔2〕
20	次再遇伽。次更供养^{同前。}。	
21	次百字咒印。	定慧二羽金刚缚，忍愿如刀进力附。 先诵金刚百字明，为令加持不倾动。 真言曰：…… 由以摩诃衍那百字真言加持故……修真言者，以本尊坚住己身故。现世所求一切悉地，所谓最胜悉地、金刚萨埵悉地，乃至如来最胜悉地。〔3〕
22	次结本尊智拳印^{右绕}，观五字陀罗尼右旋顶上 a vi ra hūṃ khāṃ^{印安身四处}。次二手相叠入字门观。次发愿文。次取念珠，置于顶上，诵本心咒七遍，咒曰：唵^引婆嵯陀诃^{二合}都旁 oṃ vajra dhatu vaṃ。	不改金刚界大印。便诵本尊根本明真言曰： 唵 么折罗驮都 铪。 定慧二羽捧珠鬘，加本真言七遍已。 捧至顶上复当心，坚住等引而念诵。 …… 一切神通及福智，现世同于遍照尊。 行者念诵分限毕已，捧珠顶上，勤发大愿。 然后结三摩地印，入法界体性三昧，修习五字旋陀罗尼。

〔1〕《大正藏》，第18册，第329页中。
〔2〕《大正藏》，第18册，第330页下。
〔3〕《大正藏》，第18册，第330页下—331页上。

续　表

出处序号	毗卢遮那修习启请次第	金刚顶经瑜伽修习毗卢遮那三摩地法
22		诸法本不生，自性离言说。 清净无垢染，因业等虚空。 旋复谛思惟，字字悟真实。 初后虽差别，所证皆归一。 不舍是三昧，兼住无缘悲。 普愿诸有情，如我无有异。[1]
23	次念本尊不限遍数。	
24		行者从三昧出已，即结根本印，诵本明七遍复以八大供养，供养诸佛。[2]
25	次解散。先发愿，阏伽，十六种供养。	
26	次振乾陀赞叹。次更阏伽，十六种供养咒印。	以妙音词称扬赞叹。献阏伽水。[3]
27	次发愿。次嘱托。	
28	次结降三世咒印，右旋。次结金刚解脱印。次举本尊圣像。次金刚解脱印，用前三昧耶印安身四处。	以降三世印，左旋解界即结金刚解脱印。奉送诸圣各还本土。印者结前三昧耶印忍愿承华，至顶上散。真言曰：……作是法已，重以三昧耶印，诵加持明，以印四处。[4]
29	次灌顶守护而散，礼佛四拜。 次转大乘经又洪选观口云印，扳相缚作白印。	然后灌顶，被金刚甲胄，依前四礼，礼四方佛。忏悔发愿等。然后依闲静处。严以香花。住本尊三摩地。 读诵方广大乘经典。随意经行。 若有众生遇此教，昼夜四时精进修。现世证得欢喜地，后十六生成正觉。[5] **金刚顶经瑜伽修习毗卢遮那三摩地法**
30	次莲花印一例印：两手结金刚缚，屈两头指，两小指，直竖，印安脐上。 次结 金刚定印一例两手内相叉，屈两头指，两母指，押两头指甲，安脐上。 次结 四钩请印一例：…… 八供养咒印一例：……	

---

〔1〕《大正藏》，第18册，第331页上。
〔2〕《大正藏》，第18册，第331页上。
〔3〕《大正藏》，第18册，第331页上。
〔4〕《大正藏》，第18册，第331页上—331页中。
〔5〕《大正藏》，第18册，第331页中。

从表3-4-1可以看出，金刚智译本总体上讲是以对仗的七言或五言偈加真言的形式叙述结印、观想、诵咒、结界等行法次第，应该说是典型的汉地译经样式。大理国时期流行的该次第并非这种对仗工整的文体，更偏于一种依据据本编撰出的具有提示性的，提纲挈领式的仪式纲要。总而言之，就是更为提炼、概略。不过，虽然在行文方面有异，但仍然可以看出该次第的仪式架构总体就是依循金刚智译本而来。

现以表中内容作为示例，简略地做一个说明。表中内容按照序号记为"表1"，以此类推。

（1）该次第前半部分：表1至表18

① 表1

该次第首先"先请佛发愿（文）"，金刚智译本中首先即以"归命毗卢遮那佛"文开篇，并在文末配诵真言。表3即与这个真言相关。

② 表2

"三金刚守护"，即结"三金刚守护咒印"，表示奉请三大金刚来守护道场。"三金刚守护（咒印）"是《启请》中常见之结印，不一一赘述。所谓"三金刚"即是兮鲁迦金刚、吽迦罗金刚（即降三世金刚[1]）、军荼利金刚。[2]这不见于金刚智译本。

③ 表3

金刚智译本开篇的"归命毗卢遮那佛"文中最后说要在显胜清净之地建立坛场，并诵真言，其真言转写即是oṃ svabhava śuddha sarvadharma svabhava śuddho haṃ。其中 svabhava śuddha 是自性清净，sarvadharma svabhava śuddho 有"使一切法法性清净"之意。该次第则是记为结"净法界（咒印）"。

④ 表4

金刚智译本中"清净法界"后，虚空遍满佛海，法界庄严。此后加持"身"（手结印）、"口"（口诵咒）、"意"（心作观）三业，观想种子字"吽"，"结金刚起遍警觉"，并诵真言。该次第则记为"警觉咒印"。

⑤ 表5和表6

金刚智译本中该二处皆是作礼佛印。表5中言结上述"警觉咒印"且诵警觉咒后，诸佛即悉赴坛场。行者（修法者）则要一一礼佛足，此时要结总摄之印"金刚持大印"并结

---

〔1〕 唐神恺《大黑天神法》中言："吽迦罗，名降三世降伏义"（《大正藏》，第21册，第356页中），唐义操集《胎藏金刚教法名号》中言："左边圣降三世菩萨（吽迦罗金刚）"（《大正藏》，第18册，第203页中）。

〔2〕 参见黄璜：《大理国乌贤图像及其相关文本再论——基于海内外所藏图像、文本的新整理》，《考古与文物》2022年第1期。

印置于头顶上,意为普礼诸佛。该次第则记为"普礼咒印",并安于顶上,且该印结印方式即为"禅慧檀智反相叉",所诵之咒亦同;表6中说普礼、供养十方诸佛后,则继续结印,全身委地心礼阿閦佛。阿閦佛是金刚界"四方佛"之一,居东方。西方是无量寿佛,南方是宝生佛,北方是不空成就佛。被四方佛环绕中间的是密教教主中方大日毗卢遮那佛。表6中金刚智译本所略内容除礼阿閦佛的真言外,还有礼其他三佛的内容,因此,该处金刚智译本实际在礼"四方佛",表6该次第处记"次礼四方佛咒印"。

⑥ 表7

接着,金刚智译本中行者跏趺端坐进行月轮观想,进入金刚萨埵三摩地,与金刚萨埵同体。该次第则为"萨埵印",通过阿字月轮观连续观想种子字,证得与金刚萨埵同体。所诵之咒亦同该处金刚智译本。

⑦ 表8、表9、表10、表11

该次第中这三处显然是对金刚智译本的提炼或叫略记,不赘述。结莲花印时所诵之咒即金刚智译本中该处所诵真言。莲花印、金刚定印与金刚智译本中结印方式亦同,且规述安于脐下。

⑧ 表12

该处次第是说作月轮观时结禅定印(在月轮中禅定),证得菩提心净("澄心清净"),所诵真言是"唵 我今向菩提(bodhi)心(cittā)作透彻",出自金刚界的"通达菩提心"真言。该处金刚智译本以偈诵的形式说行者需观照自心如满月清净,并诵心真言。其中"唵 质多 钵啰二合底微邓 迦噜弥"转写即 oṃ cittā prativedhaṃ karomi,是为"通达菩提心"真言;"唵 菩提质多 母怛跛二合娜夜弥"即 oṃ bodhicittā mutpādayāmi(唵 我发起菩提心),是"修菩提心"真言。

⑨ 表13、表14、表15、表16和表17

该次第中此五处应该视为一体看,是起自"阿"的字一成套连续相接的月轮观,即接证得菩提心净后,在自心中想白色种子阿字为大白月轮(诵咒),月轮内有白色吽字放大光明,之后,光明返回吽字上,变成金刚杵(婆嵯),竖在月轮中(诵咒);接着再想金刚杵腰上有金色嗑字,放金色光明,普耀法界,其后,光明收回嗑字上变成本尊毗卢遮那佛,且自身、他身和眷属与本尊获得同体无异的体验(诵咒);嗣后,想本尊心中青虚色种子阿字变为大月轮("圆明"),月轮内有白色吽字放白色大光明,得以济度法界一切众生;再后,光明收回月轮内的金刚杵上(诵咒),想金刚杵腰上有白色吽字,又放白色大光明,遍耀法界。此光明能召一切天公龙神入道场,共证金刚悉地,亦能禳灭一切灾难。尔后,此光明收回吽字上,变成金刚萨埵。

表13中金刚智译本讲通过月轮观证得菩提心后，说菩提性坚固，[1]故又诵心真言一例："唵 底瑟姹二合么折啰"，该次第此处所诵 "oṃ tiṣṭhā vajra" 即如是咒，意为 "唵 安住吧金刚"。该处以 "金刚" 喻菩提性坚固不摧。

表14中金刚智译本讲行者接着需要在月轮中观照 "五智金刚"，[2]且告知行者在这观想中，自身即是金刚界，并诵咒，其意为 "唵 我身依金刚所成 含"。表14中该次第处在表13观想出的月轮内继续作观，直到观想中变为 "金刚杵"（嚩婆），并诵咒，此咒即为该处金刚智译本之咒，说明该次第此处以 "金刚杵" 指代金刚智译本中该处的 "金刚界"。

表15中金刚智译本主要说既然自身等同金刚界，那么自身亦为金刚身，同样也与佛身同体；该次第则承前所观想到的金刚杵继续作观，直到观想出本尊毗卢遮那佛，并发展到自他及眷属皆与本尊 "同一无异"，所诵之咒与该处金刚智译本中的真言基本一致，只是该次第中此处咒文少写了 "萨婆"（sarva，"一切"）。

表16中金刚智译本首先讲在清净月轮中证得菩提心，自身与佛身同体，且众相圆备，获得一切智（萨婆若[3]）。然后说在入定（观想）时遍礼诸佛，愿所证一切智能获得诸佛进一步的加持，故诸佛进入金刚界，诵加持真言，转写即是oṃ sarva-tathāgatābhisaṃbodhi-dṛḍha-vajra tiṣṭha（唵 一切如来现证坚固金刚啊 安住吧），即等同于该次第此处之咒oṃ sarva-tathāgatā abhisanbuddhiṃ-dṛḍhi-vajra tiṣṭhā。

表17中金刚智译本讲诸佛加持完毕之后，从金刚界中出，还入虚空。行者此时已证得金刚悉地（"已证金刚定"），具有一切智，成正等觉。对应的该次第则说通过承接上述观想继续作观，与天公龙神等在光明中共同证得金刚地位，而且穰除了一切灾难，最后变为金刚萨埵。

⑩ 表18

该处金刚智译本中讲证入金刚悉地后，成正等正觉，也就是证得佛的一切智。那么为了进入 "佛地位"，故在此基础上结金刚三昧耶印，并印安心、额、喉、顶四处。其真言转写即是oṃ vajra sarvā dhiṣṭhāsva maṃ。该次第此处就是 "结金刚三昧耶印"，结印方式与"安身四处" 皆同金刚智译本，且所诵之咒亦是出自金刚智译本。

---

〔1〕 东晋佛驮跋陀罗译《大方广佛华严经》中言："菩萨于生死，最初发心时。一向求菩提，坚固不可动。"（《大正藏》，第9册，第433页上）；金刚智译《金刚顶瑜伽理趣般若经》中言："金刚平等成正觉，大菩提坚固性如金刚故……"（《大正藏》，第8册，第779页上）

〔2〕 "五智金刚" 指的金刚界五方佛五智（阿閦：大圆镜智、宝生如来：平等性智、阿弥陀佛：妙观察智、不空成就佛：成所作智、毗卢遮那佛：法界体性智）所化的金刚，也就是金刚界五佛的教令轮身，阿閦佛为降三世金刚、宝生如来为军荼利金刚、阿弥陀佛为大威德金刚、不空成就佛为金刚夜叉、毗卢遮那佛为不动金刚。

〔3〕 《一切经音义》中云："萨婆若，梵语讹也。正梵音萨嚩吉娘二合，唐言一切智。智即般若波罗蜜之异名也。"（《大正藏》，第54册，第347页下）"

（2）该次第后半部分：表19至表30

① 表19

该处金刚智译本是以七言偈颂的形式讲述结金刚涂香印，并诵真言，转写即是 oṃ su-gandhāṅgi。该次第此处则记为"结金刚涂香印"，咒亦近同。只是 ṅgi 字少写了 ṅa 音，变成了 gi。

② 表20

该次第此处为复献洒咒水（"遇伽"），复作供养咒印。金刚智译本无。

③ 表21

金刚智译本该处诵金刚萨埵百字明，该次第此处记"百字咒印"。

④ 表22

该处金刚智译本用七言偈颂的方式叙述。其所讲概而述之就是诵本尊根本咒，其间双手捧宝珠加持真言七遍。之后又当心而捧，继续念诵。其后，又捧至顶上，发大愿。次后，结三摩地印，入法界体性三昧，观修五字陀罗尼。虽然次序上该次第此处与金刚智译本不完全一致，但内容并无二致，所诵之咒亦同。不过，金刚智译本中并未写出具体的五字陀罗尼咒，而在该次第中则说明五字陀罗尼是 a vi ra hūṃ khāṃ（图3-4-2）。关于五字陀罗尼，金刚智译《金刚顶经曼殊室利菩萨五字心陀罗尼品》述为"阿啰跛者娜"，[1] 即 a ra pa ca na。不空译《五字陀罗尼颂》中所传亦如是。[2] 显然，该次第之五字陀罗尼与其有异。

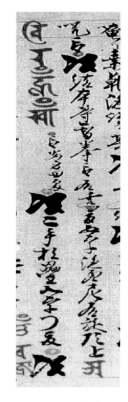

图3-4-2　五字陀罗尼

五字陀罗尼属成就法，[3] 传为唐善无畏译《佛顶尊胜心破地狱转业障出三界秘密陀罗尼》中讲该五字陀罗尼所获成分为上中下三品，三品"五字陀罗尼"各有不同：

成就法中立上中下品差别也。

阿罗波遮那（此是下品悉地真言）是名出悉地。……诵一遍，如转藏经一百遍。

〔1〕《大正藏》，第20册，第710页上。

〔2〕《大正藏》，第20册，第716页上。

〔3〕《金刚顶经曼殊室利菩萨五字心陀罗尼品》中说若能持诵五字陀罗尼者，能"入如来一切法平等。一切文字亦皆平等"，只要持诵一遍，就"如持一切八万四千修多罗藏"；《五字陀罗尼颂》中云"摄入五字陀罗尼中，能令众生般若波罗蜜多成就。"（《大正藏》，第20册，第710页上、705页上）

阿微罗钤佉（此是中品悉地真言）大日经悉地品。名降伏四魔，解脱六趣，满足一切智智金刚字句也，是名入悉地。……光明晃曜入佛法界。名入悉地。若诵一遍，如转藏经一千遍。

阿鑁蓝哈欠（是上品悉地真言也。以前五三印真言，顺一遍逆一遍。次顺旋转四遍。次逆旋转四遍。此即利益一切众生皆以悉地义也）是名秘密悉地，亦名成就悉地，亦名苏悉地。苏悉地者遍法界也，成就佛果，证大菩提。[1]

故而，该次第中写的是中品悉地五字陀罗尼。

⑤ 表23

该次第此处念本尊毗卢遮那佛，不限遍数。金刚智译本无。

⑥ 表24

金刚智译本该处说行者从前观修五字陀罗尼的三昧境地中出，结根本印，复诵前根本明七遍，复以八大供养。[2]该次第无。

⑦ 表25

该次第此处进入"解散"仪式。首先是先发愿，再献洒咒水，结十六种供养咒印。金刚智译本无。

⑧ 表26

金刚智译本该处为作妙音称颂赞叹，献咒水。该次第此处则对应是振金刚铃（"乾陀"）赞叹，更献洒咒水，结十六种供养咒印。

⑨ 表27

该次第此处作"发愿""嘱托"。金刚智译本无。

⑩ 表28

金刚智译本中该处接着结降三世咒印，此印左旋即为金刚解脱印。后奉送诸尊出坛场各回本土。复次结前三昧耶印，印安身四处。该次第此处内容同，即降三世印、金刚解脱印、送本尊、结前三昧耶印，安身四处。

⑪ 表29

金刚智译本该处主要讲灌顶、甲胄印、四礼四方佛、诵大乘经典。金刚智译本行法次第到此终。该次第此处内容与其基本相同。

⑫ 表30

该次第末还又附了莲花印、金刚定印、四摄（"四钩请"）和"八供养印"的别例，供作

---

〔1〕《大正藏》，第18册，第915页中。
〔2〕 金刚智译本表18至19中间略去的部分有结八供养咒印的次第，表19即"八供养"中的"涂"供养。

次第时选择使用。

（3）次第中间部分的内容

该次第中间部分的内容亦可参见于金刚智译本。为篇幅故，不做如上列表比对，但将其内容概括出来，即是：

① 结灌顶咒印，想顶上五佛种子字 a hūṃ trāṃ hrīḥ aḥ。结分智拳印，顶后绕。诵离垢缯咒：oṃ vajra ratna vajri trāṃ abhi-ṣiṇca māṃ sarva mudrāṃ me dṛdha kuro vara kavajena vaṃ。[1] "abhi-ṣiṇca māṃ" 应写作 "abhi-ṣiṃca māṃ"，"为我灌顶" 之意。这个咒就是灌顶咒，这里讲的就是五佛灌顶。其中 "sarva mudrāṃ"，"一切手印" 之意，表示该咒应是五佛灌顶的总摄之咒。

② 结慈悲甲胄咒印，安于身上，想唵啒 oṃ tuṃ 二字，诵咒：oṃ vajra mahā vajra kavaje kuro vaji vajrina hūṃ。[2]

③ 拍掌，三度。

④ 入三摩华藏世界观。其中有黑色 yaṃ 字为 "风轮"，风轮之上有白色 baṃ 字为 "大海水"，海水之上有白色 hrīḥ 为 "大莲花" 一朵，莲花内有金色 a 字为 "七宝楼阁"，阁内有白色 a 字为 "大妙白月轮"，轮内有白色 hrīḥ 字为 "大妙莲花"，花内有白色 vaṃ 字为毗卢遮那真身。

⑤ 结智拳印，名为华藏世界。

⑥ 结些摩嵯印，召集贤圣。诵咒 oṃ vajra samaja jjāḥ。[3]

⑦ 四摄。钩 oṃ ayahe jaḥ、索 oṃ ahe hūṃ、锁 oṃ he sphūṭa baṃ、铃 oṃ gaṃ haṃ ṭa a aḥ。[4]

⑧ 献咒水，诵咒 oṃ vajra naga hūṃ。[5]

⑨ 十六种供养咒印。

⑩ 振铃赞叹，诵咒 oṃ vajra satvā sugrahāda vajra ratna manotaraṃ vajra dharmā gayanṛ vajra karmā karobhāva。[6]

⑪ 内外八供养咒印。嬉 oṃ mahā rate、鬘 oṃ gepa subhe、歌 oṃ surutra saksau、舞

---

〔1〕 金刚智译本中该咒转写即是 oṃ vajra ratna abhi-ṣiṃca māṃ sarva mudrā me dṛdha kuru vara kavacina vaṃ。

〔2〕 金刚智译本中该咒转写即是 oṃ vajra kavaci vajra kuru vajra vajrita hāṃ。

〔3〕 金刚智译本中该咒转写即是 oṃ vajra samaja jaḥ。

〔4〕 金刚智译本中四摄真言转写即是 钩 oṃ āyāhi jaḥ、索 oṃ ahe hūṃ hūṃ、锁 oṃ he sphoṭa baṃ、妙磬（铃）oṃ ghaṃṭa aḥ aḥ。

〔5〕 金刚智译本中该咒转写即是 oṃ vajra naga hūṃ。

〔6〕 金刚智译本中该咒转写即是 oṃ vajra satvā saṃgrahā vajra ratna manutaraṃ vajra dharma gayani vajra karma karodbhāve。

oṃ sarva pujya；香 oṃ praharadīna、花 oṃ phalagami、灯 oṃ su-tejagrī、涂 oṃ su-gandhagi，见上文表19。[1]

根据以上概述，对比金刚智译本，就会发现该次第中间部分的主要内容除了表5结金刚界智拳印和表9作十六种供养咒印的仪式没外，其余亦可出自金刚智译本，包括作印方式等皆基本相同。虽然该次第通篇在某些咒文的梵字写法和音节上有细微的差异，但可以看出这些细微差异都是在正常范围内：一是由于大理地区的僧人未必就十分精通梵文，出现近似的音节误写在所难免；二是梵咒从当时的印土传入中原译成汉音，这本身已是一种嬗变，而再从中土向边陲之地，尤其是少数民族地区传播的过程中出现流变也是很正常的现象。

同样，该次第在仪式上也有少部分与金刚智译本不同的地方，比如第一，将"兮鲁迦""吽迦罗""军荼利"三金刚作为道场的护法神（结"三金刚守护印"即表示召请该三大金刚降临守护道场）；第二，表15中将观想中的自身和佛身同体无二，发展成自、他及眷属皆与本尊"同一无异"；第三，写出了观想五字陀罗尼的具体内容，还有插入献洒咒水或作供养咒印的仪式，如表20、25、26；第四，金刚智译本中虽然也讲月轮观，但是并没有提到"阿"字观（以"阿"字起义），或者说并没有提到月轮观中要结合"阿"字观。这种以"阿"字起义的月轮观正是承自不空所传，详见后述。

尽管如此，这些仪式只能看成是该次第对毗卢遮那"三摩地"行法次第的发展或叫增益。总体上讲，该次第未必脱离唐本的架构。当然，该次第中还召请一切天公龙神、一切天仙神祇、八部神龙等入道场，这些内容或许带有一定的中土文化的概念，而非出自金刚智译本。但这从一个侧面反映大理国与中原汉地文化之间的渊源。

2. 该次第反映了唐密中金刚界的核心教法在大理国的传播

从该次第内容上看，包含了金刚界九会曼荼罗中的内容。

（1）降三世会

金刚智译本中，表9、10处的偈颂提炼出来主要就是结降三世印和结莲花三昧耶，该次第亦如是。这是出自降三世会。[2]

（2）一印会

金刚智译本中，表12至表16即是一印会的内容。首先是一印会"五相成身"：前述表12中金刚智译本的真言是"通达菩提心"和"修菩提心"，分别是"五相第一"和"五相

---

〔1〕　金刚智译本中八供养真言转写即是 嬉 oṃ mahā rate、鬘 oṃ rūpa śobhe、歌 oṃ śrotra saukhye、舞 oṃ sarva-pūjye；香 oṃ prahlādini、花 oṃ phalāgami、灯 oṃ su-tejāgri、涂 oṃ su-gandhāṅgi。

〔2〕　参见吉田惠弘著，林光明、林胜仪合译：《金刚界咒语解记》（修订二版），台北：嘉丰出版社，2011年，第19—22页。

第二";表13中的真言出自"成金刚心",是"五相第三";表14、15是出自"证金刚身",是"五相第四";而表16是"佛身圆满","诸佛加持",是"五相第五"。[1]相较金刚智译本有偈颂作参考,次第中由于将这一段改成了连续作观的形式,较难直观看出是"五相成身",但其咒为我们提供了和金刚智译本直接对比的参考,可以看出这一段就是讲"五相成身"。该次第表21至表29中的百字明、加持念珠、金刚解脱、举送本尊、灌顶守护,亦是脱于一印会的次第。[2]

（3）三昧耶会

金刚智译本中"四摄""八供养"的真言出自金刚界曼荼罗三昧耶会中的真言。[3]而该次第中的"四摄""八供养"的梵咒虽然与金刚智译本中的写法有细微的差异,但是对比而言,显然是出自三昧耶会。实际上,该次第中间部分的"入三摩华藏世界观",虽然不见于金刚智译本,但其中观想涉及风轮、大海、宝楼阁、毗卢遮那佛真身等内容,并且其后还有结些摩嵯印（召集贤圣）的内容,因此这段次第亦是出自三昧耶会的内容。[4]这是大理国佛教,将华严思想和密教圆融的反映。

（4）四印会

上述该次第中间部分第①为结灌顶咒印,又顶上想五佛种子字。这即表"五佛灌顶"之意,出自四印会。[5]

（5）供养会

上述该次第中间部分第②结慈悲甲胄咒印,想 oṃ ṭuṃ 二字,后拍掌三度,该次第出自供养会"甲胄""金刚拍"。[6]

从上述分析可以看出,该次第反映了以金刚智、不空所传唐代密教金刚乘在大理国的遗存。虽然该次第并非是对金刚智译本中行法次第的照搬,其中次第上也增删或发展了其他元素,但其大的仪式架构和唐本的毗卢遮那三摩地行法次第一致,而且金刚智译本中所包含的上述属于金刚界九会曼荼罗教法的内容也可以说是全部接受了过来。

（二）莲花部陀诃嘌摩法: 莲花部陀诃嘌摩启请次第与《莲华部心念诵仪》

该次第首全,后残。

〔1〕 参见《金刚界咒语解记》（修订二版）,第33—36页。
〔2〕 参见《金刚界咒语解记》（修订二版）,第203—214页。
〔3〕 参见《金刚界咒语解记》（修订二版）,第53—54、132—140页。
〔4〕 结些三摩嵯印 oṃ vajra samaja jjāḥ 即是三昧耶会中的"观佛海会"（ oṃ vajra samaja jaḥ,唵　金刚普集啊！惹）,
　　 参见《金刚界咒语解记》（修订二版）,第65页。
〔5〕 参见《金刚界咒语解记》（修订二版）,第41—44页。
〔6〕 参见《金刚界咒语解记》（修订二版）,第50页。

"陀诃嘌摩"即梵文"dharma"之音译，意为"法"。"莲花部陀诃嘌摩"即"莲花部法"之意。

从所存内容看，该次第观想、诵咒的内容与不空译《莲华部心念诵仪》关系密切。该次第中言"次变喉掌咒印。想喉内赤色唏 hrīḥ 字变为九叶莲花，仰在喉内"，《莲华部心念诵仪》中言"观纥哩（ hrīḥ ）于口，即想八叶莲"，[1]二者观想法近似；该次第中还说"次想右乳安上哆 tra 字，左乳安上吒 ṭa 字，其字白色"，《莲华部心念诵仪》中言"怛啰二合（ tra ）吒（ ṭa ）二字，想安于两乳"；[2]其后次第中的入智咒、结闭心虚牟是明印，即：

次入智，咒曰：唵引婆嵯髀阇阿入 oṃ vajra vesa aḥ。诵咒至阿 a 字时诵咒七遍。圣主入自身内。

次闭心虚牟是明印，安心上，想在心中坚固不动，咒曰：唵引婆嵯牟是明旁 oṃ vajra muṣṭi vaṃ。

亦见于《莲华部心念诵仪》中：

檀慧戒方开，想召无漏智，入于藏识中。
真言曰：嚩日啰二合引 吠奢 恶。
即以前印相，进力拄禅智。以附于心门，无漏智坚固。
真言曰：嚩日啰二合母瑟致二合鑁。[3]

此即"入智咒" vajrā veśa aḥ，和"牟是明印" oṃ vajra muṣṭi vaṃ。

从所存内容看，反映出了唐代金刚界密教，或叫金刚顶、金刚乘教法在大理地区的传播。可以看出，该次第参照了《莲华部心念诵仪》，所存部分大段出自后者。但同时，该次第也并非完全照搬《莲华部心念诵仪》，可以看出二者在表述方式上有差异，后者基本上以对仗工整的"五字偈"的形式来表述，而该次第显然不是对文本的照搬。相较"五字偈"的形式而言，作为仪式纲要文本，启请以一种更为直接显见的，能凸显出"仪式程序"的"释说"方式来平铺直叙。此外，该次第也加入了一些其他结印和观想的内容，并不完全与《莲华部心念诵仪》对应。这说明在唐密传入的基础上，也进行了自主的加工。但

〔1〕《大正藏》，第18册，第299页下。
〔2〕《大正藏》，第18册，第300页下。
〔3〕《大正藏》，第18册，第300页下。

这些都不足以说明它是自成体系的教法。至于梵咒写法上的差异，在写本流通的时代实属正常，再囿于对梵文的精通程度，梵咒与汉咒不能完全一一对应，或出现误书的现象在《启请》中也不算鲜见。故而出现些许差异（如 vajrā veśa 和 vajra vesa）[1]不能说明就是独立的教法体系。

（三）大悲观世音法：大悲观世音菩萨启请次第和《金刚顶千手千眼观自在菩萨修行仪》

该次第首尾全。其开首云"先请佛文仰启月轮观自在文"。次第中还有诸如"次结请圣主咒印，虚心合掌，入观。先想心内白色阿a字变为大白月轮，轮内想赤色唏ㅅ hrīḥ字为八叶莲花……随光明互还入咒字上变成千眼千手大悲观世音菩萨真身……次结根本印，印：二手结金刚合掌，以忍愿二度相合，檀慧禅智四度拆开，各直竖即成根本印，如宝形，并诵大悲愿及神咒一遍"（图3-4-3、图3-4-4）的作观结印的仪式。

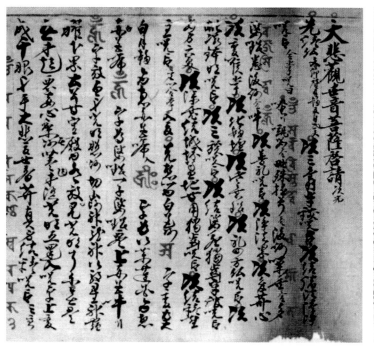
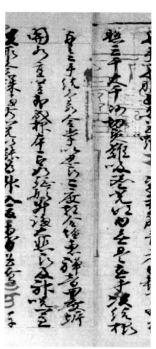

图3-4-3　大悲观世音菩萨启请次第　　图3-4-4　大悲观世音菩萨启请次第

---

〔1〕《启请》中，常常将śa，写成sa，二者混淆不分。

"'仰启月轮观自在'文"，即是《大悲启请》。除《大正藏》No.2843外，以"仰启月轮观自在"起首的《大悲启请》还有敦煌文献S.2566、S.4378va、P.2197，根据前二者的题记，被学者认为应流行于10世纪后期。[1]而且不同于敦煌本中单独的写经形式，《启请》中的《大悲启请》是以与具体的启请仪式文本相结合的形态出现的。

《大悲启请》，已被学者指出是依据《千手经》（伽梵达摩和不空译本）编撰而出。而该次第中，结"根本印"，则来自不空译《金刚顶千手千眼观自在菩萨修行仪下》，云：

> 次结本尊千手千眼观自在菩萨根本印：二手金刚合掌，以忍愿二度相合，檀慧禅智四度坼开，各直竖即成。诵根本陀罗尼曰：……诵此陀罗尼七遍已。顶上散印。由结根本印，诵此陀罗尼，能作四种成就……[2]

对比可见，次第中结"根本印"与不空译本毫无差别。这亦充分证明结印之后所诵"神咒"指的就是不空译经中的"根本陀罗尼"，能成密教"四种成就"法。

（四）普贤金刚萨埵法："普贤菩萨启请次第"和《普贤念诵仪》

该次第首尾全。其次第主要依据的是不空译《普贤念诵仪》，如表3-4-2：

表3-4-2

普贤菩萨启请次第	普贤念诵仪
次结十波罗蜜咒印金刚合掌，十指相交，互相交，唵引婆藏嵯哩oṃ vajaṃ jali。次结金刚缚十指外相，作拳，咒曰：唵引婆嵯槃陀诃oṃ vajra bandha。得十地满足。	次结金刚掌印。诵密语三遍，密语曰：唵引嚩日囕二合惹里引……结金刚缚印，诵密语曰：嚩日啰合满驮。由结使皆得解脱。十波罗蜜顿得圆满。
次结摧十种障印，结金刚缚咒印三度，掣拍心上，咒曰：唵引婆嵯盘陀诃二合哆吒 oṃ vajra bandha traṭ三唱。	次即以缚印三掣，拍胸间诵密语曰：唵引嚩日啰合满驮怛啰吒二合半音。由此印及诵密语当入曼荼罗阿阇梨所引入。金刚萨埵三业金刚令入弟子心。自性金刚智令，得发动显现。
次结金刚遍印，如前缚印二母指入掌内各捻无名指，置心上……	次结金刚遍入印，即前金刚缚，二大指入掌，安于无名指间，……[3]
……	……

〔1〕 王惠民：《敦煌写本〈水月观音经〉研究》，《敦煌研究》1992年第3期，第95页；何莹、张总：《敦煌写本〈千手经〉与〈大悲启请〉》，《敦煌学辑刊》2015年第4期，第29页。
〔2〕《大正藏》，第20册，第79页中—80页上。
〔3〕《大正藏》，第20册，第531页中—531页下。

续　表

普贤菩萨启请次第	普贤念诵仪
次结些摩耶咒印，些摩耶娻_入素啰多似当亡_{二合}samāya hoḥ surata stvaṃ。	次结素啰多大誓真实印……作是思惟。我身既成普贤菩萨……同体大悲，即诵大誓真实密语曰：唵_引嚩日啰_{二合}三么耶斛素啰多娑怛鑁_{二合}。
次除魔，结城界盖地等同。	次应住胜三世忿怒金刚三摩地，……以印左旋辟除人天诸魔及作障者。右旋即成结方隅界。[1]

表3-4-2中"结些摩耶印"所诵的咒则是节略自对应右侧表格中的"密语"，略去了后者中的"唵_引嚩日啰_{二合}"。接表中所录，其后的次第是"次化轮坛。次些摩嵯。次四钩请"，这一段精炼自《普贤念诵仪》"次结金刚轮曼荼罗印……次结警觉一切圣众印……次结四门菩萨印……"[2]一段。次第末端则有"次振乾陀赞叹_{歌舞}"，具体的内容则见于《普贤念诵仪》末的"次当诵普贤菩萨赞"，其中内容即是"四种歌咏""四种舞印"。[3]

（五）延寿命护摩法："灯请十王斋掷延寿命火食次第"和《念诵法·护摩除灾延命坛》

该次第首全尾残。

该次第是在"十王斋"内作延寿命法，出自不空译《念诵法》。《念诵法》中，在诵"甲胄真言"之后，即"次说护摩除灾延命坛"（下称"坛法"），[4]从中可知设坛作法需行护摩法，即护摩结坛。该次第在诵甲胄印后亦行护摩法，云：

　　……次甲胄咒印。次拍掌_{三度}。次请火神咒印，想火瓫内白色阿 a 字变为圆明，是火神宫殿……花内想黄白色唥□字为火天神，并用白色□为降三世金刚，结请咒印_{三遍}：吽吒枳吽 hūṃ ṭaki hūṃ□。次但献五种供养。次与遏伽香水。次内外五种供养。次与苏乌麻食等各三石。次洒净_{三遍}……次掷乳木筹廿一度，偈咒同。次入延寿命菩萨_{观同}……

次第中结"甲胄咒印"后结"请火神咒印"并想"火瓫"，与《念诵法》中诵"甲胄真言"后设"火炉"（"护摩除灾延命坛"）行法一致；而"次与苏乌麻食等各三石"，以及次第末段中还有"次烧苏_{三石}""次烧蔓草""次烧乌麻"等仪式，这些皆出自坛法中的"次取一

---

〔1〕《大正藏》，第20册，第532页上。
〔2〕《大正藏》，第20册，第533页上—533页中。
〔3〕《大正藏》，第20册，第535页上。
〔4〕《大正藏》，第20册，第575页下—576页上。

器盛满融酥，以骨屡草青者一茎，揾酥，诵金刚寿命陀罗尼一遍……掷于火中"[1]的仪式；"坛法"行护摩法时需"于炉中然炭"，所以"先办乳木长十指粗如大指二十一……掷于火中"，[2]后于火中作观，成"金刚寿命菩萨"（即"普贤延命菩萨"）。相应的，次第中则有"次掷乳木筹廿一度"，后即入"延寿命菩萨观同"；次第中还出现了"降三世金刚"，这应是根据《念诵法》中"于虚空中遍想诸佛。了了分明。即于自身中当心观如满月……上有五股金刚杵。形渐大如等身。变为降三世菩萨"[3]而来。北宋广智依不空所传《念诵法》，译有异本《金刚寿命陀罗尼经法》，其中"次说护摩秘密之法"中则直言"设坛既了悬诸幡盖。安置金刚三世尊像……"。[4]但广智本的据本是不空的《念诵法》，因此，追根溯源，该次第中的延寿命护摩法还是出自不空。

四、《启请》中的持明教法

该部分主要涉及的是波㗚那社嚩梨佛母启请法，即"波㗚那社嚩梨佛母稽请"与《叶衣观自在菩萨经》。

该次第首尾全。其由道场所需用度和启请次第两部分组成。根据"用度"仪文所载，开结该道场有护国禳疫之功德。而根据其中"坛作两重。外重四方开四鸟头门。内作圆坛，坛心画八叶莲花一朵"的记载可知，其法事道场亦可被认为是一种曼荼罗。[5]

该次第中有波㗚那社嚩梨佛母的仪轨："次请圣主观。先想自心内白色阿 a 字为月轮。轮内想赤色唏 hrīḥ 字变为八叶莲花一朵，想白色吽 hūṃ 字变为婆嵯。婆嵯腰上想绿色波 pa 字变为阇嚩㗚。其身绿色，面如观音；四臂，左手当心结独齿印，次手持越斧；右手持杨柳枝，次手持摩喱伽果。"据此可知，次第中的佛母作菩萨形。对比仪轨，《梵像卷》第96开图像即是该佛母。该图像的题榜亦是"社嚩梨佛母"。

波㗚那社嚩梨佛母，应该就是唐密中的"叶衣观世音"。《大日如来剑印》中有"叶衣

---

〔1〕《大正藏》，第20册，第575页下。

〔2〕《大正藏》，第20册，第575页下。

〔3〕《大正藏》，第20册，第575页中。

〔4〕《大正藏》，第20册，第576页下。

〔5〕"道场所需用度"说明，在实际活动中，该次第是配合使用在相应法事道场中的仪式纲要，具有切实的宗教实践性。除了该次第述有"道场所需用度"外，《启请》中有一则"大自在随求佛母启请"，与该次第首尾相连，亦在次第前述"道场所需用度"；另外还有一则"大安乐药叉道场坛相仪则"亦是配合启请大安乐药叉金刚次第的"道场所需用度"。尽管《启请》中并非每种次第都述有"道场所需用度"，但是这些次第同属于《启请》，即是属于同一个体系的密教仪式文本，因此该次第与上述另二则述有"道场所需用度"的次第证明了《启请》对应的是实际宗教活动中的各种法事道场。根据《启请》，我们至少可以看出大理国时可以作哪些法事，有哪些道场，同时亦反映出了大理国时期法会兴盛的程度。

观世音真言",曰:"唵 跛哩娜﹦ᴴ 舍嚩哩 吽 发吒",转写即是 oṃ palṇācavari hūṃ phaṭ。[1]跛哩娜﹦ᴴ，palṇā，即波㗚那；次第中 palṇāsvari（波㗚那社嚩梨），即是 palṇācavari（跛哩娜﹦ᴴ 舍嚩哩），只是该次第中 cava，流变成了二合的 sva。并且该次第中的"请咒"（唵引阇嚩㗚摩诃社嚩㗚卑阇咨波㗚那重阇嚩㗚翳兮㖛婆诃伽嚩胝波阇波啰殊陀诃﹦ᴴ啰你重似嚩﹦ᴴ诃引 oṃ svari mahā svari pisaci palṇāsvari ehyehi bhagavati pāsapara su-dharaṇi svāhā）即是出自唐不空译《叶衣观自在菩萨经》中的"叶衣观自在菩萨摩诃萨陀罗尼"中的一段："……妮舍止 钵啰﹦ᴴ拏舍嚩哩 钵啰﹦ᴴ拏舍嚩哩 妮舍止 婆去诔嚩底ᵀ以反 跛舍跛啰 输上播舍驮哩扼……"，即"…… biśace parṇṇaśavari parṇṇaśavari biśace bhagavati pāsapara śubedharani ……"。咒中的"钵啰﹦ᴴ拏舍嚩哩 parṇṇaśavari"应就是该次第中的"波㗚那重阇嚩㗚 palṇāsvari"，二者与《大日如来剑印》中的"palṇācavari 跛哩娜﹦ᴴ 舍嚩哩"，皆指叶衣观音。

李玉珉根据《叶衣观自在菩萨经》中对叶衣观世音菩萨的仪轨记载（"以瞿摩夷汁和少青碌，以香胶和，……画叶衣观自在菩萨像。其像作天女形。首戴宝冠，冠有无量寿佛。璎珞环钏庄严其身，身有圆光火焰围绕。像有四臂，右第一手当心持吉祥果，第二手作施愿手，左第一手持钺斧，第二手持羂索。坐莲华上"[2]），认为《梵像卷》第96开的图像是叶衣观世音菩萨，而否认该图像"社嚩梨佛母"的题名。[3]该次第中仪轨证明李氏的观点无大误，[4]只是她不知"叶衣观音"即是"社嚩梨佛母"，前者是汉译，后者是音译而已，实际上他们是异名同尊。

该次第说作"社嚩梨佛母道场"可"护国救疫"。此种福田见之于不空所译《叶衣观自在菩萨经》中，该经即强调诵持叶衣观自在菩萨陀罗尼时，加称国王名号，即可护国免灾，国土安宁，人民欢乐；又可将男女画像置道场中，供养发愿，可长寿无病，易养易长。上述种种都说明了大理国的佛教文化与汉地有着十分密切的联系。

五、《启请》中的经法系

（一）护国法："护国启请次第"和《仁王念诵仪》

"护国法"是唐密中极其重要的大法，也是不空译经的一个极为重要的思想。这一大法也体现在了"护国启请次第"中。

---

〔1〕《大正藏》，第18册，第196页上。

〔2〕《大正藏》，第20册，第448页上。

〔3〕李玉珉：《张胜温〈梵像卷〉之观音研究》，《东吴大学中国艺术史集刊》第15期，台北故宫博物院出版组，1987年，第239—240页。

〔4〕次第中的仪轨记载与《叶衣观自在菩萨经》中记载基本吻合，连身色也一致，皆是青绿色。

该次第起首云"先请佛文^{稽首般若}_{大佛母}。次请五方菩萨……"这个"请文"抄于大理国写经《妙法莲华经卷七》（一）的背面。该经背面依次抄有《佛说摩利支天菩萨经》（下称"大理《摩利支天经》"）、《佛说金轮佛顶大威德炽盛光如来吉祥陀罗尼经》等。最末抄经之后有"至正二十九年"（1369）的题记。根据侯冲所赠照片显示，该题记之后所抄即有此"请文"。[1]

该"请文"云："稽首般若大佛母，利益一切诸□□。□悲□遍于十方，权现五方菩萨众……"。次第与"请文"中的"五方菩萨"，即出自不空译《仁王念诵仪》[2]中的"东方金刚手菩萨""南方金刚宝菩萨""西方金刚利菩萨""北方金刚药叉菩萨""中方金刚波罗蜜多菩萨"。这五方菩萨尊号（下仅以方位代称）也出现在了该次第中。依据次第，这五尊菩萨依次有"二轮"（法轮和教令轮，下称"法""教"）化现，即东：（法）普贤，（教）降三世；南：（法）虚空藏，（教）军荼利；西：（法）文殊，（教）夜鬘得；北：（法）威德药叉菩萨，（教）威怒净身；中：（法）转法轮菩萨，（教）不动尊。而"二轮"之化现出自《仁王念诵仪·第一明五菩萨现威德》。

在该次第中，依次有"十结印"（图3-4-5、图3-4-6），即"第一结佛部咒印^{观同，顶上}_{散，咒同}""第二结菩萨部咒印^{观顶}_{上散}""第三结金刚部咒印^同_观""第四三部护身咒印及真言安身五处^{额、右肩、左肩、}_{心、喉、顶上散}""第五结三部除魔^{用金刚部咒印，左、}_{转三匝，咒印同}""第六结请圣众降坛中，用前三部咒印""第七閼伽水^{咒曰：…oṃ}_{vajra daka hūṃ}""第八宝石座

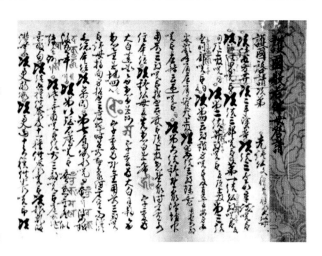

图3-4-5 "十结印"内容

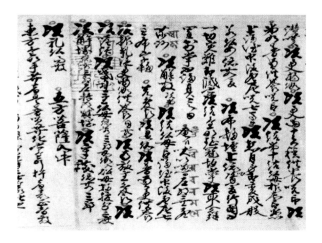

图3-4-6 "十结印"内容

〔1〕《妙法莲华经卷七》（一）和背面抄写的内容收于《大理丛书·大藏经篇》卷五（《大理丛书·大藏经篇》卷五，北京：民族出版社，2008年，第115—178页），但背面所抄内容收录有错简。
〔2〕《大正藏》，第19册，No.994。

咒印 $\underset{kamala~sv\bar{a}h\bar{a}}{...~om}$ "第九普通供养咒印""第十结
佛母根本印 $\underset{陀罗尼咒七遍}{安心上,诵经中}$"。此十结印及其附文皆
源自《仁王念诵仪》"十结印",[1]只是在结
印次第之中加入了观想等内容,如第六、第七
结印之间有"次请佛母观。先想白色晞hrīḥ
字变为大白莲花。花内想白色阿a字变为大
白月轮。轮内想金色地呬 $\overline{_{二合人}}$dhiḥ字变为圣
主……";次第中又有"布字轮"(即次第中
的"护国陀罗尼观行布字轮"),侯冲此前已
经指出是出自《仁王念诵仪》最末的"第五
陀罗尼观想布字轮"(图3-4-7)。[2]

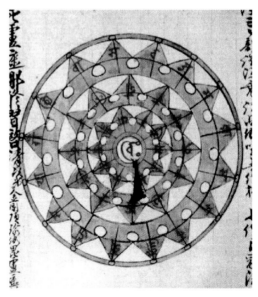

图3-4-7 第五陀罗尼观想布字轮

(二)阿弥陀法:"无量寿如来启请次
第"和《无量寿观行供养仪》

该次第冗长,通篇脱文于不空译《无量寿观行供养仪》,[3]只是在仪文之中添有迎请圣
主的观想仪式等,如"先想自心极乐世界内青色唵oṃ字变为八叶莲花。花内想虚白色阿字
a字变为虚白圆明。圆明内想纯金色弥mi字放纯金色光明……收光变为无量寿如来身"等。

现仅录开首和末文中的一段,如下:

表3-4-3

无量寿如来启请次第	无量寿观行供养仪
先请佛发愿文。次诵阿弥陀佛,真金色……次净法界咒印。	
次普礼咒印,那摩 $_{人}$些喋婆多他 $_{引}$伽多啵那曼陀曩迦噜弥namaḥ sarva tathāgatā pranamandanān karomi。	……想于一一佛菩萨前恭敬作礼。即诵普礼真言曰:唵 $_{引}$萨嚩怛他 $_{引}$蘖跢播 $_{引}$那满娜曩迦噜弽,即右膝着地合掌当心……又发愿言……然后结跏趺坐或半加坐,右押于左,以香涂手。 先结佛部三昧耶印,以二手虚心合掌……结印成已。想无量寿如来三十二相八十种好了了分明,即诵佛部三昧耶真言曰:唵 $_{引}$怛他 $_{引}$诚睹 $_{引}$纳婆 $_{合嚩}$耶袈嚩 $_{二合}$贺 $_{引}$,诵三遍或七遍,安印顶上散。……

---

〔1〕《大正藏》,第19册,第516页中—517页下。

〔2〕《大理国写经研究》(抽印本),第15—16页。

〔3〕《大正藏》,第19册,No.930。

续　表

无量寿如来启请次第	无量寿观行供养仪
次结三族咒印^{同并 观}。想金色阿 a 字为释迦牟尼佛^{自身 同佛}。想赤色唏 hrīḥ 字为观世音菩萨^{自身同 菩萨也}。想青色吽 hūṃ 字为金刚萨埵^{自身同金 刚萨埵也}。	次结莲花部三昧耶印，二手虚心合掌……结此印已，想观自在菩萨相好端严，并无量俱胝莲花族圣众围绕，即诵莲花部三昧耶真言曰：唵_引跋那谟^{二合}纳婆^{二合}嚩_引耶娑嚩^{二合}贺_引，诵三遍或七遍。加持安印于顶右便散。…… 次结金刚部三昧耶印，二手左覆右仰……结印当心，想金刚藏菩萨相好威光，并无量执金刚眷属围绕，即诵金刚部三昧耶真言曰：唵_引嚩日嚧^{二合}纳婆^{二合}嚩_引耶娑嚩^{二合}贺_引，诵三遍或七遍。加持安印于顶左便散。……[1]
……（作观）	
次结被甲护身印^{二小指、二无名指右押左，内相又，二中指直竖，头相柱。二头指屈如钩势，勿令相着。势，勿令相着。二大母指并竖，捻无名指}，当心诵真言，安身五处，额、左右肩、心、喉。想一切有情皆被大慈悲金刚甲胄，离诸障难，一切诸魔不能侵近， 咒曰： 唵婆嵯其你啵泥跋多耶莎诃_引 oṃ vajra gri pradiptāya svāhā。	次结被甲护身印，二小指二无名指，右压左，内相又……结印当心诵真言。印身五处，各诵一遍。先印额，次右肩，次左肩，印心及喉。是为五处。即起大慈悲心遍缘一切有情。愿皆被大慈悲庄严甲胄，速令离诸障难，证得世间出世间上上殊胜成就。如是观已，即成被金刚甲。一切诸魔不敢障难。护身真言曰：唵_引嚩日啰^{二合}儗你_引钵啰^{二合}捻万叶_{反引}跋跢^{二合}野娑嚩^{二合}贺_引。[2]

表3-4-3中的咒印皆脱于不空译本，且根据不空译本我们可以知道该次第中的"三族咒印"为"佛部三昧耶印""莲花部三昧耶印"和"金刚部三昧耶印"。相应的，次第中的观想仪文，则是将释迦牟尼佛、观音和金刚萨埵作为三部部主，分别对应 a、hrīḥ、hūṃ 三个种子字。而在不空译本中并未提到要观想种子字，这一点该次第稍有不同。在观想法中，该次第还强调自身等同诸尊，这是典型的金刚乘瑜伽密教中"无二平等"的观想法门。不空译《圣观自在菩萨心真言瑜伽观行仪轨》中云："修瑜伽者，自身与本尊观自在菩萨身等无差别，如彼镜像不一不异"；[3]《仁王护国般若波罗蜜多经陀罗尼念诵仪轨（出金刚瑜伽经）·第四释陀罗尼文字观行法》中亦云："瑜伽者，能缘所缘，悉皆平等"。[4]直到后期无上瑜伽密典中亦是承袭了这一观想修习法门，如北宋施护译《佛说无二平等最上瑜伽大教王经第一》云："谛想自影像，等诸佛无异"、[5]"从是光明中出生诸仪轨，然想佛影

〔1〕《大正藏》，第19册，第68页上—68页中。
〔2〕《大正藏》，第19册，第68页中—68页下。
〔3〕《大正藏》，第20册，第6页上。
〔4〕《大正藏》，第19册，第518页中。
〔5〕《大正藏》，第18册，第515页下。

像及诸贤圣相，彼即成观想"。[1]这些经文即阐述了金刚乘瑜伽密教中自身与圣身"无二平等"的观想修习法门，二相同一相，自证菩提。

六、《启请》中的天王、忿怒明王（金刚）法

（一）摩利支天法："摩利支天启请次第"和《佛说摩利支天经》

该次第起首云"先请文"。这个"请文"加抄在前述大理《摩利支天经》[2]前。该写经是作为仪式文本的"摩利支天启请次第"的据本。

大理《摩利支天经》，署"不空三藏"译。对比经文，即为不空译《佛说摩利支天经》。[3]该经八句启请中的前两句云："仰启真空大佛母，释尊称号摩利支"。据此可知，摩利支天又是"佛母"，是"释尊"的化现。对此，"摩利支天启请次第"中有结印作观法，曰：

> 想毗卢遮那佛心中白色阿a字为月轮。轮内想金色摩ma字为摩梨支，结请咒印三遍：唵引摩㗚齐翳兮呬莎诃 oṃ mārije ehyehi svāhā。

这就是说"摩利支天"是"毗卢遮那佛"的化现，这与经前"请文"对应；另外，引文中的"咒"，即脱于不空译本："心真言曰：娜莫三满多没驮引南唵引摩引哩引唧引娑嚩贺引。"[4]

大理《摩利支天经》，以及上述"护国启请次第"中的"请文"一起抄写在1369年的诸抄经之后，但对应的次第揭示出这些请文，包括大理《摩利支天经》在内，至少可以上溯到大理国时期，本质上讲属于大理国写经。

（二）降三世明王法："降三世明王启请次第"和《圣贺野纥哩缚念诵轨》

该次第述有降三世明王的仪轨，仪轨的前后次第脱文于《圣贺野纥哩缚念诵轨》。但其中又多出作观内容，现节录如下：

---

〔1〕《大正藏》，第18册，第516页中。
〔2〕收于《大理丛书·大藏经篇》卷五，第179—185页。关于摩利支天的抄经，敦煌遗书中亦藏有数件，它们皆无经前启请文。大理《摩利支天经》从一个侧面反映出经本从汉地流入大理后表现出的一种地域特色。
〔3〕《大正藏》，第21册，No.1255。
〔4〕《大正藏》，第21册，第260页下。

表3-4-4

降三世明王启请次第	圣贺野纥哩缚念诵轨
先入道场，虔诚敬礼。次请佛发愿……次发菩提心……	
次结金刚合掌，右押左，相交 oṃ vajri hūṃ，速得十地自在。	次结金刚合掌印，二手十度，右押左，互相交合即成，真言：唵嚩日朗二合引惹哩。由结金刚合掌印，速得满足十波罗蜜，得十自在。
……	……
次结摧十种障，依前缚印，制指心上 oṃ vajra bandha ṭraṭ。	次结摧十种障金刚缚印，如前金刚缚。以印三度掔拍心上即成，真言曰：唵嚩日啰合满驮怛啰吒二合[1]
……	……
次结三昧耶咒印，结金刚缚，直竖二中指相合，	次结三摩耶印，如前金刚缚，直竖忍愿相合即成，
想自心中白色阿 a 字月轮内白色吽 hūṃ 字为金刚萨埵，自身同圣成就 oṃ samaya stvaṃ。更想金刚萨咄在于身中如水月镜，与身无二，为主宰。	诵真言一遍，真言曰：唵三去么野婆怛鑁二合，则观自身等同金刚萨埵处在月轮。又观金刚萨埵，在身前如镜中像，与身相对等无有异……即得于一切印，为主宰。[2]
……	……
次结请咒印……成降三世金刚吽迦罗身（接述明王仪轨）	
此是降三世金刚三摩地定咒，曰：oṃ sumbhani sumbhahūṃ gṛhṇa gṛhṇa hūṃ。	安印当心诵真言三遍，真言曰：唵逊婆去引顉逊婆去引吽短声后同亿哩二合莽拏亿哩二合莽拏二合跛野吽……吽发吒，由结此印，诵真言住此忿怒三摩地。[3]

表3-4-4中金刚合掌印 oṃ vajri hūṃ，脱变于"唵嚩日朗二合惹哩"（ oṃ vajrāṃ jari ）；降三世金刚三摩地定咒也是节略自右侧对应表格中的真言。此外，表中"自身同圣成就""与身无二"即是前文所述的"无二平等"的金刚乘瑜伽观想法门。

（三）蘖路荼王法："蘖路荼王启请次第""金刚鹙启请次第"和《萨路荼王经》

"蘖路荼王"，应即"揭路荼王"，《一切经音义》曰："揭路荼，上音羯梵语讹也。正梵音蘖噜拏，唐云金翅鸟王，古译云迦娄罗"。[4]因此，"蘖路荼王"即是"迦楼罗"。"蘖路荼王启请次第"（图3-4-8）中有"想白色阿 a 字变为大白月轮。轮内想□……□oūṃ

〔1〕《大正藏》，第20册，第157页下—158页上。
〔2〕《大正藏》，第20册，第158页上。
〔3〕《大正藏》，第20册，第161页中。
〔4〕《大正藏》，第54册，第499页下。

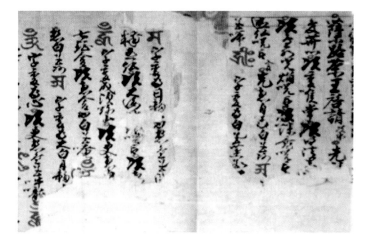

图3-4-8 "蘖路茶王启请次第"

字变为心。次更想金色吽咙hūūṃ□……□金刚鸷身"之句,何为"金刚鸷"?"金刚鸷启请次第"云:"次想大圣,身真金色,结跏趺坐。两翅鼓开,首戴花发,面状鸷,右手把九头四足蛇龙王,纯金色,庄严眷属围绕",该次第末又附"摄颂":"……会□蘖路茶王现,四钩问水与请些……",

可见二次第的本尊实同,即"迦楼罗"。

据《不空行状》中载:"(大历八年)五月奉敕,译萨路茶王经一卷",[1]"蘖路茶王""萨路茶王""揭路茶王"指向无差异,皆指"迦楼罗"。《萨路茶王经》,现已不存。因此,"金刚鸷启请次第""蘖路茶王启请次第"展现出了不空所传密法在大理国的遗存。

七、《启请》中的瑜伽观想法:"发菩提心"和"月轮观"

通过上文文本的对比、溯源,说明了不空所译经轨在大理国的流传,从一个侧面反映出唐密在当地的遗存。同时,我们发现诸次第有一共性,即皆有观想仪式,具体来说就是作"月轮观"。[2]实际上,这种"月轮观"几乎见于《启请》各个次第当中。"月轮观"是密教中一种重要的修行法门。此外,上文所引相关观想仪式又显示出《启请》中的观想皆在"月轮"中作"阿"字观,甚至首起"阿"字入观。此外,《启请》中的众多次第起首处还有"次发菩提心(咒印)"的仪式,仅上涉次第而言,即有"莲花部陀诃嘌摩启请次第""大悲观世音菩萨启请次第""普贤菩萨启请次第""降三世明王启请次第""摩利支天启请次第""金刚鸷启请次第"和"蘖路茶王启请次第"。

唐密金胎二界皆强调"发菩提心"和"月轮观"。胎藏界根本经典《大日经》的中心思想就是"菩提心为因,悲为根本,方便为究竟"。其中"菩提心为因"即是首句,是《大

---

[1]《大正藏》,第50册,第293下。

[2]"普贤菩萨启请次第"中有"次想满月轮中咒字oṃ samantabhādraya svāhā于咒上……收光还入种子字中,变成普贤菩萨";"莲花部陀诃嘌摩启请次第"中亦有"次并仰两掌,想二掌中各想白色阿a字,其字变成二白月轮。于月轮中各有白色hūṃ字变为五齿婆嗟。竖月轮中及自十指,想为五齿婆嗟,咒曰:唵,婆嗟阿他耶吽oṃ vajra athaya hūṃ"。

日经》的基本论题。[1]《无畏三藏禅要》中载："夫欲入大乘法者，先须发无上菩提心，受大菩萨戒，身器清净，然后受法"；[2]同时胎藏界亦强调"月轮观"，《大日经第三》中曰："行者观住彼，极圆净月轮"，[3]同经第七中载"又观彼心处，圆满净月轮"。[4]

尽管如此，《启请》中的"发菩提心"和"月轮观"却与金刚智及其弟子不空所传金刚界的密法更为接近。这是因为：

第一，不空译《真实摄经》中强调瑜伽观想，诸佛菩萨金刚等皆住现月轮内。观想月轮，则可获得与诸尊同体的感受。这正是《启请》的观想方式——在月轮（"圆明"）内观想种子字从而现出观想的诸尊，甚至先从自身心中观想出种子字为月轮（"圆明"），从而层层次第观想，现出观想对象。

第二，金刚界密法中，月轮观即菩提心观，所观所想的正是菩提心，[5]二者是融为一体的。不空之师，金刚智译《金刚顶瑜伽中略出念诵经》载"……以此密语，即想彼月轮极清净坚牢，大福德所成。于佛性菩提从所生，形状如月轮澄静……称名菩提心"；[6]不空延续了这一思想，其译《真实摄经》载"时彼菩萨复从一切如来承旨发菩提心已，作是言：如月轮彼形，我亦如月轮形见"；[7]而在《金刚顶发菩提心论》中不空说得更为明确"说此甚深秘密瑜伽。令修行者，于内心中观白月轮。由作此观，照见本心……我见自心，形如月轮。何故以月轮为喻？谓满月圆明体，则与菩提心相类"。[8]《启请》中众多次第即在起首部分"发菩提心"，又在仪式过程中又作月轮观，甚至将二者紧密联系在一起。仅举两例示意：一、上文所述及的"无量寿如来启请次第"中云："想如来清净菩提心中圆明，犹如如来月轮，照烛一切众生"，以及该次第末又载"次解散时结禅定印，想自身内有青虚圆明思惟菩提心，照烛诸有情离诸恶趣，无我众生，一相平等……"（图3-4-9）；二、上述"毗卢遮那修习启请次第"中表12载到"次满月轮结禅定印时澄心清净，想一切诸法^{陀是幻妄寂
灭，无是在才。} 真言曰：oṃ bodhicittā（菩提心）prativedhaṃ karomi"。

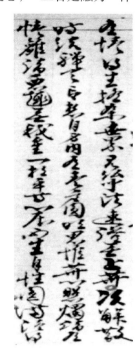

图3-4-9　无量寿如来启请次第

〔1〕　参见吕建福：《密教哲学的基本论题及其重要概念》，《世界宗教研究》2002年第1期，第87页。

〔2〕《大正藏》，第18册，第942页下。

〔3〕《大正藏》，第18册，第17页中。

〔4〕《大正藏》，第18册，第52页上。

〔5〕《密教哲学的基本论题及其重要概念》，第87页。

〔6〕《大正藏》，第18册，第237页中。

〔7〕《大正藏》，第18册，第208页上。

〔8〕《大正藏》，第32册，第573页下。

第三，"阿"字观。在金刚界体系里，"月轮观"与"阿"字观是一体的，"月轮观"亦是"阿字观"。当然，胎藏界也重视"阿"字义，《金刚顶发菩提心论》中就直接引述了《大日经》："夫阿字者，一切法本不生义。准毗卢遮那经疏释阿字，具有五义：一者，阿[短声]是菩提心……"[1]不空则进一步将"月轮观"，及"阿"字义结合了起来。《金刚顶发菩提心论》中云："所以观行者，初以阿字发起本心中分明，即渐令洁白分明，证无生智"；[2]"夫会阿字者，揩实决定观之，当观圆明净识"。[3]基于此，不空实际上是将"发菩提心"和"月轮观"，及"阿"字义三者有机地圆融一体，即"在瑜伽月轮观中融入了《大日经》及其疏释的思想"。[4]因此，"月轮观"就是"菩提心观"，就是"阿字观"。从本节所引据的次第，可以窥见《启请》中的观想主要就是这种以"阿"字起义，通达"菩提心"的瑜伽"月轮观"。

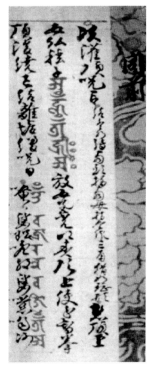

图3-4-10　毗卢遮那修习启请次第

八、金刚界五方佛种子字：a hūṃ trāṃ hrīḥ aḥ

《启请》是密教仪式文本，在诸多次第中均提及五佛五智，如"四印义"中载"想五佛蕴中出生五智五佛身也，想五佛种子"；[5]同时，亦有关于五佛种子字的记述，为a hūṃ trāṃ hrīḥ aḥ，如上述"毗卢遮那修习启请次第"（图3-4-10）。该五佛种子字亦见于《启请》的其他次第中，如"白盖如来启请次第"中载"五齿上想五佛种子a hūṃ trāṃ hrīḥ aḥ周遍法界……"；"□……□请次第[地轮灯道场内用，其坛排列圣位广部内]"中载"五齿上观五佛种子a hūṃ trāṃ hrīḥ aḥ"等。

《启请》中的"五佛"种子字与习知的金刚界五佛种子字"vaṃ hūṃ trāḥ hrīḥ aḥ"稍有差异。其中最大的不同是首位大日如来的种子字，前者是阿a字，后者是鑁vaṃ字。但这并非是大理国密教的特色，而是有汉地经典作为依据。

"阿"字可涵摄一切佛之种子字。《大日经疏》说"如经不载，当取梵名中最初字为种子字，或可通用阿字。"[6]而在不空译《莲华部心念诵仪》中亦有五佛印真言，其中五真言最后依

〔1〕《大正藏》，第32册，第574页上。
〔2〕《大正藏》，第32册，第574页上。
〔3〕《大正藏》，第32册，第574页中。
〔4〕《中国密教史》（修订版），第362页。
〔5〕云南省图所藏残叶之一还有"五佛共契稽请"之次第名，但仪文已阙失。
〔6〕《大正藏》，第39册，第641页下。

次是"阿^{去引}""吽""怛 略^{二合}""顶唎^{二合}""噁"，[1]即āḥ、hūṃ、trāḥ、hrīḥ、aḥ。可见金胎二界在教法上也可以"阿"字为大日如来的种子字。此五佛种子字和《启请》中的五佛种子字就十分接近了。总而言之，种子字并非完全固化，《启请》中的五佛就是唐密中的金刚界五方佛，种子字本质上无甚差别。

九、结　语

通过对《启请》的整理和综合研究，进一步证明了大理国密教与汉地密教有着极为紧密的联系。《启请》展现出了与不空所传教法相关的唐代密教在大理国的遗存。经过比对，这些次第大多都脱文于唐密汉译经轨，形态上正如"次第"一词的含义，是一种仪式纲要，记述上显得更为概略，一些详细的内容则被省略，我们甚至只有结合这些据本，才能知道各仪式的具体内容。

在教法上，总体而言，《启请》以唐代瑜伽密教为主，[2]尤其是不空所传的金刚界教法在《启请》中得到了很好的体现，其中包含了金刚界"五智五佛"并金刚界九会曼荼罗中的核心教法。此外，不空发展出的"阿字月轮观"几乎贯穿了整个《启请》，行法中自身与本尊同体无二的作观法门也属于唐密金刚乘中的瑜伽观想法门。

不仅如此，《启请》还反映出大理国接收、保留了不空传法中最为重要的"护国法"。而唐代在会昌法难后内道场即便停废，甚至密教也受到了严重的打击，在汉地没有了明确的传承。[3]但《启请》中的"护国法"说明云南地区直到大理国时期还沿袭了唐密中的遗风，设有专门服务于王室的内道场。从《启请》中还可以看出一些本见载于唐本文献，但汉地现已不存的经典也曾传入大理国，如《萨路荼王经》。凡此种种，无疑更加说明了大理国密教与汉地密教紧密交流的史实。而从更广阔的历史视角上来看，《启请》还折射出与敦煌写本的呼应关系，例如《大悲启请》也出现在了《启请》中。[4]大理与河西地区是互不相通的边陲之地，这正说明了二者有着共同的佛教文化主体源头——唐代密教。

---

〔1〕《大正藏》，第18册，第306页上。
〔2〕 当然也有汉地入宋后在瑜伽密教的基础上发展出的大瑜伽密教的特色，这不在本节讨论。
〔3〕 参见《云南与巴蜀佛教研究论稿》，第23页。
〔4〕 还有诸如《启请》中的"大威德炽盛光如来启请次第"，起首注文"稽首五星尊重主文"，这即是见于黑水城的西夏汉文本《佛说金轮佛顶大威德炽盛光如来陀罗尼经》前的启请文，该经的大理本就是前文所提及的《佛说金轮佛顶大威德炽盛光如来吉祥陀罗尼经》。这说明抄于"至正二十九年"（1369）的大理本实际上至少在大理国时期就已流布。

第五节　大理国密教佛王信仰与禅宗传持的密化

——关于《梵像卷》"南无释迦佛会" 祖师图序义蕴的再议

　　宋时大理国张胜温《梵像卷》绘于盛德五年（1180）左右，现藏于台北故宫博物院。该卷绘有众多佛、菩萨、金刚（明王）等像，并连续绘有大篇幅的佛会图，是研究大理国宗教文化及其艺术的重要图像资料。本节所涉为"南无释迦佛会"图中的"十六祖师"图序。[1]

　　在此前学界对"南无释迦佛会"图的研究中，以李玉珉先生的《〈梵像卷〉释迦佛会、罗汉及祖师像之研究》最为深入、最具代表性。[2]李氏将错简的十六罗汉图序重新排序，使其恢复原貌，并根据相关经典，指出十六罗汉是佛涅槃后佛法的护持者，故出现在佛会图中。同时又从图像学和文献学的角度对祖师图序做了深入的研究，并考证出第51—55页所绘的"张惟忠"、"贤者买□嵯"（即李成眉）、"纯陀大师"、"法光和尚"及"摩诃罗嵯"（隆舜）等五人即是云南禅宗五祖。同时，指出祖师图序中以西天二祖——中土七祖——云南五祖的连续相接的方式，构成了一组"传法定祖图"，以此表明云南禅宗法源的正统性。但文中也认为隆舜之后所接的密僧赞陀崛多和沙门□□与禅宗系统无关，这样安排只是因画面对称的需要，形成"十六"祖师对应"十六"罗汉的画面格局。随着近年来新材料的发现、整理和公布，我们对该佛会中"祖师图序"的义蕴又有了新的理解。

---

〔1〕"南无释迦佛会"图以作说法印的释迦牟尼佛为中心，左侧绘有十六罗汉像，右侧绘有西天二祖、中土七祖和云南五祖，及赞陀崛多并沙门□□。释迦牟尼仰莲座顶端两侧绘出赤黄白紫色光，将左侧的第十六罗汉像和右侧的禅宗祖师图系连接在一起，构成了一个完整的佛会图。侯冲进一步认为《梵像卷》第7—57页（除了其中错简的第9—10页）都是佛会图的内容，其中除了主尊释迦佛、十六罗汉及禅宗祖师外，还包括了左执金刚、右执金刚、八大龙王、天王帝释、梵王帝释等。见侯冲：《大理国对南诏国宗教的认同——石钟山石窟与〈南诏图传〉和张胜温绘〈梵像卷〉的比较研究》，载侯冲著《云南与巴蜀佛教研究论稿》，北京：宗教文化出版社，2006年，第132页。因此，可以看出，"南无释迦佛会"本质上就是一个佛陀说法、神众云集的佛海会道场。

〔2〕李玉珉：《梵像卷释迦佛会、罗汉及祖师像之研究》，载台北故宫博物院编：《八十年艺术文物讨论会》，台北故宫博物院，1992年，第195—219页。

而在重新审视"祖师图序"义蕴之前，又有必要先阐明图序中最关键的一个人物——云南禅宗第五祖隆舜的佛教信仰形态。

一、"南无释迦佛会"中的隆舜：显密信仰的圆融

（一）隆舜（"摩诃罗嵯"）的禅宗信仰：在佛会图中的两次出现

"摩诃罗嵯"即南诏第十二代国主隆舜，其形象在"南无释迦佛会"中出现过两次：第一次是佛会右下角供养人的形象（图3-5-1），[1]其胡跪于案前，双手合十，胸口一缕金丝穿过掌心，与释迦佛所坐大莲花的花瓣相绕，以此表示释迦付法传衣图实则是隆舜心中之想，其与佛祖心心相印；再一次则出现在该佛会之右侧祖师图序中，接第54页法光和尚而绘，题榜上墨书"摩诃罗嵯"（图3-5-2）。[2]此二处隆舜皆垂髻插簪，双耳饰环，且上身袒露，下着短裙，并都以右膝跪地、双手合十的形象出现。而祖师图序中隆舜身后还绘有二侍从，一人持仪仗，一人持净瓶和拂尘。法光和尚为云南禅宗第四祖，隆舜和法光和尚相向而绘。法光和尚盘坐于禅师椅上，右手作说法印，而隆舜的形象则表现他正神情专注地虔心听法——其意是在表现法光和尚付法于隆舜。那么隆舜自然就受法光和尚付嘱，成为云南禅宗的祖师。[3]祖师图像显示，至少南诏晚期，禅宗也传入大理地区，并被王室接纳。同时也显示出隆舜的佛教信仰也包含禅宗在内。

图3-5-1 佛会右下角供养人"摩诃罗嵯"

（二）隆舜"无二平等"的密教观音佛王信仰

1. 隆舜的观音佛王信仰："灌顶升位"后的"摩诃罗嵯"

"南无释迦佛会"图向我们透露出隆舜的禅宗信仰。但我们所习知的是，隆舜钦奉密

〔1〕 图3-5-1采自郑志扬惠赠高清电子图版。
〔2〕 图3-5-2采自郑志扬惠赠高清电子图版。
〔3〕 李玉珉：《梵像卷释迦佛会、罗汉及祖师像之研究》，第210页。

图3-5-2 祖师图序中的"摩诃罗嵯"

教,尤其是密教观音信仰。其中最显著的是他崇奉"阿嵯耶"观音,[1]亦自称"摩诃罗嵯耶"。所谓"嵯耶"即"阿嵯耶"观音之简称,隆舜于公元889年亦将自己的年号改成了嵯耶,即取其"阿嵯耶"观音之名号作为年号。而这里的"摩诃罗嵯耶"就是"摩诃罗嵯"和"嵯耶",它们都是指隆舜。[2]换言之,隆舜既可以是"摩诃罗嵯",又可以是"嵯耶"。那么,何为"摩诃罗嵯"?

"摩诃罗嵯"源自梵音mahārāja,即"大王"之意。贵霜王在使用佛教转轮王称号之时,也使用印度"大王"的称号,作为说明自己为转轮王的一种称号。[3]《南诏图传》中,隆舜旁亦书有"摩诃罗嵯土轮王担界谦贱四方请为一家"的题榜。很显然,"摩诃罗嵯"即是指自己就是转轮王中的"土轮王"。因此,可以看出隆舜自号"摩诃罗嵯耶"时,既在宣布他是转轮王中的土轮王,又在宣布他是阿嵯耶观音,这即是南诏晚期确立的密教观音佛王信仰。[4]这种信仰即是说隆舜在以转轮王"摩诃罗嵯"之名治国时,也以观音的面貌面世,也就是说以观音佛王信仰治世。这种同时以转轮王之名及观音面貌统治世间的帝王,就是观音佛王治世的特征。[5]换言之,在观音佛王信仰下,转轮王、观音和王者(隆舜)已被认为是合体的了。

那么,转轮王与王者之间如何圆融转换?《四十华严》中强调须"灌顶升位"而"作

〔1〕《南诏图传》中就绘有隆舜面向阿嵯耶观音的合十立像,其后有二侍从,皆一手持拂尘,一手持净瓶,这与《梵像卷》"南无释迦佛会"右侧祖师图序中的隆舜画面类似。

〔2〕侯冲:《南诏观音佛王信仰的确立及其影响》,载侯冲著:《云南与巴蜀佛教研究论稿》,北京:宗教文化出版社,2006年,第28页。

〔3〕[新]古正美著:《从天王传统到佛王传统——中国中世佛教治国意识形态研究》,台北:商周出版社,2003年,第444页。

〔4〕《南诏观音佛王信仰的确立及其影响》,第29页。

〔5〕《从天王传统到佛王传统——中国中世佛教治国意识形态研究》,第441页。

转轮王"。[1]"灌顶"是王者升"转轮王"位或"佛王"位的一个重要且必不可少的密教仪轨。《宋高僧传》中也有唐不空"续诏入内立坛，为帝灌顶"，[2]以及为唐肃宗"七宝灌顶"，将其登上"转轮王"位的记载。[3]正因为通过"灌顶"登上"转轮王"位的传统历来已久，因此在《南诏图卷·文字卷》中才提道："至嵯耶九年丁巳岁，圣驾淋盆。"[4]"淋盆"即灌顶，"南无释迦佛会"中在隆舜身后绘侍从持仪仗、拂尘、净瓶的图像，表现的正是为王者"灌顶"的仪式。

大理国写经《金刚大灌顶道场所用支给次第》中又云：[5]

> 据敕正月八日早朝于含清殿开结大灌顶道场一期，支给所用料度具前如后。庞爽下一内道场中用灌顶佛一帧，如无者，海会佛亦得。金刚藏菩萨一帧、不空王观音一帧、法观音□莲花部观音一帧、羂索观音亦得、一百八海会□□一部、五佛、四钩请、八供养、□坛□一部，别画光帝天神并侍从等一帧、甲胄金刚八躯、甲胄神王八躯、四天王幡四口、神王幡二十四口……萨埵院内要金刚萨埵一帧、火天神一帧、十方神一部、五佛地贴一部、四佛母地贴一部……[6]

可见在为皇帝灌顶的仪式中，需要礼请如此众多的神祇云集道场。这里值得注意的是，《次第》中说灌顶道场中不仅需要请金刚藏菩萨、不空王观音、法观音□莲花部观音（或羂索观音），以及五佛、四诵请、八供养、帝天及侍从、金刚、神王、天王、金刚萨埵、火天神、十方神等神祇，同时也直接指明还需"一百八海会□□一部"，并且说"灌顶佛"可以用"海会佛"置换。因此，开结的这个灌顶道场其实就是一个"佛海会"道场，这个灌顶道场仪也可以视为海会道场仪。其主尊自然是"海会佛"。因此灌顶仪式是可以和海会道场相结合的。既然王者需要经过灌顶仪式才能成为转轮王，而灌顶仪式又可以在海会道场中进行，故而，在《梵像卷》"南无释迦佛会"中就出现了示意为"摩诃罗嵯"隆舜"灌

〔1〕 CBETA电子佛典2018，T10，No.293，p.794c07—p.794c08（后略"CBETA电子佛典2018"）。

〔2〕 T50，No.2061，p.712c12—712c13。

〔3〕 T50，No.2061，p.713a01—713a03。

〔4〕 "中国哲学书电子化计划"（https:// ctext.org/ zhs）检索。

〔5〕 《金刚大灌顶道场仪》，现藏云南省图书馆。现存卷七、卷九至十一以及卷十三。署"大理摩伽国三藏赞那屈多译"，卷十三末有"大明建文三年（辛）已岁三月十一日大理赵州五峰寺僧比丘释妙真为法界有情造，习密阿左梨不动金刚书文，回向无上菩提者"的题记。侯冲根据仪文内容和其中出现的"布燮""坦绰"等南诏大理国特有的相当于唐时宰相的官名，指出现存该道场仪是明初抄本，其底本编纂于大理国时期，并非梵文佛典的汉译本，"大理摩伽国三藏赞那屈多译"则是明人抄写时加上去的，该道场仪实则属于传抄的大理国写经。见侯冲：《大理国写经研究》，载侯冲著：《"白密"何在——云南汉传佛教经典文献研究》，桂林：广西师范大学出版社，2017年，第157页。

〔6〕 杨世钰、赵寅松、郭惠青等主编：《大理丛书·大藏经篇》卷三，北京：民族出版社，第686—687页。

顶"的图像仪式。

《灌顶圣上每年正月十五早朝略灌顶次第卷十》中又云："次更想水三度内本尊种随色入法身内,变凡身成圣身也……成遍照身也"。[1] 这进一步说明,为皇帝灌顶的意义不仅是让其成为转轮王,同时也让其成为佛(大日遍照佛,即大日如来)。而南诏大理国时期出土的佛塔梵文砖上多有"释迦佛祖化观音,佛内之名如来佛。天下佛有迦蓝神,如来观音迦蓝咒"的偈诵,[2] 这说明佛祖可以化成观音,也就是说当皇帝灌顶成为佛王时,也就意味着可以转化为观音。这就是上述"转轮王、观音和王者(隆舜)"被认为圆融一体的义理基础,也就是隆舜之所以自号"摩诃罗嵯耶"的原因。日人大村西崖著《密教发达志》中阐述道:"惟金轮佛顶者,佛与国王之合成,出于会融王、佛二法之思想。"[3] 所谓"金轮佛顶",就是唐《大妙金刚佛顶经》中的金刚顶"佛顶轮王",这也反映出了"佛(神)、我一体""佛(神)、我合体"的思想。

2. 这种信仰的本质是金刚乘瑜伽密教观想法门中的核心思想——"无二平等"

上述这种"佛我一体,无碍融通"的"佛王"思想实际上就是金刚乘瑜伽密教中"无二平等"的观想法门。这是南诏大理国王者佛王信仰的本质。

唐善无畏述、一行录著的《大日经疏第三·入曼荼罗具缘真言品第二》中云:"于平等心中修曼荼罗行";[4] 不空译《圣观自在菩萨心真言瑜伽观行仪轨》中云:"修瑜伽者自身与本尊观自在菩萨身等无差别,如彼镜像不一不异";[5]《仁王护国般若波罗蜜多经陀罗尼念诵仪轨(出金刚瑜伽经)·第四释陀罗尼文字观行法》中亦云:"瑜伽者,能缘所缘,悉皆平等"。[6] 后北宋施护译大瑜伽密典《佛说无二平等最上瑜伽大教王经第一》云:"谛想自影像,等诸佛无异"[7]"从是光明中出生诸仪轨,然想佛影像及诸贤圣相,彼即成观想"。[8] 这些经文即阐述了瑜伽密教中佛身与自身"无二平等"的观想修习法门,其二相同一相,自证菩提,即身成佛。

大理国写经《通用启请仪轨》中亦云:"瑜伽行者持此真言,自作此想:我心中有一切智,洞达无碍。复次若行者贫乏,不办图画本尊形象,但随取一佛像或菩萨像,对佛塔前,系心而住,想念佛像,心不散乱而常寂然,即贤圣无异。若得系心鼻端,为最上品,便同诸

〔1〕《大理丛书·大藏经篇》卷三,第606页。

〔2〕李东红著:《白族佛教密宗阿叱力派研究》,昆明:云南民族出版社,1999年,第74页。

〔3〕[日]大村西崖著:《密教发达志》上册,台北:武陵出版有限公司,1993年,第295页。

〔4〕T39,No.1796,p.611a06。

〔5〕T20,No.1031,p.06b01-06b03。

〔6〕T19,No.994,p.518b05。

〔7〕T18,No.887,p.515c13。

〔8〕T18,No.887,p.516b22-516b24。

圣入定无异"，[1]又云："能入正定及自身心同观世音菩萨"等，[2]可见其思想从中原传入云南一脉相承。《南诏图传》颂辞中载："至武宣帝摩诃罗嵯，崇像教真宗，自获观音之真形……"[3]这里即是说隆舜已有与（阿嵯耶）观音同体的体验，[4]他所进行的即是瑜伽密教中"本尊"与"自我"（"瑜伽行者"）"无二平等、圆融一体"的观想修习法门。

（三）"南无释迦佛会"和"佛王信仰"的新视角：禅、密的契合

上文之所以费墨于隆舜的"观音佛王信仰"，实际上是为了回到"南无释迦佛会"和佛会中隆舜的关系上来。

首先，隆舜通过佛会，也就是海会道场中的灌顶仪式表现出以密教观音佛王信仰治世的思想。这种思想下的转轮王、观音和王者被认为是相互合体的，这种"佛我一体"的思想实质就是金刚乘瑜伽密教中的重要观想法门。

其次，隆舜两次出现在禅宗的传承谱系中。第一次以一缕金丝将隆舜和释迦付法传衣图相连，表示其心中所想，即为佛祖心传妙法。虽然这表现的是禅宗传法，但这不正与瑜伽密教行修以及密教观音佛王信仰中自我和本尊"无二平等、圆融合一"的观想法门殊途同归吗？实际上二者都是以"'佛''我'圆融一体"的法门作为思想基础。这就是在禅宗传法图中又出现具有密教观音佛王"灌顶"图像仪式的契合点。而第二次隆舜则被作为云南禅宗第五祖，其后紧接的是南诏历史上所谓的"国师"——密僧赞陀崛多。可见隆舜前启禅宗祖师，后承密宗上师——他既接受禅宗传法，又以密教观音佛王信仰治世，自号摩诃罗嵯耶。这昭示了他圆融无碍、显密兼修的佛教信仰。

当然，《梵像卷》绘于大理国时期，而图像中所绘的是南诏晚期隆舜的形象。但大理国与南诏佛教文化一脉相承，同为以佛教治国的政权，前者对后者极具认同感。《梵像卷》中的"梵僧观世音""建国观世音""真身观世音"（阿嵯耶观音）等图像的蓝本都出自南诏。而且，据李霖灿先生研究，隆舜"摩诃罗嵯"的封号至少从隆舜起直到大理国末帝段兴智止，都是一直存在的。[5]此外，佛王治世的思想在大理国时期依旧盛行，《梵像卷》中多处绘有"转轮王七宝"，第115页还绘有"大圣三界转轮王众"。因此，虽然"南无释迦佛会"图中描绘的是南诏晚期隆舜的形象，反映的是隆舜的佛教信仰，但也同样可以映射

---

〔1〕 根据云南省图书馆"古籍数字图书馆"高清电子图版录。该段直接出自唐般若译《诸佛境界摄真实经》，见T18，No.868，p.282a02—282a07。

〔2〕 根据云南省图书馆"古籍数字图书馆"高清电子图版录。

〔3〕 "中国哲学书电子化计划"（https://ctext.org/zhs）检索。

〔4〕 《从天王传统到佛王传统——中国中世佛教治国意识形态研究》，第446页。

〔5〕 李霖灿著：《南诏大理国新资料的综合研究》，"中研院"民族学研究所编：《"中研院"民族学研究所专刊之九》，1967年，第56页。

出大理国时期的佛教信仰形态——显密圆融。

二、圆融的背后进一步反映的是禅宗传法的密化

（一）隆舜是祖师图序中衔接显密祖师的过渡式人物，反映出禅宗密化的思潮

因大理国时有道悟、玄凝、皎渊等禅师的活动，所以较南诏时禅宗有了更多的发展。因此，在《梵像卷》中出现祖师图序并不为奇。而且，在强调所承法源正统性的同时，将中土七祖置于西天初祖、二祖和云南五祖之间，让西天法源通过中土再衔接至云南，从而形成了一脉相承的图序格局。

但更值得考量的是将禅宗谱系与密宗僧侣衔接的图像安排。上文指出隆舜既心受禅法，又秉承密教的观音佛王信仰，将瑜伽修法中"'佛''我'无二平等"的观想法门也圆融于禅宗的供法中，这样的图像安排显示了他显密兼具、圆融无碍的信仰方式。这就使隆舜成为图序中的一个重要的过渡式人物——通过显密信仰圆融的人物（隆舜），将禅宗谱系和密宗僧侣相衔接。我们认为这一图像安排与"晚唐"五代时汉地佛教经忏信仰中禅宗密化的思潮相关，表现出了禅密合流的信仰变化。也就是说，隆舜之后所接密宗僧侣的图序实际上有其内在的义蕴，并非只是为了凑满"十六位"僧侣与"十六罗汉"对应。

（二）晚唐五代水陆忏仪《金刚峻经四十二种坛法仪则》中禅密合流的传法谱系为祖师图序中禅宗传持密化的义蕴找到依据

我们在一本由晚唐或五代时由中国僧人假借不空之名所撰的忏仪《金刚峻经四十二种坛法仪则》中找到禅宗传持密化的依据。[1]其卷四载：

> 大迦叶临般涅槃，付正法眼已，法付嘱第二代付法藏人圣者阿难。
> 阿难化缘将毕，临般涅槃，付正法眼已，法付嘱第三代商那和修。
> 商那和修从阿难承受付嘱，登大毗卢金刚界，得证无上菩提。商那和修化缘将

---

[1] 本忏仪全名为《金刚峻经金刚顶一切如来深妙秘密金刚界大三昧耶修行四十二种坛法经作用威仪法则　大毗卢遮那佛金刚心地法门密法戒坛法则》，未收录于历代藏经。现由侯冲整理，收录于方广锠主编：《藏外佛教文献》第二编，总第十一辑，北京：中国人民大学出版社，2008年。本忏仪原属水陆法会仪轨，前三卷叙述各种坛法仪则，第四卷叙述传法世系，可以看出本忏仪显密兼备，既有不空所传金刚部的密宗教法内容，又有僧侣自己对禅宗灯史的理解，是"研究禅宗密教化、华严宗密教化、密教中国化和早期佛教科仪的重要资料"。见侯冲撰本忏仪之"题解"，载《藏外佛教文献》第二编，第17—20页。

毕,临般涅槃,付正法眼已,法付嘱第四代付法藏人圣者优婆鞠多。

……

菩提达摩圣者在八地菩萨位时,从天亲菩萨承受一代士教法,登大毗卢金刚界,承受付嘱,得证无上菩提。菩提达摩圣者化缘将毕,临般涅槃,付正法眼已,法付嘱第廿九代付法藏人圣者惠可禅师。俗姓姬,武平人也。

惠可禅师圣者在八地菩萨位时,从菩提达摩圣者承受一代士教法,登大毗卢金刚界,承受付嘱,得证无上菩提。惠可禅师圣者化缘将毕,临般涅槃,付正法眼已,法付嘱第卅代付法藏人圣者璨禅师。圣者不道名姓。

璨禅师圣者在八地菩萨位时,从惠可禅师承受一代士教法,登大毗卢金刚界,承受付嘱,得证无上菩提。璨禅师圣者化缘将毕,临般涅槃,付正法眼已,法付嘱第卅一代付法藏人圣者道信禅师。圣者俗姓司马,河内人也。

道信禅师圣者在八地菩萨位时,从璨禅师圣者承受一代士教法并袈裟,登大毗卢金刚界,承受付嘱,得证无上菩提。道信禅师圣者化缘将毕,临般涅槃,付正法眼已,法付嘱第卅二代付法藏人圣者弘忍禅师。圣者俗姓周氏,黄梅人也。

弘忍禅师圣者在八地菩萨位时,从道信禅师承受一代士教法并付袈裟,登大毗卢金刚界,承受付嘱,得证无上菩提。弘忍禅师圣者化缘将毕,临般涅槃,付正法眼已,法付嘱第三十三代付法藏人圣者韶州僧没惠能禅师。圣者俗姓卢氏,范阳人也。

惠能禅师圣者在八地菩萨位时,从弘忍禅师圣者承受一代士教法并传袈裟,登大毗卢金刚界,承受付嘱,得证无上菩提。惠能禅师圣者临般涅槃,付嘱后代修行菩萨密传佛心印,秘密宣传,不令虚妄,直须苦行,苦节修行,莫生懈怠放逸,堕落三涂。从上过去诸佛苦行修行,尽经三无数劫,六度万行,具修诸度,递代相承,密传心印,递相付嘱,令法久住。

世有三种沙门,如何是三种沙门?第一是持明大教,是说道沙门;第二是传持经论,是活道沙门;第三是不习经论,拨无因果,懈怠放逸,是坏道沙门。

告诸大众,后代修行菩萨,要修无上速证菩提,直须至心修持《最上大乘深妙秘密金刚界大三昧耶总持大教王成佛经》并四十二种坛法,昼夜六时,苦行修持,不令间断,直趣无上菩提。[1]

"南无释迦佛会"中先绘西天初祖、二祖,之后绘西天第廿八祖,也就是中土初祖达摩祖师。从达摩祖师到慧(惠)能的传承图序就是按照引文中的传承顺序而绘制的。只不

---

[1]《藏外佛教文献》第二编,第105—114页。

过《梵像卷》中将神会绘于六祖慧能之后,视其为中土第七祖。[1]

虽然本段引文是在叙述从西天到中土的禅宗传承谱系,但是从西天初祖、二祖之后,所传承者均"登大毗卢金刚界,承受付嘱,得证无上菩提",其中就蕴含着禅宗密化的思想。这一思想在文末表露无遗,引文中没有明确说慧能之后的传承,而是说"付嘱后代修行菩萨密传佛心印,秘密宣传"及"递代相承,密传心印",这显然与密教传持相近。最后还强调"要修无上速证菩提",只要直接修持此忏仪所述的《最上大乘深妙秘密金刚界大三昧耶总持大教王成佛经》和相关坛法即可。从经名我们便可知此经属瑜伽部密典,并且在末段之前的仪文中咸曰"得证'无上菩提'",而末段中却曰"要修'无上速证菩提'",多出"速证"二字,此即密宗强调的"三密加持""即身成佛"的思想。所谓"昼夜六时,苦行修持,不令间断,直趣无上菩提",与密教修持中认为的一旦修得"三密加持",便可"即身成佛"类似。

此忏仪的编撰时代正处于中土由唐入宋之际,也是中国信仰性佛教,或叫忏仪佛教大规模发展的时期。滥觞于南北朝时的忏仪佛教,经过唐时的发展,至宋时到达一个高峰,并成为唐宋以降汉地佛教发展的一大主流。忏仪中禅宗传持的密化说明了忏仪佛教,或叫经忏信仰的圆融性。显密的充分交融,这不仅是教义上的方便,更是为方便世俗而进行的一种佛教形态的整合。对于这种圆融性,辽陈觉在为辽代成书的《显密圆通成佛心要集》所作的《集序》中直接称这种圆融性为"圆宗"。[2]而《显密圆通成佛心要集卷下》认为有"上上根"者,应要显密双修,不以普贤行愿及不修三密门,则不能成佛,其曰:

> 若双依显密二宗修者,上上根也。谓心造法界帝网等观,口诵准提六字等咒。此有二类:一久修者,显密齐运;二初习者,先作显教普贤观已,方乃三密加持。或先用三密竟然后作观。二类皆得。余虽下材心尚显密双修。故仁王般若陀罗尼释,并仁王仪轨皆云:若不修三密门,不依普贤行愿,得成佛者无有是处。又华严经字轮仪轨云:夫欲顿入一乘修习毗卢遮那法身观者,先应发起普贤行愿。复以三密加持身心,则能悟入文殊师利大智慧海。是知上根须要显密双修,中下之根随心所乐,或显或密科修一门皆得。[3]

---

〔1〕 神会是禅宗菏泽派的创始人,他曾斥责神秀所倡之北宗渐顿,认为南宗顿教为禅宗正法,正式建立六祖慧能在中土禅学史上的地位。唐德宗时又敕命立神会为禅宗七祖,并御制七祖赞文。见《梵像卷释迦佛会、罗汉及祖师像之研究》,第206页。

〔2〕 T46,No.1955,p.989b17~989b28。

〔3〕 T46,No.1955,p.999a09~999a21。

同时认为密可显说，即"今密部一切神咒，当显教中所诠法也。实而论之具含能所诠。一切神咒说文，当显教中能诠言也"。[1]故此《显密圆通成佛心要集卷下》认为禅宗亦可密说：

> 今又说真言总含三藏，即知真言备含一切禅定之门。何以今时禅者不许持咒耶？答云准诸传记。竺天华夏，古来禅德众善奉行，何况神咒是无相定门诸佛心印耶！故白伞盖陀罗尼颂云：开无相门圆寂宗，字字观照金刚定。又云：瑜珈妙旨传心印，摩诃衍行总持门。如龙树菩萨准传灯录，是西天禅宗第十四祖。节略持明藏经，弘扬准提神咒。一行禅师是中夏圣人，赞述神变真言。智者禅师得宿命通，广示持咒轨仪。契符禅师，人问最上乘法，直教持诵密言。古来禅师岂不许持咒耶？又禅宗既说一切诸法皆是真如，持诵真言岂非是真如耶？今有或禅或讲，见弘密咒。[2]

《显密圆通成佛心要集卷下》对禅师持咒的论述与《金刚峻经四十二种坛法仪则卷四》最后强调的"密传佛心印，秘密宣传"的思想可以说是殊途同归。这说明"晚唐"五代至宋时期禅宗以此时中土佛教显密圆融思想为基础，确实出现过禅密合流的思潮。《显密圆通成佛心要集》作为辽宋之际阐述显密二教圆融思想的主要论著，出现在了《金刚峻经四十二种坛法仪则》之后，这说明禅宗密化的思想早于入宋，至少在晚唐五代就业已出现。而入宋以后又得到了充足的发展。在此之前，由于与显密兼容的忏仪相契合，因此禅密合流的思想早已被吸收到水陆仪轨中去了。

禅宗至少南诏晚期就已经进入云南，至大理国时期，禅宗又得以进一步发展。晚唐至宋之际禅宗传持的密化或禅密合流的信仰风向也浸淫到大理国。《梵像卷》祖师图序中形成的在云南禅宗四祖后承接本身具有密宗传持的第五祖隆舜以及密僧赞陀崛多和沙门□□的图序是最直接的例证。按照忏仪《金刚峻经四十二种坛法仪则》中的禅宗传承，第六祖慧能之后就付嘱后代传持要"密传佛心印"，但是《梵像卷》中还是在中土七祖之后安排了云南四祖，并没有直接接有密宗信仰的隆舜等祖师，这不过是在特意强调法源的正统性，表示与汉地一脉相承。和隆舜一样，云南四祖本身也是整个祖师图序中的过渡部分——图序通过云南四祖先将从西天流传到中土的禅法转入南诏，再而安排第五祖隆舜承接密僧，表现出禅宗传持密化的义蕴。赞陀崛多作为南诏所谓的"国师"，将其安排在

〔1〕 T46，No.1955，p.1003b22-1003b23。
〔2〕 T46，No.1955，p.1002a16-1002a21。

云南禅宗第五祖隆舜之后，其寓意的就是《金刚峻经四十二种坛法仪则》之禅宗传承谱系中所强调的"密传心印"。最后的沙门□□虽然题榜已漫漶不清，但既然承接在此，则应该也是一位南诏大理国重要的高僧，至少属于"说道沙门"或"活道沙门"吧！

三、结　语

《梵像卷》将南诏晚期具有密教观音佛王信仰的隆舜安排在禅宗祖师图序中，并将其绘成与释迦佛心心相印的供养人形象，这样的安排一定有其义蕴，而非随意绘制。

由于据传赞陀崛多在南诏晚期劝丰佑时就已来到南诏，因此，隆舜之后接赞陀崛多并沙门□□的图序是在绘制大理国《梵像卷》时的"人为安排"。不过选择赞陀崛多承接在后并不难以理解：第一，南诏大理国宗教文化一脉相承。赞陀崛多作为南诏历史上众多外来密教僧侣中可能相对真实的一位，在劝丰佑时就被尊为所谓"国师"，他的事迹虚实结合，文本化记载晚至明清才出现，这样一位被认为是"宗教人物神圣化塑模"[1]的梵僧起初靠社会记忆相传到大理国，之后将其安排在祖师图序中，用以表达某种意蕴并不乖与常理。可隆舜毕竟是王者，"国师"地位再尊崇又岂能僭越至王者之前？第二，也是最主要的、最本质的原因，隆舜显密圆融的佛教信仰，使其成为图序中显密衔接时的一位重要的过渡式人物。

过去认为赞陀崛多和沙门□□与上述禅宗系统无关，这只是画面布局的安排。[2]这两位高僧虽与十四位禅宗祖师没有传法定祖的关系，但出现在这一人为安排的图序中则并非毫无关联。与十六罗汉形成对应是经营画面的表层需求，实际上更深层次的原因是为了表达大理国禅宗传持密化的义蕴。[3]晚唐五代时的忏仪——《金刚峻经四十二种坛法仪则》就给《梵像卷》中的祖师图序作出了最到位的注解。该忏仪说明禅密合流的思想，至少在五代时就已被吸收到水陆忏仪中，大理国时人为地将赞陀崛多绘入《梵像卷》祖师图序中，即表达出了此时大理国禅密合流的信仰思潮。换言之，赞陀崛多对于当时

〔1〕 张泽洪、廖玲：《南方丝绸之路上的梵僧——以南诏梵僧赞陀崛多为中心》，《思想战线》2015年第3期，第59页。
〔2〕 《梵像卷释迦佛会、罗汉及祖师像之研究》，第211页。
〔3〕 大理佛图塔出土了一部12世纪中叶的大理国写经《金刚般若波罗蜜经》。该经有卷首扉画，左书"施主杜蹿城隆造"，右书"南无灭正报释迦牟尼佛"。扉画之后抄有曹洞宗真歇了禅师所述之经序，其末句曰："时绍兴丁巳因遗讲师若讷，以广流通，真歇叟清了述"（据笔者2018年参观云南博物馆展览"妙香秘境——云南佛教艺术展"时拍摄的该经照片抄录）。"绍兴丁巳"，即公元1137年，时为大理国时期。作为重要的大乘经典，该经本有禅师之"经序"，说明该经本是由禅宗祖师所传，大理国可能是得到若纳传本后，又大加推广。但传入大理国后，该经本中又有多达十处插写大理国重要的密宗镇国护法神"大黑天神"的名号，这也反映出大理国彼时显密圆融，乃至禅密合流的信仰特质。

的时人，尤其是对于作为具有王室意志的绘制活动来说，其真实与否并非那么重要，以某种"合适"的方式拿来所用，反映出大理国王室"当下"的宗教信仰倾向和精神诉求才是主旨。

　　大理国写经中亦不乏水陆忏仪，如《广施无遮道场仪》《无遮灯食法会仪》等，有显有密，显密圆融。这些忏仪都是汉文写本，实际上"与宋代成书并流行于明代的佛教科仪相近"。[1]这些都说明，大理国时期的佛教信仰形态并没有孤绝于宋时汉地佛教经忏信仰或叫忏仪佛教大兴的潮流之外。《梵像卷》中的祖师图序反映出大理国的精神文化与中原汉地有着相同的脉动。

〔1〕 侯冲：《中国有无"滇密"的探讨》，侯冲著：《云南与巴蜀佛教研究论稿》，北京：宗教文化出版社，2006年，第257页。

第六节　11—13世纪多民族传播的
炽盛光佛信仰

　　广袤世界在漫漫星空的覆护之下，对星空的敬畏与探索是全人类共通之处，因此星学历算可以说是历史上各种文化的核心元素之一。在佛教中它隶属五明（梵 pañcavidyā），在藏传佛教细化的体系中星算（藏 skar rtsis rig pa）则为小五明之一。释迦牟尼佛出生、成道等重大事件均被认为发生于历日吉时或伴有吉祥星象；其子罗睺罗（梵 Rāhula）更因生逢月蚀而得名，盖因印度文化传统中将日月蚀这一天文现象神化为大曜之一罗睺（梵 Rāhu）。中印两国源远流长的天文与星学传统随着佛教的传播而互相接触、碰撞、吸纳、融通，而古埃及、古希腊、古巴比伦等地星学体系同样通过各种渠道传入，与各民族本土原生信仰以及已接受成型的既有文化元素相混融，并呈现在佛教艺术语境当中。

　　星学历算既有邦国政治上的权衡，也是社会交流沟通的必然需要，同时更是个人与家庭寻求消灾祈福的重要手段，借此衍生的星神信仰非常普遍，实践与仪式可称日常。九曜[1]、二十八宿、黄道十二宫等组成了庞大的星神体系；在受到汉地文化濡染的地方，北斗七星等也是这个体系中的重要成员。相应地，相关文化遗存与新发现精彩纷呈，引起了研究者的关注。本节拟以众星之主炽盛光佛为线索，管窥 11—13 世纪视觉艺术所记载的星神信仰与其特色。

　　炽盛光信仰当根基于《文殊师利根本仪轨》《大圣妙吉祥菩萨说除灾教令法轮》一系文本中讲述的炽盛光佛顶真言（jvāloṣṇīṣa-mantra）。[2]后独立为经，[3]兴起于唐；从一

---

〔1〕　梵 navagraha，一译"九执"。包括日月、火水木金土五星以及罗睺、计都。印度文化有八曜之谓，即不含计都；此说亦见于其他地区，参见段晴：《于阗文中的八曜》，《民族语文》1988年第4期，第38—42页。

〔2〕　廖旸：《明代〈金轮佛顶大威德炽盛光如来陀罗尼经〉探索——汉藏文化交流的一侧面》，《中国藏学》2014年第3期，第184—185页。学界多将"炽盛光"还原为梵文 *tejaprabha，未必合理溯源；尽管这种意见确有所本，如明宣德六年（1431）修积善住于北京施印的《诸佛菩萨妙相名号经咒》记汉梵藏四语名号，炽盛光梵文名作tejoprabhārāja，此据国家图书馆藏本影印本，北京：中国藏学出版社，2011年，第27页。Bill M. Mak 亦持相同观点，见 "The Transmission of the Grahamātṛkādhāraṇī and Other Buddhist Planetary Astral Texts", *Pacific World*, 3rd series, No. 20 (2018), fn. 64 on pp. 241-242。

〔3〕　主要包括（唐）不空（梵 Amoghavajra, 705—774）译《炽盛光大威德消灾吉祥陀罗尼经》（T. 963）、（转下页）

458

定意义上说是唐土的创造，随后传播到东亚文化圈的日本、朝鲜半岛，并在各地的在地化（localization）进程中呈现出丰富多彩的面貌。在敦煌藏经洞绢画中已见其在星神伴绕下坐牛车巡行——现存最早的图像、唐乾宁四年（897）张淮兴施绘《炽盛光佛并五星神》绢画（大英博物馆藏，1919,0101,0.31）发现在多民族共居、多文化交汇的丝路要道，这一事实本身就意味深长。在11—13世纪这个佛教发展的新阶段，在两宋之外，辽、西夏、回鹘等地方发现的相关视觉材料同样揭示出炽盛光佛信仰，各具特色，呈现出多彩的光辉。[1]藏译本《文殊师利根本仪轨》（Tōh. 543. 'Phags pa 'jam dpal gyi rtsa ba'i rgyud. Kumārakalāśa、Shākya blo gros译于1040年左右）同样涉及这一真言并在藏传佛教中传播，因与炽盛光佛以及星神图像不直接相关，本节存而不论。

古代星学认为恶曜或诸曜宫宿经行某处会带来厄运，而作为星主的炽盛光佛则可以消灾呈祥：

> 此陀罗尼一切如来同共宣说，能成就八万种大吉祥事，复能灭除八万种大不吉祥事。若有国王、大臣及诸眷属、一切庶民，或被五星、罗睺、计都、彗字、怪恶诸宿陵逼，帝座于国、于家、并分野处所属宫宿，灾难竞起；或土星侵陵，或进或退，及宿世怨家欲相谋害；诸恶横事口舌、厌祷、咒诅、符书以为灾难：令诸众生依法受持，一切灾祸不能为害，变灾为福，皆得吉祥。[2]

秉承真言的神通并作为其人格化，炽盛光佛的形成与变化是相当典型而又有趣的例子。由于植根于炽盛光佛顶真言，在特定时代他被视为佛顶尊；而作为佛的尊格[3]则可溯源到汉地传统思想观念中对星宿的无上敬畏与崇拜，这位能够辖制星曜、禳除天灾的佛教神祇被等同于道教众星之主——北极紫微大帝。[4]因此可以说，他本身就体现着印度、中华

（接上页）失译《大威德金轮佛顶炽盛光如来消除一切灾难陀罗尼经》（T. 964）以及藏外本《〔金轮佛顶〕大威德炽盛光如来〔吉祥〕陀罗尼经》。对后者的讨论详见廖旸：《〈大威德炽盛光如来吉祥陀罗尼经〉文本研究》，《敦煌研究》2015年第4期，第64—72页。

〔1〕 日本学者松本荣一（1900—1984）从画史等文献记载出发介绍了藏经洞发现的绢画与壁画，堪称现代相关学术史的先声，见《燉煌畫の研究・圖像篇》，東方文化學院東京研究所，1937年，第338—343页。孟嗣徽汇总13件作品，相当全面地梳理了唐至明时期、保存在国内外的重要图像材料，并讨论了发展历史、布局类型以及相关的星神形象等问题，见《炽盛光佛变相图像研究》，《敦煌吐鲁番研究》第2卷（1997），第101—148页。廖旸补充了若干件元明时期作品，侧重讨论炽盛光佛的本体并在此基础上探讨了炽盛光佛—药师佛图像组合背后与北斗信仰的关系，见《炽盛光佛再考》，《艺术史研究》第5辑，广州：中山大学出版社，2003年，第329—369页。

〔2〕 失译：《大威德金轮佛顶炽盛光如来消除一切灾难陀罗尼经》，《大正藏》卷19，第338页。

〔3〕 孙博从佛教文献措辞出发对多种文本进行比较，细致观察到失译本与藏外本炽盛光经出现"炽盛光如来"之谓，见《炽盛光佛的"祠神化"——以敦煌莫高窟窟61窟甬道壁画为中心》，《艺术史研究》第22辑，广州：中山大学出版社，2019年，第86—87页。

〔4〕 相关讨论详见廖旸：《炽盛光佛再考》，第350—353页。

文化的交融与创造,而11世纪之后他在多佛语境中的身份和地位的转变,围绕他的众多星神的结构体系与形象特点,折射出中国各民族佛教信徒的包容、智慧与创造力。[1]尤其是他出现在东方诸佛群体之中,这在辽与西夏艺术中均可见到痕迹,也是炽盛光佛信仰在这一时期出现并逐渐定型的独特现象。

一、辽墓钟幢上的真言与佛塔中的版画

金人王寂(字元老,河北玉田人,1128—1194)曾于金世宗大定十四年(1174)、十七年以及金章宗明昌元年(1190)三过懿州(今辽宁阜新东北塔营子屯古城),宿当地宝严寺,明昌初出按辽东时以日记体纪行,记宝严寺系辽药师公主舍宅为寺,佛殿原为其正寝,经阁则为梳洗楼:

> 癸丑(按:二月二十九日)饭罢,登阁,上有炽圣佛坛。四壁画二十八宿,皆辽待诏田承制笔。田是时最为名手,非近世画工所能及。予以九曜坛像设残缺,乃尽索行橐中,得十千,付寺僧溥公,令补完之。[2]

尽管一字未提炽盛光佛像状貌,参其文意,则塑九曜像于坛上、簇拥炽盛光佛像;四壁壁画二十八宿为名师佳构,诸宿或分直四方,布局气度可以揣摩。这是一种披露较少的布局方式,尤其是绘塑结合的佛坛,对于了解炽盛光佛消灾道场的像设、进而了解当时普遍的坛场陈设都有参考价值。对照之下,前蜀王建武成(908—910)前后成都圣兴寺和大圣慈寺均有妙手所塑"炽盛光佛九曜二十八宿"像,[3]或即坛设。

宣化辽墓是辽墓葬艺术的代表之一,其中出土多件汉梵文陀罗尼木棺,M10张匡正(984—1058)墓、M3张世本(?—1088)墓木棺两例的前壁墨书悉昙字梵咒,后汉字注明"佛顶炽盛光如来陀罗尼"(图3-6-1,表3-6-1):[4]

[1] 廖旸:《11—15世纪佛教艺术中的神系重构(一)——以炽盛光佛为中心》,载沈卫荣主编:《大喜乐与大圆满——庆祝谈锡永先生八十华诞汉藏佛学研究论集》,北京:中国藏学出版社,2014年,第410—440页。

[2] (金)王寂:《辽东行部志》,清光绪(1875—1908)丁氏竹书堂钞本。

[3] (北宋)黄休复撰,何韫若、林孔翼注:《益州名画录》卷中"杨元真"条,成都:四川人民出版社,1982年,第96页。(明)曹学佺《蜀中广记》卷一百六转引此条时作"炽圣光佛"(文渊阁四库全书本)。研究者或拆此坛塑像为炽盛光佛,九曜二十八宿两个题材,非是。

[4] 河北省文物研究所编著:《宣化辽墓——1974～1993年考古发掘报告》上册,北京:文物出版社,2001年,图20、109,第26—27、133—135页;下册,彩版四:1,图版一二:1、七三:1。梵文转写参见作为附录三收入该书的张保胜:《宣化辽墓陀罗尼考》,第355页(与本节采用的转写稍异)。

表3-6-1　M3、M10与存世炽盛光如来陀罗尼对照表

M3、M10木棺佛顶炽盛光如来陀罗尼	炽盛光如来陀罗尼常见形式
na mo saṃ maṃ tta bu ddha ṇāṃ a pra ti hā ta śa sa na naṃ oṃ kha kha kha ha kha he hūṃ hūṃ jva ra jva ra pra jva ra pra jva ra ti ṣṭa ti ṣṭa ṣṭi ri ṣṭi ri spha ṭa spha ṭa śāṃ ti ka śrī ye svā hā	namaḥ samantabuddhānāṃ apratihadaśāsanānaṃ‖ oṃ kha kha khāhi khāhi‖ hūṃ hūṃ‖ jvala jvala‖ prajvala prajvala‖ tiṣṭha tiṣṭha‖ ṣṭri ṣṭri‖ sphoṭa sphoṭa‖ śāntika śrīye svāhā

其中M3木棺前壁在炽盛光陀罗尼后还书有"佛顶炽盛光如来大吉祥陀罗尼"，比照之下即M7张文藻（1029—1074）墓、M10木棺之"大吉祥陀罗尼"。[1]炽盛光经涉及三类真言，即佛所说炽盛光佛顶真言（别称"消灾咒"等等）；失译本和藏外本在经后补入的九曜真言；此外，失译本还记载有破宿曜大吉祥真言：

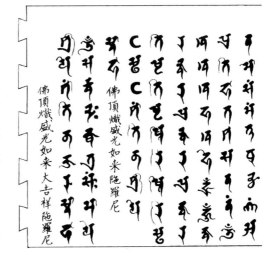

图3-6-1　汉梵陀罗尼木棺前壁文字摹本（左侧局部），辽大安九年（1093），河北宣化下八里村张世本墓（M3）（《宣化辽墓》上册，图一○九）

　　尔时如来复告大众：若人行年被金木水火土五星及罗睺计都日月诸宿临身，灾难竞起，我有大吉祥真言名"破宿曜"，若能受持、志心忆念，其灾自灭，变祸为福。即说真言曰：

唵[引]萨嚩诺刹咀[2]啰[二合]榢摩曳室哩曳扇底迦响嚧萨婆诃（oṃ sarvanakṣatra samaye śrīye śāntika kuru svāhā）。[3]

以往此真言材料披露较少；而它伴随炽盛光陀罗尼出现在M3、M10等处，暗示着当时宗教实践中使用的可能是失译本。三墓皆葬于辽道宗大安九年（1093），可视为一时风尚。

　　辽代经幢大量保存至今，亦可觅得刻写该经真言的例子。河北保定涞源阁院寺[4]在

---

〔1〕　相应的梵文可转写为：oṃ sa rva naḥ kṣa tra saṃḥ mā ye śrī ye śāṃ ti śāṃ ti ka ku ru svā hā。图见《宣化辽墓》下册，彩版四：1，图版一二：1、四五：1。
〔2〕　按《大正藏》该页（见上注）脚注17，此字黄檗版、明本作"咀"，该字对应梵文ta，当是。
〔3〕　《大正藏》卷19，第338页。
〔4〕　参见冯基其、申天：《新发现的辽代建筑——涞源阁院寺文殊殿》，《现代佛学》1961年第2期，第45—46页；莫宗江：《涞源阁院寺文殊殿》，载清华大学建筑工程系建筑历史教研组编：《建筑史论文集》第二辑，清华大学建筑工程系，1979年，第51—71页。

图3-6-2　□□（炽盛）光真言（局部），辽应历十六年（966）李崇菀建尊胜石幢第八面后部上端铭文，河北涞源阁院寺（廖旸摄）

旧县城内，文殊殿前西侧立有辽穆宗应历十六年（966）五月二十二日李崇菀为纪念亡父李彦超（？—934）建尊胜陀罗尼经幢，平面八角形，第八面发愿文后附□□（炽盛）光真言（图3-6-2）与消灾真言。[1]此幢被视为功德，概冀尊胜陀罗尼"能净一切恶道，能净除一切生死苦恼，又能净除诸地狱阎罗王界畜生之苦，又破一切地狱，能回向善道"[2]之神通，树此幢度亡其父。而后再附炽盛光真言，兼之在宣化辽墓至少发现3例写有此真言的陀罗尼木棺，书写的多种真言（包括《心经》、缘起偈等具有真言意涵的文本）旨在"以其影覆之功、冀济魂归之质，不闻地狱，永受天身，谅尘墨之良因，与乾坤而等固"（见棺盖四杀墨书愿文），则当时炽盛光佛信仰是否与度亡有某种关联？这是辽代文物遗存带给研究者的新视角。按中国传统文化信奉"南斗注生，北斗注死。凡人受胎，皆从南斗过北斗。所有祈求，皆向北斗"，[3]由此形成了强大的北斗崇拜以及完善的仪式实践体系。在北半球可以清晰观察到北斗七星围绕北极星旋转，由此不难理解，作为星主北极紫微大帝在佛教神系中的对应神祇，炽盛光佛与北斗关系密切。例如，炽盛光佛巡行图中乘牛车，也被研究者们联系到传统星学中"斗为帝车"的观念。丧葬文化语境中出现炽盛光真言的现象很可能根植于汉地根深蒂固的北斗信仰。

此外，阁院寺内尚存辽天祚帝天庆四年（1114）铭文铁钟，是现存唯一有明确纪年的辽代铁钟。[4]钟高135厘米，下唇周长约483厘米、直径150厘米。钟外壁铭文分隔为上下两部分，其中上层提到"大威德金轮王炽盛光佛变祸为福陀罗尼"、后为22字悉昙体梵字真言（图3-6-3），字形不甚规范。此处所记"变祸为福"如上文所引，出自失译本炽盛光经，实即破宿曜大吉祥真言。该钟铭文还提及日月菩萨大陀罗尼[5]与"太上太岁、太上

〔1〕 "唵伐折罗　渝沙　萨婆诃"（oṃ vajrâyuṣe svāhā）。此真言多称金刚寿命真言；汇抄多种真言之时常置末尾。

〔2〕 （唐）佛陀波利译：《佛顶尊胜陀罗尼经》，《大正藏》卷19，第350页。

〔3〕 （东晋）干宝（约公元286—336）：《搜神记》卷三第六篇，记三国魏术士管辂（公元209—256）传说故事。

〔4〕 汉字部分的录文及解读见梁松涛、王路璐：《河北涞源阁院寺辽代"飞狐大钟"铭文考》，《北方文物》2015年第1期，第86—90页。

〔5〕 "唵摩利枝娑嚩诃"（oṃ mārīcī svāhā）。此咒实则为摩利支天真言，盖其"常行日月前"（失译《摩利支天陀罗尼咒经》，《大正藏》卷21，第261页），故与日、月相关。

九耀星、二十八宿、十二宫神、年直神月直神日直神时直神"等神祇，后者亦关涉汉地传统星学观念与星神体系。总的来看，阁院寺钟幢与宣化辽墓体现出接近的宗教意涵。[1]张氏为宣化世家；李氏为一方重要军事力量，李彦超养父李克用（即后唐太祖，856—908）为沙陀人、本姓朱耶氏；[2]从大钟所铸功德主名字可以判断出契丹族属，如"西南面安抚使耶律善、夫人乌鲁也、郎君[3]招安奴、宗人高奴"等等。由此对奉持炽盛光信仰者的族群分布可获得初步的认识。

图3-6-3　大威德金轮王炽盛光佛变祸为福陀罗尼（局部），辽天庆四年（1114）铁钟铸文，河北涞源阁院寺（廖旸摄）

就图像而言，辽时期的重要遗存出现在著名的山西应县佛宫寺释迦塔，1974年加固维修时发现第四层主尊释迦牟尼佛像胸部装藏。该塔始建于辽清宁二年（1056），装藏年代约在辽末金初（12世纪初）。其中清理出《炽盛光佛降九曜星官房宿相》版画（图3-6-4），[4]系白麻纸上单版印刷后手工设色，被视为印刷技术史上的一个里程碑。与敦煌本绢画代表的巡行图模式不同的是，此本采用佛会式构图，主尊体量庞大，端居画面正中，星曜小像排列两旁；顶部出现十二宫符号与二十八宿神像，将当时星学的认知结合进来。[5]另一个引人注目的特点则是榜题中出现的"房宿"字样。按二十八宿中东方苍龙七宿（角亢氐房心尾箕）第四宿称"房宿"（相当于古印度星学体系中的anurādhā）；不过在这里，房、宿同义，均指向二十八宿作为白道上月依次驻留之地（亦称月舍、月站等等）。类似用语在西夏文献中可以见到（"𘝯𗽗"），这里的措辞提示我们思考西夏对辽星学的学习和发扬。

---

〔1〕 宣化辽墓墓顶星图意涵丰富，在天文观察、星学信仰、建筑设计、丧葬习俗、宗教仪式等多方面都具有学术价值。相关研究例见Tansen Sen, "Astronomical Tomb Paintings from Xuanhua: Maṇḍalas?" *Ars Orientalis*, Vol. 29 (1999), pp. 29—54. 从宗教内涵以及建筑空间角度对宣化辽墓、阁院寺二者共性的讨论见陈捷、张昕：《宣化辽墓与阁院寺：密教仪轨影响下的符号体系和神圣空间》，《美术研究》2018年第6期，第25—32页。

〔2〕 李克用之父因有功，咸通中（860—874）被唐懿宗赐姓李（《旧五代史·唐书·武帝纪》）。另李彦超生父李存审本姓符，陈州宛邱人。

〔3〕 契丹语作"舍利"，辽代特指宗室、贵族子弟获得的侍卫身份，进而取得选官资格。见《辽金历史与考古》第9辑（2018），第95—106页。

〔4〕 山西省文物局、中国历史博物馆主编：《应县木塔辽代秘藏》，北京：文物出版社，1991年，彩色图版12。

〔5〕 宣化辽墓壁画星图等辽代视觉材料对宫宿的表现历来为天文学史专家所重视。先驱性的研究例见夏鼐：《从宣化辽墓的星图论二十八宿和黄道十二宫》，《考古学报》1976年第2期，第49—56页。

图3-6-4　炽盛光佛降九曜星官房宿相。纸本、墨印、敷彩，94.6×50厘米。辽。发现于山西应县佛宫寺释迦塔。（李之檀主编：《中国美术分类全集·中国版画全集1·佛教版画》，北京：紫禁城出版社，2008年，图版88）

图3-6-5　九曜秘历（局部。左右分别为计都、罗睺像）纸本横卷，墨描、设色。1125年宗观笔。美国纽约大都会艺术博物馆藏，1975.268.4。（图片采自馆方网站）

此幅版画中炽盛光佛趺坐仰莲，双手于身前捧轮。轮是五代十国以来炽盛光佛造型逐渐成熟、稳定的图像志特征，当与炽盛光经题中的"金轮"等字样直接相关。整幅构图狭长而对称，宫宿表现在上方，大曜星神对称排列在左右。佛右侧幅面边缘保存较好，榜题部分可识，与人物图像志特征可互证，从上到下依次为太阴（女神、即月曜，所捧月轮中有桂树玉兔）、金星（女神、抱琵琶）、火星（忿怒力士、肩扛矛状兵器）与计都；其左右对应关系在后世的作品中多见承续：

日——月　水曜——金曜　木曜——火曜　罗睺——计都

另佛座前供桌上设香炉，二立像形貌相似，合掌肃然仰望，其中左侧一身犹可见榜题"土星"，身前之直线条或表现其通常所持之杖。另，此处罗睺、计都图像较为特殊：[1]土曜身后、供桌左侧罗睺多臂，高举二手，下垂之右手攥动物长耳或角，骑龙；对侧的计都坐于牛身，头发张扬，四臂，其中二手高举日月，下左手紧握一双髻人物小像右臂。类似踏龙、骑牛的成组形象可见于《唐本北斗曼荼罗》，[2]与《北斗曼荼罗》（日本京都仁和寺藏本）[3]、《九曜秘历》（图3-6-5）[4]相似度较高。《九曜秘历》制作于日本天治二年（1125），所据底本则创作于天庆三年（940）、不排除原本年代更早的可能性。结合"唐本"北斗曼荼罗看，这种图像确有可能传承自唐。借助现藏日本的相关图像材料，可以更清晰地理解佛宫寺释迦塔辽代《炽盛光佛降九曜星官房宿相》版画。

二、西夏艺术中的炽盛光佛与诸星曜

西夏人的炽盛光佛崇拜非常炽烈，存世作品甚多。[5]莫高窟61窟甬道南北两侧壁

---

〔1〕 罗睺、计都图像体系的梳理详见朱晓珂：《罗睺、计都图像研究》，中国科学技术大学硕士学位论文，2014年；兹不赘述。

〔2〕 纸本白描，111.5×51.5厘米。久安四年（1148）七月廿六日书。按背面墨书可知曾为日本真言宗僧人玄证（1146—1204）持有，东京艺术大学美术馆藏。《大正藏图像部》卷7，别纸一六。

〔3〕 《大正藏图像部》卷7，第692—693页间别纸彩版。

〔4〕 此件另有日本京都东寺观智院藏本，其罗睺、计都图像见《大正藏图像部》卷7，第772页。

〔5〕 针对西夏星曜崇拜与文化遗存最早的讨论可举出聂历山（Н. А. Невский）1931年公布的成果，发表于"Культ небесных светил в Тангутском государстве XII века"，in: *Тангутская филология*: т.1, Мо-сква: Издательство восточной литературы, 1960, pp. 52−73；汉译见崔红芬、文志勇译：《12世纪西夏国的星曜崇拜》，《西夏研究》第6辑，北京：中国社会科学出版社，2007年，第33—46页。嗣后萨莫秀克（К. Самосюк）侧重俄藏美术作品进行了研究，汉译见谢继胜译：《西夏王国的星宿崇拜——圣彼得堡艾尔米塔什博物馆黑水城藏品分析》，《敦煌研究》2004年第4期，第63—70页。最新的研究成果如：Pi-fen Chung, *Visible and Invisible: The Representation of Heaven in the Esoteric Buddhist Images of Tangut*, Ph.D. diss., The University of Edinburgh, 2015；（转下页）

画[1]表现佛乘牛车与诸大曜宫宿出行，承唐余绪而从七曜增广为十一大曜，营造出宏大场面、庄严氛围，构图与造型无不精工。惜存世面貌不全：南侧图像保存稍多；北侧包括主尊在内多有残毁。赵声良逐一辨识星神身份，[2]此后引起学界关注，尤其针对同一题材、同一组人物在甬道左右两侧壁行进方向相反的巡行行列，反思松本荣一关于"行像"的类比与思考，[3]从宗教仪式角度着眼，参考墓葬、民间神祠等特定空间中甬道位置表现的出行、归来组像，从而将壁画与神祠壁画中的出队、入队格套相联系。[4]

此外，敦煌地区肃北五个庙1窟也发现一铺炽盛光佛会图壁画，保存状况欠佳。俄国探险队在黑水城遗址发现的炽盛光佛与诸星曜作品目前至少公布了6件，[5]令人叹为观止。后来宁夏贺兰宏佛塔再出土绢画两幅，[6]使得西夏相关艺术遗存涵盖壁画、卷轴画以及雕版印刷的书籍插图等多种美术门类，很大程度上丰富了今人对那个时代宗教信仰的认识。学界已从多角度对这批作品研究，铺陈周详，本节略述两例。

宏佛塔炽盛光佛图与黑水城作品构图相当接近，均以炽盛光佛高居宝座之上，占据画面主要空间，十一大曜分列左右、对称安置，唯土曜现身佛座前。图3-6-6上主尊炽盛光佛头身光浑圆清明，而外缘生起炽燃火焰，吻合"炽盛光"之名，并与佛之袈裟相应。佛像端严，右手侧举近肩，拇指与中指拈一枚精致的轮、轮外同样腾起火焰。星神形象姿态、面貌各不相同，颇为生动。日月、水金、罗计的对称关系可追溯到辽版画，罗计的位置移至后端。由于炁孛补入而成十一大曜，木曜改对紫炁（另汉地星学有"炁为木余"之说），火曜改对月孛。

而另一件宏佛塔所出炽盛光佛诸曜宫宿图像上（图3-6-7），底部描绘的图像（图3-6-8）耐人寻味。[7]首先就构图而言，常见的诸曜宫宿簇拥炽盛光佛的场景描绘在一

（接上页）Michelle Malina McCoy, *Astral Visuality in the Chinese and Inner Asian Cult of Tejaprabhā Buddha, ca. 900–1300 AD*, Ph. D. diss., University of California, Berkeley, 2017；王艳云：《西夏经变画艺术研究》第四章第二节"西夏炽盛光佛变"，上海：上海古籍出版社，2019年，第83—108页。其他相关的学术成果的介绍可参见张海娟：《西夏星神图像研究述评》，《西夏学》2017年第1期，第320—326页。

[1] 莫高窟61窟原名文殊堂，营建于归义军时期，为曹元忠（？—974）功德窟。甬道则为后世重修，关于壁画年代主要有西夏与元两说，见沙武田：《莫高窟第61窟甬道壁画绘于西夏时代考》，《西北第二民族学院学报》，2006年第3期，第57—62页；杨富学：《莫高窟第61窟甬道为元代西夏遗民营建说》《西夏学》2017年第2期，第75—100页。

[2] 赵声良：《莫高窟第61窟炽盛光佛图》，《西域研究》1993年第4期，第61—65、76页。

[3] 孟嗣徽：《西域"行像"与〈炽盛光佛与诸曜星神巡行图〉》，中山大学艺术史研究中心编：《艺术史研究》第17辑，广州：中山大学出版社，2015年，第281—308页。

[4] 孙博：《炽盛光佛的"祠神化"》，第71—97页。另参见沙武田：《西夏佛教仪式的图像——莫高窟第61窟炽盛光佛巡行图的几点思考》，《四川文物》2020年第3期，第92—111页。

[5] 艾尔米塔什博物馆藏，XX 2424—2426、2428、2430—2431ab。萨莫秀克称有7轴，见《西夏王国的星宿崇拜》，第65页。文中还介绍了多件星神图像。

[6] 资料的公布并介绍见雷润泽、于存海、何继英编著：《西夏佛塔》，北京：文物出版社，1995年，彩色图版42、43，第60—61页。除前引孟嗣徽、McCoy等人的研究外，另见邵军：《宏佛塔出土绢画题材内容再探》，《敦煌研究》2016年第4期，第53—57页。

[7] 邵军敏锐注意到这一图像元素，认为该牛车与炽盛光佛所乘牛车显然有关，并根据孟嗣徽对炽盛光佛图像的分类，将此图视为从"行像结构"到"静像结构"演变过程中的重要一环。见《宏佛塔出土绢画题材内容再探》，第55—56页。

图3-6-6　炽盛光佛与诸星宿图。西夏。绢本，120.5×61.8厘米。发现
于宏佛塔天宫，西夏博物馆藏。（谢继胜、王瑞雷摄，感谢馆方
惠允拍摄并使用）

图3-6-7 炽盛光佛与诸星宿图。西夏。绢本、设色，全幅139×80厘米。发现于宏佛塔天宫，西夏博物馆藏。(谢继胜、王瑞雷摄，感谢馆方惠允拍摄并使用)

道弧形五彩祥云之上，其下空间非常有限，却描绘着山峦坡石的人间自然景观，以虹云区分于星主宿曜所居之天界。画面左下角一僧人禅坐山脚蓬屋中，身前红色几案上似置经书。窟外一老人束发巾，脚踏芒鞋，手执长逾人高的直杆（远端略显膨大）探向僧人。画面右下角两位人物再次出现，相向合掌而立。老人略屈身，挟细杖，身旁牛车，车上无人——但整件作品主尊为炽盛光佛，顺理成章地将人们的思路引向他乘坐牛车巡行。而在这类图像中，土曜与牛、牛车的关系一向很密切（比较图3-6-9）：在张淮兴施画像上，婆罗门形、发上现牛头的土曜手把牛缰绳，与佛典所述"土其神似婆罗门，色黑，

图3-6-8　炽盛光佛与诸星宿图（上图局部：底部）

图3-6-9　土曜像两种。左：《炽盛光佛并五星神》（大英博物馆藏。局部）右：《五星廿八宿神形图卷》
（日本大阪市立美术馆藏。局部）

头带牛冠,一手拄杖、一手指前,微似曲腰"[1]吻合;在一些画像上,如传(唐)梁令瓒《五星廿八宿神形图》上,土曜径直骑牛。此前的研究侧重汉地星学置土曜于五星中央的传统,尝试解释星众之中土曜何以常置身佛前、且佛何以乘坐牛车;[2]而此图拓展、甚至刷新了思考的空间,其贡献给学术研究的突破性意义在于目前所知炽盛光系图像之中首度发现故事情节,背后应有传说故事,只是目前未能比定而已。无论如何,这个细节都是令人兴奋的。

三、藏外本炽盛光经的西夏刻本

目前所知炽盛光经的三种译本中,藏外本尚未得到足够重视,而它在西夏也有发现。[3]黑水城遗址所出汉文文书中包括藏外本的三种刻本(俄罗斯科学院东方文献研究所藏,TK129、130、131)。[4]三件文书个别字眼有出入,由卷装改经折装,完残程度不同,TK129保存状况最优,存15面,面19.5×7.5厘米。[5]此外还发现了相应的西夏文译本《𘜶�S𗫖𘜶𗱩𗊱𗋽𗣼𗣓𘍿𗥔𘆗𗉔𘜶𗦺𗱾𘈖𘝵》(佛说金轮佛顶大威德炽盛光如来陀罗尼经。Танг 144, инв. № 809, 951)写本和刻本各一。[6]

除以上五种写刻本而外,1983—1984年内蒙古文物考古研究所联合阿拉善盟文物工作站在黑水城发掘时,还在F9和F13两处遗址发现若干与藏外本有关的残页(内蒙古自治区文物考古研究所藏)。其中四片在发表时被归入藏外本,即经后太阳星、土星与火星真言的部分;[7]从真言内容看这一判断准确无误。还有至少两三片未能识别或误断,即M1·1412[F13: W17—4][8]、M1·1492[F13: W60](图3-6-10:1)[9]与M1·1466[F9:

---

〔1〕(唐)金俱吒:《七曜攘灾决》,《大正藏》卷21,第449页。
〔2〕如孟嗣徽:《炽盛光佛变相图图像研究》,第134—135;廖旸:《明智化寺本〈佛说金轮佛顶大威德炽盛光如来陀罗尼经〉图像研究》,《藏学学刊》第10辑(2014),第113—120页。
〔3〕该本概貌参见廖旸:《〈大威德炽盛光如来吉祥陀罗尼经〉文本研究》。
〔4〕[俄]孟列夫(Л. Н. Меньшиков)曾根据其较不空译名和失译名简略,认为系西夏时期兰山宗的译本,此说不确。见王克孝译:《黑城出土汉文遗书叙录》,银川:宁夏人民出版社,西夏文献研究丛书,1994年,第158—159页。该书中TK129—131的编号为184—186。
〔5〕分别影印于《俄藏黑水城文献》第3册,上海古籍出版社,1996年,第77—79及彩色图版七、80—81页。
〔6〕инв. № 809为写本、经折装,封面黄色,17面,面13×11厘米,6行、行8—12字不等。инв. № 951为木刻本,一卷、17面,面20×9厘米,5行、14字。前有启请,卷末有插图与真言。此据 Е. И. Кычанов, *Каталог тангутских буддийских памятников*, Киото: Университет Киото, 1999, стр. 414. 该书编为第198—199号。
〔7〕《中国藏黑水城汉文文献》第8册,北京:国家图书馆出版社,2008年,第1764—1765页。感谢首都师范大学汉藏佛教艺术研究所硕士研究生张秉祺惠示"太阳星真言"图像,笔者由此注意到这件刻本。
〔8〕原题"圆觉疏抄随文要解残页"。3.4×5.5厘米。《中国藏黑水城汉文文献》第8册,第1735页。
〔9〕原题"佛像",8.1×15.7厘米。《中国藏黑水城汉文文献》第8册,第1790页。

图3-6-10：1　扉画炽盛光佛说法像残片（F13: W60）

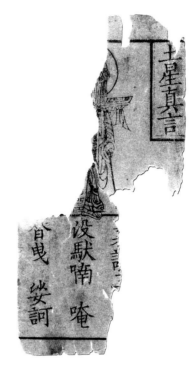

图3-6-10：2　土星像与真言残片（F13: W28—3与F9: W41）缀合

W4〕。[1]按其中土星真言与神像残片分别出自F9、F13坑位，但可以缀合（图3-6-10：2），因此这些残片原应属于同本，竹纸、经折装，面约15.8×8.2厘米。发现品中F13: W17与F9: W42被认为是同一书，[2]但F13: W17—4当属本经。另外，F9: W4[3]版心高度相仿，残高16.1厘米，与前面提到的尺寸相差仿佛，只是版心位置偏上，且字体小于星神真言，难以遽断是否同组。然其内容为藏外经启请的最后六句，则殆无可疑。此残片文字最全，若据以推算全本，大致22面、面5行、行15字，各残片在原本中的位置可以复原。

　　西夏诸本较敦煌本多出经前启请；与全本比较，TK129阙启请前三韵，TK130阙前两面、较TK129又少五韵，TK131仅存炽盛光如来吉祥陀罗尼及其后一面。但其西夏文译本的启请文[4]则内容完整，可证当时汉文启请全貌当与后世所传大致相同。经后还出现星神真言，TK129并书发愿文：

　　　　伏愿　天威振远，

<hr />

〔1〕原题"佛经残页"。4.8×16.1厘米。《中国藏黑水城汉文文献》第8册，第1769页。
〔2〕李逸友编著：《黑城出土文书》(汉文文书卷)，北京：科学出版社，1991年，第223页。
〔3〕原题"佛经残页"。4.8×16.1厘米。《中国藏黑水城汉文文献》第8册，第1769页。
〔4〕聂历山：《12世纪西夏国的星曜崇拜》，第46页。

圣寿无疆,

金枝郁茂,重臣千秋,蠢动含灵、

法界存亡齐成

佛道。 彫经善友众:

　尚座袁宗鉴　杜俊义、朱信忠、杜俊德、

　　安平、陈用、李俊才、杜信忠、袁德忠、

　　杜彦忠、杜用、牛智惠、张用、讹德胜、

　　杜宗庆、薛忠义、张师道 等。

乾祐甲辰十五年(1184)八月初一日重开板印施。

　　西夏学学者对这段发愿文给予了高度重视。既是"重开板",则最初雕版的年代还应在1184年之前。换言之,此前应已形成启请+经文+真言的格局。TK130和131的版式接近,孟列夫认为即重印TK129所依据的原版,进而推测它们可能属于12世纪70—80年代。[1]

　　在莫高窟北区的考古成果中,从第464窟清理出一件藏外经的两块残片。其为白麻纸刻本,经折装。标本第464∶6存三面、面五行,残14.0×18.4厘米;标本第464∶9为插图,仅存一面,13.9×6.2厘米。此前研究尚未揭示两块残片的内容与相互关系。从材质、版式(上下双线边框)、大小(面约14.0×6.1厘米)等物理属性来看,二者高度趋同。而从内容来看,前者为藏外经前启请的第14—28句;[2]后者刻划一具头光的女子立像,高髻华饰,羽袖长裙,宽颐长眼,回首顾盼,画面中部虽残损,不过幸运的是其右手持毛笔清晰可见,垂左手持卷轴尚可见端倪,表现九曜中的水星殆无可疑。[3]虽然独幅星神像并不必然隶属于藏外经,但结合同窟发现的启请来看,它们正好体现了藏外经在西夏时期的形态特点。学界认为464窟为西夏窟,从此残片的字体、人物造型、装饰纹样[4]等细节来推测,此件当亦西夏之物。推算全件经书约32面左右(经末星神像与真言各占一面),尺寸袖珍,适在掌握,既方便随时礼颂赞叹,更可随身携带避祸趋福,作用等同符咒。同窟还清理出未完工的二十八宿十二辰木雕板残件(标本第464∶95),[5]辅证星命观念的盛行。加以留意,在敦煌和黑水城等地发现的文书中或许还会发现更多的藏外经遗存。

〔1〕《黑城出土汉文遗书叙录》,第160页。

〔2〕彭金章、王建军、敦煌研究院编:《敦煌莫高窟北区石窟》第3卷,北京:文物出版社,2004年,第69—70页;图版三〇∶1。其中"二十五有"实为"二千五有"。

〔3〕《敦煌莫高窟北区石窟》第3卷,第107页作"菩萨像";图版六八·2。

〔4〕西夏刻本往往在空白处插入化饰,参见牛达生:《西夏遗迹》,北京:文物出版社,2007年,第300页;王艳云:《黑水城西夏刻本文献中的小装饰探源》,载《汉藏佛教艺术研究2016·第六届西藏考古与艺术国际学术讨论会论文集》,杭州:浙江大学出版社,出版中。水星神像两侧可见到几何图案化的花朵各一。

〔5〕《敦煌莫高窟北区石窟》第3卷,第106—107页,图二九,图版六七∶4。

四、西夏扉画的创新——炽盛光佛说法图其表，星曜佛母曼荼罗其里

西夏星学的不断融通带来星神体系的进一步扩大。首先，紫炁、月孛被补充进大曜的队伍，从而构成十一大曜并共同出现在炽盛光佛构图当中。他们和罗睺、计都均为隐曜，合称四余，其中月孛在后来的《东游记》等文学传说中还追溯到西夏，这一点尤其值得关注。[1]其次，西夏重视《诸星母陀罗尼经》（T. 1302；宋译本 T. 1303名"圣曜母陀罗尼经"），自唐代在河西地区自藏文本译汉之后，西夏时期此经仍有承续、并很可能从藏文本补充了仪轨性质的文本，包括曼荼罗、供养、观想等法。该陀罗尼后来人格化为星曜佛母（梵Grahamātṛkā），意味又一位星宿主宰的诞生；[2]在西夏时期尚未觅得材料证据，不过，发现有根据此经相关仪轨《圣星母中道法事供养典》（𘗊𗙣𗩮𗗙𗆐𘍺𗣼𘃽。发现于黑水城遗址，东方文献研究所藏，инв. № 4737, 7122）所绘的星曜佛母曼荼罗图（俄罗斯圣彼得堡艾尔米塔什博物馆藏，инв. № 2480）。[3]还需要注意的是，这件曼荼罗有很多独特之处，无论是九曜位置、还是曼荼罗中安请的诸神，充分体现了西夏对汉藏乃至印度星神传统的兼用与裁度。由于均与星神信仰高度关联，炽盛光佛及眷属与星曜佛母曼荼罗互相借鉴。[4]一方面，炽盛光佛眷属星神形象塑造开始采用星曜佛母文本重新引进的印度体系图像特征；另一方面，炽盛光佛也堂而皇之地进入星曜佛母曼荼罗，取代了原本属于释迦牟尼佛的位置。可以推想，抱有稳定而深厚的炽盛光佛信仰的西夏信众乐于在另一种星曜法事中看到炽盛光佛的出现，借此很容易就接受这一新鲜事物。

经过西夏人精心重组的星曜佛母曼荼罗的核心结构为：九曜置于中心位置；其外在是四正向上东起顺时针安置炽盛光佛、金刚手、观音与文殊；四隅则间插宫宿灾障以及孔雀天母（𗗊𗍳𘜶𗗰）；[5]曼荼罗四门安置护世四天王。在对西夏炽盛光佛信仰的专门研究中，McCoy敏感地发现一件炽盛光经印本扉画的图像实际上就是对星曜佛母曼荼罗解构

〔1〕 参见廖旸：《炽盛光佛构图中星曜的演变》，《敦煌研究》2004年第4期，第75—77页。
〔2〕 参见廖旸：《11—15世纪佛教艺术中的神系重构（三）——以星曜佛母为中心》，《故宫博物院院刊》2020年第12期，第33—47页。
〔3〕 前引聂历山、萨莫秀克、锺碧芬（Pi-fen Chung）以及McCoy均对该曼荼罗做了解释。另见廖旸：《从黑水城星曜曼荼罗看汉藏夏之间的文化勾连》，《敦煌研究》2018年第4期，第31—44页。Idem, "Astral Cult in the Encompassing Mind: Rethinking the 'Stellar Magic Circle' from Khara-Khoto", *Acta Orientalia Hung.*, Vol. 76, Issue 1（2023），pp. 47—91.
〔4〕 东方文献研究所藏инв. № 5402为不空译本炽盛光经的西夏文译本的夏仁宗（1139—1193在位）御校本，其中混入两折西夏文《圣星母陀罗尼经》。这一情形或许反映出现实宗教活动中对两种陀罗尼经的同时使用，值得留意。见张九玲：《西夏文〈消灾吉祥陀罗尼经〉释读》，《宁夏社会科学》2017年第1期，第212页。
〔5〕 在后来星曜佛母人格化成型之后，这个留给大明母（梵mahāvidyā，指咒明的女性人格化）的位置出现的就是星曜佛母；有时她也同时出现在曼荼罗的中心位置。

重组，从而得到一个新的说法图形式的炽盛光佛图像类型。[1]以此扆画为出发点，可以充分观察到西夏的创新与贡献，故引述介绍其成果如下。

西夏文本的炽盛光经目前发现有多种，仅以东方文献研究所藏黑水城文献为例，除前文已作介绍的藏外本，还可举出5402（折装，存9面、缺前后几面）、7038（卷装，仅开头部分）等。这里要讨论的是Инв.№7038扆画（图3-6-11）。从首题"𗹙𗄊𗤒𗰜𘃸𘄒𗤒𗾺𗙼𗟲𗖰𘜶𗦀𗆀𗤒𗑱𗹙𗌶𗤒𗙼𘜶"（佛说大威德炽盛光调伏诸星曜消灾吉祥陀罗尼经）与题下校译信息可知，该印本为不空译本炽盛光经的西夏文校译本。[2]扆画前竖书四行西夏文，为梵文缘起偈（梵pratītyasamutpādagāthā）的音写形式，[3]最后附svāhā、呈现出真言化的倾向。[4]扆画中诸形象可一一辨识：

图3-6-11 西夏文不空译本炽盛光经扆画。版印。东方文献研究所藏，инв.№7038。（《俄藏黑水城文献》册24，第261—262图版拼合）

I. 佛与二胁侍弟子。佛左手托轮，轮外焰光升腾，右手侧举，目光垂悯；跌坐宝座莲台，身前供桌上可见花果。合掌侍立的弟子虽无榜题，但一老、一少，从年龄判断应即摩诃迦叶(I-1)与阿难(I-2)。画面左侧为两行立像，上行与听佛说法会众衔接处榜题框内书"𗺢𗦀𗹙𗟲𗟲"𗤒𗶷𘓺𘄒𗗫𘜶"（炽盛光佛说调伏星曜法处），隐含了画面主题。

〔1〕 McCoy, Op.cit., pp. 121-123.
〔2〕 录文、翻译与校注见张九玲：《西夏文〈消灾吉祥陀罗尼经〉释读》，第212—214页。
〔3〕 𗦳𗯆𗶷 𗆀𗆀 𗏹𗽀𘄒𗆀𗆀" 𘄒𗇁𗄼𗆀𗶷𗤁 𗆀𗶊𗶷𗤁 𗤁" 𘄒𗑗 𗆰𗄊𗆀𗆀 𗆀𗶊𗶊𗑱" 𗶷𗦳𗾺𗶷𗆀𘄒 𗙼𗦳。可还原为梵文形式如下：ye dharmā hetuprabhavā hetuṃ teṣāṃ ta［thā]gato hy avada［t］teṣāṃ ca yo nirodha evaṃ vādī mahāśramaṇaḥ svāhā. 作为佛教教义中的核心信条之一，该偈颂在早期的汉译本中多采取意译的形式，流传既广、版本甚多，兹不具引。仅举《大圣妙吉祥菩萨说除灾教令法轮》译本（《大正藏》卷19，第347页）为例：
    诸法从缘生，如来说是因。
    此法因缘尽，是大沙门说。
〔4〕 真言化的具体做法是在原偈颂之前加oṃ、后加-ye svāhā，称法舍利真言（辽塔幢铭文等多有涉及）或十二因缘咒（见〔西夏〕智广集：《密咒圆因往生集》，《大正藏》卷46，第1012页）等等。

II. 菩萨立像，左手持莲花，垂右手结与愿印，榜题指明为"𑖤𑖟𑖢𑖠𑖮"（观世音菩萨）。

III. 菩萨装而扬眉嗔目现怒相。其左手握拳但伸食指作怖指（梵 tarjanī）、右手举剑，正是"𑖀𑖓𑖩𑖜𑖠"（不动忿怒）"的标志特征；只不过这里未循通例、表现焰发、三目、裸身等不动明王（梵 Acala；一称暴恶忿怒尊 Caṇḍaroṣaṇa）形貌。

IV. "𑖤𑖮𑖽𑖠"（孔雀菩萨），举左手当胸作礼，右手持孔雀翎，综合来看即佛母大孔雀明王菩萨之略称。她的出现是思考此扉画与星曜佛母曼荼罗关联的重磅证据，因为此前她并不出现在炽盛光佛图像中，极可能转借自西夏星曜佛母曼荼罗的独特处理。

V. "𑖪𑖲𑖠𑖮"（金刚手菩萨）跪于佛前，双手合十作礼。事实上除执曜宫宿而外，炽盛光经中只提到文殊与会、完全未提及其他菩萨。这里特意表现金刚手菩萨求法应体现了金刚乘的图像特点：按星曜佛母陀罗尼经所述，正是他请佛说咒。[1]

VI. "𑖦𑖽𑖠"（文殊菩萨）当胸举剑，面容平寂，与身旁同样持剑的不动尊形成对比。

VII. 佛身后立四身武士状人物，身披铠甲、脚踏长靴，无榜题，合为护世四天王。此身顶盔，胸前持琵琶，为东方持国天。

VIII. 西方广目天左手托物、右手攥蛇。

IX. 尚未辨认出特征持物，结合其他尊像身份辨识成果，当即南方增长天。

X. 北方多闻天托塔、挂戟刀，符合汉地佛教图像志传统。

佛远端十一大曜分两行整齐排列，伫立向佛。图像特征明确、属星曜佛母仪轨等文本带来的印藏体系，[2] 与榜题揭示的身份吻合。依次为：1. "𑖌𑖟𑖮"（太阳）；2. "𑖓𑖣𑖮"（太阴）；3. "𑖦𑖽𑖠"（火星）；4. "𑖤𑖠"（水星）；5. "𑖤𑖠𑖮"（木星）；6. "𑖣𑖠𑖮"（金星）；7. "𑖠𑖠"（土星）；8. "𑖠𑖠"（罗睺）；9. "𑖎𑖠"（计都）；10. "𑖎𑖠𑖠"（紫炁星）；11. "𑖎𑖠"（月孛）。

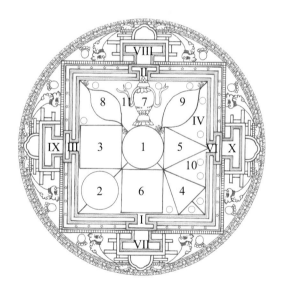

图3-6-12 炽盛光佛说法图编号诸尊在星曜曼荼罗中的位置（廖旸绘）

---

[1] 此经汉文凡二译。（唐）法成译《诸星母陀罗尼经》列述15位听法菩萨名（《大正藏》卷21，第420页）；（宋）法天译《圣曜母陀罗尼经》则补入金刚敷而成16位菩萨，再叙及"尔时金刚手菩萨摩诃萨即从座起，以神通力右绕世尊无数百千匝。头面作礼，结跏趺坐，以清净眼观彼大众，作金刚合掌安向心间。白世尊言：……"（《大正藏》卷21，第421页）。

[2] 参见廖旸：《明智化寺本〈佛说金轮佛顶大威德炽盛光如来陀罗尼经〉图像研究》，第131—135页。

以上神灵在黑水城星曜佛母曼荼罗中的位置如图3-6-12所示，可以理解到佛会图结构与曼荼罗结构之间的对应关系。西夏人在不同的星神信仰与图像体系中游刃有余，这幅版画也为我们更深入地理解"曼荼罗"这一密教核心词汇的宗教内涵、视觉表现与仪式活动提供了一个新的视角。

五、西夏东方三尊——莫高窟465窟窟顶壁画 七佛中的阿閦佛·炽盛光佛·药师佛

辽与西夏时期，在金刚界五佛的大框架体系中东方出现三佛是个有意思的现象，炽盛光佛也牵涉其中。作为引子，先介绍辽代的青峰塔。青峰塔坐落在辽宁朝阳西营子乡五十家子村西的塔山顶上，密檐式砖塔，平面方形、空心，南面开券门接抱厦。残存10级、高25米，推测原为十三级，2011年修复。五十家子村中有城址，即辽安德州城，[1] 其北柏木山顶曾出土过辽天祚帝乾统八年（1108）耶律劭撰《兴中府安德州创建灵岩寺碑》，[2] 讲述该寺自辽圣宗统和中（983—1012）卜筑结庵开始，历太平、重和、寿昌直至乾统年间的创建与增修等事迹，辽道宗时先后两赐寺名（1058、1070），则其兴盛可知。虽未直接涉及青峰塔，亦可大略窥见其时当地佛教状况。从建筑、造像的发展演化角度着眼，推测青峰塔大概建于辽晚期[3] 或辽末金初（12世纪上半叶）。[4]

塔身四面各浮雕一佛二胁侍，两端还雕有与主塔形制颇为近似的小塔各一，合为八塔（塔铭佚失）。由实际方位、佛像手印、座中动物等各种特征来看，参照辽塔塔身常见的造像组合，可知青峰塔塔身表现四方佛，加之塔本身象征大日如来，合为金刚界五佛。[5] 在

〔1〕 金殿士：《辽代安德州今地考》，《社会科学辑刊》1982年第2期，第91—92页。

〔2〕 此碑现已残损不全，历代著录可见（清）钱大昕《潜研堂金石文字跋尾》卷六、（清）孙星衍与邢澍《寰宇访碑录》卷十（丛书集成初编本）、（清）王仁俊《辽文萃》、陈述《辽文汇》以及《热河志》《承德府志》《满洲金石志》《满洲金石志稿》等。此据向南《辽代石刻文编》，石家庄：河北教育出版社，1995年，第592—594页。

〔3〕 赵兵兵、陈伯超：《青峰塔的构造特点与营造技术》，《华中建筑》2011年第4期，第136—140页。此外，向井佑介提出，霸州（今朝阳）境内的几座平面方形辽塔中，营建顺序很可能依次是：北塔、大宝塔、云接寺塔和青峰塔。见《朝阳北塔考—仏塔と墓制からみた遼代の地域—》，载《遼文化・遼寧省調査報告書：京都大学大学院文学研究科21世紀COEプログラム〈グローバル時代の多元的な人文学の拠点形成〉》，京都大学大学院文学研究科，2006年，第186—188页。

〔4〕 水野さや：《中国・遼寧省におけるいわゆる遼塔の第一層塔身浮彫尊像に関する調査報告》，《金沢美術工芸大学紀要》第55号（2011），第52、58页。

〔5〕 辽塔类似的例子甚多，各塔的具体安排和选择又有不同。以辽宁兴城白塔峪辽道宗大安八年（1092）白塔（觉花岛海云寺空通山悟寂院舍利塔）为例，此塔塔身四佛、八塔均刻明确名号，地宫封顶石正中则刻"南无中方瑜伽大教主我本尊毗卢遮那佛"字样。见佟强：《辽宁兴城白塔峪辽塔》，《中国文化遗产》2012年第6期，第58—65页。对这一问题的讨论可参见罗炤《海外回归五重宝塔佛像系统的宗教内容与意义》，载佛舍利五重宝塔编纂委员会编：《佛舍利五重宝塔》，北京：人民出版社，2008年，第138—139页。

一些实例中还可见到石刻铭文，非常确凿。著名的辽兴宗重熙十三年（1044）朝阳北塔等大多数塔身浮雕四佛披袈裟、同时穿戴菩萨装身具，[1]与之相比，青峰塔为肉髻、佛衣的佛相，与众不同。最值得注意的，则是其中南方宝生、西方弥陀、北方不空成就佛均以二菩萨为胁侍，唯东面佛之二胁侍着袈裟，跌坐莲台，头顶祥云中现华盖。其中，左尊左手托钵，右手覆其上、局部残。类似造像实例可举出陕西子长钟山石窟北宋第10窟，其中东壁一尊造像[2]保存完好，二者时代接近。更可靠的例子则属山西大同上华严寺大殿清代壁画，日月光菩萨随侍、十二药叉大将簇拥中的药师佛姿势非常接近。推测青峰塔此尊亦表现药师佛从药钵中取出诃子，寓意济世救疾、消灾除难。

至于右尊，姿势奇特：头上螺发，双手高举过头顶、掌心向上，手指残断，无法观察出其掌心曾托持有物，缺乏足够的图像志特征。可能由于这个姿势露出双臂的缘故，似为通肩袈裟，与中尊和左尊袈裟敷搭右肩不同。有研究者根据常见药师—炽盛光的图像组合，以及辽代佛教的倾向，推测为炽盛光佛。[3]只是在目前已知的炽盛光佛像上尚未发现类似的形态特征。由于不具铭文，构图简单，更没有眷属众或故事情节，对青峰塔东面的左右两尊佛还很难做出确凿的判断。但它无疑是个引子，引导我们去关注金刚界五佛中东方并置三佛的奇特现象。这种空间布置再现于甘肃敦煌莫高窟465窟窟顶壁画，后者的图像特征更为明确，有助于廓清关于尊格的疑问。

莫高窟第465窟坐西朝东，主室窟顶覆斗顶表现金刚界五佛。斗心绘大日如来、头朝外，四披按实际方位分布四方佛及诸眷属。非常特别的是，与其他三披一佛二菩萨三尊结构为主体不同，东披表现的乃是三佛。中尊高大，左右两尊体量逊之，但画面顶部有两朵流云覆莲状的华盖，以此明显区别于其他胁侍。谢继胜对该石窟的年代学和图像学颇富创见，首倡主室壁画西夏绘制说，[4]为国内外学者普遍接受。辨识第465窟窟顶壁画时同氏指出：[5]

　　东披为蓝色阿閦佛，触地印，象座，东披右上角有阿閦佛所辖菩萨金刚手，引人注

〔1〕 辽宁省文物考古研究所、朝阳市北塔博物馆编：《朝阳北塔——考古发掘与维修工程报告》，北京：文物出版社，2007年，图四八：1；图版九七、九八。

〔2〕 韩伟主编，陈悦新副主编：《中国石窟雕塑全集5·陕西、宁夏》，重庆出版社，2001年，图版94。

〔3〕 风雨行进：《从青峰塔塔身装饰看辽代朝阳的佛教信仰》，2011年6月12日博文，访问于http://blog.sina.com.cn/s/blog_540c68480100sj9j.html.

〔4〕 谢继胜：《关于敦煌第465窟断代的几个问题》，《中国藏学》2000年第3、4期；同氏：《莫高窟第465窟壁画绘于西夏考》，《中国藏学》2003年第2期。有关465窟年代问题的其他各种意见可参见敖特根《敦煌莫高窟第465窟断代研究综述》，《敦煌研究》2003年第5期。还可关注霍巍提出的综合性观点，见《敦煌莫高窟第465窟建窟史迹再探》，《中国藏学》2009年第3期。

〔5〕 谢继胜主编：《藏传佛教艺术发展史》上，上海书画出版社，2010年，第239页（谢继胜撰文）。

目的是阿閦左侧为藏传佛教少见的炽盛光佛（Tejaprabha），右手抬起向外，掌心向上屈无名指，左手禅定印托金轮。

由藏地少见此尊，谢继胜推测此窟并非专为藏传佛教某教派而营建。[1]炽盛光佛（图3-6-13）的判定，手中八辐金轮是非常明确的标志，其右手侧举、掌心见法轮图案，屈无名指与小指，手印接近年代最早的炽盛光佛形象——张淮兴施绘《炽盛光佛并五星神》绢画。特别地，其头顶浅青色肉髻之上覆有深色的笔触，不见于其他佛像，未知属何种顶

图3-6-13　炽盛光佛像。西夏。莫高窟第465窟窟顶东披壁画局部。(敦煌研究院、江苏美术出版社编《敦煌石窟艺术·莫高窟第四六五窟（元）》，南京：江苏美术出版社，1996年，图版16局部)

严，或体现炽盛光原系佛顶尊，象征佛的无见顶相（uṣṇīṣaśiraskatā），即肉髻殊胜，一切人天不能见其顶。而其特征性眷属十一大曜的周绕出现，进一步证实了炽盛光佛的尊格。壁画上十一大曜的形像简述如下（东披壁画在窟顶图像中的位置见图3-6-14：1，其中诸尊位置分布见图3-6-14：2）：[2]

（1）土曜。他肤色深暗，戴尖叶宝冠与耳珰，项饰、璎珞、臂钏、腕钏、脚镯俱全，祖上身，束图案华丽的腰布（dhotī）。双手捧持上粗下细的短杖。汉地佛教图像传统将土曜塑造为拄拐杖的外道老人，印藏传统则是持杖（daṇḍa）或称金刚杖（vajradaṇḍa）。相形之下，这里的持物接近后者。通常土曜出现在炽盛光佛前，这里也不例外。

（2）日曜。肤色透红，头上除宝

---

〔1〕谢继胜主编：《藏传佛教艺术发展史》上，上海书画出版社，2010年，第239页脚注47。

〔2〕十一大曜常见的图像志特征可参见廖旸《炽盛光佛构图中星曜的演变》，《敦煌研究》2004年第4期，第71—79页；陈万成：《唐元五星图像的来历——从永乐宫壁画说起》，载同氏：《中外文化交流探绎：星学·医学·其他》，北京：中华书局，2010年，第73—109页；孟嗣徽：《十一曜星神图像考源——以西夏时期〈炽盛光佛与十一曜星神宫宿图〉为例》，载《敦煌学：第二个百年的研究视角与问题》(Dunhuang Studies: Prospects and Problems for the Coming Second Century of Research/ Дуньхуановедение: перспективы и проблемы второго столетия исследований), ed. by I. Popova and Liu Yi（刘屹），St. Petersburg: Slavia Publishers, 2012. 本节将不逐一详述这些特征的符号体系与象征意义，仅提示与常见形象有所不同处。

冠、宝缯而外，高发髻上另有发饰。双手当胸，掌心生出祥云，云端现红色日轮。

（3）罗睺。焰发飞扬，圆睁三目，耳饰厚重圆珰。左手侧举红色日轮（中隐现乌鸦），左手则执长剑。与常见的形象不完全吻合，但持剑的忿怒形象，以及用日暗示他作为蚀神吞噬日月的特点，可以说还是很明确的。

（4）金曜。白色身相，额发呈连弧形，发绺垂肩，饰物精整，双手抱持曲项琵琶。琵琶裹在锦囊中，锦上装饰六瓣花图案。

（5）木曜（？）。双手当胸，通常他持桃或果盘，而这里他右手似握数珠。据《究竟瑜伽鬘》（Niṣpannayogāvalī），木曜持数珠和水罐（kamaṇḍalu）。

图3-6-14：1　莫高窟第465窟窟顶五方佛壁画（顶部即为主室前壁上方的东披）西夏。（彭金章主编：《敦煌石窟全集10·密教画卷》，香港：商务印书馆，2003年，图版218）

（6）计都。焰发三目，面现忿怒，左手握羂索，右手握剑柄。通常计都持剑，在《究竟瑜伽鬘》的描述中他同时还握羂索。

（7）水曜。白身女相，面相平和，高发髻，戴宝冠，右手掌心向内、执持经卷，左手拈一黑色管状物，当即笔。

图3-6-14：2　莫高窟第465窟窟顶东披壁画部分神祇尊格示意图（底图采自《敦煌石窟艺术·莫高窟第四六五窟（元）》，图版9）

（8）紫炁（？）。肤色深暗，图像上未能辨认出持物。紫炁和木曜常作贵臣装束，紫炁多捧笏，《圣星母中道法事供养典》中木曜黄色身相、捧甘露瓶，紫炁紫色、持念珠；而如前所述木曜亦可持数珠。由于紫炁与月孛多相邻，本节倾向于将（9）月孛身旁的（8）暂定为紫炁。

（9）月孛。肤色深暗透红，右手当胸持剑，左手则攥住长发拎人头。不见束发髻或扬焰发，虽戴有发饰，但与西夏时期典型的披发形象仍相当接近。

（10）火曜。绿身色，焰发、瞪目，持剑。由于没有在同样持剑的忿怒神（3）罗睺与（6）计都焰发中发现小蛇，而且火曜身相通常呈红色而非绿色，因此虽综合各种因素、暂定此尊为火曜，仍需存疑。类似的问题还见于黑水城另一件星神像（艾尔米塔什博物馆藏，XX-2454），持剑人物亦类似火曜但为绿身色，而西夏文榜题明确标记为"𗧀𗰜𗄼"（月孛星），带来困扰。[1]而二者结合起来考虑，或有所得。

（11）月曜。白身色、寂静女相，双手当胸捧一偏浅蓝色的圆轮，部分被阿閦佛身前左胁侍大菩萨（日光遍照菩萨）所遮挡，根据身色、持物及与日天的位置呼应关系来看，当为月天。

十一大曜形象是多元文化系统交流的成果，并与神话、宗教、天文历算、占卜等均有关联。特别地，西夏的图像存在汉地与印藏传统两个体系，二者之间已见交融的势头。[2]总的来看，465窟壁画上诸大曜的持物和性别刻画以汉传为主，也有个别遵循印藏传统；而对身色的关注、对装身具的表现以及对形体的塑造则显然是后者的特点。除炽盛光佛及其眷属而外，中尊阿閦佛左手心似托立杵，若图像辨识不误，此即图像志所谓金刚不动佛（Vajrākṣobhya）。而右尊的身份成为最大的问题。在中尊和右尊尊格明确的情况下，考虑到药师佛住东方世界、有些观点认为他与阿閦佛为同尊，[3]而且与炽盛光佛常常并置，[4]亦有讨论认为"药师即炽盛也"，[5]很容易猜测右尊是否与药师佛有关。只是，画面上不见锡杖、诃子，不见五色续命神幡、七重轮灯，数不出七佛药师、十二神将或八大菩萨。

---

〔1〕 许洋主译：《丝路上消失的王国——西夏黑水城的佛教艺术》，台北历史博物馆，1996年，第232页（萨莫秀克撰文），图版58。

〔2〕 详见廖旸：《明智化寺本〈佛说金轮佛顶大威德炽盛光如来陀罗尼经〉图像研究》，第111—140页。

〔3〕 主此说者如［日］亮禅述，亮尊记《白宝口抄》卷第十二《药师法第一·阿閦药师同体事》，《大正藏图像部》卷6，第394页。不同意见如"药师、阿閦异佛也。世人一佛云云不可也"（［日］永严《要尊法》，《大正藏》卷78，第195页），这从侧面反映出二者同尊的说法流传之广。

〔4〕 比较早的讨论可见 Anning Jing, "The Yuan Buddhist Mural of the Paradise of Bhaiṣajyaguru", *Metropolitan Museum Journal* no. 26 (1991), pp. 155–159; Michelle Baldwin, "Monumental Wall Paintings of the Assembly of the Buddha from Shanxi Province: Historiography, Iconography, Three Styles, and a New Chronology", *Artibus Asiae* Vol. 54, No. 3/4 (1994), p. 261.

〔5〕 《白宝口抄》卷一二《药师法第一·光聚佛顶药师同体事》，《大正藏图像部》卷6，第393页。

此尊肤色深暗，可以排除该窟不变色或有轻微变色但仍能辨认出基调的白、红、蓝、绿、青色；推测原为黄色，严重变暗后近于黑色[1]。左手掌心向上平置腹前，掌心似未见钵形；举右手、掌心向外当胸结印，由于手指和裸露的右肩肤色接近，从图片上难以确认，或伸食指与小指，屈其他三指相触（karaṇamudrā）。最有力的图像志证据是，中尊身前的两身大菩萨均游戏坐，两手当胸拈莲茎，莲台上各有一圆轮，推测居左、深色者（或系黄色变色）为日光遍照菩萨，居右、白色身相者为月光遍照菩萨，而这两位是药师佛的标志性上首菩萨。对右尊尊格的判定最终有赖于对窟顶壁画整体的图像学认知，目前来看，暂视为药师佛是相对合理的。若然，则第465窟窟顶东披表现阿閦佛·炽盛光佛·药师佛三尊，为特定的东方三佛；而整个窟顶呈现为五方佛与炽盛光佛、药师佛共同构成的一种全新的七佛体系。

在五方佛中，除了崇拜大日如来而来，东方阿閦佛也吸引了特别的关注。尽管仪轨声言，五佛均可置入坛城中台，但实际上出现在这个位置的主要是大日与阿閦如来。[2]此外，对东方多佛不同寻常的崇仰也是当时的一个重要现象。就佛教世界的地理空间而言，中华位东，当时各政权乃至周边的高丽、日本等均崇佛。在印度本土印度教等势力兴盛、伊斯兰教的势力不断扩张的情形下，东方诸佛的信仰很可能折射了东方众佛国的现实状况。其中就包括无意甚至有意的"误会"，必要的变通有助于互相的理解。尽管藏传佛教中也存在和汉传炽盛光佛同源的佛顶尊，然而二者沿着不同的路径发展，其在藏传佛教中的地位、神通、流行程度等均逊于汉地，这就使得藏传佛教信徒需要重新审视并解释、从而接受炽盛光佛。这些现象体现了多民族佛教文化接触、碰撞过程中的相互认知和融通过程。

六、对回鹘壁画的反思——11至13世纪中炽盛光佛与药师佛的关系

近年新披露了云南大理白族、丽江纳西族地区的炽盛光佛图像，[3]从中能够看到11—13世纪这一民族文化交融的高峰之后，该信仰至明代仍在族群之间传播。另一个引发讨论的地区则是回鹘；该地区现存文本反映的星曜崇拜与星神描绘，近年来得到了相关

〔1〕 对于第465窟颜料变色规律性的讨论，详见阮丽：《敦煌石窟曼荼罗图像研究》，中央美术学院2012年博士学位论文，第50—54页。
〔2〕 可参见杨清凡：《藏传佛教阿閦佛及其相关问题研究（7—15世纪）》，四川大学博士学位论文，2007年。
〔3〕 廖旸：《云南大理、丽江的炽盛光佛信仰与图像——诸佛的聚合》，《艺术史研究》第20辑，广州：中山大学出版社，2018年，第255—291页。

领域学者的普遍重视。新疆吐鲁番柏孜克里克第18窟为回鹘时期经典洞窟,艺术水准高超。20世纪初窟中多铺壁画被德国探险队切割运归德国,后入藏柏林印度艺术博物馆（Museum für Indische Kunst, 2006年并入亚洲艺术博物馆）。其中一铺（图3-6-15,已毁于战火）被判断为药师佛会,[1]近年来有学者认为表现炽盛光佛会,[2]核心证据是佛座右侧外沿表现九曜。九曜图像志特征清晰,言之凿凿。可注意者,如水曜所持毛笔与砚台,与常见的纸卷一样充分体现出汉地文化的特色。然而,若从须弥座两侧所立八大菩萨、左侧外沿的十二元辰（分三排,上排从内往外自子鼠起）着眼,则仍需斟酌,盖因他们是药师佛核心、标志性的眷属。棘手之处在于,文献、图像材料均揭示药师佛与炽盛光佛关系非常紧密,从自身图像特征到随侍眷属均有借用的现象。[3]就八大菩萨而言,药师经记载明确:信众"临命终时有八菩萨——其名曰文殊师利菩萨、观世音菩萨、得大势菩萨、无尽意菩萨、宝檀华菩萨、药王菩萨、药上菩萨、弥勒菩萨——是八大菩萨乘空而来示其道路,即于彼界种种杂色众宝华中自然化生。"[4]此说固然为人所熟知,但炽盛光曼荼罗居中为一字金轮佛顶（亦示为大日）,八叶莲花上依次表现炽盛光佛顶、佛眼部母菩萨、文殊师利菩萨、金刚手菩萨、不思议童子菩萨、救护慧菩萨、毗俱胝菩萨以及观自在菩萨,这里的炽盛光佛顶从文献与图像看为菩萨装。[5]既然炽盛光曼荼罗也有类似八菩萨的眷属,而壁画上八大菩萨立像均合十作礼、未见标志性图像特征,其实并不易决断。

药师佛眷属当中,存在以十二元辰（地支）形象替换十二药叉大将的例子:或者直接画作鼠、牛、虎……猪等动物头人身形象,或将动物表现在侧。十二元辰亦称十二宫辰,即将十二地支匹配天上的黄道十二宫:

〔1〕 关于这铺壁画,最初 Albert Grünwedel (1856—1935) 判断为阿弥陀,见 *Altbuddhistische Kultstätten in Chinesisch-Turkistan*, Berlin: Druck und Verlag von Georg Reimer, 1912, S. 258 (该窟当时被编为 Anlage 8; Fig. 534); Albert von Le Coq 简单命名为"偶像画"(Cultbild),见 *Die Buddhistische Spätantike in Mittelasien* Teil IV "Atlas zu den Wandmalereien", Berlin: Verlag Dietrich Reimer/ Ernst Vohsen, 1924, Tafel 17图版说明。松本荣一判断为药师净土变相,见《燉煌画の研究》,第82—89页。这一观点得到学界普遍认可,最新成果如贾应逸:《新疆壁画中的药师佛图像研究》,《吐鲁番学研究》2019年第1期,第4—6页。

〔2〕 Lilla Russell-Smith, *Uygur Patronage in Dunhuang: Regional Art Centres on the Northern Silk Road in the Tenth and Eleventh Centuries*, Leiden·Boston: Brill, 2005, pp. 104–110. 参见 Idem, "Stars and Planets in Chinese and Central Asian Buddhist Art in the Ninth to Fifteenth Centuries", *Culture and Cosmos* vol. 10 nos. 1–2 (2006), pp. 99–124. 孟嗣徽亦主此说,见《文明与交汇——吐鲁番龟兹地区炽盛光佛与星神图像的研究》,《敦煌吐鲁番研究》第15卷（2015）,第182—196页。

〔3〕 详见廖旸:《炽盛光佛再考》,第345—353页。

〔4〕（唐）释玄奘译:《药师琉璃光如来本愿功德经》(敦本),《大正藏》卷14,第406页及脚注11。

〔5〕 据《大圣妙吉祥菩萨说除灾教令法轮》(《大正藏》卷19,第343页),"炽盛佛相仪,毛孔飞光散。首冠五佛相,二手如释迦。"参考《四家钞图像》(京都醍醐寺藏本)卷上(《大正藏图像部》卷3,第773页),则束发髻、戴宝冠并系宝缯,裸上身,束络腋,跏坐莲花,双手于身前捧轮。

图3-6-15　佛会图（已毁）。325×300厘米。新疆吐鲁番柏孜克里克第18窟主室右侧壁壁画。旧藏柏林印度艺术博物馆，MIK III 8451。（ *Die Buddhistische Spätantike in Mittelasien* Teil IV, Tafel 17 ）

　　寅为人马宫，亥为双鱼，属木；子为宝瓶，丑为磨竭，属土；卯为天蝎，戌为白羊，属火；辰为天称，酉为金牛，属金；巳为双女，申为阴阳，属水；午为狮子，属日；未为巨蟹，属月。[1]

这种对应关系既见于汉地本土道教文献，也广泛为民间星命术士使用。在《大圣妙吉祥菩萨说除灾教令法轮》（一称"炽盛光佛顶仪轨"）记述的仪式活动中，发愿人需念诵：

〔1〕（宋）宁全真（1101—1181）授，林灵真（1239—1302）编：《灵宝领教济度金书》卷三二〇《斋醮须知品·祈禳》，《道藏》卷8，第828页。类似参见（明）朱权（1378—1448）编：《天皇至道太清玉册·数目纪事章》，收入《万历续道藏》。

弟子某甲……我今归命佛法僧宝海会圣众。仰启清净法身遍照如来，普告十方三世一切诸佛大菩萨众，一切贤圣声闻缘觉，五通神仙、九执大天（按即九曜）、十二宫主、二十八宿，众圣灵祇、四大明王、护世八天并诸眷属，土地山川、护法善神，业道冥官、本命星主：我今遇此灾难变^{所求之愿}某事相陵，游空大天愿顺佛教勅，受我迎请，悉来赴会。〔1〕

十二宫主有无可能被壁画画师理解为十二宫辰，从而被刻画为冠或髻上现兽头的形象？〔2〕目前尚无先例可循。不管怎样，柏孜克里克壁画上的这组十二身形象非常独特，性别做交叉安排，第一位子形貌如显贵青年，捧简（其上尚存回鹘文题记）；第二位丑则作贵族女子装束；第三位寅复为男子；以此类推。从这一点判断，词组人物塑造明显循道教六丁六甲之规。丁卯、丁巳、丁未、丁酉、丁亥与丁丑合称六丁，为阴神玉女；甲子、甲寅、甲辰、甲午、甲申、甲戌合称六甲，为阳神。其名号、形象、咒语、神通等可见于道经描述，以六丁为例：

> 甲子旬阴神丁卯，兔头人身，挂甲黑衣，游行天下世间五岳，诛斩邪魔，不敢干吾身。玉女文伯，字仁高，吾今行持。六丁呼吸，风雷立至。急急如律令。
>
> 甲戌旬阴神丁丑，牛头人身，挂黄衣，佩带剑秉简，游行世间，诛斩五瘟之鬼。玉女文公，字仁贵，恶人见者番死。夜念一遍，令人长生。急急如律令。
>
> 甲申旬阴神丁亥，猪头人身，挂甲朱衣，佩带剑秉简，游行乾坤，收捉凶神恶鬼。六丁所讨，何逆不从。六丁所止，百众千妖绝灭。玉女文通，字仁和，附吾身命，令吾安稳。急急如律令。
>
> 甲午旬阴神丁酉，鸡头人身，挂甲绯衣，灭恶人。吾今藏玉女字太华，时着我身内，以消外郡州县官事。急急如律令。
>
> 甲辰旬阴神丁未，羊头人身，挂甲持戟，在吾左右。为吾诛神破庙。玉女仁恭，字淑通，令吾所求者得。若有恶人相向，反覆诛形，使风雷扫荡妖精。急急如律令。
>
> 甲寅旬阴神丁巳，蛇头人身，披紫胡衣，佩剑秉简，为吾翻天倒地，九州社令听吾役使。玉女仁敬，字叔卿，左右在吾身。急急如律令。〔3〕

---

〔1〕《大圣妙吉祥菩萨说除灾教令法轮》，《大正藏》卷19，第347页。

〔2〕这种表现手法也可能借鉴了九曜的图像志特征。仅以同铺壁画为例，九曜中金曜发髻上现鸡，水曜—猴首、土曜—牛首、火曜—驴首、木曜—黑猪首亦清晰可辨。

〔3〕《黄帝太一八门逆顺生死诀》，被认为成书于唐末五代，收入《道藏》卷10，第791页。

如能确定这组形象基于六丁六甲的观念，则可引发多层次的思考，直接指向道教与佛教观念与神系的渗透、内地观念向回鹘地区的传播。而六丁六甲隶属于北方真武大帝，这一神系结构还有助于深化对炽盛光佛信仰及其演变的认识。肉眼不易观察到其本体北极星在星空中的运动，古代人们看到的是北斗等星辰周绕北极星，正是在这种天文学观察的基础上，北极紫微大帝／炽盛光佛被崇奉为万星之主，位居中天。但从实际方位而言，不可否认的是北极、北斗在北，从而与北方以及作为其象征的玄武／真武联系起来。在明代云南丽江大觉宫药师佛会图壁画中，佛座前表现四象中东方之青龙，以示药师佛土净琉璃世界在东方；而在对应墙面的炽盛光佛会壁画上，则相应绘出龟蛇，旁立披发仗剑的真武神像，与一些佛教仪式在多佛体系中排定"北方星主消灾〔炽盛〕光王佛"吻合。[1]宏佛塔发现有绢画《玄武大帝图》，[2]这幅道教图像与两幅炽盛光佛图一同安置在佛塔天宫，发人深思。道家祈长生，多种道经记载需祝祷"司命司录，六丁玉女，削去某甲死籍，更著某甲长生玉历"。[3]柏孜克里克壁画选定六丁六甲而非司空见惯的十二辰形象，再次令人思考炽盛光与星神信仰与消灾延寿、长生度亡等宗教目的之间的紧密联系。

　　壁画上佛坐下须弥座底部中央有墨书汉字痕迹，惜残损难辨。画面下方则是多个小场景，以榜题框（原应书有回鹘文题记）作为分隔，可分为上下两排、错落布置。大致看来，可以找到身后荼毗、地狱受刑、类似塔的建筑物以及类似多处类似十王图中的高案，以及捧钵持杖的僧人形象——既有可能表现僧人行道，也是地藏菩萨形象之一种，而这铺壁画旁的一身立像（头部残）就被认为描绘的是地藏菩萨。考虑到主室左侧壁（北壁）在"地藏"菩萨对面描绘的正是地狱景象以及六道轮回画面，这两排小幅场景很有可能描绘与度亡有关的画面。若然，则上方的佛会图很可能服务于相同的宗教目的。而上文在讨论炽盛光陀罗尼在陀罗尼棺和尊胜幢上的出现时，简略地讨论过炽盛光信仰与度亡的关系。前引《大圣妙吉祥菩萨说除灾教令法轮》召请的神灵除宿曜天神而外，也包括"业道冥官"，需予重视。此前已注意到炽盛光佛与地藏十王的关系，一例是10世纪左右宋连州（位于今广东）地藏院塑炽盛光佛，一例是11世纪金石材料中所记辽义丰县（今河北滦县）卧如院图绘地藏十王、炽盛光九曜。[4]地藏十王信仰侧重度亡无疑，因此组合虽异，指向却同。

<hr />

〔1〕 廖旸：《云南大理、丽江的炽盛光佛信仰与图像》，第265—268、275、279—280页，图9—10。

〔2〕 邵军认为图中玄武大帝身后的男女侍从像即从六丁六甲图像变化而来，见《宏佛塔出土绢画题材内容再探》，第57—58页。

〔3〕 例见北宋天圣三至七年（1025—1029）张君房辑：《云笈七签》卷一八，《道藏》卷22，第134页；同书卷一九呼神之辞字面相近。类似记载还可见于《太上老君中经》（约出魏晋）、《洞神八帝妙精经》（约出东晋）、《太上洞玄灵宝飞行三界通微内思妙经》（约出南北朝或隋唐）、《太上黄庭中景经》等，《云笈七签》当辑自其中。

〔4〕 廖旸：《炽盛光佛再考》，第349—350页。

回到壁画题材这个话题上来,目前看两说都值得重视,有进一步讨论的空间。同样,柏孜克里克壁画两名上首胁侍菩萨也没有鲜明的图像志特征。甚至主尊佛,左手置身前,抬右手掌心向外、拇指与食指拈作 vitarka mudrā(旧译安慰印)以示说法;既无药师佛之钵、诃子,也不见炽盛光佛之轮。鉴于壁画顶部残损,无法判断有无表现黄道十二宫、二十八宿等形象,而整铺壁画精当感人,足见画师之卓绝高超,断不至于对形象特征缺乏认知,更何况文殊、观音、金刚手、弥勒菩萨等均位列最重要的佛教神祇。由此不妨揣测,画师有意做了某些回避。其实,这种两难的处境恰恰折射出药师佛与炽盛光佛图像的相互借鉴。[1]

那炽盛光信仰究竟有无传入回鹘?目前来看文本方面有确凿的材料,如德国第三次吐鲁番探险队从胜金口带走的一件(图3-6-16)幡。此幡正反两面写满回鹘体真言与愿文,形制与常见的像幡有区别,根据专家的解读与研究,起首部分即炽盛光陀罗尼。这件 Tašïna 与妻 Qutluγ Sarïγ 及家人施写的陀罗尼幡上文字转录如下表:[2]

表3-6-2　回鹘文幡双语对照表

	行号	草体回鹘字转写	内　　容
正	0—3	ṅamo burxan qutïnga samanta budaṅaṅ apiradi xadašaa sadaṅaṅ oom kaka kaka kaki kaki xuṅ xuṅ čivala čivala para čivala par-a čivala tišta tišta sučiri sučiri srpta srpta · šaṅdika šaṅdika širyi/ svaxa · \	炽盛光陀罗尼
	4—9	yükünürmn tašïna vayurošaṅda burxan qutïnga · namo yükünürmn qutluγ sarïγ vipaši burxan qutïnga · namo yükünürmn · šiki burxan qutïnga · namo yükünürmn višvabu burxan qutïnga · yükünürmn · krakasuṅdi burxan qutïnga yükünürmn kaṅakamuṅi burxan qutïnga · yükünürmn kašip burxan qutïnga yükünürmn šakimuṅi burxan qutïnga	以 Tašïna 的名义礼敬毗卢遮那 Vairocana,以 Qutluγ Sarïγ 的名义礼敬过去七佛,即毗婆尸佛 Vipaśyin、尸弃佛 Śikhin、毗舍浮佛 Viśvabhū、拘留孙佛 Krakucchanda、拘那含牟尼佛 Kaṇakamuni、迦叶佛 Kāśyapa 与释迦牟尼佛 Śākyamuni
	10	oom sarva ṅakšadir-a samayi sir-y-ä šantika kuru svaxa:	破宿曜大吉祥真言

〔1〕 见森安孝夫:《西ウイグル仏教のクロノロジー——ベゼクリクのグリュンヴェーデル編号第8窟(新编号第18窟)の壁画年代再考——》,第32页尾注(3)援引龍谷大学入澤崇教授的观点。

〔2〕 回鹘文转写及对应的梵文形式引自 Chhaya Bhattacharya-Haesner, *Central Asian temple banners in the Turfan Collection of the Museum für Indische Kunst, Berlin: Painted Textiles from the Northern Silk Route*, Appendix I(森安孝夫撰,Peter Zieme 参与),Berlin: Dietrich Reimer Verlag, 2003, pp. 466–468. 图版说明见 p. 158.

续 表

	行号	草体回鹘字转写	内 容
	11	namo samaṅda budaṅaṅ oom somay-a svaxa ·	月曜真言
	12	namo samailda budailail. oom adity-a-y-a svaxa ·	日曜真言
背		（略）	以不同人名义礼敬恒河沙数佛、十方俱胝（梵 koṭi）佛、毗卢遮那佛

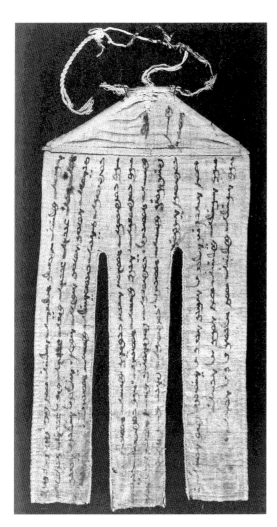
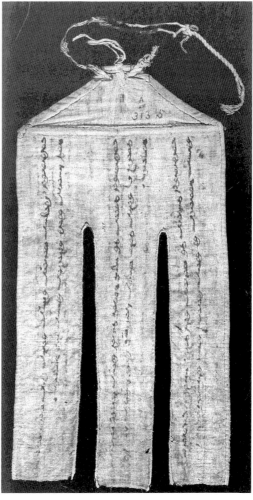

图3-6-16 回鹘文幡。13—14世纪。棉布，48×25.3厘米。发现于胜金口沟内，德国柏林亚洲艺术博物馆（Museum für Asiatische Kunst）藏，MAK III 7309。（Bhattacharya–Haesner, *Op.cit*, cat. no. 153）

前文已提及,失译本炽盛光经依次提到三类真言,即正文中的炽盛光陀罗尼、破宿曜大吉祥真言以及经后所附九曜真言,后者包括:

> 日天　曩谟三满跢没驮喃唵引阿去儞入底也二合婆嚩二合贺引（ namo samantabuddhānāṃ oṃ āditya svāhā ）
>
> 月天　曩谟三满跢没驮喃唵引苏上摩野婆嚩二合贺引（ namo samantabuddhānāṃ oṃ somāya svāhā ）[1]

三种陀罗尼均出现或者部分出现于幡正面,因此,这面幡再次将我们的视线引向炽盛光经,甚至可以明确到失译本。不仅如此,它可能为尝试还原炽盛光佛仪式提供了合理的思考空间。前引《大圣妙吉祥菩萨说除灾教令法轮》在启请中首先就提到"遍照如来"即毗卢遮那（ vairocana〈vi+rocana〉）,其次是十方三世诸佛;而幡正面在炽盛光陀罗尼与大吉祥、日月曜真言之间,正是归命毗卢遮那以及三世中的过去七佛（包括属过去庄严劫的毗婆尸等三佛、现在贤劫的拘留孙佛等四佛）;至于若干发愿信徒对十方诸佛的崇礼[2]则表达在幡背面中央部分。此幡因正反面均表达了毗卢遮那的礼敬,因此被研究者考虑为奉献给他的幡（"banner dedicated to Vairocana Buddha"）;而从整体着眼,不妨考虑为炽盛光仪式的特定组成部分。循此思路,其实还可以反思上文讨论过的西夏文炽盛光经印本。在扉画之前、全经之首出现的是缘起偈;而依《大圣妙吉祥菩萨说除灾教令法轮》之"除灾法轮曼荼罗法",其边缘如车辋,"于此辋上空处,金银书炽盛光佛顶真言及缘生四句偈、十二缘生经文……十二灭句,令其分布遍于辋上"。[3]嗣后在以印咒召请诸神的阶段,还需要再次念诵缘生四句偈（即缘起偈）、十二缘生偈、十二缘灭句。[4]日本保延六年（1140）年炽盛光曼荼罗忠实于文献这种做法,里书明确指出为唐院本,传承线索清晰;至明代仍化用之,可见于炽盛光咒轮。在北京智化寺藏藏外本炽盛光经印本经文与后附星曜真言之间出现"大圣炽盛光如来拥护轮",八叶莲台中心为藏文发愿文,花瓣内书写藏文转写的炽盛光陀罗尼,而莲花与边缘焰鬘之间的环带上正是以藏文转写、真言化的缘起偈,同样可视为缘起偈与炽盛光经法特殊关联的体现。[5]

前述设有炽圣佛坛的辽懿州宝严寺亦称药师院,但"药师院"得名被归结到药师公主

---

〔1〕《大威德金轮佛顶炽盛光如来消除一切灾难陀罗尼经》,《大正藏》卷19,第339页。

〔2〕yukünürbiz toyïn-tu aḍay qunčuy tngrim buyana iligi išinä tükäl-ä birlä tolp ondun sïngarqï koldi saňïnča burxan lar quḍinga.

〔3〕《大威德金轮佛顶炽盛光如来消除一切灾难陀罗尼经》,《大正藏》卷19,第343—344页。

〔4〕同上书,第347页。

〔5〕廖旸:《明代〈金轮佛顶大威德炽盛光如来陀罗尼经〉探索》,第181—183页。

舍宅为寺之举,当时炽盛光佛—药师佛的关系难以遽断。不过,学者们已发现药师佛与炽盛光佛的密切关系并进行了深入探讨,涉及元明时代浙江、山西、四川等地的实例。炽盛光佛得与药师佛并举,除了他们都与星宿密切相关、都能消灾而外,东方也是一个联结点。《圣星母中道法事供养典》中对炽盛光佛的形象描述如下:

> 在最殊胜妙天宫城墙内侧的东门处绘炽盛光佛(𗱲𗰜𗰛𗧀),为黄色,他右手结说法印(𗧤𗾱𗄻),左手置于膝上,手持八齿形的黄色火焰法轮,结跏趺坐(𗠁𗗿𗵘𗵘)在铺有月轮垫(𗾱𗾔 candramaṇḍala)的莲台之上。[1]

上引文描述的右手所结"说法印"当即安慰印[2],与465窟窟顶炽盛光佛形象(图3-6-13)毫无二致,包括黄色身相,只是465窟使用的黄颜料变色而已。另外三尊是南门处不动明王,西门处观音菩萨及北门处文殊菩萨。他们四位如何形成一组是个有意思的问题;本节只想强调炽盛光佛的位置——东门。当不动明王充作四方护神之一时,他本出现在东方,然而现在这个位置被炽盛光佛取代了。我们再次看到,炽盛光佛与东方联系在一起。

　　由于汉地对星神的信仰热烈而根深蒂固,唐代方始进入汉地的炽盛光佛顶迅速实现了身份的跃升。唐密衰落的大趋势之下,炽盛光佛崇拜能够逆势而上,一则是其与星主身份(相当于道教中的紫微大帝)密不可分,再则是与其消灾吉祥咒的流行有关:民间佛教注重持念佛号经咒,礼拜供养圣像,希冀简便得道,迅捷成佛。对于11—13世纪间中国佛教的发展,"显密圆通"虽然触及修行与法事活动,但更直接的结果是神系的扩大和变动。本节的例子则揭示了在11—13世纪这个充满碰撞和融通的大时代中,他的神通明显偏向消灾度亡,由此与药师佛、北方、地藏等产生密切联系。对他身份的调整有助于投契整合出的新佛教神系的时空观念。

---

〔1〕　聂历山:《12世纪西夏国的星曜崇拜》,第40页。
〔2〕　说法印有若干变体,其中较普遍的是右手结安慰印、左手结智印,所谓右手单手所结之"说法印"即安慰印。

第七节　西藏西部夏石窟舍身饲虎图与
丝绸之路《金光明经》相关内容

　　夏石窟（Zhag）地处西藏西部，位于我国西藏阿里地区札达县托林镇柏东坡村。学界对夏石窟的断代集中在11至12世纪之间，[1]属藏传佛教后弘期初期，即西藏西部古格王国的早期佛教遗存。[2]石窟形制为方形单室石窟，由甬道及主室构成（图3-7-1）。甬道为纵券形顶，甬道长约1.8米，内外甬道口分别宽约1.4米、1.1米。主室长约4米，宽约3.4米，高近6米。主室中央存一圆形基座。甬道西壁绘有一铺生死轮回图，生死轮回图上方有建窟题记。[3]甬道东壁则绘有大幅的舍身饲虎本生故事画（图3-7-2），即为本节的研究对象。舍身饲虎图的左上角还绘有一身示善趣观音。甬道东西两壁的上部绘有诸护法神像。主室四壁满绘贤劫千佛像，共789尊千佛像与803则藏文题记。[4]

〔1〕（1）西藏文物局与川大考古队提出夏石窟等的年代或在11至12世纪。参见西藏自治区文物局，四川联合大学考古专业：《西藏阿里东嘎、皮央石窟考古调查简报》，《文物》1997年9期，第6—22、98—100页。（2）瑞士学者赫尔穆特·F·诺依曼认为夏石窟的绘制时间在12世纪上半叶。参见 Helmut F. Neumann, "The Wheel of Life in the Twelfth Century Western Tibetan Cave Temple of Pedongpo", in Deborah E. Klimburg & Eva Allinger (eds.), *Buddhist Art and Tibetan patronage: Ninth to Fourteenth Centuries. PIATS 2000: Tibetan Studies: Proceedings of the Ninth Seminar of the International Association for Tibetan Studies, Leiden 2000, Brill's Tibetan Studies Library vol. 2/7*, Leiden-Boston-Köln: Brill, 2002, pp. 75-84. 汉译本参见赫尔穆特·F·诺依曼著，耿江萍译，廖旸校：《12世纪西藏西部白东布石窟寺的生死轮图》，载张长虹、廖旸主编：《越过喜马拉雅：西藏西部佛教艺术与考古译文集》，成都：四川大学出版社，2007年，第79—89页。（3）四川大学霍巍将夏石窟的年代划至11—13世纪。参见霍巍：《西藏西部石窟壁画中几种艺术风格的分析——兼论西藏西部石窟壁画艺术三个主要的发展阶段》，《藏学学刊》2004年，第143—158页。（4）四川大学熊文彬认为夏石窟壁画应创作于11世纪，下限为12世纪。参见熊文彬：《阿里白东波石窟、千佛石窟和译师殿千佛壁画调查记》，载［奥］恭特朗·哈佐德、沈卫荣主编：《西藏宗谱：纪念古格·次仁加布藏学研究文集》，北京：中国藏学出版社，2018年，第383—402页。（5）我国藏族学者古格·次仁加布与奥地利学者克里斯蒂亚娜·卡兰塔里认为夏石窟壁画与12世纪下半叶西部喜马拉雅的早期艺术接近。参见 Gu ge Tshe ring rgyal po and Christiane Kalantari, "Guge Kingdom-Period Murals in the Zhag Grotto in mNga' ris, Western Tibet", in Christian Jahoda and Christiane Kalantari (eds.), *Early West Tibetan Buddhist Monuments: Architecture, Art, History and Texts*, Vienna: Austrian Academy of Sciences Press, 2021, pp. 407-430.

〔2〕吐蕃王朝崩溃后，王室后裔的一支在象雄故地建立起古格王国政权（10世纪末至17世纪初）。10世纪下半叶，古格国王拉喇嘛益西沃（lha bla ye shes 'od, 947—1024）大力弘佛兴法，拉开藏传佛教后弘期上路弘法的序幕。

〔3〕笔者曾对甬道西壁生死轮回图展开相关研究，参见骆如菲：《西藏阿里札达县夏石窟甬道生死轮回图考》，《敦煌研究》2022年第6期，第35—48页。

〔4〕根据甬道及主室题记可知主室所绘为贤劫千佛，数量由笔者统计得出。

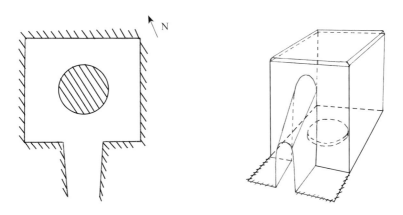

图3-7-1　夏石窟平面示意图与立体示意图（骆如菲绘）

图3-7-2　夏石窟甬道东侧舍身饲虎图（谢继胜摄）

舍身饲虎为著名的佛教本生故事，其图像广泛见于印度、中亚、我国新疆、河西走廊及中原等地，相关研究较丰富。[1]被呈现作图像的舍身饲虎故事经典，包括《本生鬘·母虎本生》(*Vyāghrījātaka Jātakamālā*)《菩萨投身饴饿虎起塔因缘经》《贤愚经·摩诃萨埵以身施虎品》《金光明经·舍身品》(《金光明最胜王经·舍身品》)等。[2]

学界对夏石窟舍身饲虎图有过零星关注，仅对其图像内容及文本依据作过大致的判定。熊文彬教授根据画面主要内容及几处藏文题记对舍身饲虎题材作过判定，并大致解读了部分藏文题记。[3]孟瑜博士在研究西藏日喀则夏鲁寺的母虎本生图及其所据文本时，注意到夏石窟舍身饲虎图与夏鲁寺的一样均是根据《金光明经》创作，但并未对夏石窟舍身饲虎图的细节内容展开详细考察。[4]

作为丝绸之路典型佛教故事题材，夏石窟舍身饲虎图对于西藏尤其是此期西藏西部的佛教艺术史及文化史具有重要意义。因此，本节将剖析夏石窟舍身饲虎图的图像内容、文本依据、图像意涵及图像流传体系等；同时，通过图像反映的信仰及多民族文化交流，梳理图像出现的原因，审视夏石窟舍身饲虎图特殊的历史文化价值。

一、舍身饲虎壁画藏文题记释录及情节解读

目前，夏石窟舍身饲虎图上部仍较为清晰，下部尤其是右下部漫漶严重。笔者勾勒线描图还原壁画内容如图（图3-7-3）。

画面残存数处藏文题记，部分可辨。画面中另见数个红底方框，原或为榜题框，但已不见字迹。笔者将壁面现存11处藏文题记悉数整理并翻译如下（表3-7-1），位置标序于图3-7-3。[5]

〔1〕相关研究参见贺世哲：《敦煌图像研究：十六国北朝卷》，兰州：甘肃教育出版社，2006年，第170—177页。李静杰：《南北朝隋代萨埵太子本生与睒子太子本生图像》，载麦积山石窟艺术研究所编：《石窟艺术研究（第一辑）》，北京：文物出版社，2016年，第125—173页。高海燕：《舍身饲虎本生与睒子本生图像研究》，兰州：甘肃教育出版社，2017年。
〔2〕相关文本的整理参见前揭高海燕：《舍身饲虎本生与睒子本生图像研究》，第57—79页。孟瑜博士也对梵、汉、藏各版本舍身饲虎故事及其关键情节做过梳理，参见孟瑜：《舍身饲虎本生的文本和图像研究——兼论德国佛教艺术史研究方法》，沈卫荣主编，中国人民大学国学院西域历史语言研究所编：《西域历史语言研究集刊（第十辑）》，北京：科学出版社，2018年，第229—240页；孟瑜：《西藏夏鲁寺母虎本生壁画分析》，《中国藏学》2017年第4期，第151—157页。
〔3〕熊文彬：《阿里白东波石窟、丁佛石窟和译师殿千佛壁画调查记》，载于［奥］恭特朗·哈佐德、沈卫荣主编：《西藏宗谱：纪念古格·次仁加布藏学研究文集》，第383—402页。
〔4〕孟瑜：《西藏夏鲁寺母虎本生壁画分析》，《中国藏学》2017年第4期，第151—157页。
〔5〕感谢浙江大学哲学学院博士后完玛南加协助校对。

表3-7-1　夏石窟舍身饲虎图藏文题记的位置、藏文原文及汉文翻译

序号	藏文原文	汉文翻译
a	rim 'gro ba gcig bskrad nas btang ba	派出一名侍从。
b	ngu zhing tshol ba /	哭着寻找。
c	rim 'gro ba gcig gis gcig mthong nas gzhon nu ga re zer ba /	侍从面面相觑，问："王子何在？"
d	sa g.yos nas lus btang bar go（ba）/	大地震动，兄长知晓（萨埵）已舍身。
e	（sbo）sangs ...... 'bar mchog gi g.yar（dam）/	......？ ......誓言
f	...... log nas tshold tu chas pa /	......返回去寻找。
g	现仅见"shi"与"ya"字样。	/
h	残存题记漫漶难辨。	/
i	'od ma'i yal ga	......竹枝...... ......
j	m（che）d gas ma n（a）......	（王弟肢体？）四分五裂，不......
k	...... rim 'gro ba .... s（a）mchi bo /	......侍从 前往......

通过线描图与藏文题记，笔者判断甬道东侧舍身饲虎图的各情节如下，情节标序见图3-7-3。

（1）画面中央绘三位头戴三叶菩萨冠的人物像，表现三王子在林间行走。壁面右上部表现树林，林间可见珍鸟及猴子。

（2）一头羸弱的老虎扭头向后，身前有五幼虎。萨埵脱掉的长袍披挂于母虎左侧的树上，地上有其摘掉的发冠。萨埵赤裸上身躺于虎前。此处表现萨埵恐母虎食子而欲舍身饲虎，然而母虎却因为他的大慈悲无法食之。

（3）萨埵左手于头顶向上扯住发辫，脸部已残，仍可见其右手置于耳旁，左脸外伸出长条状物的末端，右腿站立，左腿向身右侧勾起，表现萨埵折竹枝刺颈献身对应题记i。

（4）萨埵已身首分离，躯干残断。母虎张开血盆大口正食其左手，双腿只剩上半截。

图3-7-3　舍身饲虎壁画线描图及情节顺序示意图（骆如菲绘）

（5）萨埵的骸骨散落于地，表现母虎食毕，萨埵王子已舍身。

（6）二位兄长坐于地上作交谈状，面露悲色，表现二兄在感受到大地震动后得知其弟已舍身，悲痛不已。（对应题记d）

（7）二位兄长欲返回树林的母虎处寻弟。（对应题记f、j）

（8）二位兄长横躺于地，旁落菩萨冠，一人作举手状，表现二兄见王弟的遗骸后悲伤倒地，举手哀嚎。

（9）二位兄长悲伤离开。

（10）树林中一位头戴白色宽檐帽、身着蓝色长袍的人物及一位身着白色长袍、正仰头张望的人物应均为寻找萨埵的侍从。（对应上述题记d与e）另外，画面左上角示善趣观音像的右侧绘有两位立姿人物像，头戴白色蓝边宽檐帽，着蓝白翻领长袍，看向观音一侧，应为寻找萨埵的侍从。不过，题记a写"一位侍从"，与画面两位侍从不符，或为抄写笔误。

（11）蓝顶寝宫中有一卧床者及一坐姿者像。卧床者胸前衣袍右侧掀开，露出右乳的半边，应表现王后即萨埵母亲梦见被割两乳等不祥之兆。坐姿者则应表现王后梦醒后听闻王子失踪的消息极为焦急忧虑。

（12）有二人正从寝宫方向走向王宫，王宫为数层高的藏式建筑。此二人前者披头巾，衣着较后者华丽，分别为王后及其侍女，表现王后正前往国王处并欲告其不祥之事。

（13）王宫第一层的门呈打开状，各层的窗户中及围栏上有人探头张望。王宫顶部有二坐姿人像，其中一人头戴红色宽檐帽、蓄须、身着红色翻领白袍，姿态威严肃穆，为国王；另一人侧仰头看向前者，为王后。此处应表现王后向国王诉说王子失踪之事，国王安慰王后并准备去寻子。

（14）焦急等待的国王及王后见二位王子从远处走来，向二位王子询问萨埵的下落。二王子痛哭不语，在王后的焦急追问下，二王子最终详细交代了事情的经过。

（15）国王与王后听闻爱子的噩耗后神志不清，昏倒于地。

（16）国王、王后与大臣一众人前往萨埵舍身处。

（17）国王与王后前往萨埵舍身处见到散落一地的爱子遗骸后再次悲绝倒地。

（18）国王与王后收萨埵舍利并将之供奉于佛塔中，画面绘有一座覆钵式塔。

夏石窟舍身饲虎图非常生动完整地描绘了舍身饲虎故事的各个情节。画面情节围绕树林、寝宫与宫殿，以及舍身与起塔处等场景展开描绘，不同情节融合、交错。情节顺序从中央的王子出游开始（情节1），出游的萨埵位于全图中心；其后分别以由上至下的方向表现了萨埵舍身（情节2—5）、兄长寻弟（情节6—9）、国王及王后等寻子（情节10—16）、国王及王后见遗骸并起塔（情节17—18）等核心情节。各人物形象的服饰特点鲜明，建筑及自然环境生动写实，画面内容较世俗化。

舍身饲虎图的左上角还绘有一尊六臂形象的示善趣观音（Sugatisandarśana Lokeśvara），[1]与舍身饲虎图形成浑然一体的整体构图。关于此观音形象的记载，见于约成书于12世纪

〔1〕　参见次仁加布与卡兰塔里的文章：Gu ge Tshe ring rgyal po and Christiane Kalantari, "Guge Kingdom-Period Murals in the Zhag Grotto in mNga' ris, Western Tibet", pp. 407–430.

的印度密教文献《成就法鬘》(Sadhānamālā)。[1]此尊观音在夏石窟甬道中与舍身饲虎图相结合,对应西侧壁的生死轮回图,应表现观音开示善趣及救度众生等内容。本节篇幅有限,不作展开。

二、夏石窟及西藏相关舍身饲虎图与藏文译本《金光明最胜王经》

经笔者比对,画面内容以及藏文题记应源于藏文本《金光明最胜王经》(gSer 'od dam pa mdo sde'i dbang po'i rgyal po)中的《舍身饲虎品》(sTag mo la lus yongs su btang ba'i le'u)。在判定舍身饲虎壁画所据的《金光明最胜王经》版本之前,以下首先简要梳理此经的藏、汉各译本。

《金光明经》在吐蕃时期便译入藏文,吐蕃译经目录《旁塘目录》(dKar chag 'phang thang ma)与《丹噶目录》(Pho brang stong thang lhan dkar gyi chos 'gyur ro cog gi dkar chag bzhugs)中著录有数个版本。其中,《旁塘目录》中记有三个版本,包括根据汉文新译的十卷本、从梵文译入的五卷本以及根据汉文旧译的十卷本。[2]《丹噶目录》中亦记有三个版本,包括一个八卷本以及由汉文译入的十卷本与五卷本。[3]

《甘珠尔》中收录有三个版本的藏文译本《金光明最胜王经》,均为公元9世纪吐蕃赞普热巴坚(Ral pa can)时期的译本。其一为汉文藏译本,名为 'Phags pa gser 'od dam pa mchog tu rnam par rgyal ba'i mdo sde'i rgyal po theg pa chen po'i mdo,收录于续部pa函,法成('Gos chos grub)翻译,《舍身品》在卷十第二十六品,以下简称为"法成本"。[4]另二版本基本一致,均名为 'Phags pa gser 'od dam pa mdo sde'i dbang po'i rgyal po zhes bya ba theg pa chen po'i mdo,其中一个版本收录在续部pa函,由胜友(Jinamitra)、戒自在菩提(Śīlendrabodhi)与智军(Ye shes sde)翻译,《舍身饲虎品》为卷十第二十六品,以下简称为"智军本";[5]另一个版本收录于pha函,译者不详,《舍身饲虎品》为第十八品,以下简称

〔1〕 参见印度学者贝诺伊托什·巴塔查里亚(Benoytosh Bhattacharyya)的著作:Benoytosh Bhattacharyya, *The Indian Buddhist Iconography: Mainly Based on the Sādhanamālā And Other Cognate Tāntric Texts of Rituals*, Humphrey Milford Oxford University Press, 1924, pp. 49–50.

〔2〕 西藏博物馆编:《旁塘目录;声明要领二卷》,北京:民族出版社,2003年,第7—8、19页。

〔3〕 中国藏学研究中心《大藏经》对勘局对勘:《丹珠尔》第116卷(对勘本)(藏文),北京:中国藏学出版社,2005年,第792、799—800页。

〔4〕 德格版《甘珠尔》,续部pa函,第19页a面—第151页a面。《舍身品》参见第137页a面—第145页b面。法成在吐蕃统治敦煌时期曾在沙洲、甘州译出大量经典,主要包括从汉文译入藏文的经典,也有的是由藏文译入汉文。见王尧:《藏族翻译家管·法成对民族文化交流的贡献》,《文物》1980年第7期,第50—57页。

〔5〕 德格版《甘珠尔》,续部pa函,第151页b面—273页a面。《舍身饲虎品》见第264页a面—第271页a面。

为"失译本"。[1]失译本与智军本的《舍身饲虎品》基本只在断句上存在区别。在这两版中，本节将以智军本为主要参照展开讨论。

汉文译本则有北凉、隋、唐三个版本，分别为北凉昙无谶译本《金光明经》、[2]隋代释宝贵合本《合部金光明经》、[3]唐代义净译本《金光明最胜王经》。[4]舍身饲虎内容均在《舍身品》中。

各译本舍身饲虎故事的叙述结构均可分为两部分，第一部分为故事记叙，第二部分以偈颂的形式复述故事，前后在细节上略有不同。以下分别从图像情节及题记方面分析夏石窟图像与藏文智军本及法成本的关系。

在图像方面，其一，在第一部分的故事叙述中，智军本描述母虎有五子，法成本则描述母虎有七子。在夏石窟壁画中，母虎身旁有幼虎五只，显然符合智军本的描述，而与法成本及汉译本是相异的。

其二，在夏石窟壁画中，国王与王后寻子时，向国王与王后禀报萨埵下落的是二位王子（即上述情节14），与智军本第一部分的记载完全相符。在智军本第二部分和法成本中，前来禀报的则分别是两位大臣，与夏石窟壁画相异。

其三，在夏石窟壁画中，国王与王后两次昏倒在地（即上述情节15、17）。第一次是国王与王后听闻萨埵舍身的噩耗后昏倒（情节15），与智军本第一部分的描绘吻合，而智军本第二部分和法成本是没有这一情节的。

其四，关于萨埵舍身的关键情节，夏石窟仅描绘萨埵躺于虎前及取竹枝刺颈这两个情节。在智军本第一部分故事叙述的舍身情节中，其一为萨埵躺于虎前；其二为萨埵取竹枝刺颈后卧于虎前，并无上高山跃下这一情节。智军本第二部分的偈颂复述则两次提到了从高山上跃下，但无其他舍身情节。在汉译本《舍身品》中，舍身情节包括：（1）卧于虎前；（2）上高山投身虎前；（3）以竹枝刺颈。法成的藏文汉译本与唐代义净的汉译本一致，第一部分故事叙述的情节顺序为（1）—（2）—（3），第二部分偈颂复述的顺序为（2）—（3）。因此，在舍身过程的诸多叙事顺序中，夏石窟壁画与智军本第一部分的叙事顺序吻合。

夏石窟舍身饲虎图的藏文题记也与智军本第一部分更为接近，论据如下。

其一，题记c与智军本第一部分的语句表述几乎一模一样，智军本作"Rim gro pa ...... gcig gis gcig mthong nas/ gzhon nu ga re/"。[5]法成本的对应表述则为"De'i tshe rgyal bu

〔1〕　德格版《甘珠尔》，续部pha函，第1页b面—第62页a面。《舍身饲虎品》见第53页a面—60页a面。
〔2〕　《大正藏》第16册，No.663，第353—356页。
〔3〕　《大正藏》第16册，No.664，第396—399页。
〔4〕　《大正藏》第16册，No.665，第450—456页。
〔5〕　德格版《甘珠尔》，续部pa函，第267页a面。

tha chungs kyis khrid pa'i g.yog 'khor rnams phan tshun gcig la gcig 'di skad du rgyal bu gang na yod pa lhan cig btsal ba'i rigs so zhes smras par gyur to/",明显异于题记及智军本。[1]

其二,题记中两次出现的"rim 'gro ba"表示"侍从",在智军本第一部分中可见拼写近似的"rim gro pa"或"rim gro ba"来表达此词义,法成本则用"g.yog 'khor"表示"侍从"。

其三,"寻找"一词是《舍身饲虎品》中多次运用的词汇,题记b中的"tshol"多次见于智军本第一、二部分,题记f中的"tshold"也是此词的古藏文写法;在法成本中,"寻找"一词则基本用"btsal"表示,而仅有两次使用"tshol"。

其四,关于刺颈时提到的"竹枝"一词,题记所用的"'od ma'i yal ga"与智军本第一部分完全一致,[2]却区别于法成本的"'od ma skam po'i tshal ba"("干竹段")。法成本仅在描述二王子至萨埵舍身处见王弟衣服悬挂在竹枝上时使用了"'od ma'i yal ga"("竹枝")一词。[3]

综上,在现存文本中,笔者认为夏石窟舍身饲虎图与智军本或失译本《金光明最胜王经·舍身饲虎品》的第一部分吻合。在智军本或失译本中,第一部分记叙内容的故事性更强,夏石窟图像及题记依此绘、写,应与记叙文本的生动性及细节的丰富性有关。

依据《金光明经》绘制的舍身饲虎壁画在西藏较罕见,唯独14世纪西藏日喀则夏鲁寺回廊一百本生故事壁画中的舍身饲虎图可与夏石窟舍身饲虎图呼应,以下略作讨论。

孟瑜博士注意到夏鲁寺舍身饲虎图是根据梵文本或从梵文译入的藏文本《金光明经》绘制,而并非来源于其题记所据的《本生鬘》(Jātakamālā)之《母虎本生》(Vyāghrījātaka);[4]同时,夏鲁寺舍身饲虎图无描绘王子从高处跳下这一情节,而是刺颈舍身;另外,夏鲁寺壁画中母虎有五子。结合笔者上文的分析,这些特点均与夏石窟舍身饲虎图一样。

另外,孟瑜博士提出夏鲁寺舍身饲虎图中部为"七位天神",笔者认为需再作斟酌(图3-7-4)。结合本节对夏石窟舍身饲虎图的分析,笔者判断这组像表现各情节中的萨埵及兄长,理由如下。其一,萨埵舍身时旁边树上搭挂的三叶菩萨冠、项链、手环、衣带均与中部组像的衣物特征完全一致,可以确认中部组像的身份为王子。其二,头戴菩萨冠的王子形象与夏石窟所表现的一致,甚至在敦煌舍身饲虎图中亦可见头戴三叶冠或三叉型头冠的王子形象,如莫高窟北魏254窟(此窟相关内容详见下文)。其三,从情节安排的角度判断,舍身饲虎故事中三位王子出游、见母虎、萨埵舍身、二兄长寻弟等均为十分重要

〔1〕 德格版《甘珠尔》,续部pa函,第141页a面。
〔2〕 德格版《甘珠尔》,续部pa函,第266页b面。
〔3〕 德格版《甘珠尔》,续部pa函,第141页a面。
〔4〕 参见前揭孟瑜:《西藏夏鲁寺母虎本生壁画分析》。

图3-7-4 西藏日喀则夏鲁寺一层大殿回廊东墙南部（廖旸摄）

的情节，壁画若舍弃关键情节而在画面中部大幅表现相对次要的内容，不符逻辑。其四，根据画面右侧并列绘制的两身母虎形象，可知夏鲁寺与夏石窟一样，以场景为中心并列表现不同情节。那么，分属不同情节的诸王子像组合在一起便可以理解了。其五，故事始于画面中央的萨埵，构图方式与夏石窟一致，莫高窟254窟亦是如此。

由此，笔者推断此组像包含三个情节，请诸家指正。根据卧躺萨埵的身色，可知组像中的红色身形象为萨埵，其两侧黄色身的应是二位兄长，目光均看向母虎及幼虎处，应表现三王子林中初见母虎，此为第一组情节。在组像画面左侧，前后两身形象看向身左前侧母虎食萨埵处，或表现二兄长返回母虎处寻弟，此为第二组情节。萨埵身后两身均看向身右侧的形象或表现二兄长离开母虎处，此为第三组情节。

综上，依据《金光明经》绘制的舍身饲虎图在藏地并不常见，但也有迹可循。在文本方面，夏鲁寺与夏石窟的舍身饲虎图一样源于智军本或失译本的《金光明最胜王经》，二者的数处图像细节也存在相似性。以此经为据的舍身饲虎图像在藏区并非孤例，不仅在11至12世纪流传于西藏西部，至14世纪在西藏中部夏鲁寺仍见踪迹，可以追溯出一定的流传脉络。不过，相比情节丰富、题材独立的夏石窟，夏鲁寺与它的相异之处也是鲜明的，后者的情节较概括，且并非如夏石窟一样作为单独的本生故事题材，相关问题见下文。

三、夏石窟舍身饲虎图与敦煌等地相关图像

依据《金光明经》绘制的舍身饲虎图在藏地较罕见,因而可作对比的例子较少。然而,依据此经绘制的舍身饲虎图在河西走廊则十分常见,主要可见于敦煌石窟。因此,下文将围绕敦煌石窟等的相关内容,继续探讨夏石窟舍身饲虎图的图像体系。

北朝至隋代,敦煌石窟的舍身饲虎图基本依据《金光明经》绘制,[1]且相关石窟均绘有千佛图像。西藏西部夏石窟舍身饲虎图的构图形式、图像配置、经典依据均可见敦煌早期石窟的痕迹,下文以莫高窟北魏第254窟为例展开讨论(图3-7-5)。

其一,在构图及情节安排方面,夏石窟与254窟一样均采取"异时同图"的形式。画

图3-7-5 莫高窟北魏第254窟南壁后部中层东端舍身饲虎图
(采自敦煌文物研究所编:《中国石窟·敦煌莫高窟·一》,文物出版社,1982年,图版36)

---

〔1〕偶有结合《菩萨投身饴饿虎起塔因缘经》或《贤愚经·摩诃萨埵以身施虎品》的内容,见下文莫高窟254窟的相关内容。

面将关键情节融汇一体，简练生动而又跌宕起伏。[1]另外，夏石窟与254窟的情节亦均从画面中心开始。同时，虽然夏石窟的情节由上至下进行，而254窟以顺时针方向发展，[2]但夏石窟的舍身情节2—5与254窟对应情节的排布是相似的，不过夏石窟表现的故事内容更为完整，增添了众人寻萨埵及寝宫与王宫的相关情节。

其二，在图像配置方面，夏石窟更是与254窟遥相呼应。254窟的主要题材为千佛，西壁中层绘千佛及白衣佛一铺，东壁绘千佛。南壁前部绘降魔变，后部绘舍身饲虎本生及千佛像与说法图等；北壁前部则绘难陀出家图，后部绘割肉贸鸽本生及千佛与说法图等。[3]

夏石窟主室则满绘贤劫千佛，相较254窟，其千佛主题更凝练与纯粹。254窟的舍身饲虎及割肉贸鸽本生均表现舍身题材，夏石窟则只取舍身饲虎，这种取舍与当时《金光明经》的流行是密切相关的。夏石窟舍身饲虎图对侧壁的生死轮回图则与254窟难陀出家因缘故事图一样具有劝诫意义。难陀出家因缘故事讲述释迦为使难陀了断尘缘，带他领略天宫及地狱的众生相；夏石窟生死轮回图表现六道之无常轮回，教化众生皈依佛门以超脱轮回。夏石窟生死轮回图上部的兽首人身魔兵等形象也呼应254窟的降魔变内容。

其三，在经典依据方面，《金光明经》内容见于254窟的舍身饲虎图中，相关研究认为此图糅合了《金光明经·舍身品》《贤愚经·摩诃萨埵以身饲虎品》或《菩萨投身饴饿虎起塔因缘经》的内容。[4]

综上，西藏西部夏石窟与丝绸之路敦煌莫高窟北魏254窟的图像体系有较大共性。

隋后至中唐之前，本生故事图被大型经变题材取代，舍身饲虎在敦煌不见踪迹。

直到吐蕃统治敦煌时期（781—848）开始，舍身饲虎内容又被大量绘制。在敦煌吐蕃至归义军时期，舍身饲虎图除了依据《贤愚经》绘制，伴随着《金光明经变》（《金光明最胜王经变》）的流行，《舍身品》再次被大量绘制，通常与《长者子流水品》一起附于《金光明经变》下方或两侧。根据施萍婷的统计，莫高窟现存《金光明经变》共有10铺，除了隋代417窟绘有一铺以外，其余均见于吐蕃至归义军时期。[5]

敦煌吐蕃时期的舍身饲虎图包括以下几例。第158窟东壁门北绘《金光明最胜王经

〔1〕　此形式可追溯至西域龟兹石窟，敦煌仅254窟一例。

〔2〕　关于254窟舍身饲虎图的画面结构，参见占跃海：《敦煌254窟壁画叙事的向心结构——以〈萨埵太子舍身饲虎〉为重点》，《南京艺术学院学报（美术与设计）》2010年第5期，第13、37—43页。

〔3〕　254窟的图像内容参见敦煌研究院编：《敦煌石窟内容总录》，北京：文物出版社，1996年，第101—102页。难陀出家图的相关研究参见贺世哲：《读莫高窟第254〈难陀出家图〉》，《敦煌研究》1997年02期，第4—8页。

〔4〕　贺世哲先生认为糅合了《贤愚经·摩诃萨埵以身饲虎品》，此类图像还包括北周第428、299、301窟的舍身饲虎图。参见前揭贺世哲；李静杰先生认为结合了《贤愚经·摩诃萨埵以身饲虎品》或《菩萨投身饴饿虎起塔因缘经》，参见前揭李静杰：《南北朝隋代萨埵太子本生与须大拏太子本生图像》。

〔5〕　施萍亭：《〈金光明经变〉研究》，载段文杰主编：《1987年敦煌石窟研究国际讨论会文集·石窟考古编》，沈阳：辽宁美术出版社，1990年，第414—455页。作者发表时使用笔名施萍亭。

图 3-7-6　莫高窟吐蕃154窟南壁《金光明经变》局部及《舍身品》（采自：敦煌文物研究所编：《中国石窟·敦煌莫高窟·第四卷》，文物出版社，1987年，图版94）

变》，下方屏风中绘《长者子流水品》《舍身品》。第154窟南壁西侧和东壁门南侧各绘一铺《金光明经变》，均在两侧分绘《长者子流水品》《舍身品》（图3-7-6）。第133窟北壁东侧绘《金光明最胜王经变》，下方屏风也绘有《长者子流水品》《舍身品》。

张氏归义军时期（848—914）敦煌继续流行《金光明经变》，此期不绘《长者子流水品》，《舍身品》的丰富性、生动性与独立性更强。张氏归义军时期翟法荣第85窟（9世纪下半叶）东壁门南侧绘一铺《金光明经变》，东壁门上专门绘有一幅单独的舍身饲虎图（图3-7-8）。第138窟北壁西端《金光明经变》下方绘《舍身品》，共20个情节。第9、12窟亦绘有舍身饲虎内容，不过窟内未见《金光明经变》。

曹氏归义军时期（914—1035），经变画两侧又重新出现吐蕃时期的配置，曹元忠第55窟（10世纪60年代）东壁门南侧绘一铺《金光明经变》，两侧分绘《舍身品》《长者子流水品》。[1]

---

〔1〕莫高窟第55窟的修建年代为公元962—964年。参见高秀军：《敦煌莫高窟第55窟研究》，兰州大学博士学位论文，2016年，第48—54页。

图3-7-7 莫高窟张氏归义军时期第85窟东壁门上舍身饲虎图局部之两组五只老虎（采自：敦煌文物研究所编：《中国石窟·敦煌莫高窟·第四卷》，文物出版社，1987年，图版151）

图3-7-8 莫高窟张氏归义军时期第85窟东壁门上舍身饲虎图（采自：敦煌文物研究所编：《中国石窟·敦煌莫高窟·第四卷》，文物出版社，1987年，图版151）

我们在关注西藏西部夏石窟舍身饲虎图时，敦煌莫高窟吐蕃至归义军时期的舍身饲虎壁画有几个特点与西藏西部夏石窟图像密切相关。其一，在敦煌吐蕃至归义军时期，与《金光明经》相关的舍身饲虎图中，虽然汉文榜题依据汉译本题写母虎有七子，[1]但除了55窟以外，画面实际描绘的小虎数量均是五只（图3-7-7）。以往学者均无法解决或回避此问题，结合上文对夏石窟及藏译本的分析，我们可知此期小虎的数量应与梵文本或梵文译入藏文的《金光明最胜王经》（即智军本或失译本）译本有关。其二，《舍身品》具有脱离《金光明经变》，逐渐成为相对独立表现题材的趋势，如第85窟东壁门上的一例，第9和12窟更是不见《金光明经变》。其三，与早期舍身饲虎图相比，此期画面情节十分完整，以第138窟为最。其四，此期的屏风式构图已不同于十六国北朝时期的长卷式构图，85窟东壁门上舍身饲虎图构图采取上下、左右交错的形式，夏石窟舍身饲虎图与之应属相同体系。

在河西走廊，与夏石窟年代接近的西夏（1038—1227）石窟寺遗存也可见舍身饲虎图像，与夏石窟一样呼应了上述敦煌早期石窟的做法。甘肃肃南文殊山万佛洞北壁主尊周围满绘千佛像，东、西、北壁的下方则绘有多幅本生故事画。[2]其中正壁千佛像的下方便绘舍身饲虎，画面残存三只老虎的形象，已无法判断老虎的原数量。虽已无法得知该窟舍身饲虎图是否源于《金光明经》，但正壁千佛像配置舍身饲虎图的形式，依然可见夏石窟与此期河西走廊石窟寺的关联。

舍身饲虎本生是北朝至隋敦煌石窟的常见题材，代表通过行善而超脱轮回并成佛，同时强调救度众生。伴随着敦煌吐蕃《金光明经变》的兴起，中唐即8、9世纪间舍身饲虎内容重新流行，10世纪前后归义军尤其是张氏归义军时期则在吐蕃的基础上继续发扬。此期舍身饲虎图延续了北朝至隋以《金光明经》为据的早期传统，且内容与藏译本相关。

夏石窟结合了敦煌石窟这两个阶段的特点。其一，在佛教复兴时期，夏石窟的图像模式是对丝绸之路敦煌等地早期石窟的追溯。在构图形式方面，夏石窟舍身饲虎图可见莫高窟北魏254窟的痕迹；在图像配置及意涵方面，夏石窟也可追溯至254窟等敦煌早期石窟四壁绘千佛，并绘本生故事、生死轮回等内容的做法。其二，伴随着敦煌吐蕃至归义军的《金光明经》信仰风潮及相关图像的流行，此经的舍身饲虎本生故事重新被大量表现。夏石窟以此经藏译本为据着重描绘舍身饲虎内容应与此期《金光明经》信仰密不可分，也与早期石窟的题材及文本依据形成交集。同时，夏石窟图像情节丰富详尽等特征也与敦煌此期的舍身饲虎图一致。综上，11至12世纪的夏石窟舍身饲虎图是对丝绸之路敦煌石窟体系的多元吸收，应与敦煌石窟相关图像有着不可否认的关联。

〔1〕 第85窟榜题可见"一虎产生七子"的内容。参见前揭施萍亭：《〈金光明经变〉研究》，第444页。
〔2〕 文殊山石窟万佛洞壁画内容参见李甜：《文殊山石窟研究》，兰州大学博士学位论文，2019年，第128—156页。

四、夏石窟与丝绸之路多民族《金光明经》信仰

上文提到夏石窟舍身饲虎图是早期石窟样式与《金光明经》信仰结合的产物，那依据《金光明经》的舍身饲虎图又是如何与石窟内其他图像构成关联？即，夏石窟其他图像与《金光明经》有何关系？

其一，舍身饲虎图左上角绘示善趣观音，对侧壁绘生死轮回图，各图像意涵相辅相成。弃舍轮回、利益众生等思想也鲜明地体现在此经《舍身品》中，见萨埵舍身前所言：

> ……我于今日，当使此身修广大业，于生死海作大舟航，弃舍轮回，令得出离。复作是念："……既证得已，施诸众生无量法乐。"[1]

其二，甬道西壁所绘的地神像也与《金光明经·坚牢地神品》有着密切关系，表现护持功能，进一步加强了甬道图像的《金光明经》义蕴。[2]

其三，主室四壁贤劫千佛的本质意义正是信众向诸佛忏悔自身的恶业以消除罪恶。《贤劫经》《千佛名号品》末段：[3]

> 是贤劫中有斯千佛兴现出世，度脱十方一切众生。是千佛等各有名号，皆如是像。若有人闻受持讽诵，执学心怀专精了识，行无放逸和同供养，弃众恶趣勤苦之患，长得安隐住于禁戒，诸所将信顺喜经道，应行清净值具足果，此深妙忍根元法忍，护一切世若千亿劫。犯诸恶行不知罪福果之报应，闻诸佛名除一切罪无复众患……

整体上，甬道所绘的舍身饲虎、生死轮回、观音和护法神等内容，表现舍身救度及护世护法，构成信众进入主室前的过渡空间，具有佛教教化意义；主室贤劫千佛则是忏悔的途径，信众通过礼忏诸佛以消灾祈福，将佛教早期流行题材与《金光明经》有机结合，组成逻辑缜密的信仰世界。

夏石窟甬道为何绘制与《金光明经》相关的图像内容？我们不妨根据现今出土的汉文、藏文、于阗文、西夏文、回鹘文《金光明经》等文献以一探究竟。

---

[1] 唐代义净译，参见《大正藏》第16册，No. 665，第451页。
[2] 地神像绘于甬道西壁生死轮回图的左上方。
[3] 《大正藏》第14册，No. 425，第50页。

上文提到敦煌吐蕃兴起《金光明最胜王经变》，沙武田认为其流行原因与该经的护国护法功能以及忏悔思想有关，符合经历战乱后沙洲人民渴求。[1]如，敦煌写本S.1963《金光明最胜王经》末尾祈愿文体现身处战乱的抄经人祈求和平安宁：

> ……为身陷在异番，敬写《金光明经》一卷。唯愿两国通和，兵甲休息，应没落之流，速达乡井，□卢二娘同霑此福。[2]

同时，《金光明经》的忏悔色彩浓厚，认为通过忏悔可以灭除一切罪障。此经专有一品为《梦见金鼓忏悔品》（藏文本作 *rMi lam na bshags pa'i le'u*）。[3]此品讲述金鼓出声演说忏悔法，内容主旨为忏悔灭罪，唐代义净本作：

> 最胜金光明，能除诸恶业。若人百千劫，造诸极重罪；暂时能发露，众恶尽消除。依此金光明，作如是忏悔；由斯能速尽，一切诸苦业。[4]

《梦见金鼓忏悔品》的偈颂还被单独收录于藏文大藏经《甘珠尔》《丹珠尔》中，名《金光明祈愿文》（ *gSer 'od dam pa mdo sde'i dbang po'i smon lam bzhugs* ），内容与《金光明经》中的基本一致。[5]

除了上文梳理的收录于《旁塘目录》《丹噶目录》《甘珠尔》的藏译本《金光明经》，敦煌藏文文献中还有多种《金光明经》写本，以名为《金光明祈愿文》的为最，如P.t.67等，其内容主旨是为一切有情祈愿，使众生摆脱苦难等等，但此类写本与上述《梦见金鼓忏悔品》的内容并不一致。[6]

吐蕃之后的西藏西部古格王朝依然流传《金光明经》。现今西藏阿里札达县皮央遗

〔1〕 沙武田：《〈金光明最胜王经变〉在敦煌吐蕃时期洞窟首次出现的原因》，《兰州大学学报》2006年第3期，第32—39页。

〔2〕 英国国家图书馆藏。

〔3〕 藏文本见德格版《甘珠尔》，续部pa函，第171页b面—176页b面。在汉文本中，北凉本与隋本作《忏悔品》，唐本作《梦见金鼓忏悔品》。

〔4〕 唐代义净译本，参见《大正藏》第16册，No.665，第412页。

〔5〕《甘珠尔》版本见：北京版《甘珠尔》，律部phe函，第303页a面—第307页a面。《丹珠尔》版本见：中国藏学研究中心《大藏经》对勘局（对勘）：《丹珠尔》第116卷（对勘本）（藏文），北京：中国藏学出版社，2005年，第1636—1649页。

〔6〕 我国藏族学者才让对敦煌藏文文献P.t.67等《金光明祈愿文》进行过系统的翻译及比对等研究工作，认为该祈愿文是《金光明鼓声陀罗尼》的初译原貌。参见才让：《菩提遗珠：敦煌藏文佛教文献的整理与解读》，上海古籍出版社，2016年，第339—374页。

址杜康大殿出土的古格藏文写经与敦煌古藏文写经具有继承关系，[1]而这批古格抄本中便有法成译本的《金光明最胜王经》，[2]是《金光明经》流传于古格的明证。另外，现今西藏阿里地区的藏文古籍中仍存多部《金光明经》刻本，虽刻本的年代不明，但可为《金光明经》在西藏西部的流行提供旁证。[3]

同时，10至13世纪间，《金光明经》盛行于丝绸之路西域及河西走廊一带的于阗、高昌回鹘及西夏等地。除了藏文及汉文写经，现存大量的于阗文、回鹘文及西夏文《金光明经》。[4]其中，于阗与敦煌归义军政权的联系十分紧密。[5]在敦煌于阗文写卷中，于阗王李圣天（912—966年在位）与曹议金（914—935年在位）之女的长子从德太子手抄经P.3513的内容便有《金光明最胜王经·忏悔品》。[6]这位从德太子在935年前后被带到敦煌，967年返回于阗继位，受敦煌佛教影响较大，很有可能接受了敦煌归义军时期浓厚的《金光明经》信仰并带回了于阗。10世纪的晚期于阗与后弘初期的西藏西部在地域上接壤且在年代上较接近，可构成此期敦煌与西藏西部文化交流的桥梁。夏石窟图像正是在以上这种丝绸之路多民族文化交融的大背景下产生的。

夏石窟舍身饲虎图丰富、生动，是西藏佛教艺术史上的精彩一笔，也是后弘初期西藏西部流行《金光明经》的图像印证，揭示了西藏西部古格王朝与丝绸之路敦煌等地的宗教信仰及社会文化存在共性并相互交融。[7]同时，在丝绸之路多民族的共同信仰之下，夏石窟又与敦煌吐蕃及归义军石窟、西藏中部夏鲁寺等构成独特的流传体系。通过梳理及把握夏石窟舍身饲虎图的形成及流传脉络，我们可反观11至12世纪西藏西部夏石窟在丝绸之路多民族文明史中的重要历史文化价值。

〔1〕　熊文彬：《西藏札达皮央杜康大殿发现吐蕃时期古藏文写卷及其初步研究》，《西藏大学学报（社会科学版）》2021年第1期，第9—14页。

〔2〕　张延清，张仁增昂姆：《对最新发现古格藏经洞出土文献的初步认识》，《中国藏学》2023年第3期，第53—64、212、221页。

〔3〕　参见西藏自治区古籍保护中心编：《西藏阿里地区藏文古籍目录》，北京：民族出版社，2016年。

〔4〕　分别参见段晴：《新发现的于阗语〈金光明最胜王经〉》，载段晴：《于阗·佛教·古卷》，上海：中西书局，2013年，第185—201页；耿世民：《回鹘文〈金光明经〉研究——介绍拉施曼（S.-Ch.Raschmann）博士的新著〈回鹘文〈金光明经〉编目〉》，《新疆师范大学学报（哲学社会科学版）》2008年第3期，第30—32页；史金波：《西夏佛教史略》，银川：宁夏人民出版社，1988年，第343—413页。

〔5〕　参见荣新江：《于阗王国与瓜沙曹氏》，《敦煌研究》1994年第2期，第111—119页。

〔6〕　从德太子及P.3513的内容参见张广达、荣新江：《于阗史丛考》，上海书店，1993年，第110—111页。

〔7〕　关于西藏西部古格王朝和丝绸之路西域及河西走廊等地的联系，学界已有相关成果。历史文献及艺术史方面的研究均指出了古格与敦煌吐蕃及西夏等的石窟寺遗存有紧密联系，尤其是古格与敦煌吐蕃之间存在文化继承关系，不一一枚举。

第八节 敦煌旗幡画、宋代宣和装与
唐卡的起源

一、从画史文献与藏语词汇分析唐卡的起源

现在我们所见到的唐卡作品,大部分是13世纪、甚至是14世纪以后的作品,早期作品非常之少,这就使得12世纪至13前后的早期作品非常的珍贵,这些作品例证对于研究唐卡这种独特的艺术形式的起源与发展具有重要的意义。此外,传世的作品由于辗转流传,唐卡的原始装裱大都毁坏,现在我们见到的早期作品装裱很多都是后人为保护唐卡画面而改装的,从这些装裱形式本身我们不能判定唐卡创作的大致年代。唐卡的形成与演变是汉藏艺术交流的重要个案,本节就唐卡的起源及其形制进行讨论。

唐卡,藏文标准正字作thang-ga,也写作thang-ka、thang-kha;《藏汉大辞典》将唐卡解释为"卷轴画,画有图像的布或纸,可用轴卷成一束者。"(ri mo bris yod pavi ras sam shog bu bsgril nas dril chog pa rigs)。[1]《西藏唐卡》一书解释为"彩缎装裱而成的卷轴画"。[2] 图齐解释唐卡是"能卷起者"。[3]巴勒的观点颇能代表西方艺术史家对唐卡起源的认识,他在《西藏绘画》中解释唐卡说:"西藏的宗教绘画共有三种,画在寺院庙宇墙上的壁画,书籍经卷的插图和唐卡。唐卡(thañ ka, thañ sku 或 sku thañ)是一种画在棉布上能够卷起

<hr>

〔1〕《藏汉大辞典》,北京:民族出版社,1993年,上册第1140页。

〔2〕 西藏自治区文管会编:《西藏唐卡》,北京:文物出版社,1985年,第14页。现在国内出版的西藏绘画图册都是这样解释唐卡的。在谈到唐卡的起源时,该书写道:"西藏唐卡起源于何时,有待进一步的考察,但就西藏的绘画艺术而言,其历史大体可上溯到吐蕃以前。""据五世达赖喇嘛著《大昭寺目录》(lha ldan sprul pavi gtsug lag khang gi dkar chag she dkar me long)一书记载:'法王(松赞干布)用自己的鼻血画了一幅白拉姆女神像,后来蔡巴万户长时期果竹西活佛在塑白拉姆女神像时,作为核心藏在神像腹内。(chos rgyal nyid kyi shings mtshal gyis bris pavi dpal lha movi thang sku nang gi ye shes sems dpavi tshul du byas nas da ltavi vbur sku khro chags brjid pavi rnams vgyur can vdi nyid mtshal pa khri dpon gyi dus spru mgo bzhis bzhengs)' 这是我们所见唐卡最早的记载。"

〔3〕 "The word means: something rolled up, volumen"(Tucci, *Tibetan Painted Scrolls*, reprinted by Rinsen Book Co., Ltd., Kyoto, 1980, p.267),Volumen 为德文"卷"之意。

的绘画；所以唐卡是卷起的图像或画卷。然而，唐卡是垂直定位的画卷而不是水平展开的汉人所用的长卷。此外，由于中国画通常用丝制成，唐卡的画布用棉布或亚麻。从这一点来说，西藏唐卡遵奉的是印度样式而非汉地模式；在印度的此类绘画称为paṭa，总是画在棉布之上。"[1]在1990年出版洛杉矶郡立博物馆西藏藏品图录时仍旧写道："唐卡，藏语作than-kha, than-sku或sku-than，英语写作thanka、tanka、thang ka，是通常画在棉布上能够卷起的宗教绘画（梵语作paṭa）。"[2]考斯拉解释说："唐卡，藏语作than-kha, than-suk［sku］或sku-thang，字面的意思是'卷起'。"[3]由此可见，"唐卡"一词现在被确认为"卷轴画"，并被中外学者所接受。但若稍加细究，就会发现如下问题：从词义分析，thang-kha一词无论如何也无"卷轴画"之意，称其为卷轴画，实际上是从唐卡的形制而借用的中国画的术语。[4]唐卡一词的语源究竟指什么，很少有人对此加以特别的关注。藏族学者贡却丹增（根秋登子）所著《藏族传统美术概论》分析唐卡起源时写道：

> 细究唐卡的起源，"唐卡"这一名称的产生，藏地制作唐卡的习俗产生于何时及流行的情景，现加以简略分析。一些史书认为"唐卡"这一名称是由汉语直接音译过来的，其制作习俗也源自汉地。我们认为虽然没有看到前代可信的、来源确凿的合适史料，下如此论断把握还不大，然而对此加以梳理还是清楚的：一些藏文史书记载，松赞干布时期，大臣噶尔迎请文成公主入藏，带有觉沃释迦牟尼像、十八种工巧书籍、大部医书共八十种物品入藏，双方开始互派弟子。赤松德赞建桑耶寺时，据说挂有三幅大的丝缎唐卡。对此，一些史书说"丝唐"就是音译的汉语"丝（缎）唐（卡）"，就其意义的演变来说，"丝唐"的说法，其义尚需探究，但无论如何，藏王赤松德赞时，在整个藏区，唐卡的制作已极为盛行。[5]

非常遗憾，作者在书中没有给出任何的文献确凿出处，但我们根据这条线索，通过作为桑耶寺志的《巴协》，发现该书在叙述在建造桑耶寺中层时，曾提到有三幅丝缎唐卡，

〔1〕 Pratapaditya Pal, *Tibetan Paintings*, Switzerland, 1984, p. 3.

〔2〕 Pratapaditya Pal, *Art of Tibet: A Catalogue of the Los Angles County Museum of Art Collection*, p.114: "A thanka（written in Tibetan as t'an ka, t'an sku, or sku t'an; in English as tanka, thanka, or thangka）is a religious painting usually on cotton（paṭa in Sanskrit）that can be rolled up."

〔3〕 Romi Khosla, *Buddhist Monasteries in the Western Himalaya*, Kathmandu: Ratna Pustak Bhandar, 1979, p. 125: "The Tibetan scroll painting is called thang-kha or thang-suk or sku-thang and literally means 'rolled up'."

〔4〕 唐卡准确的称呼应该是"挂轴画"，因卷轴指横向卷起者，而挂轴则是竖向卷起者。唐卡基本上都是竖幅，横幅较少，而且横幅只有画心部分，不装轴，加轴后也制成挂轴。这里的卷轴画只是泛指。

〔5〕 根秋登子：《藏族传统美术概论》（dkon mchog bstan, bzo gnas skra rtsevi chu thigs），北京：中国藏学出版社，1994年，藏文版，第132页。

藏文写作dar-thang-chen-po-gsum,[1]或许这是现在我们见到的最早的记载唐卡的藏文文献。《巴协》成书于12世纪前后,由此观之,"唐卡"一词在公元11世纪前后就已经开始使用了,这一时期也是西夏唐卡绘画的兴盛时期。《巴协》此段文字特别提到的桑耶寺二层悬挂的"大丝缎唐卡"或"大唐卡"说明这一时期流行的一种绘制大唐卡的风气,我们在现今存世的11至12世纪的一些唐卡作品中看到这种类型的大唐卡,如美国大都会博物馆藏无量寿佛,画幅尺寸138.4×106.1厘米;[2]洛杉矶郡立博物馆的无量寿佛大唐卡,这幅唐卡断代在12世纪后期,画面尺寸是259.1×175.3厘米。这幅无量寿佛大唐卡,如果断代确凿的画,正好印证了《巴协》的记载,并为唐卡最初的名称dar thang找到了最好的注脚,后一幅唐卡也是现存的藏区以外的最大唐卡。[3]dar-thang中的dar,藏文为"丝绸""旗帜",所以,藏文的"丝质唐卡"写作si-thang,这里的si是汉语"丝"的音译。我们以为dar-thang和si-thang都是对丝质唐卡的藏语称呼。dar-thang是早期称呼,si-thang为后期称呼。因为si-thang一词(有时写作si'u-thang, se'u-thang甚至是zi-thang)更多的是指一种特殊的以丝绢为材料制成的唐卡,其中包括画在丝质画布上的唐卡和丝绣、丝贴、堆绣唐卡,被认为是西藏唐卡中最重要的一类,称为"国唐"(gos-thang),gos-thang是丝缎唐卡的又一种写法。[4]据大卫·杰克逊所言,"丝唐"一词最早的记载者是第斯桑杰嘉措,他特别指出 si thang rgya mdzod chen mo("丝唐甲佐钦保")是一幅画(而不是缂丝或刺绣);[5]而"丝唐甲佐钦保"这幅在西藏绘画史传说中非常知名的丝质唐卡,据说就是西藏最著名的传统绘画流派勉拉顿珠嘉措画派的创始人勉拉顿珠嘉措在汉地创作的。[6]因此,丝质唐卡与西藏唐卡的起源有密切的关系,《巴协》所记的"丝缎唐卡"事有所本,更重要的是这一事实说明唐卡并非巴勒和图齐教授所言唐卡只是绘于棉布之上的。《巴协》

---

[1] 这段文字是在描述桑耶寺的佛像安置,故指"丝缎唐卡"无疑。见佟锦华、黄布凡译注:《巴协》,第36、138页:"所有塑像都与密乘所说相符。总共有塑像79尊、经部续部的传承画像14部、柱子1002、大门36、小门42、大梯6、大钟8、大丝缎唐卡3、大长幡8等等。(de ltar na lder bzo bdun cu don drug mdo brgyud rgyud ris bcu bzhin/ ka ba stong dang rtsa gnyis/ sgo mo chen mo sum cu so drug sgo chung bzhi bcu zhe gnyis/ gru skas chen po drug bcong [cong] chen po brgyad/ dar thang chen po gsum/ vphan chen po brgyad la sogs pa dang)"

[2] Stenve M. Kossak & Jane Casey Singer, *Sacred Vision: Early Paintings from Central Tibet*, The Metropolitan Museum of Art, pl.1, Amitayus.

[3] Pal, *Art of Tibet*, p.71, pl. 7, Tathagta Amitayus and Acolytes. 原属 The Nasli and Alice Heeramaneck 藏品, 据说出自卫藏噶当派寺院。

[4] 扎雅仁波且著,谢继胜译:《西藏宗教艺术》,拉萨: 西藏人民出版社,1989年,第98—99页。

[5] 第斯桑杰嘉措:《白琉璃除垢》第一卷582.5页: bris pavi si thang。

[6] 勉拉顿珠嘉措的生平传说对于西藏唐卡的起源具有重要意义,因为该画派是西藏绘画中最大也是最为著名的画派,画派创始人与丝缎唐卡的传说有助于我们了解丝质在唐卡起源时的作用。据说勉拉顿珠嘉措的前生是汉地的艺术家,画了一幅"丝唐甲佐钦保"的大唐卡。此后,当他再次看见这件艺术品的时候,前生在汉地生活时的种种情景突然涌上心来。这种感情灌注到他的作品中使他的作品的风格和汉地作品的风格有十分密切的联系。参见扎雅仁波且《西藏宗教艺术》,第90—91页。

所记 dar-thang 以及 dar-thang 到 si-thang 的词义转化说明汉地绘画在西藏唐卡形成过程中起到了重要的作用。西藏很多传统文献记载说，松赞干布的王妃蒙萨赤姜（mong-bzav-khri-lcam）所建叶尔巴寺（yer pa gsang sngags gling）藏有一套 23 幅丝绸罗汉图，人称"叶尔巴尊者"（yer pa rwa ba ma），这些"丝唐"被认为是西藏最古老的绘画。[1]

　　分析"唐卡"一词的语源，对唐卡作为一种宗教艺术形式的起源问题的深入理解有很大的帮助，也有助于匡正西方艺术史界对唐卡起源问题异口同声的那种貌似科学，实则带有某种偏见的说法。本节开头提到，西方艺术史界现在仍然沿袭图齐的说法，认为"唐卡"字面的意思是"卷起来"，我们通过对"唐卡"一词的排比分析，找不到"卷起"缘自何处，实际上这些艺术史家同样是采用汉人以汉地卷轴画之名称呼唐卡的方式，与唐卡的语源应无任何联系。在有关唐卡的起源及其语源方面，图齐以来的西方艺术史家，一直是沿袭图齐氏 30 至 40 年代在《印度—西藏》与《西藏画卷》中提出的论点，这些论点是图齐教授及后来的学者判定西藏唐卡源于印度最重要的例证。我们下面将图齐和其他一些学者有关唐卡起源的论述摘引如下：

　　（1）西藏文化的绝大部分来源于印度，但也受到其他邻近地区的影响，唐卡也是如此，是从印度引进的一种艺术形式。[2]

　　（2）作为西藏唐卡原型的绘画，在印度叫作 paṭa，尼泊尔叫作 prabhā，是绘在棉布上

〔1〕　如噶妥司徒著作《雪域卫藏朝圣向导》记："其后不久，鲁梅从汉地所请唐卡安放在罗汉殿内，正中为一层楼高、古代制作的释迦牟尼佛像，内地的十六罗汉仪态优美，难以言表。"（de nas mar ring tsam phyin par klu med vbrom chung gis rgya nag nas gdan drangs pavi zhal thang nang gzhuug yer pavi gnas bcu khang du/ dbus su thub dbang thog so mtho nges gcig sngon gyi bzo mying/ gnas bcu rgya nag ma bag dro mi tshad re/ 注意：这里的 gnas bcu 实际上就是 gnas brten bcu drug 之略称）；夏格巴《西藏政治史》第 1 卷第 111 页云："藏地早于丝唐的鲁梅本尊画是叶尔巴十尊者绘画唐卡"（bod yul du si thang las snga ba klu mes kyi thugs dam rten yer ba rwa ba mar grags pavi gnas bcuvi bris thang dang/）。参看 David Jackson, *A History of Tibetan Painting: The Great Tibetan Painters and Their Traditions*, Chapter 5.

〔2〕　例如图齐教授在《西藏画卷》中论述西藏绘画起源时写道："众所周知，西藏文化的大部分来源于印度，我是说大部分，因为地理位置的因素和历史的发展，西藏也从与之相联系的国家和地区获得灵感和文化影响，毋庸置疑，西藏文化应该依靠其他民族的文化。藏人与印度人首次接触时，还毫无文明可言，他们处于萨满教和巫教的统治之下，既无文字和艺术，也没有文学，为了适应四季的变化和草场的衰荣更迭，藏人居于帐篷中，带着牲畜在这块高原上游牧。第一次提到吐蕃人的汉人把他们描绘成野蛮人，轻蔑的提到了一些汉人极为反感的吐蕃人习俗，特别是暴尸于野兽和鸟禽的习俗。皈依佛教以后，藏人欢迎所用能够将他们从黑暗带向光明的、他们能够吸收的佛教文化，由于藏人自己文化传统的缺乏，也由于所用皈依者对大德的尊崇，藏人对从中原汉地和邻国印度接受的任何经典都十分谨慎，没有丝毫改动。事实上，藏人所作的贡献是什么呢？起初，他们依靠佛教的善德，从一个原始粗蛮的状态中脱颖而出，接着，突然面对长达千年的文明，这些文明高洁的理想迷住了藏人，其优雅的生活和辉煌的艺术难道不引起藏人的惊叹吗？"图齐接着写道："在佛教传入汉地的过程中，为了适应汉地的文化，承受这种文化多方面的影响，佛教在很大程度上包容了当地的传统，并使佛教自身适应汉人的心理，西藏是否也要重复其中原汉地佛教传播的经历，这是不可能的。在雪域之地，人们并没有以一种新的方式来重新认识和实践与佛教一同介绍过来的印度文化，而是对印度文化加以忠实的遵循和保护。藏人在接受中原汉地和印度的文化以前，按自己的方式，听任自己的灵感创作形成一套文化体系，这需要好几个世纪。所以，唐卡也不是藏人智慧的自发创造，与其他的观念一起，是从印度引进的一种艺术形式。"（pp. 269—230）

的一种宗教画。这种绘画经常用作宗教仪式,宣扬教法,信徒施资绘制 paṭa 可以积累善业功德。密乘经典《大方广菩萨藏文殊室利根本仪轨经》(Āryamañjuśrimūlatantra)记载了制作 paṭa 的仪轨。

（3）图齐遵从劳费尔的观点,认为"唐卡"一词字面的意思是"卷起",[1]但没有正面提及"唐卡"与 paṭa 的语源关系,只是强调唐卡绘画来源于印度布画 paṭa,藏语 thang-kha 一词原来写作 ras-bris（"布画"）,直接对应梵文的 paṭa 之意译,即认为"唐卡"原来被称作 ras-bris,是"唐卡"一词的原始形式。图齐提到的唯一例证是藏人译师翻译上面提到的《文殊室利根本经》时,用 ras-bris 一词来对译 paṭa,但并没有用 thang-kha 来对译 paṭa。[2]"唐卡"一词强调唐卡形制是"能卷起的画像"; ras-bris 一词被认为是"唐卡"一词的另一种形式,其中的 ras 为"布",强调这种绘画使用的材料; paṭa 梵文意为"棉布",所以"唐卡"源自印度的 paṭa,其逻辑为 thang-kha＝ras-bris＝paṭa。

（4） paṭa 布画有时候等同于坛城画 maṇḍala。

（5）印度布画 paṭa 起源的年代非常之早,约早于释迦牟尼佛诞生,即公元前565年或公元前485年,它是被称作"王室游吟诗人"（ mañkha 或 Śaubhika ）的演唱艺人使用的一种解说演唱内容的图画。由于印度没有任何此类布画遗世,图齐引为例证的是西藏格萨尔艺人使用的说唱唐卡。[3]

综上所述,图齐教授将唐卡的起源归纳为三个方面:A 印度布画 paṭa;B 坛城画;C 游吟诗人使用的绘画。[4]考斯拉解释这一观点时说,"作为一种艺术形式,唐卡是直接借自印度,印度与之对等的是布画 paṭa,这是那些游吟诗人走村串户演唱时使用的图画。"[5]英人里德利认为:"唐卡的起源是很早的,佛教传入西藏以后,当时并没有固定的寺院用以崇拜,早期的西藏僧人,和整个藏民族一样,都是游牧部落的游牧民,所有的寺院也常常游移变动地点,因而唐卡——一种可以移动的神像——就产生了。虽然唐卡的风格古朴,唐卡本身也起源于印度的古典绘画,外观看起来也相当古老,但事实上,早于公元17世纪的唐卡并不很多,唐卡的艺术风格与公元10至11世纪的波罗风格的绘画极为相似。"[6]

---

〔1〕《西藏画卷》中说这种说法见于劳费尔《吐蕃王后传说》(Laufer, *Der Roman Einer Tibetischen Königin*, p. 7)。我们不懂德文,也没有看到此书。

〔2〕《西藏画卷》,第267页。

〔3〕有关印度的 paṭa 艺人,图齐引述的文献是 Lüders, *Die Saubhikas reprinted in Philogica-Indica*, p. 391 ff;有关格萨尔艺人的材料,引述 Roerich, *The Epic of Kesar of Ling*, JRASB, 1942, p.277.

〔4〕《西藏画卷》,第271页:"paṭa, mandala and painted representations of the lives of the saints, for the use of story-tellers and of guides to holy places, are the threefold origin of Tibetan tankas."

〔5〕Romi Khosla, *Buddhist Monasteries in the Western Himalaya*, p.125.

〔6〕Michel Ridley, *Mahayana, Hinayana, Trantrayana and the Buddhist Art in Tibet and Nepal,* World Art Books Series printed in Nepal,汉译文载《国外藏学译文集》第八集《大乘、小乘、与西藏、尼泊尔佛教艺术》,鄢玉兰译,拉萨:西藏人民出版社,1992年,第369—389页。

有关印度布画paṭa的论述，宋代画家邓椿《画继》卷十所载更为详尽：

> 西天中印度那兰陀寺僧，多画佛及菩萨、罗汉像，以西天布为之。其佛相好与中
> 国人异，眼目稍大，口耳俱怪，以带挂右肩，裸袒坐立而已。先施五藏于画背，乃涂五
> 彩于画面，以金或朱红作地，谓牛皮胶为触，故用桃胶，合柳枝水，甚坚渍，中国不得其
> 诀也。邵太史知黎州，尝有僧自西天来，就公廨令画释迦，今茶马司有十六罗汉。

这段记载应当是研究印度布画、西藏唐卡起源最重要的、最早的文献之一。《画继》所
载为北宋熙宁七年（1071）至南宋乾道三年（1167）共94年之事。此处所记为11世纪前
后仍然流行于东印度的paṭa画法，[1] 其中部分技法为唐卡所采用。同时期画论如郭若虚
《图画见闻志》卷六"觉称画"条云：

> 大中祥符初（元年、1008），有西域僧觉称来，馆于兴国寺之传法院，其僧通四十
> 余本经论，年始四十余岁。丁晋公延见之，嘉其敏惠。后作《圣德颂》以上，文理甚
> 富。上问其所欲，但云："求金襕袈裟，归置金刚坐下。"寻诏尚方造以给之。觉称自
> 言酤兰左国人，刹帝利姓，善画。尝于译堂北壁画释迦面，与此方所画绝异，昔有梵僧带过白
> 氎上本，亦与寻
> 常画像不同。盖西国所称，仿佛其真，今之仪相，始[2]
> 自晋戴逵。刻制梵像，欲人生敬，时颇有损益也。

---

〔1〕 虽然汉文宋以后文献，尤其是明代文献，多称卫藏为西天或西天竺，然而《画继》此处的西天当指印度无疑，原
　　 因是北宋时延请很多印度僧人入中土传法译经，如天息灾、施护、觉称等皆居于开封，带来一些印度布画白氎的
　　 粉本。《画继》中的"西天布"令人费解，按照《文殊根本经》必须使用白氎，而西天布被指是藏区手织的一种细
　　 氍氇，如蔡美彪《中国通史》[第七册（三）藏族]所记"藏族农牧民多附带经营家庭手工业。他们用羊毛制成
　　 各种毛织品，有'毛布''毛缨''红缨'等名目，除满足自己需要外，还有一部用来同内地进行交换。乌思藏
　　 的细氍氇是一种精致的毛织品，称为'西天布'，也是上贡的特产之一。"
〔2〕 《释门正统》卷八（《卍续藏》卷75）记："我大中祥符间。天竺沙门觉称至京师。馆传法院。年四十许。解四十
　　 余本。经论云。生酤兰。古国刹利种。丁晋公使译问何所见。授曰。欲瞻礼宣律师塔。公曰。此土圣贤甚多。
　　 何独及此。曰。律师名重五天。铠庵曰。南山一宗。始优波离结集毗尼藏。自曹魏时。僧祇四分等律文送来
　　 此土。自是戒律稍备。李唐初叶澄照律师。屡感天神降现。商推律相等事。遂参诸异部。以四分为宗。撰述
　　 疏钞。破斥诸家。大弘厥旨。"太平兴寺位于河南开封府，原龙兴寺，后周世宗显德二年（955）时被废，宋
　　 太宗太平兴国二年（977）重建，并改称太平兴国寺。五年，天息灾、施护等人抵开封，帝敕于寺西建译经院，迎请
　　 天息灾、施护及法天等入院从事译经。八年译经院改为传法院，又在寺西建印经院，印刻新经。时，依天息灾等
　　 人的奏请，选惟常等十余人于传法院从事译经。雍熙二年（985）又诏令精通梵文的西天僧入传法院。尔后，西
　　 来的经论多于此译出。景德二年（1005），真宗敕令在此寺立奉先甘露戒坛，又于天下诸路置七十二所戒坛。同
　　 年中天竺僧觉称来朝，献舍利、梵夹、金刚座、真容及菩提叶等，帝命居传法院。徽宗宣和元年（1119），此寺为杨
　　 戬所毁。尔后沿革不详。(见《中华佛教百科全书》)此卷记载所说"酤兰左国"或为玄奘、辩机《大唐西域记》
　　 与慧超《往五天竺国传》提到的阇烂达罗，即梵文Jālamdhara。《地理志》又称Kulindrine，《继业行程》云"左蓝
　　 陀罗"，敦煌写本《天西路竟》作"左蓝达罗"。地在克什米尔略西。

可见宋代对流行于印度的绘画多有了解,这也正是藏汉绘画交流,藏传绘画传入西夏,宣和装样式影响唐卡形制形成的主要时期。

然而,12世纪的印度布画,是波罗后期的作品,此时,唐卡绘画早已形成。然而,布画记载虽不能作为唐卡起源的直接证据,确是唐卡独特技法来源的重要史料;印度布画与唐卡在形制方面有极大的差异。我们这里暂且抛开上述因素不说,首先分析图齐教授及此后的艺术史家得以立论的观点,即thang-kha是取代ras-bris,而ras-bris对应paṭa。图齐认为是thang-kha一词取代ras-bris;ras-bris取代paṭa,其例证就是《大方广菩萨藏文殊室利根本仪轨经》里出现的paṭa,都被译成ras-bris,图齐教授将ras-bris等同于"唐卡",所以《文殊室利根本经》被看作是唐卡起源的重要证据,上引辛格的文章正是将拉露翻译的、此经描绘印度布画的仪轨认定为唐卡的制作方法。《大方广菩萨藏文殊师利根本仪轨经卷第十一》云:

> 若欲画者先当以正心专注,求最上白氎,匀细新好,鲜白无垢,凡蚕丝所织皆不得用。其氎阔一肘长二肘,若无当用树皮无虫蚀者。所求画人必须长者清净之士,不得酬价所索便与。起首画日,须就三长月吉祥之日,画人当先沐浴清净,着鲜洁衣,内外相应,淳善专注,仍与受三归五戒,然后起首。先画本尊佛相,身如金色,圆光周遍,坐于大宝山大宝龛中,广博相称,而用真珠杂宝璎珞宝鬘庄严,周遍内外,众宝严饰。于佛顶上独画伞盖,以众宝庄严,盖上画二飞仙持盖。于佛右边画于行人。其宝山根下周回四面画大海水。山从海出,像前周遍。画曩诚枳娑罗花奔曩诚花,啤俱罗花喻体迦花,摩罗迦花俱苏摩花,必哩焰虞花俱噜嚩花,印捺嚩蓝花燥诚地花,奔拏哩迦等种种花卉,复以如是等花及众妙香,和合作阏伽奉献供养。所画本尊当如迦尼迦花瞻卜迦花色相具足;或如金色殊妙无比;或画宝胜佛或画大福最上宝幢牟尼佛得一切法宝自在佛,于大宝山大宝龛中结跏趺坐,用优钵啰花庄严宝龛。彼佛面相慈悲端严。作说法印、施无畏相。于龛外画持诵人,偏袒右肩右膝着地,手执香炉瞻仰供养。[1]

《文殊室利根本仪轨经》为金刚乘经典,梵文全名Āryamañjuśrimūlatantra,我们捡出此经藏文对应vjam dpal rtsa rgyud,整个经文分为36品,11世纪初年,由释迦洛追(shvakya blo gros)由梵文译成藏文,关于释迦洛追,《青史》记载他是卓弥译师的弟子,[2]

[1]《大正藏》卷20,第876页。
[2]参看《青史》罗列赫英译本,第210、262页。

卓弥译师生卒年为994—1064/1078。[1]《文殊室利根本仪轨经》的汉文本也译于北宋，由天息灾由梵译汉。北宋赞宁（919—1001）撰《宋高僧传》记有天息灾事迹，[2]故此经的汉文译本略早于藏文本。因为密乘经典的藏译多在11世纪及11世纪以后，由此看来，辛格所说此经译于1060年前后大致是正确的。然而，我们必须注意如下的事实，撰于公元9世纪，至迟为公元11世纪，那么就是与《文殊室利根本仪轨经》的藏译时间几乎同时完成的藏文古代史籍《巴协》已经在行文中使用了dar-thang（"丝缎唐卡"或"丝绢唐卡"）来称呼当时流行的大卷轴画，说明指这种绘画形式的thang［kha］一词当时已经在使用了。从唐卡发展的历史和现今所见的数幅11世纪的传世唐卡作品观察，在《文殊室利根本仪轨经》译经的11世纪，唐卡在西藏，甚至在西夏地方的应用已相当普遍。

二、旗幡画与唐卡的起源

唐卡这种艺术形式本身并非来自印度，实际上它的发展演变过程与从汉唐至宋元的中原汉地卷轴画的形成演变过程相一致，发源于蕃汉交往密切的敦煌，沿着佛教绘画的轨迹，由吐蕃旗幡画演变而成。在黑水城作品公布以前，唐卡与汉地宋元卷轴画之间的联系由于缺乏中间环节而难以相互联系，但在黑水城作品公诸于世，尤其是西夏故地佛塔一些唐卡作品的出土，使我们有可能对唐卡形制本身进行研究，从中探索唐卡的起源。

下面我们从唐卡标准形制（图3-8-1）来分析唐卡的起源。我们现在见到的大部分唐卡都是竖幅，画心部分多是长方形，画心边缘四周用黄色、红色绸布压边，并将画心与画面上下左右的装裱锦缎隔水缀连在一起，作为隔水的锦缎几乎都采用团花图案的锦缎或织锦，在其背面仍然覆有棉布。唐卡的下隔水中央贴有一块与整个隔水颜色不同的正方形锦缎；或者在上隔水和下隔水的中央贴有一竖条直抵上下卷轴天地杆的饰锦；或者将下隔水竖向分为三部分，中间的锦缎颜色与两侧不同。唐卡上下方都设有卷轴，上方卷轴天杆多为较细的方形木杆，用以提起展开画幅；下方卷轴地杆较长，为较粗的圆形木杆。整个唐卡画面表面覆有黄色薄绢，上端缝在天杆下缘贴线处。黄绢面盖上，自天杆处垂下两条红色飘带。

反观作为唐卡原型的印度布画，至今没有任何实物例证，现在被认为与印度布画有关、出自中亚的一些唐卡，据图齐教授所见，画面与坛城描绘方式相同，呈正方形，与我们

---

〔1〕 卓弥译师（vbrog-mi-lo-tsva-ba shvakya-gzhon-nu）是吐蕃赞普朗达玛的三世孙，即朗达玛之子沃松的儿子扎西则（bkra-shis-brtsegs）派往印度学法的青年，回藏后专攻母续，一说为1064年卒。

〔2〕《宋高僧传》："……有命授三藏天息灾、法天、施护师号……"（上卷，北京：中华书局，1987年，第58页）。

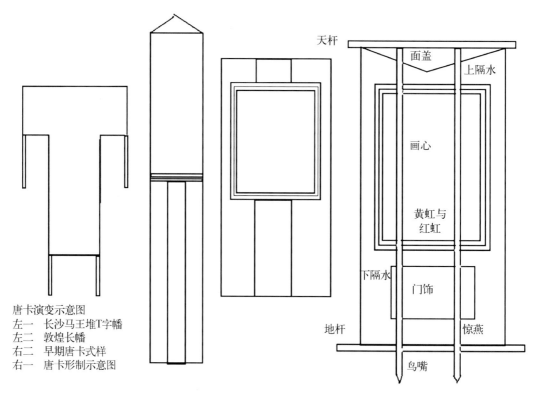

唐卡演变示意图
左一　长沙马王堆T字幡
左二　敦煌长幡
右二　早期唐卡式样
右一　唐卡形制示意图

图3-8-1　唐卡形制示意图

今天见到的各个时期的唐卡毫无共同之处。[1]更为关键的是，和西藏唐卡中见到的横幅一样，图齐所说的近似正方形的唐卡除了四周简单的镶边外，并没有锦缎装裱，也无从"卷起"。

结合汉地卷轴画发展的历史，从唐卡的装裱形制来看，其装裱方法当属源于唐末、至宋宣和年间（1119—1125）日臻完备的著名的书画装裱方式"宣和装"。唐时的卷轴画主要指右侧横向卷起的卷轴，竖向卷起的卷轴称为挂轴。唐代挂轴的突出特点是画心两侧没有镶边，以至于人们认为唐代的挂轴可以看作是卷轴的竖挂。至宋时，挂轴形制逐渐完善而形成宣和装样式。宣和装裱格式分为两种：第一种，画心上下有绫隔水，然后在画心四周镶褐色小边，再上镶天头，下镶地头，在天头上加贴惊燕；第二种，在画心的四周直接镶黑色小边，然后上镶上隔水与天头，下镶下隔水与地头。[2]宣和装的装潢方法一直被认为是经典方法，元、明、清乃至近代都继承了这种方法。从形制上分析，唐卡的装潢法基本

---

〔1〕 图齐《西藏画卷》(Tucci, *Tibetan Painted Scrolls*, Kyoto)第26/页："最古老的唐卡，无论是来自古格还是来自卫藏；无论是藏人自制还是自印度输入，都倾向于方形，也就是说，其长宽之间的比例要比现代唐卡小得多。"事实上，近代的印度绘画也多呈横幅，并没有类似唐卡的装裱。
〔2〕 王以坤：《书画装潢沿革考》，北京：紫禁城出版社，1993年，第18页。

上模仿的是宣和式装潢法。然而，时至今日，由于宋代卷轴画存世极少，少数遗世作品的最初装潢格式在漫长的辗转流传过程中早已被后代格式替换，从事中国书画装潢的学者们还没有看到宋代宣和装的装潢实物例证，我们今天所说的宣和装样式装潢的作品大部分都是后代的仿宣和式装潢法。因此，假如我们要判定唐卡的装潢就是宣和式装潢法，必须有实物的证据和年代的对应。十分幸运的是，黑水城见到的雕版印刷作品和唐卡作品为研究唐卡与宣和式装潢法之间的联系提供了实物依据。

我们首先来看黑水城一幅著名的木刻雕版印画《四美图》（图3-8-2）。

《四美图》尺幅为79×34厘米，画面上方有榜题"随朝窈窕呈倾国之芳容"，画面描绘的四位美人分别是绿珠、王昭君、赵飞燕和班姬。有一条"平阳姬家雕印"的榜题说明了此画刻印的地点。[1]榜题中的"平阳"为古地名，宋徽宗政和六年（1116）

图3-8-2 《四美图》

升为平阳府，明以后府治在临汾。[2]从中国雕版发展的历史来看，中国雕版印刷术始于唐代，值得重视的是，在四川成都、甘肃敦煌等地发现的唐代单页木刻还愿佛像，尺幅大都在40×60厘米，有些佛像雕版印出后施以手工彩绘，并在顶端粘上横杆以便悬挂，这些木板佛画都是信徒们为了还愿而供奉的。[3]我们将黑水城的这幅《四美图》与西夏时期刻印的另外几幅作品加以比较，如西夏雕版的《大黑天神像》和《官宦与仆从》，[4]就会发现

〔1〕 史金波等：《西夏文物》，北京：文物出版社，1988年，图79。

〔2〕 平阳被认为是尧所置都城，因其地在平水之阳而得名，春秋时就属于晋国，战国时属于魏国。三国魏正始八年，分河东的汾北十县置平阳郡，宋政和六年升为平阳府，明以后府治设在临汾。公元1811年裁府留县。

〔3〕 卡特著、吴泽炎译：《中国印刷术的发明和它的西传》，北京：商务印书馆，1991年，第61—70页；第70—85页及第56页图（ T. F. Carter, *The Invention of Printing in China and Its Spread Westward*, Columbia University Press, 1925 ）。

〔4〕 比奥特罗附斯基：《丝路上消失的王国》图版63（ Mikhail Piotrovsky, *Lost Empire of the Silk Road-Buddhist Art from Khara Khoto*, Milan, 1993 ）。

《四美图》的笔法更趋精细，人物面庞丰满圆润，仍然留有唐代遗风，人物衣饰的用线手法颇得宋代画家李公麟的韵味，以流畅细密的线描衣纹与人物面部及背景形成强烈的疏密对比，这些特征在元明道观壁画中得到了继承，如山西芮城永乐宫壁画和北京法海寺壁画。《四美图》人物服饰上装饰的团花图案亦为宋代绘画多见，但在元代刻印的《西夏藏》和《碛砂藏》的木刻插图中，这些特征并不明显。

《四美图》流入西夏（黑水城）的时间途径有两种可能，第一种是在西夏建国前后。早在宋景德四年（1007）夏国王德明母亲去世时，德明请求到五台山修供十寺，并派使臣护送供品祭祀。[1]宋宝元元年（1038），元昊在称帝之前即上表章给宋朝，希望派人到五台山供养佛宝，[2]《四美图》等此时进入西夏。第二种可能是在西夏后期，西夏人在前往金朝所在的解州购买雕版经藏时得到了这幅印画。[3]解州位于今天山西省运城西南，金朝当时（金皇统八年至大定十三年，1148—1173）在此天宁寺雕刻汉文大藏经，即后世所称"赵城金藏"。[4]然而，《四美图》上的榜题说明雕板的地点是在平阳而不是解州，雕版的"姬家"似乎表明是一个小的家庭作坊而不是大的刻经处。《四美图》及黑水城另一幅与之同时期描绘关羽的《义勇武安王》[5]都是宋代雕版纸马印画等流行的才子佳人、忠孝节义的传统题材，与金、元时期的佛教题材稍有区别。所以，《四美图》的刻印年代或比"赵城金藏"的年代更早一些，也许就是在宋宣和年间前后。

具有相对准确年代推论的《四美图》，其装潢形式较为完整地展现了宋代宣和式装裱法的真实面貌，几乎就是唐卡所本的装潢形式。作为单页的雕版印画，《四美图》是完全按照挂轴的样式刻印的，画心呈长方形，画心周围的回纹边框对应唐卡的"黄虹"和"红虹"，上下绫隔水的长度大致相同，上隔水部位贴有惊燕；从构图来看，《四美图》呈行进中的人物有一种冲出画面的动感，与后代山西水陆画的风格相近，画面题记标识的位置表面此画不像是专为单页的雕版印画设计的画稿，而像是截取了壁画的一个局部，然后用一种"新的装潢法"即宣和式装裱法装裱；《四美图》画面的天头位置刻有两只飞凤，这两只飞凤并非按照汉地吉祥图案的规则呈对称状、双头或双尾相接，而是尾首相随，给观众的

---

〔1〕 史金波：《西夏佛教史略》，第28页。

〔2〕 转引自史金波《西夏佛教史略》，第29—30页；《宋史》卷四八五，第13995页："宋宝元元年，表遣使旨五台山供佛宝，欲窥河东道路。"

〔3〕《金史》卷六〇，第1408页；《西夏书事》卷三六，第9页："九月辛亥朔，夏谢恩，且请市儒、释书。"

〔4〕 金藏在元代又有补刻，装潢采用卷子式，共收佛典六千九百余卷。1933年在山西赵城广胜寺发现此版藏经4957卷，两年以后由"上海影印宋版藏经会"和"北平三时学会"影印其中罕见佛典49部，题为《宋藏遗珍》，作为方册本120册发行。关于"赵城金藏"，还可参看宿白先生：《赵城金藏、弘法藏和萨迦寺发现的汉文大藏残本》，载《藏传佛教寺院考古》，北京：文物出版社，1996年，第222—233页。

〔5〕 史金波等：《西夏文物》，图版80。此幅雕版印画的镶边回字纹与《四美图》完全相同，估计是一批作品中的其中二幅。

印象是它们要冲出画面之外，飞凤与晚周帛画中凤的造型及其所表现的意蕴是相似的。更引人注目的是，《四美图》上方飞凤的造型与西藏绘画中表现十三战神的唐卡上方所绘鸟形几近一致。

从西藏绘画发展的历史来看，汉地艺术对唐卡的影响主要表现在画面背景的描绘上，如山岩、溪水、云雾、花草树木、宫室楼阁等等方面。事实上，由于佛教造像有其自身严格的造像尺度，画面佛像或神灵等主像丝毫不能变动，能体现艺术家创作个性的内容恰恰是唐卡的背景描绘。况且唐卡样式的出现是在佛教作为一种外来宗教传入西藏后触发而形成的，也就是说藏人用了一种现成的艺术形式来容纳现成的佛教内容，而并非由于佛教内容而对应形成一种新的艺术样式。所以，研究唐卡的起源，并不是研究唐卡画面的内容，并不能以唐卡所描绘的内容、画面内容的来源或风格来确认这种艺术形式本身的来源，而更要重视其形制起源的研究，形制的起源才是唐卡起源的关键所在。因此，我们本节论述的唐卡的起源正是指唐卡形制的起源，而不是指唐卡描绘的内容。唐卡画心的红黄边框、上下隔水、飘带等这些宣和装的形制特征在印度布画中荡然无存，然而在11世纪前后的汉地卷轴画中无一例外地找到。最能说明《四美图》与唐卡之间渊源关系的就是《四美图》天头部位的惊燕，因为这两条惊燕就是唐卡令研究者对之困惑的两条飘带，很多人认为唐卡的飘带是用来捆扎卷起的唐卡的，实际上不是这样，因为唐卡的天杆上另有系绳。因此，唐卡的飘带（cod-vphan）是惊燕无疑。《四美图》惊燕的尖头做成箭头状，唐卡飘带的尖头也呈如此形状，更令人惊奇的是，藏语称之为"鸟嘴"（bya-kha），燕子属于鸟类，故"惊燕"端头为"鸟嘴"，从之可见唐卡之飘带源于宣和装惊燕的痕迹。《四美图》惊燕上的三角饰物，我们推断可能类似于唐卡展开、面盖卷起时形成的皱褶的简化图示，因为有关惊燕的文字并没有提到这块三角形。

虽然宋或宋以后传世的作品很少加贴惊燕，而且宋以前惊燕的具体样式也不甚清楚，但惊燕本身是宋宣和装的典型标志之一。关于惊燕的起源，据说在宋代就作为一种装饰剪贴在天头部位。这条带子称为"经带""绶带"或"惊燕"。有传说认为，中国古代的堂屋较高大，屋内时常有燕子飞入。燕子在天杆上落脚或碰撞画轴，有时会弄脏或损污画面，因此有人在天杆上装了两条丝带，搭在天头上，当风吹动画轴或燕子翅膀碰撞画轴的时候，燕子就惊飞了，久而久之，惊燕就成了天头上的装饰品，早期的惊燕是活动的。[1]此说似为有理，实际上是后人对此的猜想，现在见到的"惊燕"一词的记载见于清代高士奇所著《天禄识余》。在宋代周密著《齐东野语》所收《绍兴御府书画式》中，称"惊燕"为"经带"或"绶带"。况且，《四美图》"惊燕"两侧所绘鸟形为飞凤而非燕子，所以，宣和装

---

〔1〕　王以坤：《书画装潢沿革考》，第28页；（清）高士奇《天禄识余》"惊燕"条。

中的"惊燕"的具体含义尚待考证。

除了《四美图》之外,黑水城出土的其他唐卡的装潢样式也反映了宣和装装潢法。例如黑水城汉式风格的挂轴《犹勃》和拜寺口西塔天宫藏《上师图》,这两幅作品的装潢样式大致相同,都是在画心上下加缀上下绫隔水,但画心两侧并没有贴边,这种方法是宋代初期模仿唐代挂轴的一种简略的装裱法,在后代的书画装裱中也一直在使用。《犹勃》的下隔水无存,上隔水中央存有惊燕一条;《上师图》装潢保留完整,天杆和地杆完好无缺,地杆上还绘有11世纪极为常见的卷草纹,天杆上方所缀三条金黄色的惊燕,惊燕端头的形状与唐卡飘带的"鸟嘴"和《四美图》惊燕的端头完全相同。值得注意的是,这两幅作品的惊燕都是三条而不是两条(前一幅作品两侧的惊燕散失),而且这些惊燕似乎被作为挂轴卷起时捆扎的丝带。这种情形似乎表明装裱作品的西夏人或许还不完全理解加贴惊燕的作用,因为捆扎挂轴的系带与惊燕是不同的。

研究中国卷轴画发展史的学者有一种看法,认为挂轴就是从卷轴发展而来的,挂轴就是卷轴的竖挂。然而,我们以为,汉地挂轴虽然受到卷轴的影响,但启发挂轴的不应是卷轴,而是旗幡画。从汉地绘画发展的阶段来看,作为绘画形式的卷轴画,其形式得之于竹简册页和缣帛纸卷,它与挂轴画的发展遵循了不同的途径。挂轴是随着民间宗教仪式的发展而出现的,我们以为其最初的形式源于丧葬仪式中使用的旗幡。例如我们今天看到的晚周帛画以及长沙马王堆汉墓出土的T字形帛画幡。

窥一斑而知全豹,我们可以分析旗幡帛画与后世挂轴画之间存在的蛛丝马迹。首先,现今发现的所有出土帛画,在挖掘时它的上部都带有横杆,并有系的绳子,证明它们最初是可以悬挂的。其次,后世书画装潢者称挂轴画天杆为"竹竿"或"竹界",这个名称使人想起挑幡的竹竿,因为缣帛大都产于南方有竹之地。第三,作为宣和装标志之一的"经带"或"绶带",从其产生的年代顺序分析,极有可能是帛画幡飘带的延续。我们来看,晚周帛画幡的具体位置不可考。西汉马王堆T字幡有四条飘带(图3-8-3),上下方各有两条飘带。及至唐代,其例证我们可以观察现藏大英博物馆9世纪的敦煌绢画幡《菩萨像》(图3-8-4)和《金刚力士像》,它们与西汉T字形帛画幡之间的联系与演变是显而易见的。帛画横的天杆在绢画中变成汉式幡幢的斗拱,呈人字形;T字幡上方的两条飘带移到了天杆上,并作为经带或"惊燕"保留在宣和装装裱法的天头部分;引人注目的是,敦煌旗幡画上方飘带的端头与《四美图》的惊燕,以及唐卡飘带的端头都呈箭头状,可见其间有一种内在的继承关系。此外,帛画的飘幡带是象征灵魂化为鸟禽向天界飞升的飘动感,是具有实际功利目的的装饰物,这也是经带或唐卡的飘带被称为"惊燕"和"鸟嘴"的内在原因。T字幡下方飘带为了适合唐代旗幡画的形制而演变为多条、四条或三条。最后,仅在整个一块的、呈下隔水状的幡摆上用墨线画上分割线表示条状飘带,绢画画心两侧没

图3-8-3　马王堆T字幡的飘带

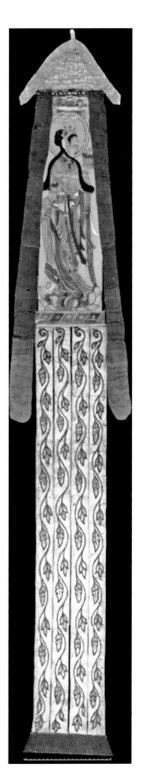

图3-8-4　敦煌绢画《菩萨像》

有镶边,上下装裱,从而形成了书画界所谓的唐代挂轴样式。

马王堆帛画幡被艺术史研究者忽略的就是T字幡的象征意义,这是解决唐卡形制寓意的关键所在。T字幡独特的形制象征了灵魂从人间进入天界的过程,所以T字幡上方横宽部分与下方竖窄部分的结合处有天界之门,帛画顶端绘有太阳和月亮,太阳之间有汉族古代神话中的金乌,但月亮是下弦月而不是满月,其中也没有绘捣药的玉兔。事实上藏传佛教的一些造像也继承了日月的如此描绘方法,很多唐卡和版画都绘有日月。在黑水城一些唐卡的上方往往绘有月亮和太阳,而且在唐卡中出现的日月与其他场合、例如喇嘛塔顶端的日月样式,即太阳在上,下弦月在太阳下方托住太阳的传统画法不同,这一特点我们在本书收录的作品《药师佛》唐卡中可以看到:主尊右侧胁侍日光菩萨和左侧月光菩萨手中所持莲花上方分别是金乌红日和玉兔白月。

除此之外,T字幡的象征寓意还有助于我们解决唐卡形制中一个令人费解的难题,那就是唐卡下绫隔水中央加贴的一块锦缎装饰,藏语称之为"门饰"(sgo-rgyan)。这是唐卡源自宣和装及其与旗幡相连的证据:这块突兀的贴锦是宣和装"诗塘"的位置,或许与唐卡的"唐"有语源关系。从门饰演变过程分析,唐卡下绫隔水正中的门饰最初与T字幡的形制极为接近。因为汉地的丧葬用帛画幡与佛教幡有渊源关系,佛教长幡是由帛画幡逐渐演变而成的,这一点是毋庸置疑的。例如,藏于法国吉美博物馆的敦煌绢画《引路菩萨图》,就是绘一位高大的菩萨,为一位端庄华贵的妇人引路,榜题记有"女弟子康氏奉为亡夫萨诠,画引路菩萨壹尊一心供养。"绢画所描绘的就是此幡引导妇女前往天国之情景,可见丧葬用的帛画幡与佛教长幡的作用最初是一致的。[1]从汉地旗幡发展的历史来看,至迟在公元3世纪,帛画幡在汉地以广为流传。至三国魏时,帛画幡已经在起塔建寺时普遍应运。[2]东晋时,更有佛教僧人将帛画幡用于佛教仪式,如晋武帝时,为避战乱,道安(314—385)率弟子慧远等四百余人至湖北襄阳建檀溪寺,铸佛像,使用金丝绣像和帛画幡。据目前所知,最早的五彩幡是云岗二窟和十一窟上的浮雕,此后幡幢形制大致源出于此。呈长方形并有图像绘于其上的幡在年代上晚于幡上没有图像的五彩幡,完整的长方形绘画幡的制作法在唐代就已完全形成。这种长方形幡大多是用丝绢制成,其形制、装潢方法都是汉地风格。故法国学者热拉·贝扎尔等人指出:"幡幢的装潢技术不大可能

〔1〕 此图吉美博物馆编号为M.G. 17657。

〔2〕 如(北魏)杨炫之著:《洛阳伽蓝记》,上海古籍出版社,1997年版。记三国魏时帛画幡应运情形时写道:"从末城西行22里捍麽城。南十五里有一大寺,三百余众僧。有金像一躯。举高丈六,仪容超绝,相好炳然,而恒东立,不肯西顾。《父老传》云:此像本从南方腾空而来,于阗国王亲见礼拜,载像归。中路夜宿,忽然不见。遣人寻之,还来本处。即起塔,封四百户,供洒扫户。人有患,以金箔贴像,所患处即得阴愈。后人于像边造丈六像者,及诸宫塔乃至数千,悬彩幡盖亦有万计,魏国之幡过半矣。幡上隶书云太和十九年,景明二年,延昌二年。唯有一幅,观其年号,是姚秦时幡。"

是与印度或西域传入的图像同时传入中国的，可以断代为9世纪和10世纪并带有装潢的回鹘经幢则明显受到了汉地的影响。"[1]

由汉地丧葬仪式使用的幢幡与帛画，结合由西域传入的佛教图像与幢幡样式，用汉地帛画飞幡装饰方法演变而成的敦煌长方形图像幡是西藏绘画最早的样本，如藏于大英博物馆的幡画《金刚手菩萨》，上面就写有藏文榜题。[2]西藏山南博物馆藏吉如拉康出土10世纪前后《莲花手观音》（图3-8-5）是现今在西藏境内见到的最早的"唐卡"，敦煌绢画式样，下方绘有吐蕃供养人。吐蕃自公元781年至848年统治敦煌近七十年，当地的很多藏人画家实际上都是按中原方式绘制旗幡画，甚至还用棉布绘制幢幡。[3]现今藏传佛教寺院使用的横幡，就是古代幡幢的变化形式。

图3-8-5　吉如拉康出土《莲花手观音》

〔1〕 热拉·贝扎尔、莫尼克·玛雅尔：《敦煌幡幢的原型与装潢》，耿昇译：《法国学者敦煌学论文选萃》，北京：中华书局，1993年，第595—614页。（ Robert-Bezard et Monique Maillard, "Origine et montage des banniéres peintes de Dunhuang" ）

〔2〕 据史伯林（Elliot Sperling）考证，菩萨左肩字母是反写在丝绢上渗透过来的藏文字母pa-ja-ra-pa-re-na。实际上西方一些研究西藏艺术史的学者也认为西藏地方最早的绘画就是来自敦煌的旗幡画丝绢画。如Henss写道："来自敦煌的旗幡画，或许可以作为西藏绘画最早的样式，但不能断代早于9世纪。"（ Michael Henss, "An Unique Treasure of Early Tibetan Art: The Eleventh Century Wall Paintings of Drathang Gonpa", Orientations XXV/ 6, 1994, pp. 48-53 ）

〔3〕 如伯2032背第2条上有唐僖宗中和四年（884）的破除历，记有"粗蹀一匹，报恩寺起幡人事用"字样。